點校本
二十四史
修訂本

〔梁〕蕭子顯 撰

南齊書

第一册

卷一至卷一五

中華書局

圖書在版編目（CIP）數據

南齊書/（梁）蕭子顯撰. —北京：中華書局，2017. 8
（2025. 3 重印）
（點校本二十四史修訂本）
ISBN 978-7-101-12715-7

Ⅰ. 南⋯　Ⅱ. 蕭⋯　Ⅲ. 中國歷史－南齊－紀傳體
Ⅳ. K239. 120. 42

中國版本圖書館 CIP 數據核字（2017）第 182091 號

原版編輯：王芳軍　劉彦捷
責任編輯：胡　珂
責任校對：李曉霞　許尚宜
責任印製：管　斌

點校本二十四史修訂本

南　齊　書

（全三册）

〔梁〕蕭子顯 撰

*

中 華 書 局 出 版 發 行
（北京市豐臺區太平橋西里 38 號　100073）
http://www.zhbc.com.cn
E-mail:zhbc@zhbc.com.cn
北京盛通印刷股份有限公司印刷

*

880×1230 毫米 1/32 · 38⅓印張 · 8 插頁 · 750 千字
2017 年 8 月第 1 版　2025 年 3 月第 4 次印刷
印數:12501-13500 册　定價:200.00 元

ISBN 978-7-101-12715-7

本紀第一　　南齊書一

臣蕭　子顯　撰

高帝上

太祖高皇帝諱道成字紹伯姓蕭氏小諱鬬將
漢相國蕭何二十四世孫也何子鄼定疾延生侍
中彪彪生公府掾章章生皓皓生仰仰生御史大
夫整之望之生光祿大夫育育生御史中丞紹紹
生光祿勳閩閩生濟陰太守闡闡生吳郡太守
永永生中山相苞苞生博士周周生蛇立長矯

崇文院

嘉祐六年八月十一日

勅節文宋書齊書梁書陳書後魏書北齊書後

周書見今國子監並未有印本宜令三館祕閣

見編校書籍官員精加校勘□□□□用□使官選

擇楷書員如法書寫板樣依唐□□□□發封送杭

州開板

治平二年六月　日

列傳第十　　南齊書二十九

臣蕭　子顯　撰

呂安國　全景文

周山圖

周盤龍

王廣之

呂安國廣陵廣陵人也宋大明末安國以將領
見任隱重有幹局爲劉勔所稱泰始二年勔征
殷琰於壽春安國以建威將軍爲勔軍副衆軍

志第六

州郡上

揚　南徐　豫　南豫　南兗　北兗　北徐

青　冀　江　廣　交　越

揚州京輦神皋漢魏刺史鎮壽春吳罷揚州都督所治晉太康元年吳平刺史周浚始鎮江南元帝為都督渡江左遂成帝畿望實隆重領郡如左

丹陽郡

建康　秣陵　丹陽　溧陽　永世　湖熟　江寧　句容

會稽郡

山陰　永興　上虞　餘姚　諸暨　剡　鄞　始寧

南齊書卷五十七

梁　　蕭　子　顯　撰

列傳第三十八

魏虜

魏虜匈奴種也姓托跋氏晉永嘉六年并州刺史劉琨
爲屠各胡劉聰所攻索頭猗盧遣子日利孫將兵救琨
於太原猗盧入居代郡亦謂鮮卑被髮左袵故呼爲索
頭猗盧孫什翼犍字鬱律�@後還陰山爲單于領匈奴
諸部泰元元年苻堅遣僞并州刺史苻洛伐犍破龍庭
禽犍還長安爲立宅敎犍書學分其部黨居雲中等四

乾隆四年校刊

五　清乾隆四年武英殿本（北京中華書局圖書館藏）

南齊書整理人員名録

原 點 校 者　王仲犖　宋雲彬

修訂主持人　景蜀慧

修訂承擔單位　中山大學

修訂組成員　景蜀慧　周文俊　洪綿綿　吳南澤　郭　碩　洪　斌
　　　　　　李曉紅　黄一明

編輯組成員　許逸民　馮寶志　張文强　劉彦捷　王　勖　王芳軍

點校本二十四史及清史稿修訂緣起

以「二十四史」及清史稿爲代表的紀傳體史書，記載了中國古代從傳說中的黃帝到辛亥革命結束清朝統治前各個朝代的歷史概貌，以歷代王朝的興亡更替爲先後，反映了中國的歷史進程，構成了關於中國古代政治、經濟、軍事、科技、思想文化、社會風俗等各個方面最爲重要的基本史料，使中國和中華民族成爲世界上惟一擁有數千年連貫、完整歷史記載的國家和民族。這是中華民族引以爲榮並值得進一步發揚光大的寶貴歷史文化遺產。

爲了更好地傳承與保護這份珍貴的歷史文化遺產，二十世紀五十至七十年代，在毛澤東主席、周恩來總理的親自部署和國家有關部門的直接領導下，由中華書局承擔組織落實和編輯出版工作，集中全國學術界、出版界的力量，完成了「二十四史」及清史稿的點校整理和出版。從一九五八年九月標點「前四史」及改繪楊守敬地圖工作會議召開，次年九月點校本史記問世，到一九七八年點校本宋史完成出版，整理工作歷時二十年，其間不

斷完善點校體例，逐史加以標點、分段、校勘、正誤、補闕，所積累的科學整理方法和豐富的實踐經驗，爲傳統文獻的整理做出了寶貴的探索，確立了現代古籍整理的基本範式和標準。點校本出版之後，以其優秀的學術品質和適宜閱讀的現代形式，逐漸取代了此前的各種舊本，爲學術界和廣大讀者普遍採用，成爲使用最廣泛的權威性通行本。

點校本「二十四史」及清史稿從開始出版，至今已超過半個世紀，上距一九七八年宋史出版，點校工作完成，也已經過去了三十多年。點校本「二十四史」及清史稿的整理出版工作，由於受到當時種種客觀條件的制約，加之整理出版過程歷時綿長，時間跨度大，參與點校者時有變動，點校體例未能統一，或底本選擇不夠精當，或校勘過於簡略，或標點間有失誤，各史都存在着不同程度的缺憾。爲適應新時代學術發展和讀者使用的需求，亟需予以全面修訂。

中華書局於二〇〇五年開始籌備「二十四史」及清史稿的修訂工作，梳理學術界關於點校本的意見建議，清理點校工作原始檔案，進一步明確修訂工作重點。二〇〇六年四月召開專家論證會，得到了學術界的積極響應。其後，在新聞出版總署、中國出版集團公司和社會各界學術力量的支持下，正式組建了點校本「二十四史」及清史稿修訂工程組織機構，擬定了修訂工作的各項具體規定，包括修訂工作總則、修訂工作流程，以及標點分

段辦法舉例、校勘記寫法細則舉例等一系列規範性文件，並在全國範圍內通過廣泛調研，遴選確定了各史修訂承擔單位和主持人。

點校本「二十四史」及清史稿，是二十世紀中國古籍整理的標誌性成果，修訂本是原點校本在新的歷史時期的延續。修訂工作在原有點校本基礎上展開，嚴格遵守在點校本基礎上進行適度、適當修訂和完善的原則，通過全面系統的版本覆核、文本校訂，解決原點校本存在的問題，彌補不足，力求在原有基礎上，形成一個體例統一、標點準確、校勘精審、閱讀方便的新的升級版本。

修訂工作的總體目標，主要包括兩個方面：一，保持點校本已取得的整理成果和學術優勢，通過各個修訂環節，消弭點校本存在的缺憾，並認真吸收前人與時賢的研究成果，包括當代學術研究的新發現（文物、文獻資料）、新結論（學術定論），使修訂本成為符合現代古籍整理規範、代表當代學術水準、能夠體現二十一世紀新的時代特點的典範之作。二，解決原點校本各史體例不一的問題，做到體例基本統一，包括：規範取校範圍、校勘取捨標準、分段及校勘記、標點方式；撰寫各史修訂本前言、凡例；編製主要參考文獻目錄及其他附錄、索引。

早在一九六〇年，時任國務院古籍整理出版規劃小組組長的齊燕銘同志，就曾對點

校本「二十四史」提出過兩點明確的要求，其一是在學術成果上「超越前人」；其二是經過重版修訂使之「成爲定本」。點校本的學術業績，獲得了學術界和廣大讀者的高度評價和廣泛採用，經過全面修訂，希望能在保持原有學術優勢的基礎上完善提高，進一步確立並鞏固點校本「二十四史」及清史稿的現代通行本地位，「成爲定本」還需要廣大讀者的檢驗和今後不斷的努力。

點校本「二十四史」及清史稿整理工作自二十世紀五十年代起始，至本世紀全面修訂再版，五十餘年間，一代又一代學者如同接力賽跑，前赴後繼，爲之默默奉獻，傾盡心力。點校本的學術成就和首創之功，以及其間展現的幾代人鍥而不捨的爲學精神，將澤被學林，彪炳史册！值此修訂本出版之際，我們向所有參加過點校工作的前輩學者和出版工作者，表示崇高的敬意，對已故前輩表達深切的懷念，向承擔本次修訂的各位學者專家表示誠摯的謝意，向國家出版基金管理委員會及其辦公室、各史點校和修訂承擔單位、各相關圖書收藏機構，以及關注和支持本次修訂工作的社會各界人士，謹致由衷的謝忱。

中華書局編輯部　二〇一三年七月

點校本南齊書修訂前言

一

南齊書，梁蕭子顯撰，初名齊書，北宋曾鞏等校定諸史，爲區别於唐李百藥所撰北齊書，始以南齊書之名通行於世。原書六十卷，今存五十九卷。記載了南朝齊王朝二十四年的歷史。

南齊是南朝繼劉宋之後，由蕭道成所建立的政權。蕭道成自稱是漢丞相蕭何二十四代孫，劉宋末年因平定桂陽王休範之亂升至中領軍，掌握朝廷大權。宋順帝昇明三年（四七九）禪代稱帝，國號齊。蕭道成爲太祖高皇帝，其子蕭賾爲世祖武皇帝。蕭賾子文惠太子長懋早逝，其孫昭業、昭文先後即位，是爲鬱林王、海陵王。延興元年（四九四），蕭道成侄蕭鸞廢海陵王自立，爲明帝，其後其子東昏侯蕭寶卷即位。寶卷弟和帝寶融是南齊最後一個皇帝。中興二年（五〇二），蕭衍自立爲帝，建立梁朝，南齊滅亡。南齊建都建康

（今南京），與北魏政權南北對峙，統治地區西到現在的四川，北到淮河、漢水，蕭鸞時期在淮河以南又失去一些地方。南齊是南朝最爲短促的一個朝代。

南齊書撰者蕭子顯，字景陽，南蘭陵郡南蘭陵縣人，生於齊武帝永明七年（四八九），爲蕭道成次子豫章王蕭嶷之子。明帝建武二年（四九五）年七歲，封寧都縣侯。齊禪於梁，爲仁威將軍，吴興太守，至郡卒，年四十九。後官至國子祭酒，吏部尚書，加侍中。梁武帝大同三年（五三七）出爲依例降爵爲子。

蕭子顯幼年聰慧，史稱其「好學，工屬文」，有著史之志。天監中，蕭子顯爲太尉録事參軍，嘗「採衆家後漢，考正同異，爲一家之書」（梁書蕭子顯傳），隋書經籍志二著録有他所撰後漢書一百卷。又「啓撰齊史，書成，表奏之，詔付祕閣」。此後，又撰普通北伐記五卷、貴儉傳三十卷（南史作三卷）。隋書經籍志二還著録他所撰晉史草三十卷。除史學外，蕭子顯在經學方面也頗有造詣，曾領國子博士，又遷國子祭酒。隋書經籍志一著録他所撰孝經義疏、孝經敬愛義各一卷。蕭子顯自稱「頗好辭藻」，「每不能已」，有文集二十卷。這些著作今皆失傳，僅南齊書存世。

蕭子顯撰齊書，據册府元龜所載：「蕭子顯爲太尉録事，著齊書州郡志一卷。」（卷五六〇國史部），可知始於梁武帝天監中，任太尉録事期間。約在梁普通年間撰成並進獻南齊書表文，進書表南宋時猶見稱引，晁公武郡齋讀書志載：「表云：『天文事祕，户口不知，不敢私載。』」（卷五）高似孫史略亦引其表：「素不知户口，故州郡志輒不載，天文復祕，故不私載，而此志但紀災祥而已。」（卷二）兩處所引表文詳略不同，余嘉錫認爲讀書志引表當是隱括，而史略所引或近原文（四庫提要辨證卷三）。

蕭子顯奏上齊書的卷數，梁書及南史本傳明言爲六十卷，隋書經籍志二亦著録蕭子顯「齊書六十卷」。至唐劉知幾史通則謂「紀八、志十一、列傳四十，合成五十九篇」（卷一二古今正史篇）。其後舊唐書經籍志、宋史藝文志及宋元各家書目均著録爲五十九卷。宋章如愚山堂考索稱其書「六十卷，今存五十九卷，亡其一」（前集卷一四）。錢大昕廿二史考異云：「宋時蕭史固完善也。又按史通序例篇云『沈宋之志序、蕭齊之序録，雖皆以序爲名，其實例也』，則子顯書當有序録一篇，劉知幾猶及見之，而今失其傳矣。」（卷二五）趙翼廿二史劄記又爲一説：「梁書蕭子顯傳謂所著齊書六十卷。今齊書只有五十九卷，蓋齊子顯欲仿沈約作自序一卷附于後，未及成，或成而未列入耶？按南史子顯傳載其自序二百餘字，豈即其附齊書後之作，而延壽撮其略入于本傳者耶？」（卷九）余嘉錫力

主錢大昕説爲是，認爲「考史家敍傳，自馬遷、班固以至李延壽，皆遠受姓之始，近紀祖父之事」，而南齊書「蕭氏之世系既具見於高帝紀中，而子顯之父豫章文獻王又自有列傳」不可能復爲敍傳。至於新唐書藝文志二著録爲六十卷，余嘉錫認爲乃序録部分「或入卷數，或不入卷數」之故（四庫提要辨證卷三）。現一般認爲南齊書所亡佚的一卷，即失傳之序録。

蕭子顯齊書撰成之前，已有幾種齊史存在。齊高帝建元二年（四八〇），朝廷初置史官，立條例，以江淹、檀超等掌史職，負責齊史修撰。檀超上表立條例，「開元紀號，不取宋年。封爵各詳本傳，無假年表」。又謂「立十志：律曆、禮樂、天文、五行、郊祀、刑法、藝文依班固，朝會、輿服依蔡邕、司馬彪，州郡依徐爰，百官依范曄，合州郡」（南齊書檀超傳）。王儉、袁彖等對其條例提出駁議，王儉認爲「宜立食貨，省朝會」，並省去帝女傳（南齊書檀超傳）。最後由袁彖認爲「日蝕爲災，宜居五行」，亦不必立處士傳（南齊書袁彖傳）。皇帝下詔議定「日月災隸天文，餘如儉議」（南齊書檀超傳）。史載檀超史功未就，被徙卒官。江淹續撰，最終僅撰成齊史十志，「猶不備也」。梁書江淹傳云「凡所著述百餘篇，自撰爲前後集，并齊史十志，並行於世」。隋書經籍志二著録沈約撰「齊紀二十卷」下有注云「梁有江淹齊史十三卷」「十三卷」可能是十志中某些卷分爲上下所致，江淹齊史十

志在當時仍有流傳。又沈約亦在齊建元四年「被敕撰國史，永明二年又兼著作郎，撰次起居注」（宋書自序），南史沈約傳云「其所撰國史爲齊紀二十卷」，同隋書經籍志二著錄。此外，齊世所撰之齊史，還有熊襄之齊典，與蕭子顯大致同時或稍後的蕭子雲、吳均、劉陟、王逸等亦作有齊史。其後有陳許亨所撰齊書並志五十卷（陳書許亨傳）。江淹、沈約所撰以及先後各家齊史，今都已散失，完整傳世的齊代史籍，只有蕭子顯南齊書一種。

蕭子顯齊書主要依據齊史官所修國史，對前人相關史著也有吸收。趙翼於陔餘叢考史劄記云：「今案蕭子顯齊書，蓋本超、淹之舊而刪訂成之也」（卷七蕭子顯所撰齊書），又於廿二史劄記云：「今案蕭子顯齊書，蓋本超、淹之舊而刪訂成之也」（卷七蕭子顯所撰齊書），又於廿二貨、刑法、藝文仍缺。列傳內亦無帝女及列女，其節義可傳者總入於孝義傳，改處士爲高逸，又別立倖臣傳。其體例與超、淹及儉所議皆小有不同，蓋本超、淹之舊而小變之。超傳內謂超史功未就而卒，淹撰成之，猶未備也。此正見子顯之修齊書不全襲前人也。」（卷九）簡言之，蕭子顯南齊書應是沿用了檀超、江淹等所定的國史條例，而對其所立諸志與類傳則有調整修改。

南齊王朝歷時甚短，南齊書在當時並不爲人所重，流傳不廣。後來南史問世，南齊書更是「誦習者尠，日就訛脱」（四庫全書總目卷四五）。後人對蕭子顯史文也頗多譏議，北宋嘉祐中，曾鞏奉詔校理宋齊梁陳後魏周北齊七史，在南齊書目録序中稱，「子顯之於斯文，喜自馳騁，其更改破析刻彫藻繢之變尤多，而其文益下」。曾鞏的批評影響及於後世，晁公武郡齋讀書志稱齊書「天文但紀災祥，州郡不著戶口，祥瑞多載圖讖」，並引用曾鞏之言，謂其「文比七史最下」。王應麟困學紀聞進一步質疑云：「子顯以齊宗室仕於梁，而作齊史，虛美隱惡，其能直筆乎？」（卷一三）四庫館臣指其爲史「牽於時尚，未能釐正」「連綴瑣事，殊乖紀體。至列傳尤爲冗雜」（四庫全書總目卷四五）。趙翼陔餘叢考也指出其書「編次失當」、「繁簡失當」、「立傳太少」等病（卷七）。這些批評，主要集中在齊書的體例安排、内容書寫、文風文筆，而最終歸之於蕭子顯的史才不足和不能直書無隱。

三

作爲記録南齊歷史唯一流傳下來的史書，南齊書亦有所長。劉知幾史通認爲史書義例極爲重要，有如國法。「史無例，則是非莫準」，蕭子顯齊書序録，爲「序例之美者」（卷四

序例篇）。又云「子顯雖文傷蹇躓，而義甚優長」，對其文筆有所批評，對其史才仍予以肯定。趙翼在廿二史劄記中亦認爲蕭子顯善於寓褒貶之意於史實之中，對人物「不著一議，而其人品自見，亦良史也」（卷九）；又云「齊書類敍法最善」，其書較宋書爲簡淨，其原因之一便是用類敍得法。古人衡史，以簡潔爲尚，善用類敍，可使衆多頭緒清晰扼要，此皆就其體例書法而言。

蕭子顯身爲南齊宗室，書中難免摻雜個人家國情感，有爲尊者諱之處。如對齊高帝蕭道成盡量隱惡揚善，對豫章王蕭嶷以長傳大加褒揚，對殺盡高武子孫的齊明帝蕭鸞和東昏侯蕭寶卷則不吝筆墨，直書其惡。但是古代良史秉筆直書的傳統，仍使得蕭子顯能够或多或少地對南齊歷史的某些敏感真相加以揭示。如在張敬兒傳中收入沈攸之致蕭道成的長篇書信，保留了來自敵對一方對蕭道成在篡奪宋過程中剷除異己攫取權力的尖銳指控；在和帝紀中，也留下了齊梁易代時齊宗室被逐一誅滅的蛛絲馬迹。許多歷史細節的敍寫，用春秋筆法，不無微意。故後人也謂其書「直書無隱，尚不失是非之公」「有史家言外之意焉，未嘗無可節取也」（四庫全書總目卷四五）。

南齊書所立八志，内容簡核，殊爲難得。其中百官志素稱簡明；禮、樂志據實而書，首尾條貫；天文志所記詳實清晰，比較完整地保留了有齊一代（除明帝朝）的天象記録，

七

點校本南齊書修訂前言

且只記天象不加星占；州郡志記載地方州郡縣的設置演變亦甚詳；輿服志中關於玉輅輦車等內容，描述詳盡細緻，許多細節爲前後他史與服志所不載。至於被後人認爲荒誕不經，受到較多批評的祥瑞、五行志，突出上天禎祥加以渲染附會，在當時的歷史背景下，或與政治需要有關，未可深責。

南齊書類傳之安排，大體沿襲宋書，最大的不同是設立文學傳，傳十人，又用帶敍法附傳七人。其文學傳不同於歷代文苑傳之處，在於入傳者少有當時之知名文士，也並不都以文翰見長。其中祖沖之長於天文曆算，傳中以主要篇幅引述其爲製新曆所上表，此表宋書律曆志有載而文字略於南齊書；而檀超、王智深、王逡之等人所長在撰紀傳及典制之史，賈淵所長則爲譜牒之學。文學傳實爲蕭齊一代的學者類傳。自齊書始，文學傳之名目，爲梁、陳等史書所沿用。

南齊書與宋書一樣，多載詔書符檄奏疏及書啓等文字，往往不作節錄，前人對此亦有所批評。然而也因此保留了大量未經史家加工改寫的原始材料，反映了當時歷史的真實樣貌，涉及田租賦役，刑獄、選舉、吏治、朝廷政風等諸多方面，是深入研治南朝歷史的重要史料。此外，由於蕭子顯的地位身份，除了親歷並從家族親友處瞭解掌握到許多第一手史料外，也有較多機會接觸到皇室所藏的圖書檔案，因此其書中對蕭齊一代的各種制

度、行政和朝廷人事，記述頗爲準確，其史學價值未可低估。

南齊書的敍事風格，曾鞏曾給予嚴厲批評，或失之過苛。蕭子顯雖非當時最出色的作家，但其文字簡練含蓄，留有餘意，表達注重傳神，不無奇崛。加之當時人事多有敏感忌諱處，只能點到爲止。而宋人文風綿密平實，敍寫入微，蕭子顯難免被曾鞏認爲爲文喜馳騁，破析刻彫，有失平穩。至明人校書，往往根據南史補字，增加細節，或是對蕭史書寫風格特徵理解不夠所致。

四

南齊書的刊刻，最早在北宋嘉祐年間曾鞏等奉詔校定七史之後。嘉祐六年（一〇六一）八月，詔校理宋齊梁陳後魏周北齊七史，次年十二月，詔送國子監鏤板頒行（玉海卷四六）。其時各史亡缺情況不一，校成付印時間先後不同。晁公武郡齋讀書志載：「曾鞏等以祕閣所藏多誤，不足憑以是正，請詔天下藏書之家悉上異本，久之始集。治平中，鞏校定南齊、梁、陳三書，上之，劉恕等上後魏書；王安國上周書。政和中，始皆畢，頒之學官，民間傳者尚少。」（卷五）曾鞏負責的南齊、梁、陳三書，在英宗治平中完成校定。今存宋

刻宋元明初遞修本南齊書卷末，保留了北宋致崇文院的一通牒文：「嘉祐六年八月十一日勅節文：宋書、齊書、梁書、陳書、後魏書、北齊書、後周書見今國子監並未有印本，宜令三館祕閣見編校書籍官員精加校勘，同與管勾使臣選擇楷書如法書寫板樣，依唐書例，逐旋封送杭州開板。治平二年（一〇六五）六月　日。」南齊書首次鏤板印行，何年完成，已難確知。據曾鞏南齊書目錄序，時蕭子顯進書表尚存，有八紀、十一志、四十列傳，合五十九篇，已亡序錄一卷。今所見南齊書闕失的內容，如卷四四、卷五八、卷五二文學傳序等，曾鞏皆未言及，當亡佚於宋之後。

這一版版本「頒之學官，民間傳者尚少」，復值靖康之亂，朝廷播越，頗多亡失。故郡齋讀書志云：「中原淪陷，此書幾亡。」紹興十四年（一一四四）井憲孟爲四川漕，始檄諸州學官，求當日所頒本。時四川五十餘州，皆不被兵，書頗有在者，然往往亡闕不全，收合補綴，獨少後魏書十許卷，最後得宇文季蒙家本，偶有所少者，於是七史遂全，因命眉山刊行焉。」（卷五）此即所謂宋蜀大字本「眉山七史」，以後傳世的各類宋本，應都出自這一版本。在此版本基礎上，南宋又屢有補版重刻。北宋刊本固已無存，南宋初之「眉山七史」歷代書目也未見著錄，真本亦早已無傳。尾崎康正史宋元版之研究引用王國維、趙萬里、長澤規矩也等學者之研究，主張舊稱「眉山七史」之傳本，實爲南宋前期江浙刊本。

元代西湖書院收藏諸史書板，沒有對南齊書進行重刊或覆刻，只在宋代書板基礎上補板遞修，故傳世的宋本南齊書，均爲刻於南宋又經宋元明三朝遞修的版本。通過對版本的調查，傳世的宋刻三朝遞修本大體可分爲兩大類，第一類其遞修不晚於明初，尾崎康稱之爲「明前期以前印本，即未經嘉靖八年至十年大規模補修，編入南監二十一史之前所印，保留原版葉較多之善本」。第二類則補版遞修至嘉靖時期，尾崎康謂這種嘉靖補修以後的印本，即俗稱「三朝本」者。這兩類宋刻遞修本，版式、行款等大致相同，但二者之間的不同也頗明顯。需要特別説明的是，雖然歷來對所謂「三朝本」評價不高，但我們認爲南齊書「三朝本」之版本意義未可輕視。相對於後來萬曆新刊刻的南監本南齊書，「三朝本」遞修帶來的文本變化畢竟在前，且多爲南監本所承襲，而從版本闕頁闕文基本相同等情況來看，「三朝本」南齊書應是後來南監本校訂刊刻時所參照的一個宋元舊本。

這兩類宋刻遞修本，分別以下列兩個藏本爲代表：（一）中國國家圖書館藏宋刻宋元明初遞修本，傅增湘舊藏，爲存世南齊書之最早版本，刊刻精良，保存完整，堪稱最善本。此本爲百衲本南齊書底本，有中華再造善本影印本。此次修訂即以此爲底本。（二）臺北「國家圖書館」藏南宋初刊宋元明嘉靖遞修本（〇一四七七），品相相對完好，與中國國家圖書館藏宋刻宋元明初遞修本之間存有較多差異，顯示了「三朝本」的校勘價值。此次修

訂以此爲參校本。

宋刻三朝遞修本之外，南齊書有刊於明萬曆十七年（一五八九）的南京國子監本、刊於萬曆三十三年（一六〇五）的北京國子監本、刊於崇禎十年（一六三七）的汲古閣本、刊於清乾隆四年（一七三九）的武英殿本及同治十三年（一八七四）仿汲古閣本刊刻的金陵書局本等。其中南監本刊印時間最早，對宋元明遞修本的闕失錯訛有所訂正，但每據南史及册府元龜或明人之理解改補宋本，有些刊改不免有悖於史家原意。北監本自南監本翻刻，前人對其版本校勘質量較爲輕視，但比對文字可以發現，北監本對南監本的改訂不在少數，而這些修改基本上爲殿本所沿用。又汲古閣本作爲民間刊本，其刊刻對宋刻遞修本及明代監本內容都有吸收，在版本文字有出入時，往往依從宋本，或作小注説明「宋本作某」，對瞭解宋刻原貌頗具參考價值。這幾種傳世刻本，在校勘中各具意義，故均列入通校本。

五

中華書局點校本南齊書，由王仲犖先生點校，宋雲彬先生編輯整理，一九六六年前基本完成點校和編輯工作，一九七二年出版。點校本以商務印書館百衲本影印宋大字本爲

底本，參校了南監本、北監本、汲古閣本、武英殿本和金陵書局本等版本，同時亦參校宋書各志、南史、通典、册府元龜、太平御覽、資治通鑑和通鑑考異等典籍，對前人的校勘成果，則主要採用了周星詒、張元濟和張森楷的三種南齊書校勘記稿本，以及錢大昕廿二史考異等書。點校本比較廣泛地參校了各種版本，綜合前人著述，對清代以來學者的校勘成果汲取尤多，在標點、分段、校勘訂誤等方面都有不少創見，出版後受到學術界的廣泛好評，爲目前最爲通行的整理本。

此次修訂以原點校本爲基礎，遵循點校本二十四史及清史稿修訂工作總則和工作程序，糾正原點校本中的錯訛遺漏，統一體例，彌補不足，對原點校本作適當修訂和完善。在充分尊重原點校本成果的前提下，清理覆核了原點校本的全部校勘記。原校勘記無誤者，保留沿用；可補充新的文獻證據者，適當補改寫；有誤者加以訂正並另擬校勘記；確實無必要者則予以删除。原點校本對底本有重要改動而未出校記以及少數失校之處，酌情補加校勘記。同時遵照點校本二十四史及清史稿修訂工程標點分段辦法，修改完善標點，對個別分段進行了適當調整。

此次修訂以中華再造善本影印中國國家圖書館藏宋刻宋元明初遞修本爲底本，此本係百衲本南齊書的底本，選擇此本既彌補了百衲本因修潤描改有失古本原貌的不足，又

較好地保持了與點校本的一致性。通校本則另選與底本系統不同，且版本較早、卷目較完整的明南監本、北監本、汲古閣本、清武英殿本、金陵書局本。以臺北「國家圖書館」藏南宋初刊宋元明嘉靖遞修本（即「三朝本」）、百衲本爲參校本。充分利用版本和相關文獻資源，以版本對校爲基礎，充分運用本校、他校，審慎使用理校。凡底本有誤者，據校本改正，並出校説明，義可兩通者，保留底本文字，異文寫入校勘記；校本誤字，一般不予列出；底本及各通校本、參校本皆誤者，保留底本原貌，於校勘記中説明。

此次修訂高度重視古今學者的學術成果，對清代以降尤其是點校本南齊書出版以來學術界的校勘與研究成果，廣泛收集並充分參考和採納吸收，限於體例，不能在校勘記逐項標示，詳見主要參考文獻。修訂過程中得到了學術界和圖書館藏單位的幫助和支持，審稿專家和編輯組提出了很多中肯的意見，謹此一併致謝。

點校本南齊書修訂組　二○一七年七月

〔二〕一説蕭子顯生於永明五年（四八七），享年五十一。

點校本南齊書修訂凡例

一　中華書局一九七二年點校本南齊書，以商務印書館百衲本爲底本。本次修訂，改以中華再造善本影印中國國家圖書館藏宋刻宋元明初遞修本爲底本。

二　修訂所用通校本及簡稱如下：

（一）南監本：中華書局圖書館藏明萬曆十七年南京國子監刊本；

（二）北監本：哈佛燕京學社圖書館藏明萬曆三十三年北京國子監刊本；

（三）汲本：早稻田大學圖書館藏明崇禎十年毛晉汲古閣刊本；

（四）殿本：中華書局圖書館藏清乾隆四年武英殿校刊本；

（五）局本：中華書局圖書館藏清同治十三年金陵書局刊本。

三　修訂所用參校本及簡稱如下：

（一）三朝本：臺北「國家圖書館」藏南宋初刊宋元明嘉靖遞修本；

（二）百衲本：百衲本二十四史影印江安傅氏雙鑑樓藏宋蜀大字本。

四　原點校本對底本所作的校改，此次修訂重新覆核，對原點校本的校勘記，主要有以下處理方式：原校勘記無誤者，沿用保留，僅據修訂總則要求，調整校語及引文格式，統一體例；原校勘記可補充新證據者，適當補充改寫；原校勘記有誤者，予以修改；原校勘記無必要者，予以刪除；原點校本有重要改動而未出校者，補加校勘記。

五　此次修訂，沿用原點校本重編的全書目錄。

六　修訂以版本對校爲基礎，充分運用本校、他校，審慎使用理校。底本有誤者，訂正文字並出校說明。義可兩通者，出異文校；無版本及文獻依據，僅以理校判斷底本疑誤者，一般保留底本原貌，以按語形式出校說明；明顯版刻訛誤，隨文改正，不另出校。

七　他本、他書文字内容與底本相同者，一般不記入校勘記。具參考價值者如人名、地名、族名、朝代專名、天文專名等，酌情入校，以按語形式列出。他本、他書之誤，一般不出校勘記。

八　原書避齊梁諱所改字，一般不回改，人名、地名酌情出校；凡原作「諱」或小字注「諱」、「帝諱」者，補回本字，出校說明。唐宋以後傳刻中出現的避諱字，一律回改，不出校。有訛作他字者，如「弘」避諱缺末筆而訛作「引」等，依例回改。

九 底本中人名、地名寫法前後不一致者，如王洪軌（範）、崔惠（慧）景、丹楊（陽）、清（青）溪等，保留原貌，不强爲統一，必要時出校説明。年號與通行寫法不一致者，如泰（太）元、太（泰）始、升（昇）明之類，一律改正，不出校。涉及北魏等政權人名、官名、族稱等與他書不一致者，若非爲後世傳刻之誤，則不出校。無關文義的虚字及通假字、古今字、異體字等，一般不出校。底本所無字，若有空白字位，則表述爲「原闕」，若無空白字位，則表述爲「原無」。

一〇 標點分段按點校本二十四史及清史稿修訂工程標點分段辦法處理。本次修訂，取消原點校本用以標示文字正誤及增删的方圓括號；天文名加標專名綫；並列官名凡同時所任者，一般用頓號以示區分；凡雙頭州郡，取消州郡名之間頓號，僅標專名綫。分段基本依照原點校本。

一一 清代和現當代學者的有關校勘與研究成果，本次修訂盡力予以吸收，具體篇目詳見主要參考文獻。

一二 爲行文簡便，以下文獻在校勘記中使用簡稱：

資治通鑑及胡三省注，簡稱通鑑及胡注。

文獻通考，簡稱通考。

册府元龜，簡稱册府（修訂所用爲宋本與明本二種版本，若宋本闕或二本同則逕稱「册府」，二本有異則標明版本）。

太平御覽，簡稱御覽。

藝文類聚，簡稱類聚。

眉山新編十七史策要南齊書，簡稱十七史策要。

文館詞林，簡稱詞林。

錢大昕廿二史考異，簡稱錢大昕考異。

洪頤煊諸史考異，簡稱洪頤煊考異。

張森楷南齊書校勘記，簡稱張森楷校勘記。

張元濟百衲本二十四史校勘記，簡稱張元濟校勘記。

朱季海南齊書校議，簡稱朱季海校議。

丁福林南齊書校議，簡稱丁福林校議。

劉次沅諸史天象記録考證，簡稱劉次沅考證。

南齊書目録

南齊書卷一

本紀第一

高帝上

太祖高皇帝諱道成，字紹伯，姓蕭氏，小諱鬬將，漢相國蕭何二十四世孫也。何子鄷定侯延生侍中彪，彪生公府掾章，章生皓，皓生仰，仰生御史大夫望之，望之生光禄大夫育，育生御史中丞紹，紹生光禄勳閎，閎生濟陰太守闡，闡生吳郡太守永〔一〕，永生中山相苞，苞生博士周，周生蛇丘長矯，矯生州從事逵，逵生孝廉休，休生廣陵府丞豹，豹生太中大夫裔，裔生淮陰令整，整生即丘令儁，儁生輔國參軍樂子，宋昇明二年贈太常，生皇考。蕭何居沛，侍中彪免官居東海蘭陵縣中都鄉中都里。晉元康元年，分東海為蘭陵郡。中朝亂，淮陰令整字公齊，過江居晉陵武進縣之東城里。寓居江左者，皆僑置本土，加以

南名，於是爲南蘭陵蘭陵人也。

皇考諱承之，字嗣伯。少有大志，才力過人，宗人丹陽尹摹之、北兗州刺史源之並見知重。初爲建威府參軍，義熙中，蜀賊譙縱初平，皇考遷揚武將軍、安固汶山二郡太守，善於綏撫。

元嘉初，徙爲威烈將軍〔二〕、濟南太守。七年，右將軍到彥之北伐大敗，虜乘勝破青部諸郡國，別帥安平公乙旃眷寇濟南，皇考率數百人拒戰，退之。虜衆大集，皇考使偃兵開城門。衆諫曰：「賊衆我寡，何輕敵之甚！」皇考曰：「今日懸守窮城，事已危急，若復示弱，必爲所屠，惟當見彊待之耳。」虜疑有伏兵，遂引去。青州刺史蕭思話欲委鎮保險，皇考固諫不從，思話失據潰走。明年，征南大將軍檀道濟於壽張轉戰班師，滑臺陷没，兗州刺史竺靈秀抵罪。宋文帝以皇考有全城之功，手書與都督長沙王義欣曰：「承之理民直亦不在武幹後〔三〕，今擬爲兗州，□□檀征南詳之〔四〕。」皇考與道濟無素故，事遂寢。遷輔國鎮北中兵參軍、員外郎。

十年，蕭思話爲梁州刺史，皇考爲其橫野府司馬、漢中太守。氐帥楊難當寇漢川，梁州刺史甄法護棄城走，思話至襄陽不進，皇考輕軍前行，攻氐僞魏興太守薛健於黃金山，剋之。黃金山、張魯舊戍，南接漢川，北枕驛道，險固之極。健既潰散，皇考即據之。氐僞

梁秦二州刺史趙溫先據州城，聞皇考至，退據小城，薛健退屯桃城，立柴營，皇考引軍與對壘，相去二里。健與偽馮翊太守蒲旱子悉力出戰[五]，皇考大破之，健等閉營自守不敢出，思話繼至，賊乃稍退。皇考進至峨公山，爲左衛將軍、沙州刺史呂平大眾所圍積日，建武將軍蕭汪之、平西督護段蚪等至，表裏奮擊，大破之。難當又遣息和領步騎萬餘人，夾漢水兩岸，援趙溫，攻逼皇考。相拒四十餘日。賊皆衣犀甲，刀箭不能傷。皇考追至南城，眾軍自後而進，連戰皆捷，梁州平。詔曰：「承之稟命先驅，蒙險深入，全軍屢剋，奮其忠果，可龍驤將軍。」隨府轉寧朔司馬，太守如故。

入爲太子屯騎校尉。文帝以平氏之勞，青州缺，將欲授用。彭城王義康秉政，皇考不附，乃轉爲江夏王司徒中兵參軍、龍驤將軍、南泰山太守，封晉興縣五等男，邑三百四十戶。遷右軍將軍。元嘉二十四年殂，年六十四。梁土民思之[六]，於峨公山立廟祭祀。昇明二年，贈散騎常侍、金紫光祿大夫。

太祖以元嘉四年丁卯歲生。姿表英異，龍顙鍾聲，鱗文遍體。儒士雷次宗立學於雞籠山，太祖年十三，受業，治禮及左氏春秋。十七年，宋大將軍彭城王義康被黜，鎮豫章，

皇考領兵防守，太祖舍業南行。十九年，竟陵蠻動，文帝遣太祖領偏軍討沔北蠻。二十一年，伐索虜，至丘檻山，並破走。

二十三年，雍州刺史蕭思話鎮襄陽〔七〕，啓太祖自隨，戍沔北，討樊、鄧諸山蠻，破其聚落。初爲左軍中兵參軍〔八〕。二十七年，索虜圍汝南戍主陳憲，臺遣寧朔將軍臧質、安蠻司馬劉康祖救之，文帝使太祖宣旨，授節度。聞虜主拓跋燾向彭城，質等回軍救援，至盱眙，太祖與質別軍主胡宗之等五軍〔九〕，步騎數千人前驅，燾已潛過淮，卒相遇於莞山下，合戰敗績，緣淮奔退，宗之等皆陷没。太祖還就質固守，爲虜所攻圍，甚危急，事寧，還京師。二十九年，領偏軍征仇池。太祖擊二壘，皆破之。梁州西界舊有武興戍，晉隆安中没屬氐；武興西北有蘭皋戍，去仇池二百里。太祖軍征仇池，梁州刺史劉秀之遣司馬馬注助太祖攻談堤城〔一0〕，拔之，虜僞河間公奔走，未至長安八十里，太祖軍力疲少，又聞文帝崩，乃燒城還南鄭。孝建初，除江夏王大司馬參軍，隨府轉太宰，遷員外郎，直閤，中書舍人，西陽王撫軍參軍〔一一〕，建康令。新安王子鸞有盛寵，簡選僚佐，爲北中郎中兵參軍〔一二〕。陳太后憂，起爲武烈將軍，復爲建康令，中兵如故。景和世，除後軍將軍。值明帝立，爲右軍將軍。

時四方反叛，會稽太守尋陽王子房及東諸郡皆起兵，明帝加太祖輔國將軍，率衆東討。至晉陵，與賊前鋒將程捍、孫曇瓘等戰〔一三〕，一日破賊十二壘。分軍定諸縣，晉陵太守

南齊書卷一

四

袁摽棄城走，東境諸城相繼奔散。

徐州刺史薛安都反彭城，從子索兒寇淮陰，山陽太守程天祚舉城叛，徐州刺史申令孫又降，徵太祖討之。時太祖平東賊還，又將南討，出次新亭，前軍已發，而索兒自睢陵渡淮，馬步萬餘人，擊殺臺軍主孫耿，縱兵逼前軍張永營，告急。明帝聞賊渡，遂追太祖往救之，屯破釜。索兒向鍾離，永遣寧朔將軍王寬據旴眙，遏其歸路。索兒擊破臺軍主高道慶，走之於石鼈，將西歸。王寬與軍主任農夫先據白鵠澗，張永遣太祖馳督寬，索兒東要擊太祖，使不得前。太祖鼓行結陣，直入寬壘，索兒望見不敢發。經數日，索兒引軍頓石梁，太祖追之至葛冢，候騎還云賊至，太祖乃頓軍引管，分兩馬軍夾營外以待之。俄頃，賊馬步奄至，又推火車數道攻戰。相持移日，乃出輕兵攻賊西，使馬軍合擊其後，賊衆大敗，追奔獲其器仗。進屯石梁澗北。索兒夜遣千人來斫營，營中驚，太祖卧不起，宣令左右案部不得動，須臾賊散。太祖議欲於石梁西南高地築壘通南道，斷賊走路，索兒果來爭之，太祖率軍擊破之，賊馬自相踐藉死。索兒走向鍾離，太祖追至黯黕而還。除驍騎將軍，封西陽縣侯，邑六百戶。

遷巴陵王衛軍司馬，隨鎮會稽。江州刺史晉安王子勛遣臨川內史張淹自鄱陽嶠道入三吳，臺軍主沈思仁與偽龍驤將軍任皇、鎮西參軍劉越緒各據險相守。明帝遣太祖領三

千人討之。時朝廷器甲皆充南討，太祖軍容寡闕，乃編棕皮爲馬具裝[一四]，析竹爲寄

生[一五]，夜舉火進軍，賊望見恐懼，未戰而走。還除桂陽王征北司馬、南東海太守、行南徐

州事。

初，明帝遣張永、沈攸之以衆喻降薛安都，謂太祖曰：「吾今因此北討，卿意以爲何

如？」太祖對曰：「安都才識不足，狡猾有餘。若長轡緩御，則必遣子入朝。今以兵逼之，

彼將懼而爲計，恐非國之利也。」帝曰：「衆軍猛鋭，何往不剋。卿每杖策，幸勿多言。」安

都見兵至，果引索虜，永等敗於彭城。淮南孤弱，以太祖爲假冠軍將軍、持節、都督北討前

鋒諸軍事，鎮淮陰。

泰始三年，沈攸之、吳喜北敗於睢口，諸城戍大小悉奔歸，虜遂退至淮北[一六]，圍角城，

戍主賈法度力弱不敵。諸將勸太祖渡岸救之，太祖不許，遣軍主高道慶將數百張弩浮艦

淮中，遙射城外虜，弩一發數百箭俱去，虜騎相引避之，乃命進戰，城圍即解。遷督南兗徐

二州諸軍事、南兗州刺史、持節、假冠軍、督北討如故。五年，進督兗、青、冀三州。六年，

除黄門侍郎，領越騎校尉，不拜。復授冠軍將軍，留本任。

明帝常嫌太祖非人臣相，而民間流言，云「蕭道成當爲天子[一七]」，明帝愈以爲疑，遣

冠軍將軍吳喜以三千人北使，令喜留軍破釜，自持銀壺酒封賜太祖。太祖戎衣出門迎，即

酌飲之。喜還，帝意乃悦。七年，徵還京師，部下勸勿就徵，太祖曰：「諸卿闇於見事。主

上自誅諸弟，爲太子稚弱，作萬歲後計，何關佗族。惟應速發，事緩必見疑。今骨肉相害，

自非靈長之運，禍難興，方與卿等勠力耳。」拜散騎常侍、太子左衞率[一八]。時世祖以功

當別封贛縣，太祖以一門二封，固辭不受，詔許之。加邑二百户。

明帝崩，遺詔爲右衞將軍、領衞尉，加兵五百人。與尚書令袁粲、護軍褚淵、領軍劉勔

共掌機事。又別領東北選事。尋解衞尉，加侍中、領石頭戍軍事。

明帝誅戮蕃戚，江州刺史桂陽王休範以人凡獲全。及蒼梧王立，更有窺窬之望，密與

左右閹人於後堂習馳馬，招聚亡命[一九]。元徽二年五月，舉兵於尋陽，收略官民，數日便

辦[二〇]。衆二萬人，騎五百匹，發盆口，悉乘商旅船舫[二一]。大雷戍主杜道欣、鵲頭戍主劉

譽期告變，朝廷惶駭。太祖與護軍褚淵、征北張永、領軍劉勔、僕射劉秉、游擊將軍戴明

寶、驍騎將軍阮佃夫、右軍將軍王道隆、中書舍人孫千齡、員外郎楊運長集中書省計議，莫

有言者。太祖曰：「昔上流謀逆，皆因淹緩，至於覆敗。休範必遠懲前失，輕兵急下，乘我

無備。今應變之術，不宜念遠，若偏師失律，則大沮衆心。宜頓新亭、白下，堅守宮掖、東

府、石頭以待。賊千里孤軍，後無委積，求戰不得，自然瓦解。我請頓新亭以當其鋒；征

北可以見甲守白下，中堂舊是置兵地，領軍宜屯宣陽門爲諸軍節度；諸貴安坐殿中，右軍

諸人不須競出，我自前驅，破賊必矣。」因索筆下議，並注同。中書舍人孫千齡與休範有密

契，獨曰：「宜依舊遣軍據梁山，魯顯閒，右衛若不出自下，則應進頓南州。」太祖正色曰：

「賊今已近，梁山豈可得至。新亭既是兵衝，所以欲死報國耳。常日乃可屈曲相從，今不

得也。」座起，太祖顧謂劉勔曰：「領軍已同鄙議，不可改易。」乃單車白服出新亭。加太祖

使持節、都督征討諸軍〔二二〕、平南將軍，加鼓吹一部。

治新亭城壘未畢，賊前軍已至，太祖方解衣高臥，以安眾心。乃索白虎幡，登西垣，使

寧朔將軍高道慶、羽林監陳顯達、員外郎王敬則浮舸與賊水戰，自新林至赤岸，大破之，燒

其船艦，死傷甚眾。賊步上新林，太祖馳使報劉勔，急開大小桁，撥淮中船舫，悉渡北岸。

休範乘肩輿率眾至壘南，上遣寧朔將軍黃回，馬軍主周盤龍將步騎出壘對陣。休範

分兵攻壘東，短兵接戰，自巳至午，眾皆失色。太祖曰：「賊雖多而亂，尋破也。」楊運長領

三齊射手七百人，引彄命中，故賊不得逼城。未時，張敬兒斬休範首。太祖遣隊主陳靈寶

送首還臺，靈寶路中遇賊軍，埋道首道側。臺軍不見休範首，愈疑懼。賊眾亦不知休範已

死，別率杜黑蠡急攻壘東〔二三〕，司空主簿蕭惠朗數百人突入東門，叫噪至堂下，城上守門兵

披退。太祖挺身上馬，率數百人出戰，賊皆推楯而前，相去數丈，分兵橫射，太祖引滿將

發，左右將戴仲緒舉楯扞之，箭應手飲羽，傷百餘人，賊死戰不能當，乃却。眾軍復得保

南齊書卷一

八

城，與黑矟拒戰，自晡達明旦，矢石不息。其夜大雨，鼓叫不復相聞，將士積日不得寢食，

軍中馬夜驚，城內亂走，太祖秉燭正坐，厲聲呵止之，如此者數四。

賊帥丁文豪設伏破臺軍於皐荚橋，直至朱雀桁，劉勔欲開桁，王道隆不從，勔及道隆

並戰没。初，勔高尚其意，託造園宅，名爲「東山」，頗忽世務。太祖謂之曰：「將軍以顧命

之重，任兼內外，主上春秋未幾，諸王並幼沖，上流聲議，遐邇所聞，此是將軍艱難之日，而

將軍深尚從容，廢省羽翼，一朝事至，雖悔可追[一四]？」勔竟不納。

賊進至杜姥宅，車騎典籤茅恬開東府納賊[一五]，冠軍將軍沈懷明於石頭奔散，張永潰

於白下，宮內傳新亭亦陷，太后執蒼梧王手泣曰：「天下敗矣！」太祖遣軍主陳顯達、任農

夫、張敬兒、周盤龍等，從石頭濟淮，間道從承明門入衞宮闕。

休範既死，典籤許公與詐稱休範在新亭[二六]，士庶惶惑，詣壘投名者千數，太祖隨得輒

燒之，乃列兵登城北，謂曰：「劉休範父子先昨皆已即戮，屍在南岡下，身是蕭平南，諸君

善見觀！君等名皆已焚除，勿有懼也。」臺分遣衆軍擊杜姥宅、宣陽門諸賊，皆破平之。

太祖振旅凱入，百姓緣道聚觀，曰：「全國家者此公也。」

太祖與袁粲、褚淵、劉秉引咎解職，不許。遷散騎常侍、中領軍、都督南兗徐兗青冀五

州軍事、鎮軍將軍、南兗州刺史，持節如故。進爵爲公，增邑二千戶。太祖欲分其功，請益

粲等戶，更日入直決事，號爲「四貴」。秦時有太后、穰侯、涇陽、高陵君，稱爲「四貴」，至

是乃復有焉。四年，加太祖尚書左僕射，本官如故。

休範平後，蒼梧王漸行凶暴，南徐州刺史建平王景素少有令譽，朝野歸心。景素亦潛

爲自全之計，布款誠於太祖，太祖拒而不納。七月，羽林監袁祗奔景素〔二七〕，便舉兵，太祖

出屯玄武湖，遣衆軍北討，事平乃還。

太祖威名既重，蒼梧王深相猜忌，幾加大禍。陳太妃罵之曰：「蕭道成有功於國，今

若害之，後誰復爲汝著力者？」乃止。

太祖密謀廢立。五年七月戊子，帝微行出北湖，常單馬先走，羽儀禁衛隨後追之，於

堤塘相蹈藉，左右張互兒馬墜湖〔二八〕。帝怒，取馬置光明亭前，自馳騎刺殺之，因共屠割，與

左右作羌胡伎爲樂。又於蠻岡賭跳〔二九〕。際夕乃還仁壽殿東阿氈屋中寢。語左右楊玉夫：

「伺織女度，報我。」時殺害無常，人懷危懼。玉夫與其黨陳奉伯等二十五人同謀，於氈屋

中取千牛刀殺蒼梧王，稱敕，使廂下奏伎，敬則送太祖。太祖夜從承

明門乘常所騎赤馬入，殿內驚怖，既知蒼梧王死，咸稱萬歲。及太祖踐阼，號此馬爲「龍驤

將軍」，世謂爲「龍驤赤」。

明日，太祖戎服出殿庭槐樹下，召四貴集議。太祖謂劉秉曰：「丹陽國家重戚，今日

之事，屬有所歸。」秉讓不當。太祖次讓袁粲，粲又不受。太祖乃下議，備法駕詣東城，迎立順帝。於是長刀遮粲、秉等，各失色而去。

甲仗五十人入殿。丙申，進位侍中、司空、錄尚書事、驃騎大將軍，持節、都督、刺史如故，封竟陵郡公，邑五千戶，給油幢絡車，班劍三十人。太祖固辭上臺〔三〇〕，即驃騎大將軍、開府儀同三司。庚戌，進督南徐州刺史。封楊玉夫等二十五人爵邑各有差。十月戊辰，又進督豫、司二州。

初，荊州刺史沈攸之與太祖於景和世同直殿省，申以歡好，以長女義興公主妻攸之第三子元和〔三一〕。攸之為郢州，值明帝晚運，陰有異圖。自郢州遷為荊州，聚斂兵力，將吏逃亡，輒討質隣伍。養馬至二千餘匹，皆分賦戍邏將士，使耕田而食，稟財悉充倉儲。荊州作部歲送數千人仗，攸之割留，攸之怒，索刃槊，道慶馳馬而出。還都，說攸之反狀，請三千人襲之，朝議慮其事難濟，太祖又保持不許。太祖既廢立，遣攸之子司徒左長史元琰賚蒼梧王諸虐害器物示之，攸之有素書十數行，常韜在裲襠角，云是明帝與己約誓。十二月，遂舉兵。其妾崔

氏，許氏諫攸之曰：「官年已老，那不爲百口計！」攸之指衲襠角示之，稱太后令召已下

都。京師恐懼。乙卯，太祖入居朝堂[三二]，命諸將西討，平西將軍黃回爲都督前驅。

前湘州刺史王蘊，太后兄子，少有膽力，以父揩名宦不達[三三]，欲以將途自奮。每撫刀

曰：「龍淵、太阿，汝知我者。」叔父景文誡之曰：「阿答，汝滅我門戶！」蘊曰：「答與童烏

貴賤覺異。」童烏，景文子絢小字；答，蘊小字也。

與攸之密相交構。時攸之未便舉兵，蘊乃下達郢州。世祖爲郢州長史，蘊期世祖出帆，因

作亂據郢城，世祖知之，不出。蘊還至東府前，又期太祖出，太祖又不出帆，再計不行，外

謀愈固。

司徒袁粲、尚書令劉秉見太祖威權稍盛，慮不自安，與蘊及黃回等相結舉事，殿內宿

衞主帥無不協同。攸之反問初至，太祖往石頭與粲謀議，粲稱疾不相見。剋壬申夜起兵，

據石頭，劉秉惶怯，晡時，從丹陽郡載婦女入石頭，朝廷不知也。其夜，丹陽丞王遜告變，

秉從弟領軍韞及直閤將軍卜伯興等嚴兵爲內應[三四]。太祖命王敬則於宮內誅之。遣諸將

攻石頭，王蘊將數百精手帶甲赴粲，城門已閉，官軍又至，乃散。衆軍攻石頭，斬粲、劉秉

走雒檐湖[三五]，蘊逃鬪場，並禽斬之。

粲位任雖重，無經世之略，疎放好酒。步屧白楊郊野間，道遇一士大夫，便呼與酣飲。

明日，此人謂被知顧，到門求通，粲曰：「昨飲酒無偶，聊相要耳。」竟不與相見。嘗作五言詩云：「訪迹雖中宇，循寄乃滄州。」蓋其志也。

劉秉少以宗室清謹見知，孝武世，秉弟遐坐通嫡母殷氏養女，殷亡口中血出，眾疑行毒害，孝武使秉從弟祗諷秉啓證其事。秉曰：「行路之人，尚不應爾，今日迺可一門同盡，無容奉敕。」眾以此稱之。故爲明帝所任。蒼梧廢，秉出集議，於路逢弟韞，韞開車迎問秉曰：「今日之事，固當歸兄邪？」秉曰：「吾等已讓領軍矣。」韞槌胷曰：「君肉中詎有血！」

粲典籤莫嗣祖知粲謀，太祖召問嗣祖：「袁謀反，何不啓聞？」嗣祖曰：「事主義無二心，雖死不敢泄也。」蘊壻人張承伯藏匿蘊。太祖並赦而用之。黃回頓新亭，聞石頭鼓噪，率兵來赴之，朱雀舸有戍軍，受節度，不聽夜過，會石頭已平，因稱救援。太祖知而不言，撫之愈厚，遣回西上，流涕告別。

太祖屯閱武堂，馳結軍旅。閏月辛丑，詔假黃鉞，率大眾出屯新亭中興堂，治嚴築壘。教曰：「河南稱慈，諒由掩骼，廣漢流仁，實存殯朽。近袤製茲營，崇溝浚塹，古墟曩隧，時有湮移，深松茂草，或致刊薙。憑軒動懷，巡隍增愴。宜並爲收改葬，并設薄祀。」

二年正月(三六)，沈攸之攻郢城不剋，眾潰，自經死，傳首京邑。丙子，太祖旋鎮東府。

二月癸未，進太祖太尉，增封三千戶，都督南徐、南兗、徐、兗、青、冀、司、豫、荆、雍、湘、郢、梁、益、廣、越十六州諸軍事。太祖解驃騎，辭都督，不許，乃表送黃鉞。三月己酉，增班劍爲四十人、甲仗百人入殿。丙子，加羽葆鼓吹，餘並如故。

辛卯，太祖誅鎮北將軍黃回〔三七〕。

大明泰始以來，相承奢侈，百姓成俗。太祖輔政，罷御府，省二尚方諸飾玩。至是又上表禁民間華僞雜物：不得以金銀爲箔，馬乘具不得金銀度，不得織成繡裙，道路不得著錦屨，不得用紅色爲幡蓋，衣服，不得翦綵帛爲雜花，不得以綾作雜服飾，不得作鹿行錦及局脚樏柏床、牙箱籠雜物、綵帛作屏鄣、錦緣薦席，不得私作器仗，不得以七寶飾樂器又諸雜漆物〔三八〕，不得以金銀爲花獸，不得輒鑄金銅爲像。皆須墨敕，凡十七條。其中宮及諸王服用，雖依舊例，亦請詳衰。

九月丙午，進位假黃鉞，都督中外諸軍事、太傅、領揚州牧，劍履上殿，入朝不趨，贊拜不名。置左右長史、司馬、從事中郎，掾、屬各四人，使持節、太尉、驃騎大將軍、錄尚書、南徐州刺史如故。固辭，詔遣敦勸，乃受黃鉞，辭殊禮。甲寅，給三望車。

三年正月乙巳，太祖表蠲百姓逋負。丙辰，加前部羽葆鼓吹。丁巳，命太傅府依舊辟召。丁卯，給太祖甲仗五百人，出入殿省。甲午，重申前命〔三九〕，劍履上殿，入朝不趨，贊拜

不名。三月甲辰，詔進位相國，總百揆，封十郡爲齊公，備九錫之禮，加璽綬遠遊冠，位在諸侯王上，加相國綠綟綬，其驃騎大將軍、揚州牧、南徐州刺史如故。太祖三讓，公卿敦勸固請，乃受。甲寅，策相國齊公曰：

天地變通，莫大乎炎涼，懸象著明，莫崇乎日月。嚴冬播氣，貞松之操自高，光景時昏，若華之暎彌顯。是故英睿當亂而不移，忠賢臨危而盡節。自景和昏虐，王綱弛紊，太宗受命，紹開中興，運屬屯難，四郊多壘。蕭將軍震威華戎，寔資義烈，康國濟民，於是乎在。朕以不造，夙罹閔凶。嗣君失德，書契未紀。威侮五行，虔劉九縣，神歇靈繹，海水羣飛。彝器已塵，宗禋誰主，綴旒之殆，未足爲譬。豈直小宛興刺，黍離作歌而已哉。天贊皇宋，實啓明宰，爰登寡昧，纂承大業〔四〇〕，鴻緒再維，閟基重造，高勳至德，振古絕倫。昔保衡翼殷，博陸匡漢，方斯蔑如也。今將授公典禮，其敬聽朕命。

乃者，袁鄧構禍〔四一〕，寔繁有徒，子房不臣，稱兵協亂。跨蹈五湖，憑陵吳、越，浮祲虧辰，沈氛晦景。桴鼓振於王畿，鋒鏑交乎天邑。顧瞻宮掖，將成茂草，言念邦國，翦爲仇讎。當此之時，人無固志。公投袂殉難，超然奮發，執金板而先馳，登寅車而戒路。軍政端嚴，卒乘輯睦，麾鉞一臨，凶黨冰泮。此則霸業之基，勤王之始也。安

都背叛，竊據徐方，敢率犬羊，陵虐淮涘。索兒愚悖，同惡相濟，天祚無象，背順歸逆，

北鄙黔黎，奄墜塗炭，均人廢職，邊師告警。公受命宗祊，精貫朝日，擁節和門，氣踰

霄漢。破釜之捷，斬馘蔽野，石梁之戰，禽其渠帥。保境全民，江陽即序，此又公之功

也。張淹迷昧，弗顧本朝，受自南區〔四二〕。志圖東夏，潛軍閒入，竊覦不虞。于時江服

未夷，皇塗荐阻。公忠誠慷慨，在險彌亮，深識九變，妙察五色，以寡制眾，所向風偃。

朝廷無東顧之憂，閩越有來蘇之慶，此又公之功也。匈奴野心，侵掠疆場，前師失律，

王旅崩撓，灑血成川，伏尸千里。醜羯偽張，勢振彭、泗，乘勝長驅，窺覦京甸，冠帶之

軌將湮，被髮之容行及。公奉辭伐罪，戒旦晨征，兵車始交，氛祲時蕩，弔死撫傷，弘

宣皇澤，俾我淮、肥。復沾盛化，此又公之功也。自茲厥後，獫狁孔熾，封豕長蛇，重

窺上國。而世故相仍，師出日老，戰士無臨陣之心，戎卒有懷歸之思。是以下邳精

甲，望風振恐，角城高壘，指日淪陷。公眷言王事，發憤忘食，躬擐甲冑，視險若夷，短

兵纔接，巨猾鳥散。分疆畫界，開創青、兗，此又公之功也。泰始之末，入參禁旅，任

兼軍國，事同顧命。桂陽負眾，輕問九鼎，裂冠毀冕，拔本塞源，入兵萬乘之國，頓戟

象魏之下，烈火焚於王城，飛矢集乎君屋。機變儵忽，終古莫二，羣后憂惶，元戎無

主。公按劍凝神，則奇謀貫世，秉旄指麾，則懦夫成勇。曾不崇朝，新亭獻捷，信宿之

閒，宣陽底定。雲霧廓清，區宇康乂，此又公之功也。皇室多難，釁起戚蕃，邢、晉、應、韓，翻爲讎敵，建平失圖，興兵內侮。公又指授六師，義形乎色，役未踰旬，朱方寧晏，此又公之功也。蒼梧肆虐，諸夏糜沸〔三〕，淫刑以逞，誰則無罪。火炎崐岡，玉石俱焚，黔首相悲，朝不謀夕。高祖之業已淪，文、明之軌誰嗣〔四〕。公遠稽殷、漢之義，近遵魏、晉之典，猥以眇身，入奉宗祐。七廟清謐，九區反政，此又公之功也。袁粲無質，劉秉攜貳，韞、述相扇〔五〕，成此亂階。醜圖潛構，危機竊發，據有石頭，志犯宸路。公神謀內運，凝威江甸，正情與曒日同亮，明略與秋雲競爽。國塗悅穆，此又公之功也。沈攸之苞禍〔六〕，歲月滋彰，蜂目豺聲，阻兵安忍。哀彼荊漢，獨爲匪民，乃眷西顧，緬同異域。而經綸維始，九伐未申，長惡不悛，遂逞凶逆。驅合姦回，勢過虓虎，朝野憂疑，三軍沮氣。公秉鉞出關，凝威江甸，正情與曒日同亮，明略與秋雲競爽。至義所感，人百其心，鼙鼓一麾，夏首寧謐，雲梯未舉，魯山剋定。積年逋誅，一朝顯戮，沮浦安流，章臺順軌。公有濟天下之勳，重之以明哲，道庇生民，志匡宇宙，勠力肆心，此又公之功也。王室自東徂西，靡有寧晏，險阻艱難，備嘗之矣。若乃締構宗稷之勤，造物資始之澤，雲布霧散，光被六幽，弼予一人，永清四海。是以秬草騰芳於郊園，景星垂暉於清漢，遐方款關而慕義，荒服重譯而來庭。汪哉邈乎〔七〕！無得而名焉。

朕聞疇庸表德，前王盛典，崇樹侯伯，有國攸同。所以文命成功，玄珪顯錫，姬旦秉哲，曲阜啓蕃。或改玉以弘風，或胙土以宣化，禮絕常班，寵冠羣辟，爰逮桓文，車服異數。惟公勳業超於先烈，而襃賞闕於舊章，古今之道，何其爽歟？靜言欽歎，良有缺然。今進授相國，以青州之齊郡、徐州之梁郡、南徐州之蘭陵、魯郡、琅邪、東海、晉陵、義興、揚州之吳郡、會稽，凡十郡，封公爲齊公。錫茲玄土，苴以白茅，定爾邦家，用建冢社。斯實尚父故蕃，世作盟主，紀綱侯甸，率由舊則。往者周、邵建國，師保兼任，毛、畢執珪，入作卿士，內外之寄〔四八〕同規在昔。命使持節、兼太尉、侍中、中書監、司空、衞將軍、雩都縣開國侯淵授相國印綬〔四九〕、齊公璽綬，持節、兼司空副〔五〇〕、守尚書令僧虔授齊公茅土，金虎符第一至第五左，竹使符第一至第十左。相國位總百辟，秩踰三鉉〔五一〕，職以禮移，號隨事革。其以相國總百辟〔五二〕，去録尚書之稱。送所假節、侍中貂蟬、中外都督太傅太尉印綬，竟陵公印策。其驃騎大將軍、揚州牧、南徐州刺史如故。

又加公九錫，其敬聽後命：以公秉禮弘律，儀刑區宇，遐邇一體，民無異業，是用錫公大輅、戎輅各一，玄牡二駟。公崇脩南畝，所寶惟穀，王府充實，百姓繁阜，是用錫公袞冕之服，赤舄副焉。公居身以謙，導物以義，鎔鈞庶品，罔不和悅，是用錫公軒

縣之樂，六佾之儛。公翼贊王猷，聲教遠洽，蠻夷竭歡，回首內附，是用錫公朱戶以居。公明鑒人倫，澄辨涇渭，官方與能，英乂克舉，是用錫公納陛以登。公保佑皇朝，厲身化下，杜漸防萌，含生賴式，是用錫公虎賁之士三百人。公禦冗以刑，禦姦以德，君親無將，將而必誅，是用錫公鈇鉞各一。公鳳舉四維，龍騫八表，威靈所振，異域同文，是用錫公彤弓一、彤矢百、玈弓十、玈矢千。公明發載懷，蕭恭禋祀，孝敬之重，義感靈祇，是用錫公秬鬯一卣，珪瓚副焉。齊國置丞相以下，一遵舊式。往欽哉！其祇服朕命，經緯乾坤，宏亮洪業，茂昭爾大德，闡揚我高祖之休命。

太祖三讓，公卿敦勸固請，乃受之。

丁巳，下令赦國內殊死以下，今月十五日昧爽以前，一皆原赦，鰥寡孤獨不能自存者，賜穀五斛，府州所領，亦同蕩然。

宋帝詔齊公十郡之外，隨宜除用。以齊國初建，給錢五百萬，布五千匹，絹五千匹。四月癸酉，詔進齊公爵爲王，以豫州之南梁、陳郡、潁川、陳留、南兗州之盱眙、山陽、秦郡、廣陵、海陵、南沛十郡增封。使持節、司空、衛將軍褚淵奉策授璽綬，金虎符第一至第五左，竹使符第一至第十右，錫茲玄土，苴白茅〔五三〕，改立王社。相國、揚州牧、驃騎大將軍、南徐州刺史如故。丙戌，命齊王冕十有二旒，建天子旌旗，出警入蹕，乘金根車，駕六馬，

備五時副車，置旄頭雲罕，樂儛八佾，設鍾虡宮縣。王世子爲太子，王女王孫爵命一如舊儀。

辛卯，宋帝禪位，下詔曰：

惟德動天，玉衡所以載序，窮神知化，億兆所以歸心，用能經緯乾坤，彌綸宇宙，闡揚鴻烈，大庇生民。晦往明來，積代同軌，前王踵武，世必由之。宋德湮微，昏毀相襲，景和騁悖於前[五四]，元徽肆虐於後，三光再霾，七廟將墜，璇極委馭，含識知泯，我文、武之祚，眇焉如綴。靜惟此猋，夕惕疚心。

相國齊王，天誕叡聖，河嶽炳靈，拯傾提危，澄氛靜亂，匡濟艱難，功均造物。宏謀霜照，祕箅雲回，旌旆所臨，一麾必捷，英風所拂，無思不偃，表裏清夷，遐邇寧謐[五五]。既而光啓憲章，弘宣禮教，姦宄之類，覿隆威而隔情，慕善之儔，仰徽猷而增厲。道邁於重華，勳超乎文命，蕩蕩乎無得而稱焉。是以辮髮左衽之酋，款關請吏，木衣卉服之長，航海來庭，豈惟肅慎獻楛，越嘗薦翬而已哉。故四奧載宅，六府克和，川陸効珍，禎祥鱗集，卿煙玉露，旦夕揚藻，嘉穟芝英，晷刻呈茂。革運斯炳，代終彌亮，負扆握樞，允歸明哲，固以獄訟去宋，謳歌適齊。

昔金政既淪，水德締構，天之曆數，皎焉攸徵。朕雖寡昧，闇于大道，稽覽隆替，

為日已久，敢忘列代遺則，人神至願乎？便遜位別宮，敬禪于齊，一依唐虞、魏晉故事。

是日宋帝遜于東邸，備羽儀，乘畫輪車，出東掖門，問今日何不奏鼓吹，左右莫有答者。

壬辰，策命齊王曰：

伊太古初陳，萬物紛綸，開耀靈以鑑品物，立元后以馭蒸人。若夫容成、大庭之世，宓義、五龍之辰，靡得而詳焉。自軒黃以降，墳素所紀，略可言者，莫崇乎堯舜[五六]。披金繩而握天鏡，開玉匣而總地維，德之休明，宸居靈極。期運有終，歸禪與能。所以大唐遜位，謿然興歌[五七]，有虞揖讓，卿雲發采。亮符命之攸臻，坦至公以成務，懷生載懌，靈祇効祉，遺風餘烈，光被無垠。漢魏因循，弗敢失墜，爰逮晉氏，亦遵前儀。惟我祖宗英叡，勳格幽顯，從天人而齊七政，凝至德而撫四維。末葉不造，仍世多故，難滅星謀[五八]，山淪川竭。

惟王聖哲淵明，榮鏡寓宙，體望日之威，資就雲之澤，臨下以簡，御衆以寬，仁育羣生，義征不譓，國塗荐阻，弘五慮而乂寧，皇緒將湮，秉六術以匡濟。及至權臣內侮，蕃屏陵上，兵革雲翔，萬邦震駭，裁之以武風，綏之以文化，遐邇清夷，退邇清夷，表裏肅穆。戡珤戈而事繭褫，委旌門而恭儒館，聲化遠洎，荒服無塵，殊類同規，華戎一揆。是以

五光來儀於軒庭，九穗含芳於郊牧。象緯昭澈，布新之符已顯，圖讖彪炳，受終之義既彰。靈祇乃眷，兆民引領。朕聞至道深微，惟人是弘，天命無常，惟德是與。所以仰鑒玄情，俯察羣望，敬禪神器，授帝位于爾躬。四海困窮，天祿永終。於戲！王其允執厥中，儀刑前式，以副率土之欣望。命司裒而謁蒼昊，奏雲門而升圓丘，時膺大禮，永保洪業，豈不盛歟！

再命璽書曰：

皇帝敬問相國齊王。大道之行，與三代之英，朕雖闇昧，而有志焉。夫昏明相襲，晷景之恒度，春秋遞運，時歲之常序。求諸天數，猶且隆替，矧伊在人，能無終謝。

是故勛華弘風於上葉，漢魏垂式於後昆。

昔我高祖，欽明文思，振民育德，皇靈眷命，奄有四海。晚世多難，姦宄寔繁，蠢鼓宵聞，元戎旦警，億兆夷人，啓處靡厝。加以嗣君荒忿，斁虐萬方，神鼎將遷，寶策無主，實賴英聖，匡濟艱危。惟王體天則地，舍弘光大，明並日月，惠均雲雨。國步斯梗，則稜威外發，王猷不造，則淵謨內昭。重構閩、吳，再寧淮、濟，靜九江之洪波，卷海沂之氛沴〔五九〕。放斥凶昧，存我宗祀，舊物惟新，王光改照〔六〇〕。逮至寵臣裂冠，則裁以廟略，荊漢反噬，則震以雷霆。麾斾所臨，風行草靡，神筭所指，龍舉雲屬。諸夏廓

清，戎翟思難，與文偃武，闡揚洪烈。明保沖昧，翱翔禮樂之場，撫柔黔首，咸濟仁壽之域〔六二〕。自霜露所墜，星辰所經，正朔不通，人跡罕至者，莫不踰山越海，北面稱蕃，款關重譯，脩其職貢。是以禎祥發采，左史載其奇，玄象垂文，保章審其度，鳳書表肆類之運，龍圖顯班瑞之期。重以珠衡日角，神姿特挺，君人之義，在事必彰。書不云乎「皇天無親，惟德是輔」。民心無常，惟惠之懷。神祇之眷如彼，蒼生之願如此。笙管變聲，鍾石改調。朕所以擁琁持衡，傾佇明哲。

昔金德既淪，而傳祚于我有宋，曆數告終，寔在茲日，亦以水德而傳于齊。式遵前典，廣詢羣議，王公卿士，咸曰惟宜。今遣使持節、兼太保、侍中、中書監、司空、衞將軍、零都縣侯淵，兼太尉、守尚書令僧虔奉皇帝璽綬，受終之禮，一依唐虞故事。王其允副幽明，時登元后，寵綏八表，以酬昊天之休命。

太祖三辭，宋帝王公以下固請。兼太史令、將作匠陳文建奏符命曰：「六，九位也。後漢自建武至建安二十五年，一百九十六年而禪魏；魏自黃初至咸熙二年〔六三〕，四十六年而禪晉；晉自泰始至元熙二年，一百五十六年而禪宋；宋自永初元年至昇明三年，凡六十年⋯⋯咸以六終六受。六，九位也。驗往揆今，若斯昭著。敢以職任，備陳管穴。伏願順天時，膺符瑞。」二朝百辟又固請。尚書右僕射王儉奏：「被宋詔遜位。臣等參議，宜剋日興駕

受禪，撰立儀注。」太祖乃許焉。

　史臣曰：案太一九宮占推漢高五年，太一在四宮，主人與客俱得吉計，先舉事者勝，是歲高祖破楚。晉元興二年，太一在七宮，太一為帝，天目為輔佐，迫脅太一，是年安帝為桓玄所逼出宮。大將在一宮，參相在三宮，格太一。經言格者，已立政事，上下格之，不利有為，安居之世，不利舉動。元興三年，太一在七宮，宋武破桓玄。元嘉元年，太一在六宮，不利有為，徐、傅廢營陽王。七年，太一在八宮，關囚惡歲，大小將不得立，其年到彥之北伐，初勝後敗，客主俱不利。十八年，太一在二宮，客主俱不利，是歲氏楊難當寇梁、益，來年仇池破。十九年，大小將皆見關不立，凶，其年裴方明伐仇池，剋百頃，明年失之。泰始元年，太一在二宮，為大小將奄擊之，其年景和廢。二年，太一在三宮，不利先起，主人勝，其年晉安王子勛反。元徽二年，太一在六宮，先起敗，是歲桂陽王休範反，並伏誅。四年，太一在七宮，先起者客，西北走，其年建平王景素敗。昇明元年，太一在七宮，不利為客，安居之世，舉事為主人，應發為客，袁粲、沈攸之等反，伏誅。是歲太一在杜門，臨八宮，宋帝禪位，不利為客，安居之世，舉事為主人，禪代之應也。

策文「難滅星謀」，疑。

校勘記

〔一〕闓生吳郡太守永　「永」，梁書卷一武帝紀上、新唐書卷七一下宰相世系表下作「冰」。

〔二〕徙爲威烈將軍　「威烈」，殿本作「武烈」。

〔三〕承之理民直亦不在武幹後　「承之」，原作「諱」，依例改。下皆仿此，不另出校。

〔四〕今擬爲兗州□□檀征南詳之　「□□」，三朝本、南監本、北監本、汲本、殿本、局本作「刺史」。張元濟校勘記云：「疑『□□檀征南詳之』七字句。」

〔五〕健與僞馮翊太守蒲旱子悉力出戰　「蒲旱子」，殿本、宋書卷七八蕭思話傳作「蒲旱子」。

〔六〕梁土民思之　「土」，殿本作「士」。按册府卷六八二牧守部、卷八二〇總録部並作「土」，又南史卷四齊本紀上此句作「梁土思之」。

〔七〕二十三年雍州刺史蕭思話鎮襄陽　「二十三年」，宋書卷五文帝紀、卷七八蕭思話傳繫其事於二十五年。按册府卷一八四閏位部亦作「二十三年」。

〔八〕初爲左軍中兵參軍　「左軍」，册府卷一八四閏位部作「右軍」。宋書卷七八蕭思話傳載思話時爲右將軍。按魏書卷九八島夷蕭道成傳亦作「左軍」。

〔九〕太祖與質別軍主胡宗之等五軍　「胡宗之」，宋書卷五文帝紀、卷四七劉懷肅傳、卷九五索虜

〔一〇〕梁州刺史劉秀之遣司馬馬注助太祖攻談堤城　「馬注」，南監本、元大德本南史卷四齊本紀上、宋本册府卷一八四閏位部、通鑑卷一二六宋紀八文帝元嘉二十九年作「馬汪」，按明本册府卷一八四閏位部作「馬注」。

〔一一〕西陽王撫軍參軍　「西陽王」，原作「西陵王」，張森楷校勘記云：「終宋世無『西陵王』，『陵』當爲『陽』，各本並訛。」按宋書卷八〇豫章王子尚傳，子尚孝建三年封西陽王，大明二年加撫軍將軍。當作「西陽王」，今改正。

〔一二〕爲北中兵參軍　「北」下原衍「軍」字，錢大昕考異卷二五云：「按子鸞以北中郎將領南徐州刺史，太祖爲其僚屬，當云『北中郎中兵參軍』，此多一『軍』字。」今改正。

〔一三〕與賊前鋒將程捍孫曇瓘等戰　「程捍」，宋書卷八四孔覬傳作「程捍宗」，南史卷二七孔琳之傳、通鑑卷一三一明帝泰始二年作「程捍宗」。

〔一四〕乃編梭皮爲馬具裝　「梭」，原作「梭」，據三朝本、北監本、汲本、殿本、局本改。

〔一五〕析竹爲寄生　「析」，南史卷四齊本紀上、御覽卷九五九引齊書作「折」。

〔一六〕虜遂退至淮北　「退」，南監本、局本作「進」。張森楷校勘記云：「是時魏兵轉南，安得云退。」按册府卷一八四閏位部亦作「退」。

〔一七〕蕭道成當爲天子　「道成」，原作「諱」，依例改。下皆仿此，不另出校。

〔八〕太子左衞率 御覽卷一二九引蕭子顯齊書作「太子右衞率」。

〔九〕招聚亡命 「亡命」，三朝本、南監本、北監本、汲本、殿本、局本作「士衆」。按册府卷一八四閏位部亦作「亡命」。

〔一〇〕元徽二年五月舉兵於尋陽收略官民數日便辦 「便辦」，三朝本、南監本、北監本、殿本、局本作「得士」。按册府卷一八四閏位部亦作「便辦」。

〔一一〕悉乘商旅船舫 「舫」，南監本、北監本、殿本、局本作「艦」，三朝本、汲本此處闕。

〔一二〕加太祖使持節都督征討諸軍 「軍」下汲本、局本、南史卷四齊本紀上、建康實錄卷一五有「事」字。

〔一三〕別率杜黑蠡急攻墨東 「杜黑蠡」，宋書卷七九桂陽王休範傳作「杜墨驟」，魏書卷九七島夷劉裕傳作「杜墨驟」，通鑑卷一三三宋紀一五蒼梧王元徽二年作「杜黑驟」，考異云：「宋書、南齊書作『黑蠡』，今從宋略。」

〔一四〕雖悔可追 「可」，北監本、汲本、殿本、局本、册府卷三三六宰輔部作「何」。

〔一五〕車騎典籤茅恬開東府納賊 「車騎典籤茅恬」，宋書卷九後廢帝紀、卷七九桂陽王休範傳作「撫軍典籤茅恬」，南史卷一四桂陽王休範傳作「撫軍長史褚澄」，通鑑卷一三三宋紀一五蒼梧王元徽二年作「車騎長史褚澄」，考異云：「宋書作『撫軍典籤茅恬開東府納賊』，南齊書作『車騎典籤茅恬』，蓋皆爲褚澄諱澄耳，今從宋略。」

南齊書卷一　　　　　　　　　　　　二八

〔二六〕典籤許公與詐稱休範在新亭　「許公與」，宋書卷七九桂陽王休範傳、金樓子說蕃篇、册府卷一八四闕位部、通鑑卷一三三宋紀一五蒼梧王元徽二年作「許公輿」，疑是。

〔二七〕羽林監袁祗奔景素　「袁祗」，宋書卷七二文九王建平宣簡王宏傳附劉景素傳、南史卷一宋宗室及諸王下建平宣簡王宏傳附劉景素傳、南史卷一宗室及諸王下建平宣簡王宏傳附劉景素傳、册府卷八七五總錄部作「垣祗祖」。按册府卷一八四闕位部亦作「袁祗」。

〔二八〕左右張互兒馬墜湖　「張互兒」，南史卷三宋本紀下、建康實錄卷一四作「張五兒」。按宋書卷九後廢帝紀云張五兒爲後廢帝左右人。

〔二九〕又於蠻岡賭跳　「蠻岡」，通鑑卷一三四宋紀一六順帝昇明元年作「臺岡」。

〔三〇〕太祖固辭上台　「上台」，三朝本、南監本、北監本、汲本、殿本、局本作「上命」。按册府卷一八四闕位部亦作「上台」。

〔三一〕以長女義興公主妻攸之第三子元和　「元和」，宋書卷七四沈攸之傳、南史卷三七沈慶之傳附沈攸之傳、册府卷一八四闕位部、通鑑卷一三四宋紀一六順帝昇明元年作「文和」。

〔三二〕乙卯太祖入居朝堂　「乙卯」，宋書卷一〇順帝紀、通鑑卷一三四宋紀一六順帝昇明元年作「丁卯」，疑是。按十二月庚戌朔，初六乙卯，初八丁巳，十八日丁卯，丁巳後不當有乙卯。

〔三三〕以父揩名宦不達　「揩」，宋書卷八五王景文傳作「楷」。

〔三四〕秉從弟領軍韞及直閤將軍卜伯興等嚴兵爲内應　「韞」，原作「韜」，據殿本改。按「韞」即劉

韞，本書卷二六王敬則傳、宋書卷一〇順帝紀、卷五一宗室長沙景王道憐傳附劉韞傳、南史卷
四齊本紀上、冊府卷三七九將帥部記此事皆作「韞」。

〔二五〕劉秉走雒檐湖 「雒檐湖」，宋書卷五一宗室長沙景王道憐傳附劉秉傳、魏書卷九八島夷蕭道
成傳作「額檐湖」，南史卷四齊本紀上、通鑑卷一三四宋紀一六順帝昇明元年作「額檐湖」。

〔二六〕二年正月 「二年」，當爲昇明二年，朱季海校議云：「元徽五年後，但書『迎立順帝』，而不書
改元，遂令下文『二年』云云，竟無紀元。」

〔二七〕辛卯太祖誅鎮北將軍黃回 宋書卷一〇順帝紀繫此事於四月辛卯。按是年三月戊申朔，無
辛卯。四月戊寅朔，十四日辛卯。

〔二八〕不得以七寶飾樂器又諸雜漆物 「漆」，通鑑卷一三四宋紀一六順帝昇明二年胡注引蕭子顯
齊書作「飾」。按御覽卷一二九引蕭子顯齊書此句無「又諸雜漆物」五字。

〔二九〕甲午重申前命 按是年正月癸卯朔，無甲午，二月癸酉朔，二十二日甲午。疑上奪「二月」
二字。

〔三〇〕纂承大業 「承」，冊府卷一八四閏位部作「茲」。按蕭道成父名承之，策文不當犯其家諱，疑
作「茲」是。

〔三一〕乃者袁鄧構禍 「袁鄧」，原作「袁劉」，據南史卷四齊本紀上、冊府卷一八四閏位部改。

〔三二〕受自南區 「受」，北監本、殿本、南史卷四齊本紀上、冊府卷一八四閏位部作「爰」。

〔四三〕 諸夏麋沸 「夏」,原作「憂」,據南監本、北監本、汲本、殿本、局本、南史卷四齊本紀上、冊府卷一八四閏位部改。

〔四四〕 文明之軌誰嗣 「文」,原作「大」,據南史卷四齊本紀上、冊府卷一八四閏位部改。

〔四五〕 韜述相嗣 「韜」,原作「韜」,據冊府卷一八四閏位部改。按張森楷校勘記云:「『韜』當作『韜』,韜、述謂劉韜、劉述也。」

〔四六〕 沈攸之苞禍 「苞禍」,冊府卷一八四閏位部作「苞藏禍釁」。

〔四七〕 汪哉逸乎 「汪」,原作「注」,據南史卷四齊本紀上、宋本冊府卷一八四閏位部改。

〔四八〕 內外之寄 「寄」,南監本、北監本、汲本、殿本、局本、南史卷四齊本紀上作「寵」。按冊府卷一八四閏位部亦作「寄」。

〔四九〕 命使持節兼太尉侍中中書監司空衛將軍雩都縣開國侯淵授相國印綬 「命」,南監本、北監本、汲本、殿本、局本作「今命」,冊府卷一八四閏位部作「可命」。「授」下南監本、北監本、汲本、殿本、局本有「公」字。

〔五〇〕 兼司空副 「副」,南監本、北監本、汲本、殿本、局本無。

〔五一〕 秩踰三鉉 「三鉉」,南監本、北監本、汲本、殿本、局本作「三事」。按冊府卷一八四閏位部亦作「三鉉」。

〔五二〕 其以相國總百辟 「百辟」,南監本、北監本、汲本、殿本、局本作「百揆」。按冊府卷一八四閏

〔三〕位部亦作「百辟」。

〔三〕金虎符第一至第五左竹使符第一至第十左錫茲玄土苴白茅　此二十五字，南監本、局本無。

〔西〕景和騁悖於前　「騁」，原作「聘」，據三朝本、南監本、北監本、汲本、殿本、局本改。

〔宝〕遐邇寧謐　「謐」，原作「謐」，據三朝本、南監本、北監本、汲本、殿本、局本改。

〔买〕莫崇乎堯舜　「莫」，原作「其」，據南監本、北監本、汲本、殿本、局本改。

〔芺〕大唐遂位謗然興歌　「謗」，南監本作「詼」。

〔宍〕難滅星謀　南監本、殿本作「日蝕星隕」。

〔兕〕卷海沂之氛沴　「沂」，汲本、局本作「圻」。

〔公〕王光改照　「王」，南監本、北監本、汲本、殿本、局本作「三」。

〔六〕咸濟仁壽之域　「濟」，南監本作「躋」。

〔六〕魏自黄初至咸熙二年　「魏」字原無，據三朝本、南監本、北監本、汲本、殿本、局本補。

南齊書卷二

本紀第二

高帝下

建元元年夏四月甲午，上即皇帝位於南郊，設壇柴燎告天曰：「皇帝臣道成敢用玄牡〔一〕，昭告皇皇后帝。宋帝陟鑒乾序，欽若明命，以命于道成。夫肇自生民，樹以司牧，所以闡極則天，開元創物，肆茲大道。天下惟公，命不于常。昔在虞、夏，受終上代，粵自漢、魏，揖讓中葉，咸炳諸典謨，載在方册。水德既微，仍世多故，寔賴道成匡拯之功，以弘濟于厥艱。大造顛墜，再構區宇，宣禮明刑，締仁緝義。暑緯凝象，川岳表靈，誕惟天人，罔弗和會。乃仰協歸運，景屬與能，用集大命于茲。辭德匪嗣，至于累仍，而羣公卿士，庶尹御事，爰及黎獻，至于百戎，僉曰『皇天眷命，不可以固違，人神無託，不可以曠主』。畏

天之威，敢不祗從鴻曆。敬簡元辰，虔奉皇符，升壇受禪，告類上帝，以永答民衷，式敷萬

國。惟明靈是饗！」

禮畢，大駕還宮，臨太極前殿。詔曰：「五德更紹，帝迹所以代昌，三正迭隆，王度所

以改耀。世有質文，時或因革，其資元膺曆，經道振民，固以異術同揆，殊流共貫者矣。朕

以寡昧，屬值艱季，推肆勤之誠，藉樂治之數，賢能悉心，士民致力，用獲拯溺龕暴，一匡天

下。業未參古，功殆侔昔。宋氏以陵夷有徵〔一〕，曆數攸及，思弘樂推，永鑒崇替，爰集天

禄于朕躬。惟志菲薄，辭弗獲昭，遂欽從天人，式緖景命，祗月正于文祖，升禋毖于上帝。

猥以寡德，光宅四海，纂革代之蹤，託王公之上，若涉淵水，罔知所濟。寶祚初啓，洪慶惟

新，思廣利澤，宣被億兆，可大赦天下。賜民爵二級，文武進位

二等，鰥寡孤獨不能自存者穀人五斛。通租宿債勿復收。有犯鄉論清議，贓汙淫盜，一皆

蕩滌，洗除先注，與之更始。長徒敕繫之囚，特皆原遣。亡官失爵，禁錮奪勞，一依舊典。」

封宋帝爲汝陰王，築宮丹陽縣故治，行宋正朔，車旗服色，一如故事，上書不爲表，答

表不稱詔。宋晉熙王燮爲陰安公〔二〕，江夏王躋爲沙陽公，隨王翽爲舞陰公，新興王嵩爲

定襄公，建安王禧爲荔浦公，郡公主爲縣君，縣公主爲鄉君。詔曰：「繼世象賢，列代盛

典，疇庸嗣美，前載令圖。宋氏通侯，乃宜隨運省替。但欽德懷義，尚表墳間，況功濟區

夏，道光民俗者哉。降差之典，宜遵往制。南康縣公華容縣公可爲侯〔四〕，萍鄉縣侯可爲

伯，減户有差，以繼劉穆之、王弘、何無忌後。」

以司空褚淵爲司徒，吳郡太守柳世隆爲南豫州刺史。

宜弘慶宥，廣敷蠲汰〔五〕。劫賊餘口没在臺府者，悉原放〔六〕。諸負釁流徒〔七〕，普聽還

本。」以齊國左衛將軍陳顯達爲中護軍，中領軍王敬則爲南兖州刺史，左衛將軍李安民爲

中領軍。戊戌，以荊州刺史嶷爲尚書令、驃騎大將軍、開府儀同三司，揚州刺史，冠軍將軍

映爲荊州刺史，西中郎將晃爲南徐州刺史，冠軍將軍垣崇祖爲豫州刺史，驃騎司馬崔文仲

爲徐州刺史。

斷四方上慶禮。己亥，詔曰：「自盧井毁制，農桑易業，鹽鐵妨民，貨鬻傷治，歷代成

俗，流蠹歲滋。思拯遺弊〔八〕，革末反本，使公不專利，民無失業。二宮諸王，悉不得營立

屯邸，封略山湖。太官池籞，宮停稅人〔九〕，優量省置。」庚子，詔「宋帝后蕃王諸陵，宜有

守衛」。有司奏帝陵各置長一人，兵有差，王陵五人，妃嬪三人。

五月丙午，進河南王吐谷渾拾寅號驃騎大將軍。詔曰：「宸運革命，引爵改封，宋氏

第秩，雖宜省替，其有預効屯夷，宣力齊業者，一仍本封，無所減降。」有司奏留襄陽郡公張

敬兒等六十二人，除廣興郡公沈曇亮等百二十二人。改元嘉曆爲建元曆，木德盛卯終未，

以正月卯祖,十二月未臘。辛未〔一〇〕,詔曰:「設募取將,懸賞購士,蓋出權宜,非曰恒制。

頃世艱險,浸以成俗,且長逋逸,開罪山湖。是爲黥刑不辱,亡竄無咎。自今以後,可斷眾募。」壬子,詔封佐命文武功臣新除司徒褚淵等三十一人,進爵增戶各有差。乙卯,河南王

吐谷渾拾寅奉表貢獻〔一一〕。丙辰,詔遣大使分行四方,遣兼散騎常侍十二人巡行。辛酉,陰安公

劉燮等伏誅。追謚上兄道度爲衡陽元王,道生爲始安貞王。丙寅,追尊皇考曰宣皇帝,

皇妣爲孝皇后,妃爲昭皇后〔一二〕。

六月辛未,詔「相國驃騎中軍三府職,可依資勞度二宮,若職限已盈,所餘可賜滿」。

壬申,以游擊將軍周山圖爲兗州刺史。乙亥,詔曰:「宋末頻年戎寇,兼災疾凋損,或枯骸

不收,毀櫬莫掩,宜速宣下埋藏營岬。若標題猶存,姓字可識,可即運載,致還本鄉。」有司

奏遣外監典事四人,周行離門外三十五里爲限。其餘班下州郡。無棺器標題者,屬所以

臺錢供市。庚辰,七廟主備法駕即于太廟。詔「諸將及客,戮力艱難,盡勤直衛,其從還宮

者,普賜位一階」。辛巳,罷荆州刺史〔一三〕。甲申,立皇太子賾〔一四〕。斷諸州郡禮慶。見刑

入重者,降一等,并申前赦恩百日。立皇子嶷爲豫章王,映爲臨川王,晃爲長沙王,曅爲武

陵王,暠爲安成王,鏘爲鄱陽王,鑠爲桂陽王,鑑爲廣興王〔一五〕,皇孫長懋爲南郡王。乙酉,

葬宋順帝于遂寧陵。

秋七月丁未，詔曰：「交阯比景[六]，獨隔書朔，斯乃前運方季，負海不朝，因迷遂往，歸款莫由。曲赦交州部內，李叔獻一人即撫南土，文武詳才選用。并遣大使宣揚朝恩。」以試守武平太守、行交州府事李叔獻爲交州刺史。丙辰，以虜僞茄蘆鎮主陰平公楊廣香爲沙州刺史。丁巳，詔「南蘭陵桑梓本鄉，長鬝租布，武進王業所基，復十年」。

九月辛丑，詔「二吳、義興三郡遭水，減今年田租」。乙巳，以新除尚書令、驃騎將軍豫章王嶷爲荊、湘二州刺史[七]，平西將軍臨川王映爲揚州刺史。丙午，司空褚淵領尚書令。戊申，車駕幸宣武堂宴會，詔諸王公以下賦詩。

冬十月丙子，立彭城劉胤爲汝陰王，奉宋帝後。己卯，車駕殷祠太廟。辛巳，詔曰：「朕嬰綴世務，三十餘歲，險阻艱難，備嘗之矣。末路屯夷，戎車歲駕，誠藉時來之運，實資士民之力。宋元徽二年以來，諸從軍得官者，未悉蒙祿，可催速下訪，隨正即給。才堪餘任者，訪洗量序。若四州士庶，本鄉淪陷，簿籍不存，尋校無所，可聽州郡保押，從實除奏。或戍扞邊役，未由旋反，聽於同軍各立五保，所隸有司，荒遠闕中正者，特許據軍簿奏除。時爲言列。」汝陰太妃王氏薨，追贈爲宋恭皇后。

十一月庚子，以太子左衛率蕭景先爲司州刺史。辛亥，立皇太子妃裴氏。甲申[八]，

封功臣驃騎長史江謐等十人爵戶各有差。

二年春正月戊戌朔，大赦天下。以司空、尚書令褚淵爲司徒，中軍將軍張敬兒爲車騎將軍，中領軍李安民爲領軍將軍，中護軍陳顯達爲護軍將軍。辛丑，車駕親祠南郊。癸卯，詔索虜寇淮、泗，遣衆軍北伐[一九]，內外纂嚴。

二月丁卯，虜寇壽陽，豫州刺史垣崇祖破走之。置巴州。壬申，以三巴校尉明慧昭爲巴州刺史。戊子，以寧蠻校尉蕭赤斧爲雍州刺史，南蠻長史崔惠景爲梁南秦二州刺史。辛卯，詔西境獻捷，解嚴。癸巳，遣大使巡慰淮、肥，徐、豫邊民尤貧遭難者，刺史二千石量加賑卹。甲午，詔「江西北民避難流徙者，制遣還本，蠲今年租稅。單貧及孤老不能自存者，即聽番籍，郡縣押領」。

三月丁酉，以侍中西昌侯鸞爲郢州刺史[二〇]。戊戌，以護軍將軍陳顯達爲南兗州刺史，吳郡太守張岱爲中護軍。己亥，車駕幸樂遊宴會[二一]，王公以下賦詩。辛丑，以征虜將軍崔祖思爲青冀二州刺史[二二]。

夏四月丙寅，進高麗王樂浪公高璉號驃騎大將軍。

五月，立六門都牆。

六月癸未，詔「昔歲水旱，曲赦丹陽、二吳、義興四郡遭水尤劇之縣，元年以前，三調未充，虛列已畢，官長局吏應共償備外，詳所除宥」。

秋七月甲寅，以輔國將軍盧紹之爲青冀二州刺史。戊午，皇太子妃裴氏薨。

閏月辛巳，遣領軍將軍李安民行淮、泗。庚寅，索虜攻朐山，青冀二州刺史盧紹之等破走之。

冬十一月戊子，以氐楊後起爲秦州刺史。

十二月戊戌，以司空褚淵爲司徒。乙巳，車駕幸中堂聽訟。壬子，以驃騎大將軍豫章王嶷爲司空、揚州刺史，前將軍臨川王映爲荊州刺史。

三年春正月壬戌朔，詔王公卿士讜言。丙子，以平北將軍陳顯達爲益州刺史，貞陽公柳世隆爲南兗州刺史，皇子鋒爲江夏王。領軍將軍李安民等破虜於淮陽。

夏四月，以寧朔將軍沈景德爲廣州刺史。

六月壬子，大赦。逋租宿債，除減有差。

秋七月，以冠軍將軍徐榮祖爲徐州刺史〔二三〕。

冬十月戊子，以河南王世子吐谷渾度易侯爲西秦河二州刺史、河南王〔二四〕。

四年春正月壬戌，詔曰：「夫膠庠之典，彝倫攸先，所以招振才端，啟發性緒，弘字黎氓，納之軌義，是故五禮之迹可傳，六樂之容不泯。朕自膺曆受圖，志闡經訓，且有司羣僚，奏議咸集，蓋以戎車時警，文教未宣，思樂泮宮，永言多慨。今關燧無虞，時和歲稔，遠邇同風，華夷慕義。便可式遵前准，脩建教學，精選儒官，廣延國胄。」以江州刺史王延之為右光祿大夫。癸亥，詔曰：「比歲申威西北，義勇爭先，殞氣寇場，命盡王事。戰亡躪復，雖有恒典，主者遵用，每傷簡薄。建元以來戰亡，賞躪租布二十年，雜役十年。其不得收屍，主軍保押，亦同此例。」以後將軍長沙王晃為護軍將軍、中軍將軍南郡王長懋為南徐州刺史，冠軍將軍安成王暠為江州刺史。

二月乙未，以冠軍將軍桓康為青冀二州刺史。上不豫，庚戌，詔原京師囚繫有差[二五]，元年以前逋責皆原除。

三月庚申，召司徒褚淵、左僕射王儉詔曰：「吾本布衣素族，念不到此，因藉時來，遂隆大業。風道沾被[二六]，升平可期。遘疾彌留，至于大漸。公等奉太子如事吾，柔遠能邇，緝和內外，當令太子敦穆親戚，委任賢才，崇尚節儉，弘宣簡惠，則天下之理盡矣。死生有命，夫復何言！」壬戌，上崩于臨光殿，年五十六。

四月庚寅，上謚曰太祖高皇帝。奉梓宮於東府前渚升龍舟。丙午，窆武進泰安陵。

上少沈深有大量，寬嚴清儉，喜怒無色。博涉經史，善屬文，工草隸書，弈棊第二品。

雖經綸夷險，不廢素業。從諫察謀，以威重得衆。即位後，身不御精細之物，敕中書舍人

桓景真曰：「主衣中似有玉介導，此制始自大明末得，泰始尤增其麗[七]。留此置主衣，政

是興長疾源，可即時打碎。凡復有可異物，皆宜隨例也。」後宮器物欄檻以銅爲飾者，皆改

用鐵，內殿施黃紗帳，宮人著紫皮履，華蓋除金花爪，用鐵迴釘。每曰：「使我治天下十

年，當使黃金與土同價。」欲以身率天下，移變風俗。

上姓名骨體及期運曆數，並遠應圖讖數十百條，歷代所未有，臣下撰錄，上抑而不宣，

盛矣。

史臣曰：孫卿有言：「聖人之有天下，受之也，非取之也。」漢高神武駿聖，觀秦氏東

遊，蓋是雅多大言，非始自知天命；光武聞少公之論讖，亦特一時之笑語；魏武初起義兵，

所期「征西」之墓，晉宣不內迫曹爽，豈有定霸浮橋；宋氏屈起匹夫，兵由義立，咸皆一世

推雄，卒開鼎祚。宋氏正位八君，卜年五紀，四絕長嫡，三稱中興，內難邊虞，兵革世動。

太祖基命之初，武功潛用，泰始開運，大拯時艱，龍德在田，見猜雲雨之迹。及蒼梧暴虐，

釁結朝野，百姓懍懍，命懸朝夕。權道既行，兼濟天下。元功振主，利器難以假人，羣才勠力，實懷尺寸之望。豈其天厭水行，固已人希木德。歸功與能，事極乎此。雖至公於四海，而運實時來，無心於黃屋，而道隨物變。應而不爲，此皇齊所以集大命也。

贊曰：於皇太祖，有命自天。同度宇宙，合量山淵。宋德不紹，神器虛傳。寧亂以武，黜暴資賢。庸發西疆，功興北翰。偏師獨克，孤旅霆斷。援旆東夏，職司靜亂。指斧徐方，時惟伐叛。抗威京輦，坐清江漢。文藝在躬，芳塵淵塞。用下以才，鎮民以德。端己雄晬，君臨尊默。苞括四海，大造家國。

校勘記

〔一〕皇帝臣道成敢用玄牡　「道成」原作「諱」，依例改。下皆仿此，不另出校。

〔二〕宋氏以陵夷有徵　「陵」原作「陸」，據殿本、局本、詞林卷六六八王儉南齊高帝即位改元大赦詔、冊府卷二〇七閏位部改。

〔三〕宋晉熙王爕爲陰安公　「宋」上南監本、北監本、殿本有「降」字。

〔四〕南康縣公華容縣公可爲侯　「南康縣公」，南史卷四齊本紀上作「南康郡公爲縣公」。按本書卷三六劉祥傳云「從祖兄彪，祥曾祖穆之正胤，建元初降封南康縣公」，與南史合。宋書卷四

二劉穆之傳、南史卷一五劉穆之傳謂穆之曾孫彪建元初降封南康縣侯，則與本書本紀合。二

書紀，傳自相違戾，未知孰是。

〔五〕廣敷鐲汰　「汰」，冊府卷二○七閏位部作「貸」。

〔六〕悉原放　「放」，三朝本、南監本、北監本、殿本、汲本、局本、南史卷四齊本紀上作「赦」。按冊

府卷二○七閏位部亦作「放」。

〔七〕諸負釁流徒　「負」，原作「貢」，據三朝本、南監本、北監本、汲本、殿本、局本、南史卷四齊本

紀上、冊府卷二○七閏位部改。「徒」三朝本、南監本、北監本、汲本、殿本、局本、南史卷四

齊本紀上、冊府卷二○七閏位部作「徙」。

〔八〕思拯遺弊　「思」字原闕，據冊府卷一九一閏位部補。按三朝本、南監本、北監本、汲本、殿本、

局本作「援」。

〔九〕太官池籞宮停稅入　「宮」，冊府卷一九一閏位部作「宜」。

〔一○〕辛未　三朝本、南監本、北監本、殿本、汲本、局本、南史卷四齊本紀上並作「丁未」，通鑑卷一

三五齊紀一高帝建元元年作「辛亥」。按是月壬寅朔，無辛未，初五丙午，初六丁未，初十辛

亥，十一日壬子。此干支在丙午下、壬子上，未知孰是。

〔一一〕乙卯河南王吐谷渾拾寅奉表貢獻　「乙卯」，原作「己卯」，據三朝本、南監本、北監本、汲本、

殿本、局本、南史卷四齊本紀上改。按是月壬寅朔，十四日乙卯，無己卯日。

〔三三〕丙寅追尊皇考曰宣皇帝皇妣爲孝皇后妃爲昭皇后　按南史卷四齊本紀上繫此事於四月甲午
日下，冊府卷一八九閏位部亦繫此事於建元元年四月。

〔三二〕罷荊州刺史　按本書卷三五臨川獻王映傳，建元元年四至九月荊州刺史爲蕭映。荊州乃重
鎮，不當云罷刺史職，疑此處文有訛奪。

〔三一〕甲申立皇太子賾　「賾」，原作「讀」，依例改。下皆仿此。

〔三〇〕鑑爲廣興王　「廣興王」，原作「廣陵王」，據南史卷四齊本紀上、冊府卷二六四宗室部、
本書卷三五始興簡王鑑傳云其「初封廣興王，後國隨郡改名」，作「廣興」是。

〔二九〕交阯比景　「比景」，殿本及冊府卷二〇七閏位部、卷二一五閏位部作「北景」。

〔二八〕甲申　按建元元年十一月己亥朔，月內無甲申，上文辛亥爲十三日。

〔二七〕乙巳以新除尚書令驃騎將軍豫章王嶷爲荊湘二州刺史　「驃騎將軍」，按本卷上文記豫章王
嶷所任爲驃騎大將軍，卷二二豫章文獻王嶷傳亦記爲驃騎大將軍。

〔二六〕癸卯詔索虜寇淮泗遣衆軍北伐　「癸卯」，通鑑卷一三五齊紀一高帝建元二年作「乙卯」。按
是月戊戌朔，上文「辛丑」爲初四，癸卯爲初六，乙卯爲十八日。

〔二五〕以侍中西昌侯鸞爲郢州刺史　「鸞」，原作「讆」，依例改。下皆仿此。

〔二四〕車駕幸樂遊宴會　「樂遊」下北監本、殿本、冊府卷一九七閏位部有「苑」字。「會」，北監本、
殿本無。

〔三二〕 以征虜將軍崔祖思爲青冀二州刺史　「崔祖思」，原作「崔思祖」，據本書卷二八崔祖思傳乙正。

〔三三〕 以冠軍將軍徐榮祖爲徐州刺史　「徐榮祖」，南監本、北監本、汲本、殿本、局本作「垣榮祖」。按本書卷二八垣榮祖傳不言垣榮祖曾爲徐州刺史。南史卷五九王僧孺傳載齊武帝時有徐榮祖，爲徐曇父，「位祕書監」，或即此人。

〔三四〕 以河南王世子吐谷渾度易侯爲西秦河二州刺史河南王　「度易侯」，殿本及本書卷五九河南傳作「易度侯」。

〔三五〕 庚戌詔原京師囚繫有差　「庚戌」，原作「庚辰」，據南史卷四齊本紀上改。按建元四年二月丙戌朔，無庚辰日。

〔三六〕 風道沾被　「沾」，原作「沽」，據三朝本、南監本、北監本、汲本、局本改。

〔三七〕 此制始自大明末得泰始尤增其麗　「得」，南監本、北監本、汲本、殿本、局本作「後」，御覽卷四三一引蕭子顯齊書作「復」，皆屬下讀。

南齊書 卷三

本紀第三

武帝

世祖武皇帝諱賾，字宣遠〔一〕，太祖長子也。小諱龍兒。生於建康青溪宅，其夜陳孝后、劉昭后同夢龍據屋上，故字上焉。

初爲尋陽國侍郎，辟州西曹書佐，出爲贛令。江州刺史晉安王子勛反，上不從命，南康相沈蕭之縶上於郡獄。族人蕭欣祖、門客桓康等破郡迎出上〔二〕。蕭之率將吏數百人追擊，上與左右拒戰，生獲蕭之，斬首百餘級，遂率部曲百餘人舉義兵。始興相殷孚將萬兵赴子勛於尋陽，或勸上擊之，上以衆寡不敵，避屯揭陽山中，聚衆至三千人。子勛遣其將戴凱之爲南康相，及軍主張宗之千餘人助之。上引兵向郡，擊凱之別軍主程超數百人

於南康口，又進擊宗之，破斬之，遂圍郡城。凱之以數千人固守，上親率將士盡日攻之，城陷，凱之奔走，殺僞贛令陶沖之。上即據郡城，遣軍主張應期、鄧惠真三千人襲豫章。子勛遣軍主談秀之等七千人，與應期相拒於西昌，築營壘，交戰不能決。聞上將自下，秀之等退散。事平，徵爲尚書庫部郎，征北中兵參軍、西陽縣子、帶南東莞太守，越騎校尉，正員郎，劉韞撫軍長史、襄陽太守。別封贛縣子，邑三百戶，固辭不受。轉寧朔將軍、廣興相。

桂陽王休範反，上遣軍襲尋陽，至北嶠，事平，除晉熙王安西諮議，不拜，復還郡。轉司徒右長史，黃門郎。沈攸之在荆楚，宋朝密爲之備，元徽四年，以上爲晉熙王鎮西長史、江夏內史，行郢州事。從帝立[三]，徵晉熙王燮爲撫軍、揚州刺史，以上爲左衛將軍，輔燮俱下。沈攸之事起，未得朝廷處分，上以中流可以待敵，即據盆口城爲戰守之備。太祖聞之，喜曰：「此真我子也！」上表求西討，不許，乃遣偏軍援郢。平西將軍黃回等皆受上節度。加上冠軍將軍、江州刺史，持節。昇明二年，事平，轉散騎常侍、都督江州豫州之新蔡晉熙二郡軍事、征虜將軍、江州刺史，持節如故。封聞喜縣侯，邑二千戶。其年，徵侍中、領軍將軍。尋又加持節、督京畿諸軍事。三年，轉散騎常侍、尚書僕射、中軍大將軍、開府儀同三司，進爵爲公，持節、都督、領軍如故。給班劍二十人，給鼓吹一部。府置佐史。領石頭戍軍事。

人。

齊國建，爲齊公世子，改加侍中、南豫州刺史，給油絡車，羽葆鼓吹，增班劍爲四十人〔四〕。以石頭爲世子宮，官置二率以下，坊省服章，一如東宮。進爵王太子。太祖即位，爲皇太子。

建元四年三月壬戌，太祖崩，上即位，大赦。征鎮州郡令長軍屯營部，各行喪三日，不得擅離任，都邑城守防備幢隊，一不得還。乙丑，稱先帝遺詔，以司徒褚淵錄尚書事，尚書左僕射王儉爲尚書令，車騎將軍張敬兒爲開府儀同三司。詔曰：「喪禮雖有定制，先旨每存簡約，内官可三日一還臨，外官間一日還臨〔五〕。後有大喪皆如之。」丁卯，以右衛將軍吕安國爲司州刺史。　庚午，以司空豫章王嶷爲太尉。癸酉，詔曰：「城直之制，歷代宜同，頃歲逋弛，遂以萬計。雖在憲宜懲，而原心可亮。積年逋城，可悉原蕩。自茲以後，申明舊科，有違糾裁。」庚辰，詔曰：「比歲未稔，貧窮不少，京師二岸，多有其弊〔六〕。遣中書舍人優量賑卹。」

夏四月丙午，以輔國將軍張倪爲兗州刺史。辛卯，追尊穆妃爲皇后〔七〕。

五月乙丑，以丹陽尹聞喜公子良爲南徐州刺史。甲戌，以新除左衛將軍垣崇祖爲豫州刺史。癸未，詔曰：「頃水雨頻降，潮流荐滿，二岸居民，多所淹漬。遣中書舍人與兩縣

官長優量賑卹。」

六月甲申，立皇太子長懋。詔申壬戌赦恩百日。乙酉，以鄱陽王鏘爲雍州刺史，臨汝
公子卿爲郢州刺史。甲午，以寧朔將軍臧靈智爲越州刺史。丙申，立皇太子妃王氏。進
封聞喜公子良爲竟陵王，臨汝公子卿爲廬陵王，應城公子敬爲安陸王，江陵公子懋爲晉安
王，枝江公子隆爲隨郡王，皇子子真爲建安王，皇孫昭業爲南郡王。戊戌，詔曰：「水潦爲
患，星緯乖序。京都囚繫，可剋日訊決；諸遠獄委刺史以時察刺[八]。建康、秣陵二縣貧
民加賑賜，必令周悉。吳興、義興遭水縣，蠲除租調。」癸卯，以司徒褚淵爲司空、驃騎將
軍。

秋七月庚申，以衞尉蕭順之爲豫州刺史[九]。壬戌，以冠軍將軍垣榮祖爲青冀二州刺
史。

八月癸卯，司徒褚淵薨[一〇]。

九月丁巳，以國哀故，罷國子學。己巳，以前軍將軍姜伯起爲秦州刺史。辛未，以征
南將軍王僧虔爲左光禄大夫、開府儀同三司，尚書右僕射王奐爲湘州刺史。

冬十二月己丑，詔曰：「緣淮戍將，久處邊勞，三元行始，宜沾恩慶。可遣中書舍人宣
旨臨會。後每歲皆如之。」庚子，以太子左衞率戴僧靜爲徐州刺史。

永明元年春正月辛亥，車駕祠南郊，大赦，改元。壬子，詔「內外羣僚各舉朕違，肆心

規諫」。又詔「王公卿士，各舉所知，隨方登敍」。詔曰：「經邦之寄，寔資莅民，守宰祿

俸，蓋有恒准。往以邊虞告警，故沿時損益，今區寓寧晏，庶績咸熙，念勤簡能，宜加優獎。

郡縣丞尉，可還田秩。」太尉豫章王嶷領太子太傅，護軍將軍長沙王晃爲南徐州刺史，鎮北

將軍竟陵王子良爲南兗州刺史。庚申，以侍中蕭景先爲中領軍。壬戌，立皇弟銳爲南平

王，鏗爲宜都王，皇子子明爲武昌王，子罕爲南海王。甲子，爲築青溪舊宮，詔槊仗瞻履。

二月辛巳，以征虜將軍楊炅爲沙州刺史〔一〕。辛丑，以隴西公宕昌王梁彌機爲河涼二

州刺史〔二〕。東羌王像舒彭爲西涼州刺史。

三月癸丑，詔曰：「宋德將季，風軌陵遲，列宰庶邦，彌失其序，遷謝遄速，公私凋弊。

泰運初基，草昧惟始，思述先範，永隆治根，荏民之職，一以小滿爲限。其有聲績剋舉，厚

加甄異；理務無庸，隨時代黜。」丙辰，詔曰：「朕自丁荼毒，奄便周忌，瞻言負荷，若墜淵

壑。而遠圖尚藐，政刑未理〔三〕，星緯失序，陰陽愆度。思播先澤，兼酬天眚，可申亥亥赦

恩五十日，以期訖爲始。京師囚繫，悉皆原宥。三署軍徒，優量降遣。都邑鰥寡尤貧，詳

加賑卹。」戊寅，詔「四方見囚，罪無輕重，及劫賊餘口長徒勑繫，悉原散〔四〕。逋負督贓，

建元四年三月以前，皆特除」。

夏四月壬午，詔曰：「魏矜袁紹，恩洽丘墓，晉亮兩王，榮覃餘裔，二代弘義，前載美

談。袁粲、劉秉與先朝同獎宋室，沈攸之於景和之世，特有迺心，雖末節不終，而始誠可

錄。歲月彌往，宜特優降[五]。粲、秉前年改葬塋兆，未修材槨，可爲經理，令粗足周禮。

攸之及其諸子喪柩在西者，可符荆州送反舊墓，在所爲營葬事。」

五月丁酉[六]，車騎將軍張敬兒伏誅。

六月丙寅，詔「凡坐事應覆治者，在建元四年三月已前，皆原宥」。

秋七月戊戌，新除左光禄大夫王僧虔加特進。

九月己卯，以荆州刺史臨川王映爲驃騎將軍，冠軍將軍廬陵王子卿爲荆州刺史，吳郡

太守安陸侯緬爲郢州刺史。

二年春正月乙亥，以司州刺史吕安國爲南兖州刺史，征北將軍竟陵王子良爲護軍將

軍、兼司徒，征北長史劉悛爲司州刺史。丙子，以右光禄大夫王延之爲特進。

三月乙亥，以吳興太守張岱爲南兖州刺史，前將軍王奐爲江州刺史，平北將軍吕安國

爲湘州刺史。戊寅，以少府趙景翼爲廣州刺史。

夏四月甲辰，詔「揚、南徐、南兗、徐、兗五州統内諸獄[一七]，江州尋陽、新蔡兩郡繫獄，並部送還臺，須候克日斷枉直。緣江遠郡及諸州，委刺史詳察訊[一九]」。己巳，以寧朔將軍程法勤爲寧州刺史。

六月癸卯，車駕幸中堂聽訟。乙巳，以安陸王子敬爲南兗州刺史。戊申，以黃門侍郎崔平仲爲青冀二州刺史。

秋七月癸未，詔曰：「夫樂所自生，先哲垂誥，禮不忘本，積代同風。是以漢光遲回於南陽[二〇]，魏文殷勤於譙國。青溪宮體天含暉，則地栖寶，光定靈源，允集符命。在昔期運初開，經綸方遠，繕築之勞，我則未暇。時流事往，永惟哽咽，朕以寡薄，嗣奉鴻基，思存締構，式表王迹。考星創制，撲日興功，子來告畢，規摹昭備。宜申釁落之禮，以暢感尉之懷，可克日小會。」甲申，立皇子子倫爲巴陵王。

八月丙午，車駕幸舊宮小會，設金石樂，在位者賦詩。詔申「京師獄及三署見徒，量所降宥。領宮職司，詳賜幣帛」。戊申，車駕幸玄武湖講武。甲子，詔曰：「窀穸掩骼，義重前誥，卹老哀癃，寔惟令典。朕永思民瘼，弗忘鑒寐。聲憓未敷，物多乖所。京師二縣，或有久墳毀發，可隨宜掩埋。遺骸未櫬，並加斂瘞。疾病窮困不能自存者，詳爲條格，並加沾賚[二一]」。

冬十月丁巳，以桂陽王鑠爲南徐州刺史。

十一月丁亥，以始興王鑑爲益州刺史〔二三〕。

三年春正月丙辰〔二二〕，以大司農劉楷爲交州刺史，安西諮議參軍崔慶緒爲梁南秦二州刺史〔二四〕。甲申，以晉安王子懋爲南豫州刺史。辛卯，車駕祠南郊，大赦。都邑三百里內罪應入重者，降一等，餘依赦制。劬縶之身，降遣有差。賑岬二縣貧民。又詔：「春秋國語云『生民之有學斅，猶樹木之有枝葉』。果行育德，咸必由茲。在昔開運，光宅華夏，方弘典謨，克隆教思〔二五〕，命彼有司，崇建庠塾。甫就經始，仍離屯故，仰瞻徽猷，歲月彌遠。今遐邇一體，車軌同文，宜高選學官，廣延冑子。」又詔「守宰親民之要，刺史案部所先，宜嚴課農桑，相土揆時，必窮地利。若耕蠶殊衆，足屬浮墮者，所在即便列奏。其違方驕矜，佚事妨農，亦以名聞。將明賞罰，以勸勤怠。校覈殿最，歲竟考課，以申黜陟」。

二月辛丑，車駕祠北郊。

夏四月戊戌，以新除右衛將軍豫章王世子子響爲豫州刺史，輔國將軍桓敬爲兗州刺史。

五月乙未，詔曰：「氓俗凋弊，于茲永久，雖年穀時登，而歉乏比室。凡單丁之身及營

獨而秩養養孤者，並蠲今年田租。」是月，省總明觀。

六月庚戌，進河南王度易侯爲車騎將軍〔二六〕。

秋七月辛丑〔二七〕，詔「丹陽所領及餘二百里內見囚，同集京師，自此以外，委州郡決斷」。甲戌，左光祿大夫開府儀同三司王僧虔薨。丁亥，以驃騎中兵參軍董仲舒爲寧州刺史。

八月乙未，車駕幸中堂聽訟。丁巳，以行宕昌王梁彌頡爲河涼二州刺史〔二八〕。戊午，以尚書令王儉領太子少傅，太子詹事蕭順之爲領軍將軍。

冬十月壬戌，詔曰：「皇太子長懋講畢〔二九〕，當釋奠，王公以下可悉往觀禮。」

十一月乙丑，以冠軍將軍王文仲爲青冀二州刺史。

十二月丁酉，詔曰：「九穀之重，八材爲末，是故潔粢豐盛，祝史無愧於辭，不籍千畝，周宣所以貽諫。昔期運初啓，庶政草昧，三推之典，我則未暇。朕嗣奉鴻基，思隆先軌，載未躬親〔三〇〕，率由舊式。可以開春發歲，敬簡元辰，鳴青鸞於東郊，冕朱紘而蒞事，仰薦宗禋，俯勗黔阜。將使囷庾內充，遺秉外轫，既富而教，茲焉攸在。」

是夏，琅邪郡旱，百姓芟除枯苗，至秋擢穎大熟。

四年春正月甲子，以南琅邪彭城二郡太守隨郡王子隆爲江州刺史，征虜長史張瓌爲雍州刺史，征虜將軍薛淵爲徐州刺史，護軍將軍兼司徒竟陵王子良進號車騎將軍。富陽人唐寓之反，聚衆桐廬，破富陽、錢塘等縣，害東陽太守蕭崇之。遣宿衞兵出討，伏誅。丁酉〔三〕，冠軍將軍、馬軍主陳天福坐討唐寓之燒掠百姓，棄市。辛卯，車駕幸中堂策秀才。

閏月癸巳，立皇子子貞爲邵陵王，皇孫昭文爲臨汝公。丁未，以武都王楊集始爲北秦州刺史。辛亥，車駕藉田。詔曰：「夫耕藉所以表敬，親載所以率民。朕景行前規，躬執良耜，千畎咸事，六叨可期，教義克宣，誠感兼暢。重以天符靈貺，歲月鱗萃，寶鼎開玉匣之祥，嘉禾發同穗之穎，甘露凝暉於坰牧，神爵騫翥於蘭囿。斯乃宗稷之慶，豈寡薄所臻。思俾休和，覃茲黔阜，見刑罪殊死以下，悉原宥。諸逋負在三年以前尤窮弊者，一皆蠲除。孝悌力田，詳授爵位，孤老貧窮，賜穀十石。凡欲附農而糧種闕乏者，並加給貸，務在優厚。」癸丑，以始興內史劉勅爲廣州刺史。甲寅，以藉田禮畢，車駕幸閱武堂勞酒小會，詔賜王公以下在位者帛有差。戊午，車駕幸宣武堂講武。詔曰：「今親閱六師，少長有禮，領馭羣帥，可量班賜。」

二月己未〔三〕，立皇弟錄爲晉熙王，鉉爲河東王。庚寅，以光祿大夫王玄載爲兗州刺史。

三月辛亥，國子講孝經，車駕幸學，賜國子祭酒、博士、助教絹各有差。

夏四月丁亥，以尚書左僕射柳世隆爲湘州刺史。臨沂縣麥不登，刈爲馬芻，至夏更苗秀。

五月癸巳，詔「揚、南徐二州今年戶租，三分二取見布，一分取錢。來歲以後，遠近諸州輸錢處，並減布直，疋准四百，依舊折半，以爲永制」。丙午，以吳興太守西昌侯鸞爲中領軍[三三]。

秋八月辛酉，以鎮南長史蕭惠休爲廣州刺史。

九月甲寅，以征虜將軍王廣之爲徐州刺史。

冬十二月乙亥，以東中郎司馬崔惠景爲司州刺史。

五年春正月戊子，以太尉豫章王嶷爲大司馬，車騎將軍竟陵王子良爲司徒，驃騎將軍臨川王映、衞將軍王儉、中軍將軍王敬則並本號開府儀同三司，都官尚書沈文季爲郢州刺史，左將軍安陸王子敬爲荊州刺史，征虜將軍晉安王子懋爲南兗州刺史，輔國將軍建安王子真爲南豫州刺史。辛卯，詔曰：「朕昧爽丕顯，思康民瘼。雖年穀亟登，而飢饉代有。今履端肇運，陽和告始，宜協時休，覃茲黎庶。諸孤老貧病，並賜糧餼，遣使親賦，每存均普。」雍、司二州蠻虜屢動，丁酉，遣丹陽尹蕭景先出平陽，護軍將軍陳顯達出宛、葉。

三月戊子，車駕幸芳林園禊宴。丁未，以護軍將軍陳顯達爲雍州刺史〔三四〕。

夏四月庚午〔三五〕，車駕殷祠太廟。詔「繫囚見徒四歲刑以下，悉原遣，五年減爲三歲，京邑罪身應入重，降一等」。

六月辛酉，詔曰：「比霖雨過度，水潦洊溢，京師居民，多離其弊。遣中書舍人、二縣官長隨宜賑賜。」

秋七月戊申，詔「丹陽屬縣建元四年以來至永明三年所逋田租，殊爲不少。京甸之內，宜加優貸。其非中貲者，可悉原停」。

八月乙亥，詔「今夏雨水，吳興、義興二郡田農多傷，詳蠲租調」。

九月己丑，詔曰：「九日出商飆館登高宴羣臣。」辛卯，車駕幸商飆館。館，上所立，在孫陵崗，世呼爲「九日臺」者也。丙午，詔曰：「善爲國者，使民無傷，而農益勸。是以十一而稅，周道克隆，開建常平，漢載惟穆。岱畎絲枲，浮汶來貢，杞梓皮革，必緣楚往。自水德將謝，喪亂彌多〔三六〕，師旅歲興，饑饉代有。貧室盡於課調，泉貝傾於絶域，軍國器用，動資四表，不因厥產，咸用九賦，雖有交貿之名，而無潤私之實，民咨塗炭，寔此之由〔三七〕。昔在開運，星紀未周，餘弊尚重。農桑不殷於曩日，粟帛輕賤於當年。工商罕兼金之儲，匹夫多飢寒之患。良由圜法久廢，上幣稍寡。所謂民失其資，能無匱乎？凡下貧之家〔三八〕，

可鬻三調二年。京師及四方出錢億萬，糴米穀絲綿之屬，其和價以優黔首。遠邦嘗市雜物，非土俗所產者，皆悉停之。必是歲賦攸宜，都邑所乏，可見直和市，勿使逼刻。」

冬十月甲申〔三九〕，以中領軍西昌侯鸞爲豫州刺史，侍中安陸侯緬爲中領軍。初起新林苑。

六年春正月壬午，以祠部尚書安成王暠爲南徐州刺史。詔「二百里內獄同集京師，克日聽覽，自此以外，委州郡訊察。三署徒隸，詳所原釋」。

三月己亥，以豫章王世子子響爲巴東王。癸卯，以光祿大夫周盤龍爲行兗州刺史。

五月甲午，以宕昌王梁彌承爲河涼二州刺史。

六月甲寅，以散騎常侍沈景德爲徐州刺史。丙子，以始興太守房法乘爲交州刺史。

秋七月乙巳，都官尚書呂安國爲領軍將軍。

八月乙卯，詔「吳興、義興水潦，被水之鄉，賜痼疾篤癃口二斛，老落一斛〔四〇〕，小口五斗」。

九月壬寅，車駕幸琅邪城講武，習水步軍。

冬十月庚申，立冬，初臨太極殿讀時令。辛酉，以祠部尚書武陵王曄爲江州刺史。

閏月乙卯【四一】，詔曰：「北兗、北徐、豫、司、青、冀八州【四二】，邊接疆場，民多懸罄，原永明以前所逋租調。」辛卯，以尚書僕射王奐爲領軍將軍。

十一月乙卯，以羽林監費延宗爲越州刺史。庚申，以後將軍晉安王子懋爲湘州刺史，西陽王子明爲南兗州刺史。

七年春正月丙午，以中軍將軍王敬則爲豫州刺史，中軍將軍陰智伯爲梁南秦二州刺史【四三】。戊申，詔曰：「雍州頻歲戎役，兼水旱爲弊，原四年以前逋租。」辛亥，車駕祠南郊，大赦。京邑貧民，普加賑賜。又詔曰：「春頒秋斂，萬邦所以惟懷，柔遠能邇，兆民所以允殖。鄭渾宰邑，因姓立名，王濬剖符，戶口殷盛。今産子不育，雖炳常禁，比聞所在，猶或有之。誠復禮以貧殺，抑亦情由俗淡。宜節以嚴威，敦以惠澤。主者尋舊制，詳量附定，蠲卹之宜，務存優厚。」壬戌，驃騎將軍、開府儀同三司臨川王映薨。戊辰，詔曰：「諸大夫年秩隆重，祿力殊薄，豈所謂下車惟舊，趨橋敬老。可增俸，詳給見役。」

二月丙子，以左衛將軍巴東王子響爲中護軍。己丑，詔曰：「宣尼誕敷文德，峻極自天，發輝七代，陶鈞萬品，英風獨舉，素王誰匹。功隱於當年，道深於日月，感麟厭世，緬邈千祀，川竭谷虛，丘夷淵塞，非但洙泗湮淪，至乃饗嘗乏主。前王敬仰，崇脩寢廟，歲月虛

流，鞠爲茂草。今學敦興立，實稟洪規，撫事懷人，彌增欽屬。可改築宗祊，務在爽塏。量

給祭秩，禮同諸侯，奉聖之爵，以時紹繼。」壬寅，以丹陽尹王晏爲江州刺史。癸卯，以巴陵

王子倫爲豫州刺史。

三月丁未，以太子右衞率王玄邈爲兗州刺史。庚戌，以中護軍巴東王子響爲江州刺

史，中書令隨郡王子隆爲中護軍。甲寅，立皇子子岳爲臨賀王，子峻爲廣漢王，子琳爲宣

城王，子珉爲義安王。

夏四月戊寅，詔曰：「婚禮下達，人倫攸始，周官設媒氏之職，國風興及時之詠。四爵

内陳，義不期侈，三鼎外列，事豈存奢。晚俗浮麗，歷茲永久，每思懲革，而民未知禁。乃

聞同牢之費，華泰尤甚。膳羞方丈，有過王侯。富者扇其驕風，貧者恥躬不逮。或以供帳

未具，動致推遷，年不再來，盛時忽往。宜爲節文，頒之士庶。並可擬則公朝，方榱供設，

合巹之禮無虧，寧儉之義斯在。如故有違，繩之以法。」

五月乙巳，尚書令、衞將軍、開府儀同三司王儉薨。甲子，以新除尚書左僕射柳世隆

爲尚書令。

六月丁亥，車駕幸琅邪。

秋八月庚子，以左衞將軍建安王子真爲中護軍。

冬十月己丑，詔曰：「三季澆浮，舊章陵替，吉凶奢靡，動違矩則。或裂錦繡以競車服之飾，塗金鏤石以窮塋域之麗。至班白不婚，露棺累葉，苟相誇衒，罔顧大典。可明為條制，嚴勒所在，悉使畫一。如復違犯，依事糾奏。」

十二月己亥，以中護軍建安王子真為郢州刺史，江州刺史巴東王子響為荊州刺史，前安西司馬垣榮祖為兗州刺史。

八年春正月庚子，征西大將軍王敬則進號驃騎大將軍，左將軍沈文季為領軍將軍，丹陽尹鄱陽王鏘為江州刺史。詔放遣隔城虜俘，聽還其本。

二月壬辰，零陵王司馬藥師薨〔四〕。

夏四月戊辰，詔「公卿已下各舉所知，隨才授職。進得其人，受登賢之賞，薦非其才，獲濫舉之罰」。

秋七月辛丑，以會稽太守安陸侯緬為雍州刺史。癸卯，詔曰：「陰陽舛和，緯象愆度，儲胤嬰患，淹歷旬暑。思仰祇天戒，俯紆民瘼，可大赦天下。」癸亥，詔「司、雍二州，比歲不稔，雍州八年以前，司州七年以前逋租悉原。汝南一郡復限更申五年」。

八月丙寅，詔「京邑霖雨既過，居民汎濫，遣中書舍人、二縣官長賑卹」。乙酉，以行河

南王世子休留成爲秦河二州刺史〔四五〕。壬辰,以左衛將軍隨郡王子隆爲荊州刺史。巴東王子響有罪,遣丹陽尹蕭順之率軍討之,子響伏誅。

冬十月丁丑,詔「吳興水淹過度,開所在倉賑賜」。癸巳,原建元以前逋租。

十一月乙卯,以建武將軍伏登之爲交州刺史。

十二月乙丑,以振威將軍陳僧授爲越州刺史。戊寅,詔「尚書丞郎職事繁劇,卹俸未優,可量增賜祿」。己卯,皇子子建爲湘東王。癸巳,以監青冀二州軍、行刺史事張沖爲青冀二州刺史。

九年春正月甲午,以侍中江夏王鋒爲南徐州刺史,冠軍將軍劉悛爲益州刺史。辛丑,車駕祠南郊,詔「京師見囚繫,詳量原遣」。

三月乙卯,以南中郎司馬劉楷爲司州刺史。辛丑,以太子左衛率劉纘爲廣州刺史〔四六〕。

夏四月乙亥,有司奏「舊格一年兩過行陵,三月十五日曹郎以下小行,九月十五日司空以下大行,今長停小行,唯二州一大行」。詔曰「可」。

六月甲戌,以尚書左僕射王奐爲雍州刺史。

秋九月戊辰，車駕幸琅邪城講武，觀者傾都，普頒酒肉。

十年春正月戊午，詔「諸責負衆逋七年以前，悉原除」。高貲不在例[四七]。孤老六疾，人穀五斛。內外有務衆官增祿俸」。以左民尚書南平王銳爲湘州刺史，司徒竟陵王子良領尚書令，右衞將軍王玄邈爲北徐州刺史，中軍將軍廬陵王子卿進號車騎將軍，北中郎將南海王子罕爲兗州刺史，輔國將軍臨汝公昭文爲南豫州刺史，冠軍將軍王文和爲北兗州刺史。

二月壬寅，鎮軍將軍陳顯達領中領軍。

夏四月辛丑，大司馬豫章王嶷薨。

五月己巳，司徒竟陵王子良爲揚州刺史。

秋八月丙申，以新城太守郭安明爲寧州刺史。

冬十月乙丑[四八]，車駕幸玄武湖講武。甲午，車駕殷祠太廟。

十一月戊午，詔曰：「頃者霖雨，樵粮稍貴，京邑居民，多離其弊。遣中書舍人、二縣官長賑賜。」

十一年春正月癸丑，詔「京師見繫囚，詳所原遣」。以驃騎大將軍王敬則為司空〔四九〕，江州刺史鄱陽王鏘為領軍將軍，鎮軍大將軍陳顯達為江州刺史，右衛將軍崔慧景為豫州刺史。丙子，皇太子長懋薨〔五〇〕。

二月壬午，以車騎將軍廬陵王子卿為驃騎將軍、南豫州刺史，撫軍將軍安陸王子敬進號車騎將軍。己丑，輔國將軍曹虎為梁南秦二州刺史。癸卯，以新除中書監晉安王子懋為雍州刺史。丙午，以冠軍將軍王文和為益州刺史。

三月乙亥，雍州刺史王奐伏誅。

夏四月壬午，詔「東宮文武臣僚，可悉度為太孫官屬」。甲午，立皇太孫昭業、太孫妃何氏。詔「賜天下為父後者爵一級，孝子順孫義夫節婦粟帛各有差〔五一〕」。癸卯，以驃騎將軍劉靈哲為兗州刺史。

五月戊辰，詔曰：「水旱成災，穀稼傷弊，凡三調眾通，可同申至秋登。京師二縣、朱方、姑熟，可權斷酒。」庚午，以輔國將軍蕭惠休為徐州刺史。丙子，以左民尚書宜都王鏗為南豫州刺史。

六月壬午，詔「霖雨既過，遣中書舍人、二縣官長賑賜京邑居民」。

秋七月丁巳，詔曰：「頃風水為災，二岸居民，多離其患。加以貧病六疾，孤老稚弱，

彌足矜念。遣中書舍人履行沾卹。」又詔曰：「水旱爲災，實傷農稼。江淮之間，倉廩既虛，遂草竊充斥，互相侵奪，依阻山湖，成此逋逃。曲赦南兗、兗、豫、司、徐五州，南豫州之歷陽、譙、臨江、廬江四郡，三調衆逋宿債，並同原除。其緣淮及青、冀新附僑民，復除已訖，更申五年。」

是月，上不豫，徙御延昌殿，乘輿始登階，而殿屋鳴咤，上惡之。虞侵邊，戊辰，遣江州刺史陳顯達鎮雍州樊城。上慮朝野憂惶，乃力疾召樂府奏正聲伎。戊寅，大漸。詔曰：「始終大期，賢聖不免，吾行年六十，亦復何恨。但皇業艱難，萬機事重，不能無遺慮耳。太孫進德日茂，社稷有寄。子良善相毗輔，思弘治道。內外衆事無大小，悉與鸞參懷共下意。軍旅捍邊之略，委王敬則、陳顯達、王廣之、王玄邈、沈文季、張瓌、薛淵等。尚書中是職務根本〔五二〕，悉委王晏、徐孝嗣。百辟庶僚，各奉爾職，謹事太孫，勿有懈怠。知復何言。」又詔曰：「我識滅之後，身上著夏衣畫天衣，純烏犀導，應諸器悉不得用寶物及織成等〔五三〕，唯裝複袷衣各一通〔五四〕。常所服身刀長短二口鐵環者，隨我入梓宮。祭敬之典，本在因心，東隣殺牛，不如西家禴祭。我靈上慎勿以牲爲祭，唯設餅、茶飲、乾飯、酒脯而已。天下貴賤，咸同此制。未山陵前，朔望設菜食。陵墓萬世所宅，意嘗恨休安陵未稱，今可用東三處地最東邊以葬我，名爲景安陵。喪禮每存省約，不須煩民。百官停六時入臨，朔望設菜食。陵墓萬世所宅，意嘗恨休安陵未稱，今可用東三處地最東邊以葬我，名爲景安陵。喪禮每存省約，不須煩民。百官停六時入臨，朔

望祖日可依舊。諸主六宮，並不須從山陵。內殿鳳華、壽昌、耀靈三處，是吾所治製。夫貴有天下，富兼四海，宴處寢息，不容乃陋，謂此爲奢儉之中，慎勿壞去。顯陽殿玉像諸佛及供養，具如別牒，可盡心禮拜供養之。應有功德事，可專在中。自今公私皆不得出家爲道，及起立塔寺，以宅爲精舍，並嚴斷之。唯年六十，必有道心，聽朝賢選序，已有別詔。諸小小賜乞，及閤內處分，亦有別牒。內外禁衛勞舊主帥左右，悉付蕭諶優量驅使之[五五]，勿負吾遺意也。」是日上崩，年五十四。

上剛毅有斷，爲治總大體，以富國爲先。頗不喜遊宴[五六]、雕綺之事，言常恨之，未能頓遣。臨崩又詔「凡諸遊費，宜從休息。自今遠近薦獻，務存節儉，不得出界營求，相高奢麗。金粟繒纊，弊民已多，珠玉玩好，傷工尤重，嚴加禁絕，不得有違准繩」。

九月丙寅，葬景安陵。

史臣曰：世祖南面嗣業，功參寶命，雖爲繼體，事實艱難。御衮垂旒，深存政典，文武授任，不革舊章，明罰厚恩，皆由上出，義兼長遠，莫不肅然。外表無塵，內朝多豫，機事平理，職貢有恒，府藏內充，民鮮勞役，宮室苑囿，未足以傷財，安樂延年，眾庶所同幸。若夫割愛懷抱，同彼甸人，太祖羣昭，位後諸穆。昔漢武留情晚悟，追恨戾園，魏文侯克中山，

不以封弟，英賢心迹，臣所未詳也。

贊曰：武帝丕顯，徽號止戈。韶嶺歊裋，彭派澄波。威承景曆，蕭御金科。北懷戎款，南獻夷歌。市朝晏逸，中外寧和〔五七〕。

校勘記

〔一〕字宣遠 「宣遠」，原作「宣逮」，據三朝本、南監本、北監本、汲本、殿本、局本、南史卷四齊本紀上、御覽卷一二九引蕭子顯齊書、冊府卷一八二閏位部改。

〔二〕族人蕭欣祖門客桓康等破郡迎出上 「郡」，冊府卷一八四閏位部作「獄」。

〔三〕從帝立 「從帝」，南監本、北監本、汲本、殿本、局本作「順帝」。按「順帝」即「從帝」，蕭子顯避梁武帝父諱改。

〔四〕增班劍爲四十人 「四十人」，南史卷四齊本紀上作「三十人」。

〔五〕外官閒一日還臨 「閒一日」，南史卷四齊本紀上作「間日一」。按上云「三日一還臨」，此與上文不協。

〔六〕京師二岸多有其弊 「有」，南監本、局本作「離」。按冊府卷一九五閏位部作「有」。

〔七〕夏四月丙午以輔國將軍張倪爲兗州刺史辛卯追尊穆妃爲皇后 按是年四月乙酉朔，丙午爲二十二日，辛卯爲初七，此記丙午事在辛卯事前，有疑。

〔八〕 諸遠獄委刺史以時察刺 「察刺」，三朝本、南監本、北監本、汲本、殿本、局本、南史卷四齊本紀上、冊府卷一九三閏位部作「察判」。

〔九〕 以衛尉蕭順之爲豫州刺史 「順之」，原作「諱」，依例改。下皆仿此，不另出校。

〔一〇〕 司徒褚淵薨 「司徒」，南史卷四齊本紀上、冊府卷五七七掌禮部作「司空」。

〔一一〕 二月辛巳以征虜將軍楊炅爲沙州刺史 「辛巳」，南史卷四齊本紀上作「庚寅」。按永明二年二月庚辰朔，辛巳初二，庚寅十一日，下文「辛丑」二十二日。

〔一二〕 以隴西公宕昌王梁彌機爲河涼二州刺史 「涼」，原作「源」，據南監本、北監本、殿本、局本、本書卷五九羌傳改。

〔一三〕 政刑未理 「理」，冊府卷二〇七閏位部作「洽」。

〔一四〕 悉原赦 三朝本、南監本、北監本、汲本、殿本、局本作「悉原赦」，冊府卷二〇七閏位部作「悉皆原赦」。

〔一五〕 宜特優降 宋書卷八九袁粲傳作「宜沾優隆」，冊府卷二一〇閏位部作「宜軫優隆」。

〔一六〕 五月丁酉 按是年五月己酉朔，無丁酉日。

〔一七〕 揚南徐南兗徐兗五州統內諸獄 「揚南徐南兗徐兗五州」，冊府卷二〇九閏位部作「揚南徐二州」。

〔一八〕 荊豫江三州府州見囚 「荊」，原作「并」，據冊府卷二〇九閏位部改。按本書州郡志，時未置二州。

本紀第三 武帝

六九

并州。

〔一九〕委刺史詳察訊 「訊」下册府卷二〇九閏位部有「鞫」字。

〔二〇〕是以漢光遲回於南陽 「漢光」，册府卷一九七閏位部作「漢明」。

〔二一〕並加沾賚 「沾」，原作「沽」，據三朝本、南監本、北監本、汲本、殿本、局本改。

〔二二〕以始興王鑑爲益州刺史 「鑑」，原作「鋻」，按本書卷三五始興簡王鑑傳，始興王鑑永明二年爲益州刺史，據改。

〔二三〕三年春正月丙辰 按是年正月己巳朔，無丙辰，下文「甲申」爲十六日。

〔二四〕安西諮議參軍崔慶緒爲梁南秦二州刺史 「梁南秦」，原作「南梁秦」。按本書卷一五州郡志下、「梁、南秦一刺史」，時無南梁州，崔慶緒當爲「梁南秦二州刺史」，今乙正。

〔二五〕克隆教思 「思」，册府卷一九四閏位部作「義」。

〔二六〕進河南王度易侯爲車騎將軍 「度易侯」，殿本、本書卷五九河南傳、册府卷九六三外臣部、卷九九九外臣部作「易度侯」。

〔二七〕秋七月辛丑 「辛丑」，或爲「辛未」之誤。按是年七月丙寅朔，無辛丑，下文「甲戌」爲初九，「辛未」爲初六，在甲戌前。

〔二八〕丁巳以行宕昌王梁彌頡爲河涼二州刺史 「丁巳」，南史卷四齊本紀上作「乙巳」。

〔二九〕皇太子長懋講畢 「長懋」，原作「諱」，依例改。下皆仿此，不另出校。

〔三〇〕載末躬親　「末」，原作「來」，據南監本、殿本、局本、冊府卷一九八閏位部改。

〔三一〕丁酉　按是年正月癸亥朔，無丁酉，上文「甲子」爲初二，下文「辛卯」爲二十九日。

〔三二〕二月己未　按是年二月壬戌朔，無己未，下文「庚寅」爲二十九日。

〔三三〕以吳興太守西昌侯鸞爲中領軍　「鸞」，原作「諱」，依例改。下皆仿此，不另出校。

〔三四〕三月戊子車駕幸芳林園禊宴丁未以護軍將軍陳顯達爲雍州刺史　「三月」，原作「二月」，據冊府卷一九七閏位部改。按是年二月丁巳朔，無戊子，丁未。三月丙戌朔，初三戊子，二十二日丁未。

〔三五〕夏四月庚午　「庚午」原無，據南史卷四齊本紀上、冊府卷一八九閏位部補。

〔三六〕自水德將謝喪亂彌多　「彌」，冊府卷五〇二邦計部作「弘」。

〔三七〕寔此之由　「由」，原作「曰」，據三朝本、南監本、北監本、汲本、殿本、局本改。按冊府卷五〇二邦計部作「繇」，「由」「繇」通。

〔三八〕凡下貧之家　「凡下」，冊府卷四八九邦計部作「尤」。

〔三九〕冬十月甲申　按是年十月癸丑朔，無甲申。

〔四〇〕賜痼疾篤癃口二斛老落一斛　「賜」上冊府卷一九五閏位部有「賑」字。「老落」，南監本、北監本、汲本、殿本、局本作「老疾」，明本冊府卷一九五閏位部作「老口」，按宋本冊府亦作「老落」。

〔四一〕閏月乙卯　按是年閏月丁丑朔，無乙卯，下文「辛卯」爲十五日。

〔四三〕北兗北徐豫司青冀八州　按所列只六州，與「八州」不合，或有脫訛。「司」下册府卷四八九邦計部有「雍」字。

〔四四〕以中軍將軍王敬則爲豫州刺史中軍將軍陰智伯爲梁南秦二州刺史　「中軍將軍陰智伯」疑有訛。按本書卷二六王敬則傳，王敬則時爲中軍將軍，陰智伯不當同爲中軍將軍。

〔四五〕二月壬辰零陵王司馬藥師薨　「二月」原無，南史卷四齊本紀上云「二月辛卯，零陵王司馬藥師薨」。按是年正月庚子朔，無壬辰。二月己巳朔，二十三日辛卯，二十四日壬辰。今補「二月」二字。

〔四六〕以行河南王世子休留成爲秦河二州刺史　「行河南王」，南史卷四齊本紀上無「行」字。「休留成」，汲本、殿本、局本、梁書卷五四諸夷傳、南史卷四齊本紀上作「休留代」，本書卷五九河南傳作「休留茂」。

〔四七〕三月乙卯以南中郎司馬劉楷爲司州刺史辛丑以太子左衛率劉纘爲廣州刺史　按是年三月癸巳朔，九日辛丑，二十三日乙卯，此記辛丑事在乙卯後，疑誤。

〔四八〕高貲不在例　「例」上册府卷四八九邦計部有「此」字。

〔四九〕冬十月乙丑　按是年十月甲申朔，無乙丑，下文「甲午」爲十一日。

〔五〇〕以驃騎大將軍王敬則爲司空　「以」上南史卷四齊本紀上有「戊午」二字。

〔五一〕丙子皇太子長懋薨　「丙子」，南史卷四齊本紀上作「乙亥」，疑是。按是年正月壬子朔，二十

四日乙亥,二十五日丙子。長懋後追尊爲文帝,廟號世宗,本書卷一〇禮志下云「有司以世宗

文皇帝今二年正月二十四日再忌日」,與「乙亥」合。

〔五一〕孝子順孫義夫節婦粟帛各有差 按本書避梁諱,例改「順」爲「從」,錢大昕考異卷二五云:「順孫」字,元本必作「從孫」,後來校書者以意改易耳。

〔五二〕尚書中是職務根本 「中是」,南監本、南史卷四齊本紀上作「是」,通鑑卷一三八齊紀四武帝永明十一年作「中事」。按建康實録卷一五此八字作「尚書中務」。

〔五三〕應諸器悉不得用寶物及織成等 「應諸」,南史卷四齊本紀上作「絓諸」,御覽卷一二九引蕭子顯齊書作「路」。「器」下南史卷四齊本紀上、御覽卷一二九引蕭子顯齊書有「服」字。

〔五四〕唯裝複裌衣各一通 「通」上原衍「本」字,據南監本、局本、南史卷四齊本紀上刪。

〔五五〕悉付蕭諶優量驅使之 「蕭諶」,原作「蕭謭」,據南監本、北監本、殿本、南史卷四齊本紀上改。按本書卷四二蕭諶傳云:「上崩,遺敕諶領殿内事如故。」作「蕭諶」是。

〔五六〕頗不喜遊宴 「頗不喜」,南監本、南史卷四齊本紀上作「頗喜」,建康實録卷一五、通鑑卷一三八齊紀四武帝永明十一年作「頗好」。

〔五七〕中外寧和 「和」,原作「如」,據南監本、北監本、汲本、殿本、局本改。按「和」與上文「戈」、「波」、「科」、「歌」爲韻。

南齊書卷四

本紀第四

鬱林王

鬱林王昭業字元尚，文惠太子長子也。小名法身。世祖即位，封南郡王，二千戶[一]。永明五年十一月戊子，冠於東宮崇政殿。其日小會，賜王公以下帛各有差，給昭業扶二人。七年，有司奏給班劍二十人，鼓吹一部，高選友、學。十一年，給皁輪三望車。詔高選國官。文惠太子薨，立昭業爲皇太孫，居東宮。世祖崩，太孫即位。

八月壬午，詔稱先帝遺詔，以護軍將軍武陵王曄爲衛將軍，征南大將軍陳顯達即本號，並開府儀同三司，尚書左僕射西昌侯鸞爲尚書令[二]，太孫詹事沈文季爲護軍將軍。

癸未，以司徒竟陵王子良爲太傅。詔曰：「朕以寡薄，嗣膺寶政，對越靈命，欽若前圖，思

所以敬守成規，拱揖羣后。哀荒在日，有懵大猷，宜育德振民，光昭睿範。凡通三調及衆

責，在今年七月三十日前，悉同蠲除。其備償封籍貨鬻未售，亦皆還主。御府諸署池田邸

冶，興廢沿事，本施一時，於今無用者，詳所罷省。公宜權禁，一以還民，關市征賦，務從優

減。」丙戌，詔曰：「近北掠餘口，悉充軍實。刑故無小，罔或攸赦，撫辜興仁，事深睿範。

宜從蕩宥，許以自新，可一同放遣，還復民籍。已賞賜者，亦皆爲贖。」辛丑，詔曰：「往歲

蠻、虜協謀，志擾邊服，羣帥授略，大殲凶醜。革城克捷，及舞陰固守，二處勞人，未有沾爵

賞者，可分遣選部，往彼序用。」

九月癸丑，詔「東西二省府國，長老所積，財單祿寡，良以矜懷。選部可甄才品能，推

校年月，邦守邑丞，隨宜量處，以貧爲先」。辛酉，追尊文惠皇太子爲世宗文皇帝。

冬十月壬寅，尊皇太孫太妃爲皇太后，立皇后何氏。

十一月辛亥，立臨汝公昭文爲新安王，曲江公昭秀爲臨海王，皇弟昭粲爲永嘉王。

隆昌元年春正月丁未，改元，大赦。加太傅竟陵王子良殊禮。驃騎將軍晉熙王銶爲

郢州刺史，丹陽尹安陸王子敬爲南兗州刺史，征北大將軍晉安王子懋爲江州刺史，臨海王

昭秀爲荆州刺史，永嘉王昭粲爲南徐州刺史，征南大將軍陳顯達進號車騎大將軍，郢州刺

史建安王子真爲護軍將軍。詔百僚極陳得失。又詔王公以下各舉所知。戊申，以護軍將軍沈文季爲領軍將軍。己酉，以前將軍曹虎爲雍州刺史，右衞將軍薛淵爲司州刺史〔三〕。

庚戌，以寧朔將軍蕭懿爲梁南秦二州刺史，輔國長史申希祖爲交州刺史。辛亥，車駕祠南郊。詔曰：「執耡懋忘〔四〕，懸罄比室，秉機或惰，無褐終年。非怠非荒，雖由王道，不稔不

稑，實賴民和。頃歲多稼無爽〔五〕，遺秉如積，而三登之美未臻，萬斯之基尚遠。且風土異宜，百民舛務〔六〕，刑章治緒，未必同源，妨本害政，事非一揆，冤旒屬念，無忘夙興。可嚴下州郡，務滋耕殖，相畝闢疇，廣開地利，深樹國本，克阜天民。又詢訪獄市，博聽謠俗，傷風損化，各以條聞，主者詳爲條格。」戊午，車駕拜崇安陵〔七〕。己巳，以新除黃門侍郎周奉叔爲青州刺史。

二月辛卯，車駕祠明堂。

夏四月辛巳，衞將軍、開府儀同三司武陵王曄薨。戊子，太傅竟陵王子良薨。戊戌，以驃騎將軍盧陵王子卿爲衞將軍，尚書右僕射鄱陽王鏘爲驃騎將軍，並開府儀同三司〔八〕。

以前沙州刺史楊炅爲沙州刺史。丁酉，以驃騎將軍盧陵王子卿爲衞將軍，尚書右僕射鄱陽王鏘爲驃騎將軍，並開府儀同三司〔八〕。

閏月乙丑，以南東海太守蕭穎冑爲青冀二州刺史。丁卯，鎮軍大將軍鸞即本號開府儀同三司。戊辰，以中軍將軍新安王昭文爲揚州刺史。

六月丙寅，以黃門侍郎王思遠爲廣州刺史。

秋七月庚戌[九]，以中書郎蕭遙欣爲兗州刺史，東莞太守臧靈智爲交州刺史。

癸巳，皇太后令曰：「鎮軍、車騎、左僕射、前將軍、領軍、左衛、衛尉、八座：自我皇歷啓基，受終于宋，睿聖繼軌，三葉重光。太祖以神武創業，草昧區夏，武皇以英明提極，經緯天人。文帝以上哲之資，體元良之重，雖功未被物，而德已在民。三靈之眷方永，七百之基已固。嗣主特鍾沴氣，爰表弱齡，險戾著于綠車，愚固彰於崇正。狗馬是好，酒色方酒。所務唯鄙事，所疾唯善人。世祖慈愛曲深，每加容掩，冀年志稍改，立守神器。自入纂鴻業，長惡滋甚。居喪無一日之哀，縗絰爲歡宴之服。昏酣長夜，萬機斯壅，發號施令，莫知所從。閹竪徐龍駒專總樞密，奉叔、珍之互執權柄，自以爲任得其人，表裏緝穆，邁蕭、曹而愈信，布、倚太山而坐平原。於是恣情肆意，罔顧天顯，二帝姬嬪，並充寵御，二宮遺服，皆納玩府。內外混漫，男女無別，丹屛之北，爲酷虐之所，青蒲之上，開桑中之肆。又微服潛行，信次忘反，端委以朝虛位，交戟而守空宮積旬矣。宰輔忠賢，盡誠奉主，誅鋤羣小，冀能悛革，曾無克己，更深怨懟。公卿股肱，以異己實戮[一〇]，文武昭穆，以德譽見猜，放肆醜言，將行屠膾，社稷危殆，有過綴旒。昔太宗克光於漢世，簡文代興於晉氏，前事之不忘，後人之師也。鎮軍居正體道，家國是賴，伊霍之舉，實寄淵謨，便可詳依舊典，

以禮廢黜。中軍將軍新安王，體自文皇，睿哲天秀，宜入嗣鴻業，永寧四海。外即以禮奉

迎。未亡人屬此多難，投筆增慨。」

昭業少美容止，好隸書，世祖勑皇孫手書不得妄出，以貴重之。進對音吐，甚有令譽。

王侯五日一問訊，世祖常獨呼昭業至幄座，別加撫問，呼爲法身，鍾愛甚重。文惠皇太子

薨，昭業每臨哭，輒號咷不自勝，俄爾還內，歡笑極樂。在世祖喪，哭泣竟，入後宮，嘗列胡

妓二部夾閤迎奏〔一〕。爲南郡王時，文惠太子禁其起居，節其用度，昭業謂豫章王妃庾氏

曰：「阿婆，佛法言，有福德生帝王家。今日見作天王，便是大罪，左右主帥，動見拘執，不

如作市邊屠酤富兒百倍矣。」及即位，極意賞賜，動百數十萬。每見錢，輒曰：「我昔時思

汝一文不得〔二〕，今得用汝未？」朞年之間，世祖齋庫儲錢數億垂盡。開主衣庫與皇后寵

姬觀之，給閹人豎子各數人〔三〕，隨其所欲，恣意輦取，取諸寶器以相剖擊破碎之，以爲笑

樂。居嘗躶袒，著紅縠褌、雜采袙服〔四〕。好鬪雞，密買雞至數千價。世祖御物甘草杖，宮

人寸斷用之。毀世祖招婉殿，乞閹人徐龍駒爲齋。龍駒尤親幸，爲後閤舍人，日夜在六宮

房內。昭業與文帝幸姬霍氏淫通〔五〕，龍駒勸長留宮內，聲云度霍氏爲尼，以餘人代之。

嘗以邪謟自進，每謂人曰：「古時亦有監作三公者。」皇后亦淫亂，齋閤通夜洞開，內外淆

雜，無復分別。

中書舍人綦毋珍之、朱隆之，直閤將軍曹道剛、周奉叔，並爲帝羽翼。高宗屢諫不納，先啓誅龍駒，次誅奉叔及珍之，帝並不能違。既而尼媼外入，頗傳異語，乃疑高宗有異志。中書令何胤以皇后從叔見親，使直殿省，嘗隨后呼胤爲三父，與胤謀誅高宗，令胤受事，胤不敢當，依違杜諫，帝意復止。乃謀出高宗於西州，中勑用事，不復關諮。高宗慮變，定謀廢帝。

二十二日壬辰〔六〕，使蕭諶、坦之等於省誅曹道剛、朱隆之等，率兵自尚書入雲龍門，戎服加朱衣於上。比入門，三失履。王晏、徐孝嗣、蕭坦之、陳顯達、王廣之、沈文季係進。帝在壽昌殿，聞外有變，使閉內殿諸房閤，令閹人登輿光樓望，還報云：「見一人戎服，從數百人，急裝，在西鍾樓下。」須臾，蕭諶領兵先入宮，截壽昌閤，帝走向愛姬徐氏房，拔劍自刺不中，以帛纏頸，輿接出延德殿。諶初入殿，宿衞將士皆操弓楯欲拒戰，諶謂之曰：「所取自有人，卿等不須動！」宿衞信之，及見帝出，各欲自奮，帝竟無一言。出西弄，殺之，時年二十二〔七〕。輿尸出徐龍駒宅，殯葬以王禮。餘黨亦見誅。

史臣曰：鬱林王風華外美，衆所同惑，伏情隱詐，難以兒求。立嫡以長，未知瑕釁，世祖之心，不變周道。既而譽鄙內作，兆自宮闈，雖爲害未遠，足傾社稷。春秋書梁伯之過，

南齊書卷四

八〇

言其自取亡也。

贊曰：十譽有一，無國不失。鬱林負荷，棄禮亡律。

校勘記

〔一〕封南郡王二千戶 「二千戶」，原作「二千石」，據南監本、北監本、汲本、殿本、局本、建康實錄卷一五改。

〔二〕尚書左僕射西昌侯鸞爲尚書令 「鸞」，原作「諱」，依例改。下皆仿此，不另出校。

〔三〕右衞將軍薛淵爲司州刺史 「衞」字疑衍。按本書卷三〇薛淵傳，永明八年淵爲右將軍，隆昌元年「出爲持節、督司州軍事、司州刺史，右將軍如故」。

〔四〕執耜蹔忘 「忘」，文苑英華卷四六二沈約勸農訪民所疾苦詔作「甕」，冊府卷一九八閏位部作「虧」。

〔五〕頃歲多稼無爽 「無爽」，文苑英華卷四六二沈約勸農訪民所疾苦詔作「無麥」。

〔六〕且風土異宜百民舛務 「舛」，冊府卷一九八閏位部作「殊」。

〔七〕車駕拜崇安陵 「崇安陵」，南監本、北監本、汲本、殿本、局本作「景安陵」。按三朝本、南史

卷五齊本紀下、册府卷一八九閏位部、通鑑卷一三九齊紀五明帝建武元年作「崇安陵」。

〔八〕戊戌以前沙州刺史楊炅爲沙州刺史丁酉以驃騎將軍廬陵王子卿爲衛將軍尚書右僕射鄱陽王鏘爲驃騎將軍並開府儀同三司　按隆昌元年四月乙亥朔，戊戌爲廿四日，丁酉爲廿三日，此處敍事戊戌在丁酉前，有疑。

〔九〕秋七月庚戌　按是年七月癸酉朔，無庚戌。下有「癸巳，皇太后令」同一月中，庚戌不得在癸巳前，疑有誤。

〔一〇〕以異己實戮　「實」，原作「宜」，據三朝本、南監本、北監本、殿本、汲本、局本改。

〔一一〕嘗列胡妓二部夾閤迎奏　御覽卷一二九引蕭子顯齊書「胡」作「故」，「夾」作「入」。

〔一二〕我昔時思汝一文不得　「一文」，御覽卷一二九引蕭子顯齊書作「一箇」，册府卷二一八閏位部作「一個」，通鑑卷一三九齊紀五明帝建武元年作「十枚」。

〔一三〕給閹人竪子各數人　「數人」，金樓子箴戒篇作「十數人」。

〔一四〕著紅縠褌雜采袙服　「袙」，原作「相」，據南監本、局本改。

〔一五〕昭業與文帝幸姬霍氏淫通　「文帝」，建康實錄卷一五作「武帝」，通鑑卷一三九齊紀五明帝建武元年作「世祖」。

〔一六〕二十二日壬辰　按是年七月癸酉朔，壬辰爲二十日，二十二日爲甲午。

〔一七〕時年二十二　「二十二」，三朝本、南監本、北監本、汲本、殿本、局本作「二十一」。

南齊書卷五

本紀第五

海陵王

海陵恭王昭文字季尚，文惠太子第二子也。永明四年，封臨汝公，邑千五百戶。初為輔國將軍、濟陽太守。十年，轉持節、督南豫州諸軍事、南豫州刺史，將軍如故。十一年，進號冠軍將軍。文惠太子薨，還都。鬱林王即位，為中軍將軍，領兵置佐。封新安王，邑二千戶。隆昌元年，為使持節、都督揚南徐二州諸軍事、揚州刺史，將軍如故。其年，鬱林王廢，尚書令西昌侯鸞議立昭文為帝[一]。

延興元年秋七月丁酉，即皇帝位。以尚書令、鎮軍大將軍西昌侯鸞為驃騎大將軍、錄

尚書事、揚州刺史，宣城郡公。詔曰：「太祖高皇帝英謀光大，受命作齊；世祖武皇帝宏猷冠世，繼暉下武；世宗文皇帝清明懿鑠，四海宅心：並德漏下泉，功昭上象，聲教所覃，無思不洽。洪基式固，景祚方融，而天步多阻，運鍾否剝。嗣君昏忍，暴戾滋多，棄侮天經，悖滅人紀，朝野重足，遐邇側視，民怨神恫，宗祧如綴。賴忠謨肅舉，霄漢廓清，俾三后之業，絕而更紐，七百之慶，危而復安。猥以沖人，入纂乾緒，載懷馭朽，若墜諸淵，思與黎元，共綏戩福。大赦，改元。文武賜位二等。」

八月甲辰，以新除衛尉蕭諶爲中領軍，司空王敬則進位太尉，新除車騎大將軍陳顯達爲司空，尚書左僕射王晏爲尚書令，左衛將軍王廣之爲豫州刺史，驃騎大將軍鄱陽王鏘爲司徒〔二〕。詔遣大使巡行風俗。丁未，詔曰：「新安國五品以上，悉與滿敍，自此以下，皆聽解遣。其欲仕者，適其所樂。」以驍騎將軍河東王鉉爲南徐州刺史，西中郎將臨海王昭秀爲車騎將軍，南徐州刺史永嘉王昭粲爲荊州刺史。戊申，以輔國將軍王詡爲廣州刺史，中書郎蕭遙欣爲兗州刺史。庚戌，以車騎板行參軍李慶綜爲寧州刺史。辛亥，以安西將軍王玄邈爲中護軍，新除後軍司馬蕭誕爲徐州刺史。壬子，以冠軍司馬臧靈智爲交州刺史。乙卯，申明織成、金薄、綵花、錦繡履之禁。

九月癸酉，詔曰：「頃者以淮關徭戍，勤瘁於行役，故罩以榮階，薄酬厥勞。勳狀淹

留，未集王府，非所以急舍爵之典，趣報功之旨。便可分遣使部，往彼銓用。」辛巳，以前九

真太守宋慈明爲交州刺史。癸未，誅新除司徒鄱陽王鏘、中軍大將軍隨郡王隆。遣平

西將軍王廣之誅南兗州刺史安陸王子敬。於是江州刺史晉安王子懋起兵，遣中護軍王玄

邈討之。乙未，驃騎大將軍鸞假黃鉞，内外纂嚴〔三〕。又誅湘州刺史南平王銳、郢州刺史

晉熙王銶、南豫州刺史宜都王鏗。丁亥，以衛將軍廬陵王子卿爲司徒，撫軍將軍桂陽王鑠

爲中軍將軍、開府儀同三司。

冬十月癸巳〔四〕，詔曰：「周設媒官，趣及時之制，漢務輕徭，在休息之典，所以布德弘

教，寬俗阜民。朕君制八紘，志敷九德，而習俗之風，爲弊未改，靜言多恧，無忘昏晨。督

勸婚嫁，宜嚴更申明，必使禽幣以時，摽梅息怨。正廚諸役，舊出州郡，徵吏民以應其數，

公獲二旬，私累數朔。又廣陵年常遞出千人以助淮戍，勞擾爲煩，抑亦苞苴是育。今並可

長停，別量所出。諸縣使村長路都防城直縣，爲劇尤深，亦宜禁斷。」丁酉，解嚴。進驃騎

大將軍、揚州刺史宣城公鸞爲太傅、領大將軍、揚州牧，加殊禮，進爵爲王。戊戌，誅新除

中軍將軍桂陽王鑠、撫軍將軍衡陽王鈞、侍中祕書監江夏王鋒、鎮軍將軍建安王子真、左

將軍巴陵王子倫。癸卯，以寧朔將軍蕭遙欣爲豫州刺史，新除黃門郎蕭遙昌爲郢州刺史，

輔國將軍蕭誕爲司州刺史。

宣城王輔政，帝起居皆諮而後行。思食蒸魚菜，太官令答無錄公命，竟不與。辛亥，

皇太后令曰：「司空、後將軍、丹陽尹、右僕射、中領軍、八座：夫明晦迭來，屯平代有，上

靈所以睠命，億兆所以歸懷。自皇家淳耀，列聖繼軌，諸侯官方，百神受職。而殷憂時啓，

多難薦臻，隆昌失德，特紊人鬼，非徒四海解體，乃亦九鼎將移。賴天縱英輔，大匡社稷，

崩基重造，墜典再興。嗣主幼沖，庶政多昧，且早嬰尫疾，弗克負荷，所以宗正內侮〔五〕，戚

藩外叛，覘天視地，人各有心。雖三祖之德在民〔六〕，而七廟之危行及。自非樹以長君，鎮

以淵器，未允天人之望，寧息奸宄之謀。太傅宣城王胤體宣皇，鍾慈太祖，識冠生民，功高

造物，符表夙著，謳頌有在，宜入承寶命，式寧宗祐。帝可降封海陵王，吾當歸老別館。昔

宣帝中興漢室，簡文重延晉祀，庶我鴻基，於茲永固。言念家國，感慶載懷。」

建武元年，詔「海陵王依漢東海王彊故事，給虎賁、旄頭、畫輪車，設鍾虡宮縣，供奉所

須，每存隆厚」。十一月，稱王有疾，數遣御師占視，乃殞之。葬給輼輬車，九旒大輅，黃屋左纛，前後部羽葆鼓吹，挽歌二

部，依東海王故事。諡曰恭王。年十五。

史臣曰：郭璞稱永昌之名〔七〕，有二日之象，而隆昌之號亦同焉。案漢中平六年，獻

帝即位，便改元爲光熹，張讓、段珪誅後，改元爲昭寧，董卓輔政，改元爲永漢，一歲四號也。晉惠帝太安二年，長沙王乂事敗，成都王穎改元爲永安，穎自鄴奪，河閒王顒復改元爲永興，一歲三號也。隆昌、延興、建武，亦三改年號。故知喪亂之軌迹，雖千載而必同矣。

贊曰：穆穆海陵，因亡代興。不先不後，遭命是膺。

校勘記

〔一〕尚書令西昌侯鸞議立昭文爲帝 「鸞」，原作「諱」，依例改。下皆仿此，不另出校。

〔二〕驃騎大將軍鄱陽王鏘爲司徒 「驃騎大將軍」，按本書卷三五鄱陽王鏘傳，鄱陽王鏘時所任爲「驃騎將軍」。

〔三〕乙未驃騎大將軍鸞假黃鉞内外纂嚴 「乙未」，通鑑卷一三九齊紀五明帝建武元年作「乙亥」。按是年九月壬申朔，上文十二日「癸未」，下文十六日「丁亥」間，而「乙未」爲二十四日，「乙亥」爲初四日，均不合序，疑「乙未」當作十四日「乙酉」。

〔四〕冬十月癸巳 按是年十月壬寅朔，無癸巳，下文丁酉、戊戌、癸卯、辛亥諸日，唯癸卯爲十月初二日，辛亥初十日，餘皆無。按建康實錄卷一五繫丁酉於九月，辛亥於十月。吳玉貴資治通

〔五〕 鑑疑年録云『冬十月』應在『癸卯』上。

〔六〕 所以宗正内侮 「宗正」，建康實録卷一五作「宗王」，疑是。

〔六〕 雖三祖之德在民 「三祖」，汲本、局本作「二祖」。

〔七〕 郭璞稱永昌之名 「名」，建康實録卷一五作「占」。

南齊書 卷六

本紀第六

明帝

高宗明皇帝諱鸞，字景栖，始安貞王道生子也。小諱玄度。少孤，太祖撫育，恩過諸子。宋泰豫元年，爲安吉令，有嚴能之名。補武陵王左常侍，不拜。元徽二年，爲永世令。昇明二年，爲邵陵王安南記室參軍。未拜，仍遷寧朔將軍、淮南宣城二郡太守。尋進號輔國將軍。太祖踐阼，遷侍中，封西昌侯，邑千戶。建元二年，爲持節、督郢州司州之義陽諸軍事、冠軍將軍、郢州刺史，進號征虜將軍。世祖即位，轉度支尚書，領右軍將軍。永明元年，遷侍中、領驍騎將軍。王子侯舊乘纏帷車，高祖獨乘下帷，儀從如素士。公事混撓，上甚食人擔火誤燒牛鼻，豫章王曰世祖，世祖笑焉。轉爲散騎常侍、左衛將軍，清道而行，上甚

悦。二年，出為征虜將軍、吳興太守。四年，遷中領軍，常侍並如故。五年，為持節、監豫州郢州之西陽司州之汝南二郡軍事、右將軍、豫州刺史。七年，為尚書右僕射。八年，加領衛尉。十年，轉左僕射。十一年，領右衛將軍。世祖遺詔為侍中、尚書令，尋加鎮軍將軍，給班劍二十人。隆昌元年，即本號為大將軍，給鼓吹一部，親兵五百人。尋又加中書監、開府儀同三司。鬱林王廢，海陵王立，為使持節、都督揚南徐二州軍事、驃騎大將軍、錄尚書事、揚州刺史，開府如故，增班劍為三十人，封宣城郡公，二千戶。鎮東府城。給兵五千人，錢二百萬，布千匹。九江作難，假黃鉞，事寧，表送之。尋加黃鉞，都督中外諸軍事、太傅、領大將軍、揚州牧，增班劍為四十人，給幢絡三望車，前後部羽葆鼓吹，劍履上殿，入朝不趨，贊拜不名，置左右長史、司馬、從事中郎，掾、屬各四人，封宣城王，邑五千戶，持節、侍中、中書監、錄尚書並如故。未拜，太后令廢海陵王，以上入纂太祖為第三子，羣臣三請，乃受命。

建武元年冬十月癸亥，即皇帝位。詔曰：「皇齊受終建極，握鏡臨宸，神武重輝，欽明懿鑠，七百攸長，盤石斯固。而王度中蹇，天階荐阻，嗣命多違，蕃釁孔棘，宏圖景曆，將墜諸淵。宣德皇后遠鑒崇替，憲章舊典，疇咨台揆，允定靈策，用集寶命于予一人。猥以虛

薄，纘戎大業，仰繫鴻丕，顧臨兆民，永懷先構，若履春冰，寅憂夕惕，罔識攸濟，思與萬國
播此惟新。大赦天下，改元。宿衛身普轉一階，其餘文武，賜位二等。通租宿責[二]，換負
官物，在建武元年以前，悉原除。劫賊餘口在臺府者，可悉原放。負釁流徙，並還本鄉。」
太尉王敬則爲大司馬，司空陳顯達爲太尉，尚書令王晏加驃騎大將軍，中領軍蕭諶爲領軍
將軍、南徐州刺史，皇子寶義爲揚州刺史，中護軍王玄邈爲南兗州刺史，新除右將軍張瓌
爲右光祿大夫，平北將軍王廣之爲江州刺史。乙丑，詔斷遠近上禮。丁卯，詔「自今彫文
篆刻，歲時光新，可悉停省。蕃牧守宰，或有薦獻，事非任土[三]，嚴加禁斷。」追贈安陸昭
侯緬爲安陸王。己巳，以安陸侯子寶晊爲湘州刺史。詔曰：「頃守職之吏，多違舊典，存
私害公，實興民蠹。今商旅稅石頭後渚及夫鹵借倩，一皆停息。所在凡厥公宜，可即符
斷。主曹詳爲其制，憲司明加聽察。」

十一月癸酉，以西中郎長史始安王遙光爲揚州刺史，晉壽太守王洪範爲青冀二州刺
史，尚書令王晏領太子少傅。甲戌，大司馬尋陽公王敬則等十三人進爵邑各有差。詔省
新林苑，先是民地，悉以還主，原責本直。庚辰，立皇子寶義爲晉安王，寶玄爲江夏王，寶
源爲廬陵王，寶黁爲建安王，寶融爲隨郡王[四]，寶攸爲南平王。甲申，詔曰：「邑宰祿薄
俸微，不足代耕，雖任土恒貢，亦爲勞費，自今悉斷。」又詔「宣城國五品以上，悉與滿敍。

自此以下，皆聽解遣。其欲仕，適所樂」。乙酉，追尊始安貞王爲景皇，妃爲懿后。丙戌，以輔國將軍聞喜公遙欣爲荆州刺史，寧朔將軍豐城公遙昌爲豫州刺史。丁亥，詔「細作中署、材官、車府，凡諸工，可悉開番假，遞令休息」。戊子，立皇太子寶卷。己丑，詔「東宮肇建，爵一級，孝子從孫，義夫節婦，普加甄賜明揚。表其衡閭，賚以束帛。永明中，御遠近或有慶禮，可悉斷之」。壬辰，以新除征虜將軍江夏王寶玄爲郢州刺史。

史中丞沈淵表百官年登七十，皆令致仕，並窮困私門。庚子，詔曰：「日者百司耆齒，許以自陳，東西二省，猶沾微俸，辭事私庭，榮祿兼謝，興言愛老，實有矜懷。自縉紳年及，可一遵永明七年以前銓敍之科。」上輔政所誅諸王，是月復屬籍，各封子爲侯。

十二月壬子，詔曰：「上覽易遺，下情難達，是以甘棠見美，肺石流詠。自月一視黃辭，如有含枉不申，懷直未舉者，荏民之司，並任厥失。」

二年春正月辛未，詔「京師繫囚殊死，可降爲五歲刑，三署見徒五歲以下，悉原散。王公以下，各舉所知。隨王公卿士，內外羣僚，各舉朕違，肆心極諫」。索虜寇司、豫、徐、梁四州。壬申，遣鎮南將軍王廣之督司州征討，右衛將軍蕭坦之督徐州征討，尚書右僕射沈文季督豫州征討。己卯，詔京師二縣有毀發墳壙，隨宜脩理。又詔曰：「食惟民天，義高

姬載，蠶實生本，教重軒經。前哲盛範，後王茂則，布令審端，咸必由之。朕蕭宸巖廊，思弘風訓，深務八政，永鑒在勤，靜言日昃〔五〕。無忘寢興。守宰親民之司，宜嚴課農桑，罔令游隋，摽景肆力，必窮地利，固脩堤防，考校殿最。若耕蠶殊衆，具以名聞〔六〕；游怠害業，即便列奏。主者詳爲條格。」乙未，虜攻鍾離，徐州刺史蕭惠休破之。丙申，加太尉陳顯達使持節、都督西北征討諸軍事。丁酉，內外纂嚴。

三月戊申〔七〕，詔「南徐州僑舊民丁，多充戎旅，蠲今年三課」。己未，司州刺史蕭誕與衆軍擊虜，破之。詔「雍、豫、司、南兗、徐五州遇寇之家，悉停今年稅調〔八〕。其與虜交通，不問往罪」。丙寅，停青州麥租。虜自壽春退走。甲申，解嚴。

夏四月己亥朔，詔「三百里內獄訟〔九〕，同集京師，克日聽覽。此以外委州郡訊察。三署徒隸，原遣有差」。索虜圍漢中，梁州刺史蕭懿拒退之。己未，以新除黃門郎裴叔業爲徐州刺史。

五月甲午，寢廟成，詔「監作長帥，可賜位一等，役身遣假一年，非役者蠲租同假限」。

六月壬戌，誅領軍將軍蕭諶、西陽王子明、南海王子罕、邵陵王子貞。乙丑，以右衛將軍蕭坦之爲領軍將軍。

秋七月辛未，以右將軍晉安王寶義爲南徐州刺史。壬申，以冠軍將軍梁王爲司州刺

史。辛卯,以氐楊馥之爲北秦州刺史,仇池公。

八月丁未,以右衛將軍廬陵王寶源爲南兗州刺史[一〇]。庚戌,以新除輔國將軍申希祖爲兗州刺史。

九月己丑,改封南平王寶攸爲邵陵王,蜀郡王子文爲西陽王,廣漢王子峻爲衡陽王,臨海王昭秀爲巴陵王,永嘉王昭粲爲桂陽王。

冬十月丁卯[一一],詔曰:「軌世去奢,事殷哲后,訓物以儉,理鏡前王。朕屬流弊之末,襲澆浮之季,雖恭己弘化,刻意隆平,而禮讓未興,侈華猶競。永覽玄風[一二],競言集愧,思所以還淳改俗[一三],反古移民。可罷東田,毀興光樓。」并詔水衡量省御乘。乙卯,納皇太子妃褚氏,大赦[一四]。王公已下班賜各有差,斷四方上禮。

十二月丁酉,詔曰:「舊國都邑,望之悵然。況乃自經南面,負扆宸居,或功濟當時,德覃一世,而塋壠樵穢,封樹不脩,豈直嗟深牧豎,悲甚信陵而已哉。昔中京淪覆,鼎玉東遷,晉元締構之始,簡文遺詠在民,而松門夷替,埏路榛蕪。雖年代殊往,撫事興懷。晉帝諸陵,悉加脩理,并增守衛。吳、晉陵二郡失稔之鄉,蠲三調有差。」

三年春正月丁酉[一五],以陰平王楊炅子崇祖爲沙州刺史,封陰平王。北中郎將建安王

寶賓爲江州刺史。己巳，詔申明守長六周之制。乙酉，詔「去歲索虜寇邊，緣邊諸州郡將士有臨陣及疾病死亡者，並送還本土」。

三月壬午，詔「車府乘輿有金銀飾校者，皆剔除」。

夏四月，虜寇司州，戍兵擊破之。

五月己巳，以征虜將軍蕭懿爲益州刺史，前軍將軍陰廣宗爲梁南秦二州刺史，前新除寧州刺史李慶宗爲寧州刺史[六]。

又詔「今歲不須光新，可以見錢爲百官供給」。

閏十二月戊寅，皇太子冠，賜王公以下帛各有差，爲父後者賜爵一級。斷遠近上禮。

冬十月，以輔國將軍申希祖爲司州刺史。

秋九月辛酉，以冠軍將軍徐玄慶爲兗州刺史。

四年春正月庚午，大赦[七]。詔曰：「嘉肴停俎，定方旨於必甘[八]，良玉在攻，表珪璋於既就，是以陶鈞萬品，務本爲先，經緯九區，學教爲大。往因時康，崇建庠序，屯虞荐有，權從省廢，謳誦寂寥，倏移年稔，永言古昔，無忘盱昃。今華夏乂安，要荒慕嚮，締脩東序，寔允適時。便可式依舊章，廣延國胄，弘敷景業，光被後昆。」壬寅，詔「民產子者，蠲其父

母調役一年,又賜米十斛。新婚者,蠲夫役一年」。丙辰,尚書令王晏伏誅。

二月甲子,以左僕射徐孝嗣爲尚書令,征虜將軍蕭季敞爲廣州刺史。

三月乙未,右僕射沈文季領護軍將軍。

秋八月,追尊景皇所生王氏爲恭太后。索虜寇沔北。

冬十月,又寇司州,甲戌,遣太子中庶子梁王、右軍司馬張稷討之。

十一月丙辰[九],以氐楊靈珍爲北秦州刺史、仇池公、武都王。丁亥,詔「所在結課屋宅田桑,可詳減舊價[一〇]」。

十二月甲子,以冠軍將軍裴叔業爲豫州刺史,冠軍將軍徐玄慶爲徐州刺史,寧朔將軍左興盛爲兗州刺史。丁丑,遣度支尚書崔慧景率衆救雍州。

永泰元年春正月癸未朔,大赦。通租宿債在四年之前,皆悉原除。中軍大將軍徐孝嗣即本號開府儀同三司。沔北諸郡爲虜所侵,相繼敗没。乙巳,遣太尉陳顯達持節救雍州。丁未,誅河東王鉉、臨賀王岳、西陽王子文、衡陽王子峻、南康王子琳、永陽王子珉、湘東王子建、南郡王子夏、桂陽王昭粲、巴陵王昭秀。

二月癸丑,遣左衛將軍蕭惠休假節援壽陽。辛未,豫州刺史裴叔業擊虜於淮北,破

之。

辛巳，平西將軍蕭遙欣領雍州刺史。

三月丙午，蠲雍州遇虜之縣租布。戊申，詔曰：「仲尼明聖在躬，允光上哲，弘厥雅道，大訓生民，師範百王，軌儀千載，立人斯仰，忠孝攸出，玄功潛被，至德彌闡。雖反袂遐曠〔二一〕，而祧薦靡闕，時祭舊品，秩比諸侯。頃歲以來，祀典陵替，俎豆寂寥，牲奠莫舉，豈所以克昭盛烈，永隆風教者哉。可式循舊典，詳復祭秩，使牢饌備禮，欽饗兼申〔二二〕。」

夏四月甲寅，改元，赦三署囚繫原除各有差。文武賜位二等。丙寅，以鎮軍將軍蕭坦之爲侍中、中領軍〔二三〕。己未，立武陵昭王子子坦爲衡陽王。丙戌，以西中郎長史劉暄爲郢州刺史。丁卯，大司馬、會稽太守王敬則舉兵反。

五月壬午，遣輔國將軍劉山陽率軍東討。乙酉，斬敬則傳首，曲赦浙東、吳、晉陵七郡。以後軍長史蕭穎冑爲南兗州刺史。丁酉，以北中郎將司馬元和爲兗州刺史〔二四〕。

秋七月，以輔國將軍王珍國爲青冀二州刺史。癸卯，以太子中庶子梁王爲雍州刺史，太尉陳顯達爲江州刺史。

己酉，帝崩于正福殿〔二五〕，年四十七。遺詔曰：「徐令可重申八命，中書監、本官悉如故，沈文季可左僕射，常侍、護軍如故，江祏可右僕射，江祀可侍中，劉暄可衛尉。軍政大事委陳太尉。內外眾事無大小委徐孝嗣、遙光、坦之、江祏，其大事與沈文季、江祀、劉暄

參懷。心膂之任，可委劉悛、蕭惠休、崔惠景。」葬興安陵。

帝明審有吏才，持法無所借，制御親幸，自下蕭清[二六]。驅使寒人不得用四幅繖，大存

儉約。罷世祖所起新林苑，以地還百姓。廢文帝所起太子東田，斥賣之。永明中興輦舟

乘，悉剔取金銀還主衣庫。太官進御食，有裹蒸，帝曰：「我食此不盡，可四片破之，餘充

晚食。」而世祖披庭中宮殿服御，一無所改。

性猜忌多慮，故嘔行誅戮。潛信道術，用計數，出行幸，先占利害，南出則唱云西行，

東遊則唱云北幸。簡於出入，竟不南郊。上初有疾，無輟聽覽，祕而不傳。及寢疾甚久，

勑臺省府署文簿求白魚以爲治，外始知之。身衣絳衣，服飾皆赤，以爲厭勝。巫覡云：

「後湖水頭經過宮內，致帝有疾。」帝乃自至太官行水溝，左右啟：「太官若無此水則不

立」。帝決意塞之，欲南引淮流。會崩，事寢。

史臣曰：高宗以支庶纂曆，據猶子而爲論，一朝到此，誠非素心，遺寄所當，諒不獲

免。夫戕夷之事，懷抱多端，或出自雄忍，或生乎畏懾。令同財之親，在我而先棄，進引之

愛，量物其必違[二七]。疑怯既深，猜似外入，流涕行誅，非云義舉，事苟求安[二八]，能無內愧。

既而自樹本根，枝胤孤弱，貽厥不昌，終覆宗社。若令壓鈕之徵，必委天命，盤庚之祀，亦

繼陽甲，杖運推公，夫何譏爾。

贊曰：高宗傍起，宗國之慶。慕名儉德，垂文法令。兢兢小心，察察吏政。沔陽失土，南風不競。

校勘記

〔一〕封宣城郡公二千戶　「二千」，文選卷三八任彥昇爲齊明帝讓宣城郡公第一表作「三千」。

〔二〕逋租宿責　「責」，原作「貢」，據南監本、北監本、汲本、殿本、局本、詞林卷六六八徐孝嗣南齊明帝即位改元大赦詔改。按册府卷二〇七閏位部、卷四八九邦計部作「債」。

〔三〕事非任土　「任土」，原作「任王」，據三朝本、南監本、北監本、汲本、殿本、局本、南史卷五齊本紀下改。按册府卷一九八閏位部作「在一」。

〔四〕寶融爲隨郡王　「寶」，原作「諱」，依例改。下皆倣此，不另出校。

〔五〕靜言日昃　「昃」，原作「吳」，據三朝本、南監本、北監本、汲本、殿本、局本、册府卷一九八閏位部改。

〔六〕具以名聞　「以」，原作「而」，據北監本、汲本、殿本、局本、册府卷一九八閏位部改。

〔七〕三月戊申　按是年三月庚午朔，無戊申及下文己未、丙寅。通鑑卷一四〇齊紀六明帝建武二年繫戊申、己未、丙寅於二月下。

〔八〕悉停今年稅調　「稅」,册府卷四八九邦計部作「租」。

〔九〕詔三百里内獄訟　「詔」字原無,據册府卷一九六閏位部、卷二〇九閏位部補。

〔一〇〕以右衛將軍盧陵王寶源爲南兗州刺史　「右衛將軍」,本書卷五〇盧陵王寶源傳載寶源時爲「右將軍」。按丁福林校議云齊多以前、後、左、右將軍授皇子,此「右」下「衛」字疑衍。

〔一一〕冬十月丁卯　「丁卯」,南史卷五齊本紀下作「癸卯」。按是年十月丙申朔,無丁卯。通鑑卷一四〇齊紀六明帝建武二年繫此事於十一月丁卯。

〔一二〕永覽玄風　「覽」,册府卷一九八閏位部作「鑒」。

〔一三〕還淳改俗　「還」,御覽卷一二九引蕭子顯齊書作「遷」。

〔一四〕乙卯納皇太子妃褚氏大赦　通鑑卷一四〇齊紀六明帝建武三年繫其事於十一月己卯。

〔一五〕三年春正月丁酉　「丁酉」,通鑑卷一四〇齊紀六明帝建武三年作「丁巳」,考異云:「齊本紀作『丁酉』。按長曆,是月乙丑朔,無丁酉,下有己巳,當作『丁巳』。」

〔一六〕前新除寧州刺史李慶宗爲寧州刺史　「李慶宗」,本書卷五海陵王紀作「李慶綜」。

〔一七〕四年春正月庚午大赦　按建武四年正月己丑朔,無庚午。通鑑卷一四一齊紀七明帝建武四年作「春正月大赦」,考異云:「齊帝紀云『庚午大赦』。按長曆,是月己丑朔,無庚午,故不日。」

〔一八〕定方旨於必甘　「方旨」,册府卷一九四閏位部作「芳旨」。

〔一九〕十一月丙辰　按是年十一月甲申朔,無丙辰。下文「丁亥」初四日,丙辰或爲初三日「丙戌」

之誤。

〔一〇〕可詳減舊價　「減」，原作「滅」，據三朝本、南監本、北監本、汲本、殿本、局本、册府卷四八七邦計部改。

〔一一〕雖反袂遐曠　「反袂」，原作「及袂」，據南監本、北監本、汲本、殿本、局本、宋本册府卷一九四閏位部改，明本册府作「春秋」。按公羊傳哀公十四年西狩獲麟，孔子「反袂拭面」。

〔一二〕欽饗兼申　「欽」，册府卷一九四閏位部作「歆」。

〔一三〕丙戌以鎮軍將軍蕭坦之爲侍中中領軍　按是年四月壬子朔，無丙戌。上文「甲寅」初三日，下文「己未」初八日，「丙戌」或爲初五日「丙辰」之訛。

〔一四〕以北中郎將司馬元和爲兗州刺史　「元和」上疑脫一「馬」字。按兗州刺史馬元和事見當時史籍，梁書卷一武帝紀上載有齊中興二年二月丁卯「兗州刺史馬元和」上籤朝廷事。據本書卷五〇邵陵王寶攸傳，齊建武三年至永元元年期間，邵陵王蕭寶攸任北中郎將，馬元和當是由寶攸司馬遷任兗州刺史。

〔一五〕帝崩于正福殿　「于」字原無，據南監本、局本、御覽卷一二九引蕭子顯齊書補。

〔一六〕自下肅清　「自」，南監本、北監本、殿本、局本、南史卷五齊本紀下、建康實錄卷一五作「遠」。

〔一七〕量物其必違　「違」，南監本、北監本、殿本、局本作「遠」。

〔一八〕事苟求安　「求」，南史卷五齊本紀下、建康實錄卷一五作「非」。

南齊書卷七

本紀第七

東昏侯

東昏侯寶卷字智藏，高宗第二子也。本名明賢，高宗輔政後改焉。建武元年，立爲皇太子。

永泰元年七月己酉，高宗崩，太子即位。

八月丁巳，詔雍州將士與虜戰死者□□，復除有差。又詔辨括選序，訪搜貧屈。庚申，鎮北將軍晉安王寶義進號征北大將軍、開府儀同三司。南中郎將建安王寶寅爲郢州刺史。

冬十月己未，詔刪省科律。

十一月戊子，立皇后褚氏，賜王公以下錢各有差。

永元元年春正月戊寅，大赦，改元。詔研策秀、孝〔一〕，考課百司。辛卯，車駕祠南郊。

詔三品清資官以上應食禄者〔三〕，有二親或祖父母年登七十，並給見錢。癸卯，以冠軍將軍南康王寶融爲荊州刺史〔四〕。

二月癸丑，以北中郎將邵陵王寶攸爲南兖州刺史。是月，太尉陳顯達敗績於馬圈。

夏四月己巳，立皇太子誦，大赦，賜民爲父後爵一級。甲戌，以寧朔將軍柳惔爲梁南秦二州刺史。

五月癸亥〔五〕，以撫軍大將軍始安王遙光爲開府儀同三司。

六月己酉，新除右衞將軍崔惠景爲護軍將軍。癸亥，以始興內史范雲爲廣州刺史。

甲子，詔原雍州今年三調。

秋七月丁亥，京師大水，死者衆，詔賜死者材器，并賑卹。

八月乙巳，蠲京邑遇水資財漂蕩者今年調税。又詔爲馬圈戰亡將士舉哀。丙辰，揚州刺史始安王遙光據東府反〔六〕，詔曲赦京邑，中外戒嚴。尚書令徐孝嗣以下屯衞宮城。遣領軍將軍蕭坦之率六軍討之。戊午，斬遙光傳首〔七〕。己未，以征北大將軍晉安王寶玄

為南徐兗二州刺史〔八〕。己巳，尚書令徐孝嗣爲司空，右衞將軍劉暄爲領軍將軍。

閏月丙子，以江陵公寶覽爲安王。虜僞東徐州刺史沈陵降，以爲北徐州刺史。

九月丁未，以輔國將軍裴叔業爲兗州刺史，征虜長史張沖爲豫州刺史。壬戌，以頻誅

大臣，大赦天下。辛未，以太子詹事王瑩爲中領軍。

冬十月乙未，誅尚書令新除司空徐孝嗣、左僕射新除鎮軍將軍沈文季〔九〕。乙巳〔一〇〕，

以始興内史顏翻爲廣州刺史，征虜將軍沈陵爲越州刺史。

十一月丙辰，太尉江州刺史陳顯達舉兵於尋陽。乙丑，護軍將軍崔慧景加平南將軍、

督衆軍南討事。丙寅，以冠軍將軍王鴻爲徐州刺史。

十二月癸未，以前輔國將軍楊集始爲秦州刺史。甲申，陳顯達至京師，宮城嚴警，六

軍固守。乙酉，斬陳顯達傳首。丁亥，以征虜將軍邵陵王寶攸爲江州刺史。

二年春正月壬子，以輔國將軍張沖爲南兗州刺史。庚午，詔討豫州刺史裴叔業。

二月癸未，以黃門郎蕭寅爲司州刺史。丙戌，以衞尉蕭懿爲豫州刺史，征壽春。己

丑，裴叔業病死〔一一〕，兄子植以壽春降虜。

三月癸卯，以輔國將軍張沖爲司州刺史。乙卯〔一二〕，遣平西將軍崔慧景率衆軍伐壽

春。丁未〔三〕，以新除冠軍將軍張沖爲南兗州刺史。崔慧景於廣陵舉兵襲京師。壬子，右

衛將軍左興盛督京邑水步衆軍。南徐州刺史江夏王寶玄以京城納慧景。乙卯，遣中領軍

王瑩率衆軍屯北籬門。壬戌，慧景至，瑩等敗績。甲子，慧景入京師，宮內據城拒守。豫

州刺史蕭懿起義救援。

夏四月癸酉〔四〕，慧景棄衆走，斬首。詔曲赦京邑、南徐兗二州。乙亥，以新除尚書右

僕射蕭懿爲尚書令。丙子，以晉熙王寶嵩爲南徐州刺史。

五月乙巳，以虜僞豫州刺史王肅爲豫州刺史。戊申，以桂陽王寶貞爲中護軍。己酉，

江夏王寶玄伏誅。壬子，大赦。乙丑，曲赦京邑、南徐兗二州。戊辰，以始安王寶覽爲湘

州刺史。

六月庚寅，車駕於樂遊苑內會，如三元，京邑女人放觀。戊戌，以新除冠軍將軍張沖

爲郢州刺史，守五兵尚書陸慧曉爲南兗州刺史。

秋七月甲辰，以驃騎司馬張稷爲北徐州刺史。

八月丁酉，以新除驃騎司馬陳伯之爲豫州刺史。甲申夜，宮內火〔五〕。

冬十月己卯，害尚書令蕭懿。

十一月辛丑，以寧朔將軍張稷爲南兗州刺史。甲寅，西中郎長史蕭穎胄起義兵於荊

州。

十二月，雍州刺史梁王起義兵於襄陽[一六]。戊寅，以冠軍長史劉繪爲雍州刺史。

三年春正月丙申朔，合朔時加寅漏上八刻，事畢，宮人於閱武堂元會，皇后正位，閹人行儀，帝戎服臨視。丁酉，以驃騎大將軍晉安王寶義爲司徒，新除撫軍將軍建安王寶寅爲車騎將軍，開府儀同三司。甲辰，以寧朔將軍王珍國爲北徐州刺史。辛亥，車駕祠南郊，詔大赦天下，百官陳讜言。

二月丙寅，乾和殿西廂火。壬午，詔遣羽林兵征雍州，中外纂嚴。乙酉，以威烈將軍胡元進爲廣州刺史。

三月己亥，以驃騎將軍沈徽孚爲廣州刺史[一七]。甲辰，以輔國將軍張欣泰爲雍州刺史。丁未，南康王寶融即皇帝位於江陵[一八]。癸丑，遣平西將軍陳伯之西征。

六月，京邑雨水，遣中書舍人、二縣官長賑賜有差。蕭穎胄弟穎孚起兵盧陵。戊子，曲赦江州安成、盧陵二郡。

秋七月癸巳，曲赦荊、雍二州。甲午，雍州刺史張欣泰、前南譙太守王靈秀率石頭文武奉建安王寶寅向臺，至杜姥宅，宮門閉，乃散走。己未，以征虜長史程茂爲郢州刺史，驍

騎將軍薛元嗣爲雍州刺史。是日，元嗣以郢城降義師。

八月丁卯，以輔國將軍申冑監豫州事。辛巳，光祿大夫張瓌鎮石頭。辛未，以太子左率李居士總督西討諸軍事〔一九〕，屯新亭城。

九月甲辰，以居士爲江州刺史，新除冠軍將軍王珍國爲雍州刺史，車騎將軍建安王寶寅爲荆州刺史。以輔國將軍申冑監郢州，龍驤將軍馬仙琕監豫州，驍騎將軍徐元稱監徐州。是日，義軍至南州，申冑軍二萬人於姑熟奔歸。戊申，以後軍參軍蕭瓚爲司州刺史，前輔國將軍魯休烈爲益州刺史，輔國長史趙越嘗爲梁南秦二州刺史。丙辰，李居士與義軍戰於新亭，敗績。

冬十月甲戌，王珍國與義軍戰於朱雀桁，敗績。戊寅，寧朔將軍徐元瑜以東府城降。青冀二州刺史桓和入衞，屯東宮，己卯，衆降〔二〇〕。光祿大夫張瓌棄石頭還宮。於是閉宮城門自守。庚辰，以驍騎將軍胡虎牙爲徐州刺史，左軍將軍徐智勇爲益州刺史，游擊將軍牛平爲梁南秦二州刺史。李居士以新亭降，琅邪城主張木亦降。義師築長圍守宮城。

十二月丙寅，新除雍州刺史王珍國、侍中張稷率兵入殿廢帝，時年十九。

帝在東宮便好弄，不喜書學，高宗亦不以爲非，但勗以家人之行。令太子求一日再入朝，發詔不許，使三日一朝。嘗夜捕鼠達旦，以爲笑樂。高宗臨崩，屬以後事，以隆昌爲

戒，曰：「作事不可在人後！」故委任羣小，誅諸宰臣，無不如意。

性重澀少言，不與朝士接，唯親信閹人及左右御刀、應敕等，自江祏、始安王遙光誅後，漸便騎馬。日夜於後堂戲馬，與親近閹人倡伎鼓叫。常以五更就臥，至晡乃起。王侯節朔朝見，晡後方前，或際闇遣出。臺閣案奏，月數十日乃報，或不知所在。二年元會，食後方出，朝賀裁竟，便還殿西序寢，自巳至申，百僚陪位，皆僵仆菜色，比起就會，忽遽而罷。

陳顯達事平，漸出遊走，所經道路，屏逐居民，從萬春門由東宮以東至于郊外，數十百里，皆空家盡室。巷陌懸幔爲高障，置仗人防守，謂之「屏除」。或於市肆左側過親幸家，環回宛轉，周遍京邑。每三四更中，鼓聲四出，幡戟橫路，百姓喧走相隨，士庶莫辨。出輒不言定所，東西南北，無處不驅人。高鄣之內，設部伍羽儀，復有數部，皆奏鼓吹、羌胡伎、鼓角橫吹。夜出晝反，火光照天。拜愛姬潘氏爲貴妃，乘臥輿〔一一〕，帝騎馬從後。著織成袴褶，金薄帽，執七寶縛矟，戎服急裝，不變寒暑，陵冒雨雪，不避坑穽，馳騁渴乏，輒下馬解取腰邊蠡器酌水飲之，復上馬馳去。馬乘具用錦繡處，患爲雨所沾濕，纖綵珠爲覆蒙，備諸雕巧。教黃門五六十人爲騎客，又選無賴小人善走者爲逐馬，左右五百人〔一二〕，常以自隨，奔走往來，略不暇息。置射雉場二百九十六處，翳中帷帳及步鄣，皆袷以綠紅錦，

金銀鏤弩牙，瑪瑁帖箭。郊郭四民皆廢業，樵蘇路斷，吉凶失時，乳婦婚姻之家，移產寄室，或與病棄屍，不得殯葬。有棄病人於青溪邊者，吏懼爲監司所問，推置水中，泥覆其面，須臾便死，遂失骸骨。

後宮遭火之後，更起仙華、神仙、玉壽諸殿，刻畫雕綵，青荇金口帶[三]，麝香塗壁，錦幔珠簾，窮極綺麗。繁役工匠，自夜達曉，猶不副速，乃剔取諸寺佛刹殿藻井仙人騎獸以充足之。世祖興光樓上施青漆，世謂之「青樓」。帝曰：「武帝不巧，何不純用瑠璃。」

潘氏服御，極選珍寶，主衣庫舊物，不復周用，貴市民間金銀寶物，價皆數倍。虎魄釧一隻，直百七十萬。京邑酒租，皆折使輸金，以爲金塗。猶不能足，下揚、南徐二州橋桁塘埭丁計功爲直，斂取見錢，供太樂主衣雜費。由是所在塘瀆，多有隳廢。又訂出雉頭鶴氅白鷺縗，親幸小人，因緣爲姦利，課一輪十，郡縣無敢言者。

三年夏，於閱武堂起芳樂苑，山石皆塗以五采，跨池水立紫閣諸樓觀，壁上畫男女私褻之像。種好樹美竹，天時盛暑，未及經日，便就萎枯。於是徵求民家，望樹便取，毀徹牆屋以移致之，朝栽暮拔，道路相繼，花藥雜草，亦復皆然。

又於苑中立市，太官每旦進酒肉雜肴，使宮人屠酤，潘氏爲市令，帝爲市魁，執罰，爭者就潘氏決判。

帝有膂力，能擔白虎橦，自製雜色錦伎衣，綴以金花玉鏡衆寶，逞諸意態。所寵羣小黨與三十一人，黃門十人。初任新蔡人徐世標爲直閤驍騎將軍，凡有殺戮，皆其用命。殺徐孝嗣後，封爲臨汝縣子。陳顯達事起，加輔國將軍。雖用護軍崔慧景爲都督，而兵權實在世標。及事平，世標謂人曰：「五百人軍主，能平萬人都督。」世標亦知帝昏縱，密謂其黨茹法珍、梅蟲兒曰：「何世天子無要人，但阿儂貨主惡耳。」法珍、蟲兒用事，並爲外監，口稱詔敕；中書舍人王咺之與相脣齒，專掌文翰。其餘二十餘人，皆有勢力。崔慧景平後，惡其凶強，以二年正月，遣禁兵殺之，世標拒戰而死。自是法珍、蟲兒用事，以白帝。帝稍法珍封餘干縣男，蟲兒封竟陵縣男。

及義師起，江、郢二鎮已降，帝遊騁如舊，謂茹法珍曰：「須來至白門前，當一決[二四]。」義師至近郊，乃聚兵爲固守之計。召王侯朝貴分置尚書都座及殿省。又信鬼神，崔慧景事時，拜蔣子文神爲假黃鉞、使持節、相國、太宰、大將軍、錄尚書、揚州牧、鍾山王。至是又尊爲皇帝。迎神像及諸廟雜神皆入後堂，使所親巫朱光尚禱祀祈福。以冠軍將軍王珍國領三萬人據大桁[二五]，莫有鬭志，遣左右直長閹豎王寶孫督戰，呼爲「王長子」[二六]。寶孫切罵諸將帥，直閤將軍席豪發憤突陣死。豪，驍將，既斃，衆軍於是土崩，軍人從朱雀觀上自投及赴淮死者無數。於是閉城自守，城内軍事委王珍國。兗州刺史張稷入衛京師，

以稷為副,實甲猶七萬人。

帝烏帽袴褶,備羽儀,登南掖門臨望。又虛設鎧馬齊仗千人,皆張弓拔白,出東掖門,稱蔣王出蕩。素好鬭軍隊,初使宮人為軍,後乃用黃門。親自臨陳,詐被瘡,使人輿去。至是於閱武堂設牙門軍頓,每夜嚴警。帝於殿內騎馬從鳳莊門入徽明門,馬被銀蓮葉具裝鎧,雜羽孔翠寄生,逐馬左右衞從,晝眠夜起如平常。聞外鼓叫聲,被大紅袍登景陽樓屋上望,弩幾中之。眾皆怨怒,不為致力。募兵出戰,出城門數十步,皆坐甲而歸。盧城外有伏兵,乃燒城傍諸府署,六門之內皆蕩盡。城中閣道西掖門內,相聚為市,販死牛馬肉。帝初與羣小計議,陳顯達一戰便敗,崔慧景圍城退走,謂義師遠來,不過旬日,亦應散去。勑太官辦樵米為百日糧而已。大桁敗後,眾情兇懼,法珍等恐人眾驚走,故閉城不復出軍。既而義師長圍既立,塹栅嚴固,然後出蕩,屢戰不捷。

帝尤惜金錢,不肯賞賜,法珍叩頭請之,帝曰:「賊來獨取我邪?何為就我求物?」又催御府細作三百人精仗,待圍解以擬屏除。金銀雕鏤雜物,倍急於常。

王珍國、張稷懼禍及,率兵入殿,分軍又從西上閣入後宮斷之,御刀豐勇之為內應。

是夜,帝在含德殿吹笙歌作女兒子,臥未熟。聞兵入,趨出北戶,欲還後宮。清曜閣已閉,

閹人禁防黃泰平以刀傷其膝，仆地。顧曰：「奴反邪？」直後張齊斬首送梁王。

宣德太后令曰：「皇室受終，祖宗齊聖，太祖高皇帝肇基駿命，膺籙受圖，世祖武皇帝係明下武，高宗明皇帝重隆景業，咸降年不永，宮車係晏。皇祚之重，允屬儲元。而稟質凶愚，發於稚齒。爰自保姆，迄至成童，忍戾昏頑，觸途必著。高宗留心正嫡，立嫡惟長，輔以耆才，閒以賢戚，內外維持，冀免多難，未及耋稔，便逞屠戮。密戚近親，元勳良輔，覆族殲門，旬月相係。凡所任仗，盡愿窮姦，皆營伍屠販，容狀險醜，身秉朝權，手斷國命，誅戮無辜，納其財產，睚眦之閒，屠覆比屋。身居元首，好是賤事，危冠短服，坐臥以之。晨出夜反，無復已極，驅斥氓庶，巷無居人，老細奔遑，實身無所，東邁西屏，北出南驅，負疾興屍，填街塞陌。興築繕造，日夜不窮，晨構夕毀，朝穿暮塞，絡以隨珠，方斯已陋，飾以璧瑠，曾何足道。時暑赫曦，流金鑠石，移竹藝果，匪日伊夜，根未及植，葉已先枯，畚鍤紛紜，勤倦無已。散費國儲，專事浮飾，逼奪民財，自近及遠，兆庶惶惶，流冗道路〔二七〕。府帑既竭，肆奪市道，工商裨販，行號道泣。屈此萬乘，躬事角抵，昂首翹肩，逞能橦木，觀者如堵，曾無怍容。芳樂、華林，並立闤闠，踞肆鼓刀，手銓輕重。干戈鼓譟，昏曉靡息，無戎而城，豈足云譬。至於居喪淫謔之愆，三年載弄之醜，反道違常之釁，牝雞晨鳴之愬，於事已細，故可得而略也。罄楚、越之竹，未足以言，校辛、癸之君，豈或能匹。征東將軍忠武奮

發，投袂萬里，光奉明聖，翊成中興。乘勝席卷，掃清京邑，而羣小靡識，嬰城自固，緩戮稽誅，倏彌旬月，宜速勸定，寧我邦家。可潛遣閒介，密宣此旨，忠勇齊奮，遄加蕩撲，放斥昏凶，衞送外第。未亡人不幸，驟此百罹，感念存没，心焉如割。奈何！奈何！」又令依漢海昏侯故事，追封東昏侯。茹法珍、梅蟲兒、王咺之等伏誅。豐勇之原死。

贊曰：東昏慢道，匹癸方辛。乃隳典則，乃棄彝倫，玩習兵火，終用焚身。

史臣曰：漢宣帝時，南郡獲白虎，獲之者張武，言武張而猛服也。東昏侯亡德橫流，道歸拯亂，躬當翦戮，實啓太平，推闓竪之名字，亦天意也。

「青荓」，疑。

校勘記

〔二〕詔雍州將士與虜戰死者　「戰」，原作「賊」，據南監本、北監本、汲本、殿本、局本、册府卷一九五閏位部改。

〔三〕詔研策秀孝　「秀孝」，南監本、北監本、殿本作「秀才」。

（三）詔三品清資官以上應食禄者　「三品」，通典卷三五職官一七、御覽卷二一九引蕭子顯齊書作「二品」，疑是。「清資官」，通典、御覽作「清官」。

（四）以冠軍將軍南康王寶融爲荆州刺史　「寶融」，原作「諱」，依例改。下皆仿此，不另出校。

（五）五月癸亥　按是年五月丙子朔，無癸亥。

（六）丙辰揚州刺史始安王遙光據東府反　「丙辰」，原作「丙午」，據南史卷五齊本紀下、册府卷二〇七閏位部、卷二一六閏位部改。按本書卷四五蕭遙光傳載「八月十二日晡時，收集二州部曲，於東府門聚人衆」。其年八月甲辰朔，丙午初三日，丙辰十三日，作「丙辰」是。

（七）戊午斬遙光傳首　按本書卷一二天文志上載「永元元年八月己未，月蝕盡，色皆赤。是夜，始安王遙光伏誅」，卷四五蕭遙光傳亦云遙光於十六日被斬。八月戊午爲十五日，己未十六日。

（八）以征北大將軍晉安王寶玄爲南徐兗二州刺史　「晉安王」下疑有脱誤。按本書卷五〇明七王傳，始安王遙光誅後，以征北大將軍晉安王寶義「爲都督揚南徐兗二州軍事、驃騎大將軍、揚州刺史」，車騎將軍江夏王寶玄「代晉安王寶義爲使持節、都督南徐兗二州軍事、南徐兗二州刺史，將軍如故」。

（九）左僕射新除鎮軍將軍沈文季　「左僕射」，原作「右僕射」，按本書卷六明帝紀載明帝臨終遺詔云「沈文季可左僕射，常侍、護軍如故，江祏可右僕射」，卷四四沈文季傳云「永元元年，轉侍中、左僕射，將軍如故」，又文苑英華卷三八〇引沈約沈文季加侍中詔亦云「門下散騎常

侍、尚書左僕射、西豐縣開國侯、新除鎮軍將軍沈文季」，今改正。

〔10〕乙巳　按是年十月癸酉朔，無乙巳。

〔九〕己丑裴叔業病死　「己丑」，通鑑卷一四三齊紀九東昏侯永元二年作「己亥」。

〔八〕乙卯　按是年三月辛丑朔，乙卯爲十五日。下文丁未初七日，此繫乙卯於丁未前，有疑。

〔七〕丁未　「丁未」上原有「夏四月」三字。按下文有壬子、乙卯、壬戌、甲子、癸酉，通鑑卷一四三齊紀九東昏侯永元二年考異云：「按長曆，是歲三月辛丑朔，四月庚午朔。丁未三月七日，壬子十二日，乙卯十五日，壬戌二十二日，甲子二十四日，四月皆無也。蓋『四月』當作『三月』。至癸酉，乃四月四日也。」今據刪。

〔六〕夏四月癸酉　「夏四月」三字原無，據通鑑卷一四三齊紀九東昏侯永元二年考異自上文移於此。參見本卷校勘記〔三〕。

〔五〕八月丁酉以新除驃騎司馬陳伯之爲豫州刺史甲申夜宮內火　按是年八月戊辰朔，甲申十七日，丁酉三十日，此敘丁酉事在甲申前，有疑。

〔四〕十二月雍州刺史梁王起義兵於襄陽　按梁書卷一武帝紀上、通鑑卷一四三齊紀九東昏侯永元二年並繫此事於十一月乙巳。考異云：「齊帝紀『十二月，梁王起義兵於襄陽』，誤也。」

〔三〕以驃騎將軍沈徽孚爲廣州刺史　「驃騎將軍」，疑爲「驍騎將軍」之訛。按文苑英華卷四一六引沈約封三舍人詔云沈徽孚時爲「輔國將軍、驍騎將軍、南高平太守、兼中書通事舍人」。

〔一八〕丁未南康王寶融即皇帝位於江陵　「丁未」，本書卷八和帝紀、梁書卷一武帝紀上、南史卷五齊本紀下、通鑑卷一四四齊紀一〇和帝中興元年作「乙巳」。

〔一九〕辛巳光禄大夫張瓌鎮石頭辛未以太子左率李居士總督西討諸軍事　「辛未」，南史卷五齊本紀下作「辛卯」。按是年八月癸亥朔，辛未初九日，辛巳十九日，辛卯二十九日，此處「辛巳」在「辛未」前，失序，疑南史是。

〔二〇〕己卯衆降　「衆降」上御覽卷一二九引蕭子顯齊書有「以」字。

〔二一〕拜愛姬潘氏爲貴妃乘卧輿　「妃」下御覽卷一二九引蕭子顯齊書有「仍以金蓮帖地使妃行於其上曰此步步蓮花耶每出妃」二十二字，其末「每出妃」與「乘卧輿」相接，疑爲本書所脱文。

〔二二〕左右五百人　「五百人」，御覽卷一二九引蕭子顯齊書作「百人」。

〔二三〕青苧金口帶　「苧」，册府卷二一八閏位部作「芘」。

〔二四〕須來至白門前當一決　「當」，原作「常」，據南監本、北監本、汲本、殿本、局本、南史卷五齊本紀下、通鑑卷一四四齊紀一〇和帝中興元年改。

〔二五〕以冠軍將軍王珍國領三萬人據大桁　「三萬人」，汲本、局本作「萬人」。

〔二六〕呼爲王長子　「王長子」，南史卷五齊本紀下、梁書卷一武帝紀上、通鑑卷一四三齊紀九東昏侯永元二年並作「王長子」。

〔二七〕流冗道路　「冗」，南監本、北監本、殿本作「寔」。

南齊書卷八

本紀第八

和帝

和帝諱寶融，字智昭，高宗第八子也。建武元年，封隨郡王，邑二千戶。三年，為冠軍將軍，領石頭戍軍事。永元元年，改封南康王，為持節、督荊雍益寧梁南北秦七州軍事、西中郎將、荊州刺史。

二年十一月甲寅，長史蕭穎冑殺輔國將軍、巴西梓潼二郡太守劉山陽，奉梁王舉義〔一〕。乙卯，教纂嚴。又教曰：「吾躬率晉陽，翦此凶孽，戎事方勤，宜覃澤惠。所領內繫囚見徒，罪無輕重，殊死已下，皆原遣。先有位署，即復本職。將吏轉一階。從征身有家口停鎮，給廩食。凡諸雜役見在諸軍帶甲之身，克定之後，悉免為民。其功効賞報，別

有科條。」丙辰，以雍州刺史梁王爲使持節，都督前鋒諸軍事、左將軍。丁巳，以蕭穎胄爲

右將軍、都督行留諸軍事。戊午，梁王上表勸進。十二月乙亥，羣僚勸進，並不許。壬辰，

驍騎將軍夏侯亶自京師至江陵，稱宣德太后令：「西中郎將南康王宜纂承皇祚，光臨億

兆，方俟清宮，未即大號，可且封宣城、南琅邪、南東海、東陽、臨海、新安、尋陽、南郡、竟

陵、宜都十郡爲宣城王，相國、荊州牧，加黃鉞，置僚屬，選百官，西中郎府、南康國並如故。

須軍次近路，主者詳依舊典，法駕奉迎。」三年正月乙巳，王受命，大赦，唯梅蟲兒、茹法珍

等不在赦例。右將軍蕭穎胄爲左長史，進號鎮軍將軍，梁王進號征東將軍。甲戌，以冠軍

將軍楊公則爲湘州刺史〔二〕。甲寅，建牙于城南。二月乙丑，以冠軍長史王茂先爲江州刺

史〔三〕。冠軍將軍曹景宗爲郢州刺史，右將軍邵陵王寶攸爲荊州刺史。己巳，羣僚上尊號，

立宗廟及南北郊。甲申，梁王率大衆屯沔口，郢州刺史張沖拒守。三月丁酉，張沖死，驃

騎將軍薛元嗣等固城〔四〕。

中興元年春三月乙巳，即皇帝位，大赦，改元。文武賜位二等；鰥寡孤獨不能自存者

穀，人五斛。即永元三年也。以相國左長史蕭穎胄爲尚書令，晉安王寶義爲司空，盧陵王

寶源爲車騎將軍、開府儀同三司，建安王寶寅爲徐州刺史，散騎常侍夏侯詳爲中領軍，領

軍將軍蕭偉爲雍州刺史〔五〕。丙午,有司奏封庶人寶卷爲零陽侯〔六〕,詔不許。又奏爲涪陵王,詔可。乙酉,尚書令蕭穎胄行荊州刺史〔七〕,假梁王黃鉞。壬子,以征虜將軍柳惔爲益、寧二州刺史。己未,以冠軍將軍莊丘黑爲梁南秦二州刺史,冠軍將軍鄧元起爲廣州刺史。

夏四月戊辰,詔曰:「荊雍義舉所基,實始王迹。君子勞心,細人盡力,宜加酬獎,副其乃誠。凡東討衆軍及諸縉義之衆,可普復除〔八〕。」

五月乙卯,車駕幸竹林寺禪房宴羣臣。巴西太守魯休烈、巴東太守蕭惠訓子瓛拒義軍。

秋七月,東軍主吳子陽十三軍救郢州〔九〕,屯加湖,丁酉,征虜將軍王茂先擊破之。辛亥,以茂先爲中護軍。丁卯,魯山城主孫樂祖以城降〔一〇〕。己未,郢城主薛元嗣降。

八月丙子,平西將軍陳伯之降。乙卯,以伯之爲江州刺史〔一一〕,子虎牙爲徐州刺史。

九月乙未〔一二〕,詔梁王若定京邑,得以便宜從事。

冬十一月乙未,以輔國將軍李元履爲豫州刺史。壬寅,尚書令、鎮軍將軍蕭穎胄卒,以黃門郎蕭澹行荊州府州事〔一三〕。丁巳,蕭瓛、魯休烈降。

十二月丙寅,建康城平。己巳,皇太后令以梁王爲大司馬、錄尚書事、驃騎大將軍、揚

州刺史，封建安郡公，依晉武陵王遵承制故事，百僚致敬。壬申，改封建安王寶寅鄱陽王。癸酉，以司徒、揚州刺史晉安王寶義爲太尉，領司徒。甲戌，給大司馬錢二千萬，布絹各五千匹。乙酉，以輔國將軍蕭宏爲中護軍。

二年春正月戊戌，宣德太后臨朝，入居內殿。大司馬梁王解承制，致敬如先。己亥，以寧朔將軍蕭昺監南兗州。壬寅，以大司馬都督中外諸軍事，加殊禮。己酉，以大司馬長史王亮爲守尚書令。甲寅，詔大司馬梁王進位相國，總百揆，揚州牧，封十郡爲梁公，備九錫之禮，加遠遊冠，位在諸王上，加相國綠綟綬。己未，以新除右將軍曹景宗爲郢州刺史。

二月壬戌，湘東王寶晊伏誅。戊辰，詔進梁公爵爲梁王〔四〕，增封十郡。

三月乙未，皇太后令給梁國錢五百萬，布五千匹，絹千匹。辛丑，鄱陽王寶寅奔虜，邵陵王寶攸、晉熙王寶嵩、桂陽王寶貞伏誅。甲午，命梁王冕十有二旒〔五〕，建天子旌旗，出警入蹕，乘金根，駕六馬，備五時副車，置旄頭雲罕，樂舞八佾，設鍾簴宮縣。王子王女爵命一如舊儀。庚戌，以冠軍長史蕭秀爲南徐州刺史，新除中領軍蔡道恭爲司州刺史。車駕東歸至姑熟。丙辰，禪位梁王。丁巳，廬陵王寶源薨。

夏四月辛酉，禪詔至，皇太后遜外宮。丁卯，梁王奉帝爲巴陵王，宮于姑熟，行齊正朔，一如故事。戊辰，薨，年十五。追尊爲齊和帝，葬恭安陵。

史臣曰：夏以桀亡，殷隨紂滅，郊天改朔，理無延世。而皇符所集，重興西楚，神器蹔來，雖有冥數，徽名大號，斯爲幸矣。

贊曰：和帝晚隆，掃難清宮。達機覩運，高頌永終。

校勘記

〔一〕 奉梁王舉義 「舉義」原作「奉義」，據南監本、北監本、汲本、殿本、局本改。

〔二〕 甲戌以冠軍將軍楊公則爲湘州刺史 按通鑑卷一四四齊紀一〇和帝中興元年繫此事於乙巳日。永元三年正月丙申朔，無甲戌，十日乙巳。

〔三〕 以冠軍長史王茂先爲江州刺史 「王茂先」，通鑑卷一四四齊紀一〇和帝中興元年作「王茂」。按王茂梁書卷九、南史卷五五有傳，南史王茂傳云「王茂字休連，一字茂先」。

〔四〕 驃騎將軍薛元嗣等固城 「驃騎將軍」，按本書卷七東昏侯紀、卷四九張沖傳，薛元嗣所任爲「驍騎將軍」，疑是。

〔五〕領軍將軍蕭偉爲雍州刺史　「領軍將軍」，通鑑卷一四四齊紀一〇和帝中興元年作「冠軍將軍」。按梁書卷二二南平王偉傳亦記時蕭偉「板爲冠軍將軍」，「冠軍將軍」疑是。

〔六〕有司奏封庶人寶卷爲零陽侯　「零陽」，南史卷五齊本紀下、建康實錄卷一五作「零陵」。

〔七〕乙酉尚書令蕭穎胄行荆州刺史　按是年三月乙未朔，無乙酉。

〔八〕可普復除　「復除」，南史卷五齊本紀下、建康實錄卷一五作「復除五年」。按册府卷四八九邦計部亦作「復除」。

〔九〕東軍主吳子陽十三軍救郢州　「十三軍」，汲本、局本作「十二軍」。

〔一〇〕丁卯魯山城主孫樂祖以城降　「丁卯」，通鑑卷一四四齊紀一〇和帝中興元年作「丁巳」，南史卷六梁本紀上作「戊午」。按中興元年七月癸巳朔，無丁卯，丁巳二十五日，戊午二十六日。

〔一一〕乙卯以伯之爲江州刺史　按是年八月癸亥朔，無乙卯。

〔一二〕九月乙未　「乙未」，南史卷五齊本紀下、建康實錄卷一五、通鑑卷一四四齊紀一〇和帝中興元年作「己未」。按是年九月壬辰朔，初四日乙未，二十八日己未。

〔一三〕以黃門郎蕭澹行荆州府州事　「蕭澹」，梁書卷二二始興王憺傳、南史卷五二始興忠武王憺傳、通鑑卷一四五梁紀一武帝天監元年作「蕭憺」。錢大昕考異卷二五云：「『澹』當作『憺』。」

〔四〕戊辰詔進梁公爵爲梁王　「戊辰」，梁書卷一武帝紀上、南史卷五齊本紀下、卷六梁本紀上、通鑑卷一四五梁紀一武帝天監元年作「丙戌」。

〔五〕甲午命梁王冕十有二旒　「甲午」，梁書卷一武帝紀上、南史卷六梁本紀上作「丙午」。按中興二年三月己丑朔，甲午初六日，丙午十八日。上文辛丑爲十三日，下文庚戌爲二十二日，「丙午」疑是。

南齊書卷九

志第一

禮上

禮儀繁博，與天地而爲量，紀國立君，人倫攸始。三代遺文，略在經誥，蓋秦餘所亡逸也。漢初叔孫通制漢禮，而班固之志不載。及至東京，太尉胡廣撰舊儀，左中郎蔡邕造獨斷，應劭、蔡質咸綴識時事，而司馬彪之書不取。魏氏籍漢末大亂，舊章殄滅，侍中王粲、尚書衞覬集創朝儀，而魚豢、王沈、陳壽、孫盛並未詳也。吳則太史令丁孚拾遺事，蜀則孟光、許慈草建衆典。晉初司空荀顗因魏代前事，撰爲晉禮〔一〕，參考今古，更其節文，羊祜、任愷、庾峻、應貞並共刪集，成百六十五篇。後摯虞、傅咸續續此製，未及成功，中原覆没，今虞之决疑注，是遺事也。江左僕射刁協、太常荀崧，補緝舊文，光禄大夫蔡謨又踵修

輯朝故。宋初因循改革，事係羣儒，其前史所詳，並不重述。永明二年，太子步兵校尉伏曼容表定禮樂。於是詔尚書令王儉制定新禮，立治禮樂學士及職局，置舊學六人，正書令史各一人，幹一人，祕書省差能書弟子二人。因集前代，撰治五禮，吉、凶、賓、軍、嘉也。文多不載。若郊廟庠序之儀，冠婚喪紀之節，事有變革，宜錄時事者，備今志。其輿輅旗常，與往代同異者，更立別篇。

建元元年七月，有司奏：「郊殷之禮，未詳郊在何年？復以何祖配郊？殷復在何時？未郊得先殷與不？明堂亦應殷與郊同年而祭不？若應祭者，復有配與無配？不祀者，堂殿職僚毀置云何？」八座丞郎通關博士議。曹郎中裴昭明、儀曹郎中孔逯議：「今年七月宜殷祠，來年正月宜南郊明堂，並祭而無配。」殿中郎司馬憲議：「南郊無配，饗祠如舊；明堂無配，宜應廢祀。其殷祠同用今年十月。」右僕射王儉議：

案禮記王制，天子先祫後時祭，諸侯先時祭後祫。春秋魯僖二年祫，明年春禘，自此以後，五年再殷。禮緯稽命徵曰「三年一祫，五年一禘」。經、記所論禘祫與時祭，其言詳矣，初不以先殷後郊爲嫌。

至於郊配之重，事由王迹，是故杜林議云「漢業特起，不因緣堯，宜以高帝配天」。

魏高堂隆議以舜配天。蔣濟云「漢時奏議，謂堯已禪舜，不得爲漢祖，舜亦已禪禹，不得爲魏之祖。今宜以武皇帝配天」。晉、宋因循，即爲前式。

又案禮及孝經援神契並云明堂有五室，天子每月於其室聽朔布教，祭五帝之神，配以有功德之君。大戴禮記曰「明堂者，所以明諸侯尊卑也」。許慎五經異義曰「布政之宮，故稱明堂。明堂，盛貌也」。周官匠人職稱明堂有五室。鄭玄云「周人明堂五室，帝一室也」。初不聞有文王之寢。鄭志趙商問云「說者謂天子廟制如明堂，是爲明堂即文廟邪」？鄭答曰「明堂主祭上帝，以文王配耳，猶如郊天以后稷配也」。袁孝尼云「明堂法天之宮，本祭天帝，而以文王配其父於天位則可，牽天帝而就人鬼，則非義也」。太元十三年，孫耆之議，稱「郊以祀天，故配之以后稷；明堂以祀帝，故配之以文王。由斯言之，郊爲皇天之位，明堂即上帝之廟」。徐邈謂「配之爲言[二]，必有神主；郊爲天壇，則堂非文廟」。史記云趙綰、王臧欲立明堂，于時亦未有郊配。漢又祀汾陰五時，即是五帝之祭，亦未有郊配。

議者或謂南郊之日，已旅上帝，若又以無配而特祀明堂，則一日再祭，於義爲黷。案古者郊本不共日。蔡邕獨斷曰「祠南郊，祀畢，次北郊，又次明堂、高廟、世祖廟，謂之五供」。馬融云「郊天之祀，咸以夏正，五氣用事，有休有王，各以其時，兆於方郊，

四時合歲，功作相成，亦以此月總旅明堂」。是則南郊、明堂各曰之證也。近代從省，
故與郊同曰，猶無煩黷之疑。何者？其爲祭雖同，所以致祭則異。孔晁云，言五帝
佐天化育，故有從祀之禮，旅上帝是也。至於四郊明堂，則是本祀之所，譬猶功臣從
饗，豈復廢其私廟。且明堂有配之時，南郊亦旅上帝，此則不疑於共曰，今何故致嫌
於同辰。又禮記「天子祭天地、四方、山川、五祀、歲徧」。尚書堯典「咸秩無文」［三］。
詩云「昭事上帝，聿懷多福」。據此諸義，則四方、山川，猶必享祀，五帝大神，義不可
略。魏文帝黃初二年正月，郊天地明堂，明帝太和元年正月，以武皇帝配天，文皇帝
配上帝，然則黃初中南郊明堂，皆無配也。

又郊曰及牲色，異議紛然。郊特牲云「郊之用辛，周之始郊也」。盧植云「辛之
爲言自新絜也」。鄭玄云「用辛曰者，爲人當齋戒自新絜也」。漢魏以來，或丁或己，
而用辛常多。考之典據，辛曰爲允。郊特牲又云，郊牲幣宜以正色。繆襲據祭法，云
天地騂犢，周家所尚，魏以建丑爲正，牲宜尚白。白虎通云，三王祭天，一用夏正，所
以然者，夏正得天之數也。魏用異朔，故牲色不同。今大齊受命，建寅創曆，郊廟用
牲，一依晉、宋。

謂宜以今年十月殷祀宗廟。自此以後，五年再殷。來年正月上辛，有事南郊。

宜以共日，還祭明堂。又用次辛，饗祀北郊。而並無配。犧牲之色，率由舊章。

詔「可。明堂可更詳」。

有司又奏：「明堂尋禮無明文，唯以孝經爲正。竊尋設祀之意，蓋爲文王有配則祭，無配則止。愚謂既配上帝，則以帝爲主。今雖無配，不應闕祀。徐邈近代碩儒，每所折衷，其云『郊爲天壇，則堂非文廟』，此實明據。內外百司立議已定，如更詢訪，終無異說。傍儒依史，竭其管見。既聖旨惟疑，羣下所未敢詳，廢置之宜，仰由天鑒。」詔「依舊」。

建元四年，世祖即位。其秋，有司奏：「尋前代嗣位，或於前郊年〔四〕，或別始〔五〕。晉、宋以來，未有畫一。今年正月已郊，未審明年應南北二郊祀明堂與不？」依舊通關八座丞郎博士議。尚書令王儉議：「案秦爲諸侯，雜祀諸畤，始皇并天下，未有定祠。漢高受命，因雍四時而起北畤，始祠五帝，未定郊丘。文帝六年新垣平議，初起渭陽五帝廟。武帝初至雍郊見五畤，後常三歲一郊祠雍。元鼎四年，始立后土祠於汾陰，明年，立太一祠於甘泉，自是以後，二歲一郊，與雍更祠。成帝初即位，丞相匡衡於長安定南北郊。哀、平之際，又復甘泉、汾陰祠。平帝元始五年，王莽奏依匡衡議，還復長安南北二郊。光武建武二年，定郊祀兆於洛陽。魏、晉因循，率由漢典，雖時或參差，而類多閒歲。至於嗣位之君，參差不一。宜有定制。檢晉明帝太寧三年南郊〔六〕，其年九月崩〔七〕，成帝即位，明年

改元即郊。簡文咸安二年南郊，其年七月崩，孝武即位，明年改元亦郊；宋元嘉三十年正

月南郊，其年二月崩，孝武嗣位，明年改元亦郊。此則二代明例，差可依放。謂明年正月

宜饗祀二郊，虔祭明堂，自茲厥後，依舊閒歲。」尚書領國子祭酒張緒等十七人並同儉議。

詔「可」。

永明元年當南郊，而立春在郊後，世祖欲遷郊。尚書令王儉啓：「案禮記郊特牲云

『郊之祭也，迎長日之至也』，大報天而主日也」。易說『三王之郊，一用夏正』。盧植云『夏

正在冬至後，傳曰啓蟄而郊，此之謂也』。然則圜丘與郊各自行，不相害也。」鄭玄云『建寅

之月，晝夜分而日長矣』。王肅曰『周以冬祭天於圜丘，以正月又祭天以祈穀』。祭法稱

『燔柴太壇』，則圜丘也。春秋傳云『啓蟄而郊』，則祈穀也。謹尋禮、傳二文，各有其義，

盧、王兩說，有若合符。中朝省二丘以并二郊，即今之郊禮，義在報天，事兼祈穀，既不全

以祈農，何必俟夫啓蟄。史官唯見傳義，未達禮旨。又尋景平元年正月三日辛丑南郊，其

月十一日立春，元嘉十六年正月六日辛未南郊，其月八日立春，此復是近世明例，不以先

郊後春爲嫌。若或以元日合朔爲礙者，則晉成帝咸康元年正月一日加元服，二日親祠南

郊，元服之重，百僚備列，雖在致齋，行之不疑。今齋內合朔，此即前准。若聖心過恭，寧

在嚴絜，合朔之日，散官備防，非預齋之限者，於止車門外別立幔省，若日色有異，則列於

省前，望實爲允，謂無煩遷日。」從之。

永明二年，祠部郎中蔡履議：「郊與明堂，本宜異日。漢東京禮儀志『南郊禮畢，次北郊、明堂、高廟、世祖廟，謂之五供』。蔡邕所據亦然。近世存省，故郊堂共日。來年郊祭，宜有定准。」

太學博士王祐議：「來年正月上辛，宜祭南郊，次辛，有事明堂，後辛，饗祀北郊。」

兼博士劉蔓議：「漢元鼎五年，以辛巳行事，自後郊日，略無違異。元封元年四月癸卯，登封泰山，坐明堂。五年甲子，以高祖配。漢家郊祀，非盡天子之縣，故祠祭之月，事有不同。後漢永平以來，明堂兆於國南，而郊以上丁，故供修三祀，得并在初月。雖郊有常日，明堂猶無定辰。何則？郊丁社甲，有說則從，經禮無文，難以意造，是以必算良辰，而不祭寅丑。且禮之奠祭，無同共者，唯漢以朝日合於報天爾。若依漢書五供，便應先祭北郊，然後明堂。則是地先天食，所未可也。」

兼太常丞蔡仲熊議：「鄭志云『正月上辛，祀后稷於南郊，還於明堂，以文王配』。故宋氏創立明堂，郊還即祭，是用鄭志之說也。蓋爲志者失，非玄意也。玄之言曰『未審周明堂以何月，於月令則以季秋』。案玄注月令季秋大饗帝云『大饗，徧祭五帝』。又云『大饗於明堂，以文武配』。其時秋也，去啓蟄遠矣。又周禮大司樂『凡大祭祀，宿縣』。尋宿

縣之旨,以日出行事故也;若日闇而後行事,則無假預縣。果日出行事,何得方俟郊還。東京禮儀志不記祭之時日,而志云『天郊夕牲之夜,夜漏未盡八刻進熟』,明堂夕牲之夜,夜漏未盡七刻進熟』。尋明堂之在郊前一刻,而進獻奏樂,方待郊還?案隆此言,是審于時定制,是則周禮二漢及魏,皆不共日矣。禮以辛郊,書以丁祀,辛丁皆合,宜臨時詳擇。」

太尉從事中郎顧憲之議:「春秋傳以正月上辛郊祀,禮記亦云郊之用辛,尚書獨云丁巳用牲于郊。先儒以爲甲三日辛,後甲三日丁,可以接事天神之日。後漢永平二年正月辛未,宗祀光武皇帝於明堂。辛既是常郊之日,郊又在明堂之前,無容不郊而堂,則理應郊堂。」

司徒西閣祭酒梁王議:「孝經鄭玄注云『上帝亦天別名』。如鄭旨,帝與天亦言不殊。魏太和元年正月丁未,郊祀武皇帝以配天,宗祀文皇帝於明堂以配上帝〔八〕,此則已行之前准。」

近代同辰,良亦有據。魏太和元年正月丁未,郊祀武皇帝以配天,宗祀文皇帝於明堂以配上帝〔八〕,此則已行之前准。」

驍騎將軍江淹議:「郊旅上天,堂祀五帝,非爲一日再黷之謂,無俟釐革。」

尚書陸澄議:「遺文餘事,存乎舊書,郊宗地近,勢可共日。不共者,義在必異也。元始五年正月六日辛未,郊高皇帝以配天,二十二日丁亥,宗祀孝文於明堂配上帝。永平二

年正月辛未，宗祀五帝於明堂，光武皇帝配。章帝元和二年，巡狩岱宗，柴祭，翌日，祠五帝於明堂。柴山祠地，尚不共日，郊堂宜異，於例益明。陳忠奏事云『延光三年正月十三日南郊，十四日北郊，十五日明堂，十六日宗廟，十七日世祖廟』。仲遠五祀，紹統五供，禋忠此奏，皆爲相符。高堂隆表，二郊及明堂宗廟各一日，摯虞新禮議明堂南郊閒三兆，禋天饗帝共日之證也。又上帝非天，昔人言之已詳。今明堂用日，宜依古在北郊後。漢唯南郊備大駕，自北郊以下，車駕十省其二，今祠明堂，不應大駕。」

尚書令王儉議：「前漢各日，後漢亦不共辰，魏、晉故事，不辨同異，宋立明堂，唯據自郊祖宮之義，未達祀天旅帝之旨。何者？郊壇旅天，甫自詰朝，還祀明堂，便在日昃，雖致祭有由，而煩黷斯甚，異日之議，於理爲弘。漢、魏北郊，亦皆親奉。晉太寧有詔，未及遵遂〔九〕。春秋感精符云『王者父天母地』。則北郊之祀，應在明堂之先。康皇之世，已經遵用。宋氏因循，未違鳌革。今宜親祠北郊，明年正月上辛祠昊天，次辛座后土，後辛祀明堂，御並親奉。車服之儀，率遵漢制。南郊大駕，北郊明堂降爲法駕。衮冕之服，諸祠咸用。」詔「可」。

建武二年，通直散騎常侍庾曇隆啓：「伏見南郊壇員兆外內，永明中起瓦屋，形製宏壯。檢案經史，無所准據。尋周禮，祭天於圜丘，取其因高之義，兆於南郊，就陽位也。故

以高敞，貴在上昭天明，旁流氣物。自秦、漢以來，雖郊祀參差，而壇域中間，並無更立宮

室。其意何也？政是質誠尊天，不自崇樹，兼事通曠，必務開遠。宋元嘉南郊，至時權作

小陳帳以爲退息，泰始薄加脩廣，永明初彌漸高麗，往年工匠遂啓立瓦屋。前代帝皇，豈

於上天之祀而昧營構，所不爲者，深有情意。記稱『掃地而祭，於其質也，器用陶匏，天地

之性也』。故『至敬無文』，『以素爲貴』。竊謂郊事宜擬休偃，不俟高大，以明謙恭肅敬之

旨。庶或仰恢太靈，俯愜羣望。」詔「付外詳」。

國子助教徐景嵩議：「伏尋三禮，天地兩祀，南北二郊，但明祭取犠牲，器用陶匏，不

載人君偃處之儀。今棟瓦之構雖殊〔一〇〕，俱非千載成例，宜務因循。」太學博士賀瑒議：

「周禮『王旅上帝，張氈案，設皇邸』。國有故而祭，亦曰旅。氈案，以氈爲牀於幄中，不聞

郊所置宮宇。」兼左丞王摛議：「掃地而祭於郊，謂無築室之議。」並同曇隆。

驍騎將軍虞炎議，以爲「誠愨所施，止在一壇，漢之郊祀，饗帝甘泉，天子自竹宮望拜，

息殿去壇場既遠，郊奉禮畢，旋幸於此。瓦殿之與帷宮，謂無簡格」。祠部郎李撝議：「周

禮『凡祭祀張其旅幕，張尸次』。尸則有幄。仲師云『尸次，祭祀之尸所居更衣帳也』。凡

祭之文，既不止於郊祀，立尸之言，理應關於宗廟。古則張幕，今也房省。宗廟旅幕，可變

爲棟宇；郊祀氈案，何爲不轉製檐甍？」曇隆議不行。

建武二年旱，有司議雩祭依明堂。祠部郎何佟之議曰：「周禮司巫云『若國大旱，則帥巫而舞雩』。鄭玄云『雩，旱祭也。天子於上帝，諸侯以下於上公之神』。又女巫云『旱暵則舞雩』。鄭玄云『使女巫舞旱祭，崇陰也』。鄭眾云『求雨以女巫』。禮記月令云『命有司爲民祈祀山川百原，乃大雩帝，用盛樂。乃命百縣雩祀百辟卿士有益於民者，以祈穀實』。鄭玄云『陽氣盛而恒旱。山川百原，能興雲致雨者也。衆水所出爲百原，必先祭其本。雩，吁嗟求雨之祭也。雩帝，謂爲壇南郊之旁，祭五精之帝，配以先帝也。自鞉鞞至柷敔爲盛樂，他雩用歌舞而已。百辟卿士，古者上公以下，謂勾龍、后稷之類也。春秋傳曰龍見而雩，止當以四月〔一〕。王肅云『大雩，求雨之祭也。晉永和中，中丞啓，雩制在國之南爲壇，若五月六月大旱，亦用雩，禮於五月著雩義也』。傳曰龍見而雩，謂四月也。于時博士議，舊有祈上帝百辟，舞童八列六十四人，歌雲漢詩，皆以孟夏。得雨，報太牢。壇，漢、魏各自討尋。月令云『命有司祈祀山川百原，乃大雩』。又云『乃命百縣雩祀百辟卿士』。則大雩所祭，唯應祭五精之帝而已。勾芒等五神，既是五帝之佐，依鄭玄説，宜配食於庭也。鄭玄云『雩壇在南郊壇之旁』。而不辨東西。尋地道尊右，雩壇方郊壇爲輕，理應在左。宜於郊壇之東，營域之外築壇。既祭五帝，謂壇宜員。尋雩壇高廣，禮、傳無明

文，案觀禮設方明之祀，爲壇高四尺，用珪璋等六玉，禮天地四方之神，王者率諸侯親禮，爲所以教尊尊也。雩祭五帝，粗可依放。謂今築壇宜崇四尺，其廣輪仍以四爲度，徑四丈，周員十二丈，而四階也。設五帝之位，各依其方，如在明堂之儀。皇齊以世祖配五精於明堂，今亦宜配饗於雩壇矣。古者孟春郊祀祈嘉穀，孟夏雩禜祈甘雨〔二〕，二祭雖殊，理不所爲者一。禮唯有冬至報天，初無得雨賽帝。今雖闕冬至之祭，而南郊兼祈報之禮，理不容別有賽答之事也。禮祀帝於郊，則所尚省費〔三〕，周祭靈威仰若后稷，各用一牲，今祀五帝、世祖，亦宜各用一犢，斯外悉如南郊之禮也。武皇遏密未終，自可不奏樂。至於旱祭舞雩，蓋是吁嗟之義〔四〕。既非存懽樂，謂此不涉嫌。其餘祝史稱辭，仰祈靈澤而已。禮舞雩乃使無闕，今之女巫，並不習歌舞，方就教試，恐不應速。依晉朝之議，使童子，或時取舍之宜也。司馬彪禮儀志云雩祀著皂衣，蓋是崇陰之義。今祭服皆緇，差無所革。其所歌之詩，及諸供須，輒勒主者申攝備辦。」從之。

隆昌元年，有司奏，參議明堂，咸以世祖配。國子助教謝曇濟議：「案祭法禘郊祖宗，並列嚴祀。鄭玄注義，亦據兼饗。宜祖宗兩配，文、武雙祀。」助教徐景嵩、光祿大夫王逡之謂宜以世宗文皇帝配〔五〕。祠部郎何佟之議〔六〕：「周之文、武，尚推后稷以配天，謂文

皇宜推世祖以配帝。雖事施於尊祖，亦義章於嚴父焉。」左僕射王晏議，以爲「若用鄭玄祖

宗通稱，則生有功德，没垂尊稱，歷代配帝，何止於二[一七]？今殷薦上帝，允屬世祖，百代

不毀，其文廟乎！」詔「可」。

　至永元二年，佟之又建議曰：「案祭法『有虞氏禘黄帝而郊嚳，祖顓頊而宗堯』。『周

人禘嚳而郊稷，祖文王而宗武王』。鄭玄云『禘郊祖宗，謂祭祀以配食也。此禘謂祀昊天

於圜丘也[一八]。祭上帝於南郊曰郊[一九]，祭五帝五神於明堂曰祖宗[二〇]』。『郊祭一帝，而

明堂祭五帝，小德配寡，大德配衆』。王肅云『祖宗是廟不毀之名』。果如肅言，殷有三祖

三宗，並應不毀，何故止稱湯、契？且王者之後存焉，舜寧立堯、顓之廟，傳世祀之乎？

漢文以高祖配泰時，至武帝立明堂，復以高祖配食，一人兩配，有乖聖典。自漢明以來，未

能反者。故明堂無兼配之祀。竊謂先皇宜列二帝於文祖，尊新廟爲高宗，並世祖而泛配，

以申聖主嚴父之義。先皇於武皇，倫則第爲季，義則經爲臣，設配饗之坐，應在世祖之下，

並列，俱西向。」

　國子博士王摛議：「『孝經』『周公郊祀后稷以配天，宗祀文王於明堂以配上帝』。不云

武王。又周頌『思文，后稷配天也』；『我將，祀文王於明堂也』。武王之文，唯執競云『祀

武王』。此自周廟祭武王詩，彌知明堂無矣。」

佟之又議：「孝經是周公居攝時禮，祭法是成王反位後所行。故孝經以文王爲宗，祭法以文王爲祖。又孝莫大於嚴父配天，則周公其人也，尋此旨，寧施成王乎？若孝經所說，審是成王所行，則爲嚴祖，何得云嚴父邪？且思文是周公祀后稷配天之樂歌，我將是祀文王配明堂之樂歌。若如擿議，則此二篇，皆應在復子明辟之後。請問周公祀后稷、文王，爲何所歌？又國語云『周人禘嚳郊稷，祖文王，宗武王』。韋昭云『周公時，以文王爲宗，其後更以文王爲祖，武王爲宗』。尋文王以文治而爲祖，武王以武定而爲宗，欲明文亦有大德，武亦有大功，故鄭注祭法云『祖宗通言耳』。是以詩云『昊天有成命，二后受之』。注云『二后，文王、武王也』。且明堂之祀，有單有合。故鄭云『四時迎氣於郊，祭一帝，還於明堂，因祭一帝，則以文王配』。明一賓不容兩主也。『享五帝於明堂，則泛配文、武』。泛之爲言，無的之辭。其禮既盛，故祖宗並配。」參議以佟之爲允。詔「可」。

太祖爲齊王，依舊立五廟。即位，立七廟。建元二年，太祖親祀太廟六室，如儀，拜伏竟，次至昭后室前，儀注應倚立，上以爲疑，欲使廟僚行事，又欲以諸王代祝令於昭后室前執爵。以問彭城丞劉瓛。

瓛對謂：「若都不至昭后坐前，竊以爲薄。廟僚即是代上執爵饋奠耳，

祝令位卑，恐諸王無容代之。舊廟儀諸王得兼三公親事，謂此爲便。」從之。

及太子穆妃薨，卒哭，祔于太廟陰室。永明十一年，文惠太子薨，卒哭，祔于太廟陰室。太祖崩，毀廣陵府君〔二〕。鬱林即位，追尊文帝，又毀太中主，止淮陰府君。明帝立，復舊。及崩，祔廟，與世祖爲兄弟，不爲世數。

史臣曰：先儒説宗廟之義，據高祖已下五世親盡，故親廟有四。周以后稷始祖，文、武二祧，所以云王立七廟也。禹無始祖，湯不先契，夏五殷六，其數如之。漢立宗廟，違經背古。匡衡、貢禹、蔡邕之徒，空有遷毀之議，亘年四百，竟無成典。魏氏之初，親廟止乎四葉，吳、蜀享祭，失禮已多。晉用王肅之談，以文、景爲共世，上至征西，其實六也。尋其此意，非以兄弟爲後，當以立主之義，可相容於七室。及楊元后崩，征西之廟不毀，則知不以元后爲世數。廟有七室，數盈八主。江左賀循立議，以後弟不繼兄，故世必限七，主無定數。宋臺初立五廟，以臧后爲世室。就禮而求，亦親廟四矣。義反會鄭，非謂從王。自此以來，因仍舊制。夫妻道合，非世葉相承，譬由下祭殤嫡，無關廟數，同之祖曾，義未可了。若據伊尹之言，必及七世，則子孫昭穆，不列婦人。若依鄭玄之説，廟有親稱，妻者言齊，豈或濫享。且閟宮之德，周七非數，楊元之祀，晉八無傷。今謂之七廟，而上唯六祀，使受命之君，流光之典不足。若謂太祖未登，則昭穆之數何繼，斯故禮官所宜詳也。

宋泰豫元年，明帝崩，博士周洽議：「權制：諒闇之內，不親奉四時祠。」建元四年，尚

書令王儉採晉中朝諒闇議奏曰：「權典既行，喪禮斯奪，事與漢世，而源由甚遠。殷宗諒

闇，非有服之稱，周王即吉，唯宴樂爲譏。左

氏云『凡君即位，卿出並聘，踐修舊好』。又云『諸侯即位，小國聘焉，以繼好結信，謀事補

闕，禮之大者』。至於諒闇之內而圖婚，三年未終而吉禘，齊歸之喪不廢蒐樂，杞公之卒不徹

樂，皆致譏貶，以明鑒戒。自斯而談，朝聘蒸嘗之典，卒哭而備行，婚禘蒐樂之事，三載而

後舉，通塞興廢，各有由然。又案大戴禮記及孔子家語並稱武王崩，成王嗣位，明年六月

既葬，周公冠成王而朝于祖，以見諸侯，命祝雍作頌。襄十五年十一月『晉侯周卒』，十六

年正月『葬晉悼公』。平公既即位，『改服脩官，烝于曲沃〔二〕』。禮記曾子問『孔子曰，天子

崩，國君薨，則取羣廟之主而藏諸祖廟，禮乎〔三〕』。卒哭成事，而後主各反其廟。春秋左

氏傳『凡君卒哭而祔，祔而後特祀於主，烝嘗禘於廟』。先儒云『特祀於主者，特以喪禮奉

新亡者主於寢，不同於吉〔三〕。蒸嘗禘於廟者，卒哭成事，羣廟之主，各反其廟。則四時之

祭，皆即吉也。三年喪畢，吉禘於廟，躋羣主以定新主也』。凡此諸義，皆著在經誥，昭乎

方册，所以晉、宋因循，同規前典，卒哭公除，親奉蒸嘗，率禮無違，因心允協。爰至泰豫元

年，禮官立議，不宜親奉，乃引『三年之制自天子達』。又據王制稱『喪三年不祭，唯祭天

地社稷，越紼而行事』。曾不知自天子達，本在至情，既葬釋除，事以權奪，委衰襲袞，孝享
宜申，越紼之旨，事施未葬，卒哭之後，何紼可越？復依范宣之難杜預，譙周之論士祭，並
非明據。晉武在喪，每欲存寧戚之懷，不全依諒闇之典，至於四時蒸嘗，蓋以哀疾未堪，非
便頓改舊式。江左以來，通儒碩學所歷多矣，守而弗革，義豈徒然。又宜即心而言[一四]，公
卿大夫，則負扆親臨，三元告始，則朝會萬國，雖金石輟響，而簨簴充庭，情深於恒哀，而跡
降於凡制，豈曰能安，國家故也。宗廟蒸嘗，孝敬所先，寧容吉事備行，斯典獨廢。就令必
宜廢祭，則應三年永闕，乃復同之他故，有司攝禮，進退二三，彌乖典衷。謂宜依舊親奉。」
從之。

永明九年正月，詔太廟四時祭，薦宣帝麨起餅、鴨臛；孝皇后筍、鴨卵、脯醬、炙白肉；
高皇帝薦肉膾、菹羹；昭皇后茗、粣、炙魚，皆所嗜也。先是世祖夢太祖曰：「宋氏諸帝嘗
在太廟，從我求食。可別為吾祠。」上乃勑豫章王妃庾氏四時還青溪宮舊宅，處內合堂，奉
祠二帝二后，牲牢服章，用家人禮。

史臣曰：漢氏之廟，偏在郡國，求祀已瀆，緣情又疎。重檐閟寢，不可兼建，故前儒抗
議，謂之遷毁。光武入纂，南頓君已上四世，別祠春陵。建武三年幸春陵園廟是也。張衡
南都賦曰「清廟肅以微微」。明帝至于章、和，每幸章陵，輒祠舊宅[一五]。建安末，魏氏立

宗廟，皆在鄴都。魏文黃初二年，洛廟未成，親祠武帝於建始殿，申家人禮[二六]。世祖發漢明之夢，肇祀故宮，孝享既申，義合前典，亦一時之盛也。

永明六年，太常丞何諲之議：「今祭有生魚一頭，乾魚五頭。少牢饋食禮云『司士升魚腊膚魚，用鮒十有五[二七]。上既云『腊』，下必是『鮮』。其數宜同。稱『膚』足知鱗革無毀。記云『槁魚曰商祭，鮮曰脡祭』。鄭注『商，量；脡，直也』。尋『商』旨裁截，『脡』義在全。賀循祭義猶用魚十五頭。今鮮頓刪約，槁皆全用。謂宜鮮、槁各二頭，槁微斷首尾，示存古義。」國子助教桑惠度議：「記稱尚玄酒而俎腥魚。玄酒不容多，鮮魚理宜約。乾魚五頭者，以其既加人功，可法於五味，以象酒之五齊也。今欲鮮、槁各雙，義無所法。」諲之議不行。

十年，詔故太宰褚淵、故太尉王儉、故司空柳世隆、驃騎大將軍王敬則、鎮軍大將軍陳顯達[二八]、故鎮東將軍李安民六人，配饗太祖廟庭。祠部郎何諲之議：「功臣配饗，累行宋世，檢其遺事，題列坐位，具書贈官爵諡及名，文不稱主，便是設板也。白虎通云『祭之有主，孝子以繫心也』。揆斯而言，升配廟廷，不容有主。宋時板度既不復存，今之所制，大小厚薄如尚書召板，爲得其衷。」有司攝太廟舊人亦云見宋功臣配饗坐板，與尚書召板相似，事見儀注。

十一年，右僕射王晏、吏部尚書徐孝嗣、侍中何胤奏：「故太子祔太廟，既無先准。檢宋元后故事，太尉行禮，太子拜伏與太尉俱。臣等參議，依擬前典[二九]。太常主廟位，太尉執禮祔，太孫拜伏，皆與之俱。正禮既畢，陰室之祭，太孫宜親自進奠。」詔「可」。

建武二年，有司奏景懿后遷登新廟車服之儀。祠部郎何佟之議曰：「周禮王之六服，大裘爲上，袞冕次之。五車，玉輅爲上，金輅次之。皇后六服，褘衣爲上，褕翟次之。首飾有三，副爲上，編次之。五車，重翟爲上，厭翟次之。上公無大裘玉輅[三〇]，而上公夫人有副及褘衣，是以祭統云『夫人副褘立于東房』也。又鄭云『皇后六服，唯上公夫人副褘既同，則重翟或不殊矣，況景皇懿后禮崇九命。且晉朝太妃服章之禮，同於太后，宋代皇太妃唯無五牛旗爲異。其外侍官則有侍中、散騎常侍、黃門侍郎、散騎侍郎各二人，分從前後部，同於王者，內職則有女尚書，女長御各二人，棨引同於太后。又魏朝之晉王，晉之宋王，並置百官，擬於天朝。至於晉文王終猶稱藐，而太上皇稱崩，則是禮加於王矣。故前議景皇后悉依近代皇太妃之儀，則侍衛陪乘並不得異，后乘重翟，亦謂非疑也。尋齊初移廟，宣皇神主乘金輅，皇帝親奉，亦乘金輅，先往行禮畢，仍從神主至新廟，今所宜依准也。」從之。

永泰元年，有司議應廟見不？尚書令徐孝嗣議：「嗣君即位，並無廟見之文，蕃支纂

業，乃有虔謁之禮。」左丞蕭琛議：「竊聞祇見厥祖，義著商書，朝于武宮，事光晉冊。豈有正位居尊，繼業承天，而不虔觀祖宗，格于太室。毛詩周頌篇曰『烈文，成王即政，諸侯助祭也』。鄭注云『新王即政，必以朝享之禮祭於祖考，告嗣位也』。又篇曰『閔予小子，嗣王朝廟也』。鄭注云『嗣王者，謂成王也。除武王之喪，將始即政，朝於廟也』。則隆周令典，煥炳經記，體嫡居正，莫若成王。又二漢由太子而嗣位者，西京七主，東都四帝，其昭、成、哀、和、從五君〔三〕，並皆謁廟，文存漢史，其惠、景、武、元、明、章六君，前史不載謁事，或是偶有闕文，理無異說。議者乃云先在儲宮，已經致敬，卒哭之後，即親奉時祭，則是廟見，故無別謁之禮。竊以為不然。儲后在宮，亦從郊祀，若謂前虔可兼後敬，開元之始，則無假復有配天之祭矣。若以親奉時祭，仍為廟見者，自漢及晉，支庶嗣位，並皆謁廟，既同有蒸嘗，何為獨脩繁禮？且晉成帝咸和元年改號以謁廟〔三〕，咸康元年加元服，又更謁。夫時非異主，猶不疑二禮相因，況位隔君臣，而追以一謁兼敬。宜遠纂周、漢之盛範，近黜晉、宋之乖義，展誠一廟，駿奔萬國。」奏可。

永明元年十二月，有司奏：「今月三日，臘祠太社稷。一日合朔，日蝕既在致齋內，未審於社祠無疑不？曹檢未有前准。」尚書令王儉議：「禮記曾子問『天子嘗禘郊社五禮之

祭〔三二〕，「簠簋既陳」，唯大喪乃廢。至於當祭之日，火及日蝕則停〔三四〕。尋伐鼓用牲，由來

尚矣，而簠簋初陳，問所不及。據此而言，致齊初日，仍值薄蝕，則不應廢祭。又初平四

年，士孫瑞議以日蝕廢冠而不廢郊〔三五〕，朝議從之。王者父天親地〔三六〕，郊社不殊，此則前

准，謂不宜廢。」詔「可」。

永明十一年，兼祠部郎何佟之議：「案禮記郊特牲『社祭土而主陰氣也，君南向於北

墉下，答陰之義也』。鄭玄云『答猶對也』『北墉，社內北牆也』。王肅云『陰氣北向，故君

南向以答之。答之為言是相對之稱』。知古祭社，北向設位，齋官南向明矣。近代相承，

帝社南向，太社及稷並東向，而齋官位在帝社壇北，西向，於神背後行禮。又名稷為稷社，

甚乖禮意。及未知失在何時〔三七〕，原此理當未久。竊以皇齊改物，禮樂惟新，中國之神，莫

貴於社，若遂仍前謬，懼虧盛典。謂二社，語其義則殊，論其神則一，位並宜北向。稷若北

向，則成相背。稷是百穀之總神，非陰氣之主，宜依先東向。齋官立社壇東北，南向立，東

為上〔三八〕，諸執事西向立，南為上。稷依禮無兼稱，今若欲尊崇，正可名為太稷耳，豈得謂

為稷社邪？臘祠太社日近，案奏事御，改定儀注。」

儀曹稱治禮學士議曰：「郊特牲又云『君之南向，答陽也，臣之北向，答君也』。若以

陽氣在南，則位應向北，陰氣向北，則宜向南〔三九〕。今南北二郊，一限南向，皇帝黑瓚階東西向，故知壇墠無繫於陰陽，設位寧拘於南北。羣神小祠，類皆限南面，薦饗之時，北向行禮，蓋欲申靈祇之尊，表求幽之義。魏世秦靜使社稷別營，稱自漢以來，相承南向。漢之於周，世代未遠，鄗上頹基，商丘餘樹，猶應尚存，迷方失位，未至於此，通儒達識，不以為非。庚蔚之昔已有此議，後徐爰、周景遠並不同，仍舊不改。」

佟之議：「來難引君南向答陽，臣北向答君。敢問答之為言，為是相對，為是相背？相背則社位南向，君亦南向，可如來議。郊特牲云『臣之北向答君』，復是君背臣？今言君南臣北，向相稱答，則君南不得稱答矣。記何得云祭社君南向以答陰邪？社果同向，則君亦宜西向，何故在社南向，在郊西向邪？解則不然，記云，君之南向答陽，此明朝會之時，盛陽在南，故君南向對之，猶聖人南面而聽，向明而治之義耳，寧是祈祀天地之日乎？知祭社北向，君答故南向，祀天南向，君答宜北向矣。今皇帝黑瓚階東西向者，斯蓋始入之別位，非接對之時也〔四〇〕。案記云『社所以神地之道也』。又云『社祭土而主陰氣』。云『不用命，戮于社』。孔安國云『社主陰，陰主殺』。傳曰『日蝕，伐鼓于社』。杜預云『責羣陰也』。社主陰氣之盛，故北向設位，以本其義耳。餘祀雖亦地祇之貴，而不主此義，故位向不同。不得見餘陰祀不北向，便謂社應南向也。案周禮祭社南向，君求幽，宜北向，

而記云君南向，答陰之義，求幽之論不乖歟[四一]？魏權漢社，社稷同營共門，稷壇在社壇北，皆非古制。後移宮南，自當[四二]。如靜此言，乃是顯漢社失周法，見漢世舊事，爾時祭社南向，未審出何史籍。就如議者，靜所言是祭社位向仍漢舊法，漢又襲周成規，因而不改者，則社稷三座，並應南向，今何改帝社南向，泰社及稷並東向邪？

治禮又難佟之，凡三往反。至建武二年，有司議：「治禮無的然顯據。」佟之議乃行。

建武二年，祠部郎何佟之奏：「案周禮大宗伯『以蒼璧禮天，黃琮禮地』。鄭玄又云『皆有牲幣，各放其器之色』[四三]。知禮天圓丘用玄犢，禮地方澤用黃牲矣。牧人云『凡陽祀用騂牲，陰祀用黝牲』。鄭玄云『騂，赤；黝，黑也。陽祀，祭天南郊及宗廟。陰祀，祭地北郊及社稷』。祭法云『燔柴於泰壇，祭天也。瘞埋於泰折，祭地也。用騂犢』。鄭云『地，陰祀，用黝牲，與天俱用犢』。知此祭天地即南北郊矣。今南北兩郊同用玄牲，又明堂、宗廟、社稷俱用赤，有違昔典。又鄭玄云『祭五帝於明堂，勾芒等配食』。鄭云自晉以來，并圜丘於南郊，是以郊壇列五帝勾芒等。今明堂祀五精，更闕五神之位，北郊祭地祇，而設重黎之坐，二三乖舛，懼虧盛則。」

前軍長史劉繪議：「語云『犁牛之子騂且角，雖欲勿用，山川其舍諸』。未詳山川合為

陰祀不？若在陰祀，則與黝乖矣。」

佟之又議：「周禮以天地爲大祀，四望爲次祀，山川爲小祀。周人尚赤，自四望以上牲色各依其方者〔四四〕，以其祀大，宜從本也。山川以下，牲色不見者，以其祀小，從所尚也。則論、禮二説，豈不合符？」參議爲允。從之。

永元元年，步兵校尉何佟之議曰：「蓋聞聖帝明王之治天下也，莫不尊奉天地〔四五〕，崇敬日月，故冬至祀天於員丘，夏至祭地於方澤，春分朝日，秋分夕月，所以訓民事君之道，化下嚴上之義也。故禮云『王者必父天母地，兄日姊月』。周禮典瑞云『王搢大圭，執鎮圭，藻藉五采五就以朝日』。馬融云『天子以春分朝日，秋分夕月』。覲禮『天子出拜日於東門之外』。盧植云『朝日以立春之日也』。鄭玄云『端當爲冕，朝日春分之時也』。禮記朝事議云『天子冕而執鎮圭〔四六〕，尺有二寸，率諸侯朝日於東郊，所以教尊尊也』。故鄭知此端爲冕也。禮記保傅云『三代之禮，天子春朝朝日，秋暮夕月，所以明有敬也』，而不明所用之定辰。馬、鄭云用二分之時，盧植云用立春之日。佟之以爲日者太陽之精，月者太陰之精。春分陽氣方永，秋分陰氣向長。天地至尊用其始，故祭以二至，日月禮次天地，故朝以二分〔四七〕，差有理據，則融、玄之言得其義矣。漢世則朝朝日，暮夕月。魏文帝詔曰

『觀禮天子拜日東門之外，反禮方明。朝事議曰天子冕而執鎮圭，率諸侯朝日於東郊。以此言之，蓋諸侯朝，天子祀方明，因率朝日也。漢改周法，羣公無四朝之事，故不復朝於東郊，得禮之變矣。然旦夕常於殿下東向拜日，其禮太煩。今採周春分之禮，損漢日拜之儀，又無諸侯之事，無所出東郊，今正殿即亦朝會行禮之庭也，宜常以春分於正殿之庭拜日。其夕月文不分明，其議奏』。魏祕書監薛循請論云『舊事朝日以春分，夕月以秋分。案周禮朝日無常日，鄭玄云用二分，故遂施行。秋分之夕，月多東潛，而西向拜之，背實遠矣。謂朝日宜用仲春之朝，夕月宜用仲秋之朝，淳于睿駁之，引禮記云『祭日於東，祭月於西，以端其位』。周禮秋分夕月，並行於上世。西向拜月，雖如背實，亦猶月在天而祭之於坎，不復言背月也。佟之案禮器云『爲朝夕必放於日月，夫婦之位也』。鄭玄云『日出東方，月出西方』。又云『大明生於東，月生於西，此陰陽之分，夫婦之位也』。鄭玄云『大明，日也』，知朝日東向，夕月西向，斯蓋各本其位之所在耳。佟之謂魏世所行，善得與奪之衷。猶如天子東西遊幸，朝堂之官及拜官者，猶北向朝拜，寧得以背實爲疑邪？晉初棄員丘方澤，於兩郊二至輟禮，至於二分之朝，致替無義。江左草創，舊章多闕，宋氏因循，未能反古。竊惟皇齊應天御極，典教惟新，謂宜使盛典行之盛代，以春分朝於殿庭之西，東向而拜日，秋分於殿庭之東，西向而拜月，此即所謂必放日月以端其位之義也。使四方觀化

者，莫不欣欣而頌美。旒藻之飾〔四八〕，蓋本天之至質也，朝日不得同昊天至質之禮，故玄冕

三旒也。近代祀天，著裘十二旒，極文章之義〔四九〕，則是古今禮之變也。禮天朝日，既服宜

有異，頃世天子小朝會，著絳紗袍、通天金博山冠，斯即今朝之服次袞冕者也，竊謂宜依此

拜日月〔五○〕，甚得差降之宜也。佟之任非禮局，輕奏大典，寔爲侵官，伏追慙震。」從之。

永明三年，有司奏：「來年正月二十五日丁亥，可祀先農，即日輿駕親耕。」宋元嘉、大

明以來，並用立春後亥日，尚書令王儉以爲亥日藉田，經記無文，通下詳議。

兼太學博士劉蔓議：「禮，孟春之月，立春迎春，又於是月以元日祈穀，又擇元辰躬耕

帝藉。盧植説禮通辰日，日，甲至癸也，辰，子至亥也。郊天，陽也，故以日。藉田，陰也，

故以辰。陰禮卑後，必居其末，亥者辰之末，故記稱元辰，注曰吉亥〔五一〕。又據五行之説，

木生於亥，以亥日祭先農，又其義也。」

太常丞何諲之議：「鄭注云『元辰，蓋郊後吉亥也』。亥，水辰也，凡在墾稼，咸存灑

潤。五行説十二辰爲六合，寅與亥合，建寅月東耕，取月建與日辰合也。」

國子助教桑惠度議：「尋鄭玄以亥爲吉辰者，陽生於子，元起於亥，取陽之元以爲生

物，亥又爲水，十月所建，百穀賴茲沾潤畢熟也。」

助教周山文議：「盧植云『元，善也。郊天，陽也，故以日。藉田，陰也，故以辰』。蔡

邕月令章句解元辰云『日，幹也。辰，支也。有事於天，用日。有事於地，用辰』。

助教何佟之議：「少牢饋食禮云『孝孫某〔五二〕來日丁亥，用薦歲事于皇祖伯某』。注

云『丁未必亥也，直舉一日以言之耳。禘太廟禮日用丁亥，若不丁亥，則用己亥、辛亥，苟

有亥可也』。鄭又云『必用丁、己者，取其令名，自丁寧自變改，皆為謹敬』。如此，丁亥自

是祭祀之日，不專施於先農。漢文用此日耕藉祠先農，故後王相承用之，非有別義。』

殿中郎顧峙之議：「鄭玄稱先郊後吉辰，而不說必亥之由。盧植明子亥為辰，亦無常

辰之證。漢世躬藉，肇發漢文，詔云『農，天下之本，其開藉田』。斯乃草創之令，未覩親載

之吉也。昭帝癸亥耕于鉤盾弄田，明帝癸亥耕下邳，章帝乙亥耕定陶，又辛丑耕懷，魏之

烈祖實書辛未，不繫一辰，徵於兩代矣。推晉之革魏，宋之因晉，政是服膺康成，非有異見

者也。班固序亥位云『陰氣應亡射，該藏萬物，而雜陽閡種』。且亥既水辰，含育為性，播

厥取吉，其在茲乎？固序丑位云『陰大旅助黃鍾宣氣而牙物』。序未位云『陰氣受任，助

蕤賓君主種物，使長大茂盛』。是漢朝迭選，魏室所遵，酌舊用丑，實兼有據。」參議奏用丁

亥。詔「可」。

建元四年正月，詔立國學，置學生百五十人。其有位樂人者五十人。生年十五以上，二十以還，取王公已下至三將、著作郎、廷尉正、太子舍人、領護諸府司馬諮議經除敕者、諸州別駕治中等，見居官及罷散者子孫。悉取家去都二千里爲限。太祖崩，乃止。

永明三年正月，詔立學，創立堂宇，召公卿子弟下及員外郎之胤，凡置生二百人〔五三〕。其年秋中悉集。有司奏：「宋元嘉舊事，學生到，先釋奠先聖先師，禮又有釋菜，未詳今當行何禮？用何樂及禮器？」尚書令王儉議：「周禮『春入學，舍菜合舞』。記云『始教，皮弁祭菜，示敬道也』。又云『始入學，必祭先聖先師』。中朝以來，釋菜禮廢，今之所行，釋奠而已。金石俎豆，皆無明文。方之七廟則輕，比之五禮則重。陸納、車胤謂宣尼廟宜依亭侯之爵，范甯欲依周公之廟，用王者儀，范宣謂當其爲師則不臣之，釋奠日，備帝王禮樂〔五四〕。此則車、陸失於過輕，二范傷於太重。喻希云『若至王者自設禮樂，則肆賞於至敬之所』。若欲嘉美先師，則所況非備」。尋其此說，守附情理。皇朝屈尊弘教，待以師資，引同上公，即事惟允。元嘉立學，裴松之議應儛六佾，以郊樂未具，故權奏登歌。今金石已備，宜設軒縣之樂，六佾之舞，牲牢器用，悉依上公。」其冬，皇太子講孝經，親臨釋奠，車駕幸聽。

建武四年正月，詔立學。永泰元年，東昏侯即位，尚書符依永明舊事廢學。領國子助

教曹思文上表曰：「古之建國君民者，必教學爲先，將以節其邪情，而禁其流欲，故能化民裁俗，習與性成也。是以忠孝篤焉，信義成焉，禮讓行焉，尊教宗學，其致一也。是以成均煥於古典，虎門炳於前經。陛下體睿淳神，纘承鴻業，今制書既下，而廢學先聞，將恐觀國之光者，有以擬議也。若以國諱故宜廢，昔漢成立學，爰洎元始，百餘年中，未嘗暫廢，其間有國諱也。且晉武之崩，又其學猶存，斯皆先代不以國諱而廢學之明文也。永明以無太子故廢，斯非古典也。尋國之有學，本以興化致治也，天子於以諮謀焉，於以行禮焉。記云『天子出征，受命於祖，受成於學。執有罪反，釋奠於學』。又云『食三老五更於太學，天子袒而割牲，執爵而酳，以教諸侯悌也』。於斯學，是天子有國之基，教也或以之。所言皆太學事也。今引太學不非證也。據臣所見，今之國學，即古之太學。晉初太學生三千人，既多猥雜，惠帝時欲辯其涇渭，故元康三年始立國子學，官品第五以上得入國學。太學之與國學，斯是晉世殊其士庶，異其貴賤耳。然貴賤士庶，皆須教成，故國學太學兩存之也，非有太子故立也。然繫廢興於太子者，此永明之鉅失也。漢崇儒雅，幾致刑厝，而猶道謝三五者，以其致教之術未篤也。古之教者，家有塾，黨有庠，術有序，國有學，以諷誦相摩。今學非唯不宜廢而已，乃宜更崇向其道〔五五〕，望古作規，使郡縣有學，鄉間立教。請付尚書及二學詳議。」有

司奏。從之。學竟不立。

永明五年十月，有司奏：「南郡王昭業冠，求儀注未有前准。」尚書令王儉議：「皇孫冠事，歷代所無，禮雖有嫡子無嫡孫[五六]，然而地居正體，下及五世。今南郡王體自儲暉，實惟國裔[五七]，元服之典，宜異列蕃。案士冠禮『主人玄冠朝服，賓加其冠，贊者結纓』。鄭玄云『主人，冠者之父兄也』。尋其言父及兄，則明祖在，父不爲主也。大戴禮記公冠篇云公冠自爲主，四加玄冕，以卿爲賓。此則繼體之君及帝之庶子不得稱子者也。小戴禮記冠義云『冠於阼，以著代也。醮於客位，三加彌尊，加有成也』。注稱『嫡子冠於阼，庶子冠於房』。記又云『古者重冠，故行之於廟，所以自卑而尊先祖也』。據此而言，彌與鄭注儀禮相會。是故中朝以來，太子冠則皇帝臨軒，司徒加冠，光祿贊冠。諸王則郎中加冠，中尉贊冠。今同於儲皇則重，依於諸王則輕。又春秋之義，『不以父命辭王命』。禮『父在斯爲子，君在斯爲臣』。南郡雖處蕃國，非支庶之列，宜稟天朝之命，微申冠阼之禮。皇太子居臣子之節，無專用之道。晉武帝詔稱漢、魏遣使冠諸王，非古正典。此蓋謂庶子封王，合依公冠自主之義，至於國之長孫，遣使惟允。宜使太常持節加冠[五八]，大鴻臚爲贊，醮酒之儀，亦歸二卿，祝醮之辭，附准經記，別更撰立，不依蕃國常體。國官陪位拜賀

自依舊章。其日内外二品清官以上，詣止車集賀，并詣東宮南門通牋。別日上禮，宮臣亦詣門稱賀，如上臺之儀。既冠之後，剋日謁廟，以弘尊祖之義。此既大典，宜通關八座丞郎并下二學詳議。」僕射王奐等十四人議並同，并撰立贊冠醮酒二辭。詔「可」。祝辭曰：「皇帝使給事中、太常、武安侯蕭惠基加南郡王冠。祝曰：『筮日筮賓[五九]，肇加元服。棄爾幼志，從厥成德。親賢使能，克隆景福。』」醮酒辭曰：「旨酒既清，嘉薦既盈。兄弟具在，淑慎儀形。永屆眉壽，於穆斯寧。」

永明中，世祖以婚禮奢費，勑諸王納妃，上御及六宮依禮止棗栗腵脩，加以香澤花粉，其餘衣物皆停。唯公主降嬪，則止遺舅姑也。永泰元年，尚書令徐孝嗣議曰：「夫人倫之始，莫重冠婚，所以尊表成德，結歡兩姓。年代汙隆，古今殊則，繁簡之儀，因時或異。三加廢於士庶，六禮限於天朝，雖因習未久，事難頓改，而大典之要，深宜損益。案士冠禮，三加畢，乃醴冠者，醴則唯一而已。故醴辭無二。若不醴，則每加輒醮以酒，故醮辭有三。王肅云『醴本古，其禮重[六○]』，酒用時味，其禮輕故也」。或醴或醮，二三之義，詳記於經文[六一]。今皇王冠畢，一酌而已，即可擬古設醴[六二]。而猶用醮辭，寔為乖衷。尋婚禮實籩以四爵，加以合巹，既崇尚質之理，又象泮合之義。故三飯卒食，再酳用巹。先儒以禮成

好合，事終於三，然後用卺合。儀注先酳卺，以再以三，有違旨趣。又郊特牲曰『三王作牢用陶匏』。言太古之時，無共牢之禮，三王作之，而用太古之器，重夫婦之始也。今雖以方櫑示約，而彌乖昔典。又連卺以鏁，蓋出近俗。復別有牢燭，雕費采飾，亦虧曩制。方今聖政日隆，聲教惟穆，則古昔以敦風，存饋羊以愛禮，沿襲之規，有切治要，嘉禮實重，宜備舊章。謂自今王侯已下冠畢一酳之禮，以遵古之義。禮即用舊文，於事為允。婚亦依古，以卺酌終酳之酒，並除金銀連鏁，自餘雜器，悉用埏陶。堂人執燭，足充燋燎，牢燭華侈，亦宜停省。庶斲雕可期，移俗有漸。」參議並同。奏可。

晉武泰始二年，有司奏，故事皇后諱與帝諱俱下。詔曰，禮內諱不出宮，近代諱之也[六三]。建元元年，太常上朝堂諱訓。僕射王儉議曰：「后諱依舊不立訓。禮天子諸侯諱羣祖，臣隸既有從敬之義，宜為太常府君諱。至於朝堂榜題，本施至極，既追尊所不及[六四]，禮降於在三，晉之京兆，宋之東安，不列榜題。孫毓議稱京兆列在正廟，臣下應諱，而不上榜。宋初博士司馬道敬議東安府君諱宜上榜，何承天執不同，即為明據。」其有人名地名犯太常府君及帝后諱者，皆改。宣帝諱同。二名不偏諱，所以改承明門為北掖，以榜有「之」字與「承」並。東宮承華門亦改為宣華云。

漢末，蔡邕立漢朝會志，竟不就。秦人以十月旦爲歲首，漢初習以大饗會，後用夏正，饗會猶未廢十月旦會也。東京以後，正旦夜漏未盡七刻，鳴鍾受賀，公侯以下執贄來庭，二千石以上升殿稱萬歲，然後作樂宴饗。張衡賦云「皇輿夙駕，登天光於扶桑」。然則雖云夙駕，必辨色而行事矣。魏武都鄴，正會文昌殿，用漢儀，又設百華燈。後魏文修洛陽宮室，權都許昌，宮殿狹小，元日於城南立氈殿，青帷以爲門，設樂饗會。後還洛陽，依漢舊事。晉武帝初，更定朝會儀，夜漏未盡十刻，庭燎起火，羣臣集。傅玄朝會賦云「華燈若乎火樹，熾百枝之煌煌」。此則因魏儀與庭燎並設也。漏未盡七刻，羣臣入白賀，未盡五刻，就本位，至漏盡，皇帝出前殿，百官上賀，如漢儀。漏未盡七刻，羣臣坐，謂之辰賀。晝漏上三刻更出，百官奉壽酒，大饗作樂，謂之晝會。別置女樂三十人於黃帳外，奏房中之歌。晝漏江左多虞，不復晨賀，夜漏未盡十刻，開宣陽門，至平旦始開殿門，晝漏上五刻，皇帝乃出受賀。宋世至十刻乃受賀。其餘升降拜伏之儀，及置立后妃王公已下祠祀夕牲拜授弔祭，皆有儀注，文多不載。

三月三日曲水會，古禊祭也。漢禮儀志云「季春月上巳，官民皆絜濯於東流水上，自

洗濯袚除去宿疾，爲大禊」。不見東流爲何水也。晉中朝云，卿巳下至於庶民，皆禊洛水之側，事見諸禊賦及夏仲御傳也。趙王倫纂位，三日，會天淵池誅張林〔六五〕。懷帝亦會天淵池賦詩。陸機云「天淵池南石溝，引御溝水，池西積石爲禊堂，跨水，流杯飲酒」。亦不言曲水。元帝又詔罷三日弄具。今相承爲百戲之具，雕弄技巧，增損無常。

史臣曰：案禊與曲水，其義參差。舊言陽氣布暢，萬物訖出，姑洗絜之也。巳者祉也，言祈介社也。一說，三月三日，清明之節，將脩事於水側，禱祀以祈豐年。應劭云：「禊者，絜也。」言自絜濯也。或云「漢世有郭虞者，以三月上辰生二女，上巳又生一女，二日中頻生皆死，時俗以爲大忌，民人每至其日，皆適東流水祈祓自絜濯」。浮酌清流，後遂爲曲水。案高后袚霸上，馬融梁冀西第賦云「西北戌亥，玄石承輸。蝦蟇吐寫，庚辛之域」。即曲水之象也。今據禊爲曲水事，應在永壽之前已有，祓除則不容在高后之後，祈農之說，於事爲當。

九月九日馬射。或說云，秋金之節，講武習射，像漢立秋之禮。

史臣曰：案晉中朝元會，設臥騎、倒騎、顛騎，自東華門馳往神虎門，此亦角抵雜戲之流也。宋武爲宋公，在彭城，九日出項羽戲馬臺，至今相承，以爲舊准。

校勘記

〔一〕 晉初司空荀顗因魏代前事撰爲晉禮　「荀顗」，原作「荀顗」，據南監本改。按荀顗傳見晉書卷三九，宋書卷一四禮志一云：「晉始則荀顗、鄭沖詳定晉禮。」

〔二〕 徐邈謂配之爲言　「徐邈」二字原漫漶，據三朝本、南監本、北監本、汲本、殿本、通典卷四四禮四、册府卷五七七掌禮部補。

〔三〕 尚書堯典咸秩無文　按「咸秩無文」出自尚書洛誥，非堯典。

〔四〕 或於前郊年　「於」，北監本、汲本、殿本、局本作「仍」，通典卷四二禮二作「因」，册府卷五七七掌禮部作「數」。按南史卷二二王儉傳亦作「仍」。

〔五〕 或別始　通典卷四二禮二作「或自更始」。按南史卷二二王儉傳作「或別爲郊始」。

〔六〕 檢晉明帝太寧三年南郊　「三年」，原作「五年」。按太寧無五年。晉書卷六明帝紀載明帝卒於太寧三年閏八月，成帝即位，次年二月改元咸和。南史卷二二王儉傳載儉議，亦云「晉明帝太寧三年南郊」。今改正。

〔七〕 其年九月崩　「九月」，按晉書卷六明帝紀，明帝崩於太寧三年閏八月戊子，非九月。

〔八〕 魏太和元年正月丁未郊祀武皇帝以配天宗祀文皇帝於明堂以配上帝　按三國志卷三魏書明帝紀云：「太和元年春正月，郊祀武皇帝以配天，宗祀文皇帝於明堂以配上帝。」

〔九〕 晉太寧有詔未及遵遂　「遵遂」，南監本作「遵建」。按宋書卷一六禮志三載「明帝太寧三年

七月，始詔立北郊。未及建而帝崩。

〔一〇〕 今棟瓦之構雖殊 「棟瓦」，册府卷五七七掌禮部作「帳瓦」。

〔一一〕 春秋傳曰龍見而雩止當以四月 按禮記月令鄭玄注，「龍見而雩」下有「雩之」二字，「止」作「正」。

〔一二〕 則所尚省費 「省費」，册府卷五七八掌禮部作「省質」。

〔一三〕 孟夏雩祭祈甘雨 「祭」，原作「榮」，據汲本改。按南監本、北監本、殿本、局本作「祭」。

〔一四〕 蓋是吁嗟之義 「吁」，原作「呼」，據南監本、通典卷四三禮三改。按月令鄭玄注：「雩，吁嗟求雨之祭也。」

〔一五〕 謂宜以世宗文皇帝配 「世宗」，原作「世祖」，據册府卷五七八掌禮部改。按本書卷四鬱林王紀，鬱林王即位，於永明十一年九月追尊其父文惠太子長懋「爲世宗文皇帝」。

〔一六〕 祠部郎何佟之議 「祠部」，原作「祀部」，據北監本、殿本、局本改。

〔一七〕 歷代配帝何止於二 「二」，原作「郊」，據通典卷四四禮四、册府卷五七八掌禮部改。

〔一八〕 此禘謂祀昊天於圜丘也 「此」字原無，據册府卷五七八掌禮部補。按禮記祭法鄭注有「此」字。

〔一九〕 祭上帝於南郊曰郊 「曰」下「郊」字原無，據局本、册府卷五七八掌禮部補。按禮記祭法鄭玄注云「祭上帝於南郊曰郊」。

〔二〇〕祭五帝五神於明堂曰祖宗 「祭」下原衍「祀」字，據局本、册府卷五七八掌禮部删。按禮記祭法鄭玄注云「祭五帝五神於明堂曰祖宗」。

〔二一〕太祖崩毁廣陵府君 「太祖」，疑爲「世祖」之訛。按此處所敍乃永明十一年事，上文惠太子薨，下文鬱林王即位，「太祖崩」不當在其中。又按高帝即位後所立七廟乃是從廣陵府君至昭皇后，高帝崩後與昭皇后合廟，不應單獨爲一世而毁廣陵府君廟。武帝崩則應爲世數，當毁廣陵府君廟，自太中府君至世祖爲七廟。

〔二二〕則取羣廟之主而藏諸祖廟禮乎 通典卷五二禮一一引齊尚書令王儉奏作「則祝取羣廟之主而藏諸祖廟禮也」。與今禮記曾子問合。

〔二三〕特以喪禮奉新亡者主於寢不同於吉 「主」，原作「至」，「吉」，原作「古」，並據通典卷五二禮一一改。按左傳僖三十三年「特祀於主」杜預注云：「以新死者之神，祔之於祖，尸柩已遠，孝子思慕，故造木主，立几筵焉。特用喪禮，祭祀於寢，不同之於宗廟。」

〔二四〕又宜即心而言 「宜」，汲本、局本作「且」。

〔二五〕輒祠舊宅 「祠」，原作「荷」，據南監本、局本改，北監本、殿本作「祀」。

〔二六〕申家人禮 「申」，原作「甲」，據三朝本、南監本、北監本、汲本、殿本、局本改。張元濟校勘記云「申」疑是「用」字。

〔二七〕司士升魚腊膚魚用鮒十有五 按今所見儀禮少牢饋食禮作「司士三人升魚、腊、膚。魚用鮒，

十有五而俎」。

〔二一〕　士孫瑞議以日蝕廢冠而不廢郊　「冠」，原作「社」，據通典卷七八禮三八、冊府卷五七七掌禮部改。按下云「郊社不殊」，明不當廢社而不廢郊。

〔二二〕　火及日蝕則停　「及」字原無，據通典卷七八禮三八、冊府卷五七七掌禮部補。

〔二三〕　天子嘗禘郊社五禮之祭　「五禮」，通典卷七八禮三八作「五祀」。按禮記曾子問作「五祀」。

〔二四〕　且晉成帝咸和元年改號以謁廟　「改」，原作「故」，據南監本、北監本、殿本、局本及冊府卷五七七掌禮部改。　「以」，南監本、局本作「已」。

〔二五〕　其昭成哀和從五君　按「從」謂漢順帝，蕭子顯避梁武帝父諱改。

〔二六〕　上公無大裘玉輅　「無」，原作「年」，據冊府卷五七八掌禮部改。按周禮，王祀天乃服大裘，乘玉輅，上公無此等車服。三朝本、南監本、北監本、汲本、殿本、局本作「有」，並訛。

〔二七〕　依擬前典　「依擬」二字原漫漶，據南監本、北監本、汲本、殿本、局本及冊府卷五七七掌禮部補。

〔二八〕　驃騎大將軍王敬則鎮軍大將軍陳顯達　「驃騎」與「鎮軍」上原皆衍「故」字，按永明十年王敬則、陳顯達俱在世，錢大昕考異卷二五云：「按敬則、顯達二人此時見存，不應加『故』字。校刊者妄意配饗廟庭之人，必已身故，謬加此字耳。」今據南史卷四齊本紀上刪。又「鎮軍」，原作「鎮東」，據南史卷四齊本紀上改。按本書卷三武帝紀，陳顯達時為「鎮軍將軍」。

〔三六〕 王者父天親地 「親」，冊府卷五七七掌禮部作「母」。

〔三七〕 及未知失在何時 「及」，冊府卷五七八掌禮部作「乃」。

〔三八〕 南向立東爲上 「東爲上」，通典卷四五禮五作「以西爲上」。

〔三九〕 陰氣向北則宜向南 「則」下三朝本、南監本、北監本、汲本、殿本有「位」字，通典卷四五禮五有「立」字。

〔四〇〕 非接對之時也 「非」，原作「兆」，據北監本、殿本、局本、冊府卷五七八掌禮部改。

〔四一〕 求幽之論不乖歟 「不」下冊府卷五七八掌禮部有「亦」字。

〔四二〕 後移宮南自當 「自當」下冊府卷五七八掌禮部有「如禮」二字。

〔四三〕 鄭玄又云皆有牲幣各放其器之色 按「皆有牲幣各放其器之色」爲周禮大宗伯原文，非鄭注，「鄭玄」二字疑衍。

〔四四〕 自四望以上牲色各依其方者 「上」，原作「止」，據三朝本、南監本、北監本、汲本、殿本、局本、冊府卷五七八掌禮部改。

〔四五〕 莫不尊奉天地 「尊奉天地」，原作「尊泰矣地」，據三朝本、南監本、北監本、汲本、殿本、局本、冊府卷五七八掌禮部改。

〔四六〕 禮記朝事議云天子冕而執鎮圭 「朝事議」，儀禮覲禮鄭玄注作「朝事儀」，下文同。

〔四七〕 故朝以二分 「故」，原作「敬」，據三朝本、南監本、北監本、汲本、殿本、局本改，「二」字原

無，據三朝本、南監本、北監本、汲本、殿本、局本補。按通典卷四四禮四作「朝敬故以二分」。

〔四八〕旒藻之飾 「旒藻」上通典卷四四禮四有「服無」二字。

〔四九〕極文章之義 「義」，通典卷四四禮四作「美」。

〔五〇〕竊謂宜依此拜日月 「依此」，通典卷四四禮四作「服此」。

〔五一〕故記稱元辰注日吉亥 「注」，原作「法」，據御覽卷五三七引齊書禮志、冊府卷五七七掌禮部改。按禮記月令「乃擇元辰」下鄭注云「元辰蓋郊後吉亥也」。

〔五二〕少牢饋食禮云孝孫某 「某」，原作「其」，據北監本改。按儀禮少牢饋食禮作「某」。

〔五三〕凡置生二百人 「二百人」，通典卷五三禮一三、冊府卷五七七掌禮部並作「二百二十人」。

〔五四〕釋奠日備帝王禮樂 「備」，通典卷五三禮一三、冊府卷五七七掌禮部作「宜備」。

〔五五〕乃宜更崇向其道 「向」，北監本、殿本作「尚」。

〔五六〕禮雖有嫡子無嫡孫 「無」字原無，據通典卷五六禮一六補。按儀禮喪服云「有適子者無適孫」。

〔五七〕實惟國裔 「國裔」，通典卷五六禮一六、冊府卷五七七掌禮部作「國重」。

〔五八〕宜使太常持節加冠 「加冠」上通典卷五六禮一六有「一」字。

〔五九〕筮日筮賓 「筮賓」，通典卷五六禮一六作「戒賓」。

〔六〇〕醴本古其禮重 「古」下冊府卷五七七掌禮部有「味」字。按「古味」與下文「時味」對應，義

較長。

〔六一〕詳記於經文　「記」，原作「許」，據南監本、北監本、殿本、局本改。按冊府卷五七七掌禮部此句作「詳於經文」。

〔六二〕即可擬古設醴　「醴」，原作「禮」，據南監本、局本、冊府卷五七七掌禮部改。

〔六三〕近代諱之也　「之」下通典卷一〇四禮六四有「非」字，義長。

〔六四〕既追尊所不及　「追」，原作「迫」，據局本、冊府卷五七七掌禮部改。錢大昕考異卷二五云「迫」當作「追」。

〔六五〕會天淵池誅張林　「池」，原作「地」，據三朝本、南監本、北監本、汲本、殿本、局本改。

南齊書 卷十

志第二

禮下

建元四年，高帝山陵，昭皇后應遷祔。祠部疑有祖祭及遣啓諸奠九飯之儀不？左僕射王儉議：「奠如大斂。」賀循云『從墓之墓皆設奠，如將葬廟朝之禮』。范甯云『將窆而奠』。雖不稱爲祖，而不得無祭。」從之。

有司又奏：「昭皇后神主在廟，今遷祔葬，廟有虞以安神〔一〕，神既已處廟，改葬出靈，豈應虞祭？鄭注改葬云『從廟之廟，禮宜同從墓之墓』。事何容異！前代謂應無虞。」左僕射王儉議：「范甯云『葬必有魂車』。若不爲其歸，神將安舍？世中改葬，即墓所施靈設祭，何得不祭而毀耶？賀循云『既窆，設奠於墓，以終其事』。雖非正虞，亦粗相似。

南齊書卷十

晉氏脩復五陵〔二〕，宋朝敬后改葬，皆有虞。今設虞非疑。」從之。

建元二年，皇太子妃薨，前宮臣疑所服。左僕射王儉議：「禮記文王世子『父在斯爲子，君在斯爲臣』。且漢魏以來，宮僚充備，臣隸之節，具體在三。昔庾翼妻喪，王允、滕弘謂府吏宜有小君之服〔三〕。況臣節之重邪？宜依禮爲舊君妻齊衰三月，居官之身，並合屬假，朝晡臨哭，悉繫東宮。今臣之未從官在遠者，於居官之所，屬寧二日半，仍行喪成服，遣牋表，不得奔赴。」從之。

太子妃斬草乘黃，議建銘旌。僕射王儉議：「禮，既塗棺，祝取銘置于殯東，大斂畢，便應建于西階之東。」

宋大明二年太子妃薨〔四〕，建九旒。有司又議：「斬草日建旒與不？若建旒，應幾旒？及畫龍升降云何？又用幾翣？」僕射王儉議：「旒本是命服，無關於凶事，今公卿以下，平存不能備禮，故在凶乃建耳。東宮秩同上公九命之儀，妃與儲君一體，義不容異。無緣未同常例，別立凶旒。大明舊事，是不經詳議，率爾便行耳。大明舊事，是不經詳議，率爾便行耳。今宜考以禮典，不得効尤從失。吉部伍自有桁輅〔五〕，凶部別有銘旌，若復立旒，復置何處？翣自用八。」從之。

有司奏：「大明故事，太子妃玄宮中有石誌。參議：墓銘不出禮典。近宋元嘉中，顏

一七〇

延作王球石誌。素族無碑策，故以紀德。自爾以來，王公以下，咸共遵用。儲妃之重，禮殊恒列，既有哀策，謂不須石誌。」從之。

有司奏：「穆妃卒哭後，靈還在道，遇朔望，當須設祭不？」王儉議：「既虞卒哭，祭之於廟，本是祭序昭穆耳，未全同卒吉四時之祭也，所以有朔望殷事。蕃國不行權制，宋江夏王妃卒哭以後，朔望設祭。帝室既以卒哭除喪，無緣方有朔望之祭。靈筵雖未升廟堂，而舫中即成行廟，猶如桓玄及宋高祖長沙、臨川二國，並有移廟之禮。豈復謂靈筵在途，便設殷事耶？推此而言，朔望不復俟祭。宋懿后時舊事不及此，益可知時議。」從之。

建元三年，有司奏：「皇太子穆妃以去年七月薨，其年閏九月。未審當月數閏？為應以閏附正月？若用月數數閏者，南郡王兄弟便應以此四月晦小祥，至於祥月，不為有疑不？」左僕射王儉議：「三百六旬，尚書明義，文公納幣，春秋致譏。穀梁云『積分而成月』。公羊云『天無是月』。雖然，左氏謂告朔為得禮。是故先儒咸謂三年朞喪，歲數沒閏，大功以下，月數數閏。夫閏者，蓋是年之餘日，而月之異朔，所以吳商云『含閏以正朞，允協情理』。今杖朞之喪，雖以十月而小祥〔六〕，至於祥縞，必須周歲。凡厭屈之禮，要取象正服。祥縞相去二月，今以厭降小祥，亦以則之。又且求之名義，則小祥本以年限，考於倫例，則相去必應二朔。今以厭屈而先祥，不得謂此事之非朞，事既同條，情無異貫，沒閏之

理，固在言先。設令祥在此晦，則去縞三月，依附准例，益復爲礙。謂應須五月晦乃祥。

此國之大典，宜共精詳。並通關八座丞郎，研盡同異。」

尚書令褚淵難儉議曰：「厭屈之典，由所尊奪情，故祥縞備制，而年月不申。今以十一月而祥，從朞可知。既計以月數，則應數閏以成典。若猶舍之，何以異於縞制。疑者正以祥之當閏，月數相縣。積分餘閏，曆象所弘。計月者數閏，故有餘月，計年者苞含，故致盈積。稱理從制，有何不可？」

儉又答淵難曰：「含閏之義，通儒所難。但祥本應朞，屈而不遂。語事則名體具存，論哀則情無以異。迹雖數月，義實計年，閏是年之歸餘，故宜總而苞之。經紀之旨，其在茲乎！如使五月小祥，六月乃閏，則祥之去縞，事成二月，是爲十一月以象前朞，二朔以放後歲，名有區域，不得相參。魯襄二十八年『十二月乙未，楚子卒』。唯書上月，初不言閏，此又附上之明義也。鄭、射、王、賀唯云朞則沒閏，初不復區別杖朞之中祥，將謂不俟言矣。成休甫云『大祥後禫，有閏別數之』。明杖朞之祥，不得方於縗縞之末。即恩如彼，就例如此。」淵又據舊義難儉十餘問，儉隨事解釋。

祠部郎中王珪之議，謂：「喪以閏施，功衰以下小祥值閏，則略而不言。今雖厭[七]，

祥名猶存，異於餘服。計月爲數，屈追慕之心，以遠爲邇。日既餘分，月非正朔，含而全制，於情唯允。僕射儉議，理據詳博，謹所附同。今司徒淵始雖疑難[八]，再經往反，未同儉議。依舊八座丞郎通共博議爲允。以來五月晦小祥，其祥禫自依常限。奏御，班下內外。」詔「可」。

皇太子穆妃服，尚書左丞兼著作郎王逡問左僕射王儉：「中軍南郡王小祥，應待聞喜不？」穆妃七月二十四日薨，聞喜公八月發哀，計十一月之限，應在六月。南郡王爲當同取六月，則大祥復申一月，非復正月，在存親之義，若各自爲祥，盧堊相間，玄素雜糅，未審當有此疑不？」儉曰：「送往有已，復生有節，罔極非服制所申，祥縞明示終之斷。相待之義，經記無聞。世人多以盧室衰麻，不宜有異，故相去二二月者，或申以俱除。此所謂任情徑行，未達禮旨。昔撰喪記，已嘗言之。遠還之人，自有爲而未祭，在家之子，立何辭以不變？禮有除喪而歸者，此則經記之遺文，不待之明據。假使應待，則相去彌年，亦爲衰絰永服以窮生，吉蠲長絕於宗廟，斯不可矣。苟曰非宜，則旬月之間，亦不容申。何者？禮有倫序，義無徒設。今遠則不待，近必相須，禮例既乖，即心無取。若疑兄弟同居，吉凶舛雜，則古有異宮之義。設無異宮，則遠還之子，自應開立別門，以終喪事。靈筵祭奠，隨在家之人，再朞而毀。所以然者，奔喪禮云『爲位不奠』，鄭玄云

『以其精神不存乎此也』。聞哀不時，寔緣在遠。爲位不奠，益有可安。此自有爲而然，不關嫡庶。庶子在家，亦不待嫡矣。而況儲妃正體王室，中軍長嫡之重，天朝又行權制，進退彌復非疑。謂不應相待。中軍祥縞之日，聞喜致哀而已，不受弔慰。及至忌辰變除，昆弟亦宜相就寫情而不對客。此國之大典，宜通關八座丞郎，共盡同異，然後奏御〔九〕。司徒褚淵等二十人並同僉議爲允，請以爲永制。詔『可』。

建元二年，太子穆妃薨〔一〇〕，南郡王聞喜公國臣疑制君母服。僉又議：『禮『庶人爲國君齊衰』，先儒云『庶人在官若府史之屬是也』。又諸侯之大夫妻爲夫人服緦衰七月，以此輕微疎遠，故不得盡禮。今皇孫自是蕃國之王公，太子穆妃是天朝之嫡婦。宮臣得申小君之禮，國官豈敢爲夫人之敬。當單衣白帢素帶哭于中門外，每臨輒入，與宮官同。』

永明十一年，文惠太子薨，右僕射王晏等奏：『案喪服經『爲君之父、長子，同齊衰朞』。今至尊既不行三年之典，止服朞制〔一一〕，羣臣應降一等，便應大功。九月功衰，是兄弟之服，不可以服尊。臣等參議，謂宜重其衰裳，減其月數，同服齊衰三月。至於太孫三年既申，南郡國臣，宜備齊衰朞服。臨汝、曲江既非正嫡，不得禰先儲，二公國臣，並不得服。』詔依所議。

又奏：「案喪服經雖有『妾為君之長子從君而服』，二漢以來，此禮久廢，請因循前准，不復追行。」詔曰：「既久廢，停便。」

又奏：「伏尋御服文惠太子暮內不奏樂，諸王雖本服暮，而儲皇正體宗廟，服者一同，釋服，奏樂姻娶，便應並通。竊謂二等誠俱是嘉禮，輕重有異。娶婦思嗣，事非全吉，三日不樂，禮有明文。宋世暮喪降在大功者，婚禮廢樂，以申私戚，通以前典。」詔「依議」。

又奏：「案禮，祥除皆先於今夕易服，明旦乃設祭。尋比世服臨然後改服，與禮為乖。今東宮公除日，若依例，皇太孫服臨方易服。臣等參議，謂先哭臨竟而後祭之。應公除者，皆於府第變服，而後入臨，行奉慰之禮。」詔「可」。〔一一〕

建武二年，朝會，時世祖遏密未終，朝議疑作樂不？祠部郎何佟之議：「昔舜受終文祖，義非胤堯，及放勛徂落，過密三祀。近代晉康帝繼成帝，于時亦不作樂。懷帝永嘉元年，惠帝喪制未終，于時江統議云，古帝王相承，雖世及有異，而輕重同禮〔一二〕。從之。

建武二年正月，有司以世宗文皇帝今二年正月二十四日再忌日〔一四〕，二十九日大祥，三月二十九日祥禫，至尊及羣臣泄哀之儀，應定准。下二學八座丞郎。博士陶韶以為「名

立義生，自古之制。文帝正號祖宗，式序昭穆，祥忌禫日，皇帝宜服祭服，出太極泄哀，百僚亦祭服陪位」。太常丞李撝議曰：「尋尊號既追，重服宜正，但已從權制，故苴杖不說。至於鑽燧既同，天地亦變，容得無感乎。且晉景獻皇后崩，羣臣備小君之服。追尊之后，無違后典，追尊之帝，固宜同帝禮矣。雖臣子一例，而禮隨時異，至尊龍飛中興，事非嗣武，理無深衣之變。但王者體國，亦應弔服出正殿舉哀，百寮致慟，一如常儀。」給事中領國子助教謝墨濟議[一五]：「夫喪禮一制，限節兩分。虞祔追亡之情，小祥抑存之禮，斯蓋至愛可申，極痛宜屈耳。文皇帝雖君德早凝，民化未洽，追崇尊極，寔緣于性。今言臣則無實，論己則事虛。聖上馭寓，更奉天眷，祗禮七廟，非從三后，周忌祥禫，無所依設。」太學博士崔憘同陶韶議，太常沈淡同李撝議[一六]，國子博士劉警等同謝墨濟議。祠部郎何佟之議曰：「春秋之旨，臣子繼君親，雖恩義有殊，而其禮則一，所以敦資敬之情，篤方喪之義。主上雖仰嗣高皇，嘗經北面，方今聖曆御宇，垂訓無窮，在三之恩，理不容替。竊謂世宗祥忌，至尊宜弔服升殿，羣臣同致哀感，事畢，百官詣宣德宮拜表，仍致哀陵園，以引進遠之慕[一七]。」尚書令王晏等十九人同佟之議。詔「可」。

海陵王薨，百官會哀，時纂嚴，朝議疑戎服臨會。祠部郎何佟之議：「羔裘玄冠不以

弔。理不容以兵服臨喪。宋泰始二年，孝武大祥之日，于時百寮入臨，皆於宮門變戎服，著衣帢，入臨畢，出外，還襲戎衣。」從之。

贊曰：姬制孔作，訓範百王。三千有數，四維是張。損益彝典，廢舉憲章。戎祀軍國，社廟郊庠。冠婚朝會，服紀凶喪。存爲盛德，戒在先亡。

校勘記

〔一〕廟有虞以安神　「廟」，原作「廣」，據北監本、殿本改。按南監本、局本作「葬」。

〔二〕晉氏脩復五陵　「氏」，原作「民」，據南監本、北監本、殿本改。

〔三〕王允滕弘謂府吏宜有小君之服　「滕弘」，南史卷二二王曇首傳附王儉傳作「滕含」。

〔四〕宋大明二年太子妃薨　「二年」有訛。按宋書卷六孝武帝紀、卷一五禮志二、卷四一后妃前廢帝何皇后傳皆繫皇太子妃何氏薨於大明五年閏月。

〔五〕吉部伍自有桁輅　按通典卷八四禮四四無「伍」字，「桁」作「旅」。

〔六〕今杖朞之喪雖以十月而小祥　「十月」，通典卷一〇〇禮六〇作「十一月」。

〔七〕今雖厭　「厭」下通典卷一〇〇禮六〇有「屈」字。

〔八〕今司徒淵始雖疑難　「疑」通典卷一〇〇禮六〇作「議」。

〔九〕然後奏御　「後」字原無，據南監本、北監本、局本補。

〔一〇〕建元二年太子穆妃薨　「二年」原作「三年」。按本書卷二高帝紀下載建元二年秋七月「戊午，皇太子妃裴氏薨」，卷二一文惠太子傳、卷四〇武十七王竟陵文宣王子良傳並同。本卷上文亦謂太子妃薨於「建元二年」，今據改。

〔一一〕止服朞制　「止」原作「正」，據南監本、北監本、殿本、局本改。

〔一二〕詔可　「可」字原闕，據南監本、北監本、汲本、殿本、局本補。

〔一三〕于時江統議云古帝王相承雖世及有異而輕重同禮　「江統」，原作「江充」，南監本、局本訛作「何充」，據通典卷一四七樂七改。按通典卷一四七樂七大喪而弟嗣位未三年廢樂議載：「晉懷帝永嘉元年冬，惠帝三年制未終。司徒左長史江統議二年正月正會不宜作樂，以爲：『自古帝王相承，雖世及有異，而受重同禮。』」

〔一四〕有司以世宗文皇帝今二年正月二十四日再忌日　「世宗」，原作「世祖」，據册府卷五七八掌禮部改。按本書卷四鬱林王紀，永明十一年九月「追尊文惠皇太子爲世宗文皇帝」。又按本書卷三武帝紀，文惠太子卒於永明十一年正月丙子，至建武二年正月二十四爲兩周年忌日。

〔一五〕給事中領國子助教謝曇濟議　「謝曇濟」，疑爲「謝曇濟」之訛。按本卷上文有「國子助教謝曇濟」，本書卷四一周顒傳亦有官爲給事中之曇濟，隋書卷三二經籍志一有「梁給事郎謝曇濟」。

〔一七〕以引進遠之慕　「進遠」，南監本、北監本、殿本、局本、册府卷五七八掌禮部作「追遠」。

〔一六〕太常沈淡同李撝議　「沈淡」，南監本、局本作「沈倓」，册府卷八八二總録部作「沈琰」。按三朝本、北監本、汲本、殿本及册府卷五七八掌禮部並作「沈淡」。

濟」，當爲同一人。

南齊書卷十一

志第三

樂

南郊樂舞歌辭，二漢同用，見前漢志，五郊互奏之。魏歌舞不見，疑是用漢辭也。晉武帝泰始二年，郊祀明堂，詔禮遵用周室肇稱殷祀之義〔一〕，權用魏儀。後使傅玄造祠天地五郊夕牲歌詩一篇〔二〕，迎神歌一篇。宋文帝使顏延之造郊天夕牲、迎送神、饗神歌詩三篇，是則宋初又仍晉也。建元二年，有司奏：「郊廟雅樂歌辭，舊使學士博士撰，搜簡採用，請敕外，凡義學者普令製立〔三〕。參議：太廟登歌宜用司徒褚淵，餘悉用黃門郎謝超宗所撰，多刪顏延之、謝莊辭以爲新曲，備改樂名。永明二年，太子步兵校尉伏曼容上表，宜集英儒，刪纂雅樂。詔付外詳，竟不行。

羣臣出入，奏肅咸之樂：

黃承寶命〔四〕，嚴恭帝緒〔五〕。奄受敷錫，升中拓宇〔六〕。亘地稱皇，罄天作主。六典聯事，九官列序。此下除四句。

月域來賓〔七〕，日際奉土。開元首正，禮交樂舉。

牲出入，奏引牲之樂：

皇乎敬矣，恭事上靈。昭教國祀，肅肅明明。有牲在滌〔八〕，有絜在俎。以薦王衷〔九〕，以答神祜。此上四句，顏辭。

陟配在京，降德在民。奔精望夜〔一〇〕，高燎佇晨〔一一〕。

薦豆呈毛血，奏嘉薦之樂：

我恭我享，惟孟之春。以孝以敬，立我蒸民。青壇奄靄，翠幙端凝。嘉俎重薦，

兼籍再升。設業設簴〔一二〕，展容玉庭。肇禋配祀，克對上靈。此一篇增損謝辭。

右夕牲歌，並重奏。

迎神，奏昭夏之樂：

惟聖饗帝，惟孝饗親。此下除二句〔一三〕。禮行宗祀，敬達郊禋。金枝中樹，廣樂四

陳。此下除八句。月御案節，星驅扶輪。遙輿遠駕，曜曜振振。告成大報，受釐元

皆顏辭。

神。

皇帝入壇東門,奏永至之樂：

紫壇望靈,翠幬佇神。率天奉贊,罄地來賓。神覜並介,泯祇合祉[一四],恭昭鑒
享,肅光孝祀。威藹四靈,洞曜三光,皇德全被,大禮流昌。

皇帝升壇,奏登歌辭：

報惟事天,祭實尊靈。史正嘉兆,神宅崇禎。五時昭邕,六宗彝序。介丘望塵,
皇軒肅舉。

皇帝初獻,奏文德宣烈之樂：

營泰時,定天衷。思心緒[一五],謀筮從。此下除二句。田燭置,欀火通。大孝昭,
國禮融。此一句改,餘皆顏辭,此下又除二十二句。

次奏武德宣烈之樂：

功燭上宙,德燿中天。風移九域,禮飾八埏。四靈晨炳,五緯宵明。膺曆締運,
道茂前聲。

太祖高皇帝配饗,奏高德宣烈之樂。此章永明二年造奏。尚書令王儉辭。
饗帝嚴親,則天光大。舄弈前古,榮鏡無外。日月宣華,卿雲流靄。五漢同休,

六幽咸泰。

皇帝飲福酒，奏嘉胙之樂：

邕嘉禮，承休錫。盛德符景緯，昌華應帝策。聖藹耀昌基，融祉暉世曆。聲正涵月軌，書文騰日迹。寶瑞昭神圖，靈貺流瑞液。我皇崇暉祚，重芬冠往籍。

送神，奏昭夏之樂：

薦饗洽，禮樂該。神娛展，辰旆回。洞雲路，拂琁階。紫雰藹，青霄開。睠皇都，顧玉臺。留昌德，結聖懷。

皇帝就燎位，奏昭遠之樂：

天以德降，帝以禮報。牲鑣俯陳，柴幣仰燎。事展司采，敬達瑄薌。煙贊青昊，震颺紫場。陳馨示策，蕭志宗禋。禮非物備，福唯誠陳。

皇帝還便殿，奏休成之樂，重奏。

昭事上祀，饗薦具陳。回鑾轉翠，拂景翔宸。綴縣敷暢，鍾石昭融。羽炫深昬，籥暳行風。肆序輟度，蕭禮停文。四金聳衛，六馭齊輪。

　　右南郊歌辭

北郊樂歌辭，案周頌昊天有成命，郊祀天地也。是則周、漢以來，祭天地皆同辭矣。

宋顏延之饗地神辭一篇，餘與南郊同。齊北郊，羣臣入奏肅咸樂，牲入奏引牲，薦豆毛血

奏嘉薦，皇帝入壇東門奏永至，飲福酒奏嘉胙，還便殿奏休成，辭並與南郊同。迎送神昭

夏登歌異。

迎地神，奏昭夏之樂：

詔禮崇營，敬饗玄時。靈正丹帷，月肅紫墀。展薦登華，風縣凝鏘。神惟戾止，

鬱葆遙莊。昭望歲芬，環游辰太。穆哉尚禮，橫光秉蔼。

皇帝升壇，登歌：

佇靈敬享，禋肅彝文。縣動聲儀，薦絜牲芬。陰祇以覿，昭司式慶。九服熙度，

六農祥正。

皇帝初獻，奏地德凱容之樂：

繕方丘，端國陰。掩珪晷，仰靈心。詔源委，遍丘林。此下除八句〔二六〕。禮獻物，

樂薦音。此下除二十二句，餘皆顏辭。

次奏昭德凱容之樂：

慶圖濬邈，蘊祥祕瑤。倪天炳月，嬪光紫霄。邦化靈懋，闈則風調。儷德方儀，

徽載以昭。

送神，奏昭夏之樂：

薦神升，享序楸。淹玉俎，停金奏。寶施轉，旂駕旋。溢素景，鬱紫躔。靈心顧，留辰睠。洽外瀛，瑞中縣。

瘞埋，奏隸幽之樂：

后皇嘉慶，定祇玄時。承帝休圖，祇敷靈祉。筐冪周序，軒朱凝會。牲幣芬壇，精明佇蓋。調川瑞昌，警岳祥泰。

右北郊歌辭〔一七〕

明堂歌辭，祠五帝。漢郊祀歌皆四言，宋孝武使謝莊造辭，莊依五行數，木數用三，火數用七，土數用五，金數用九，水數用六。案鴻範五行，一曰水，二曰火，三曰木，四曰金，五曰土。月令木數八，火數七，土數五，金數九，水數六。蔡邕云：「東方有木三土五，故數八；；南方有火二土五，故數七；西方有金四土五，故數九；北方有水一土五，故數六。」又納音數，一言得土，三言得火，五言得水，七言得金，九言得木。若依鴻範木數用三，則應水一火二金四也。若依月令金九水六，則應木八火七也。當以鴻範一二之數，言不成

文，故有取捨，而使兩義並違，未詳以數立言爲何依據也。周頌我將祀文王，言皆四，其一

句五，一句七。謝莊歌宋太祖亦無定句。

建元初，詔黃門郎謝超宗造明堂夕牲等辭，并採用莊辭。建武二年，零祭明堂，謝朓

造辭，一依謝莊，唯世祖四言也。

賓出入，奏肅咸樂，歌辭二章：

彝承孝典，恭事嚴聖。浹天奉贄，罄壤齊慶。司儀且序〔八〕，羽容夙章。芬枝揚

烈，黼構周張。助寶尊軒，酌珍充庭。珍縣凝會，珚朱竚聲。先期選禮，肅若有承。

祇對靈祉，皇慶昭膺〔九〕。

尊事威儀，輝容昭序。迅恭明神，絜盛牲俎。肅肅嚴宮〔一〇〕，藹藹崇基。皇靈降

止〔一一〕，百祇具司〔一二〕。戒誠望夜，端烈承朝。依微昭旦，物色輕霄。

青帝歌：

參映夕，駬昭晨。靈乘震，司青春。鴈將向，桐始蓛。和風舞〔一三〕，暄光遲。萌動

達，萬品親〔一四〕。潤無際，澤無垠。

赤帝歌：

龍精初見大火中，朱光北至圭景同。帝在離寔司衡〔一五〕，雨水方降木堇榮。庶

物盛長咸殷阜，恩澤四溟被九有〔二六〕。

黃帝歌：

履艮宅中宇〔二七〕，司繩總四方〔二八〕。裁化徧寒燠，布政司炎涼〔二九〕。此以下除八句〔三〇〕。至分乘經晷〔三一〕，閉啟集恆度。帝暉緝萬有〔三二〕，皇靈澄國步。

白帝歌：

百川若鏡，天地爽且明。雲沖氣舉，盛德在素精。此下除四句。庶類收成，歲功行欲寧。浹地奉渥，罄宇承帝靈〔三三〕。

黑帝歌：

歲既暮日方馳〔三四〕。靈乘坎德司規。玄雲合晦鳥蹊〔三五〕。白雲繁亘天崖。此下除四句。晨晷促夕漏延。大陰極微陽宣。此下除二句。

皇帝還東壁，受福酒，奏嘉胙樂歌辭：太廟同用

禮薦洽，福祚昌〔三六〕。聖皇膺嘉祐〔三七〕，帝業凝休祥。居極乘景運，宅德瑞中王。

澄明臨四奧〔三八〕，精華延八鄉。洞海同聲憓〔三九〕，澈宇麗乾光。靈慶纏世祉，鴻烈永無疆。

送神，奏昭夏樂歌辭：宋謝莊辭

蘊禮容，餘樂度。靈方留，景欲暮。開九重，肅五達。鳳參差，龍已秩〔四〇〕。雲既動，河既梁。萬里照，四空香。神之車，歸清都。琁庭寂，玉殿虛。鴻化凝〔四一〕，孝風熾。顧靈心，結皇思。鴻慶遐邑，嘉薦令芳。並帝明德〔四二〕，永祚深光。增四句〔四三〕。

牲出入，奏引牲樂歌詩：

惟誠絜饗，維孝尊靈。敬芳黍稷，敬滌犧牲。駢繭在豢，載溢載豐。以承宗祀，以肅皇衷。蕭芳四舉，華火周傳。神鑒孔昭，嘉足叁牷〔四四〕。

薦豆呈毛血，奏嘉薦樂歌詩二章〔四五〕：

肇禋戒祀，禮容咸舉。六典飾文，九司炤序。牲柔既昭，犧剛既陳。恭滌惟清，敬事惟神。加籩再御，兼俎兼薦。節動軒越，聲流金縣。奕奕閟幄，蘲蘲嚴闈。絜誠夕鑒，端服晨暉。聖靈戾止，翊我皇則。上綏四寓，下洋萬國。永言孝饗，孝饗有容。儐僚贊列，肅肅雍雍。

右夕牲辭

迎神，奏昭夏樂歌辭：

地紐謐，乾樞回。華蓋動，紫微開。旌蔽日，車若雲。駕六氣，乘烟熅。燁帝景〔四六〕，耀天邑〔四七〕。聖祖降，五雲集〔四八〕。此下除八句。戀粲盛，絜牲牷。百禮肅，羣

司虔。皇德遠，大孝昌。貫九幽，洞三光。神之安，解王鑾〔四九〕。昌福至〔五〇〕，萬寓歡。

皆謝莊辭

皇帝升明堂，奏登歌辭：

雍臺辯朔，澤宮選辰〔五一〕。絜火夕炤〔五二〕，明水朝陳。六瑚貫室，八羽華庭。昭事先聖，懷濡上靈。肆夏式敬，升歌發德。永固洪基，以綏萬國。

初獻，奏凱容宣烈樂歌辭：太廟同

醲體具登，嘉俎咸薦。饗洽誠陳，禮周樂徧。祝辭罷裸，序容輟縣。蹕動端庭，鑾回嚴殿。神儀駐景，華漢高虛〔五三〕。八靈案衞，三祇解途〔五四〕。翠蓋澄耀〔五五〕，畢帝凝晨〔五六〕。玉鑣息節〔五七〕，金輅懷音。戒誠達孝〔五八〕，厎心肅感。追馮皇鑒，思承淵範。神錫懋祉，四緯昭明。仰福帝徽，俯齊庶生。

皆謝莊辭

右祠明堂歌辭，建元、永明中奏。

雩祭歌辭：

清明暢，禮樂新。候龍景，選貞辰。陽律六，陰晷伏。耗下土，荐種稑。震儀警〔五九〕，王度乾。嗟雲漢，望昊天。張盛樂，奏雲儷。集五精，延帝祖。雩有諷，禜有

秩。脅邕芬，圭瓚瑟。靈之來，帝閽開。車煜燿，吹徘徊。停龍轙〔六〇〕，徧觀此。凍雨飛，祥風靡。壇可臨，奠可歆。對泯祉〔六一〕，鑒皇心。

右迎神歌辭依漢來郊歌三言。宋明堂迎神八解。

濬哲維祖，長發其武。帝出自震，重光御寓。化壹車書，德馨粢盛。七德攸宣，九疇咸敍。靜難荊、舒，凝威蠡浦。昧旦丕承，夕惕刑政。禮充玉帛，樂被筦絃。於鑠在詠，陟配于天。自宮徂兆，靡愛牲牷。昭星夜景，非雲曉慶。衢室成陰，璧水如鏡。

右歌世祖武皇帝依廟歌四言

營翼翼，鳥殷殷。凝冰泮，玄蟄昭。景陽陽，風習習。女夷歌，東皇集。樽春酒，秉青珪。命田祖，渥羣黎。

右歌青帝木生數三

惟此夏德德恢台〔六二〕，兩龍既御炎精來。火景方中南訛秩，靡草云黃含桃實。族雲蓊鬱溫風煽，興雨祁祁黍苗徧。

右歌赤帝火成數七

稟火自高明〔六三〕，毓金挺剛克〔六四〕。涼燠資成化，羣方載厚德。陽季勾萌達，炎祖

溽暑融。商暮百工止，歲極凌陰沖。皇流疏已清，原隰甸已平。咸言祚惟億，敦民保高京[六五]。

　　右歌黃帝土成數五

帝悅于兌，執矩固司藏。百川收潦，精景應徂商。嘉樹離披，榆關命賓鳥。夜月如霜，秋風方嫋嫋。商陰蕭殺，萬寶咸亦遒。勞哉望歲，場功冀可收。

　　右歌白帝金成數九

白日短玄夜深。招搖轉移太陰。霜鍾鳴冥陵起。星回天月窮紀。聽嚴風來不息。望玄雲黯無色。曾冰洌積羽幽。飛雲至天山側[六六]。關梁閉方不巡。合國吹饗蜡賓。充微陽究終始。百禮洽萬觀臻[六七]。

　　右歌黑帝水成數六

敬如在，禮將周。神之駕，不少留。蹕龍鑣，轉金蓋。紛上馳，雲之外。警七耀，詔八神。排閶闔，渡天津。有滃興，膚寸積。雨冥冥，又終夕。俾栖糧，惟萬箱。皇情暢，景命昌。

　　右送神歌辭

太廟樂歌辭，周頌清廟一篇，漢安世歌十七章是也。　永平三年，東平王蒼造光武廟登

歌一章二十六句，其辭稱述功德。

建安十八年，魏國初建，侍中王粲作登歌安世詩，說神靈鑒饗之意。明帝時，侍中繆

襲奏：「安世詩本故漢時歌名，今詩所歌，非往詩之文。襲案周禮、志云[六八]，安世樂猶周

房中樂也。往昔議者，以房中歌后妃之德，宜改安世名正始之樂，後讀漢安世歌[六九]，亦說

神來宴饗，無有后妃之言。思惟往者謂房中樂爲后妃歌，恐失其意。方祭祀娛神，登歌先

祖功德，下堂詠宴享，無事歌后妃之化也。」於是改安世樂曰饗神歌。　散騎常侍王肅作宗

廟詩頌十二篇，不入於樂。

晉泰始中，傅玄造廟夕牲昭夏歌一篇，迎送神肆夏歌詩一篇，登歌七廟七篇。玄云：

「登歌歌盛德之功烈，故廟異其文。至於饗神，猶周頌之有瞽及雝，但說祭饗神明禮樂之

盛[七○]，七廟、饗神皆用之。」夏侯湛又造宗廟歌十三篇。

宋世王韶之造七廟登歌七篇。　昇明中，太祖爲齊王，令司空褚淵造太廟登歌二章。

建元初，詔黃門侍郎謝超宗造廟樂歌詩十六章。

永明二年，尚書殿中曹奏：「太祖高皇帝廟神室奏高德宣烈之舞，未有詩，郊應須

歌辭。　穆皇后廟神室，亦未有歌辭。案傅玄云：『登歌廟異其文，饗神七室同辭[七一]。』此

議爲允。又尋漢世歌篇，多少無定，皆稱事立文，並多八句，然後轉韻。時有兩三韻而轉，其例甚寡。張華、夏侯湛亦同前式。傅玄改韻頗數，更傷簡節之美。近世王韶之、顏延之並四韻乃轉，得賒促之中。顏延之、謝莊作三廟歌，皆各三章，章八句，此於序述功業詳略爲宜，今宜依之。郊配之日，改降尊作主，禮殊宗廟，穆后母儀之化，事異經綸。此二歌爲一章八句，別奏。事御奉行。」詔「可」。尚書令王儉造太廟二室及郊配辭。

羣臣出入，奏肅咸樂辭：

絜誠底孝，孝感煙霜。黍儀飾序，肅禮綿張。金華樹藻，肅哲騰光。殷殷升奏，嚴嚴階庠。匪椒匪玉，是降是將。懋分神衷，翊祐傅昌。

牲出入，奏引牲樂歌辭：

肇祀嚴靈，恭禮尊國。達敬敷典，結孝陳則。芬滌既肅，犧牷既整。聳誠流思，端儀選景。肆禮佇夜，綿樂望晨。崇席皇鑒，用饗明神。

薦豆呈毛血，奏嘉薦樂歌辭：

清思眴眴，閟寢微微。恭言載感，蕭若有希。芬俎且陳[七二]，嘉薦兼列。凝馨煙颺，分炤星晢[七三]。睿靈式降，協我帝道。上澄五緯[七四]，下陶八表。

右夕牲歌辭

迎神，奏昭夏樂歌辭〔七五〕：

涓辰選氣，展禮恭祇。重闉月洞，層牖煙施。載虛玉圉，載受金枝。天歌折饗，雲舞罄儀。神惟降止，泛景凝羲。帝華永藹，泯藻方摛。

皇帝入廟北門，奏永至樂歌辭：

戲緒惟則，姬經式序。九司聯事，八方承宇。鑾迴靜陳，縵樂具舉。凝旒若慕，傾璜載竚。振振珽衛，穆穆禮容。載藹皇步，式敷帝蹤。

太祝祼地，奏登歌辭：

清明既郁，大孝乃熙。天儀睟愴，皇心儴思。既芬房豆，載絜牷牲。鬱祼升禮，銷玉登聲。茂對幽嚴，式奉徽靈。以享以祀，惟感惟誠。

皇祖廣陵丞府君神室奏凱容樂歌辭：

國昭惟茂，帝穆惟崇。登祥緯遠，締世景融。紛綸睿緒，菴蔚王風。明進厥始，濬哲文終。

皇祖太中大夫府君神室奏凱容樂歌辭：

琁條黃蔚，瓊源浚照。懋矣皇烈，載挺明劭。永言敬思，式恭惟教。休途良乂，榮光有耀。

皇祖淮陰令府君神室奏凱容樂歌辭：

嚴宗正典，崇饗肇禋。 九章既飾，三清既陳。 昭恭皇祖，承假徽神。 貞祐伊協，

卿藹是鄰。

皇曾祖即丘令府君神室奏凱容樂歌辭：

蕭惟敬祀，絜事參薌。 環袨像綴，緬密絲簧。 明明烈祖，尚錫龍光。 粵雅于姬，

伊頌在商。

皇祖太常卿府君神室奏凱容樂歌辭：

神宮懋鄴，明寢昌基。 德凝羽綴，道邕容辭。 假我帝緒，懿我皇維。 昭大之載，

國齊之祺。

皇考宣皇神室奏宣德凱容樂歌辭：

道閟期運，義開藏用。 皇矣睿祖，至哉攸縱。 循規烈焰，襲矩重芬。 德溢軒義，

道懋炎雲。

昭皇后神室奏凱容樂歌辭：

月靈誕慶，雲瑞開祥。 道茂淵柔，德表徽章。 粹訓宸中，儀形宙外。 容蹈凝華，

金羽傳藹。

皇帝還東壁上福酒，奏永祚樂歌辭：

構宸抗宇，合軫齊文。萬靈載溢，百禮以殷。朱絃繞風，翠羽停雲。桂樽既滌，瑤俎既薰。升薦惟誠，昭禮惟芬。降祉遙裔，集慶氤氳。

送神，奏肆夏樂歌辭：

禮既升，樂以愉。昭序溢，幽饗餘。人祇啟，敬教敷。申光動[七六]，靈駕翔。芬九垓，鏡八鄉。福無屆，祚無疆[七七]。

皇帝詣便殿，奏休成樂歌辭：

睿孝式彰，饗敬爰徧。諦容輟序，佾文靜縣。辰儀聳蹕，宵衛浮巒[七八]。旒帝雲舒，翠華景博。恭惟尚烈，休明再纏。國猷遠藹，昌圖聿宣。

太廟登歌辭二章：

惟王建國，設廟凝靈。月薦流典，時祀暉經。瞻辰優思，雨露追情。簡日笙鏞，閟奠升文。金罍浮桂，沖罇舒薰。備僚肅列，駐景開雲。

至饗攸極，睿孝惇禮。具物咸絜，聲香合體。氣昭扶幽，眇慕纏遠。迎絲驚促，迭佾留晚[七九]。聖衷踐候，節改增愴。妙感崇深，英徽彌亮。

太祖高皇帝神室奏高德宣烈樂歌辭：

悠悠草昧，穆穆經綸。乃文乃武，乃聖乃神。勛龕危亂，靜比斯民。誕應休命，奄有八寓。握機肇運，光啓禹服。義滿天淵，禮昭地軸。澤靡不懷，威無不肅。戎夷竭歡，象來致福。偃風裁化，晅日敷祥。信星含曜，秬草流芳。七廟觀德，六樂宣章。惟先惟敬，是饗是將。

穆皇后神室奏穆德凱容之樂歌辭[八〇]：

大姒嬪周，塗山儷禹。我后嗣徽，重規疊矩。肅肅閟宮，翔翔雲舞。有饗德馨，無絶終古。

高宗明皇帝神室奏明德凱容之樂歌辭：

多難固業，殷憂啓聖。帝宗纘武，惟時執競。起柳獻祥，百堵興詠。義雖祀夏，功符受命。遠無不懷，邇無不肅。其儀濟濟，其容穆穆。赫矣君臨，昭哉嗣服。允王維后，膺此多福。禮以昭事，樂以感靈。八簋陳室[八一]，六舞充庭。觀德在廟，象德在形。四海來祭，萬國咸寧。

藉田歌辭，漢章帝元和元年，玄武司馬班固奏用周頌載芟祠先農[八二]。晉傅玄作祀先農先蠶夕牲歌詩一篇八句，迎送神一篇，饗社稷、先農、先聖、先蠶歌詩三篇，前一篇十二

句,中一篇十六句,後一篇十二句,辭皆敘田農事。胡道安先農饗神詩一篇,並八句。樂府相傳舊歌三章。永明四年藉田,詔驍騎將軍江淹造藉田歌。淹製二章,不依胡、傅,世祖口勑付太樂歌之。

祀先農迎送神升歌:

　　羽鑾從動,金駕時遊。　教騰義鏡,樂綴禮脩。　率先丹耦,躬遵綠疇。　靈之聖之,歲殷澤柔。

饗神歌辭:

　　瓊羽既飾,繡簋以陳。　方燮嘉種,永毓宵民。

　　元會大饗四廂樂歌辭,晉泰始五年太僕傅玄撰。正旦大會行禮歌詩四章,壽酒詩一章,食舉東西廂樂十三章,黃門郎張華作。上壽、食舉、行禮詩十八章,中書監荀勖、侍郎成公綏言數各異。宋黃門郎王韶之造肆夏四章,行禮一章,上壽一章,登歌三章,食舉十章,前後舞歌一章。齊微改革,多仍舊辭。其前後舞二章新改。其臨軒樂,亦奏肆夏「於鑠」四章。

肆夏樂歌辭:

於鑠我皇,體仁苞元〔八三〕。齊明日月,比景乾坤〔八四〕。陶甄百王,稽則黃軒。訏謨

定命,辰告四蕃。

右一曲,客入,四廂奏。

將將蕃后,翼翼羣僚。盛服待晨,明發來朝。饗以八珍,樂以九韶。仰祇天顏,

厥猷孔昭。

右一曲,皇帝當陽,四廂奏。皇帝入變服,四廂并奏前二曲。

法章既設,初筵長舒。濟濟列辟,端委皇除。飲和無盈,威儀有餘。溫恭在位,

敬終如初。

九功既歌,六代惟時。被德在樂,宣道以詩。穆矣大和,品物咸熙。慶積自遠,

告成在茲。

右二曲,皇帝入變服,黃鍾太蔟二廂奏。

大會行禮歌辭:

大哉皇齊,長發其祥,祚隆姬夏,道邁虞唐。德之克明,休有烈光,配天作極,辰

居四方。

皇矣我后,聖德通靈,有命自天,誕授休禎。龍飛紫極,造我齊京,光宅宇宙,赫

赫明明。

右二曲，姑洗廂奏。

上壽辭：

獻壽爵，慶聖皇。靈祚窮二儀，休明等三光。

右一曲，黃鍾廂奏。

殿前登歌辭：

明明齊國，緝熙皇道。則天垂化，光定天保。天保既定，肆覲萬方。禮繁樂富，穆穆皇皇。

汒彼流水，朝宗天池。洋洋貢職，抑抑威儀。既習威儀，亦閑禮容。一人有則，作孚萬邦。

烝哉我皇，寔靈誕聖(八五)。履端惟始，對越休慶。如天斯崇(八六)，如日斯盛。介茲景福，永固洪命(八七)。

右三曲，別用金石，太樂令跪奏。

食舉歌辭：

晨儀載煥(八八)，萬物咸覩。嘉慶三朝，禮樂備舉。元正肇始，典章徽明(八九)。萬方

來賀〔九〇〕，華夷充庭〔九一〕。多士盈九德〔九二〕，俯仰觀玉聲。恂恂俯仰，載爛其暉。鍾鼓

震天區〔九三〕，禮容塞皇闈。思樂窮休慶，福履同所歸。

五玉既獻，三帛是薦。爾公爾侯，鳴玉華殿。皇皇聖后，降禮南面。元首納嘉

禮，萬邦同欽願〔九四〕。休哉休哉，君臣熙宴。建五旗，列四縣。樂有文，禮無勃。融皇

風，窮一變。

禮至和〔九五〕，感陰陽，德無不柔，繫休祥〔九六〕。瑞徵辟〔九七〕，應嘉鍾。儛雲鳳〔九八〕，

躍潛龍。景星見，甘露墜。木連理，禾同穗。玄化洽，仁澤敷〔九九〕。極禎瑞，窮靈符。

懷荒遠〔一〇〇〕，綏齊民。荷天祐，靡不賓。靡不賓，長世盛〔一〇一〕。昭明有融，繁嘉

慶。繁嘉慶，熙帝載。含氣感和〔一〇二〕，蒼生欣戴。三靈協瑞，惟新皇代。

王道四達，流仁德〔一〇三〕。窮理詠乾元，垂訓從帝則〔一〇四〕。靈化侔四時，幽誠通玄

默。德澤被八紘，禮章軌萬國〔一〇五〕。

皇猷緝，咸熙泰。禮儀煥帝庭，要荒服遐外。被髮襲纓冕，左衽回衿帶〔一〇六〕。天

覆地載，澤流汪濊〔一〇七〕。聲教布濩，德光大。

開元辰，畢來王。奉貢職，朝后皇。鳴珩佩，觀典章。樂王慶〔一〇八〕，悅徽芳。陶

盛化，遊大康。惟昌明〔一〇九〕，永克昌

惟建元，德丕顯。齊七政，敷五典。彝倫序，洪化闡。王澤流，太平始。樹靈祇[一〇]，恭明祀[一一]。仁景祚[一二]，膺嘉祉。禮有容，樂有儀。金石陳，干羽施。邁武濩，均咸池。歌南風，德永稱[一三]。文明煥[一四]，頌聲興。

王道純，德彌淑。寧八表，康九服。導禮讓，移風俗。移風俗，永克融。歌盛美，告成功。詠休烈[一五]，邈無窮。

右黃鍾先奏「晨儀」篇，太蔟奏「五玉」篇，餘八篇二廂更奏之。

前舞階步歌辭：新辭

天挺聖哲，三方維綱。川岳伊寧，七耀重光。舞象盛容，德以歌章。八音既節，龍躍鳳翔。皇基仁施遐揚。德厚巛極，功高昊蒼。永樹，二儀等長。

前舞凱容歌詩：舊辭

於赫景命[一六]，天鑒是臨。樂來伊陽，禮作惟陰。歌自德富，舞由功深。庭列宮縣，陛羅瑟琴。翿篇籥繁會，笙磬諧音。簫韶雖古，九奏在今[一七]。導志和聲，德音孔宣。光我帝基，協靈配乾。儀形六合，化穆自宣[一八]。如彼雲漢，爲章于天。熙熙萬

類，陶和常年〔一九〕。擊轅中韶，永世弗騫。

後舞階步歌辭：新辭

皇皇我后，紹業盛明。滌拂除穢，宇宙載清。允執中和，以莅蒼生。玄化遠被，兆世軌形。何以崇德，乃作九成。妍步恂恂，雅曲芬馨。八風清鼓，應以祥禎。澤浩天下，功齊百靈。

後舞凱容歌辭：舊辭

假樂聖后，寔天誕德。積美自中，王猷四塞。龍飛在天，儀形萬國。欽明惟神，臨朝淵默。不言之化，品物咸得。告成于天，銘勳是勒。翼翼厥猷，亹亹其仁。從命創制〔二〇〕，因定和神。海外有截，九國無塵〔二一〕。冕旒司契，垂拱臨民。乃舞凱容〔二二〕，欽若天人。純嘏孔休，萬載彌新。

宣烈舞執干戚。郊廟奏，平冕、黑介幘、玄衣裳、白領袖、絳領袖中衣、絳合幅袴、絳袜。朝廷，則武冠、赤幘、生絳袍、單衣、絹領袖、皁領袖中衣、虎文畫合幅袴、白布袜〔二三〕，皆黑韋鞮〔二四〕。周大武舞，秦改爲五行。漢高造武德舞，執干戚，象天下樂己除亂。按禮云「朱干玉戚，冕而舞大武」。是則漢放此舞而立也。魏文帝改五行還爲大武，而武德曰武頌舞。明帝改造武始舞。晉世仍舊。傅玄六代舞歌有武辭，此武舞非一也。宋孝建

初，朝議以凱容舞爲韶舞，宣烈舞爲武舞。據韶爲言，宣烈即是古之大武，非武德也。今
世謠呼爲武王伐紂。其冠服，魏明帝世尚書所奏定武始舞服，晉、宋承用，齊初仍舊，不改
宋舞名。其舞人冠服，見魏尚書奏，後代相承用之。

凱容舞，執羽籥。郊廟，冠委貌，服如前。朝廷，進賢冠、黑介幘、生黃袍單衣、白合幅
袴，餘如前。本舞韶舞，漢高改曰文始，魏復曰大韶。又造咸熙爲文舞。晉傅玄六代舞有
虞韶舞辭。宋以凱容繼韶爲文舞。相承用魏咸熙冠服。

前舞後舞，晉泰始九年造。正德大豫舞，傅玄、張華各爲歌辭。宋元嘉中，改正德爲
前舞，大豫爲後舞。

　右朝會樂辭

舞曲，皆古辭雅音，稱述功德，宴享所奏。傅玄歌辭云：「獲罪於天，北徙朔方，墳墓
誰掃，超若流光。」如此十餘小曲，名爲舞曲，疑非宴樂之辭。然舞曲總名起此矣。

　明君辭：

　　明君創洪業，盛德在建元。受命君四海，聖皇應靈乾。五帝繼三皇，三皇世所
　歸。聖德應期運，天地不能違。仰之彌已高，猶天不可階。將復結繩化，靜拱天下

齊。

右一曲，漢章帝造鼙舞歌，云「關東有賢女」。魏明帝代漢曲云，「明明魏皇帝」。傅玄代魏曲作晉洪業篇云：「宣文創洪業，盛德存泰始。聖皇應靈符，受命君四海。」今前四句錯綜其辭，從「五帝」至「不可階」六句全玄辭，後二句本云「將復御龍氏，鳳皇在庭栖」，又改易焉。

聖主曲辭：

聖主受天命，應期則虞、唐。升旒綜萬機，端扆馭八方。盈虛自然數，揖讓歸聖明。北化陵河塞，南威越滄溟。廣德齊七政，敷教騰三辰。萬寓必承慶，百福咸來臻。聖皇應福始，昌德洞祐先。

明君辭：

明君御四海，總鑒盡人靈。仰成恩已洽，竭忠身必榮。聖澤洞三靈，德教被八鄉。草木變柯葉，川岳洞嘉祥。愉樂盛明運，舞蹈升太時。微霜永昌命，軌心長歡怡。

鐸舞歌辭：

黃雲門，唐咸池，虞韶舞，夏夏殷濩，列代有五。振鐸鳴金，延大武。清歌發唱，

形爲主。聲和八音，協律呂。身不虛動，手不徒舉。應節合度，周期序[二五]。時奏宮
角[二六]，雜之以徵羽。樂以移風，禮相輔[二七]，安有出其所[二八]。「徵羽」下除「下厭衆目，上從鍾鼓」二
句[二九]。

右一曲，傅玄辭，以代魏太和時。

白鳩辭：

翩翩白鳩，再飛再鳴。懷我君德，來集君庭。

右一曲，舞敍云：「白符或云白符鳩舞[三○]，出江南，吳人所造，其辭意言患
孫皓虐政，慕政化也[三一]。其詩本云『平平白符，思我君惠，集我金堂』。言白
者金行，符，合也，鳩亦合也。符鳩雖異，其義是同。」

濟濟辭：

暢飛暢舞，氣流芳。追念三五，大綺黃。

右一曲，晉濟濟舞歌，六解，此是最後一解。

獨禄辭：

獨禄獨禄，水深泥濁。泥濁尚可，水深殺我！

右一曲，晉獨鹿舞歌，六解，此是前一解。古辭明君曲後云：「勇安樂無慈，

不問清與濁。清與無時濁，邪交與獨祿。」伎録云：「求祿求祿，清白不濁。清白

尚可，貪汙殺我！」晉歌爲鹿字，古通用也。疑是風刺之辭。

瑟，洪波涌起。日月之行，若出其中，星漢粲爛，若出其裏。幸甚至哉！歌以言志。

碣石辭：

東臨碣石，以觀滄海。水何淡淡〔二三〕，山嶋竦峙。樹木叢生，百草豐茂。秋風蕭

右一曲，魏武帝辭，晉以爲碣石舞歌。詩四章，此是中一章。

淮南王辭：

淮南王，自言尊，百尺高樓，與天連。我欲渡河，河無梁，願作雙黃鵠，還故鄉。

右一曲，晉淮南王舞歌。六解，前是第一，後是第五。

齊世昌辭：

齊世昌，四海安樂，齊太平。人命長，當結久〔二三〕，千秋萬歲皆老壽。

右一曲，晉杯槃歌。十解，第三解云：「舞杯槃，何翩翩，舉坐翻覆壽萬年。」

干寶云：「太康中有此舞。杯槃翻覆，至危之像。言晉世之士，苟貪飲食，智不

及遠。」其第一解首句云「晉世寧」，宋改爲「宋世寧」。惡其杯槃翻覆，辭不復

取。齊改爲「齊世昌」，餘辭同後一。

公莫辭：

　　吾不見公莫時　吾何嬰公來　嬰姥時吾　思君去時　吾何零〔三四〕　子以耶

　　思君去時　思來嬰　吾去時母那　何去吾

　右一曲，晉公莫舞歌，二十章，無定句。前是第一解，後是第十九二十解。雜有三句，並不可曉解。建武初，明帝奏樂至此曲，言是似永明樂，流涕憶世祖云。

白紵辭：

　陽春白日風花香，趨步明月舞瑤堂〔三五〕。情發金石媚笙簧〔三六〕，羅袿徐轉紅袖揚。清歌流響繞鳳梁，如驚若思凝且翔〔三七〕。轉眄流精豔輝光〔三八〕，將流將引雙雁行〔三九〕。歡來何晚意何長，明君馭世永歌昌。

　右五曲，尚書令王儉造。白紵歌，周處風土記云：「吳黃龍中童謠云『行白者，君追汝，句驪馬』。後孫權征公孫淵，浮海乘舶，舶，白也。今歌和聲猶云『行白紵』焉。」

俳歌辭：

　俳不言不語，呼俳噏所。俳適一起，狼率不止。生拔牛角，摩斷膚耳。馬無懸

蹄，牛無上齒。駱駼無角，奮迅兩耳。

歌，摘取之也。

右侏儒導舞人自歌之。古辭俳歌八曲，此是前一篇。二十二句，今侏儒所

角抵、像形、雜伎，歷代相承有也。其增損源起，事不可詳，大略漢世張衡西京賦是其

始也。魏世則事見陳思王樂府宴樂篇，晉世則見傅玄元正篇、朝會賦。江左咸康中〔四○〕，

罷紫鹿、跂行、鼇食、笮鼠〔一四〕、齊王卷衣、絕倒、五案等伎，中朝所無，見起居注，並莫知所

由也。太元中，苻堅敗後，得關中檐橦胡伎，進太樂，今或有存亡，案此則可知矣。

永明六年，赤城山雲霧開朗，見石橋瀑布，從來所罕覿也。山道士朱僧標以聞，上遣

主書董仲民案視，以爲神瑞。太樂令鄭義泰案孫興公賦造天台山伎，作莓苔石橋道士捫

翠屏之狀，尋又省焉。

皇齊啓運從瑤璣。靈鳳銜書集紫微。和樂既洽神所依。超商卷夏耀英輝。永

世壽昌聲華飛。

右鳳皇銜書伎歌辭，蓋魚龍之流也。元會日，侍中於殿前跪取其書。宋世

辭云「大宋興隆膺靈符。鳳鳥感和銜素書。嘉樂之美通玄虛。惟新濟濟邁唐

虞。巍巍蕩蕩道有餘」。齊初詔中書郎江淹改。

常被之管絃，而不列於樂官也。

永明樂歌者〔一四〕，竟陵王子良與諸文士造奏之。人爲十曲。道人釋寶月辭頗美，上

贊曰：綜採六代，和平八風。殷薦宴享，舞德歌功。

校勘記

〔一〕 詔禮遵用周室肇稱殷祀之義　「祀」，按晉書卷二二樂志上作「禮」。

〔二〕 後使傅玄造祠天地五郊夕牲歌詩一篇　「祠」，殿本作「祀」。按晉書卷二二樂志上作「祀」。

〔三〕 凡義學者普令製立　「義學」，南監本、北監本、汲本、殿本、局本作「肆學」。

〔四〕 寅承寶命　「承」，按宋書卷二〇樂志二、文選卷二七顏延年宋郊祀歌、初學記卷一三引宋顏延之天地郊夕牲歌辭作「威」。按齊高帝父名承之，而齊南郊樂歌不諱，可疑。

〔五〕 嚴恭帝緒　「帝緒」，按宋書卷二〇樂志二、文選卷二七顏延年宋郊祀歌作「帝祖」，初學記卷一三引宋顏延之天地郊夕牲歌辭作「帝祀」。又此句下，宋書樂志二、文選顏延年宋郊祀歌

南齊書卷十一

並有「表海炳岱，系唐胄楚。靈鑑潛文，民屬叡武」四句，本書依例當補「下除四句，皆顏辭」。

〔六〕升中拓宇　「升」，按宋書卷二〇樂志二、文選卷二七顏延年宋郊祀歌、初學記卷一三引宋顏延之天地郊夕牲歌辭作「宅」。

〔七〕月域來賓　「域」，按宋書卷二〇樂志二、文選卷二七顏延年宋郊祀歌、初學記卷一三引宋顏延之天地郊夕牲歌辭作「窴」。

〔八〕有牲在滌　「牲」，按宋書卷二〇樂志二、文選卷二七顏延年宋郊祀歌、初學記卷一三引宋顏延之天地郊夕牲歌辭作「牷」。

〔三〕設業設簴　原作「誤業詳簴」，據三朝本、南監本、北監本、汲本、殿本、局本、宋書卷二〇樂志二、樂府詩集卷二齊嘉薦樂改。

〔九〕以薦王衷　「以薦」，按文選卷二七顏延年宋郊祀歌作「薦饗」。

〔一〇〕奔精望夜　「望」，按宋書卷二〇樂志二作「照」。

〔一一〕高燎佇晨　「佇」，按宋書卷二〇樂志二、文選卷二七顏延年宋郊祀歌作「煬」。

〔三〕此下除二句　「二句」，原作「四句」，按宋書卷二〇樂志二、文選卷二七顏延年宋郊祀歌第二首，所除只「皇乎備矣，有事上春」二句，今改正。

〔四〕泯祇合祉　「祇」，殿本及樂府詩集卷二「齊永至樂作「祇」。張元濟校勘記：「疑『泯祇』當作『氓祇』。」

二一二

〔一五〕思心緒　「緒」，按宋書卷二〇樂志二作「叡」。

〔一六〕此下除八句　「此下除」三字原無，據前後文例補。

〔一七〕右北郊歌辭　「辭」字原無，張元濟校勘記：「按『歌』下當有『辭』字。」張說是，今據補。

〔一八〕司儀且序　「且」，南監本、局本、樂府詩集卷二齊蕭咸樂作「具」。按宋書卷二〇樂志二亦作「具」。

〔一九〕皇慶昭脣　「昭」，南監本作「始」。

〔二〇〕蕭蕭嚴宮　「蕭蕭」，原作「蕭蕭」，據三朝本、南監本、北監本、汲本、殿本、局本改。

〔二一〕皇靈降止　「止」，按宋書卷二〇樂志二作「止」。

〔二二〕百祇具司　「百祇」，原作「白紙」，據南監本、局本、樂府詩集卷二齊蕭咸樂改。按宋書卷二〇樂志二亦作「百祇」。

〔二三〕和風舞　「和風」，按宋書卷二〇樂志二作「柔風」。

〔二四〕萬品親　「親」，按宋書卷二〇樂志二、類聚卷四三引宋謝莊明堂歌辭青帝辭作「新」。

〔二五〕帝在在離寔司衡　「在在」，按宋書卷二〇樂志二作「位在」。

〔二六〕恩澤四溟被九有　「恩澤」，按宋書卷二〇樂志二、類聚卷四三引宋謝莊明堂歌辭赤帝辭作「恩覃」。

〔二七〕履艮宅中宇　「艮」，按宋書卷二〇樂志二作「建」。

〔三六〕司繩總四方　「總」，按宋書卷二〇樂志二作「御」。

〔三五〕布政司炎涼　「司」，按宋書卷二〇樂志二、類聚卷四三引宋謝莊明堂歌辭黃帝辭作「周」。

〔三四〕此以下除八句　「八句」，按宋書卷二〇樂志二，所除乃「景麗條可結，霜明冰可折。凱風扇

朱辰，白雲流素節」四句，非八句。

〔三三〕至分乘經曙　「至分」，按宋書卷二〇樂志二作「分至」；「經」，宋書樂志作「結」。

〔三二〕帝暉緝萬有　「暉」，按宋書卷二〇樂志二作「運」。

〔三一〕罄宇承帝靈　「帝靈」，按宋書卷二〇樂志二作「秋靈」。

〔三〇〕歲既暮日方馳　「暮」，按宋書卷二〇樂志二作「晏」。

〔二九〕玄雲合晦鳥蹊　「蹊」，按類聚卷四三引宋謝莊明堂歌辭黑帝辭作「歸」。

〔二八〕福祚昌　「祚」，按宋書卷二〇樂志二作「時」。

〔二七〕聖皇膺嘉祐　「聖皇」，按宋書卷二〇樂志二作「皇聖」。

〔二六〕澄明臨四奧　「奧」，按宋書卷二〇樂志二作「表」。

〔二五〕洞海同聲憶　「同」，按宋書卷二〇樂志二作「周」。

〔二四〕龍已秣　「秣」，南監本及樂府詩集卷二齊昭夏樂作「沬」。　按宋書卷二〇樂志二原亦作

「沬」。

〔二三〕鴻化凝　「鴻化」，按宋書卷二〇樂志二作「睿化」。

〔四三〕並帝明德　「並」，南監本、樂府詩集卷二齊昭夏樂作「翊」。按宋書卷二〇樂志二作「翊」。

〔四四〕增四句　「四句」，原作「四字」，按宋書卷二〇樂志二送神歌原辭，所增爲「鴻慶遐閟」等四句，非四字。今改正。

〔四五〕嘉足叁牷　按宋書卷二〇樂志二作「嘉是柔牷」。

〔四六〕奏嘉薦樂歌詩二章　「奏」字原無，據北監本、汲本、殿本、局本補。

〔四七〕燁帝景　「景」，按宋書卷二〇樂志二作「京」。

〔四八〕耀天邑　「耀」，按宋書卷二〇樂志二作「煇」。

〔四九〕五雲集　「雲」，按宋書卷二〇樂志二作「靈」。

〔五〇〕解王鑾　「王」，汲本、局本、樂府詩集卷二齊昭夏樂作「玉」，按宋書卷二〇樂志二亦作「玉」。

〔五一〕昌福至　「昌」，南監本作「景」。按宋書卷二〇樂志二作「景」。

〔五二〕澤宮選辰　「選」，按宋書卷二〇樂志二作「練」，二字可通，漢書卷二二禮樂志二郊祀歌顏師古注云：「練，選也。」下文同此，不另出校。

〔五三〕爇火夕炤　「爇」，原作「挈」，宋書卷二〇樂志二、樂府詩集卷二齊明堂樂歌登歌均作「潔」，此當作「潔」，今改正。

〔五四〕華漢高虛　「高虛」，按宋書卷二〇樂志二作「亭虛」，與上句「駐景」相對，疑是。

〔五五〕三衹解途　「衹」，原作「代」，據南監本、局本改。按宋書卷二〇樂志二作「衹」。

〔五五〕翠蓋澄耀 「澄耀」，樂府詩集卷二齊凱容宣烈樂作「耀澄」。按宋書卷二〇樂志二作「耀澄」。

〔五六〕畢帟凝晨 按宋書卷二〇樂志二作「畢奕凝宸」。

〔五七〕玉鑣息節 「鑣」，按宋書卷二〇樂志二作「鑣」，疑是。

〔五八〕戒誠達孝 「戒誠」，南監本、局本、樂府詩集卷二齊凱容宣烈樂作「式誠」。按宋書卷二〇樂志二亦作「式誠」。

〔五九〕震儀警 「震」，南監本、謝宣城集卷一齊雩祭歌作「震」。

〔六〇〕停龍轙 「轙」，原作「犧」，據南監本、局本、謝宣城集卷一齊雩祭歌改。按朱季海校議謂「犧」當作「轙」。

〔六一〕對岷社 「岷」，原作「泯」，據南監本、局本改。謝宣城集卷一齊雩祭歌作「岷」，義通。

〔六二〕惟此夏德德恢台 「德恢台」，類聚卷四三引謝朓郊廟歌辭歌赤帝作「德恢恢」。

〔六三〕禀火自高明 「高明」，類聚卷四三引謝朓郊廟歌辭歌黃帝作「明敏」。

〔六四〕毓金挺剛克 「毓」，類聚卷四三引謝朓郊廟歌辭歌黃帝作「資」。

〔六五〕敦民保高京 「高京」，南監本、樂府詩集卷三齊雩祭樂歌歌黃帝作「齊京」。

〔六六〕飛雲至天山側 「飛雲」，謝宣城集卷一黑帝歌作「飛雪」。

〔六七〕百禮洽萬觀臻 「觀」，南監本、局本、謝宣城集卷一黑帝歌作「祼」。

〔六八〕 襲案周禮志云 「志」，按宋書卷一九樂志一作「注」。

〔六九〕 後讀漢安世歌 「讀」，原作「續」，按宋書卷一九樂志一載繆襲「後又依哥省讀漢安世哥詠」，今據改。

〔七〇〕 但說祭饗神明禮樂之盛 「但」，北監本、殿本、局本作「俱」。

〔七一〕 饗神七室同辭 「七」，原作「十」，按上文有傅玄云「七廟、饗神皆用之」，又册府卷五六六掌禮部引傅玄云「饗神七室同辭」作「七」是，今改正。

〔七二〕 芬俎且陳 「且」，南監本、北監本、汲本、殿本、局本、樂府詩集卷九齊嘉薦樂作「具」。

〔七三〕 分炤星哲 「哲」，原作「晢」，據南監本、殿本改。

〔七四〕 上澄五緯 「澄」，三朝本、南監本、北監本、汲本、殿本、局本作「登」。

〔七五〕 奏昭夏樂歌辭 「歌」字原無，據殿本補。

〔七六〕 申光動 「申光」，樂府詩集卷九齊肆夏樂作「神光」。

〔七七〕 福無屆祚無疆 北監本、殿本作「祚無屆福無疆」。

〔七八〕 宵衛浮鑾 「宵」，樂府詩集卷九齊休成樂作「霄」。

〔七九〕 迭偫留晚 「送」，樂府詩集卷九齊太廟登歌作「送」，疑是。

〔八〇〕 奏穆德凱容之樂歌辭 「歌」字原無，據前後文例補。

〔八一〕 八簋陳室 「簋」，樂府詩集卷九齊明德凱容樂作「簋」。

〔二二〕玄武司馬班固奏用周頌載芟祠先農 「周頌」，原作「商頌」。按載芟爲周頌篇名，今改正。

〔二三〕體仁苞元 「體仁苞元」，按宋書卷二〇樂志二作「禮仁苞元」。

〔二四〕比景乾坤 「比景」，樂府詩集卷一四齊肆夏樂歌作「比量」。按宋書卷二〇樂志二肆夏樂歌亦作「比量」。

〔二五〕寔靈誕聖 「寔靈」，按宋書卷二〇樂志二作「固天」。

〔二六〕如天斯崇 「崇」，按宋書卷二〇樂志二作「久」。

〔二七〕永固洪命 「洪」，按宋書卷二〇樂志二作「駿」。

〔二八〕晨儀載煥 「儀」，樂府詩集卷一四齊食舉歌作「義」。按此句宋書卷二〇樂志二作「晨義載燿」。

〔二九〕典章徽明 「徽」，按宋書卷二〇樂志二作「暉」。

〔三〇〕萬方來賀 按宋書卷二〇樂志二作「萬方畢來賀」。

〔三一〕華夷充庭 按宋書卷二〇樂志二作「華裔充皇庭」。

〔三二〕多士盈九德 「德」，按宋書卷二〇樂志二作「位」。

〔三三〕鍾鼓震天區 「鍾鼓」，按宋書卷二〇樂志二作「鼓鍾」。

〔三四〕萬邦同欽願 「欽願」，按宋書卷二〇樂志二作「歡願」。

〔三五〕禮至和 「禮」，按宋書卷二〇樂志二作「體」。

〔九六〕 繫休祥 「繫」,按宋書卷二〇樂志二作「繁」。

〔九七〕 瑞徵辟 按宋書卷二〇樂志二作「瑞徵璧」。

〔九八〕 儛雲鳳 「雲鳳」,按宋書卷二〇樂志二作「靈鳳」。

〔九九〕 仁澤敷 「澤」,原作「釋」,據三朝本、南監本、北監本、汲本、殿本、局本改。

〔一〇〇〕 懷荒遠 「荒遠」,按宋書卷二〇樂志二作「荒裔」。

〔一〇一〕 長世盛 按宋書卷二〇樂志二作「長世弘盛」。

〔一〇二〕 含氣感和 按宋書卷二〇樂志二作「合氣成和」,樂府詩集卷一四宋食舉歌作「合氣咸和」。

〔一〇三〕 流仁德 按宋書卷二〇樂志二作「流仁布德」。

〔一〇四〕 垂訓從帝則 「從」,按宋書卷二〇樂志二作「順」,此或避梁武帝父諱改。

〔一〇五〕 禮章軌萬國 「禮章」,按宋書卷二〇樂志二作「乾寧」。

〔一〇六〕 左衽回衿帶 「左衽」,原作「右衽」,據樂府詩集卷一四齊食舉歌改。按宋書卷二〇樂志二作「左衽」。

〔一〇七〕 澤流汪濊 「澤流」,按宋書卷二〇樂志二作「流澤」。

〔一〇八〕 樂王慶 「慶」,按宋書卷二〇樂志二作「度」,義較長。

〔一〇九〕 惟昌明 按宋書卷二〇樂志二作「丕昭明」。

〔一一〇〕 樹靈祇 「靈祇」,按宋書卷二〇樂志二作「聲教」。

〔二一〕 恭明祀 按宋書卷二〇樂志二作「明皇紀」。

〔二二〕 仁景祚 「仁」，南監本、北監本、殿本作「介」。 按宋書卷二〇樂志二作「衍」。

〔二三〕 德永稱 按宋書卷二〇樂志二作「舞德稱」。

〔二四〕 文明煥 「文明」，按宋書卷二〇樂志二作「文武」。

〔二五〕 詠休烈 「休烈」，按宋書卷二〇樂志二作「徽烈」。

〔二六〕 於赫景命 「命」，按宋書卷二〇樂志二作「明」。

〔二七〕 九奏在今 「九奏」，按宋書卷二〇樂志二作「九成」。

〔二八〕 化穆自宣 「自宣」，按宋書卷二〇樂志二作「自然」。

〔二九〕 陶和常年 「常年」，局本、樂府詩集卷五二齊前舞凱容歌作「當年」。 按宋書卷二〇樂志二亦作「當年」。

〔三〇〕 從命創制 「從命」，按宋書卷二〇樂志二作「順命」，當為避梁武帝父諱改。

〔三一〕 九國無塵 「九國」，按宋書卷二〇樂志二作「九圍」。

〔三二〕 乃舞凱容 「凱容」，按宋書卷二〇樂志二作「大豫」。

〔三三〕 白布袜 「袜」，原作「彩」，據宋書卷一九樂志一改。

〔三四〕 皆黑韋鞮 「鞮」，原作「緹」，據宋書卷一九樂志一改。

〔三五〕 周期序 按宋書卷二三樂志四、樂府詩集卷五四傅玄雲門篇作「周其敘」。

〔二六〕時奏宮角　「角」，按宋書卷二二樂志四作「商」。

〔二七〕禮相輔　按宋書卷二二樂志四、樂府詩集卷五四傅玄雲門篇作「與德禮相輔」。

〔二八〕安有出其所　「出」，按宋書卷二二樂志四、樂府詩集卷五四傅玄雲門篇作「失」。

〔二九〕徵羽下除下厭衆目上從鍾鼓二句　按「雜之以徵羽」下宋書卷二二樂志四、樂府詩集卷五四傅玄雲門篇有「下厭衆目，上從鍾鼓」二句，本書刪之，故云。依前後文例，「除」上應有一「下」字，今補。

〔三〇〕白符鳩舞　按宋書卷一九樂志一作「白鳧鳩舞」。

〔三一〕慕政化也　按宋書卷一九樂志一引揚泓拂舞序作「思屬晉也」。

〔三二〕水河淡淡　「河」，按宋書卷二二樂志三、樂府詩集卷五四晉拂舞歌碣石篇作「何」。

〔三三〕當結久　「久」，南監本、宋書卷二二樂志四、樂府詩集卷五六齊白紵辭作「友」。

〔三四〕吾何零　「吾」，按宋書卷二二樂志四、樂府詩集卷五四巾舞歌作「意」。

〔三五〕趨步明月舞瑤堂　「堂」，南監本、北監本、殿本、樂府詩集卷五五晉白紵舞歌此句作「趨步明玉舞瑤瑒」。按宋書卷二二樂志四、樂府詩集卷五五晉白紵舞歌此句作「趨步明月舞瑤堂」。

〔三六〕情發金石媚笙簧　「情」，按宋書卷二二樂志四、樂府詩集卷五五晉白紵舞歌作「聲」。

〔三七〕如驚若思凝且翔　「驚」，按宋書卷二二樂志四作「矜」。

〔三八〕轉眄流精豔輝光　按宋書卷二二樂志四作「轉眄遺精豔煇光」。

〔三九〕 將流將引雙雁行 「雙雁行」，原作「雙度行」，據北監本、殿本及樂府詩集卷五五齊白紵辭改，南監本作「鴈雙行」，按宋書卷二二樂志四作「雙雁翔」。

〔四〇〕 江左咸康中 「咸康」，原作「咸和」，按咸和、咸康皆是晉成帝年號，宋書卷一九樂志一載成帝咸康七年顧臻上表請除「雜伎而傷人」者，晉書卷七成帝紀亦載咸康七年冬十二月「除樂府雜伎」。作「咸康」是，今改正。

〔四一〕 笮鼠 通典卷一四六樂六散樂作「竿鼠」。

〔四二〕 永明樂歌者 「永明樂」，原作「永平樂」，據樂府詩集卷七五謝朓永明樂引南齊書樂志改。

南齊書卷十二

志第四

天文上

易曰：「聖人仰觀象於天，俯觀法於地。」天文之事，其來已久。太祖革命受終，膺集期運。宋昇明三年，太史令、將作匠文孝建陳天文[一]，奏曰：「自孝建元年至昇明三年，日蝕有十，虧上有七。占曰『有亡國失君之象』：一曰『國命絕，主危亡』。孝建元年至昇明三年，太白經天五。占曰『天下革，民更王，異姓興』。孝建元年至昇明三年，月犯房心四，太白犯房心五。占曰『其國有喪，宋當之』。孝建元年至永光元年，奔星出入紫宮有四。占曰『國去其君，有空國徙王』。大明二年至元徽四年，天再裂。占曰『陽不足，白虹貫日，人君惡之』。孝建二年至大明五年，月入太微。泰豫元年至昇明三年，月又入太微。

孝建元年至元徽二年，太白入太微各八，熒惑入太微六。占曰『七耀行不軌道，危亡之象。

貴人失權勢，主亦衰，當有王入爲主』。

曰『國殘更世』〔一〕。孝建二年四月十三日，熒惑守南斗。孝建二年至昇明二年，太白熒惑經羽林各三。占

元』。孝建三年十二月一日〔四〕，填星熒惑辰星合于南斗。六年十一月十五日，太白填星合于危。占曰『天子失

十二月二十六日，太白犯填星于斗。

土』。景和元年十月八日，熒惑守太微，成勾己。占曰『王者惡之，主命無期，有徙主，若主

王，天下更紀』。泰始三年正月十七日，白氣見西南，東西半天，名曰『長庚』。六年九月

二十七日，白氣又見東南長二丈，並形狀長大，猛過彗星。占曰『除舊布新易主之象，遠期

一紀』。至昇明三年，一紀訖。泰始四年四月二十四日，太白犯填星于胃。占曰『主命惡

之』。泰始七年六月十七日，太白歲星填星合于東井〔五〕。占曰『改立王公』。元徽四年

至昇明二年三月〔六〕，日有頻食。占曰『社稷將亡，王者惡之』。元徽四年十月十日，填星

守太微宮，逆從行，歷四年〔七〕。占曰『有亡君之戒，易世立王』。元徽五年七月一日，熒

惑太白辰星合于翼。昇明二年六月二十日，歲星守斗建。陰陽終始之

門，大赦昇平之所起，律歷七政之本源，德星守之，天下更年，五禮更興，多暴貴者。昇明

二年十月一日，熒惑守輿鬼。三年正月七日，熒惑守兩戒間，成勾己。占曰『尊者失朝，必

有亡國去王』。昇明三年正月十八日，辰星孟効西方。占曰『天下更王』。昇明三年四月，歲星在虛危，徘徊玄枵之野，則齊國有福厚，爲受慶之符。」今所記三辰七曜之變，起建元訖于隆昌，以續宋史。 建武世太史奏事，明帝不欲使天變外傳，並祕而不出，自此闕焉。

日蝕

建元二年九月甲午朔，日蝕。

三年七月己未朔，日蝕。

永明元年十二月乙巳朔，日蝕。

十年十二月癸未朔，加時在午之半度，到未初見日始蝕，虧起西北角，蝕十分之四，申時光色復還。

隆昌元年五月甲戌合朔，巳時日蝕三分之一，午時光復還。

月蝕

建元四年七月戊辰，月在危宿蝕〔八〕。

永明二年四月丁巳，月在南斗宿蝕。

三年十一月戊寅，月入東井曠中，因蝕三分之一。

五年三月庚子，月在氐宿蝕。

九月戊戌，月在胃宿蝕。

六年九月癸巳，月蝕在婁宿九度，加時在寅之少弱，虧起東北角，蝕十五分之十一。

十五日子時，蝕從東北始〔九〕，至子時末都既，到丑時光色還復。

七年八月丁亥，月在奎宿蝕〔一〇〕。

十月庚辰，月奄蝕熒惑〔一一〕。

八年六月庚寅，月奄蝕畢左股第一星。

十年十二月丁酉，月蝕在柳度，加時在酉之少弱，到亥時月蝕起東角七分之二，至子時光色還復。

永泰元年四月癸亥，月蝕，色赤如血。三日而大司馬王敬則舉兵，衆以爲敬則褵烈所感。

永元元年八月己未，月蝕盡，色皆赤。是夜，始安王遙光伏誅。

史臣曰：日月代照，實重天行。上交下蝕，同度相掩。案舊說曰「日有五蝕」，謂起上

下左中央是也。交會舊術，日蝕不從東始，以月從其西，東行及日。於交中，交從外入內者，先會後交，虧西南角；先交後會，虧西北角；交從內出者，先會後交，虧西北角；先交後會，虧西南角。日正在交中者，則虧於西，故不當蝕東也。若日中有虧，名爲黑子〔一二〕，不名爲蝕也。漢尚書令黃香曰：「日蝕皆從西，月蝕皆從東，無上下中央者。」春秋

魯桓三年日蝕，貫中下上竟黑。疑者以爲日月正等，月何得小而見日中。鄭玄云：「月正掩日，日光從四邊出，故言從中起也。」王逸以爲「月若掩日，當蝕日西，月行既疾，須臾應過西崖既，復次食東崖，今察日蝕，西崖缺而光已復，過東崖而獨不掩」。逸之此意，實爲巨疑。先儒難「月以望蝕，去日極遠，誰蝕月乎」？說者稱「日有暗氣，天有虛道，常與日衡相對，月行在虛道中，則爲氣所弇，故月爲蝕也。雖時加夜半，日月當子午，正隔於地，猶爲暗氣所蝕，以天體大而地形小故也。暗虛之氣，如以鏡在日下，其光耀魄，乃見於陰中，常與日衡相對，故當星星亡，當月月蝕」。今問之曰：「星月同體，俱兆日耀，當月之蝕，星不必亡。若更有所當，星未嘗蝕，同禀異虧，其故何也？」答曰：「日爲陰主，以當陽位〔一三〕，體敵勢交，自招盈損。星雖同類，而精景陋狹，小毀皆亡，晝蝕既盡，晝星何故反不見？」答之曰：「夫言光有所衝，則有不衝之光矣。言有所當，亦有所不當矣。夜食度遠，滿，亦不與弦望同形。」又難曰：「日之夜蝕，驗於夜星之亡，晝蝕既盡，晝星何故反不見？」

與所當而同沒；晝食度近，由非衝而得明。」又問：「太白經天，實緣遠日。今度近更明，於何取喻？」答曰：「向論二蝕之體，周衝不同，經與不經，自由星遲疾，難蝕引經，恐未得也。」

日光色

建元四年十一月午時，日色赤黃無光[四]，至暮，在箕宿。

二年閏正月乙酉，日黃赤無光[五]，至暮。

永明五年十一月丁亥，日出高三竿，朱色赤黃，日暈，虹抱珥直背[六]。

建元元年十二月未時[七]，日暈，帀，黃白色，至申乃消散。

永明二年正月丁酉，日交暈再重。

三年二月丁卯，日有半暈，暈上生一珥[八]。

四年五月丙午，日暈再重，仍白虹貫日[九]，在東井度。

六年三月甲申，日於蘭雲中薄半暈，須臾過帀，日東南暈外有一直，並黃色。壬辰，日暈，須臾，日西北生虹貫日中。

八年十一月己亥，日半暈，南面不帀，日東西帶暈，各生珥，長三尺，白色，珥各長十丈

許,正衝日,久久消散,背因成重暈,並青絳色。

九年正月甲午,日半暈,南面不帀,北帶暈生一抱,東西各生一珥,抱北又有半暈,抱珥並黃色,北又生白虹貫日,久久消散。

建元元年六月甲申,日南北兩珥,西有抱,黃白色。

永明二年十一月辛巳,日東北有一背。

三年十一月庚寅,日西北有一背。

四年正月辛巳,日南北各生一珥,又生一背。

十二月辛未,日西北生一直,黃白色。戊寅,日北生一背,青絳色。

五年八月己卯,日東南生一珥,並青絳色。

六年二月丁巳,日東北生黃色,北有一珥,黃赤色,久久並散。庚申,日西有一背,赤青色,東西生一直,南北各生一珥,並黃白色。

七年十月癸未,日東北生一背,青赤色,須臾消。

八年六月戊寅,日於蒼白雲中南北各生一珥,青黃絳雜色,澤潤,並長三尺許,至巳午消。

隆昌元年正月壬戌,日於蘭雲中暈,南北帶暈各生一直,同長一丈,須臾消。

永元元年十二月乙酉，日中有三黑子。

月暈犯

建元四年十月庚寅，月暈五車及參頭。

永明元年正月壬辰，是日至十五日，月三暈太微及熒惑[二○]。

三月庚申至十三日，月三暈太微及熒惑。

五年二月乙未，自九日至是日，月三暈太微[二一]。

六年二月壬戌甲夜、十三日甲夜、十五日甲夜，月並暈太微。

永明元年十一月己未[二二]，月南北各生一珥，又有一抱。

月犯列星

建元元年七月丁未，月犯心大星北一寸。丁卯，月入軒轅中，犯第二星。

十月丙申，月在心大星西北七寸。

十一月壬戌，月在氐東南星五寸。

十二月乙酉，月犯太微西蕃南頭第一星。庚寅，月行房道中，無所犯。癸巳，月入南

斗魁中，無所犯。

二年三月癸卯，月犯心大星，又犯後星。

五月庚戌，月入南斗。

七月己巳〔二三〕，月入南斗。

三年二月癸巳，月犯太微上將。

四年二月乙亥〔二四〕，月犯輿鬼西北星。　丙子〔二五〕，月犯南斗魁第二星。　辛未〔二六〕，月犯心大星，又犯後星。

四月壬辰，月犯軒轅左民星。　庚子，月犯箕東北星。

五月丙寅，月犯心後星。　戊寅，月掩昴西北星。

六月乙未，月犯箕東北星。

七月癸亥，月行南斗魁中，無所犯。　庚辰，月犯軒轅女主。

八月庚子，月犯昴西南星。　壬寅，月犯五車東南星。　壬申〔二七〕，月犯軒轅少民星。

九月丁巳，月犯箕東北星。　壬辰〔二八〕，月在營室度，入羽林中。　二十日，月入輿鬼，犯積尸。

十一月甲戌，月犯五車南星。

星。

十二月丁酉,月犯軒轅女主星,又掩女御。

永明元年[二九]正月己亥[三〇],月犯心後星。

三月乙未[三一],月犯軒轅女主星。

六月癸酉,月犯輿鬼西南星。

八月乙丑,月犯南斗第四星,又犯輿鬼星。

九月庚辰,月犯太白左蕃度[三二]。癸巳,月犯東井北轅西頭第一星。

十二月丁卯,月犯心前星,又犯大星。已巳,月犯南斗第五星。

二年二月甲子,月犯南斗第四星,又犯第三星。

三月丁丑,月犯東井北轅北頭第一星[三三]。

四月戊申,月犯軒轅右角。

六月丙寅,月犯東井轅頭第一星。

八月丙午,月掩心大星。戊申,月犯南斗第三星。戊子[三四],月犯東井北轅西頭第一

十一月庚辰,月犯昴星。丙戌,月犯軒轅左角。

十二月壬戌,月犯心前星,又犯大星。

三年二月己未，月犯南斗第五星。

三月壬申，月在東井，無所犯。

六月丙午，月掩心前星。

八月丙辰，月犯東井北轅第二星。

九月癸未，月犯東井南轅西頭第一星。

四年正月癸酉，月入東井，無所犯。乙亥，月犯輿鬼。

閏月辛亥，月犯房。

二月丁卯，月犯東井鉞。

三月乙未，月入東井，無所犯。

七月辛亥，月犯東井。

八月戊寅，月犯東井。

九月辛卯，月與太白於尾合宿。丙午，月入東井。

十一月辛丑，月入東井曠中。辛亥，月犯房北頭第二星。

十二月己巳，月犯東井北轅東頭第二星。辛巳，月犯南斗第六星。

五年正月丙午，月犯房鉤鈐。

二月癸亥，月犯東井南轅西頭第二星。

三月癸卯，月犯南斗第二星。

六月乙丑，月犯南斗第六星，在南斗七寸。丙寅，月犯西建星北一尺。

史臣曰：「月令昏明中星，皆二十八宿。箕斗之間，微爲疏闊。故仲春之與孟秋，建星再用，與宿度並列，呕經陵犯，災之所主，未有舊占。石氏星經云：『斗主爵禄，褒賢進士，故置建星以爲輔。若犯建之異，不與斗同。』則據文求義，亦宰相之占也。」

七月丁未，月行入東井曠中，無所犯。

八月壬申，月在畢，犯左股第二星西北三寸。

九月戊子，月在填星北二尺八寸，爲合宿。

十月戊寅，月入氐，犯東南星西北一尺餘。

十一月戊寅〔三五〕，月入氐。

十二月戊午，月在東壁度，在熒惑北，相去二尺七寸，爲合宿。甲子，月在東壁度東南九寸，爲犯〔三六〕。癸酉，月在歲星南七寸，爲犯。

六年正月戊戌，月在角星南，相去三寸。

二月丁卯，月在氐西南六寸。

三月乙未，月入氐中，在歲星南一尺一寸，爲合宿。

四月癸丑，月犯東井南轅西頭第二星。壬戌，月在氐西南星東南五寸，爲犯。漸入氐中，與歲星同在氐度，爲合宿。癸亥，月行在房北頭第一星西南一尺，爲犯。丁巳，月行入氐，無所犯。在歲星東三寸，爲合宿〔三七〕。

六月乙卯，月在角星東一寸，爲犯。

七月乙酉，月入房北頭第二次相星西北八寸，爲犯。庚寅，月在牽牛中星南二寸，爲犯。

庚子，月行在畢左股第一星七寸，爲犯〔三八〕。又進入畢。

八月壬子，月行在歲星東二尺五寸，同在氐中，爲合宿。

九月庚辰，月在房北頭第一上相星東北一尺，爲犯。又掩犯關楗閉星〔三九〕。丁酉，月行入東井。

甲辰，月在左角星西北九寸，爲犯。又在熒惑西南一尺六寸，爲合宿。

十月癸酉，月入氐中，在西南星東北三寸，爲犯。

閏月壬辰，月行入東井。

十一月丙戌〔四〇〕，月行入羽林中，無所犯。乙未，月行在東井南轅西頭第二星南一尺，爲犯〔四一〕。

丙寅，月在左角北八寸，爲犯。辛未，月行在太白東北一尺五寸，同在箕度，爲合宿。

十二月甲申,月行在畢左股第二星北七寸,爲犯。乙未,月行入氐西南星東北一尺,

爲犯。丙申,月在房北頭上相星北一尺,爲犯。

七年正月甲寅,月入東井曠中,無所犯。戊辰,月掩犯牽牛中星。

二月辛巳,月掩犯東井北轅東頭第一星。

三月庚申,月在歲星西北三尺,同在箕度,爲合宿。

四月乙酉,月入氐中,無所犯。丙戌,月犯房星北頭第一上相星北一尺,在楗閉西北

四寸,爲犯。

六月乙酉,月犯牽牛中星。乙未,月入畢,在左股第二星東八寸,爲犯。

七月丁未,月入氐中,無所犯。戊申,月在楗閉星東北一尺,爲犯。

八月甲戌,月入氐,在西南星東北一尺,爲犯。庚寅,月在畢右股第一星東北一尺,爲

犯。

九月丁巳,月掩犯畢右股第一星。庚申,月在東井北轅東頭第一星西北八寸,爲犯。

十月甲申,月行掩畢左股第三星。丁酉,月行在楗閉星西北八寸,爲犯。

十二月壬午,月在東井北轅東頭第一星北八寸,爲犯。

八年正月丁巳,月在亢南頭第二星南七寸,爲犯。

二月己巳，月行在畢右股第一星東北六寸，爲犯。

六月甲戌，月在亢南頭第二星西南七寸，爲犯。

八月乙亥，月在牽牛中星南九寸，爲犯。辛卯，月在軒轅女御南八寸，爲犯。

九月辛酉，月在太微左執法星南四寸，爲犯。

十月壬午，月入東井曠中，無所犯。戊子，月在太微右執法星東南六寸，爲犯。

十一月戊戌，月行在填星北二尺二寸，爲合宿。乙卯，月行在太微右執法星南二寸，爲犯。

十二月庚辰，月行在軒轅右角星南二寸，爲犯。癸未，月掩犯太微右執法[四二]。

九年正月辛丑，月在畢，躔西星北六寸，爲犯。庚申，月在歲星西北二尺五寸，同在須女度，爲合宿。

二月辛未，月入東井曠中，無所犯。壬申，月行東井北轅東頭第一星北九寸，爲犯。

三月丙申，月入畢，在左股第二星東北六寸，又掩大星。

四月庚午，月在軒轅女御星南八寸，爲犯。癸酉，月在太微東南頭上相星南八寸，爲犯。癸未，月在歲星北，爲犯，在危度。

五月庚子，月行掩犯太微，在執法[四三]。丁未，月掩犯東建西星。

七月癸巳，月在太白東五寸，爲犯。乙未，月在太微東蕃南頭上相星西南五寸，爲犯。

壬寅，月掩犯東建星。癸卯，月在牽牛南星北五寸，爲犯。乙巳，月在歲星北六寸，爲犯。

閏七月辛酉，月在軒轅女御星西南三寸，爲犯。

八月，月在軒轅左民星東八寸（四）〔四〕，爲犯。

九月乙丑，月掩牽牛南星。癸未，月入太微，在右執法東北四寸，爲犯。甲申，月掩太微東蕃南頭上相星。

十月甲午，月行在填星西北八寸，爲犯。在虛度。戊申，月在軒轅女主星南四寸，掩女御，並爲犯。辛亥，月入太微左執法東北七寸，爲犯。

十一月壬戌，月行掩犯歲星。己巳，月在畢右股大星東一寸，爲犯。辛未，月在東井南轅西頭第二星南八寸，爲犯。又入東井曠中。丙子，月入在軒轅左民星東北七寸，爲犯。丁丑，月行在太微西蕃上將星南五寸，爲犯。

十二月庚寅，月行在歲星東南八寸（四五）〔四五〕，爲犯。丙午，月掩犯太微東蕃南頭上相星。

十年正月庚午，月在軒轅右角大民星南八寸，爲犯。甲辰，月行入氐中，掩犯東北星。壬子，月行入羽林。

二月己亥，月行太微，在右掖門。

三月己卯，月行入羽林，在填星東北七寸，爲犯。在危四度。

四月甲午，月行入太微，在右掖門內。丙午，月行在危度，入羽林。

五月己巳，月掩南斗第三星。甲戌，月行在危度，入羽林。

六月戊子，月在張度，在熒惑星東三寸，爲犯。己丑，月行入太微，在右掖門。丁酉，月掩西建星西〔四六〕。丁未，月行入畢，犯右股大赤星。

七月甲戌，月行在畢，躔星西北六寸，爲犯〔四七〕。丁丑，月在東井北轅東頭第二星西南九寸，爲犯。

八月辛卯，月行西建星東一尺，又在東星西四寸，爲犯〔四八〕。壬寅，月行在畢右股大赤星東北四寸，爲犯。甲辰，月行入東井曠中，無所犯。戊申，月行在軒轅女主星西九寸，爲犯。辛亥，月入太微，在左執法星北二尺七寸，爲犯〔四九〕。

九月癸亥，月行掩犯填星一寸，在危度。

十月辛卯，月在危度，入羽林，無所犯。癸亥，月入東井曠中，無所犯〔五〇〕。

十一月甲子，月入畢，進右股大赤星西北五寸，爲犯。壬申，月入太微，在右執法星東北一尺三寸，無所犯。丁丑，月入氐，無所犯。

十二月甲午，月入東井曠中，又進北轅東頭第二星四寸，爲犯。庚子，月入太微，在右

執法星東北三尺,無所犯。

十一年正月辛酉,月入東井曠中,無所犯。乙丑,月在軒轅女主星北八寸,爲犯。壬申,月行在氐星東北九寸,爲犯。

二月甲午,月行入太微,在上將星東北一尺五寸,無所犯。壬寅,月行掩犯南斗第六星。癸卯,月掩犯西建中星,又掩東星。

四月乙丑,月入太微,在右執法西北一尺四寸〔五二〕,無所犯。壬寅,月行在危度,入羽林,無所犯。

五月丁巳,月行入太微左執法星北三尺,無所犯。甲子,月行在南斗第二星西七寸,爲犯。乙丑,月掩犯西建中星。又犯東星六寸。

六月辛丑,月行掩犯畢左股第三星。壬寅,月入畢。

七月壬子,月入太微,在左執法東三尺,無所犯。丙辰,月行入氐,在東北星西南六寸,爲犯。己未,月行南斗第六星南四寸,爲犯。庚申,月行在西建星東南一寸,爲犯。

九月庚寅,月行在哭星西南六寸,爲犯〔五三〕。壬辰,月行在營室度,入羽林,無所犯〔五三〕。丁酉,月入畢,在右股大赤星西北六寸,爲犯。己亥,月入東井曠中,無所犯。乙巳,月行太微,當右掖門内,在屏星西南六寸,爲犯。

十月壬午，月行在東建中星九寸，爲犯。

十一月壬子，月在哭星南五寸，爲犯。辛酉，月行在東井鉞星南八寸，又在東井南轅

西頭第一星南五寸，並爲犯。進入井中。丁卯，月入太微。壬申，月行入氐，無所犯。乙

十二月辛巳，月入羽林，又入東井曠中，又入東井北轅西頭第二星南六寸，爲犯。乙

未，月入太微，在右執法星東北二尺，無所犯。乙亥，月入氐〔五五〕，無所犯。

隆昌元年正月辛亥，月入畢，在左股第一星東南一尺，爲犯。

三月辛亥，月在東井北轅西頭第二星東七寸，爲犯。甲申，月入太微，在屏星南九

寸〔五五〕，爲犯。

六月乙丑，月入畢，在右股第一星東北五寸，爲犯。又在歲星東南一尺，爲犯。丁卯，

月入東井南轅西頭第一星東北七寸，爲犯。

泰元元年七月，月掩心中星〔五六〕。

校勘記

〔二〕　太史令將作匠文孝建陳天文　「文孝建」，疑當作「陳文建」。按本書卷一高帝紀上載宋昇明
　　三年有兼太史令將作匠陳文建奏符命，錢大昕考異卷二五云：「『孝建』乃孝武年號，不應以

命名。」

〔二〕占日國殘更世 「日」字原闕損，據三朝本、南監本、北監本、汲本、殿本、局本補。

〔三〕熒惑守南斗成勾己 「斗成」二字原闕損，據三朝本、南監本、北監本、汲本、殿本、局本補。

〔四〕孝建三年十二月一日 「月一」二字原闕損，據三朝本、南監本、北監本、汲本、殿本、局本補。

〔五〕太白歲星填星合于東井 「填星」二字原闕損，據三朝本、南監本、北監本、汲本、殿本、局本補。

〔六〕元徽四年至昇明二年三月 「明二」二字原闕損，據三朝本、南監本、北監本、汲本、殿本、局本補。

〔七〕逆從行歷四年 「四年」二字原闕損，據三朝本、南監本、汲本、殿本、局本補。又殿本考證云：「按『逆從行』猶曰『逆順行』，梁世諱『順』故也。」

〔八〕建元四年七月戊辰月在危宿蝕 按魏書卷一〇五天象志二記太和六年「七月丁卯月蝕」。魏太和六年即齊建元四年，丁卯爲七月十五日，戊辰爲十六日。

〔九〕十五日子時蝕從東北始 此處記月蝕有日而未繫年、月，當有脫誤。

〔一〇〕七年八月丁亥月在奎宿蝕 按魏書卷一〇五天象志二記太和十三年「八月丙戌，天有微雲，月在未蝕」。太和十三年即永明七年，八月壬申朔，丙戌爲十五日，丁亥爲十六日。

〔一一〕十月庚辰月奄蝕熒惑 按魏書卷一〇五天象志二記太和十三年「十月己卯，月掩熒惑」。十

月辛未朔，己卯爲初九日，庚辰爲初十日。

〔三〕若日中有虧名爲黑子 「黑子」，原作「西子」，據局本改。殿本考證云：「按歷朝天文志中，日中有黑子每紀之於書，從無西子之名。疑『西』字係『黑』字之訛。」

〔四〕日爲陰主以當陽位 按前後文義，「日」疑當作「月」。

〔五〕建元四年十一月午時日色赤黃無光 此處有年、月、時而未繫日，當有脫字。按通考卷二八四象緯考七云建元四年「十一月丙子，日黃色無光」，似爲一事，建元四年十一月辛亥朔，丙子爲廿六日。

〔六〕二年閏正月乙酉日黃赤無光 「二年閏正月」上闕年號，疑有脫訛。通考卷二八四象緯考七繫此條於上條建元四年之前，云建元「二年閏月乙酉，日黃色無光」。按本書卷二高帝紀下，建元二年閏九月，其月甲子朔，乙酉爲廿二日。疑此處「二年」上脫「建元」「閏九月」訛作「閏正月」，又與上條錯簡。

〔七〕日出高三竿朱色赤黃日暈虹抱珥直背 「高三竿」，通考卷二八四象緯考七作「五竿」。「朱色」，魏書卷一〇五天象志一、通考象緯考七並作「失色」。「日暈虹」，通考象緯考七作「暈」。

〔八〕建元元年十二月未時 「十二月」下無繫日，當有脫文。

〔九〕量上生一珥 「珥」，原作小注「闕」，據南監本、北監本、殿本、局本補。

〔一〇〕仍白虹貫日 「仍」下汲本、局本有「珥」字。

〔一〇〕永明元年正月壬辰是日至十五日月三暈太微及熒惑 「壬辰」,疑爲「壬戌」之誤。按永明元
年正月庚戌朔,無壬辰,十三日爲壬戌。

〔一一〕五年二月乙未自九日至是日月三暈太微 按永明五年二月丁巳朔,無乙未。魏書卷一〇五
天象志二云太和十一年「三月丙申,月三暈太微」。魏太和十一年即齊永明五年,丙申爲三
月十一日。

〔一二〕永明元年十一月己未 按永明元年十一月乙亥朔,無己未。十二月十五日乙巳朔,己未爲十
五日。牛繼清、張林祥十七史疑年錄疑此「永明」爲「永元」之訛,永元元年十一月壬寅朔,己
未爲十八日。

〔一三〕七月己巳 按建元二年七月乙未朔,無己巳。

〔一四〕二月乙亥 按建元四年二月丙戌朔,無乙亥。

〔一五〕丙子 按建元四年二月丙戌朔,無丙子。

〔一六〕辛未 按建元四年二月丙戌朔,無辛未。

〔一七〕壬申 按建元四年八月癸未朔,無壬申。

〔一八〕壬辰 按建元四年九月壬子朔,無壬辰。

〔一九〕永明元年 「永明」,原作「永元」。按永元爲東昏侯年號,只三年,下文至十一年,其下接隆
昌元年,乃鬱林王年號,應在永元前;下文天象繫日與永明歷年朔閏亦基本相合。「永元」當

爲武帝年號「永明」之訛，今改正。

〔二〇〕 正月己亥 按永明元年正月庚戌朔，無己亥。

〔二一〕 三月乙未 按永明元年三月庚戌朔，無乙未。

〔二二〕 月犯太白左蕃度 「左蕃度」三字疑衍。殿本考證云：「按太微則有左右蕃，太白只一星，何蕃之有？」劉次沅考證云時「月犯金星於南斗」。

〔二三〕 月犯東井北轅北頭第一星 「月」字原無，據北監本、殿本、局本補。

〔二四〕 戊子 按永明二年八月辛丑朔，無戊子。

〔二五〕 十一月戊寅 按永明五年十一月壬午朔，無戊寅。

〔二六〕 甲子月在東壁度東南九寸爲犯 「東壁」疑爲「東井」之訛。按魏書卷一〇五天象志二，太和十一年十二月「甲子，月入東井，犯天關」。考當日天象，十二月甲子月入東井，不在東壁度。

〔二七〕 丁巳月行入氐無所犯在歲星東三寸爲合宿 「三寸爲合宿」疑有訛。按月五星在一尺一寸內爲犯，一尺一寸以外始爲合宿。魏書卷一〇五天象志二記太和十二年「六月丁巳，月在氐，在歲星東三尺」，不爲犯。劉次沅考證則云六月丁巳「月入氐，犯歲星」。

〔二八〕 月行在畢左股第一星七寸爲犯 「月」原作「日」，據殿本改。按魏書卷一〇五天象志二載太和十二年七月「庚子，月犯畢」。

〔三九〕又掩犯關楗閉星　「關」字當衍。殿本考證云:「星圖有楗閉星,無關楗閉星,『關』字疑衍,或上下有脱字。」劉次沅考證云時「月犯房上相,掩楗閉」。

〔四〇〕十一月丙戌　按永明六年十一月丙午朔,無丙戌。

〔四一〕乙未月行在東井南轅西頭第二星南一尺爲犯　「乙未」,疑當作「己未」。按永明六年十一月丙午朔,無乙未。魏書卷一〇五天象志二記太和十二年「十一月己未,月犯東井」,己未爲十四日。

〔四二〕癸未月掩犯太微右執法　「右執法」,當作「左執法」。按魏書卷一〇五天象志二載太和十四年十二月「癸未,月掩太微左執法」,可參。

〔四三〕五月庚子月行掩犯太微在執法　「在執法」,疑爲「左執法」之訛。按魏書卷一〇五天象志二記太和十五年「五月庚子,月掩太微左執法」。

〔四四〕八月在軒轅左民星東八寸　「八月」下未繫日,當有脱文。按劉次沅考證,八月甲寅夜「月在軒轅左角少民星東八寸」。

〔四五〕月行在歲星東南八寸　「月行」二字原闕,據三朝本、南監本、北監本、汲本、殿本、局本補。

〔四六〕丁酉月掩西建星西　「星西」,疑爲「西星」之倒誤。按魏書卷一〇五天象志二云太和十六年六月「丁酉,月掩建星」。

〔四七〕七月甲戌月行在畢躔星西北六寸爲犯　「躔」下疑脱「西」字。殿本考證云:「『躔星』二字不

〔四八〕八月辛卯月行西建星東一尺又在東星西四寸爲犯　按魏書卷一〇五天象志二記太和十六年「八月壬辰月犯建星」，太和十六年即永明十年，八月乙酉朔，壬辰爲辛卯之次日。劉次沅考證云是日傍晚「月在西建西星和東星之間」。

可解，其間恐有脫字。」又按劉次沅考證，七月甲戌子夜「月在畢西星西北六寸」。

〔四九〕辛亥月入太微在左執法星北二尺七寸爲犯　「爲犯」或有訛。按月在太微左執法星北「二尺七寸」，應不爲犯。劉次沅考證云辛亥「月在太微左執法北一尺七寸，不爲犯」。

〔五〇〕癸亥月入東井曠中無所犯　按永明十年十月甲申朔，無癸亥。

〔五一〕四月乙丑月入太微在右執法西北一尺四寸　「乙丑」，疑爲「己丑」之訛。按永明十一年四月辛巳朔，無乙丑。劉次沅考證云四月己丑「月在右執法西北二尺餘」。

〔五二〕九月庚寅月行在哭星西南六寸爲犯　「九月」當爲「八月」之訛。魏書卷一〇五天象志二載太和十七年「八月庚寅，月犯哭星」。按永明十一年九月己酉朔，無「庚寅」及下文壬辰、丁酉、己亥、乙巳四干支。八月己卯朔，庚寅、壬辰、丁酉、己亥、乙巳分別爲八月十二、十四、十九、廿一、廿七日。

〔五三〕壬辰月行在營室度入羽林無所犯　「月」，原作「日」，據南監本、北監本、殿本、局本改。劉次沅考證云八月壬辰「月在營室入羽林」。

〔五四〕乙亥月入氐　「乙亥」，疑爲「己亥」之訛。按永明十一年十二月丁丑朔，無乙亥。魏書卷一

〔五〕天象志二載太和十七年十二月「己亥，月入氐」，己亥爲十二月二十三日，劉次沅考證亦云是日「月入氐」。

〔五〕甲申月入太微在屏星南九寸　「甲申」上疑脱「四月」。按隆昌元年三月丙午朔，無甲申，四月乙亥朔，甲申爲初十日。　據劉次沅考證，四月甲申「月在太微屏星南九寸」。

〔六〕泰元元年七月月掩心中星　「泰元」，當作「永泰」。按明帝建武五年四月改元永泰，據劉次沅考證，永泰元年七月初八丁亥可見月掩心中星，天象與此相符。

南齊書 卷十三

志第五

天文下

史臣曰：天文設象，宜備內外兩宮，但災之所躔，不必遍行景緯，五星精暑與二曜而爲七，妖祥是主，曆數攸司，蓋有殊於列宿也。若北辰不移，據在杠軸，眾星動流，實繫天體，五星從伏〔一〕，非關二義，故徐顯思以五星爲非星，虞喜論之詳矣。

　五星相犯列宿雜災

建元元年八月辛亥〔二〕，太白犯軒轅大星。
九月癸丑，太白從行於軫犯塡星。

二年六月丙子，太白晝見。

四年二月丙戌，太白晝見在午上。

六月辛卯〔三〕，太白晝見午上。庚子，太白入東井，無所犯。

七月己未，太白有光影。

八月戊子，太白從行軒轅犯女主星。甲辰，太白從行犯軒轅少民星。

九月己卯，太白從行犯太微西蕃上將〔四〕。辛酉，太白從行入太微，在右執法星西北一尺。戊辰，太白從行犯太微左執法。

十二月壬子，太白從行犯填星，在氐度。丙辰，太白從行犯房北頭第一星。丁卯，太白犯楗閉星〔五〕。

永明元年六月己酉，太白行犯太微上將星。辛酉，太白行犯太微左執法。

八月甲申，太白犯南斗第四星〔六〕。

九月乙酉，太白犯南斗第三星。壬辰，太白熒惑合，同在南斗度。

十月丁卯，太白犯哭星。

二年正月戊戌，太白晝見當午上。

三月甲戌，太白從行入羽林。

四月丙申，太白從行犯東井鉞星〔七〕。

六月戊辰，太白熒惑合，同在輿鬼度。己巳，太白從行輿鬼度，犯歲星。

三年四月丁未，太白晝見。癸亥，太白晝見當午上。

五月戊子，太白犯少民星。

八月丁巳，太白晝見當午上。

十一月壬申，太白從行入氐。

十二月己酉，太白填星合在箕度。

四年九月壬辰，太白晝見當午。丙午，太白犯南斗。

十一月庚子，太白入羽林，又犯天關。

五年五月丁酉，太白晝見當午上。庚子，太白三犯畢左股第一星西南一尺。戊辰，太白從在太微

六月甲戌，太白犯東井北轅第三星，在西一尺。

八月甲寅，太白從行入軒轅，在女主星東北一尺二寸，不爲犯。

西蕃上將星西南五寸。辛巳，太白從在熒惑北三寸，爲犯，並在東井度。

六年四月辛酉，太白從在太微左執法星西北四寸。

五月癸卯，太白晝見當午上。

六月己巳，太白從在太微西蕃右執法星東南四寸，爲犯。

七月癸巳，太白在氐角星東北一尺，爲犯。

八月乙亥，太白從行在房南第二左股次將星西南一尺〔一〇〕，爲犯。

閏八月甲午〔一一〕，太白晝見當午。

十一月戊午，太白從在歲星西北四尺，同在尾度。　又在熒惑東北六尺五寸，在心度，

合宿。

十二月壬寅，太白從行在填星西南二尺五寸斗度。

七年二月辛巳，太白從行入羽林。

十月癸酉，太白在歲星南，相去一尺六寸，從在箕度爲合。

十一月丁卯，太白從行入羽林。

八年正月丁未，太白晝見當午上。

六月戊子〔一二〕，太白從行入東井。　己丑，太白晝見當午。

八月庚辰，太白從在軒轅女主星南七尺，爲犯〔一三〕。

九月丙申，太白從行在太微西蕃上將星西南一尺，爲犯。　丁未，太白從行入太微。　辛

西，太白從行在進賢西五寸，爲犯。

十月乙亥，太白從行在亢南第二星西南一尺，爲犯。甲申，太白從行入氐。

十一月戊戌，太白從行在房北頭第二星東北一尺，又在楗閉星西南七寸，並爲犯。又在熒惑西北二尺，爲合宿。癸卯，太白從行在熒惑東北一尺，爲犯。

九年四月癸未，太白從歷，夕見西方，從疾參宿一度，比來多陰，至己丑開除，已見在日北，當西北維上，薄昏不見宿星，則爲先歷而見。

六月丙子，太白晝見當午上。

七月辛卯，太白從行入太微，在西蕃上將星北四寸，爲犯。

九月乙亥，太白從行在南斗第四星北二寸〔一四〕，爲犯。丁卯，太白在南斗第三星西一寸，爲犯。

十年二月甲辰，太白從行入羽林。

五月辛巳，太白從行入東井，在軒轅西第一星東六寸〔一五〕，爲犯。

七月乙丑，太白從行在軒轅大星東八寸，爲犯。

十一年正月戊辰，太白從行在歲星西北六寸，爲犯，在奎度。

二月丁丑，太白從行東井北軒轅西頭第一星東北一尺〔一六〕，爲犯。

四月戊子，太白在五諸侯東第二星西北六寸，爲犯。辛丑，太白從行入輿鬼，在東北

星西南四寸，爲犯。

五月戊午，太白晝見當午，名爲經天。癸亥，太白從行入軒轅大星北一尺二寸，無所犯。

九月己酉，太白晝見當午上。

十月丙戌，太白行在進賢星西南四寸，爲犯。

十一月戊戌〔七〕太白從行入氐。丁卯，太白從行在樓閉星西北六寸〔八〕，爲犯。辛丑，太白從行在西建東星西南一尺，爲犯。

十二月壬辰，太白從行在南斗第六星東南一尺，爲犯。

建元元年五月己未，熒惑犯太微西蕃上將，又犯東蕃上將。

二年十月辛酉，熒惑守太微。

四年六月戊子，熒惑從行入東井，無所犯。戊戌，熒惑在東井度，形色小而黃黑不明。

丁丑，熒惑太白同在東井度〔九〕。

七月甲戌，熒惑從行入輿鬼，犯積尸。

十月癸未，熒惑從行犯太微西蕃上將星。丙戌，熒惑從入太微。

十一月丙辰，熒惑從行在太微〔一〇〕，犯右執法。

永明元年正月己亥，熒惑逆犯上相。辛亥，熒惑守角。庚子，熒惑逆入太微〔二一〕。

三月丁卯，熒惑守太白。

六月戊申，熒惑從犯亢。己巳，熒惑從行犯氐東南星。

七月戊寅，熒惑填星同在氐度。丁亥，熒惑行犯房北頭第二星。

八月乙丑，熒惑從行犯天江。甲戌，熒惑犯南斗第五星。

十一月丙申，熒惑入羽林。

二年八月庚午，熒惑犯太微西蕃上將。癸未，熒惑犯太微右執法。丁酉，熒惑犯太微右執法〔二二〕。

十月庚申，熒惑犯進賢。

十一月壬辰，熒惑犯亢南第二星。丙申，熒惑犯亢南星。

十二月乙卯，熒惑入氐。

三年二月乙卯，熒惑在房北頭第一星西北一尺，徘徊守房。

四月戊戌，熒惑犯〔二三〕。

六月乙亥，熒惑犯房〔二四〕。癸亥，熒惑犯天江南頭第二星〔二五〕。

八月丁巳，熒惑犯南斗第五星。

十一月丙戌，熒惑從行入羽林。

四年八月戊辰，熒惑犯入太微。癸酉，熒惑犯太微右執法。戊子，熒惑在太微。

九月戊申，熒惑犯歲星。己酉，熒惑犯歲星，芒角相接。

十月丁丑，熒惑犯亢南頭第一星。

十一月庚寅，熒惑犯氐西南星。

十二月己未，熒惑犯房北頭第一星。庚申，熒惑入房北犯鉤鈐星。

五年二月乙亥，熒惑填星同在南斗度，爲合宿。

九月乙未，熒惑從行在哭星東，相去半寸。

六年四月癸丑，熒惑伏在參度，去太白二尺五寸，辰星去太白五尺，三星爲合宿。甲

戌，熒惑在辰星東南二尺五寸，俱從行，入東井曠中，無所犯。

閏四月丁丑[二六]，熒惑從行在氐西南星北七寸，爲犯。己卯，熒惑從行入氐，無所犯。又在鉤鈐星西北五寸。

乙巳，熒惑從行在房北頭第一上將右驂星南六寸[二七]，爲犯。

十一月丙寅，熒惑從行在歲星西，相去四尺，同在尾度，爲合宿。

七年二月丙子，熒惑從行在填星西，相去二尺，同在牽牛度，爲合宿。

三月戊午，熒惑從在泣星西北七寸。戊辰，熒惑從行入羽林。

八月戊戌，熒惑逆入羽林。

九月乙丑，熒惑入羽林，成句己。

八年四月丙申，熒惑從行入輿鬼，在西北星東南二寸，爲犯。

十月乙亥，熒惑入氐。

十一月乙未，熒惑從入北落門，在第一星東南，去鉤鈐三寸，爲犯[二八]。

九年三月甲午，熒惑從在填星東七寸，在歲星南六寸，同在虛度，爲合宿。

四月癸亥，熒惑從行入羽林。

閏七月辛酉，熒惑從行在畢左股星西北一寸，爲犯。

八月十四日，熒惑應伏在昴三度，前先曆在畢度，二十一日始逆行北轉，垂及玄冬，熒惑囚死之時，而形色漸大於常。

十年二月庚子，熒惑從入東井北轅西頭第一星西二寸，爲犯。

三月癸未，熒惑從行在輿鬼西北七寸，爲犯。乙酉，熒惑從行入輿鬼。

六月壬寅，熒惑行入太微。

十一年二月庚戌，熒惑從在鎮星西北六寸，爲犯，同在營室。

五月戊午，熒惑從行在歲星西南六寸，爲犯，同在婁度。

八月辛巳，熒惑從行入東井，在南轅西第一星東北一尺四寸。

十一月丁巳，熒惑逆行在五諸侯東星北四寸，爲犯。

隆昌元年三月乙丑，熒惑從行入輿鬼西北星東一寸，爲犯。癸酉，熒惑從行在輿鬼積尸星東北七寸，爲犯。

閏三月甲寅〔二九〕，熒惑從入軒轅。

五月丁酉，熒惑從入太微，在右執法北二寸，爲犯。

建元四年正月己卯，歲星太白俱從行，同在婁度爲合〔三〇〕。

六月丁酉，歲星晝見。

永明元年五月甲午〔三一〕，歲星入東井。

七月壬午，歲星晝見。

三年五月丙子，歲星與太白合。

六月辛丑，歲星與辰星合。

十月己巳〔三二〕，歲星從入太微。

十一月甲子，歲星從入太微，犯右執法。

四年閏二月丙辰〔三三〕，歲星犯太微上將。

三月庚申，歲星犯太微上將。

四月己未〔三四〕，歲星犯右執法。

八月乙巳，歲星犯進賢，又與熒惑於軫度合宿〔三五〕。

五年二月癸卯〔三六〕，歲星犯進賢。

六月甲子，歲星蓋見在軫度〔三七〕。

十月己未，歲星從在氐西南星北七寸，又辰星從入氐，在歲星西四尺五寸，又太白從在辰星東，相去一尺，同在氐度，三星爲合宿〔三八〕。

十二月甲戌，歲星晝見。

六年三月甲申，歲星逆行入氐宿。

六月丙寅，歲星晝見在氐度。

八年三月庚申，歲星守牽牛。

九年二月壬午，歲星從在填星西七寸，同在虛度爲合〔三九〕。

閏七月辛酉，歲星在泣星北五寸，爲犯，又守填星。九月辛卯〔四○〕，在泣星西一尺五寸，爲合〔四一〕。

永明元年六月，辰星從行入太微，在太白西北一尺。

二年八月甲寅，辰星於翼犯太白。

九年六月丙子，辰星隨太白於西方，在七星度，相去一尺四寸，爲合宿。

十一年九月丙辰，辰星依曆應夕見西方亢宿一度，至九月八日，不見。

隆昌元年正月丙戌〔四二〕，辰星見危度，在太白北一尺，爲犯。

建元三年十月癸丑，填星逆行守氐。

四年七月戊辰，填星從行入氐。

永明元年正月庚寅〔四三〕，填星守房心。

三月甲子，填星逆行犯西咸星。

二年二月戊辰，填星犯東咸星。

四年十二月辛巳，填星犯建星。

七年十二月戊辰，填星在須女度，又辰星從在填星西南一尺一寸，爲合宿〔四四〕。

八年三月庚申，填星守哭尾〔四五〕。

九年七月庚戌，填星逆在泣西星東北七寸，爲犯。

十月甲午，填星從行在泣星西北五寸，爲犯。

流星災

建元元年十月癸酉，有流星大如三升塈，色白，尾長五丈，從南河東北二尺出，北行歷輿鬼西過，未至軒轅後星而沒。沒後餘中央，曲如車輪，俄頃化爲白雲，久乃滅。流星自下而升，名曰飛星。

三年十月丙午，有流星大如月，赤白色，尾長七丈，西北行入紫宫中，光照牆垣。

四年正月辛未，有流星大如三升塈，赤色，從北極第二星北一尺出，北行一丈而沒。

九月壬子，流星如鵝卵，從柳北出，入軒轅。又一枚如瓜大，出西行沒空中。

永明元年六月己酉，有流星如二升椀，從紫宫出，南行沒氐。

二年三月庚辰，有流星如二升椀，從天市中出，南行在心後。

四年二月乙丑，有流星大如一升器。戊辰，有流星大如五升器。

四月丁卯，有流星大如一升器，從南斗東北出，西行經斗入氐。

六月丙戌，有流星大如鴨卵，從匏瓜南出，至虛而入。

八月辛未，有流星大如三升塈，從觜星南出，西南行入天濛沒。

十一月戊寅〔四六〕，有流星大如二升塈，白色，從亢東北出，行入天市。

十二月丁巳，有流星大如三升椀，白色，從天市帝座出，東北行一丈而沒。

五年六月辛未，有流星大如三升器，沒後有痕。

九月丙申，有流星大如四升器，白色，有光照地。

十二月甲子，西北有流星大如鴨卵，黃白色，尾長六尺，西南行一丈餘沒。

六年三月癸酉〔四七〕，有流星大如鴨卵，赤色，無尾。

四月丙辰，北面有流星大如二升器，白色，北行六尺而沒。

七月癸巳，有流星大如鵝卵，白色，從匏瓜南出，西南行一丈沒空中。須臾，又有流星大如五升器，白色，從北河南出，東北行一丈三尺沒空中。

十月戊寅〔四八〕，南面有流星，大如雞卵，赤色，在東南行沒，沒後如連珠。

十二月壬寅，有流星大如鵝卵，黃白色，尾長三丈，有光，沒後有痕，從梗河出，西行一丈許，沒空中。

七年正月甲寅，有流星如五升器，白色，尾長四尺，從坐旗星出，西行入五車而過，沒空中。

六月丁丑，流星大如二升器，黃赤色，有光尾長六尺許，從亢南出，西行入翼中而沒。

十月乙丑〔四九〕，有流星如三升器，赤黃色，尾長六尺，出紫宮內北極星，東南行三丈沒

空中。壬辰，流星如三升器，白色，有光從五車北出，行入紫宮，抵北極第一第二星而過，

落空中，尾如連珠，仍有音響似雷。太史奏名曰「天狗」。

八年四月癸巳，有流星如二升器，黃白色，有光，從心星南一尺許出，南行二丈沒，

後如連珠。丁巳，流星如鵝，白色，長五丈許[五〇]，從角星東北二尺出，西北行沒太微西蕃

上將星間。

六月癸未，有流星如鴨卵，赤色，從紫宮中出，西南行未至大角五尺許沒。

七月戊申，有流星如五升器，赤白色，長七尺，東南行二丈，沒空中。

十月乙亥，有流星如鵝卵，白色，從紫宮中出，西北行三丈許，沒空中。

十一月乙未，有流星如鵝卵，赤白色，有光無尾，從氐北一丈出，南行入氐中沒。辛

丑，流星如鵝卵，白色，從參伐出，南行一丈沒空中。又有一流星大如三升器，白色，從軒

中出，東南行入婁中沒。

九年五月庚子，有流星如雞子，白色，無尾，從紫宮裏黃帝座星西二尺出，南行一丈沒

空中。丁未，流星如李子，白色，無尾，從奎東北大星東二尺出，東北行至天將軍而沒。戊

申，流星如鵝卵，黃白色，尾長二丈，從箕星東一尺出，南行四丈沒。

七月乙卯，西南有流星大如二升器，白色，無尾，西南行一丈餘沒。戊午，有流星如二

升器，黄白色，有光，從天江星西出，東北經天過入參中而没〔五一〕，没後如連珠。

閏七月戊辰，流星如鵝卵，赤色，尾長二尺，從文昌西行入紫宫没。己巳，西南有流星如二升器，白色，西南行一丈没。

九月戊子，有流星大如雞卵，白色，從少微星北頭出，東行入太微，抵帝座星而過，未至東蕃次相一尺没，如散珠。

十年正月甲戌，有流星如五升器，白色，從氐中出，東南行經房道過，從心星南二尺没。

三月癸未，有流星如雞卵，青白色，尾長四尺，從牽牛南八寸出，南行一丈没空中。

十一年二月壬寅，東北有流星如一升器，白色，無尾，北行三丈而没。

四月丙申，有流星如三升器，白色，有光，尾長一丈許，從箕星東北一尺出，行二丈許，入斗度，没空中，臨没如連珠。

五月壬申，有流星大如雞子，黄白色，從太微端門出，無所犯，西南行一丈許没，没後有痕。

七月辛酉，有流星如雞子，赤色，無尾，從氐中出，西行一丈五尺没空中。戊寅，有流星如雞卵，黄白色，從紫宫東蕃內出，東北行一丈五尺，至北極第五星西北四尺没。

九月乙酉〔五三〕，有流星如鴨卵，黃白色，從婁南一尺出，東行二丈〔五三〕。

十二月己丑，西南有流星如三升器，黃赤色，無尾，西南行三丈許沒，散如遺火。

永元三年夜〔五四〕，天開黃色明照，須臾有物絳色如小甕，漸漸大如倉廩，聲隆隆如雷，墜太湖中，野雉皆雊，世人呼爲「木殃」。

史臣案春秋緯「天狗如大奔星有聲〔五五〕，望之如火，見則四方相射」。

漢史云：「西北有三大星，如日狀，名曰天狗。天狗出則人相食。」天官云：「天狗狀如大鏡星，又云如大流星〔五六〕，色黃，有聲。其止地類狗，所墜望之如火光，炎炎衝天。其上銳，其下圓，如數頃田。見則流血千里，破軍殺將。」漢史又云：「照明下爲天狗，所下兵起血流。」昭明，星也。洛書云：「昭明見而霸者出。」漢史又云：「有星出，其狀赤白有光，即爲天狗，其下小無足，所下國易政。」衆說不同，未詳孰是。推亂亡之運，此其必天狗乎。

芒角，兵徵也。」河圖云：「太白散爲天狗。」運斗樞云：「昭明有

老人星

建元元年十一月戊辰，老人星見南方丙上。八月癸卯，祠老人星〔五七〕。

永明三年八月丁酉，老人星見南方丙上。

六年八月壬戌，老人星見南方丙上。

七年七月壬戌，老人星見南方丙上。

九年閏七月戊寅，老人星見南方丙上。

十年八月乙酉，老人星見。

十一年九月丙寅，老人星見南方丙上。

白虹雲氣

建元四年二月辛卯，白虹貫日。

永明十年七月癸酉，西方有白虹，須臾滅。

十一年九月甲午〔五八〕，西方有白虹，南頭指申，北頭指戌上，久久消滅。

建元四年二月辛卯，黑氣大小二枚，東至卯，西至酉，廣五丈，久久消滅。

永明二年四月丁未，北斗第六第七星間有一白氣。

四年正月辛未，黃白氣長丈五尺許，入太微。

永明四年正月癸未，南面有陣雲一丈許。

五年四月己巳，有雲色黑，廣五尺，東頭指丑，西頭指酉，並至地。

十一月乙巳，東南有陣雲高一丈，北至卯，東南至巳，久久散漫。

六年二月癸亥，東西有一梗雲半天，曲向西，蒼白色。

三月庚辰，南面有梗雲，黑色，廣六寸。

七年十月辛未，有梗雲，蒼黑色，東頭至寅，西頭指酉，廣三尺，貫紫宮，久久消没。

八年十一月乙未，有梗雲，黑色，六尺許，東頭至卯，西頭至酉，久久散漫。

十二月庚辰，南面有陣雲，黑色，高一丈許，東頭至巳，西頭至未，久久散漫。

十一年七月丙辰，東面有梗雲，蒼白色，廣二尺三寸，南頭指巳至地，北頭指子至地，久久漸散漫。

贊曰：陽精火鏡，陰靈水存。有稟有射，代爲明昏。垂光滿蓋，列景周渾。具位臣輔，備象街門。災生實薄，祟起飛奔。弗忘人懼，瑜瑕辯論。若任天道，竈亦多言。

校勘記

〔二〕五星從伏　錢大昕考異卷二五云：「梁武帝父名順之，故子顯修史，多易爲『從』字。如天文志『五星從伏』、『太白從行』、『熒惑從行』、『歲星太白俱從行』、『辰星從行』之類。」

〔三〕建元元年八月辛亥　按建元元年八月庚午朔，無辛亥。

（三）六月辛卯 「月」，原作「年」，按張森楷校勘記：「年非所以繫日，且建元無六年，『年』必是『月』之訛。」又辛卯爲六月初八日，下文「庚子」乃六月十七日，時間順序亦合。今改正。

（四）九月己卯太白從行犯太微西蕃上將 「己卯」，疑爲「乙卯」之訛。按建元四年九月壬子朔，己卯爲廿八日，不當在下文初十日「辛酉」、十七日「戊辰」上。乙卯爲初四日，據劉次沅考證，九月乙卯「金星順行犯太微西上將」。

（五）十二月壬子太白從行犯填星在氐度丙辰太白從行犯房北頭第一星丁卯太白犯榼閉星 「十二月」，疑爲「十一月」之訛。按建元四年十二月辛巳朔，無壬子、丙辰、丁卯。十一月辛亥朔，初二日壬子，初六日丙辰；「丁卯」，疑爲「丁巳」之訛，丁巳初七日。據劉次沅考證，十一月壬子「金星順行犯土星，在氐」；丙辰「金星順行犯房北頭第一星」；「丁巳」「金星犯榼閉星」，天象並合。

（六）八月甲申太白犯南斗第四星 「八月」，疑爲「九月」之訛。按永明元年八月丁未朔，無甲申。九月丙子朔，甲申爲初九日。據劉次沅考證，九月甲申「金星犯斗第四星」。

（七）四月丙申太白從行犯東井鉞星 「四月」，疑爲「五月」之訛。按永明二年四月癸卯朔，無丙申。五月癸酉朔，丙申爲廿四日。據劉次沅考證，五月丙申「金星順行犯東井鉞星」。

（八）太白從在熒惑北三寸 「惑」字原殘損，據三朝本、南監本、北監本、汲本、殿本、局本補。

（九）太白在氐角星東北一尺 「氐角」，疑爲「左角」之訛。按氐角之間隔亢宿，史籍中鮮見氐角

並稱。 又據劉次沅考證，時「金星在左角犯東北」。

〔一〇〕 太白從行在房南第二左股次將星西南一尺 「股」字疑誤。按房宿南第一星曰「左驂」，次星曰「左服」。殷本考證云：「按『左股』係『左服』之譌。房四星主車駕，南星曰左驂，次左服，故曰第二左服。」

〔二〕 閏八月甲午 「閏八月」疑有譌。按本書卷三武帝紀，永明六年閏十月，非閏八月。

〔三〕 六月戊子 「月」，原作「年」，據汲本、局本改。

〔三〕 太白從在軒轅女主星南七尺爲犯 「尺」，當爲「寸」之譌。「七尺」不當云「爲犯」，按劉次沅考證，時「金星順行在軒轅女主星南七寸」。

〔四〕 九月乙亥太白從行在南斗第四星北二寸 「乙亥」，當爲「乙丑」之譌。魏書卷一〇五天象志四記太和十五年「九月乙丑，太白犯斗第四星」。按永明九年九月庚申朔，乙丑爲初六日，乙亥爲十六日，下文出「丁卯」，爲初八日，乙亥不當在其上。又劉次沅考證云九月乙丑「金星順行在南斗第四星北二寸」，九月乙亥金星則已遠離南斗。

〔五〕 五月辛巳太白從行入東井在軒轅西第一星東六寸 「軒轅」，疑爲「南轅」之譌。按軒轅在井宿東北，中間有鬼宿相隔。太白既入東井，不應在軒轅附近。劉次沅考證云時「金星順行在井宿南軒轅西頭第一星東六寸」。

〔六〕 二月丁丑太白從行東井北轅西頭第一星東北一尺 「二月」，疑爲「三月」之譌。按永明十一

年二月壬午朔，無丁丑。三月辛亥朔，丁丑爲廿七日。據劉次沅考證，三月丁丑「金星順行東井北轅西頭第一星東北一尺」。

〔七〕十一月戊戌　按永明十一年十一月戊申朔，無戊戌。

〔八〕太白從行在楗閉星西北六寸　「楗」字原闕，據三朝本、北監本、汲本、局本補。

〔九〕丁丑熒惑太白同在東井度　按建元四年六月甲申朔，無丁丑。

〔三〇〕熒惑從行在太微　「從」原作「後」，據北監本、汲本、殿本、局本改。按劉次沅考證，時「火星順行犯太微左執法」。

〔三一〕永明元年正月己亥熒惑逆犯上相辛亥熒惑守角庚子熒惑逆入太微　此處疑有錯簡。按永明元年正月庚戌朔，辛亥爲初二日，無己亥、庚子。

〔三二〕二年八月庚午熒惑犯太微西蕃上將癸未熒惑犯太微右執法丁酉熒惑犯太微右執法　「癸未」上當脫「九月」二字。按永明二年八月辛丑朔，庚午爲三十日，無癸未、丁酉。九月辛未朔，十三日癸未，廿七日丁酉。又後一「右執法」當爲「左執法」之訛。據劉次沅考證，九月癸未「火星順行犯右執法」，丁酉「犯左執法」。

〔三三〕四月戊戌熒惑犯　按此處熒惑所犯星名脫載，殿本考證云：「『犯』字下必有闕文。」覈永明三年天象，四月戊戌熒惑犯氐。

〔三四〕六月乙亥熒惑犯房　「乙亥」，疑爲「癸亥」之訛。按永明三年六月丙申朔，無乙亥，癸亥爲廿

八日。據劉次沅考證，其日火星犯房北第二星。

〔三五〕癸亥熒惑犯天江南頭第二星　疑此條當繫於「七月」，又「癸亥」爲「癸巳」之訛。按劉次沅考證，「永明三年七月廿八癸巳，火星犯天江南頭第二星。」

〔三六〕閏四月丁丑　「閏四月」，當作「閏十月」。按本書卷三武帝紀，永明六年閏十月，丁丑爲朔日，下文己卯、乙巳分別爲初三和廿九日。魏書卷一〇五天象志三太和十二年十月下記「閏月丁丑，火犯氐」等天象，與此合。

〔三七〕在房北頭第一上將右驂星南六寸　「上將」，疑爲「上相」之訛。按房北頭第一星爲上相，亦即「右驂」。隋書卷二〇天文志中云房四星「南星曰左驂，次左服，次右服，次右驂」。

〔三八〕十一月乙未熒惑從入北落門在第一星東南去鉤鈐三寸爲犯　「北落門」三字或有訛脫，「第一星」上疑脫「房」宿名。按劉次沅考證，此日熒惑在房北頭第一星東南並犯鉤鈐。其位置距羽林北之北落門星甚遠。

〔三九〕閏三月甲寅　「閏三月」，當作「閏四月」。按本書卷四鬱林王紀，隆昌元年閏四月。是月乙巳朔，甲寅爲初十日。

〔四〇〕同在婁度爲合　「合」下南監本、北監本、汲本、殿本、局本有「宿」字。

〔四一〕永明元年五月甲午　「五月」上疑脫「閏」字。按永明元年五月己酉朔，無甲午。閏五月戊寅朔，甲午爲十七日。

〔三二〕十月己巳　按永明三年十月乙未朔，無己巳。

〔三三〕閏二月丙辰　「閏二月」，疑當作「閏正月」。按本書卷三武帝紀，永明四年閏正月。是月癸巳朔，丙辰爲廿四日。

〔三四〕四月己未　按永明四年四月辛酉朔，無己未。

〔三五〕八月乙巳歲星犯進賢又與熒惑於軫度合宿　「八月」，疑爲「九月」之訛。按永明四年八月己未朔，無乙巳。九月己丑朔，乙巳爲十七日。據劉次沅考證，九月乙巳歲星犯進賢，與熒惑同在軫度。

〔三六〕二月癸卯　「二月」，疑爲「三月」之訛。按永明五年二月丁巳朔，無癸卯。三月丙戌朔，癸卯爲十八日。

〔三七〕六月甲子歲星蓋見在軫度　「蓋見」不辭，疑文有訛脫。按魏書卷一○五天象志四云太和十一年「六月甲子歲星晝見」。

〔三八〕又太白從在辰星東相去一尺同在氐度三星爲合宿　太白辰星「相去一尺」未云爲犯，疑文有訛脫。按魏書卷一○五天象志三云太和十一年十月「歲辰太白合于氐」。

〔三九〕歲星從在填星西七寸同在虛度爲合　按歲星在填星西七寸，未云爲犯，疑文有訛脫。又「合」下南監本、北監本、汲本、殿本、局本有「宿」字。

〔四○〕九月辛卯　按永明九年九月庚申朔，無辛卯。

〔四一〕在泣星西一尺五寸爲合　「合」下南監本、北監本、汲本、殿本、局本有「宿」字。

〔四二〕 隆昌元年正月丙戌　按隆昌元年正月丁未朔，無丙戌。

〔四三〕 永明元年正月庚寅　按永明元年正月庚戌朔，無庚寅。

〔四四〕 七年十二月戊辰填星在須女度又辰星從在填星西南一尺一寸爲合宿　「戊辰」，疑爲「戊戌」之訛。按永明七年十二月庚午朔，無戊辰。魏書卷一〇五天象志四云太和十三年「十二月戊戌，填星、辰星合于須女」，戊戌爲廿九日。據劉次沅考證，當日填星辰星同在須女「晨見東方」。又「從」下南監本、局本有「行」字。

〔四五〕 填星守哭尾　「哭尾」，南監本、北監本、汲本、殿本、局本作「哭星」。按魏書卷一〇五天象志四作「哭泣」。

〔四六〕 十一月戊寅　按永明四年十一月戊子朔，無戊寅。

〔四七〕 六年三月癸酉　按永明六年三月庚辰朔，無癸酉。

〔四八〕 十月戊寅　「十月」上疑脫「閏」字。按永明六年十月丁未朔，無戊寅。又按本書卷三武帝紀，永明六年閏十月。是月丁丑朔，戊寅爲初二日。

〔四九〕 十月乙丑　「乙丑」，疑爲「己丑」之訛。按永明七年十月辛未朔，無乙丑，己丑爲十九日，下文「壬辰」爲廿二日。

〔五〇〕 丁巳流星如鵝白色長五丈許　按永明八年四月戊辰朔，無丁巳。又「鵝」下南監本、北監本、汲本、殿本、局本有「卯」字。

〔五二〕東北經天過入參中而沒　「過」字北監本、汲本、殿本無。

〔五三〕九月乙酉　按永明十一年九月己酉朔，無乙酉。

〔五四〕從婁南一尺出東行二丈　據上下文例，疑「二丈」下脫「沒」字。

〔五五〕永元三年夜　按此處未繫月、日，疑有脫文。

〔五六〕天狗狀如大鏡星又云如大流星　按李淳風乙巳占卷八雜星祅星占作「天狗狀如犬鏡星又曰大流星」。

〔五七〕天狗如大奔星有聲　按李淳風乙巳占卷八雜星祅星占作「天狗如犬奔有聲」。

〔五八〕建元元年十一月戊辰老人星見南方丙上八月癸卯祠老人星　疑文有訛脫。按建元元年十一月己亥朔，無戊辰。又是年八月庚午朔，無癸卯。且八月亦不應在十一月後。

〔五九〕十一年九月甲午　按永明十一年九月己酉朔，無甲午。

南齊書卷十四

志第六

州郡上

揚　南徐　豫　南豫　南兗　北兗　北徐　青　冀　江

廣　交　越

揚州京輦神皋。漢、魏刺史鎮壽春，吳置持節督州牧八人，不見揚州都督所治。晉太康元年，吳平，刺史周浚始鎮江南。元帝爲都督，渡江左，遂成帝畿，望實隆重。領郡如左：

丹陽郡

　建康　秣陵　丹陽　溧陽　永世　湖熟　江寧　句容

會稽郡

　山陰　永興　上虞　餘姚　諸暨　剡　鄞　始寧　句章　鄮

吳郡

　吳　婁　海虞　嘉興　海鹽　錢唐　富陽　鹽官　新城　建德　壽昌　桐廬

吳興郡

　烏程　武康　餘杭　東遷　長城　於潛　臨安　故鄣　安吉　原鄉

東陽郡

　長山　太末　烏傷　永康　信安　吳寧　豐安　定陽　遂昌

新安郡

　始新　黟　遂安　歙　海寧

臨海郡

　章安　臨海　寧海　始豐　樂安

永嘉郡

　永寧　安固　松陽　橫陽　樂成

南徐州，鎮京口。吳置幽州牧，屯兵在焉。丹徒水道入通吳會，孫權初鎮之。爾雅曰：「絕高爲京。」今京城因山爲壘，望海臨江，緣江爲境，似河內郡，內鎮優重。宋氏以來，桑梓帝宅，江左流寓，多出膏腴。領郡如左：

南東海郡

　郯　祝其　襄賁　利成　西隰　丹徒　武進

晉陵郡

　晉陵　無錫　延陵　曲阿　暨陽　南沙　海陽

義興郡　永明二年，割屬揚州，後復舊。

　陽羨　臨津　國山　義鄉　綏安

南琅邪郡　本治金城，永明徙治白下。

　臨沂　江乘　蘭陵　承　建武三年省　譙　建元二年，平陽郡流民在臨江郡者，立宣祚縣，尋改爲譙。永明元年，省懷化一縣并屬。

臨淮郡　自此以下，郡無實土。

　海西　射陽　淩　淮陰　東陽　淮浦　建武二年省〔二〕

淮陵郡

司吾　武陽　建武三年，省泰山郡屬。　甄城〔三〕　陽樂　徐　建武三年省

南東莞郡

東莞　莒　姑幕　建武三年省

南清河郡　南徐州領冀州

東武城　清河　貝丘　繹幕　建武二年省〔四〕

南彭城郡

彭城　武原　傅陽　蕃　薛　開陽　洨　僮　下邳　建武三年省　呂　建武四年省　杼秋　建武四年省　北陵　建武四年省

南高平郡

宋泰始五年僑置，初寄治淮陰，復徙淮南當塗二縣僑屬南豫，後屬南徐。

金鄉　高平

南濟陰郡

城武　單父　城陽　建武三年省

南濮陽郡

廩丘　東燕　會　鄄城　建武三年，省濟陽郡度屬。　榆次　建武二年省〔五〕

南魯郡　建武二年省〔六〕

魯　樊　西安　建武二年省

南平昌郡　建武三年省

　安丘　郡省，屬東莞。　新樂　郡省，屬東莞。

南泰山郡　建武三年省

　南城　郡省，度屬平昌，尋又省。　廣平　東武　高密

南濟陽郡　建武三年省

　考城　郡省，度屬魯，尋又省。

豫州，晉元帝永昌元年，刺史祖約避胡賊，自譙還治壽春。　壽春，淮南一都之會，地方千餘里，有陂田之饒，漢、魏以來揚州刺史所治，北拒淮水，禹貢云「淮海惟揚州」也。　咸和四年，祖約以城降胡，復以庾亮爲刺史，治蕪湖。　蕪湖，浦水南入，亦爲險奧。　劉備謂孫權曰：「江東先有建業，次有蕪湖。」庾亮經略中原，以毛寶爲刺史，治邾城，爲胡所覆。　荊州刺史庾翼領州，在武昌。　諸郡失土荒民數千無佃業，翼表移西陽、新蔡二郡荒民就陂田於尋陽。　穆帝永和五年，胡僞揚州刺史王浹以壽春降，而刺史或治歷陽，進馬頭及譙，不復歸舊鎮也。　哀帝隆和元年，袁真還壽春。　真爲桓溫所滅，溫以子熙爲刺史，戍歷陽。　孝武

二七九

寧康元年，桓沖移姑孰，以邊寇未靜，分割譙、梁二郡見民，置之浣川，立爲南譙、梁郡。十二年，桓石虔還歷陽〔七〕。庾准爲刺史，表省諸權置，皆還如本。義熙二年，劉毅復鎮姑熟。上表曰：「忝任此州，地不爲曠，西界荒餘，密邇寇虜，北垂蕭條，土氣彊獷，民不識義，唯戰是習。逋逃不逞，不謀日會。比年以來，無月不戰，實非空乏所能獨撫。請輔國將軍張暢領淮南、安豐、梁國三郡。」時豫州邊荒，至乃如此。十二年，劉義慶鎮壽春〔八〕，後常爲州治。撫接遐荒，扞禦疆場。領郡如左：

南汝陰郡　建元二年罷南陳左郡二縣并

慎　汝陰　宋永元志無　安陽　和城　南頓　陽夏　宋丘永元元年地志無　樊永元志無　鄭
東宋永元志無　南陳左縣永元志無　邊水永元志無

晉熙郡

新治〔九〕　陰安　懷寧　南樓煩　齊興　太湖左縣

潁川郡

臨潁　邵陵　南許昌永元志無　曲陽

汝陽郡

武津　汝陽

梁郡 永元元年地志，南梁郡領睢陽、新汲、陳、蒙、崇義五縣。

北譙 梁 蒙 城父 永元志屬南譙

北陳郡 陽夏 西華 萇平 項

陳留郡 浚儀 小黃 雍丘

南頓郡 永元元年地志無 和城 南頓

西南頓郡 寄治州，永元元年地志無。

北梁郡 永元元年地志無 西南頓 和城 譙 平鄉

西汝陰郡 北蒙 北陳

樓煩 汝陰 宋 陳 永元志無 平豫 永元志無 固始 永元志無 新蔡 永元志無

汝南 永元志無 安城

北譙郡

寧陵　譙　蘄　永元志屬南譙

汝南郡　永元元年地志無

瞿陽　安城　上蔡

北新蔡郡

銅陽　新蔡　固始　苞信

弋陽郡

期思　南新息　弋陽　上蔡　平興

陳郡

南陳　莨平　永元志無　項　永元志無　西華　永元志無　陽夏　永元志無

安豐郡

雩婁　新化　史水　扶陽　開化　邊城　松滋　永元志屬北新蔡〔一〇〕　安豐

光城左郡

樂安　光城　茹由〔一一〕

邊城郡　永元二元年地志無

建寧郡
　陽城　建寧

齊昌郡
　陽塘　保城　齊昌　永興

右三郡，永明四年割郢州屬。

南豫州，晉寧康元年，豫州刺史桓沖始鎮姑熟，後遷徙，見晉書。宋永初二年〔二〕，分淮東爲南豫州，治歷陽，而淮西爲豫州。元嘉七年省并。大明元年復置〔三〕，治姑熟。泰始二年治歷陽，三年治宣城，五年省。淮西沒虜。七年，復分淮東置南豫。建元二年，太祖以西豫吏民寡刻，分置兩州，損費甚多，省南豫。左僕射王儉啓：「愚意政以江西連接汝、潁，土曠民希，匈奴越逸，唯以壽春爲阻。若使州任得才，虜動要有聲聞，豫設防禦，此則不俟南豫。假令或慮一失，醜羯之來，聲不先聞，胡馬倏至，壽陽嬰城固守，不能斷其路，朝廷遣軍歷陽，已當不得先機。戎車初戒，每事草創，孰與方鎮常居，軍府素正。臨時配助，所益實少。安不忘危，古之善政。所以江左屢分南豫，意亦可求。如聞西豫力役尚復粗可，今得南譙等郡，民戶益薄，於其實益，復何足云。」太祖不從。永明二年，割揚州宣

城、淮南、豫州歷陽、譙、盧江、臨江六郡，復置南豫州。四年，冠軍長史沈憲啓：「二豫分置，以桑堁子亭為斷。潁川、汝陽在南譙，歷陽界內，悉屬西豫，盧江居晉熙、汝陰之中，屬南豫。求以潁川、汝陽屬南豫，盧江還西豫。」七年，南豫州別駕殷瀰稱：「潁川、汝陽，荒殘來久，流民分散在譙，歷二境，多蒙復除，獲有郡名，租輸益微，府州絕無將吏，空受名領，終無實益。但寄治譙、歷，於方斷之宜，實應屬南豫。二豫呕經分置，盧江屬南豫，濱帶長江，與南譙接境，民黎租帛，從流送州，實為便利，遠踰西豫，非其所願，郡領灊、舒及始新左縣〔一四〕，村竹產，府州採伐，為益不少。府州新創，異於舊藩。資役多闕，實希得盧江。請依昔分置。」尚書參議：「往年慮邊塵須實，故啓迴換。今淮、泗無虞，宜許所牒。」詔「可」。領郡如左：

淮南郡

于湖　永明八年，省角城、高平、下邳三縣并〔一五〕。　繁昌　當塗　浚遒　定陵　襄垣

宣城郡

廣德　懷安　宛陵　廣陽　石城　臨城　寧國　宣城　建元　涇　安吳

歷陽郡

歷陽　龍亢　雒丘

南譙郡

山桑　蘄　北許昌 _{永元志無}　扶陽　曲陽　嘉平

廬江郡

舒 建元二年爲郡治　灊　始新　和城 _{永元志無}　西華 _{永元志無}　呂亭左縣 _{建元二}年，割晉熙屬。　譙 建元二年，割南譙屬。

臨江郡 建元二年，罷并歷陽，後復置。

烏江　懷德　酇

　南兗州鎮廣陵，漢故王國。有江都浦水，魏文帝伐吳出此，見江濤盛壯，歎云：「天所以限南北也。」晉元帝過江，建興四年，揚聲北討，遣宣城公裒督徐、兗二州，鎮廣陵。其後或還江南，然立鎮自此始也。時百姓遭難，流移此境，流民多庇大姓以爲客。元帝太興四年，詔以流民失籍，使條名上有司，爲給客制度，而江北荒殘，不可檢實。明帝太寧三年，郗鑒爲兗州，鎮廣陵，後還京口。是後兗州或治盱眙，或治山陽，桓玄以桓弘爲青州，鎮廣陵。義熙二年，諸葛長民爲青州，徙山陽。時鮮卑接境，長民表云：「此蕃十載彝故相襲，城池崩毀，荒舊散伏，邊疆諸戍，不聞雞犬。且犬羊侵暴，抄掠滋甚。」乃還鎮京口。晉末

以廣陵控接三齊，故青、兗同鎮。宋永初元年，罷青并兗。三年，檀道濟始爲南兗州，廣陵因此爲州鎮。土甚平曠，刺史每以秋月多出海陵觀濤，與京口對岸，江之壯闊處也。永明元年，刺史柳世隆奏：「尚書符下土斷條格，并省僑郡縣。凡諸流寓，本無定憩，十家五落，各自星處。一縣之民，散在州境，西至淮畔，東屆海隅。今專罷僑邦，不省荒邑，雜居舛止，與先不異。離爲區斷，無革游濫。謂應同省，隨堺并帖。若鄉屯里聚，二三百家，井甸可脩，區域易分者，別詳立。」於是濟陰郡六縣，下邳郡四縣，淮陽郡三縣，東莞郡四縣，以散居無實土，官長無廨舍，寄止民村，及州治立，見省，民戶帖屬。領郡如左：

廣陵郡　建元四年，罷北淮陽、北下邳、北濟陰、東莞四郡并。

海陵郡

廣陵郡

海陵　廣陵　高郵　江都　齊寧　永明元年置〔一六〕

建陵　寧海　如皋　臨江　蒲濤　臨澤　齊昌　永明元年置　海安　永明五年罷新郡，并此縣度屬〔一七〕。

山陽郡

東城　山陽　鹽城　左鄉

盱眙郡

考城　盱眙　陽城　直瀆　長樂

南沛郡

沛　蕭　相

北兗州，鎮淮陰。地理志云淮陰縣屬臨淮郡，郡國志屬下邳國，晉太康地記屬廣陵郡。穆帝永和中，北中郎將荀羨北討鮮卑，云：「淮陰舊鎮，地形都要，水陸交通，易以觀釁。沃野有開殖之利，方舟運漕，無他屯阻，乃營立城池。」宋泰始二年失淮北，於此立州鎮。建元四年，移鎮盱眙，仍領盱眙郡。舊北對清泗，臨淮守險，有陽平石鱉，田稻豐饒。所領唯陽平一郡[一八]，永明七年，光祿大夫呂安國啓稱：「北兗州民戴尚伯六十人訴『舊壤幽隔，飄寓失所，今雖創置淮陰，而陽平一郡，州無實土，寄山陽境內。竊見司、徐、青三州，悉皆新立。東平既是望邦，衣冠所係。希於山陽、盱眙二界間，割小戶置此郡，始招集荒落。使本壤族姓，有所歸依』。臣尋東平郡既是此州本領，臣賤族桑梓，願立此邦。」見許。領郡如左：

陽平郡　寄治山陽

　泰清　永陽　安宜　豐國

志第六　州郡上

二八七

東平郡

　壽張　割山陽官瀆以西三百戶置　淮安　割直瀆、破釜以東，淮陰鎮下流雜一百戶置。

高平郡

濟北郡

泰山郡

新平郡

魯郡

　右荒。

北徐州，鎮鍾離。漢志鍾離縣屬九江郡，晉太康二年起居注置淮南鍾離，未詳此前所省令。晉地記屬淮南郡。宋泰始末年屬南兗。元徽元年置州，割爲州治，防鎮緣淮。永明元年，省北徐譙、梁、魏、陽平、彭城五郡。領郡如左：

鍾離郡

　燕縣　郡治　朝歌　虞　永明元年，割馬頭屬。　零　永明元年，割馬頭屬。

馬頭郡

己吾　永明元年，罷譙郡屬。二年，刺史[戴僧靜]又以濟縣并之[一九]。

濟陰郡

頓丘　永明元年，罷定陶并。　睢陵　樂平　永明元年，割鍾離屬。　濟安　永明元年，割鍾離屬。

新昌郡

沛郡

頓丘　穀熟　尉氏

相　蕭　沛

青州，宋泰始初淮北沒虜，六年，始治鬱州上。劉善明爲刺史，以海中易固，不峻城雉，乃累石爲之，高可八九尺。鬱州在海中，周迴數百里，島出白鹿，土有田疇魚鹽之利。建元初，徙齊郡治瓜步，以北海治齊郡故治，州治如舊。流荒之民，郡縣虛置，至於分居土著，蓋無幾焉。建元四年，移鎮朐山，後復舊。領郡如左：

齊郡　永明元年，罷秦郡并之，治瓜步。

臨淄　永明二年，省華城縣并。　齊安　永明元年罷　西安　宿豫　尉氏　平虜　昌國
臨淄　永明元年，罷秦郡并之

北海郡

泰〔一〇〕　益都

都昌〔宋鬱縣，建元故用漢名也。〕　廣饒　贛榆　膠東　劇　下密　平壽

東莞琅邪二郡　治胊山也

即丘　南東莞〔永明元年，以流户置。〕　北東莞

冀州，宋元嘉九年分青州置。青州領齊、濟南、樂安、高密、平昌、北海、東萊、太原、長廣九郡，冀州領廣川、平原、清河、樂陵、魏郡、河間、頓丘、高陽、勃海九郡。泰始初，遇虜寇，並荒没。今所存者，泰始之後更置立也。二州共一刺史。郡縣十無八九，但有名存，案宋志自知也。建元初，以東海郡屬冀州。全領一郡：

北東海郡　治連口〔一一〕

襄賁　僮　下邳　厚丘　曲城

江州，鎮尋陽，中流衿帶。晉元康元年，惠帝詔：「荊、揚二州，疆土曠遠。有司奏割揚州之豫章、鄱陽、廬陵、臨川、南康、建安、晉安爲新州。新安、東陽、宣城舊豫章封內，豫

章之東北，相去懸遠，可如故屬揚州。又割荊州之武昌、桂陽、安成并十郡，可因江水之名爲江州，宜治豫章。」庚亮領刺史，都督六州，云以荊、江爲本，校二州戶口，雖相去機事[三]，實覺過半，江州實爲根本。臨終表江州宜治尋陽，以州督豫州新蔡、西陽二郡，治溢城，接近東江諸郡，往來便易。其後庚翼又還豫章。義熙後，還尋陽。何無忌表：「竟陵去治遼遠，去江陵正三百里，荊州所立綏安郡民戶，參入此境，郡治常在夏口左右，欲資此郡助江濱戍防，以竟陵還荊州。又司州弘農、揚州松滋二郡，寄尋陽，人民雜居，宜並見督。」今九江在州鎮之北，彭蠡在其東也。領郡如左：

尋陽郡
　柴桑　彭澤

豫章郡
　南昌　新淦　艾　建城　建昌　望蔡　新吳　永脩　吳平　康樂　豫章[三]　豐城

臨川郡
　南城　臨汝　新建　永城　宜黃　南豐　東興　安浦　西豐

廬陵郡
　石陽　西昌　東昌　吉陽　巴丘　興平　高昌　陽豐　遂興

鄱陽郡

　鄱陽　餘干　葛陽　樂安　廣晉　上饒

安成郡

　平都　新喻　永新　萍鄉　宜陽　廣興　安復

南康郡

　贛　雩都　南野　寧都　平固　陂陽　虔化　永明八年，罷安遠縣并南康

南新蔡郡

　慎　苞信　陽唐左縣　宋

建安郡

　吳興　建安　將樂　邵武　建陽　綏城[二四]　沙村

晉安郡

　侯官[二五]　羅江　原豐　晉安　溫麻

　廣州，鎮南海。濱際海隅，委輸交部，雖民戶不多，而俚獠猥雜，皆樓居山險，不肯賓服。西南二江，川源深遠，別置督護，專征討之。捲握之資，富兼十世。尉他餘基，亦有霸

迹。江左以其遼遠，蕃戚未有居者，唯宋隨王誕爲刺史。領郡如左：

南海郡

番禺　熙安　博羅　增城　龍川　懷化　酉平　綏寧　新豐　羅陽　高要　安遠

東官郡　河源

義安郡

懷安〔二六〕　寶安　海安　欣樂　海豐　齊昌　陸安　興寧

新寧郡

綏安　海寧　海陽　義招　潮陽　程鄉

博林　南興　臨沉〔二七〕　甘泉〔二八〕　新成　威平　單牒　龍潭　城陽　威化　歸順

初興　撫納　平鄉

蒼梧郡

廣信　寧新　封興　撫寧　遂城〔二九〕　丁留　懷熙　猛陵　廣寧　蕩康　僑寧　思

安

高涼郡

永平郡　安寧　羅州　莫陽　西鞏　思平　禽鄉　平定

晉康郡　夫寧　安沂　嶽安　盧平　員鄉　蘇平　逋寧　雷鄉　開城　毗平　武林　豐城

威城　都城　夫阮　元溪　安遂　晉化　永始　端溪　賓江　熙寧　樂城　武定

悅城〔三〇〕　文招　義立

新會郡　盆允　新夷　封平　初賓　封樂　義寧　新熙　永昌　始康　招集　始成

廣熙郡　龍鄉　羅平　賓化　寧鄉　長化　定昌　永熙　寶寧

宋康郡

宋隆郡　廣化　石門　化隆　遂度〔三一〕　威覃　單城　開寧　海鄰　興定　綏定

海昌郡　平興　招興　崇化　建寧　熙穆　崇德

寧化　招懷　永建　始化　新建

綏建郡　新招　四會　化蒙　化注　化穆

樂昌郡　始昌　樂山　宋元　義立　安樂

鬱林郡　布山　鬱平　阿林　建安　始集　龍平　賓平　新林　綏寧　中胄　領方　懷安　歸化　晉平　威化

桂林郡　武熙　騰溪　潭平　龍岡　臨浦　中留〔三〕　武豐　程安　威定　潭中　安遠　安化　龍定

寧浦郡　安廣　簡陽　平山　寧浦　興道　吳安

晉興郡　晉興　熙注　桂林　增翊　安廣　廣鬱　晉城　鬱陽

齊樂郡　希平　觀寧　臻安　宋平　綏南　封陵

齊康郡

齊建郡　樂康

齊熙郡　初寧　永城

交州，鎮交阯，在海漲島中。楊雄箴曰：「交州荒遐，水與天際。」外接南夷，寶貨所出，山海珍怪，莫與爲比。民恃險遠，數好反叛。領郡如左：

九真郡　移風　胥浦　松原　高安　建初　常樂　津梧　軍安　吉龐〔三〕　武寧

武平郡　武定　封溪　平道　武興　根寧　南移

新昌郡

九德郡

范信　嘉寧　封山　西道　臨西　吳定　新道　晉化

九德郡

九德　咸䮾　浦陽　南陵　都汶〔三四〕　越常　西安

日南郡

西捲〔三五〕　象林　壽泠〔三六〕　朱吾　比景〔三七〕　盧容　無勞

交阯郡

龍編　武寧　望海　句漏　吳興　西于　朱䳌　南定　曲昜　海平　嬴陵〔三八〕

宋平郡

昌國　義懷　綏寧

宋壽郡　建元二年，割越州屬。

義昌郡　永元二年，改沃屯置。

越州，鎮臨漳郡，本合浦北界也。夷獠叢居，隱伏巖障，寇盜不賓，略無編戶。宋泰始中，西江督護陳伯紹獵北地，見二青牛驚走入草，使人逐之不得，乃誌其處，云「此地當有奇祥」。啓立爲越州。七年，始置百梁、隴蘇〔三九〕、永寧、安昌、富昌、南流六郡，割廣、交、朱

載三郡屬。元徽二年，以伯紹爲刺史，始立州鎮，穿山爲城門，威服俚獠。土有瘴氣殺人。漢世交州刺史每暑月輒避處高，今交土調和，越瘴獨甚。刺史常事戎馬，唯以貶伐爲務〔四〇〕。

臨漳郡〔四一〕　漳平　丹城　勞石　容城　長石　都并　緩端

合浦郡　徐聞　合浦　朱盧　新安　晉始　蕩昌　朱豐　宋豐　宋廣

永寧郡　杜羅　金安　蒙　廖簡　留城

百梁郡　百梁　始昌　宋西

安昌郡　武桑　龍淵　石秋　撫林

南流郡　方度

北流郡　永明六年立，無屬縣。

龍蘇郡　龍蘇

富昌郡　南立　義立　歸明

高興郡　宋和　寧單　高興　威成　夫羅　南安　歸安　陳蓮　高城　新建

鹽田郡

思築郡　杜同

定川郡　興昌

隆川郡　良國

齊寧郡　建元二年置，割鬱林之新邑、建初二縣并。

開城 建元二年置　延海　新邑　建初

越中郡

馬門郡

鍾吳　田羅　馬陵　思寧

封山郡

安金

齊隆郡　先屬交州，中改爲□□。永泰元年，改爲齊隆，還屬□州〔四〕。

吳春俚郡　永明六年立，無屬縣。

校勘記

〔一〕樂成　局本、初學記卷五引永嘉郡記、通典卷一八二州郡一二作「樂城」。按宋書卷三五州郡志一、晉書卷一五地理志下、元和郡縣志卷二六江南道二亦作「樂成」。

〔二〕淮浦建武二年省　「二年」，汲本、局本作「三年」。

〔三〕甄城　錢大昕考異卷二五云：「按宋州郡志無此縣。若云鄄城之訛，則已見南濮陽，不當重出也。」

〔四〕繹幕建武二年省 「二年」，汲本、局本作「三年」。

〔五〕榆次建武二年省 「二年」，汲本、局本作「三年」。

〔六〕南魯郡建武二年省 「二年」，汲本、局本作「三年」。

〔七〕十二年桓石虔還歷陽 「十二年」上當有「太元」二字。按上文「孝武寧康元年」，寧康僅行用三年，太元有十二年，宋書卷三六州郡志二記桓石虔還歷陽事，正在太元十二年。

〔八〕十二年劉義慶鎮壽春 按宋書卷三六州郡志二繫此事於義熙十三年。

〔九〕新治 原作「新治」，據宋書卷三六州郡志二改。

〔一〇〕松滋永元志屬北新蔡 「蔡」字原漫漶，據南監本、北監本、汲本、殿本、局本補。

〔一一〕茹由 原作「茹田」，據宋書卷三六州郡志二改。

〔二〕宋永初二年 「二年」，疑當作「三年」。按宋書卷三武帝紀下載永初三年二月丁丑詔曰：「淮西諸郡，可立爲豫州；自淮以東，爲南豫州。」

〔三〕大明元年復置 「元年」，疑當作「三年」。按宋書卷六孝武帝紀載大明三年秋七月丙戌，「分淮南北復置二豫州」。

〔四〕郡領灊舒及始新左縣 「灊」字原漫漶，據南監本、北監本、汲本、殿本、局本補。

〔五〕永明八年省角城高平下邳三縣并 「角城」原作「甬城」，據魏書卷一○六中地形志二中、通典卷一七一州郡一改。水經注卷三○淮水云：「淮、泗之會即角城也。」楊守敬按云：「各書

『甬』、『角』錯出。

〔六〕永明元年置 「永明」，原作「元明」，據北監本、殿本、局本改。

〔七〕海安永明五年罷新郡并此縣度屬 胡阿祥宋書州郡志匯釋云：「按『新郡』當作『新平郡』。考宋志一南兗州刺史海陵太守無海安縣，海安縣乃僑置新平郡時與郡同立，後新平郡廢，乃以此縣度屬。」

〔八〕有陽平石鱉田稻豐饒所領唯陽平一郡 兩「陽平」原並倒誤爲「平陽」，據局本、本書卷二九周山圖傳乙正。按錢大昕考異卷二五云：「據下文，當爲陽平郡，轉寫倒耳。」

〔九〕刺史戴僧靜又以濟縣并之 「濟縣」，疑當作「濟陽縣」。按宋書卷三五州郡志一載徐州馬頭郡領虞、零、濟陽三縣。據本卷上文注，虞、零二縣於永明元年割屬鍾離郡。餘濟陽一縣，應即戴僧靜所并之縣。胡阿祥南齊書州郡志札記云：「『濟縣』當是『濟陽縣』之訛。」

〔一〇〕泰 疑當作「秦」。按宋書卷三五州郡志一載南兗州秦郡領秦縣，本卷上文齊郡注云：「永明元年，罷秦郡并之。」胡阿祥南齊書州郡志札記云秦縣「改入齊郡，當是秦郡併入齊郡後改屬之故」。

〔一一〕北東海郡治連口 「連口」，本書卷二九周山圖傳及周盤龍傳、卷三〇桓康傳、卷五七魏虜傳作「連口」。

〔一二〕北東海郡治連口 「連口」。 按本書卷二七李安民傳亦作「連口」。

〔一三〕雖相去機事 「機」字原闕，據南監本、北監本、殿本、局本補。

〔二三〕豫章　南監本、宋書卷三六州郡志二作「豫寧」，疑是。

〔二四〕綏城　南監本、宋書卷三六州郡志二作「綏成」。

〔二五〕侯官　三朝本、北監本、汲本、殿本、局本、宋書卷三六州郡志二、晉書卷一五地理志下作「候官」。

〔二六〕懷安　宋書卷三八州郡志四作「安懷」。

〔二七〕臨汋　漢書卷二八下地理志下、宋書卷三八州郡志四、晉書卷一五地理志下作「臨允」。

〔二八〕甘泉　宋書卷三八州郡志四作「甘東」。

〔二九〕遂城　宋書卷三八州郡志四、隋書卷三一地理志下作「遂成」。按太平寰宇記卷一六四嶺南道八亦作「遂城」。

〔三〇〕悅城　宋書卷三八州郡志四作「說城」。

〔三一〕遂度　宋書卷三八州郡志四作「逐度」。

〔三二〕中留　南監本、局本、續漢志二三郡國志五、宋書卷三八州郡志四作「中溜」。按漢書卷二八下地理志下、水經注卷三六溫水、通典卷一八四州郡一四亦作「中留」。

〔三三〕吉龐　南監本、漢書卷二八下地理志下、後漢書卷六四吳祐傳注引鄧德明南康記、三國志卷五三吳書薛綜傳、宋書卷三八州郡志四作「都龐」。

〔三四〕都浽　宋書卷三八州郡志四作「都浽」。按晉書卷一五地理志下亦作「都浽」。

〔三五〕西捲　殿本、續漢志二三郡國志五、宋書卷三八州郡志四、晉書卷一五地理志下作「西卷」。按漢書卷二八下地理志下、隋書卷三一地理志下、水經注卷三六溫水、太平寰宇記卷一七〇嶺南道一四亦作「西捲」。

〔三七〕比景　宋書卷三八州郡志四、舊唐書卷四一地理志四作「北景」。按漢書卷二八下地理志下、續漢志二三郡國志五、晉書卷一五地理志下、水經注卷三六溫水、隋書卷三一地理志下亦作「比景」。

〔三八〕壽冷　宋書卷三八州郡志四、隋書卷三一地理志下、水經注卷三六溫水作「壽泠」。

〔三九〕嬴陵　南監本、宋書卷三八州郡志四作「嬴婁」，續漢志二三郡國志五作「嬴陵」，晉書卷一五地理志下作「嬴陵」。按漢書卷二八下地理志下、水經注卷三七葉榆河亦作「嬴陵」。

〔四〇〕隴蘇　本卷下文及隋書卷三一地理志下作「龍蘇」，宋書卷八明帝紀、宋書卷三八州郡志四作「懭蘇」。

〔四一〕唯以貶伐爲務　「貶」，南監本、北監本、汲本、殿本、局本作「戰」。

〔四二〕臨漳郡　通典卷一八四州郡一四、御覽卷一七二引方輿志、太平寰宇記卷一六九嶺南道一三作「臨漳郡」。

〔四三〕先屬交州中改爲□□永泰元年改爲齊隆還屬□州　「還屬」下闕一字，洪齮孫補梁疆域志卷二作「越」，疑是。按張元濟百衲本南齊書跋云：「殿本志第六越州齊隆郡，注『先屬交州，中二作「越」，疑是。按張元濟百衲本南齊書跋云：「殿本志第六越州齊隆郡，注『先屬交州，中

改爲關，永泰元年改爲齊隆，還屬關州』。按是本並無兩『關』字，原文漫漶不可辨。南監本同汲古閣本各空一格，北監本則各注『關』字，殿本遂誤『闕』爲『關』。郡名豈有改稱爲『闕』之理，而當時更無所謂『關州』。」

南齊書卷十五

志第七

州郡下

荆 巴 郢 司 雍 湘 梁 秦 益 寧

荆州，漢靈帝中平末刺史王叡始治江陵，吳時西陵督鎮之。晉太康元年平吳，以爲刺史治。愍帝建興元年，刺史周顗避杜弢賊奔建康，陶侃爲刺史，治沌口。王敦治武昌。其後或還江陵，或在夏口。桓溫平蜀，治江陵。以臨沮西界，水陸紆險，行逕裁通，南通巴、巫，東南出州治，道帶蠻、蜑，田土肥美，立爲汶陽郡，以處流民。屬氏陷襄陽，桓沖避居上明，頓陸遜樂鄉城上四十餘里，以田地肥良，可以爲軍民資實，又接近三峽，無西疆之虞，故重戍江南，輕戍江北。苻堅敗後，復得襄陽。太元十四年，王忱還江陵。江陵去襄陽步

道五百，勢同脣齒，無襄陽則江陵受敵，不立故也。自忱以來，不復動移。境域之內，含帶蠻、蜒，土地遼落，稱為殷曠。江左大鎮，莫過荊、揚。弘農郡陝縣，周世二伯總諸侯，周公主陝東，召公主陝西，故稱荊州為陝西也。領郡如左：

南郡
　江陵　華容　枝江　臨沮　編　當陽
南平郡
　孱陵　作唐　江安　安南
天門郡
　零陽　澧陽　臨澧　漊中
宜都郡
　夷道　佷山　夷陵　宜昌
南義陽郡
　平氏　厥西
河東郡
　聞喜　松滋　譙　永安

汶陽郡

僮陽〔一〕　沮陽　高安

新興郡

定襄　新豐　廣牧

永寧郡

長寧　上黃

武寧郡

樂鄉　長林

巴州，三峽險隘，山蠻寇賊，宋泰始三年，議立三巴校尉以鎮之。後省。昇明二年，復置。建元二年，分荊州巴東建平、益州巴郡爲州〔二〕，立刺史，而領巴東太守，又割涪陵郡屬。永明元年省，各還本屬焉。

巴東郡

魚復　胊䏰　南浦　聶陽〔三〕　巴渠　新浦　漢豐

建平郡

巫　秭歸　北井　秦昌〔四〕　沙渠　新鄉

巴郡

江州　枳　墊江　臨江

涪陵郡

漢平　涪陵　漢玫〔五〕

郢州，鎮夏口，舊要害也。吳置督將爲魯口屯，對魯山岸，因爲名也。晉永嘉中，荊州刺史都督山簡自襄陽避賊奔夏口，庾翼爲荊州，治夏口，並依地嶮也。太元中，荊州刺史桓沖移鎮上明，上表言：「氐賊送死之日，舊郢以北壁相望〔六〕，待以不戰。江州刺史桓嗣宜進屯夏口，據上下之中，於事爲便。」義熙元年，冠軍將軍劉毅以爲夏口二州之中，地居形要，控接湘川，邊帶溳、沔，請并州刺史劉道規鎮夏口。夏口城據黃鵠磯，世傳仙人子安乘黃鵠過此上也。邊江峻嶮，樓櫓高危，瞰臨沔、漢，應接司部，宋孝武置州如此〔七〕，以分荊楚之勢。領郡如左：

荊

江夏郡

沙陽　蒲圻　灄陽　汝南　沌陽　惠懷

竟陵郡

竟陵　雲杜　霄城　萇壽　新市　新陽

武陵郡

沅陵　臨沅　零陵〔八〕　辰陽　酉陽　沅南　漢壽　龍陽　潕陽〔九〕　黚陽

巴陵郡

下雋　州陵　巴陵　監利

武昌郡

武昌　鄂　陽新　義寧 寄治鄂　真陽 永明三年戶口簿無

西陽郡

西陵　蘄陽　西陽　孝寧　期思 永明三年戶口簿無　義安左縣　希水左縣　東安左

縣　蘄水左縣 永明三年置

齊興郡 永明三年置

綏懷　齊康　茸波　綏平　齊寧　上蔡 永明三年戶口簿無

東牂柯郡 永明三年戶口簿云「新置，無屬縣」。

宜　南平陽　西新市　南新市　西平陽　東新市

方城左郡

　城陽　歸義

北新陽郡

　西新陽　安吉　長寧

義安左郡

　綏安

南新陽左郡

　南新陽　新興　北新陽　角陵　新安

北遂安左郡　永明三年簿云「五縣皆缺」。

　東城　綏化　富城　南城　新安

新平左郡

　平陽　新市　安城

建安左郡

　霄城

司州，鎮義陽。宋景平初，失河南地，元嘉末〔一〇〕，僑立州於汝南縣瓠，尋罷。泰始中，立州於義陽郡。有三關之隘，北接陳、汝，控帶許、洛。自此以來，常爲邊鎮。泰始既遷，領義陽，僑立汝南，領三郡。元徽四年，又領安陸、隨、安蠻三郡。領郡如左：

南義陽郡　平陽　義陽　保城〔一一〕　郾　鍾武　環水

北義陽郡　孝昌　平興　義昌　平陽　南安　平春

隨郡　隨　永陽　闕西　安化

安陸郡（寄州治）　安陸　應城　新市　新陽　宣化

汝南郡（寄州治）　平輿　北新息　真陽　安城　南新息　安陽　臨汝　汝南　上蔡

齊安郡　齊安　始安　義城　南安　義昌　義安

淮南郡　閣口　平氏

宋安左郡　仰澤　樂寧　襄城

安蠻左郡　木蘭　新化　懷　中聶陽　南聶陽　安蠻

永寧左郡　中曲陵　曲陵　孝懷　安德

東義陽左郡　永寧　革音　威清　永平

東新安左郡　第五　南平林　始平　始安　平林　義昌　固城　新化　西平

新城左郡　孝懷　中曲　南曲陵　懷昌

圍山左郡

及剌　章平　北曲　洛陽　圍山　曲陵

建寧左郡

　建寧　陽城

北淮安左郡

　高邑

南淮安左郡

　慕化　柏源

北隨安左郡

　濟山　油潘〔三〕

東隨安左郡

　西隨　高城　牢山

雍州，鎮襄陽，晉中朝荊州都督所治也。元帝以魏該爲雍州，鎮鄼城，襄陽別有重戍。庾翼爲荊州，謀北伐，鎮襄陽。自永嘉亂，襄陽民戶流荒。咸康八年，尚書殷融言：「襄陽、石城，疆場之地，對接荒寇。諸荒殘寄治郡縣，民戶寡少，可并合之。」朱序爲雍州，於

襄陽立僑郡縣，沒苻氏。氏敗，復還南，復用朱序。襄陽左右，田土肥良，桑梓野澤，處處而有。郡恢爲雍州，于時舊民甚少，新户稍多。宋元嘉中，割荆州五郡屬，遂爲大鎮。疆蠻帶沔，阻以重山，北接宛、洛，平塗直至，跨對樊、沔，爲鄢郢北門。部領蠻左，故別置蠻府焉。領郡如左：

襄陽郡
　襄陽　中廬　邔　建昌

南陽郡
　宛　涅陽　冠軍　舞陰　酈　云陽　許昌

新野郡
　新野　山都　池陽　穰　交木　惠懷

始平郡

廣平郡
　武當　武陽〔三〕　始平　平陽

　鄀　比陽　廣平　陰〔四〕

京兆郡

鄧　新豐　杜　魏

扶風郡　筑陽　郿　汎陽

馮翊郡　郃　蓮勺　高陸

河南郡

河南　新城　棘陽　襄鄉　河陰

南天水郡　略陽　華陰　西

義成郡　萬年　義成

建昌郡　永興　安寧

華山郡　藍田　華山　上黃

南上洛郡　建武中，此以下郡皆沒虜。

上洛　商

北河南郡

新蔡　汝陰　上蔡　縱氏　洛陽　新安　固始　苞信

弘農郡

邯鄲　圉　盧氏

從陽郡〔一五〕

南鄉　槐里　清水　丹水　鄭　從陽

西汝南郡

北上洛郡

齊安郡

齊康郡

招義郡

右五郡，不見屬縣。

寧蠻府領郡如左：

西新安郡

新安　汎陽　安化　南安

義寧郡

筑　義寧　汎陽　武當　南陽〔一六〕

南襄郡

新安　武昌　建武　武平

北建武郡

東莨秋　霸　北郡〔一七〕　高羅　西莨秋　平丘

蔡陽郡

樂安　東蔡陽　西蔡陽　新化　楊子　新安

永安郡

東安樂　新安　西安樂　勞泉

安定郡

思歸　歸化　皋亭　新安　士漢　士頃

懷化郡

武寧郡　懷化　編　遂城　精陽　新化　遂寧　新陽

新陽郡　新安　武寧　懷寧　新城　永寧

義安郡　東平林　頭章　新安　朗城　新市　新陽　武安　西林

郊鄉　東里　永明　山都　義寧　西里　義安　南錫　義清

高安郡　高安　新集

左義陽郡

南襄城郡

廣昌郡

東襄城郡

北襄城郡

懷安郡

北弘農郡

西弘農郡

析陽郡

北義陽郡

漢廣郡

中襄城郡

右十一郡沒虜。

湘州，鎮長沙郡。湘川之奧，民豐土閑。晉永嘉元年，分荆州置，苟眺爲刺史〔一八〕。此後三省，輒復置。元嘉十八年置〔一九〕，至今爲舊鎮。南通嶺表，屑齒荆區。領郡如左：

長沙郡　臨湘　羅　湘陰　醴陵　劉陽〔二○〕　建寧　吳昌

桂陽郡　郴　臨武　南平　耒陽　晉寧　汝城

零陵郡

泉陵　洮陽　零陵　祁陽　觀陽　永昌　應陽

衡陽郡　湘西　益陽　湘鄉　新康　衡山

營陽郡　營道　泠道　營浦　春陵

湘東郡　茶陵　新寧　攸　臨蒸　重安　陰山

邵陵郡　都梁　邵陵　高平　武剛　建興　邵陽　扶

始興郡　曲江　桂陽　仁化　陽山　令階　含洭　靈溪　中宿　滇陽〔二〕　始興

臨賀郡　臨賀　馮乘　富川　封陽　謝沐　興安　寧新　開建　撫寧

始安郡　本名始建，齊改。　始安　荔浦　建陵左縣　熙平　永豐　平樂

齊熙郡

梁州，鎮南鄭。魏景元四年平蜀所置也。晉永嘉元年，蜀賊没漢中，刺史張光治魏興，三年，還漢中。建興元年，又爲氐楊難敵所没。桓温平蜀，復舊土。後爲譙縱所没，縱平復舊。每失漢中，刺史輒鎮魏興。漢中爲巴蜀扞蔽，故劉備得漢中，云「曹公雖來，無能爲也」。是以蜀有難，漢中輒没。雖時還復，而户口殘耗。宋元嘉中，甄法護爲氐所攻，失守。蕭思話復還漢中。後氐、虜數相攻擊，關隴流民，多避難歸化，於是民户稍實。州境與氐、胡相隣，亦爲威御之鎮。領郡如左：

漢中郡
南鄭　城固　沔陽　西鄉　西上庸

魏興郡
西城　旬陽　興晉　廣昌　南廣城 永元志無　廣城

新興郡 永元二年志無
吉陽　東關

南新城郡

房陵　綏陽　昌魏　祁鄉　閬陽　樂平

上庸郡　上庸　武陵　齊安　北巫　上廉　微陽　新豐　新安　吉陽

晉壽郡　晉壽　邵歡　興安　白水

華陽郡　宕渠　華陽　興宋　嘉昌

新巴郡　新巴　晉城　晉安

北巴西郡　閬中　安漢　宋壽　南國　西國　平周　漢昌

巴渠郡　宣漢　晉興　始興　巴渠　東關　始安　下蒲

懷安郡　懷安　義存

宋熙郡

興平　宋安　陽安　元壽　嘉昌〈永元志無〉

白水郡

晉壽　新巴　漢德　益昌　興安　平周

南上洛郡

上洛　商　流民〈三二〉　北豐陽　渠陽　義陽〈三三〉

北上洛郡

上洛　商　豐陽〈永元志無〉　流民〈新附〉　柤陽〈三四〉　陽亭　齊化　西豐陽　東鄋陽　齊寧

安康郡〈永元志無〉

京兆　新寧〈永元志無〉　新附

安康郡

安康　寧都

南宕渠郡

宕渠　漢安　宣漢　宋康

懷安郡〈三五〉

永豐　綏成〈三六〉　預德

北陰平郡

陰平　平武

南陰平郡

陰平　懷舊

齊興郡

齊興　永元志無　安昌　永元志無　郇鄉　錫〔二七〕　安富　略陽

晉昌郡

安晉　宣漢　吉陽　葭壽　東關　新興　延壽　安樂

東晉壽郡

右一郡，縣邑事亡。

弘農郡

東昌魏郡

略陽郡

北梓潼郡

廣長郡

江陽郡

南部郡

南安郡

建安郡

壽陽郡

南陽郡

宋寧郡

歸化郡

始安郡

平南郡

懷寧郡

新興郡

南平郡

齊兆郡

齊昌郡

新化郡

寧章郡

隣溪郡

京兆郡

義陽郡

歸復郡

安寧郡

東宕渠郡

宋安郡

齊安郡

凡四十五郡，荒或無民戶。

秦州，晉武帝泰始五年置。舊土有秦之富，跨帶隴坂。太康省，惠帝元康七年復置。十一年，桓溫以氐王楊國爲秦州刺史，未有民土。至太元十四年，雍州刺史朱序始督秦州，則中原亂，沒胡。穆帝永和八年，胡僞秦州刺史王擢降，仍以爲刺史，尋爲苻健所破。

孝武所置也。寄治襄陽，未有刺史，是後雍州刺史常督之。隆安二年，郭銓始爲梁南秦州刺史，州寄治漢中。四年，桓玄督七州，但云秦州。元興元年，以苻堅子宏爲北秦州刺史。自此荆州都督常督秦州，梁州常帶南秦州刺史〔二九〕。義熙三年，以氐王楊國爲北秦州刺史。史。十四年，置東秦州，劉義眞爲刺史。郭恭爲梁州刺史，尹雅爲秦州刺史。宋文帝爲荆州都督，督秦州，又進督北秦州。永明郡國志秦州寄治漢中南鄭，不曰南北。元嘉計偕亦云秦州，而荆州都督常督二秦、梁、南秦一刺史。是則志所載秦州爲南秦，氐爲北秦。領郡如左：

武都郡
　下辯　上禄　陳倉

略陽郡
　略陽　臨漢

安固郡
　安固　南桓陵〔三〇〕

西扶風郡
　郿　武功

京兆郡　杜　藍田　鄠

南太原郡　平陶

始平郡　始平　槐里　宋熙

天水郡　新陽　河陽〔二〕

安定郡　宋興　朝那

南安郡　桓道　中陶

金城郡　金城　榆中　臨洮　襄〔三〕

馮翊郡

蓮勺　頻陽　下邽　萬年　高陵〔三三〕

隴西郡
河關　狄道　首陽　大夏

仇池郡
上辯　倉泉　白石　夷安

東寧郡
西安　北地　南漢

益州，鎮成都，起魏景元四年所治也。開拓夷荒，稍成郡縣，如漢之永昌，晉之雲山之類是也。蜀侯煇、壯以來〔三四〕，四爲偏據，故諸葛亮云「益州險塞，沃野天府」。劉頌亦謂「成都宜處親子弟，以爲王國」，故立成都王穎，竟不之國。三峽險阻，蠻夷孔熾。西通芮芮河南，亦如漢武威張掖，爲西域之道也。方面疆鎮，塗出萬里，晉世以處武臣。宋世亦以險遠，諸王不牧。泰始中，成都市橋忽生小洲，始康人邵碩有術數，見之曰：「洲生近市，當有貴王臨境〔三五〕。」永明二年，而始興王鎮爲刺史。州土璗富，西方之一都焉。領夷、齊諸郡如左：巴、涪陵二郡，見巴州。

蜀郡

　成都　郫　牛鞞　繁　永昌

廣漢郡

　雒　什方[三六]　新都　郪　伍城　陽泉

晉康郡[三七]

　江原　臨邛　徙陽[三八]　晉樂　漢嘉

寧蜀郡

　廣漢　升遷　廣都　墊江

汶山郡

　都安　齊基　渞官[三九]

南陰平郡

　陰平　綿竹　南鄭　南長樂

東遂寧郡

　巴興　小漢[四○]　晉興　德陽

始康郡

康晉　談　新成〔四一〕

宋寧郡〔四二〕　欣平　永安　宜昌

安興郡〔四三〕　南漢　建昌

犍爲郡　僰道　南安　資中　冶官　武陽

江陽郡　江陽　常安　漢安　綿水〔四四〕

安固郡　桓陵　臨渭　興固　南苞　清水　沔陽　南城固

懷寧郡　萬年　西平　懷道　始平

巴西郡　閬中　安漢　西充國　南充國　漢昌　平州　益昌　晉興　東關

梓潼郡　涪　梓潼　漢德　新興　萬安　西浦

東江陽郡　漢安　安樂　綿水

南晉壽郡　南晉壽　白水〔四五〕　南興

西宕渠郡　宕渠　宣漢　漢初　東關

天水郡　西　上邽　冀　宋興

南新巴郡　新巴　晉熙　桓陵　永元志，寄治陰平。

北陰平郡　陰平　南陽　北桓陵　扶風　慎陽　京兆　綏歸

新城郡

下辯　略陽　漢陽　安定

扶風郡　見永元三年志

武江　華陰　茂陵

南安郡　見永元三年志

南安　華陽　白水　樂安　桓道

東宕渠獠郡

宕渠　平州　漢初

北部都尉

越嶲獠郡

沈黎獠郡
蚕陵令，無户數。

甘松獠郡

始平獠郡

齊開左郡

齊通左郡

右二左郡，建武三年置。

寧州，鎮建寧郡，本益州南中，諸葛亮所謂不毛之地也。道遠土堉，蠻夷衆多，齊民甚少，諸爨氏彊族〔四六〕，恃遠擅命，故數有土反之虞。領郡如左：

建平郡〔四七〕 同樂 同瀨〔四八〕 牧麻 新興 新定 味 同並 萬安 昆澤 漏江 談稾 毋單

存䮝

南廣郡 南廣 常遷 晉昌 新興

南朱提郡 朱提 漢陽 堂狼 南秦

南牂柯郡 且蘭 萬壽 毋斂 晉樂 綏寧 丹南

梁水郡 梁水 西隨 毋棳 勝休〔四九〕 新豐 建安 驃封〔五〇〕

建寧郡〔五一〕 新安 永豐 綏雲〔五二〕 遂安 麻雅〔五三〕 臨江

晉寧郡 建伶 連然 滇池 俞元 穀昌 秦臧 雙柏

雲南郡 東古復 西古復 雲平 邪龍

西平郡 西平 暖江〔五四〕 都陽 西寧 晉綏 新城

夜郎郡 夜郎 談柏〔五五〕 談樂 廣談

東河陽郡 東河陽 楪榆

西河陽郡 比蘇〔五六〕 建安 成昌

平蠻郡

平蠻郡　鱉〔五七〕

興古郡

西中〔五八〕　宛暖　律高　句町　漏臥　南興

興寧郡

青蛉　弄棟〔五九〕

西阿郡

楪榆　新豐　遂〔六〇〕

平樂郡

益寧　安寧

北朱提郡

河陽　義城

宋昌郡

江陽　安上　犍爲

永昌郡　有名無民日空荒不立

永安　永〔六一〕　不建　犍瓊　雍鄉　西城　博南

益寧郡 永明五年，刺史董仲舒啟置，領二縣，無民户，自此已後皆然也。

武陽 綿水

南犍爲郡 永明二年置

西益郡

江陽郡

犍爲郡

永興郡

永寧郡

安寧郡

右六郡，隆昌元年置。

東朱提郡 延興元年立

安上郡 建武三年，刺史郭安明啟置。

贊曰：郡國既建，因州而部〔六二〕。離過十三，合不踰九。分城列邑，名號殷阜。遷徙叛逆〔六三〕，代亡代有。

校勘記

〔一〕 僮陽　本書卷五八蠻傳作「潼陽」，疑是。水經注卷三二沮水：「沮水東南流，逕沮陽縣東南。縣有潼水，東逕其縣南，下入沮水。」熊會貞按云：「宋置潼陽縣，取潼水之陽爲名，今本宋齊志並訛作『僮』。」

〔二〕 分荆州巴東益州巴郡爲州　「建平」，原作「建年」，按御覽卷二四二引齊職儀，建平郡原隸三巴校尉，「建元二年省校尉，改置巴州刺史」，今據改。

〔三〕 聶陽　宋書卷三七州郡志三作「鼉陽」。

〔四〕 秦昌　宋書卷三七郡郡志三及水經注卷三四江水二作「泰昌」，疑是。按隋書卷二九地理志上、太平寰宇記卷一四八山南東道作「大昌」。

〔五〕 漢玦　汲本作「漢玫」，局本作「漢玦」。

〔六〕 舊郢以北壁相望　「壁」，殿本有「堅」字。

〔七〕 宋孝武置州如此　「如」，南監本、北監本、汲本、殿本、局本作「於」。

〔八〕 零陵　漢書卷二八上地理志上、續漢志二二郡國志四、宋書卷三七州郡志三、晉書卷一五地理志下、水經注卷三七沅水並作「遷陵」，疑是。

〔九〕 灊陽　南監本、宋書卷三七州郡志三、晉書卷一五地理志下作「舞陽」。

〔一〇〕 元嘉末　「末」，原作「宋」，據局本、宋書卷三六州郡志二改。

〔一〕保城　宋書卷三六州郡志二作「寶城」。

〔二〕油潘　南監本作「油」。

〔三〕武陽　宋書卷三七州郡志三作「武功」。

〔四〕陰　原作「陽」，據宋書卷三七州郡志三改。

〔五〕從陽郡　「從陽」，北監本、汲本、殿本作「順陽」，下文「從陽」同。按「從陽」即「順陽」，蕭子顯避梁武帝父諱改。

〔六〕南陽　汲本、局本作「武陽」。

〔七〕北郡　疑當作「北都」。按「郡」、「都」形近易訛，水經注卷二八沔水中云：「頡，都人也。」趙改「都」，云：「按郡字似誤刻，不然與本文何異乎？」隸釋載此文，作都人。』戴改同。守敬云：「朱『都』作『郡』，戴曰：『宋本作郡人也。』」箋曰：『宋本作郡人也。』」

〔八〕苟眺為刺史　「苟眺」，按晉書卷五孝懷帝紀同，晉書卷一〇〇杜弢傳作「荀眺」。

〔九〕元嘉十八年置　「十八」，疑當作「十六」。按宋書卷五文帝紀載元嘉十六年正月癸巳「復分荊州置湘州」。

〔一〇〕劉陽　南監本、北監本、汲本、殿本、局本、宋書卷三七州郡志三作「瀏陽」。按晉書卷一五地理志下亦作「劉陽」。

〔一一〕滇陽　南監本作「貞陽」。按宋書卷三七州郡志三云：「漢舊縣，名滇陽（中略）宋明帝泰始

〔三〕 三年，改『滇』爲『貞』。

〔三〕 流民 「流」下原衍「風」字，據南監本、宋書卷三七州郡志三刪。

〔三〕 義陽 宋書卷三七州郡志三作「義」。

〔四〕 秬陽 宋書卷三七州郡志三作「拒陽」。

〔五〕 懷安郡 「懷安」，南監本、北監本、殿本、宋書卷三七州郡志三作「懷漢」。

〔六〕 綏成 宋書卷三七州郡志三作「綏來」。

〔七〕 錫 漢書卷二八上地理志上作「錫」。水經注卷二七沔水：「漢水又東逕魏興郡之錫縣故城北（中略）縣故春秋之錫穴地也，故屬漢中，王莽之錫治也。」楊守敬按云：「考漢志作錫，續漢志及晉宋齊志作錫（中略）是古本原無定字，故縣名亦有更改。」

〔二八〕 一五地理志下亦作「錫」。按續漢志二三郡國志五、宋書卷三七州郡志三、晉書卷

〔二九〕 建寧郡 汲本作「熙寧郡」。

〔三〕 梁州常帶南秦州刺史 「常」，原作「當」，據局本改。按上文云「自此荆州都督常督秦州」，可參。

〔三〕 南桓陵 「陵」字原闕，據南監本、北監本、汲本、殿本、局本、宋書卷三七州郡志三補。

〔三〕 河陽 漢書卷二八下地理志下、續漢志二三郡國志五、宋書卷三七州郡志三、魏書卷一〇六地形志下並作「阿陽」。按漢書卷三高后紀顏師古注曰：「阿陽，天水之縣也。今流俗書本或

志第七　州郡下

三四三

作「河陽」者，非也。

〔三二〕 襄 胡阿祥南齊書州郡志札記云：「舊無「襄」縣，當作「襄武」，志脫一「武」字。襄武，漢舊縣，宋志隴西郡所領，後與臨洮俱度屬金城郡。」

〔三三〕 高陵 宋書卷三七州郡志三作「高陸」。

〔三四〕 蜀侯煇壯以來 「壯」，原作「杜」，按史記卷七一甘茂列傳「蜀侯煇、相壯反」，今據改。

〔三五〕 當有貴王臨境 「當」，原作「常」，據南監本、北監本、殿本、局本、南史卷四三齊高帝諸子下始興簡王鑑傳改。

〔三六〕 什邡 本書卷三五高十二王始興簡王鑑傳、續漢志二三郡國志五、宋書卷三八州郡志四作「什邡」。

〔三七〕 晉康郡 「晉康」，宋書卷三八州郡志四作「晉原」，疑是。按元和郡縣圖志卷三一劍南道上，蜀州晉原縣「本漢江原縣，屬蜀郡。李雄時改爲漢原，晉爲晉原，周立多融縣，又改爲晉原，屬益州」。胡阿祥南齊書州郡志札記云：「晉康郡疑爲晉原郡之誤，「康」、「原」爲字形相似致訛。」

〔三八〕 徙陽 原作「從陽」，據晉書卷一四地理志上改。

〔三九〕 渻官 南監本、宋書卷三八州郡志四作「晏官」。

〔四〇〕 小漢 南監本、宋書卷三八州郡志四作「廣漢」。

〔四一〕 宋寧郡 「宋」字原漫漶，據南監本、局本、宋書卷三八州郡志四補，三朝本、北監本、汲本、殿本作「永」。

〔四二〕 新成 汲本、局本、宋書卷三八州郡志四作「新城」。

〔四三〕 安興郡 「安興」，南監本、宋書卷三八州郡志四作「宋興」。

〔四四〕 綿水 「水」字原無，據宋書卷三八州郡志四補。

〔四五〕 白水 原作「泉」，按本卷梁州晉壽郡轄領白水縣，據改。

〔四六〕 諸爨氏彊族 「爨氏」，疑當作「爨氏」。按華陽國志卷四南中志云「大姓爨氏」，可參。

〔四七〕 建平郡 「建平」，宋書卷三八州郡志四作「建寧」。

〔四八〕 同瀨 漢書卷二八上地理志上、水經注卷三六溫水作「銅瀨」，續漢志二三郡國志五、宋書卷三八州郡志四、晉書卷一四地理志上作「同瀨」。

〔四九〕 勝休 宋書卷三八州郡志四作「騰休」，晉書卷一四地理志上作「滕休」。按漢書卷二八上地理志上、續漢志二三郡國志五、水經注卷三六溫水亦作「勝休」。

〔五〇〕 驃封 漢書卷二八上地理志上、續漢志二三郡國志五、宋書卷三八州郡志四、晉書卷一四地理志上、華陽國志卷四南中志、水經注卷三六溫水作「鐔封」。

〔五一〕 建寧郡 「建寧」，宋書卷三八州郡志四作「建都」。

〔五二〕 綏雲 宋書卷三八州郡志四作「經雲」。

〔五三〕麻雅　宋書卷三八州郡志四作「麻應」。

〔五四〕暖江　宋書卷三八州郡志四作「温江」。

〔五五〕談柏　漢書卷二八上地理志上、續漢志二三郡國志五、華陽國志卷四南中志作「談指」。按宋書卷三八州郡志四亦作「談柏」。

〔五六〕比蘇　宋書卷三八州郡志四作「芘蘇」。

〔五七〕嬰　原作「轂邑」，據漢書卷二八上地理志上、續漢志二三郡國志五、宋書卷三八州郡志四改。

〔五八〕西中　宋書卷三八州郡志四作「西安」。

〔五九〕弄棟　續漢志二三郡國志五、宋書卷三八州郡志四、晉書卷一四地理志上、華陽國志卷四南中志、水經注卷三六若水作「梇棟」。按漢書卷二八上地理志上亦作「弄棟」。

〔六〇〕遂　疑當作「遂段」。按宋書卷三八州郡志四「東河陽太守條云：「永初郡國又有西河陽」，領楪榆、遂段、新豐三縣。」

〔六一〕永　疑當作「永壽」。按晉書卷一四地理志上、華陽國志卷四南中志，永昌郡領永壽縣。

〔六二〕因州而部　「部」，北監本、汲本、殿本作「剖」。

〔六三〕遷徙叛逆　汲本、局本作「遷移叛逆」，初學記卷八引蕭子顯齊書郡國志贊作「遷移區併」。

點校本二十四史修訂本

〔梁〕蕭子顯 撰

南齊書

第二冊

卷一六至卷三九

中華書局

2017 年 8 月第 1 版　　2025 年 3 月第 4 次印刷

ISBN 978-7-101-12715-7

志第八

百官

建官設職，興自炎昊，方乎隆周之册，表乎盛漢之書。存改回沇，備於歷代，先賢往學，以之雕篆者衆矣。若夫胡廣舊儀，事惟簡撮，應劭官典，殆無遺恨。王朗奏議，屬霸國之初基，陳矯增曹，由軍事而補闕。今則有魏氏官儀，魚豢中外官也。山濤以意辯人，不在位次〔一〕。荀勗欲去事煩，唯論并省。定制成文，本之晉令，後代承業，案爲前准。肇域官品，區別階資〔二〕，蔚宗選簿梗槩，欽明階次詳悉，虞通、劉寅因荀氏之作，矯舊增新，今古相校。齊受宋禪，事遵常典，既有司存，無所偏廢。其餘散在史注，多已筌拾，覽者易知，不重述也。諸臺府郎令史職吏以下，具見長水校尉王珪之職儀。

國相〔三〕。

蕭、曹以來，爲人臣極位。宋孝建用南譙王義宣。至齊不用人，以爲贈，不列官。

太宰。

宋大明用江夏王義恭，以後無人。齊以爲贈。

太傅。

太師、太保、太傅〔四〕周舊官。漢末，董卓爲太師。晉惠帝初，衞瓘爲太保。自後無太師，而太保爲贈。齊唯置太傅。

大司馬。

大將軍。

宋元嘉用彭城王義康，後無人。齊以爲贈。

太尉。

司徒。

司空。

三公，舊爲通官。司徒府領天下州郡名數戶口簿籍，雖無〔五〕，常置左右長史、左西

掾屬、主簿、祭酒、令史以下，晉世王導爲司徒，右長史干寶撰立官府職儀已具。

特進。

　　位從公。

諸開府儀同三司。

驃騎將軍。

車騎將軍。

衛將軍。

鎮軍將軍。

中軍將軍。

撫軍將軍。

四征將軍。　東、西、南、北。

四鎮將軍。

凡諸將軍加「大」字，位從公。開府儀同如公。凡公督府置佐：長史、司馬各一人，諮議參軍二人。諸曹有録事，功曹，記室，户曹，倉曹，中、直兵，外兵，騎兵，長流，賊曹，城局，法曹，田曹，水曹，鎧曹，集曹，右户十八曹〔六〕。城局曹以上署正

參軍[七]，法曹以下署行參軍，各一人。其行參軍無署者，爲長兼員。其府佐史則從事中郎二人，倉曹掾、戶曹屬、東西閣祭酒各一人，主簿、舍人、御屬二人。加崇者，則左右長史四人，中郎、掾屬並增數。其未及開府，則置府亦有佐史，其數有減。小府無長流，置禁防參軍。

四安將軍。

四平將軍。

左、右、前、後將軍。

征虜將軍。

四中郎將。

冠軍將軍。晉世荀羨、王胡之並居此官。宋、齊以來，唯處諸王，素族無爲者。

輔國將軍。

寧朔將軍。

寧遠將軍。

龍驤將軍。

凡諸小號，亦有置府者。

太常。

府置丞一人，五官、功曹、主簿，九府九史皆然。領官如左：

博士，謂之太學博士。

國子祭酒一人。博士二人。助教十人。

建元四年，有司奏置國學，祭酒准諸曹尚書，博士准中書郎，助教准南臺御史。選經學爲先。若其人難備，給事中以還明經者，以本位領。其下典學二人，三品，准太常主簿；戶曹、儀曹各二人，五品；白簿治禮吏八人，六品；保學醫二人；威儀二人。其夏，國諱廢學，有司奏省助教以下。永明三年，立學，尚書令王儉領祭酒。

八年，國子博士何胤單爲祭酒，疑所服，陸澄等皆不能據，遂以玄服臨試。月餘日，博議定，乃服朱衣。

總明觀祭酒一人。

右泰始六年，以國學廢，初置總明觀，玄、儒、文、史四科，科置學士各十人，正令史一人，書令史二人，幹一人，門吏一人，典觀吏二人。建元中，掌治五禮。永明三

年，國學建，省。

太廟令一人，丞一人。

明堂令一人，丞一人。

太祝令一人，丞一人。

太史令一人，丞一人。

廩犧令一人，丞一人。

置令丞以下皆有職吏。

太樂令一人，丞一人。

諸陵令。

永明末置，用二品三品勳。置主簿、戶曹各一人，六品保舉。

光禄勳。

府置丞一人。領官如左：

左右光禄大夫。

位從公，開府置佐史如公。

光禄大夫。

皆銀章青綬，詔加金章紫綬者，爲金紫光祿大夫。

金，晏乃啓轉爲金紫，不行。樂安任遐爲光祿，就王晏乞一片

太中大夫。

中散大夫。

諸大夫官，皆處舊齒老年，重者加親信二十人。

衛尉。

　府置丞一人。掌宮城管籥。張衡西京賦曰「衛尉八屯，警夜巡晝」。宮城諸却敵樓上本施鼓，持夜者以應更唱，太祖以鼓多驚眠，改以鐵磬云。

廷尉。

　府置丞一人，正一人，監一人，評一人，律博士一人。

大司農。

　府置丞一人。領官如左：

　太倉令一人，丞一人。

　導官令一人，丞一人。

　藉田令一人，丞一人。

少府。

府置丞一人。領官如左：

左右尚方令各一人，丞一人。

鍛署丞一人〔八〕。永明三年省，四年復置。

御府令一人，丞一人。

東冶令一人，丞一人。

南冶令一人，丞一人。

平准令一人，丞一人。

上林令一人，丞一人。亦屬尚書殿中曹。

將作大匠。

太僕。

大鴻臚。

三卿不常置。將作掌宮廟土木。太僕掌郊禮執轡。鴻臚掌導護贊拜。有事權置

兼官，畢乃省。

乘黃令一人。

掌五輅安車，大行凶器轀輬車。

客館令。

掌四方賓客。

宣德衞尉、少府、太僕。

鬱林王立，文安太后即尊號，以宮名置之。

大長秋。

鬱林立皇后置。

錄尚書。

尚書令。

左僕射。

總領尚書臺二十曹[九]，爲內臺主。行遇諸王以下，皆禁駐。左右僕射分道。無令，左僕射爲臺主，與令同。

令。

領殿中主客二曹事，諸曹郊廟、園陵、車駕行幸、朝儀、臺內非違、文官舉補滿敍疾假事，其諸吉慶瑞應衆賀、災異賊發衆變、臨軒崇拜[一〇]、改號格制、苞官銓選，凡諸

除署、功論、封爵、貶黜、八議、疑讞、通關案，則左僕射主，右僕射次經，維是黃案，左僕射右僕射署〔二〕，朱符見字，經都丞竟，右僕射横畫成目，左僕射畫，令畫。右官闕，則以次并畫。若無左右，則直置僕射在其中間，總左右事。

吏部尚書。

領吏部、删定、三公、比部四曹。

度支尚書。

領度支、金部、倉部、起部四曹。

左民尚書。

領左民、駕部二曹。

都官尚書。

領都官、水部、庫部、功論四曹。

五兵尚書。

領中兵、外兵二曹。

祠部尚書。

右僕射通職，不俱置。

起部尚書。

興立宫廟權置，事畢省。

左丞一人。

掌宗廟郊祠、吉慶瑞應、災異、立作格制、諸案彈、選用除置、吏補滿除遣注職。

右丞一人。

掌兵士百工補役死叛考代年老疾病解遣、其内外諸庫藏穀帛刑皐創業諍訟田地船乘[一三]、稟拘兵工死叛考剔討補、差分百役兵器諸營署人領、州郡租布、民戶移徙[一三]、州郡縣併帖、城邑民戶割屬、刺史二千石令長丞尉被收及免贈[一四]、文武諸犯削官事。白案，右丞上署，左丞次署。黄案，左丞上署，右丞次署[一五]。自令僕以下五尚書，八座：二十曹各置郎中，令史以下，又置都令史分領之。僕射掌朝軌，尚書掌讞奏，都丞及詳讞大事宗廟朝廷儀體[一六]，左丞上署，右丞次署。諸立格制任碎在彈違。諸曹緣常及外詳讞事，應須命議相值者，皆郎先立意，應奏黄案及關事，以立意官爲議主。若命有諮，則以立意者爲議主。

凡辭訴有漫命者，曹緣諮如舊。

武庫令一人。

屬庫部。

車府令一人,丞一人。

屬駕部。

公車令一人。

太官令一人,丞一人。

太醫令一人,丞一人。

內外殿中監各一人。

內外驊騮廄丞各一人〔一七〕。

材官將軍一人,司馬一人。

屬起部,亦屬領軍。

侍中祭酒。 高功者稱之。

侍中。

漢世爲親近之職。魏、晉選用,稍增華重,而大意不異。宋文帝元嘉中,王華、王曇首、殷景仁等〔一八〕,並爲侍中,情在親密〔一九〕,與帝接膝共語〔二〇〕,貂拂帝手,拔貂置

案上，語畢復手插之。孝武時，侍中何偃南郊陪乘，鑾輅過白門閭，偃將匐，帝乃接之曰[二]：「朕乃陪卿[三]。」齊世朝會，多以美姿容者兼官。永元三年，東昏南郊，不欲親朝士，以主璽陪乘，前代未嘗有也。侍中呼爲門下，亦置令史。領官如左：

給事黃門侍郎。

亦管知詔令，世呼爲小門下。

散騎常侍。通直散騎常侍。員外散騎常侍[三]。

舊與侍中通官，其通直員外，用衰老人士，故其官漸替。宋大明雖華選比侍中[四]，而人情久習，終不見重，尋復如初。

散騎侍郎。通直散騎侍郎。員外散騎侍郎。

給事中。

奉朝請。

駙馬都尉。

集書省職，置正書令史。朝散用衣冠之餘，人數猥積。永明中，奉朝請至六百餘人。

中書監一人，令一人，侍郎四人，通事舍人無員。

中書省職，置主書、令史、正書。以下

祕書監一人，丞一人，郎。著作佐郎。

晉祕書閣有令史，掌衆書，見晉令，今亦置令史、正書及弟子，皆典教書畫。

御史中丞一人。

晉江左中丞司隸分督百僚，傅咸所云「行馬內外」是也。今中丞則職無不察，專道而行，驂�┌禁呵，加以聲色，武將相逢，輒致侵犯，若有鹵簿，至相毆擊。宋孝建二年制，中丞與尚書令分道，雖丞郎下朝相值，亦得斷之，餘內外衆官，皆受停駐。

治書侍御史二人。

侍御史十人。

蘭臺置諸曹內外督令史〔二五〕。以下

謁者僕射一人。

謁者十人。

謁者臺，掌朝觀賓饗。

領軍將軍、中領軍。

護軍將軍、中護軍。

凡爲中，小輕，同一官也。諸爲將軍官，皆敬領、護。諸王爲將軍，道相逢，則領、護讓道。置長史、司馬、五官、功曹、主簿。

左右二衞將軍。

驍騎將軍。

游擊將軍。

晉世以來，謂領、護至驍、游爲六軍。二衞置司馬次官功曹主簿〔三六〕。以下

左右二中郎將。

前軍將軍、後軍將軍、左軍將軍、右軍將軍，號四軍。

屯騎、步兵、射聲、越騎、長水五校尉。

虎賁中郎將。

冗從僕射。

羽林監。

積射將軍。

彊弩將軍。

殿中將軍、員外殿中將軍。

殿中司馬督。

武衛將軍。

武騎常侍。

自二衛、四軍、五校已下，謂之「西省」，而散騎爲「東省」。

丹陽尹。

位次九卿下。

太子太傅。

少傅。

府置丞、功曹、五官、主簿。

太子詹事。

府置丞一人。以下

太子率更令。

太子家令。

　置丞。

太子僕。

太子門大夫。

太子左右衛率各一。

太子翊軍步兵屯騎三校尉。

太子旅賁中郎將一人。

太子左右積弩將軍。

太子中庶子。

太子中舍人。

太子洗馬。

太子舍人。

太子殿中將軍、員外殿中將軍。

太子倉官令[二七]。

太子常從虎賁督。

右東宮職僚。

州牧、刺史。

魏、晉世州牧隆重，刺史任重者爲使持節都督，輕者爲持節督，起漢從帝時〔二八〕，御史中丞馮赦討九江賊，督揚、徐二州軍事，而何、徐宋志云起魏武遣諸州將督軍，王珪之職儀云起光武，並非也。晉太康中，都督知軍事，刺史治民，各用人。惠帝末，乃并任，非要州則單爲刺史。州朝置別駕，治中、議曹、文學、祭酒諸曹、部從事史〔二九〕。

護南蠻校尉。

府置佐史。隸荊州。晉、宋末省。建元元年，復置，三年，省。延興元年置，建武省。

護三巴校尉。宋置。建元二年，改爲刺史。

寧蠻校尉。府亦置佐史，隸雍州。

平蠻校尉。

鎮蠻校尉。永明三年置，隸益州。

護西戎校尉。隸寧州。

護羌校尉。

右四校尉，亦置四夷。

平越中郎將。府置佐史，隸廣州。

縣令、相。

郡太守、內史。郡縣爲國者，爲內史、相。

鎮蠻護軍。

安遠護軍。晉世雜號，多爲郡領之。

諸王師、友、文學各一人。

國官郎中令、中尉、大農爲三卿，左右常侍、侍郎、上軍、中軍、下軍三軍、典書、典祠、學官、典衞四令，食官、廄牧長、謁者以下。公侯置郎中令一卿。

贊曰：百司分置，惟皇命職。雲師鳥紀，各有其式。

校勘記

〔一〕不在位次 「在位次」三字原闕，據職官分紀卷一引南齊百官志補。

〔二〕區別階資 「資」字原闕，據南監本、北監本、汲本、殿本、局本補，職官分紀卷一引南齊百官志作「次」。

〔三〕國相 局本作「相國」。此疑有訛脫。按下云「宋孝建用南譙王義宣」、「至齊不用人，以爲贈」，均指丞相。

〔四〕太師太保太傅 永樂大典卷九一九引南齊書百官志作「太師太傅太保」。按三師位次，太傅當在太保前。

〔五〕雖無　此下疑當有「公」字。按宋書卷三九百官志上云：「司徒若無公，唯省舍人，其府常置。」

〔六〕諸曹有錄事功曹記室戶曹倉曹中直兵外兵騎兵長流賊曹城局法曹田曹水曹鎧曹集曹右戶十八曹　「功曹」原無，據通典卷二〇職官二補。

〔七〕城局曹以上署正參軍　「城」字原無，據通典卷二〇職官二補。

〔八〕鍛署丞一人　「鍛署丞」，職官分紀卷二二引南齊百官志作「鍛署令」。

〔九〕總領尚書臺二十曹　按「二十曹」，下文載尚書各部所領，計十六曹，合左僕射所領殿中、主客二曹，凡十八曹，尚闕二曹。通典卷二二職官四記南齊之制「右僕射領祠部、儀曹」，合之乃足「二十曹」之數。

〔一〇〕臨軒崇拜　「崇拜」，通典卷二二職官四作「策命」。

〔一一〕左僕射右僕射署　通典卷二二職官四、職官分紀卷八引南齊百官志作「左僕射上署右僕射次署」。

〔一二〕其內外諸庫藏穀帛刑皋創業諍訟田地船乘　「皋」，原作「皀」，據三朝本、南監本、北監本、汲本、殿本、局本改，通典卷二二職官四作「刻」，職官分紀卷八引南齊百官志作「害」。「創」，職官分紀卷八引南齊百官志作「割」。「業」，通典卷二二職官四作「架」。

〔一三〕民戶移徙　「民戶」上原衍「人」字，今刪。按通典卷二二職官四作「人戶移徙」，蓋避唐諱改

〔一四〕「民」爲「人」。

〔一五〕刺史二千石令長丞尉被收及免贈　「丞」字原無，據通典卷二二職官四補。

〔一六〕黃案左丞上署右丞次署　「右丞次署」原無，據通典卷二二職官四、冊府卷四五七臺省部、職官分紀卷八引南齊百官志補。

〔一七〕諸立格制及詳讞大事宗廟朝廷儀體　「宗廟」，通典卷二二職官四作「郊廟」。

〔一八〕「公車令一人」至「內外驛廄丞各一人」　按此數職，依下文俱「屬起部，亦屬領軍」，又冊府卷四五七臺省部：宋書卷四○百官志下，公車令、太官太醫令、丞，內外殿中監、內外驛廄丞「隸侍中」，諸職當隸侍中。疑有錯簡。

〔一九〕情在親密　「在」，通典卷二一職官三、御覽卷六八八引蕭子顯齊書、職官分紀卷六引南齊百官志作「任」。

〔二〇〕王華王曇首殷景仁等　「王華」之「王」字原漫漶，據南監本、北監本、汲本、殿本、局本補。

〔二一〕帝乃接之曰　「乃」，通典卷二一職官三、御覽卷二一九引宋書作「反手」。

〔二二〕與帝接膝共語　「共」字原漫漶，據三朝本、南監本、北監本、汲本、殿本、局本補。

〔二三〕朕乃陪卿　「乃」，通典卷二一職官三、御覽卷二一九引宋書、職官分紀卷六引南齊百官志作「反」。

〔二四〕員外散騎常侍　原作「員外散騎侍郎」，據職官分紀卷六引南齊百官志改。按下文有「員外

〔二四〕　散騎侍郎」，此當作「員外散騎常侍」。

〔二五〕　宋大明雖華選比侍中　「華選」，通典卷二一職官三、冊府卷四五七臺省部、職官分紀卷六引南齊百官志作「革選」。

〔二六〕　蘭臺諸曹內外督令史　「史」字原無，按通典卷三七職官一九齊官品敍有「蘭臺諸曹內外督令史」，今補正。

〔二六〕　二衞置司馬次官功曹主簿　「次官」，疑當作「五官」。按五官爲職官專名，宋書卷三九百官志上「自太常至長秋，皆置功曹、主簿、五官。漢東京諸郡有五官掾，因其名也」，本卷上文亦載領、護「置長史、司馬、五官、功曹、主簿」。

〔二七〕　太子倉官令　「倉官令」，疑當作「食官令」。按唐六典卷二七引齊職儀、通典卷三〇職官一二、南齊太子屬官有食官令，無倉官令。

〔二八〕　起漢從帝時　「從」，南監本、北監本、汲本、殿本作「順」。按「從帝」即「順帝」，蕭子顯避梁武帝父諱改。

〔二九〕　州朝置別駕治中議曹文學祭酒諸曹部從事史　「州朝」，南監本、局本、職官分紀卷四〇引南齊百官志作「州」。

南齊書 卷十七

志第九

輿服

昔三皇乘祇車出谷口。夏氏以奚仲爲車正。殷有瑞車，山車垂句是也。周禮匠人爲輿，以象天地。漢武天漢四年，朝諸侯甘泉宮，定輿服制，班于天下。光武建武十三年，得公孫述葆車，輿輦始具。蔡邕創立此志，馬彪勒成漢典，晉摯虞治禮，亦議五輅制度。江左之始，車服多闕，但有金戎，省充庭之儀。太興中，太子臨學，無高蓋車，元帝詔乘安車。元、明時，屬車唯九乘。永和中，石虎死後，舊工人奔叛歸國，稍造車輦。太元中，苻堅敗後，又得僞車輦，於是屬車增爲十二乘。義熙中，宋武平關、洛，得姚興僞車輦。宋大明改脩輦輅，妙盡時華，始備僞氏，復設充庭之制。永明中，更增藻飾，盛於前矣。案周禮以檢

漢志，名器不同，晉、宋改革，稍與世異，今記時事而已。

玉輅，漢金根也。漆畫輪，金塗縱容後路受福輗。兩廂上望板前優遊，通緣金塗鏤鍱，碧絞闟〔一〕，鑿鏤金薄帖。兩廂外織成衣，兩廂裏上施金塗鏤面釘，瑀瑂帖。望板廂上金薄帖金博山，登仙紐，松精。優遊上，和鸞鳥立花跌銜鈴〔二〕。銀帶瑀瑂筒瓦〔三〕，金塗鏤鍱，刀格，織成手匡金花鈿錦衣。優遊下，隱膝，裏施金塗鏤面釘，織成文〔四〕。優遊橫前，施瑀瑂帖，金塗花釘。優遊倒龍，後梢鑿銀瑀瑂龜甲，金帶花獸，金塗花沓、望板。金塗受福望龍諸校飾。抗及諸末，皆螭龍首〔五〕。龍汗板〔六〕，在車前，銀帶花獸，金塗受福、緣裏邊，鏤鍱瑀瑂織成衣。外，金塗博山、辟邪虎〔七〕、鳳皇銜花諸校飾。斗蓋，金塗鏤鍱，二十八爪支子花，黃錦斗衣，複碧絹柒布緣油頂〔八〕，絳毦。一轅，漆畫車衡，銀花帶，衡上金塗博山，四和鸞鳥立花跌銜鈴，所謂「鸞鳥立衡」也。又龍首銜軛，又髦插翟尾，上下花沓，絳緣系的〔一一〕，望繩八枚。旂十二旒〔一二〕，畫升龍，竿首金塗龍銜火燧幡〔一三〕，真毦。棨戟，織成衣，金塗沓駐及受福，金塗鴈鏤鍱。漆案立牀，在車中，錦複黃絞〔一四〕，爲案立衣。錦複黃絞鄣泥。八幅，長九尺，緣紅錦苞帶，織成花苞的〔一五〕。

五輅，江左相承駕四馬，左右騑爲六。施絳系游御繩，其重轂貳轄飛軨幡〔一六〕，用赤油令，有紫真毦〔一七〕。左纛，置左騑馬軛上。金鍐〔一八〕，金加冠，狀如三華形，在馬鍐上〔一九〕。方釳，

鐵，廣數寸，有三孔，插翟尾其中。

繁纓，金塗紫皮，紫真毦[二〇]，橫在馬膺前。鏤錫[二一]，刻金爲馬面

當顱。皆如古制。世祖永明初，加玉輅爲重蓋，又作麒麟頭，采畫，以馬首戴之。竟陵王子

良啓曰：「臣聞車旗有章，載自前史，器必依禮，服無舛法。凡蓋員象天，軫方法地，上無

二天之儀，下設兩蓋之飾，求之志錄，恐爲乖衷。又假爲麟首，加乎馬頭，事不師古，鮮或

可施。」建武中，明帝乃省重蓋等。

金輅。　制度校飾如玉輅而稍減少，亦以金塗。

象輅。　如金輅而制飾又減。

木輅。　制飾如象輅而尤減。

革輅，如大輅。　建大麾。　赤旗也。　首施火燧幡。

宋昇明三年，錫齊王大輅、戎輅各一。乘黃五輅，無大輅、戎輅。左丞王逡之議：「大

輅，殷之祭車，故不登周輅之名。而明堂位云『大輅，殷輅也』注云『大輅，木輅也』。月

令『中央土，乘大輅』注云『殷輅也』。禮器『大輅繁纓一就』，注云『大輅，殷之祭天車

也』。周禮五路，玉路、金路、象路、革路、木路。則周之木輅，殷之大路也。周革路建大

白，以即戎，此則戎路也。意謂國之大事，在祀與戎，故錫以殷祭天之車，與周之即戎之

路。祀則以殷，戎必以周者，明郊天義遠，建前代之禮，即戎事近，故以今世之制。明堂位

云『魯君孟春乘大路，載十有二旒日月之章，祀帝于郊〔二二〕』。天必以大輅以錫諸侯〔二三〕，

良有以也。今木路，即大路也。」太尉左長史王儉議，宜用金輅九旒。時乘黃無副，借用五

輅，大朝臨軒，權列三輅。

玉、金輅，建碧旒。　象、木輅，建赤旒。　永明初，太子步兵校尉伏曼容議，以爲「齊德尚

青，五路五牛及五色幡旗，並宜以先青爲次。軍容戎事之所乘，犧牲繭握之所薦，並宜悉

依尚色。三代服色，以姓音爲尚，漢不識音，故還尚其行運之色。今既無善律，則大齊所

尚，亦宜依漢道。若有善吹律者，便應還取姓尚」。太子僕周顒議：「三代姓音，古無前

記，裁音配尚，起自曼容。則是曼容善識姓聲，不復方假吹律。何故能識遠代之宮商，而

更迷皇朝之律呂，而云當今無知吹律以定所尚，宜附漢以從闕邪？皇朝本以行運爲所

尚，非關不定於音氏。如此，設有善律之知音，不宜遵聲以爲尚〔二四〕。」散騎常侍劉朗之等

十五人並議駮之，事不行。

皇太子象輅。　校飾如御，旒九旒降龍。

皇太后皇后重翟車，金塗校具，白地人馬錦帖，廂隱膝後戶，白牙的帖，金塗面釘，漆畫輪，鐵

鐋，金塗縱容後路轊，師子轄，抗檐皆施金塗蠣頭及神龍雀等諸飾〔二五〕。軛衡上施金博山，又有金塗長

角巴首。　蓋，金塗，爪支子花二十八，青油俠碧絹黃絞蓋，漆布裹。　紫顏苊，黃絞紫絞隨陰〔二六〕，碧苊。

外上施絳紫系絡〔二七〕。碧旂九旒，榮戟。宋元嘉東宮儀記云中宮僕御重翟金根車，未詳得稱為金根也。

皇太子妃厭翟車。如重翟，飾微減。

指南車。四周廂上施屋，指南人衣裙襦天衣，在廂中。上四角皆施龍子千〔二八〕，縣雜色真孔雀毦，烏布皂複幔，漆畫輪，駕牛，皆銅校飾。

記里鼓車。制如指南，上施華蓋子，繢衣漆畫，鼓機皆在內。

輦車，如犢車，竹蓬。廂外鑿鏤金薄，碧紗衣，織成芑，錦衣。廂裏及仰頂隱膝後戶，金塗鏤面〔二九〕，瑇瑁帖，金塗松精，登仙花紐，綠四緣，四望紗萌子，上下前後眉，鏤鍱。轅枕長角龍，白牙蘭，瑇瑁金塗校飾。漆虡塵板在蘭前〔三〇〕，金銀花獸玃天龍師子鏤面，榆花細指子摩尼炎〔三一〕，金龍虎。扶轅，銀口帶，龍輨軛上，金鳳皇鈴璪，銀口帶，星後梢，瑇瑁帖，金塗香沓〔三二〕，銀星花獸幔竿杖，金塗龍牽，縱橫長襴，背花香柒兆床副〔三三〕。自輦以下，二宮御車，皆綠油幢，絳系絡。其公主則碧油幢云。

司馬法曰「夏后氏輦曰余車〔三四〕，殷曰胡奴車，周曰輜車〔三五〕」，皆輦也。漢書叔孫通傳云「皇帝輦出房」，成帝輦過後宮，此朝宴並用也。輿服志云「輦車具金銀丹青采騰雕畫蒲陶之文，乘人以行」。信陽侯陰就見井丹，左右人進輦，是為臣下亦得乘之。

晉武帝給安平獻王孚雲母輦。晉中朝又有香衣輦，江左唯御所乘。

卧輦。校飾如坐輦，不甚服用。

漆畫輪車，金塗校飾如輦，微有減降。金塗鐺，縱容後輈師子副也。御爲羣公舉哀臨哭所乘。

皇后太子妃亦乘之。

漆畫牽車，小形如輿車，金塗縱容後路師子輈，鐵鐺，錦衣。御及皇太子所乘，即古之羊車也。廂裏隱膝後戶牙蘭，轅枕梢，幰竿戍棟梁[三六]，皆金塗校飾。

司隸校尉劉毅所奏。武帝詔曰：「羊車雖無制，非素者所服，免官。」晉泰始中，中護軍羊琇乘羊車，爲羊車，市人聚觀。」今不駕羊，猶呼牽此車者爲羊車云。晉珧傳云：「總角乘

輿車，形如軺車，柒畫，金校飾，錦衣。兩廂後戶隱膝牙蘭，皆瑇瑁帖，刀格，鏤面花釘。幰竿成校棟梁[三七]，下施八欄[三八]，金塗沓，兆牀副。人舉之。一曰小輿，小行幸乘之。皇太子亦得於宮內乘之。

衣書十二乘[三九]，檳榆轂輪，冀子璧[四〇]，綠油衣，廂外綠紗萌，油幢絡，通幰，竿刺代棟梁，柤橋真形龍牽，支子花。轅後伏神抗承泥沓[四一]，金塗校具。古副車之象也。今亦曰五時副車。

青萌車，是謂搶幔車[四二]。

油絡畫安車，公主、王妃、三公特進夫人所乘。漢制，皇后貴人紫罽軿車。晉皇后乘雲母油畫安車駕六，以兩轅安車駕五爲副。公主畫安車駕六，以兩轅安車駕三爲副。公

主畫安車駕三,三夫人青交絡安車駕三,皆以紫絳屩軿車駕三爲副。九嬪世婦軿車駕二,

王公妃特進夫人皂交絡爲副〔四三〕。漢賤軺車而貴軿車,晉賤輜軿而貴軺車,皆行禮所乘。

黃屋車,建碧旂九旒,九旒,鸞輅也。漢輿服志云:「金根車,蓋黃繒爲裏,謂之黃屋。」今金、玉

輅皆以黃地錦,唯此車以黃繒。皆金塗校具,黃隱隨陰,青毛羽,二十八爪支子花,絳系絡。九命上公

所乘。

青蓋安車,朱轓漆班輪,駕一,左右騑,通幰車爲副,諸王禮行所乘。

皂蓋安車,朱轓漆班輪,駕一,通幰牛車爲副,三公禮行所乘。

安車,黑耳皂蓋馬車〔四四〕,朱轓,駕一,牛車爲副,國公列侯禮行所乘。

馬車,駕一,九卿、領、護、二衛、驍游、四軍、五校從郊陵所乘。晉制,三公下至九卿,

又各安車黑耳一乘,公駕三,特進駕二,卿駕一,復各軺車施黑耳後戶皂輪一乘。

油絡軺車,尚書令、僕射、中書監、令、尚書、侍中、常侍、給事中、黃門、中書、散騎侍

郎〔四五〕,皆駕一牛,朝直所乘。晉制,尚書令施黑耳後戶皂輪,僕射、中書監、令直施後戶皂

輪,尚書無後戶,皆漆輪轂,今猶然。

安車,赤屏,駕一,又軺車,施後戶,爲副,太子二傅禮行所乘。

四望車,通幰、油幢絡,班桼輪轂。亦曰皂輪,以加禮貴臣。晉武詔給魏舒陽燧四望小

車。

三望車，制度如四望。或謂之夾望，亦以加禮貴臣。次四望。

油幢絡車，制似三望而減。王公加禮者之爲常乘，次三望。

平乘車，竹箕子壁仰〔四六〕，檳榆爲輪，通幰，竿刺代棟梁，柵橋真形龍牽，金塗支子花紐，轅頭後梢

沓伏神承泥。庶人亦然，但不通幰。三公諸王所乘。自四望至平乘，皆銅校飾。

輼輬車。四輪，飾如金根。四角龍首，施組銜璧，垂五采，析羽葆流蘇，前後雲氣錯畫帷裳，以素

爲池而繡藗。駕四白駱馬，太僕執轡。貴臣薨，亦如之，羽飾駕御，微有減降。

虞書曰：「予欲觀古人之象，日、月、星辰、山、龍、華蟲作繢，宗彝、藻、火、粉米、黼、黻

絺繡，以五采章施于五色。」天子服備日、月以下，公山、龍以下，侯伯華蟲以下，子男藻、火

以下，卿大夫粉米以下。天子六冕，王后六服，著在周官。公侯以下，咸有名則，佩玉組

綬，並具禮文，後代沿革，見漢志晉服制令，其冠十三品，見蔡邕獨斷，並不復具詳。宋明

帝泰始四年，更制五輅，議脩五冕，朝會饗獵，各有所服，事見宋注。舊相承三公以下冕七

旒，青玉珠，卿大夫以下五旒，黑玉珠。永明六年，太常丞何諲之議，案周禮命數，改三公

八旒，卿六旒。尚書令王儉議，依漢三公服山、龍九章，卿華蟲七章。從之。

平冕黑介幘，今謂平天冠。皁表朱綠裏〔四七〕，廣七寸，長尺二寸〔四八〕，垂珠十二旒，以朱組爲纓，如其綬色。衣皁上絳下，裳前三幅，後四幅。衣畫而裳繡，爲日、月、星辰、山、龍、華蟲、藻、火、粉米、黼、黻十二章〔四九〕。素帶廣四寸，朱裏，以朱綠褓飾其側，要中以朱，垂以綠，垂三尺。中衣，以絳緣其領袖，赤皮韍，絳袴襪，赤舄，郊廟臨朝所服也。漢世冕用白玉珠爲旒。魏明帝好婦人飾，改以珊瑚珠。晉初仍舊，後乃改。江左以美玉難得，遂用瑿珠，世謂之白琁珠。

袞衣，漢世出陳留襄邑所織。宋末用繡及織成，建武中，明帝以織成重，乃采畫爲之，加飾金銀薄，世亦謂爲天衣。

史臣曰：黼黻之設，經緯爲用，故五色六章十二衣還相爲質也。歷代龍袞，織以成文，今體不勝衣，變易舊法，豈致美黻冕之謂乎！

通天冠，黑介幘，金博山顔，絳紗袍，皁緣中衣，乘輿常朝所服。舊用駮犀簪導，東昏改用玉。其朝服，臣下皆同。

黑介幘，單衣，無定色，乘輿拜陵所服。其白帢單衣，謂之素服，以舉哀臨喪。

遠游冠，太子諸王所冠。太子朱綬，翠羽緌，珠節。諸王玄綬，公侯皆同。

平冕，各以組爲纓，王公八旒，衣山、龍九章，卿七旒，衣華蟲七章，並助祭所服。皆畫

皂絳繒爲之。

進賢冠，諸開國公、侯、鄉、亭侯、卿、大夫、尚書、關內侯，二千石、博士、中書郎、尚書丞、郎[五〇]，祕書監、丞、郎，太子中舍人、洗馬、舍人，諸府長史、卿、尹丞，下至六百石令長小吏，以三梁、二梁、一梁爲差，事見晉令。

武冠，侍臣加貂蟬，餘軍校武職、黃門、散騎、太子中庶子、二率、朝散、都尉，皆冠之。

唯武騎虎賁服文衣，插雉尾於武冠上[五一]。

史臣曰：應劭漢官釋附蟬，及司馬彪志並不見侍中與常侍有異，唯言左右珥貂而已。

案項氏說云「漢侍中蟬，刻爲蟬像，常侍但爲璫而不蟬」，未詳何代所改也。

法冠，廷尉等諸執法者冠之。

高山冠，謁者冠之。

樊噲冠，殿門衞士冠之。

黑介幘冠，文冠；平幘冠，武冠。尚書令、僕射、尚書納言幘，後飾爲異。

童子空頂幘，施假髻，貴賤同服。

救日蝕，文武官皆免冠，著赤介幘對朝服。赤幘，示威武也。

袴褶，車駕親戎、中外纂嚴所服。黑冠，帽綴紫標，以絡帶代鞶帶。中官紫標，外官絳

標。其纂嚴戎服不綴標，行留悉同。校獵巡幸，從官戎服革帶鞶帶，文官不鞶，武官脫

冠。

褂襦大衣，謂之褘衣，皇后謁廟所服。公主會見，大首髻〔五二〕，其燕服則施嚴寶爲佩

瑞。褂襦用繡爲衣，裳加五色，鏤金銀校飾。

綬，乘輿黃赤綬，黃赤縹綠紺五采〔五三〕。太子朱綬，諸王纁朱綬〔五四〕，皆赤黃縹紺四采。公

妃亦同〔五五〕。相國綠綟綬，三采，綠紫紺。郡公玄朱，侯伯青朱，子男素朱，皆三采。公世

子紫，侯世子青、鄉、亭、關內侯墨綬，皆二采〔五六〕。皇后與乘輿同赤，貴嬪、夫人、貴人紫，王太妃、長

公主、封君亦紫綬，六宮青綬，青白紅〔五七〕，郡公、侯夫人青綬。

令、祕書監皆黑，丞皆黃，諸府丞亦黃。

乘輿傳國璽，秦璽也。

晉中原亂，沒胡，江左初無之，北方人呼晉家爲「白板天子」。

冉閔敗，璽還南。別有行信等六璽，皆金爲之，亦秦、漢之制也。皇后金璽，太子諸王金

璽，皆龜鈕。公侯五等金章，公世子金印，侯銀印，貴嬪、夫人金章，公主、王太妃、封君金

印，六宮以下公侯太夫人夫人銀印。其公、將軍金章，光祿大夫、卿、尹、太子傅、諸領護將

軍、中郎將、校尉〔五八〕、郡國太守內史、四品五品將軍，皆銀章，尚書令僕、中書監令、祕書監

丞〔五九〕、太子二率、諸府長史、卿尹丞、尉、中丞、都水使者、諸州刺史，皆銅印。

三臺五省二品文官，皆簪白筆。王公五等及武官不簪，加內侍乃簪。百官執手板，尚書令僕、尚書，手板頭復有白筆，以紫皮裹之，名曰「笏」。謂百司皆宜執之。其肩上紫袷囊〔六〇〕，名曰「契囊」，世呼爲「紫荷」。漢末仲長統佩玉，自乘輿以下，與晉、宋制同。建元四年，制王公侯卿尹珠水精，其餘用牙蠙。太官宰人服離支衣，後定。

贊曰：文物煌煌，儀品穆穆。分別禮數，莫過輿服。

校勘記

（一）漆畫牽車 注「戍棟梁」，一本「戍」作「戈」。「輿車」注「戍校棟梁」，一本「戍校」作「戈杖」。「衣書車」注「刺代棟梁」「平乘車」注「刺代棟梁」，並疑。

（二）碧絞幯 通典卷六四禮二四作「碧紋箱」。

（三）優遊上和鸞鳥立花跌銜鈴 「跌」原作「扶」，據南監本、北監本、汲本、殿本、局本、通典卷六四禮二四改。下文同改，不另出校。

〔三〕銀帶琍琚筒瓦　「筒瓦」，通典卷六四禮二四作「筧」。

〔四〕織成文　「文」，北監本、汲本、殿本、局本作「衣」，疑是。

〔五〕抗及諸末皆螭龍首　「抗」，南監本、局本、通典卷六四禮二四作「軏」。

〔六〕龍汗板　南監本、局本、通典卷六四禮二四作「龍形板」，三朝本、汲本作「龍汗板」。

〔七〕辟邪虎　通典卷六四禮二四作「辟邪障」。

〔八〕複碧絹柒布緣油頂　「柒」，原作「染」，通典卷六四禮二四作「漆」。按「柒」同「漆」，形訛爲「染」，今改正。

〔九〕絳系絡織成顏茞赭舌孔雀毛複錦　「絳系絡」，原作「絳系終」，據殿本、局本改，通典卷六四禮二四作「絲」。張元濟校勘記云『絡』字疑是，『絳系絡』見輦車」。「茞」，原作「茝」，據南監本、通典卷六四禮二四改。下文「茞」字同改，不另出校。

〔一〇〕緑絞隨陰　「緑絞」，通典卷六四禮二四作「緑紋」。

〔一一〕絳緑系的　「系」，通典卷六四禮二四作「絲」。下文「絳系」同，不另出校。

〔一二〕旂十二旒　「旒」，原作「斾」，據南監本、北監本、殿本、局本、通典卷六四禮二四改。

〔一三〕竿首金塗龍銜火燧幡　「火燧幡」，通典卷六四禮二四作「大鄒幡」。下文同此，不另出校。

〔一四〕錦複黃絞　「黃」字原漫漶，據三朝本、南監本、北監本、殿本、局本補。「絞」，通典卷六四禮二四作「紋」。

〔五〕緣紅錦芑帶織成花芑的 「緣」，通典卷六四禮二四作「綠」。「芑的」二字通典卷六四禮二四無。

〔六〕其重轂貳轄飛軨幡 「軨」，原作「絡」，據南監本、通典卷六四禮二四改。按文選卷三張平子東京賦云「重輪貳轄疏轂飛軨」。

〔七〕用赤油令有紫真毦 「赤油」，按續漢志二九輿服志上劉昭注引薛綜曰「飛軨以緹油廣八寸」，文選卷三張平子東京賦李善注引蔡邕獨斷「緹油」作「緹紬」。「令」，南監本、北監本、殿本、局本、通典卷六四禮二四作「金」。又「有」字通典卷六四禮二四無。

〔八〕金鍐 「鍐」，通典卷六四禮二四作「鏤」，疑是。按文選卷三張平子東京賦「金鍐鏤錫」李善注引蔡邕獨斷曰「金鍐者，馬冠也」。又盧文弨校獨斷云「鍐」舊訛從「戔」，當作「鍐」。

〔九〕金加冠狀如三華形在馬鍐上 「三」，文選卷三張平子東京賦李善注引獨斷作「五」。「形」，原作「汗」，據南監本、局本、續漢志二九輿服志上劉昭注引獨斷、文選卷三張平子東京賦李善注改。「在馬鍐上」，續漢志二九輿服志上劉昭注及文選卷三張平子東京賦李善注引獨斷並作「在馬髦前」。

〔一〇〕紫真毦 「紫」，通典卷六四禮二四作「帶」。

〔一一〕鏤錫 「錫」，原作「錫」，據殿本、局本及通典卷六四禮二四作「錫」。

〔一二〕祀帝于郊 原作「祀于帝郊」，據冊府卷五七七掌禮部改。按禮記明堂位云：「日月之章，祀

帝于郊。

〔一三〕天必以大輅以錫諸侯　「天必以」，南監本作「天子以」，册府卷五七七掌禮部作「夫必以」。

〔一四〕設有善律之知音不宜遵聲以爲尚　「音不宜遵」，册府卷五七七掌禮部作「無不依導」。

〔一五〕抗檐皆施金塗螭頭及神龍雀等諸飾　「抗檐」，通典卷六五禮二五作「軺」。

〔一六〕青油俠碧黃絞蓋漆布裏紫顏芑黃絞紫絞隨陰　「俠」，通典卷六五禮二五作「挾」。「絞」，通典卷六五禮二五皆作「紋」。「漆布裏」，通典卷六五禮二五作「漆布箱」。

〔一七〕碧芑外上施絳紫系絡　「芑」，原作「毛」，據通典卷六五禮二五改。「系絡」，通典卷六五禮二五作「絲絡」。

〔一八〕上四角皆施龍子干　「干」，南監本、局本作「竿」。

〔一九〕廂裏及仰頂隱膝後戶金塗鏤面　「頂」，原作「項」，據南監本、局本、通典卷六六禮二六改。「鏤面」，通典卷六六禮二六作「鏤面釘」。

〔二〇〕漆郭塵板在蘭前　「塵」，通典卷六六禮二六作「形」。

〔二一〕金銀花獸獲天龍師子鏤面榆花細指子摩尼炎　「獲天龍」，通典卷六六禮二六作「攫天代龍」。「細」，通典卷六六禮二六作「鈿」。「指子」，汲本、局本作「枝子」。

〔二二〕金塗香沓　「香沓」，通典卷六六禮二六作「花沓」。

〔三〇〕背花香柒兆床副 「柒」，原作「染」，應作「柒」，同「漆」。今改正。

〔三一〕司馬法曰夏后氏輦曰余車 「余車」，按御覽卷七七三引司馬法作「予車」。

〔三二〕周曰輴車 「輴車」，原作「輬車」，據南監本、宋書卷一八禮志五引傅玄子曰、北堂書鈔卷一四〇車部中、御覽卷七七三引司馬法、通典卷六六禮二六改。

〔三三〕轞竿戍棟梁 「戍」，南監本、通典卷六四禮二四作「代」。

〔三四〕轞竿成校棟梁 「成」，南監本、汲本、殿本、局本作「戍」，三朝本、北監本作「戌」。

〔三五〕下施八椆 「椆」，通鑑卷一四三齊紀九東昏侯永元二年胡注引蕭子顯書作「搁」。按本書卷五〇江夏王寶玄傳云寶玄「乘八搁輿」。

〔三六〕是謂擒幔車 「幔」，南監本、局本、通典卷六四禮二四作「幰」。

〔三七〕衣書十二乘 「衣書」，原作「衣畫」，據卷末曾鞏疏語、通典卷六四禮二四改。

〔三八〕箕子壁 「箕」，南監本、通典卷六四禮二四作「簞」。

〔三九〕轅後伏神抗承泥沓 「抗」，南監本、通典卷六四禮二四作「執」。「承泥」，通典卷六四禮二四作「承幄」。

〔四〇〕王公妃特進夫人卑交絡為副 「公妃」疑倒乙，「王公妃特進夫人」當作「王妃公特進夫人」。按宋書卷一八禮志五載「王妃、公侯特進夫人、封君」乘卑交絡安車，晉書卷二五輿服志亦云「諸王妃、公太夫人、夫人、縣鄉君、諸郡公侯特進夫人助蠶，乘卑交路安車」。本卷上文亦謂

「油絡畫安車,公主、王妃、三公特進夫人所乘」。

〔四〕 黑耳皁蓋馬車 「馬」,通典卷六五禮二五作「爲」。

〔四〕 給事中黃門中書散騎侍郎 「給事」二字原無。按宋書卷四〇百官志下及通典卷三七職官一九所載晉官品,第五品之門下中書官爲「給事中、黃門、散騎、中書侍郎」,今據補正。

〔四〕 竹箕子壁仰 「箕」,通典卷六五禮二五作「箄」。「壁仰」,通典卷六五禮二五作「壁」。

〔四〕 卓表朱緣裏 「朱緣裏」,續漢志三〇輿服志下、宋書卷一八禮志五、晉書卷二五輿服志、隋書卷一一禮儀志六、通典卷五七禮一七均作「朱綠裏」。

〔四〕 廣七寸長尺二寸 「七寸」,原作「七尺」,據續漢志三〇輿服志下、宋書卷一八禮志五、隋書卷一一禮儀志六、通典卷五七禮一七改。

〔四〕 爲日月星辰山龍華蟲藻火粉米黼黻十二章 「十二章」,此處止十一章,按上文引虞書云「日、月、星、辰、山、龍、華蟲作繢,宗彝、藻、火、粉米、黼、黻」,疑「華蟲」下脫「宗彝」二字。

〔五〕 中書郎尚書丞郎 「尚書」二字原無,按下文及通典卷五七禮一七,「齊冠服因晉制」,晉書卷二五「中書郎」下有「祕書丞郎、著作郎、尚書丞郎、太子洗馬、舍人」,今據補。

〔五〕 插雉尾於武冠上 「雉尾」,通典卷五七禮一七作「鶡尾」。

〔五〕 公主會見大首髻 「大首髻」,續漢志三〇輿服志下作「大手結」,宋書卷一八禮志五、通典卷六二禮二二作「大手髻」。

〔五三〕黃赤縹綠紺五采　北宋本通典卷六三禮二三作「黃赤縹綠紺四采」。

〔五四〕太子朱綬諸王纁朱綬　北宋本通典卷六三禮二三作「太子諸王纁朱綬」。

〔五五〕妃亦同　「妃」，南監本、通典卷六三禮二三作「色」。「亦」，原作「六」，據南監本、北監本、殿本、局本改。

〔五六〕鄉亭關內侯墨綬皆二采　「墨綬」，北宋本通典卷六三禮二三作「紫綬」。

〔五七〕六宮青綬青白紅　「青綬青白紅」五字南監本無。

〔五八〕諸領護將軍中郎將校尉　「尉」，原作「書」，據通典卷六三禮二三改。

〔五九〕祕書監丞　「監」字原無，據通典卷六三禮二三補。

〔六〇〕其肩上紫裕囊　「紫裕囊」，宋書卷一八禮志五作「紫生裕囊」。

志第十

祥瑞

天符瑞命，遐哉邈矣。靈篇祕圖，固以蘊金匱而充石室，炳契決，陳緯候者，方策未書。啓覺天人之期，扶獎帝王之運，三五聖業，神明大寶，二謀協贊，罔不由茲。夫流火赤雀，實紀周祚，雕雲素靈，發祥漢氏，光武中興，皇符爲盛，魏膺當塗之讖，晉有石瑞之文，史筆所詳，亦唯舊矣。齊氏受命，事殷前典。黃門郎蘇侃撰聖皇瑞應記，永明中庾溫撰瑞應圖，其餘衆品，史注所載。今詳錄去取，以爲志云。

老子河洛讖曰：「年曆七七水滅緖，風雲俱起龍麟舉。」宋水德王，義熙十四年，元熙二年，永初三年，景平一年，元嘉三十年，孝建三年，大明八年，永光一年，泰始七年，泰豫

一年〔□〕,元徽四年,昇明三年,凡七十七年,故曰七七也。易曰:「雲從龍,風從虎。」關尹

云:「龍不知其乘風雲而上天也。」

讖又曰:「蕭草成,道德懷書備出身,形法治吳出南京。」上即姓諱也。南京,南徐州

治京口也。

讖又曰:「墥堨河梁塞龍淵,消除水災泄山川。」墥堨河梁,爲路也,路即道也。淵塞

者,譬路成也。即太祖諱也。消水災,言除宋氏患難也。

讖又曰:「上參南斗第一星,下立草屋爲紫庭。神龍之崗梧桐生,鳳鳥舒翼翔且鳴。」

南斗第一星,吳分也。草屋,蕭字也。又簫管之器,像鳳鳥翼也。

讖又曰:「蕭爲二士,天下大樂。」二士,主字也。

讖又曰:「天子何在草中宿。」宿,蕭也。

尚書中候儀明篇曰:「仁人傑出,握表之象,曰角姓,合音之于。」蘇侃云:「蕭,角姓

也。又八音之器有簫管也。」

史臣曰:案晉光祿大夫何禎解音之于爲曹字,謂魏氏也。王隱晉書云「卯金音于」,

亦爲魏也。

候書章句,本無銓序,二家所稱,既有前釋,未詳侃言爲何推據。

孝經鉤命決曰:「誰者起,視名將。君者羣也,理物爲雄,優劣相次以期興。」將,太祖

小諱也。征西將軍蕭思話見之曰:「此我家道成也[一一]」。

王子年歌曰:「金刀治世後遂苦,帝王昏亂天神怒,災異屢見戒人主,三分二叛失州土,三王九江一在吳,餘悉稚小早少孤,一國二主天所驅。」金刀,劉也。三分,宋明帝世也。三王九江者,孝武於九江興,晉安王子勛雖不終,亦稱大號,後世祖又於九江基霸迹,此三王也。一在吳,謂齊氏桑梓,亦寄治南,吳也。一國二主,謂太祖符運潛興,爲宋氏驅除寇難。

歌又曰:「三禾摻摻林茂蒦,金刀利刃齊刈之。」刈,蒯也。詩云:「實始翦商。」

歌又曰:「欲知其姓草肅肅。穀中最細低頭熟。鱗身甲體永興福。」穀,道,;熟,成;又諱也。太祖體有龍鱗,斑駁成文,始謂是黑歷,治之甚至而文愈明。伏羲亦鱗身也。

金雄記曰:「鑠金作刀在龍里,占睡上人相須起。」又云:「當復有作蕭入草。」蕭字也。易云:「聖人作之。」記又云:「草門可憐乃當悴,建號不成易運沸。」詩云不時,時也。不成,成也。建號,建元號也。易運,革命也。

讖曰:「周文王受命,千五百歲,河雒出聖人,受命於己未,至丙子爲十八周,旅布六郡東南隅,四國安定可久留。」案周滅殷後七百八十年,秦四十九年,漢四百二十五年,魏四十五年,晉百五十年,宋六十年,至建元元年,千五百九年也。

武進縣彭山，舊塋在焉。其山崗阜相屬數百里，上有五色雲氣，有龍出焉。宋明帝惡

之，遣相墓工高靈文占視，靈文先與世祖善〔三〕，還，詭答云：「不過方伯。」退謂世祖曰：

「貴不可言。」帝意不已，遣人於墓左右校獵，以大鐵釘長五六尺釘墓四維，以為厭勝。太

祖後改樹表柱，柱忽龍鳴，響震山谷，父老咸志之云。

會稽剡縣刻石山，相傳爲名，不知文字所在。昇明末，縣民襲祖行獵，忽見石上有

文凡三處，苔生其上，字不可識。刊苔去之，大石文曰：「此齊者，黃公之化氣也〔四〕。」立

石文曰：「黃天星，姓蕭字某甲〔五〕，得賢帥，天下太平。」小石文曰：「刻石者誰？」會稽南

山李斯刻秦望之封也〔六〕。」

益州齊后山，父老相傳，其名亦不知所起。昇明三年，有沙門玄暢於山丘立精舍，其

日，太祖受禪日也。

嵩高山，昇明三年四月，滎陽人尹午於山東南澗見天雨石〔七〕，墜地石開，有璽在其

中，方三寸。其文曰：「戊丁之人與道俱，蕭然入草應天符。」又曰：「皇帝興運。」午詣雍

州刺史蕭赤斧，表獻之〔八〕。

史臣案：昔大人見臨洮而銅人鑄，臨洮生董卓而銅人毀，有卓而世亂，世亂而卓亡，

如有似也。晉末嵩高山出玉璧三十二，宋氏以爲受命之祥。今此山出璽，而水德云謝，終

始之徵，亦有領也。

元徽四年，太祖從南郊[九]，望氣者陳安寶見太祖身上黃紫氣屬天，安寶謂親人王洪

範曰[一〇]：「我少來未嘗見軍上有如此氣也。」

太祖年十七，夢乘青龍西行逐日，日將薄山乃止，覺而恐懼，家人問占者，云「至貴之

象也」。蘇侃云：「青，木色。日暮者，宋氏末運也。」

泰始七年，明帝遣前淮南太守孫奉伯往淮陰監元會。奉伯與太祖同寢，夢上乘龍上

天，於下捉龍脚不得。覺謂太祖曰：「兗州當大庇生民，弟不見也。」奉伯卒於宋。

清河崔靈運爲上府參軍[一一]，夢天帝謂己曰：「蕭道成是我弟十九子，我去年已授其

天子位。」自三皇五帝至齊受命君，凡十九人也。

宋泰始中，童謠云「東城出天子」，故明帝殺建安王休仁。蘇侃云：「後從帝自東城即

位，論者謂應之，乃是武進縣上所居東城里也。」熊襄云：「上舊鄉有大道，相傳云秦始皇

所經，呼爲『天子路』，後遂爲帝鄉焉。」案從帝實當援立，猶如晉之懷、愍，亦有徵符。」齊

運既無巡幸，路名或是秦舊，疑不能詳。

世祖年十三，夢舉體生毛，髮生至足。又夢著孔雀羽衣。庾溫云：「雀，爵位也。」又夢鳳皇從天飛下青溪宅齋前，兩翅

空中飛。又夢著孔雀羽衣。及在襄陽，夢著桑屐行度太極殿階。庾溫云：「屐者，運應

相去十餘丈，翼下有紫雲氣。及在襄陽，夢著桑屐行度太極殿階。庾溫云：「屐者，運應

木也。」臣案桑字爲四十而二點，世祖年過此即帝位，謂著屐爲木行也。屐有兩齒有聲，是

爲明兩之齒至四十二而行即真矣。及在郢州，夢人從天飛下，頭插筆來畫上衣兩邊，不言

而去。庾溫釋云：「畫者，山龍華蟲也。」

世祖宋元嘉十七年六月己未夜生，無火，婢吹灰而火自燃。

世祖於南康郡内作伎，有絃無管，於是空中有篪聲，調節相應。

世祖爲廣興相，嶺下積旱〔二〕，水涸不通船，上部伍至，水忽暴長。庾溫云：「易利涉

大川之義也。」

世祖頓盆城，城内無水，欲鑿引江流，試掘井，得伏泉九處，皆湧出。

建元元年四月，有司奏：「延陵令戴景度稱所領季子廟，舊有涌井二所，廟祝列云舊

井北忽聞金石聲，即掘，深三尺，得沸泉。其東忽有聲錚錚，又掘得泉，沸湧若浪。泉中得

一銀木簡，長一尺，廣二寸，隱起文曰『盧山道人張陵再拜謁詣起居〔三〕』。簡木堅白而字

色黃。」謹案瑞應圖，「浪井不鑿自成，王者清靜，則仙人主之」。孔氏世錄云：「叶精帝

道，孔書明巧，當在張陵。」宋均注云：「張陵佐封禪。一云陵，仙人也。」

元徽三年，太祖在清溪宅，齋前池中忽揚波起浪，湧水如山，有金石響，須臾有青龍從池中出，左右皆見之。

昇明元年，青龍見齊郡。

建元四年，青龍見從陽郡清水縣平泉湖中。

永明七年，黃龍見曲江縣黃池中，一宿二日。

中興二年，山上雲障四塞〔一四〕，頃有玄黃五色如龍，長十餘丈，從西北升天。

宋泰始末，武進舊塋有獸見，一角，羊頭，龍翼，馬足，父老咸見，莫之識也。

永明十年，鄱陽郡獻一角獸，麟首，鹿形，龍鬐共色。瑞應圖云：「天子萬福允集，則一角獸至。」

十一年，白象九頭見武昌。

史臣曰：記云：升中于天，麟鳳至而龜龍格。則鳳皇巢乎阿閣，麒麟在乎郊藪，豈非馴之在庭，擾以成畜，其爲瑞也如此。今觀魏、晉已來，世稱靈物不少，而亂多治少，史不絕書。故知來儀在沼，遠非前事，見而不至，未辨其爲祥也。

昇明三年三月，白虎見歷陽龍亢縣新昌村。新昌村，嘉名也。瑞應圖云：「王者不暴虐則白虎仁。」

中興二年二月，白虎見東平壽張安樂村。

建元四年三月，白虎見安蠻虔化縣〔五〕。

昇明二年，騶虞見安東縣五界山〔六〕，師子頭，虎身，龍腳。詩傳云：「騶虞，義獸，白虎黑文，不食生物，至德則出。」

昇明三年，太祖為齊王，白毛龜見東府城池中。

建元二年，休安陵獲玄龜一頭。

永明五年，武騎常侍唐潛上青毛神龜一頭。

七年六月，彭城郡田中獲青毛龜一頭。

八月，延陵縣前澤畔獲毫龜一枚〔七〕。

八年四月，長山縣王惠獲六目龜一頭，腹下有「萬歡」字，并有卦兆。

六月，建城縣昌城田獲四目龜一頭，下有「萬齊」字。

九年五月，長山縣獲神龜一頭，腹下有異兌卦。

中興二年正月，邏將潘道蓋於山石穴中獲毛龜一頭。

昇明三年，世祖遣人詣宮亭湖廟還福，船泊渚，有白魚雙躍入船。

永明五年，南豫州刺史建安王子真表獻金色魚一頭。

建元元年八月，男子王約獲白雀一頭〔一八〕。

九月，秣陵縣獲白雀一頭。

二年四月，白雀集鄧州府館。

五月，白雀見會稽永興縣。

永明元年五月，鄆州丁坡屯獲白雀一頭。

三年七月，安成王嵩第獲白雀一頭〔一九〕。

九月，南郡江陵縣獲白雀一頭。

四月七日，白雀見臨汝縣〔二〇〕。

七年六月，鹽官縣獲白雀一頭。

八年，天門臨澧縣獲白雀一頭。

九年七月，吳郡錢塘縣獲白雀一頭。

八月，豫州獲白雀一頭。

十年五月，齊郡獲白雀一頭。

建元元年五月，白烏見巴郡。

永明四年三月，三足烏巢南安中陶縣庭。

八年四月，陽羨縣獲白烏一頭。

隆昌元年四月，陽羨縣獲白烏一頭。

建元二年，江陵縣獲白鼠一頭。

永明六年，白鼠見芳林園。

十年九月，義陽郡獲白鼠一頭。

永明四年，丹楊縣獲白兔一頭。

昇明元年六月，慶雲見益都。

建元元年，世祖拜皇太子日，有慶雲在日邊。

三年，華林園醴泉堂東忽有瑞雲，周圓十許丈，高下與景雲樓平，五色藻密，光彩映山，徘徊良久，行轉南行，過長船入華池。

昇明二年，宣城臨城縣於藉山獲紫芝一枝〔二〕。

幹。

永明八年五月〔三〕，陽城縣獲紫芝一株。

隆昌元年正月，襄陽縣獲紫芝一莖。

昇明二年四月，昌國縣徐萬年門下棠樹連理。

九月，豫州萬歲澗廣數丈，有樹連理，隔澗騰枝相通，越塹跨水爲一榦。

建元二年九月，有司奏上虞縣楓樹連理，兩根相去九尺，雙株均聳，去地九尺，合成一

故鄣縣楓樹連理，兩株相去七尺，大八圍，去地一丈，仍相合爲樹，泯如一木。

山陽縣界若邪村有一櫬木〔三〕，合爲連理。

淮陰縣建業寺梨樹連理。

建康縣梨樹耀槵一本作耀攘五圍，連理六枝。

永明元年五月，木連理生安成新喻縣。又生南梁陳縣。

閏月，瓏明殿外閣南槐樹連理。

八月，鹽官縣內樂村木連理。

二年七月，烏程縣陳文則家槿樹連理。

七月，新冶縣槐栗二木合生異根連理，去地數尺，中央小開，上復爲一。

三年正月，安城縣榆樹二株連理。

二月，安陽縣梓樹連理。

九月，句陽縣之穀山槿樹連理，異根雙挺，共杪爲一。

十二月，永寧左郡楠木連理。

四年二月，秣陵縣喬天明園中李樹連理生，高三尺五寸，兩枝別生，復高三尺，合爲一榦。

五年正月，秣陵縣華僧秀園中四樹連理。

六年四月，江寧縣北界賴鄉齊平里三成邏門外路東太常蕭惠基園桉樹二株連理，其高相去二尺，南大北小，小者傾柯南附，合爲一樹，枝葉繁茂，圓密如蓋。

七年，江寧縣李樹二株連理，兩根相去一丈五尺。

八年，巴陵郡樹連理四株。

三月，武陵白沙戍槐木連理，相去五尺，俱高三尺，東西二枝，合而通柯。

十二月，柴桑縣陶委天家樹連理。

永明五年，山陰縣孔廣家園檉樹十二層。會稽太守隨王子隆獻之，種芳林園鳳光殿西。

大德」三字。

九年，秣陵縣鬭場里安明寺有古樹，衆僧改架屋宇，伐以爲薪，剖樹木裏，自然有「法

始興郡本無檽樹，調味有闕。世祖在郡，堂屋後忽生一株。

昇明二年十月，甘露降建康縣。

十一月，甘露降長山縣。

十二月，甘露降彭山松樹，至九日止。

永明二年四月，甘露降南郡桐樹。

四年二月，甘露降臨湘縣李樹。

三月，甘露降南郡桐樹。

四月，甘露降睢陽縣桃樹。

五年四月，甘露降荊州府中閤外桐樹。

六年，甘露降芳林園故山堂桐樹。

九年八月，甘露降上定林寺佛堂庭，中天如雨，遍地如雪，其氣芳，其味甘，耀日舞風，

建元元年九月，甘露降淮南郡桃、石榴二樹。有司奏甘露降新汲縣王安世園樹。

至晡乃止。爾後頻降鍾山松樹，四十餘日乃止。

十月，甘露降泰安陵樹〔二四〕。

中興二年三月，甘露降茅山，彌漫數里。

元徽四年三月，醴泉出昌國白鹿山，其味甚甘。

永明元年正月，新蔡郡固始縣獲嘉禾，一莖五穗。

八月，新蔡縣獲嘉禾，二莖九穗，一莖七穗。

十一月，固始縣獲嘉禾，一莖九穗。

二年八月，梁郡睢陽縣界野田中獲嘉禾，一莖二十三穗。

五年九月，莒縣獲嘉禾一株。

十年六月，海陵齊昌縣獲嘉禾，一莖六穗。

十一年九月，睢陽縣田中獲嘉禾一株。

昇明二年九月，建寧縣建昌村民採藥於萬歲山，忽聞澗中有異響，得銅鍾一枚，長二尺一寸，邊有古字。

建元元年十月，涪陵郡蜑民田健所住巖間〔二五〕，常留雲氣，有聲響澈若龍吟，求之積歲，莫有見者。去四月二十七日，巖數里夜忽有雙光，至明往，獲古鍾一枚，又有一器名淳于，蜑人以爲神物〔二六〕奉祠之。

永明四年四月，東昌縣山自比歲以來，恒發異響，去二月十五日，有一巖褫落，縣民方元泰往視，於巖下得古鍾一枚。

五年三月，豫寧縣長崗山獲神鍾一枚〔二七〕。

九年十一月，寧蜀廣漢縣田所墾地入尺四寸〔二八〕，獲古鍾一枚，形高三尺八寸，圍四尺七寸，縣柄長一尺二寸，合高五尺，四面各九孔。更於陶所瓦間見有白光〔二九〕，窺尋無物，自後夜夜輒復有光，既經旬日，村民張慶宣瓦作屋，又於屋間見光照內外，慶宣疑之，以告孔休先〔三〇〕，乃共發視，獲玉璽一鈕，璧方八分，上有鼻，文曰「帝真」。

曲阿縣民黃慶宅左有園，園東南廣袤四丈，每種菜，輒鮮異，雖加採拔，隨復更生。夜中恒有白光，皎質屬天，狀似縣絹，私疑非常，請師卜候，道士傅德占使掘之，深三尺，獲玉印一鈕，文曰「長承萬福」。

永明二年正月，冠軍將軍周普孫於石頭北廂將堂見地有異光照城堞，往獲玉璽一鈕，

方七分，文曰「明玄君」。

十一月，虜國民齊祥歸，入靈丘關，聞殷然有聲，仰視之，見山側有紫氣如雲，眾鳥回翔其閒。祥往氣所，獲璽方寸四分，獸鈕，文曰「坤維聖帝永昌」。送與虜太后師道人惠度，欲獻虜主。惠度觀其文，竊謂「當今衣冠正朔，在於齊國」。遂附道人惠藏送京師[三一]，因羽林監崔士亮獻之。

三年七月，始興郡民龔玄宣云[三二]，去年二月，忽有一道人乞食，因探懷中出篆書真經一卷，六紙，又表北極一紙，又移付羅漢居士一紙，云從兜率天宮下，使送上天子，因失道人所在。今年正月，玄宣又稱神人授皇帝璽，龜形，長五寸，廣二寸，厚二寸五分，上有「天地」字，中央「蕭」字，下「萬世」字[三三]。

十年，蘭陵民齊伯生於六合山獲金璽一鈕，文曰「年予主」。

世祖治盆城，得五尺刀十口，永明年曆之數[三四]。

昇明三年，左里村人於宮亭湖得軛轚二枚，傍有古字，文遠不可識。

泰始中，世祖於青溪宅得錢一枚，文有北斗七星，雙節[三五]，又有人形帶劍。及治盆城，又得一大錢，文曰「太平百歲」。

永明七年，齊興太守劉元寶治郡城，於塹中獲錢百萬，形極大，以獻臺爲瑞，世祖班賜

朝臣以下各有差。

十年，齊安郡民王攝掘地得四文大錢一萬二千七百十枚，品製如一。

建元元年，郢州監利縣天井湖水色忽澄清，出綿，百姓採以爲纊。

永明二年，護軍府門外桑樹一株，並有蠶絲綿被枝莖。

史臣案：漢光武時有野蠶成蠒，百姓得以成衣服。今則浮波幕樹，其亦此之類乎？

永明八年，始興郡昌樂村獲白鳩一頭。

二年，彭澤縣獲白雉一頭。

七年，鬱林獲白雉一頭。

十年，青州泜液戍獲白雉一頭〔三六〕。

五年，望蔡縣獲白鹿一頭。

九年，臨湘獲白鹿一頭。

六年，蒲濤縣亮野村獲白麞一頭。

七年，荊州獲白麞一頭。

八年，餘干縣獲白麞一頭。

九年，義陽安昌縣獲白麞一頭。

十年，司州清激戍獲白麞一頭。

十一年，廣陵海陵縣獲白麞一頭。

七年，越州獻白珠，自然作思惟佛像，長三寸。上起禪靈寺，置刹下。

七年，吳郡太守江敩於錢塘縣獲蒼玉璧一枚以獻。

七年，主書朱靈讓於浙江得靈石，十人舉乃起，在水深三尺而浮，世祖親投于天淵池試之，刻爲佛像。

二年，從陽丹水縣山下得古鼎一枚。

三年，越州南高涼俚人海中網魚，獲銅獸一頭，銘曰「作寶鼎，齊臣萬年子孫承寶」。

贊曰：天降地出，星見先吉。造物百品，詳之載述。

校勘記

〔一〕泰豫一年 「一年」，原作「元年」，依前後文例，當作「一年」，今改正。

〔二〕此我家道成也 「道成」，原作「諱」，依例改。

〔三〕靈文先與世祖善 「世祖」，南史卷四齊本紀上、册府卷二〇三閏位部作「太祖」。下「退謂世祖曰」之「世祖」，南史卷四齊本紀上及册府亦作「太祖」。

〔四〕黄公之化氣也 「黄公」，南史卷四齊本紀上作「黄石公」。

〔五〕姓蕭字某甲 「某甲」，南史卷四齊本紀上、御覽卷一〇〇〇引齊書、册府卷二〇三閏位部並作「道成」。

〔六〕刻石者誰會稽南山李斯刻秦望之封也 「誰」，御覽卷一〇〇〇引齊書、册府卷二〇三閏位部並作「封」，册府卷二〇三作「峯」。

〔七〕滎陽人尹午於山東南澗見天雨石 「尹午」二字原無，據南監本、北監本、殿本、局本補，南史卷四齊本紀上、册府卷二〇三閏位部作「尹千」，下同。「東南澗」，南監本、局本、册府卷二〇三作「東南隅」。「天雨石」，明本册府卷二〇三作「兩石」。

〔八〕午詣雍州刺史蕭赤斧表獻之 「午」下南監本、北監本、殿本、局本、南史卷四齊本紀上、册府卷二〇三閏位部有「奉璽」二字。「表獻之」上南監本、北監本、殿本、局本、南史卷四齊本紀上有「赤斧」二字，册府卷二〇三作「以獻」。

〔九〕元徽四年太祖從南郊 「四年」疑有誤。按宋書卷九後廢帝紀，元徽「三年春正月辛巳，車駕

志第十　祥瑞

四〇七

親祠南郊、明堂。」宋制「間二年一祭南郊」元徽三年既已祠南郊，四年似應無南郊事。

〔一〇〕安寶謂親人王洪範曰 「王洪範」，冊府卷二○三閏位部作「王洪軌」。

〔一一〕清河崔靈運爲上府參軍 「崔靈運」，南史卷四齊本紀上、冊府卷二○三閏位部作「崔靈建」。

〔一二〕世祖爲廣興相嶺下積旱 「嶺下」，南史卷四齊本紀上作「嶺南」。

〔一三〕盧山道人張陵再拜謁詣起居 「盧山」，殿本、南史卷四齊本紀上、冊府卷二○二閏位部並作「盧山」。「道人」，冊府卷二○二閏位部作「道士」。

〔一四〕中興二年山上雲障四塞 「中興二年」未繫月日，梁書卷一武帝紀上載其事在二月「丙寅平旦」。「山上」未云何山，疑文有脱，按梁書武帝紀上，此處「山」乃茅山。

〔一五〕安蠻虔化縣 按本書卷一五州郡志下，司州安蠻左郡領木蘭新化懷中聶陽南聶陽安蠻六縣，無「虔化」。

〔一六〕驃虜見安東縣五界山 「安東縣」，冊府卷二○二閏位部作「東安縣」。按宋書州郡志無「安東縣」，卷三七州郡志三郢州西陽郡有東安縣。

〔一七〕八月延陵縣前澤畔獲毫鼅一枚 「八月」，原作「八年」，據南監本改。

〔一八〕男子王約獲白雀一頭 「王約」，明本冊府卷二○二閏位部作「王幼」。

〔一九〕安成王嵩第獲白雀一頭 「安成王」，原作「安城王」，據本書卷二高帝紀下、卷三武帝紀、卷三五高十二王傳改。

〔三○〕四月七日白雀見臨汝縣 按「四月七日」記時順序與前文不合。其上二條分別爲「七月」、

「九月」，繫年爲永明三年，此處時序早於上兩條，且有繫日，文或有訛舛錯簡。 册府卷二○

二閏位部繫此條於永明三年，仍作「四月」，在「七月安成王暠第獲白雀」之前。

〔三一〕宣城臨城縣於藉山獲紫芝一枝 「臨城」，原作「臨成」，按宋書卷三五州郡志一及本書卷一

四州郡志上，宣城郡有臨城縣，無臨成縣，今改正。

〔三二〕永明八年五月 「五月」，北監本、殿本作「三月」。

〔三三〕山陽縣界若邪村有一槐木 「山陽縣」，疑當作「山陰縣」。按本書卷一四州郡志上，山陽屬

山陽郡；，山陰屬會稽郡，縣有若邪山。袁宏後漢紀卷二三孝靈皇帝紀上云「山陰縣有數老

父，年各八十餘，居若邪山下，去郡十里」。若邪村當在若邪山中，宋書卷八四孔覬傳附孔璪

傳、陳書卷三世祖紀均載會稽郡有若邪村。

〔三四〕甘露降泰安陵樹 「泰安陵」，原作「大安陵」，宋本册府卷二○二閏位部作「太安陵」。按本

書卷二高帝紀下、卷二○皇后傳，齊高帝、齊高昭皇后葬泰安陵，據改。

〔三五〕涪陵郡蜑民田健所住巖間 「涪陵」，原作「浩陵」，據册府卷二○二閏位部改。 按本書卷一

五州郡志下，涪陵郡屬巴州。

〔三六〕蜑人以爲神物 「蜑人」，册府卷二○二閏位部作「蛋人」。

〔三七〕豫寧縣長崗山獲神鍾一枚 「神鍾」，明本册府卷二○二閏位部作「銅鍾」。

〔二八〕寧蜀廣漢縣田所墾地入尺四寸　「入」，南監本、明本册府卷二〇二閏位部作「八」。

〔二九〕更於陶所瓦閒見有白光　「更」，册府卷二〇二閏位部作「夜中」。

〔三〇〕以告孔休先　「孔休先」，册府卷二〇二閏位部作「休光」。

〔三一〕遂附道人惠藏送京師　「惠藏」，明本册府卷二〇二閏位部作「慧藏」。

〔三二〕始興郡民龔玄宣云　「始興」，本書卷五三良政裴昭明傳作「始安」。「龔玄宣」，南史卷三三裴松之傳附裴昭明傳作「龔玄宜」。

〔三三〕上有天地字中央蕭字下萬世字　「天地」，明本册府卷二〇二閏位部作「天子」。「下」，明本册府卷二〇二作「下有」。

〔三四〕得五尺刀一十口永明年曆之數　「五尺刀」，御覽卷六五引蕭子顯齊書、太平寰宇記卷一〇一引蕭子顯齊書並作「尺五刀」。「一十口」，御覽卷六五引蕭子顯齊書、太平寰宇記卷一〇一引蕭子顯齊書並作「十一口」。按下文云「永明年曆之數」，當以「十一口」爲是。

〔三五〕文有北斗七星雙節　「雙節」，南史卷四齊本紀上作「雙刀雙貝」。

〔三六〕青州沰液戍獲白雉一頭　「沰液戍」，明本册府卷二〇二閏位部作「沍液戍」。

志第十一

五行

木傳曰：「東方，易經地上之木爲觀，故木於人，威儀容貌也。木者，春生氣之始，農之本也。無奪農時，使民歲不過三日，行什一之稅，無貪欲之謀，則木氣從。如人君失威儀，逆木行，田獵馳騁，不反宮室，飲食沈湎，不顧禮制，出入無度，多發繇役，以奪民時，作爲姦詐，以奪民財，則木失其性矣。蓋以工匠之爲輪矢者多傷敗，故曰木不曲直。」京房易傳曰：「樹木冬生，不出二年，國喪，君子亡。」其占同。宋氏禪位。

宋泰豫元年，京師祇垣寺皁莢樹枯死〔一〕。昇明末，忽更生花葉。

建元元年，朱爵𦨧華表柱生枝葉〔二〕。

建元初，李子生毛。

二年，武陵沉頭都尉治有桑樹，方冬生葉。京房易傳曰：「木冬生花，天下有喪。」其占同。後二年，宮車晏駕。

四年，巴州城西古樓脚柏柱數百年，忽生花。

永明六年，石子崗柏木長二尺四寸〔三〕，廣四寸半，化爲石。時車駕數游幸，應本傳木失其性也。

建武初，始安王遙光治廟，截東安寺屋以直廟垣，截梁，水出如淚。

隆昌元年，廬陵王子卿齋屋梁柱際無故出血。

永明中，大舸一舳無故自沈，艫中無水。

貌傳曰：「失威儀之制，怠慢驕恣，謂之狂，則不肅矣。下不敬，則上無威。天下既不敬，又肆其驕恣，肆之則不從。夫不敬其君，不從其政，則陰氣勝，故曰厥罰常雨。」

永明八年四月己巳起陰雨，晝或暫晴，夜時見星月，連雨積霖，至十七日乃止。

十一年四月辛巳朔，去三月戊寅起，而其間暫時晴，從四月一日又陰雨，晝或見日，夜午見月，回復陰雨，至七月乃止。

永泰元年十二月二十九日雨，至永元元年五月二十一日乃晴。京房占曰[四]：「冬雨，天下饑。」春雨，有小兵。」時虜寇雍州。餘應本傳。

傳曰：「大雨雪，猶庶徵之常雨也，然有甚焉。雨，陰。大雨雪者，陰之畜積甚也。」

曰：「與大水同象，曰攻爲雪耳[五]。」

建元二年閏月己丑，雨雪。

三年十一月，雨雪，或陰或晦，八十餘日，至四年二月乃止。

傳曰：「雷於天地爲長子，以其首長萬物，與之出入，故雷出萬物出，雷入萬物入。夫雷者人君之象，入則除害，出則興利。雷之微氣以正月出，其有聲者以二月出，以八月入，其餘微者以九月入。冬三月雷無出者，若是陽不閉陰，則出涉危難而害萬物也。」

建元元年十月壬午，夜電光，因雷鳴。

十月庚戌[六]，電光，有頃雷鳴，久而止。

永明五年正月戊申，夜西北雷聲。

六年十月甲申[七]，夜陰細雨，始聞雷鳴於西北上。

七年正月甲子，夜陰，雷鳴西南坤宮，隆隆一聲而止。

八年正月庚戌，夜雷起坎宮水門，其音隆隆，一聲而止。

九年二月丙子，西北有電光，因聞雷聲隆隆，仍續十聲而止。

十年二月庚戌，夜南方有電光，因聞雷聲隆隆相續，丁亥止〔八〕。

十月庚子〔九〕，電雷起西北。

十一月丁丑，西南有光，因聞雷聲隱隱，再聲而止。西南坤宮。

十二月甲申，陰雨，有電光，因聞西南及西北上雷鳴，頻續三聲。

丙申，夜聞西北上雷頻續二聲。

辛亥，雷雨。

傳曰：「雨雹，君臣之象也。陽之氣專爲雹，陰之氣專爲霰。陽專而陰脅之，陰盛而陽薄之。雹者，陰脅陽之象也。霰者，陽脅陰之符也。春秋不書霰者，猶月蝕也。」

建元四年五月戊午朔〔一〇〕，雹。

永明元年九月乙丑〔一一〕，雹落大如蒜子，須臾乃止。

十一年四月辛亥〔一二〕，雹落大如蒜子，須臾滅。

貌傳又曰：「上失節而狂，下怠慢而不敬，上下失道，輕法侵制，不顧君上，因以荐飢。

貌氣毀，故有雞禍。」一曰：「水歲雞多死及爲怪，亦是也。上下不相信，大臣姦宄，民爲寇

盜，故曰厥極惡。」一曰：「民多被刑，或形貌醜惡，風俗狂慢，變節易度，則爲輕剽奇怪之

服，故曰時則有服妖。」

永明中，宮內服用射獵錦文，爲騎射兵戈之象。　至建武初，虜大爲寇。

永明中，蕭諶開博風帽後裠之製，爲破後帽[三]。　世祖崩後，諶建廢立，誅滅諸王。

永明末，民閒制倚勸帽。　及海陵廢，明帝之立，勸進之事，倚立可待也。

建武中，帽裠覆頂，東昏時，以爲裠應在下，而今在上，不祥，斷之。　羣下反上之象

也。

永元中，東昏侯自造遊宴之服，綴以花采錦繡，難得詳也。　羣小又造四種帽，帽因勢

爲名。　一曰「山鵲歸林」者，詩云「鵲巢，夫人之德」，東昏寵嬖淫亂，故鵲歸其林藪[四]。

二曰「兔子度坑」，天意言天下將有逐兔之事也。　三曰「反縛黃麗嘍」，黃口小鳥也，反縛，

面縛之應也。　四曰「鳳皇度三橋」，鳳，王者嘉瑞[五]，三橋，梁王宅處也。

貌傳又曰：「危亂端見，則天地之異生。木者青，故曰青眚，爲惡祥。凡貌傷者，金沴木，木沴金，衝氣相通。」

延興元年，海陵王初立，文惠太子冢上有物如人，長數丈，青色，直上天，有聲如雷。

火，南方，揚光輝，出炎爤爲明者也。人君向明而治，蓋取其象。以知人爲分，讒佞既遠，羣賢在位，則爲明而火氣從矣。人君疑惑，棄法律，不誅讒邪，則讒口行，內閒骨肉，外疎忠臣，至殺世子，逐功臣，以妾爲妻，則火失其性，上災宗廟，下災府榭，內爇本朝，外爇闕觀，雖興師衆，不能救也。

永明三年正月，甲夜西北有野火，光上生精，西北有四，東北有一，並長七八尺，黃赤色。

三月庚午，丙夜北面有野火，光上生精，長六尺，戊夜又有一枚，長五尺，並黃赤色。

閏月丁巳，夜有火精四所。

十二月辛酉，夜東南有野火精二枚。

四年正月丁亥，夜有火精三處。

五年十二月丙寅，夜西北有野火，火上生精，一枚，長三尺，黃白色。

六年十一月戊申，夜西南及北三面有野火，火上生精，九枚，並長二尺，黃赤色。

九年二月丙寅，甲夜北面有野火，火上生精〔一六〕，二枚，西北又一枚，並長三尺，須臾消。

永元二年八月，宮內火，燒西齋璿儀殿及昭陽、顯陽等殿，北至華林牆，西及祕閣，凡屋三千餘閒〔一七〕。京房易傳曰：「君不思道，厥妖火燒宮。」祕閣與春秋宣榭火同，天意若曰，既無紀綱，何用典文爲也。

二年冬，京師民閒相驚云，當行火災，南岸人家往往於籬閒得布火纏者，云公家以此禳之。

三年正月，豫章郡天火燒三千餘家。京房易占曰：「天火下燒民屋，是謂亂治殺兵作。」是年，臺軍與義師偏衆相攻於南江諸郡。

三年二月，乾和殿西廂火，燒屋三十閒。是時西齋既火，帝徙居東齋，高宗所住殿也。

與燒宮占同。

傳又曰：「犯上者不誅，則草犯霜而不死。或殺不以時，事在殺生失柄，故曰草妖也。」一曰：「草妖者，失衆之象也。」

永元中，御刀黃文濟家齋前種昌蒲，忽生花，光影照壁，成五采，其兒見之，餘人不見也。少時，文濟被殺。

視傳云。

劉歆視傳有羽蟲之孽，謂雞禍也。班固案易雞屬巽，今以羽蟲之孽類是也，依歆說附

建武二年，有大鳥集建安，形如水犢子。其年，郡大水。

三年，大鳥集東陽郡，太守沈約表云：「鳥身備五采，赤色居多。」案樂緯叶圖徵云：「焦明鳥質赤[一八]，至則水之感也。」

永明二年四月，烏巢內殿東鴟尾。

三年，大鳥集會稽上虞。其年，縣大水。

傳曰：「維水沴火。」又曰：「赤眚赤祥。」

建武四年，王晏子德元所居帷屏，無故有血灑之，少日而散[一九]。

思心傳曰：「心者，土之象也。思心不睿[二○]，其過在眊亂失紀。風於陽則爲陰，於陰

則爲大臣之象，專恣而氣盛，故罰常風。心爲五事主，猶土爲五行主也。」一曰：「陰陽相

薄，偏氣陽多爲風，其甚也常風。陰氣多者，陰而不雨，其甚也常陰。」」一曰：「風宵起而晝

晦，以應常陰同象也。」

建元元年十一月庚戌，風夜暴起，雲雷合冥，從戌亥上來。

四年十一月甲寅，酉時風起小駃，至二更雪落，風轉浪津。

永明四年二月丙寅，巳時風迅急。

十一月己丑，戌時風迅急，從西北戌亥上來。

五年五月乙酉，子時風迅急，從西北戌亥上來。

七年正月丁卯，陽徵陰賊之日，時加子，風起迅急，從北方子丑上來，暴疾浪津，寅時

止。

八年六月乙酉，時加子〔三〕，風起迅急，暴疾浪津，發屋折木，塵沙，從西南未上來，因

雷雨，須臾，風微雨止。

九年七月甲寅，陽羽廉貞之日，時加亥，風起迅急，從東方來，暴疾彭勃浪津，至乙卯

陰賊時漸微，名羽動羽。

九月乙丑，時加未，雷，驟雨，風起迅急，暴疾浪津，從西北戌上來。

十月壬辰，陽羽姦邪之日，時加丑，風起從北方子丑上來，暴疾浪津，迅急，塵埃，五日

寅時漸微，名羽動宮。

十年正月辛巳，陽商寬大之日，時加寅，風從西北上來，暴疾浪津，迅急，揚沙折木，西

時止。

二月甲辰，陽徵姦邪之日，時加辰，風起迅急，從西北亥上來，暴疾彭勃浪津，至酉時

止。

三月丁酉〔二〕，陽徵廉貞之日，時加未，風從北方子丑上來，迅急，暴疾浪津，戌時止。

七月庚申，陰角貪狼之日，時加午，風從東北丑上來，迅急浪津，至辛酉巳時漸微。

十一年二月庚寅，陽角廉貞之日，時加亥，風從西北亥上來，迅疾浪津，丑時漸微，爲

角動角。

七月甲寅，陽羽廉貞之日，時加巳，風從東北寅上來，迅疾浪津，發屋折木，戌夜漸微，

爲羽動徵。

己巳，陽角寬大之日，時加未，風從戌上來，暴疾，良久止，爲角動商及宮。

凡時無專恣，疑是陰陽相薄。

隆昌元年三月乙酉〔三〕，未時風起，浪津暴急，從北方上來，應本傳眚亂。

建武二年、三年、四年，每秋七月、八月，輒大風，三吳尤甚，發屋折木，殺人。京房占

「獄吏暴，風害人」。時帝嚴刻。

永元元年七月十二日，大風，京師十圍樹及官府居民屋皆拔倒，應本傳。

傳又曰：「山之於地，君之象也。山崩者，君權損，京陵易處，世將變也。陵轉爲澤，貴將爲賤也。」

建元二年夏，廬陵石陽縣長溪水衝激山麓崩，長六七丈，下得柱千餘口，皆十圍，長者一丈，短者八九尺，頭題有古文字，不可識。江淹以問王儉，儉云：「江東不閑隸書，此秦漢時柱也。」後年宮車晏駕，世變之象也。

永明二年秋，始興曲江縣山崩，甕底溪水成陂。京房占：「山崩，人主惡之。」

傳又曰：「雷電所擊，蓋所感也。皆思心有尤之所致也。」

建元二年閏六月丙戌〔二四〕，戊夜震電。

四年五月五日，雲雹闇都〔二五〕，雷震于樂遊安昌殿，電火焚蕩盡。

永明八年四月六日，雷震，會稽山陰恒山保林寺刹上四破，電火燒塔下，佛面、窗户不異也。

永明中，震東宮南門〔二六〕，無所傷毀，殺食官一人。

十一年三月，震于東齋，棟崩。左右密欲治繕，竟陵王子良曰：「此豈可治，留之志吾

過，且旌天之愛我也。」明年，子良薨。

永元元年七月，地日夜十八震。

九月十九日，地五震。

建武二年二月丁巳，地震。

傳又曰：「土氣亂者，木金水火亂之。」

金者，西方，萬物既成，殺氣之始也。其於王事，兵戎戰伐之道也。王者興師動衆，建

立旗鼓，伐旄把鉞，以誅殘賊，止暴亂，殺伐應義，則金氣從。工冶鑄化，革形成器也。人

君樂侵陵，好攻戰，貪城邑，輕百姓之命，人民不安，內外騷動，則金失其性。蓋冶鑄不化，

水滯固堅〔二七〕，故曰金不從革，又曰維木沴金。

建武四年，明帝出舊宮送豫章王第二女綏安主降嬪，還上輦，輦上金翅無故自折落

地。

言傳曰：「言易之道，西方曰兌，為口。人君過差無度，刑法不一，斂從其重，或有師

旅，炕陽之節，若動眾勞民〔二八〕，是言不從。人君既失眾，政令不從，孤陽持治，下畏君之重

刑，陽氣勝則旱象至，故曰厥罰常陽也。」

建元三年，大旱，時有虜寇。

永明三年，大旱，明年，唐寓之起。

建武二年，大旱，時虜寇方盛，皆動眾之應也。

言傳曰：「下既悲苦君上之行，又畏嚴刑而不敢正言，則必先發於歌謠。歌謠，口事

也。口氣逆則惡言，或有怪謠焉。」

宋泰始既失彭城，江南始傳種消梨，先時所無，百姓爭欲種植。識者曰：「當有姓蕭

而來者。」十餘年，齊受禪。

元徽中，童謠曰：「襄陽白銅蹄〔二九〕，郎殺荊州兒。」後沈攸之反，雍州刺史張敬兒襲江

陵，殺沈攸之子元琰等。

永明元年元日，有小人發白虎樽，既醉，與筆扎，不知所道，直云「憶高帝」。敕原其

罪。

世祖起青溪舊宮，時人反之曰「舊宮者〔二0〕，窮廢也」。及上崩後，宮人出居之。

永明初，百姓歌曰：「白馬向城啼〔二一〕，欲得城邊草。」後句間云「陶郎來」。白者金色，馬者兵事。三年，妖賊唐寓之起，言唐來勞也。

世祖起禪靈寺初成，百姓縱觀，或曰：「禪者授也，靈非美名，所授必不得其人。」後太孫立，見廢也。

永明中，宮內坐起御食之外，皆為客食。世祖以客非家人名，改呼為別食，時人以為分別之象。少時，上晏駕。

文惠太子在東宮，作兩頭纖纖詩，後句云「磊磊落落玉山崩」。自此長王宰相相繼薨祖，二宮晏駕。

文惠太子作七言詩，後句輒云「愁和諦」〔二二〕。後果有和帝禪位。

永明中，虞中童謠云：「黑水流北，赤火入齊。」尋而京師人家忽生火，赤於常火，熱小微，貴賤爭取以治病。法以此火灸桃板七炷，七日皆差。敕禁之，不能斷。京師有病瘻者，以火灸數日而差。隣人笑曰：「病偶自差，豈火能為。」此人便覺頤間癢，明日瘻還如故。後梁以火德興。

文惠太子起東田，時人反云「後必有癲童」。果由太孫失位〔三三〕。

齊宋以來，民間語云「擾攘建武上」。明帝初，誅害蕃戚，京師危駭。

永元元年，童謠曰：「洋洋千里流，流嬰東城頭〔三四〕。烏馬烏皮袴，三更相告訴。脚跋褶往奔之。跛脚，亦遙光。老姥子，孝字之象，徐孝嗣也。不得起，誤殺老姥子。」千里流者，江祏也。東城，遙光也。遙光夜舉事，垣歷生著烏皮袴

永元中，童謠云：「野豬雖嚇嚇，馬子空間渠。不知龍與虎，飲食江南墟。七九六十三，廣莫人無餘。烏集傳舍頭，今汝得寬休。但看三八後，摧折景陽樓。」識者解云「陳顯達屬豬，崔慧景屬馬」，非也。東昏侯屬豬，馬子未詳，梁王屬龍，蕭穎胄屬虎。崔慧景攻臺，頓廣莫門死，時年六十三。烏集傳舍，即所謂「瞻烏爰止，于誰之屋」。三八二十四，起建元元年，至中興二年，二十四年也。摧折景陽樓，亦高臺傾之意也。言天下將去，乃得休息也。

齊、宋之際，民間語云「和起」，言以和顏而爲變起也。後和帝立。

崔慧景圍臺城，有一五色幡，飛翔在雲中，半日乃不見，眾皆驚怪〔三五〕，相謂曰：「幡者，事尋當飜覆也。」數日而慧景敗。

言傳曰：「言氣傷則民多口舌，故有口舌之痾。金者白，故有白眚，若有白爲惡祥。」

宋昇明二年，飆風起建康縣南塘里，吹帛一匹入雲，風止，下御路。紀僧真啓太祖當

宋氏禪者，其有匹夫居之。

水，北方，冬藏萬物，氣至陰也，宗廟祭祀之象。死者精神放越不反者，故爲之廟以收

散，爲之貌以收其魂神〔三六〕，而孝子得盡禮焉。敬之至，則神歆之，此則至陰之氣從，則水

氣從溝瀆隨而流去，不爲民害矣。人君不禱祀，簡宗廟，廢祭祀，逆天時，則霧水暴出，川

水逆溢，壞邑軼鄉，沈溺民人，故曰水不潤下。

建元元年，吳、吳興、義興三郡大水〔三七〕。

二年夏，丹楊、吳二郡大水。

四年，大水。

永明五年夏，吳興、義興、水雨傷稼。

六年，吳興、義興二郡大水。

建武二年冬，吳、晉陵二郡水雨傷稼。

永元元年七月，濤入石頭，漂殺緣淮居民。應本傳。

荆州城内有沙池，常漏水。蕭穎胄爲長史，水乃不漏，及穎胄亡，乃復竭。

傳曰：「極陰氣動，故有魚孽。魚孽者，常寒罰之符也。」

永明九年，鹽官縣石浦有海魚乘潮來，水退不得去，長三十餘丈，黑色無鱗，未死，有聲如牛，土人呼爲海鷥，取其肉食之。

永元元年四月，有大魚十二頭入會稽上虞江，大者近二十餘丈，小者十餘丈，一入山陰稱浦，一入永興江，皆暍岸側，百姓取食之。

聽傳曰：「不聰之象見，則妖生於耳，以類相動，故曰有鼓妖也」。一曰：「聲屬鼓妖。」

永明元年十一月癸卯，夜天東北有聲，至戊夜。

傳曰：「皇之不極，是謂不建，其咎在霿亂失聽，故厥咎霿。思心之咎亦霿。天者，正萬物之始，王者，正萬事之始，失中則害天氣，類相動也。天者轉於下而運於上，雲者起於山而彌於天，天氣動則其象應，故厥罰常陰。王者失中，臣下盛強，而蔽君明，則雲陰亦衆多而蔽天光也。」

建元四年十月丙午，日入後土霧勃勃如火煙。

永明二年十一月己亥，四面土霧入人眼鼻，至辛丑止〔三八〕。

二年十一月丙子，日出後及日入後，四面土霧勃勃如火煙。

六年十一月庚戌，丙夜土霧竟天，昏塞濃厚，至六日未時小開，到甲夜後仍濃密〔三九〕，勃勃如火煙，辛慘入人眼鼻。

八年十月壬申，夜土霧竟天，濃厚勃勃如火煙，氣入人眼鼻，至九日辰時開除。

九年十月丙辰，晝夜恒昏霧勃勃如火煙，其氣辛慘入人眼鼻，兼日色赤黃，至四日甲夜開除。

十年正月辛酉，酉初四面土霧勃勃如火煙，其氣辛慘入人眼鼻。

傳曰：「《易曰『乾爲馬』》。逆天氣，馬多死，故曰有馬禍。」一曰：「馬者，兵象也。將有寇戎之事，故馬爲怪。」

建武四年〔四〇〕，王晏出至草市，馬驚走，鼓步從車而歸，十餘日，晏誅。

建武中，南岸有一蘭馬，走逐路上女子，女子窘急，走入人家牀下避之，馬終不置，發牀食女子股脚間肉都盡，禁司以聞，敕殺此馬，是後頻有寇賊。

京房易傳曰：「生子二胷以上，民謀其主。三手以上，臣謀其主。二口已上，國見驚以兵。三耳已上，是謂多聽，國事無定。二鼻以上，國主久病。三足三臂已上，天下有兵。」其類甚多，蓋以象占之。

永明五年，吳興東遷民吳休之家女人雙生二兒，胷以下齊以上合。

京房易傳曰：「野獸入邑，其邑大虛。」又曰：「野獸無故入邑朝廷門及宮府中者，邑逆且虛。」

永明中，南海王子罕爲南兗州刺史，有麞入廣陵城，投井而死，又有象至廣陵，是後刺史安陸王子敬於鎮被害。

建武四年春，當郊治圓丘〔四〕，宿設已畢，夜虎攫傷之〔四二〕。

建武中，有鹿入景皇寢廟，皆爲上崩及禪代也。

凡無占者，皆爲不應本傳。

贊曰：木怪夔魖，火爲水妃。土實載物，金作明威。形聲異迹，影響同歸。皆由象

應，莫不類推。

校勘記

〔一〕 京師祇垣寺皂莢樹枯死 「祇垣寺」，殿本作「祇洹寺」。

〔二〕 朱爵舫華表柱生枝葉 「舫」字原漫漶，據南監本、北監本、殿本、局本補。

〔三〕 石子崗柏木長二尺四寸 「石子崗」，原作「后子崗」，據南監本、北監本、殿本、局本改。

〔四〕 京房占曰 「京房占」，三朝本、南監本、北監本、汲本、殿本、局本作「京房易」。

〔五〕 日攻爲雪耳 「日攻」，魏書卷一一二靈徵志引洪範論作「冬故」。

〔六〕 十月庚戌 「十月」，疑當作「十一月」。按建元元年十月己巳朔，無庚戌日，又上云「建元元年十月壬午」，「十月」不當重出。是年十一月己亥朔，十二日庚戌。

〔七〕 六年十月甲申 按永明六年十月丁未朔，無甲申日，疑有誤。十七史疑年錄云「疑此『十月』上脱『閏』字」，按是年閏十月丁丑朔，甲申爲初八日。

〔八〕 十年二月庚戌夜南方有電光因聞雷聲隆隆相續丁亥止 「丁亥」疑有誤。按永明十年二月丁亥朔，廿四日庚戌，廿五日辛亥。十七史疑年錄云：「『丁亥』當『辛亥』之誤。」

〔九〕 十月庚子 「十月」，原作「十年」，據南監本、北監本、殿本、局本改。

〔一〇〕 建元四年五月戊午朔 按建元四年五月甲寅朔，戊午爲初五日，非朔日。

〔一二〕永明元年九月乙丑　按永明元年九月丙子朔，月內無乙丑日。

〔一三〕十一年四月辛亥　按永明十一年四月辛巳朔，月內無辛亥日。

〔一四〕為破後帽　「為」，御覽卷六八七引蕭子顯齊書作「又為」。

〔一五〕故鵲歸其林藪　「歸其林藪」，御覽卷六八七引蕭子顯齊書作「反藪」。

〔一六〕鳳王者嘉瑞　「王」，汲本、局本作「皇」，御覽卷六八七引蕭子顯齊書作「凰」。按作「皇」、「凰」，當與「鳳」連讀。

〔一七〕北至華林牆西及祕閣凡屋三千餘間　「凡」，南監本、北監本、汲本、殿本、局本作「北」，屬上讀。

〔一八〕火上生精　「火上」，原作「火火」，據北監本、汲本、殿本、局本改。

〔一九〕焦明鳥質赤　「焦明」，原作「焦朋」，據三朝本、南監本、北監本、汲本、殿本、局本、冊府卷二〇二閏位部改。按說文鳥部「鸃」字：「五方神鳥也，東方發明，南方焦明，西方鷫鷞，北方幽昌，中央鳳皇。」

〔二〇〕少日而散　「散」下南監本、北監本、汲本、殿本、局本有「晏尋被誅」四字。

〔二一〕思心不睿　按「睿」當作「容」，說詳錢大昕考異卷七漢書二及王念孫讀書雜志漢書第五。

〔二二〕時加子　原作「加子時」，據殿本乙正。

〔二三〕三月丁酉　按永明十年三月丁巳朔，月內無丁酉日。

〔三〕隆昌元年三月乙酉 「隆昌」，原作「建昌」。按南齊無「建昌」年號，隆昌元年正月丁未改元，七月丁酉改元延興，十月癸亥改元建武。丁福林校議云：「此年鬱林王被廢前自應稱隆昌。」今改正。又按是年三月丙午朔，無乙酉日。

〔四〕建元二年閏六月丙戌 按是年九月置閏，此疑有訛衍。

〔五〕雲電闇都 「雲」，殿本作「雷」。

〔六〕震東宮南門 「震」上南監本、北監本、殿本、局本有「雷」字。

〔七〕水滯固堅 「水」，局本作「冰」。此句漢書卷二七上五行志上作「冰滯涸堅」。

〔八〕若動衆勞民 「衆」字原漫漶，據三朝本、南監本、北監本、汲本、殿本、局本補。

〔九〕襄陽白銅蹄 「蹄」，南監本、局本作「鞮」。

〔一〇〕舊宮者 「舊宮」二字原漫漶，據三朝本、南監本、北監本、汲本、殿本、局本補。

〔一一〕白馬向城啼 「啼」，冊府卷八九四總錄部作「蹄」。

〔一二〕後句輒云愁和諦 「後句」，南史卷五和帝紀、建康實錄卷一五作「句後」。「諦」，南史卷五和帝紀、建康實錄卷一五作「帝」。

〔一三〕果由太孫失位 「由」，原作「面」，據北監本、汲本、殿本、局本改。南監本作「至」。

〔一四〕流裛東城頭 「流裛」，冊府卷八九四總錄部作「裛裛」。

〔一五〕半日乃不見衆皆驚怪 御覽卷八七六引齊書作「半日乃下，衆見皆驚怪」。

〔三六〕 故爲之廟以收散爲之貌以收其魂神 南監本、局本作「聖人爲之宗廟以收其魂氣春秋祭祀」，北監本、汲本、殿本作「故爲之廟以收其散爲之貌以收其魂神」。

〔三七〕 建元元年吳吳興義興三郡大水 「元年」，原作「二年」。按下續有「二年夏」，「二年」不當重出，南齊書卷二高帝紀下載建元元年九月辛丑詔「二吳、義興三郡遭水」，據改。

〔三八〕 永明二年十一月己亥四面土霧入人眼鼻至辛丑止 「二年」，疑當作「元年」。按下續有「二年十一月丙子」，「二年」不當重出。又永明元年十一月乙亥朔，月内有己亥（二十五）、辛丑（二十七）日。永明二年十一月庚午朔，月内無己亥、辛丑日。

〔三九〕 到甲夜後仍濃密 「後仍」，原作「仍後」，據南監本、北監本、殿本、局本乙正。

〔四〇〕 建武四年 「建武」，原作「建昌」，據殿本改。

〔四一〕 當郊治圓丘 「圓丘」，原作「丘圓」，據南監本、北監本、汲本、局本乙正。

〔四二〕 夜虎攖傷之 「之」，南監本、北監本、汲本、局本作「人」。

南齊書卷二十

列傳第一

皇后

六宮位號，漢、魏以來，因襲增置，世不同矣。建元元年，有司奏置貴嬪、夫人、貴人爲三夫人，脩華、脩儀、脩容、淑妃、淑媛、淑儀、婕妤、容華、充華爲九嬪，美人、中才人、才人爲散職。永明元年，有司奏貴妃、淑妃並加金章紫綬，佩于寶玉。淑妃舊擬九棘，以淑爲溫恭之稱，妃爲亞后之名，進同貴妃，以比三司。夫人之號，不殊蕃國。降淑媛以比九卿。七年，復置昭容，位在九嬪。建元三年，太子宮置三內職，良娣比開國侯，保林比五等侯，才人比駙馬都尉。

宣孝陳皇后諱道止〔一〕，臨淮東陽人，魏司徒陳矯後。父肇之，郡孝廉。

后少家貧，勤織作，家人矜其勞，或止之，后終不改。嫁于宣帝，庶生衡陽元王道度、始安貞王道生，后生太祖。太祖年二歲，乳人乏乳，后夢人以兩甌麻粥與之，覺而乳大出，異而說之〔二〕。宣帝從任在外〔三〕，后常留家治事教子孫。有相者謂后曰：「夫人有貴子而不見。」后歎曰：「我三兒誰當應之。」呼太祖小字曰：「正應是汝耳。」宣帝殂後，后親自執勤，婢使有過誤，恕不問也。太祖雖從官，而家業本貧，為建康令時，高宗等冬月猶無縑纊，而奉膳甚厚，后每撤去兼肉，曰：「於我過足矣。」殂于縣舍，年七十三。昇明三年，追贈竟陵公國太夫人〔四〕，璽印，畫青綬，祠以太牢。建元元年，追尊孝皇后。贈外祖父肇之金紫光祿大夫，謚曰敬侯。后母胡氏為永昌縣靖君。

高昭劉皇后諱智容，廣陵人也。祖玄之，父壽之，並員外郎。后母桓氏夢吞玉勝生后，時有紫光滿室，以告壽之，壽之曰：「恨非是男。」桓曰：「雖女，亦足興家矣。」后每寢臥，家人常見上如有雲氣焉。年十餘歲，歸太祖，嚴正有禮法，家

庭肅然。宋泰豫元年殂,年五十。歸葬宣帝墓側,今泰安陵也。門生王清與墓工始下鍤,有白兔跳起,尋之不得,及墳成,兔還栖其上。建元元年,尊謚昭皇后。昇明二年,贈竟陵公國夫人。三年,贈齊國妃,印綬如太妃。建元元年,尊謚昭皇后。三年,贈后父金紫光祿大夫[五],母桓氏上虞都鄉君[六];壽之子興道司徒屬,文蔚豫章內史,義徽光祿大夫,義倫通直郎。

武穆裴皇后諱惠昭,河東聞喜人也。祖朴之[七],給事中。父璣之,左軍參軍。后少與豫章王妃庾氏爲娣姒,庾氏勤女工,奉事太祖,昭后恭謹不倦,后不能及,故不爲舅姑所重,世祖家好亦薄焉。性剛嚴,竟陵王子良妃袁氏布衣時有過,后加訓罰。昇明三年,爲齊世子妃。建元元年,爲皇太子妃。二年,后薨[八]。謚穆妃,葬休安陵。世祖即位,追尊皇后。贈璣之金紫光祿大夫,后母檀氏餘杭廣昌鄉元君。

舊顯陽、昭陽殿[九],太后、皇后所居也。永明中無太后、皇后,羊貴嬪居昭陽殿西,范貴妃居昭陽殿東,寵姬荀昭華居鳳華柏殿。宮內御所居壽昌畫殿南閣,置白鷺鼓吹二部,貴妃居昭陽殿東,寵姬荀昭華居鳳華柏殿。宮內御所居壽昌畫殿南閣,置白鷺鼓吹二部,上數遊幸諸苑囿,載宮人從後車,宮內深隱,不乾光殿東西頭,置鍾磬兩廂,皆宴樂處也。上數遊幸諸苑囿,載宮人從後車,宮內深隱,不聞端門鼓漏聲,置鍾於景陽樓上,宮人聞鍾聲,早起裝飾,至今此鍾唯應五鼓及三鼓也。

車駕數幸琅邪城，宮人常從，早發至湖北埭，雞始鳴。

吳郡韓蘭英[一〇]，婦人有文辭。宋孝武世，獻中興賦，被賞入宮。明帝世[一一]，用爲宮中職僚。世祖以爲博士，教六宮書學，以其年老多識，呼爲「韓公」。

文安王皇后諱寶明，琅邪臨沂人也。祖韶之，吳興太守。父曄之，太宰祭酒。宋世，太祖爲文惠太子納后，桂陽賊至，太祖在新亭，傳言已沒，宅復爲人所抄掠，文惠太子、竟陵王子良奉穆后、庾妃及后挺身送后兄昻之家，事平乃出。建元元年，爲南郡王妃。四年，爲皇太子妃，無寵。太子爲宮人製新麗衣裳及首飾，而后床帷陳設故舊，釵鑷十餘枚[一二]。永明十一年，爲皇太孫太妃。鬱林即位，尊爲皇太后，稱宣德宮。贈后父金紫光祿大夫，母桓氏豐安縣君。其年十二月，備法駕謁太廟。高宗即位，出居鄱陽王故第，爲宣德宮。永元三年，梁王定京邑，迎后入宮稱制，至禪位。天監十一年，薨，年五十八。葬崇安陵。謚曰安后。兄晃義興太守。

鬱林王何妃名婧英，廬江灊人，撫軍將軍戢之女也。永明二年，納爲南郡王妃。十一年，爲皇太孫妃。鬱林王即位，爲皇后。嫡母劉氏爲高昌縣都鄉君，所生母宋氏，爲餘杭廣昌鄉君。將拜，鏡在床無故墮地。其冬，與太后同日謁太廟。

后稟性淫亂，爲妃時，便與外人姦通。在後宮，復通帝左右楊珉之，與同寢處如伉儷。珉之又與帝相愛褻，故帝恣之。迎后親戚入宮，賞賜人百數十萬。以世祖耀靈殿處后家屬。帝被廢，后貶爲王妃。

海陵王王妃名韶明，琅邪臨沂人，太常慈女也。永明八年，納爲臨汝公夫人。鬱林即位，爲新安王妃。延興元年，爲皇后。其年，降爲海陵王妃。

明敬劉皇后諱惠端，彭城人，光禄大夫道弘孫也〔三〕。太祖爲高宗納之。建元三年，除西昌侯夫人。永明七年，卒，葬江乘縣張山。延興元年，贈宣城王妃。高宗即位，追尊爲敬皇后。贈父通直郎景猷金紫光禄大夫，母王氏平陽鄉君。永泰元年，高宗崩，改葬，

祔于興安陵。

東昏褚皇后名令璩，河南陽翟人，太常澄女也。建武二年，納爲皇太子妃。明年，謁敬后廟。東昏即位，爲皇后。帝寵潘妃，后不被遇。黃淑儀生太子誦[一四]，東昏廢，並爲庶人[一五]。

和帝王皇后名蕣華，琅邪臨沂人，太尉儉孫也。初爲隨王妃。中興元年，爲皇后。帝禪位，后降爲妃。

史臣曰：后妃之德，著自風謠，義起閨房，而道化天下。繰盆獻種，罔非耕織，佩管晨興，與子同事，可以光熙闔業，作儷公侯。孝、昭二后，並有賢明之訓，不得母臨萬國。寶命方昌，椒庭虛位，有婦人焉，空慕周興，禎符顯瑞，徒萃徽名。若使掖作同休[一六]，陰教遠變，則馬、鄧風流，復存乎此。太祖創命，宮禁貶約，毀宋明之紫極，革前代之踰奢，衣不文

繡，色無紅采，永巷貧空，有同素室。世祖嗣位，運藉休平，壽昌前興，鳳華晚搆，香柏文欚，花梁繡柱，雕金鏤寶，頗用房帷[七]，趙瑟吳趨，承閑奏曲，歲費傍恩，足使充牣，事由私蓄，無損國儲。高宗仗數矯情[八]，外行儉陋，內奉宮業[九]，曾莫云改。東昏喪道，侈風大扇，銷鑠海內，以贍浮飾，哲婦傾城，同符殷、夏。嗚呼！所以垂戒於方來。

贊曰：宣武孝則，識有先知。高昭誕武，世載母儀。裴穆儲闈，位亦從隮。明敬典冊，配在宗枝。秋宮亦邃，軒景前虧。文安廢主，百憂已離，中興秉制，揖讓弘規。

校勘記

(一) 宣孝陳皇后諱道止　「道止」，南監本、北監本、汲本、殿本、局本、御覽卷一四三引蕭子顯齊書作「道正」。

(二) 異而說之　「說」，南監本作「乳」。

(三) 宣帝從任在外　「任」，南監本、北監本、殿本、局本作「仕」。按南史卷一一后妃傳上、御覽卷一四三引蕭子顯齊書、冊府卷八六〇總錄部並作「任」。

(四) 昇明三年追贈竟陵公國太夫人　「三年」，南史卷一一后妃傳上作「二年」，疑是。據本書卷一高帝紀上，蕭道成封竟陵郡公在昇明元年七月，父蕭承之贈散騎常侍、金紫光祿大夫則在

南齊書 卷二十

昇明二年，本卷下文高昭劉皇后贈竟陵公國夫人亦在昇明二年。

〔五〕 三年贈后父金紫光祿大夫 「三年」，南史卷一一后妃傳上作「二年」。

〔六〕 母桓氏上虞都鄉君 「虞」字原無，據南監本、局本、南史卷一一后妃傳上補。

〔七〕 祖朴之 「朴之」，南監本、南史卷一一后妃傳上作「封之」。

〔八〕 二年后薨 「二年」，原作「三年」，據南史卷一一后妃傳上改。按本書卷二高帝紀下，裴氏薨於建元二年七月戊午，又本書卷一〇禮志下、卷二一文惠太子傳、卷四〇竟陵文宣王子良傳記其事並作「二年」。

〔九〕 舊顯陽昭陽殿 「殿」上南監本、局本、南史卷一一后妃傳上有「二」字。

〔一〇〕 吳郡韓蘭英 「韓蘭英」，南監本、北監本、汲本、殿本、局本、金樓子箴戒篇、南史卷一一后妃傳上作「韓蘭英」。

〔一一〕 明帝世 「明帝」上南監本、局本、南史卷一一后妃傳上有「宋」字。

〔一二〕 而后床帷陳設故舊釵鑷十餘枚 「陳設故舊」，南史卷一一后妃傳上、御覽卷一四三引蕭子顯齊書作「陳故古舊」，「古舊」二字屬下讀。

〔一三〕 光祿大夫道弘孫也 「孫」，文選卷五八謝玄暉齊敬皇后哀策文李善注引蕭子顯齊書作「女」。

〔一四〕 黃淑儀生太子誦 「誦」下南史卷一一后妃傳上有「而卒」二字。

四四二

〔五〕　東昏廢並爲庶人　「並」上南史卷一一后妃傳上有「后及誦」三字。

〔六〕　若使掖作同休　「作」，南監本、局本作「阼」。

〔七〕　頗用房帷　「頗用」，南監本作「燭照」。

〔八〕　高宗仗數矯情　「仗」，南監本作「挾」。

〔九〕　内奉宮業　南監本作「奉己之制」。

南齊書卷二十一

列傳第二

文惠太子

文惠太子長懋，字雲喬，世祖長子也。世祖年未弱冠而生太子，爲太祖所愛。姿容豐潤，小字白澤。宋元徽末，隨世祖在郢，世祖還鎮盆城拒沈攸之，使太子勞接將帥，親侍軍旅。除祕書郎，不拜。授輔國將軍〔一〕，遷晉熙王撫軍主簿。事寧，世祖遣太子還都，太祖方創霸業，心存嫡嗣，謂太子曰：「汝還，吾事辦矣。」處之府東齋，令通文武賓客。勅荀伯玉曰：「我出行日，城中軍悉受長懋節度。我時時履行〔二〕。」轉祕書丞，以與宣帝諱同，不就，改除中書郎，遷黃門侍郎，未拜。昇明三年，太祖將受禪，世祖已還京師，以襄陽兵馬重鎮，不欲處他族，出太子爲持節、都督雍梁二州郢州之竟陵司州之隨郡軍事、左中郎

將〔三〕、寧蠻校尉、雍州刺史。建元元年，封南郡王，邑二千户。江左未有嫡皇孫封王，始

自此也。進號征虜將軍。

先是，梁州刺史范柏年誘降晉壽亡命李烏奴討平氐賊楊城、蘇道熾等〔四〕，頗著威名。

沈攸之事起，柏年遣將陰廣宗領軍出魏興聲援京師，而候望形勢，事平，朝廷遣王玄邈代

之。烏奴勸柏年據漢中不受命，柏年計未决，玄邈已至，柏年遲回魏興不肯下，太子慮其

爲變，乃遣説柏年，許啓爲府長史，柏年乃進襄陽，因執誅之。柏年，梓潼人，徙居華陽，世

爲土豪，知名州里。宋泰始中，氐寇斷晉壽道，柏年以倉部郎假節領數百人慰勞通路，自

益州道報命。除晉壽太守。討平氐賊，遂爲梁州。柏年彊立，善言事，以應對爲宋明帝所

知。既被誅，巴西太守柳弘稱啓太祖，勅答曰：「柏年幸可不爾，爲之恨恨！」

時襄陽有盜發古塚者，相傳云是楚王塚，大獲寶物：玉屐、玉屏風、竹簡書、青絲編。

簡廣數分，長二尺，皮節如新。盜以把火自照，後人有得十餘簡，以示撫軍王僧虔，僧虔云

是科斗書考工記，周官所闕文也。是時州遣按驗，頗得遺物，故有同異之論。

會北虜南侵，上慮當出樊、沔。二年，徵爲侍中、中軍將軍，置府，鎮石頭。穆妃薨，成

服日，車駕出臨喪，朝議疑太子應出門迎。左僕射王儉曰：「尋禮記服問『君所主夫人妻、

太子、嫡婦』，言國君爲此三人爲主喪也。今鸞輿臨降，自以主喪而至，雖因事撫慰，義不

在弔，南郡以下不應出門奉迎。但尊極所臨，禮有變革，權去杖絰，移立戶外，足表情敬，無煩止哭。皇太子既一宮之主，自應以車駕幸宮，依常奉候。既當成服之日，吉凶不容相干，宜以衰幘行事。望拜止哭，率由舊章。尊駕不以臨弔，奉迎則惟常體，求之情禮，如爲可安。」解侍中。上以太子哀疾，不宜居石頭山障，移鎮西州。四年，遷使持節、都督南徐兗二州諸軍事、征北將軍、南徐州刺史。世祖即位，爲皇太子。

初，太祖好左氏春秋，太子承旨諷誦，以爲口實。既正位東儲，善立名尚，禮接文士，畜養武人，皆親近左右，布在省闥。永明三年，於崇正殿講孝經，少傅王儉以擿句令太子僕周顒撰爲義疏〔五〕。五年冬，太子臨國學，親臨策試諸生，於坐問少傅王儉曰：「曲禮云『無不敬』。尋下之奉上，可以盡禮，上之接下，慈而非敬。今總同敬名，將不爲昧？」儉曰：「鄭玄云『禮主於敬』，便當是尊卑所同。」太子曰：「若如來通，則忠惠可以一名，孝慈不須別稱。」儉曰：「尊卑號稱，不可悉同，愛敬之名，有時相次。忠惠之異，誠以聖旨。孝慈互舉，竊有徵據，禮云『不勝喪比於不慈不孝』，此則其義。」太子曰：「資敬奉君，資愛事親，兼此二塗，唯在一極。今乃移敬接下，豈復在三之義？」儉曰：「資敬奉君，必同至極，移敬逮下，不慢而已。」太子曰：「敬名雖同，深淺既異，而文無差別，彌復增疑。」儉曰：「繁文不可備設，略言深淺已見。」傳云『不忘恭敬，民之主也』。書云『奉先思孝，接

下思恭』。此又經典明文，互相起發。」太子問金紫光祿大夫張緒，緒曰：「愚謂恭敬是立

身之本，尊卑所以並同。」太子曰：「敬雖立身之本，要非接下之稱。尚書云『惠鮮鰥寡』，

何不言恭敬鰥寡邪？」緒曰：「今別言之，居然有恭惠之殊，總開記首，所以共同斯稱。」竟

陵王子良曰：「禮者敬而已矣。自上及下，愚謂非嫌。」太子曰：「本不謂有嫌，正欲使言

與事符，輕重有別耳。」臨川王映曰：「先舉必敬，以明大體，尊卑事數，備列後章，亦當不

以總略而礙〔六〕。」太子又以此義問諸學生，謝幾卿等十一人，並以筆對。太子問王儉曰：

「周易乾卦本施天位，而説卦云『帝出乎震』。震本非天，義豈相主〔七〕？」儉曰：「乾健震

動，天以運動爲德，故言『帝出震』。」太子曰：「天以運動爲德，君自體天居位，震雷爲象，

豈體天所出？」儉曰：「主器者莫若長子，故受之以震，萬物出乎震，故亦帝所與焉。」儉又

諮太子曰：「孝經『仲尼居，曾子侍』。夫孝理弘深，大賢方盡其致，何故不授顔子，而寄曾

生？」太子曰：「曾生雖德慙體二，而色養盡禮，去物尚近，接引非隔，弘宣規教，義在於

此。」儉曰：「接引非隔，弘宣雖易，去聖轉遠，其事彌輕。既云『人能弘道』，將恐人輕道

廢。」太子曰：「理既有在，不容以人廢言，而況中賢之才，弘上聖之教，寧有壅塞之嫌。」臨

川王映諮曰：「孝爲德本，常是所疑，德施萬善，孝由天性，自然之理，豈因積習？」太子

曰：「不因積習而至，所以可爲德本。」映曰：「率由斯至，不俟明德，夫孝榮親〔八〕，衆德光

備，以此而言，豈得爲本？」太子曰：「孝有深淺，德有小大，因其分而爲本，何所稍疑〔九〕。」

太子以長年臨學，亦前代未有也。

明年，上將訊丹楊所領囚，及南北二百里内獄，詔曰：「獄訟之重，政化所先。太子立年作貳，宜時詳覽，此訊事委以親決。」太子乃於玄圃園宣猷堂録三署囚，原宥各有差。上晚年好遊宴，尚書曹事亦分送太子省視。

太子與竟陵王子良俱好釋氏，立六疾館以養窮民。風韻甚和，而性頗奢麗。宮内殿堂，皆雕飾精綺，過於上宮。開拓玄圃園，與臺城北塹等。其中樓觀塔宇，多聚奇石，妙極山水。慮上宮望見〔一〇〕，乃傍門列脩竹，内施高鄣〔一一〕，造游牆數百間，施諸機巧，宜須蔽，須臾成立，若應手遷徙。善製珍玩之物，織孔雀毛爲裘，光彩金翠，過於雉頭矣〔一二〕。以晉明帝爲太子時立西池，乃啓世祖引前例，求東田起小苑，上許之。永明中，二宮兵力全實，太子使宮中將吏更番役築，宮城苑巷，制度之盛，觀者傾京師。上性雖嚴，多布耳目，太子所爲，無敢啓者。後上幸豫章王宅，還過太子東田，見其彌亘華遠，壯麗極目，於是大怒，收監作主帥，太子懼，皆藏匿之，由是見責。

太子素多疾，體又過壯，常在宮内，簡於遨遊。玩弄羽儀，多所僭儗，雖咫尺宮禁，而上終不知。十年，豫章王嶷薨，太子見上友于既至，造碑文奏之，未及鐫勒。十一年春正

月，太子有疾，上自臨視，有憂色。疾篤，上表曰：「臣地屬元良，業微三善，光道樹風，於焉蓋闕，晨宵悄懼，有若臨淵。攝生舛和，構離痾疾，大漸惟幾，顧陰待謝，守器難永，視膳長違，仰戀慈顏，內懷感哽。竊惟死生定分，理不足悲，伏願割無已之悼，損既往之傷，寶衞聖躬，同休七百，臣雖沒九泉，無所遺恨。」時年三十六〔四〕。太子年始過立，久在儲宮，得參政事，內外百司，咸謂旦暮繼體，及薨，朝野驚惋焉。上幸東宮，臨哭盡哀，詔斂以袞冕之服，謚曰文惠，葬崇安陵。世祖履行東宮，見太子服翫過制，大怒，勑有司隨事毀除，以東田殿堂爲崇虛館。鬱林立，追尊爲文帝，廟稱世宗。

初太子內懷惡明帝，密謂竟陵王子良曰：「我意色中殊不悅此人，當由其福德薄所致。」子良便苦救解。後明帝立，果大相誅害。

史臣曰：上古之世，父不哭子，壽夭悠悠，尚嗟恆事。況夫正體東儲，方樹年德，重基累葉，載茂皇家，守器之君，已知耕稼，雖溫文具美〔五〕，交弘盛迹，武運將終，先期夙殞，傳之幼少，以速顛危，推此而論，亦有冥數矣。

贊曰：二象垂則，三星麗天。樹嫡惟長，義匪求賢。方爲守器，植命不延。

〔一〕 授輔國將軍 「授」，南史卷四四齊文惠太子長懋傳作「板」。

〔二〕 我時時履行 「我」下南監本、北監本、汲本、殿本、局本、南史卷四四齊文惠太子長懋傳有「雖不行内外直防及諸門甲兵悉令長懋」十六字。 按汲本「時時」上注云「宋本無已上一十六字」。

〔三〕 左中郎將 南史卷四四齊武帝諸子文惠太子長懋傳作「北中郎將」，疑是。 按本書卷三七胡諧之傳云文惠太子鎮襄陽，胡諧之爲北中郎郎征虜司馬、扶風太守，「在鎮毗贊」。

〔四〕 討平氏賊楊城蘇道熾等 「楊城」，通鑑卷一三五齊紀一高帝建元元年作「楊成」。

〔五〕 少傅王儉以擿句令太子僕周顒撰爲義疏 「太子僕」，原作「太僕」，據南史卷四四齊文惠太子長懋傳改。 按本書卷一七輿服志、卷四一周顒傳、卷五四高逸顧歡傳並云顒爲太子僕。

〔六〕 亦當不以總略而礙 「礙」，册府卷二六〇儲宮部作「疑」。

〔七〕 義豈相主 「相主」，南監本、局本作「相當」。

〔八〕 夫孝榮親 「夫」，南監本、北監本、汲本、殿本、局本、册府卷二六〇儲宮部作「大」。

〔九〕 何所稍疑 「稍」，册府卷二六〇儲宮部作「稱」。

〔一〇〕 慮上宮望見 「宮」下南監本、局本、南史卷四四齊文惠太子長懋傳有「中」字。 按册府卷二五八儲宮部無「中」字。

〔一〕 内施高鄣 「内」，南史卷四四齊文惠太子長懋傳作「外」。 按册府卷二五八儲宫部作「内」。

〔二〕 若應毁撤 「撤」，原作「撤」，據北監本、殿本、南史卷四四齊文惠太子長懋傳改。

〔三〕 光彩金翠過於雉頭矣 「彩」，册府卷二五八儲宫部作「以」。 「頭」下御覽卷六九四、卷九一二四引齊書、南史卷四四齊文惠太子長懋傳有「遠」字。

〔四〕 時年三十六 「時」上南史卷四四齊文惠太子長懋傳有「薨于東宫崇明殿」七字。

〔五〕 雖温文具美 「温文」二字原闕，據南監本、北監本、汲本、殿本、局本補。

南齊書卷二十二

列傳第三

豫章文獻王

豫章文獻王嶷字宣儼，太祖第二子。寬仁弘雅，有大成之量，太祖特鍾愛焉。起家爲太學博士，長城令，入爲尚書左民郎，錢唐令。太祖破薛索兒，改封西陽，以先爵賜，爲晉壽縣侯。除通直散騎侍郎，以偏憂去官。桂陽之役，太祖出頓新亭壘，板嶷爲寧朔將軍，領兵衛從。休範率士卒攻壘南，嶷執白虎幡督戰，屢摧却之。事寧，遷中書郎。

尋爲安遠護軍，武陵内史。時沈攸之責賧，伐荆州界内諸蠻，遂及五溪〔一〕，禁斷魚鹽。羣蠻怒，西溪蠻王田頭擬殺攸之使，攸之責賧千萬，頭擬輸五百萬，發氣死。其弟婁

侯篡立，頭擬子田都走入獠中，於是蠻部大亂，抄掠平民，至郡城下。遣隊主張莫兒率將吏擊破之〔二〕。田都自獠中請立，而婁侯懼，亦歸附。嶷誅婁侯於郡獄，命田都繼其父，蠻衆乃安。

入爲宋從帝車騎諮議參軍、府掾〔三〕，轉驃騎，仍遷從事中郎。詣司徒袁粲，粲謂人曰：「後來佳器也。」

太祖在領軍府，嶷居清溪宅。蒼梧王夜中微行，欲掩襲宅內，嶷左右儛刀載於中庭〔四〕，蒼梧從牆間窺見，以爲有備，乃去。太祖帶南兗州，鎮軍府長史蕭順之〔五〕在鎮，憂危既切，期渡江北起兵。嶷諫曰：「主上狂凶，人下不自保〔六〕，單行道路，易以立功。外州起兵，鮮有克勝。物情疑惑，必先人受禍〔七〕。今於此立計，萬不可失。」蒼梧王殞，太祖報嶷曰：「大事已判，汝明可早入〔八〕。」從帝即位，轉侍中，總宮內直衛。

沈攸之之難，太祖入朝堂，嶷出鎮東府，加冠軍將軍。袁粲舉兵夕，丹楊丞王遜告變，先至東府，嶷遣帳內軍主戴元孫二千人隨薛道淵等俱至石頭，焚門之功，元孫預焉。先是王蘊薦部曲六十人助爲城防，實以爲內應也。嶷知蘊懷貳，不給其仗，散處外省。及難作搜檢，皆已亡去。遷中領軍，加散騎常侍。

上流平後，世祖自尋陽還，嶷出爲使持節，都督江州豫州之新蔡晉熙二郡軍事、左將

軍、江州刺史，常侍如故。給鼓吹一部。以定策功，改封永安縣公，千五百戶。

仍徙都督荊湘雍益梁寧南北秦八州諸軍事、鎮西將軍、荊州刺史，持節、常侍如故。

時太祖輔政，務在省約[九]，停府州儀迎物。初，沈攸之欲聚眾，開民相告，持節，常侍如故。士庶坐執役者甚眾。巋至鎮，一日遣三千餘人。見囚五歲刑以下不連臺者，皆原遣。以市稅重濫，更定稱格[一○]，以稅還民。禁諸市調及苗籍。二千石官長不得與人為公宜，曹吏聽分番假。百姓甚悅。禪讓之間，世祖欲速定大業，巋依違其事，默無所言。建元元年，太祖即位，敕詔未至，巋先下令蠲除國內昇明二年以前逋負[一一]。遷侍中、尚書令、都督揚南徐二州諸軍事、驃騎大將軍、開府儀同三司、揚州刺史，持節如故。封豫章郡王，邑三千戶。僕射王儉牋曰[一二]：「舊楚蕭條，仍歲多故，荒民散亡，寔須緝理。公臨苞甫爾，英風惟穆，江、漢來蘇，八州慕義。自庾亮以來，荊楚無復如此美政。古人朞月有成，而公旬日致治，豈不休哉！」

會北虜動，上思為經略。乃詔曰：「神牧總司王畿，誠為治要；荊楚領馭遐遠，任寄弘隆。自頃公私凋盡，綏撫之宜，尤重恒日。」復以為都督荊湘雍益梁寧南北秦八州諸軍事、南蠻校尉、荊湘二州刺史，持節、侍中、將軍、開府如故。晉宋之際，刺史多不領南蠻，別以重人居之，至是有二府二州。荊州資費歲錢三千萬，布萬匹，米六萬斛，又以江、湘二

州米十萬斛給鎮府，湘州資費歲七百萬，布三千匹，米五萬斛，南蠻資費歲三百萬〔三〕，布

萬匹，綿千斤，絹三百匹，米千斛，近代莫比也。尋給油絡俠望車。

二年春，虜寇司、豫二州，巘表遣南蠻司馬崔慧景北討，又分遣中兵參軍蕭惠朗援司

州，屯西關。虜軍濟淮攻壽春，分騎當出隨、鄧〔四〕，眾以爲憂，巘曰：「虜入春夏，非動眾

時，令豫、司彊守過其津要，彼見堅嚴，自當潰散，必不敢越二鎮而南也。」是時纂嚴，巘以

荆州隣接蠻、蜑，慮其生心，令鎮內皆緩服。既而虜竟不出樊、鄧，於壽春敗走。尋給班劍

二十人。

其夏，於南蠻園東南開館立學，上表言狀。置生四十人〔五〕，取舊族父祖位正佐臺郎，

年二十五以下十五以上補之，置儒林參軍一人，文學祭酒一人，勸學從事二人，行釋菜禮。

以穀過賤，聽民以米當口錢，優評斛一百。

義陽劫帥張羣亡命積年，鼓行爲賊，義陽、武陵、天門、南平四郡界，被其殘破。沈攸

之連討不能禽，乃首用之。攸之起事，羣從下邳，於路先叛，結寨於三溪，依據深險。巘遣

中兵參軍虞欣祖爲義陽太守，使降意誘納之，厚爲禮遺〔六〕，於坐斬首，其黨數百人皆散，

四郡獲安。

入爲都督揚南徐二州諸軍事、中書監、司空、揚州刺史，持節、侍中如故。加兵置佐，

以前軍臨川王映府文武配司空府。嶷以將還都，脩治解宇及路陌，東歸部曲不得齎府州物出城。發江津，士女觀送數千人，皆垂泣。嶷發江陵感疾，至京師未瘳，上深憂慮，爲之大赦，三年六月壬子赦令是也。疾愈，上幸東府設金石樂，赦得乘輿至宮六門。

太祖崩，嶷哀號，眼耳皆出血。世祖即位，進位太尉，置兵佐，解侍中，增班劍爲三十人。建元年中〔七〕，世祖以事失旨，太祖頗有代嫡之意，而嶷事世祖恭悌盡禮，未嘗違忤顏色，故世祖友愛亦深。永明元年，領太子太傅，解中書監，餘如故。手啓上曰：「陛下以叡孝纂業，萬寓惟新，諸弟有序，叨授台首，不敢固辭，俛仰祇寵，心魂如失。負重量力，古今同規。臣窮生如浮，質操空素，任居鼎右，已移氣序，自頃以來，宿疾稍纏，慮恍惚，表於容狀，視此根候，常恐命不勝恩。加以星緯屢見災祥，雖脩短有恒，能不耿介。比心欲從俗，啓解今職，但厝辭爲鄙，或貽物謝，所以息意緘嘿，一委時運，而可復加寵榮，增其顛墜。且儲傅之重，實非恒選，遂使太子見臣必束帶，宮臣皆再拜，二三之宜，何以當此。陛下同生十餘，今唯臣而已。友于之愛，豈當不臣，鍾其隆遇〔八〕。別奉啓事，仰祈恩照。臣近亦侍言太子，告意子良，具因王儉申啓，未知粗上聞未？福慶方隆，國祚永始。服之不衷，猶爲身災，況寵爵乎！殊榮厚恩，必誓以命請。」上答曰：「事中恐不得願也。若天假臣年，得預身位〔九〕，唯當請降貂瑤，以飾微軀，永侍天顏，以惟畢世，此臣之

從所陳。」

宋氏以來，州郡秩俸及供給〔二○〕，多隨土所出，無有定准。嶷上表曰：「循革貴宜，損益資用，治在風均〔二一〕，政由一典。伏尋郡縣長尉俸祿之制，雖有定科，而其餘資給，復由風俗，東北異源，西南各緒，習以爲常，因而弗變。緩之則莫非通規，澄之則靡不入罪。殊非約法明章，先令後刑之謂也。臣謂宜使所在各條公用公田秩石迎送，舊典之外，守宰相承，有何供調，尚書精加洗覈，務令優衷。事在可通，隨宜開許，損公侵民，一皆乙却〔二二〕，明立定格，班下四方，永爲恒制。」從之。

嶷不參朝務〔二三〕，而言事密謀，多見信納。服闋，加侍中。二年，詔曰：「漢之梁孝，寵異列蕃，晉之文獻，秩殊恒序。況乃地偉前准，勳兼往式，雖天倫有本，而因事增情。宜廣田邑，用申恩禮。」增封爲四千戶。

宋元嘉世，諸王入齋閤，得白服帽見人主，唯出太極四廂〔二四〕，乃備朝服，自此以來〔二五〕，此事一斷。上與嶷同生相友睦，宮內曲宴，許依元嘉。嶷固辭不奉敕，唯車駕幸第，乃白服烏紗帽以侍宴焉。啓自陳曰：「臣自還朝，便省儀刀，捉刀左右十餘人亦省，唯郊外遠行，或復暫有，入殿亦省。服身今所牽仗，二俠轂，二白直，共七八十人。事無大小，臣必欲上啓，伏度聖心脫未委曲，或有言其多少，不附事實〔二六〕，仰希即賜垂敕。」又啓：

「揚州刺史舊有六白領合扇，二白拂，臣脱以爲疑，不審此當云何？ 行園苑中乘輿，出籬門外乘輦鳴角，皆相仍如此，非止於帶神州者，未審此當云何？ 方有行來，不可失衰。」上答曰：「儀刀、捉刀，不應省也。 俠轂、白直，乃可共百四五十以還正是耳。 亦不曾聞人道此。 吾自不使諸王無仗，況復汝耶。 在私園苑中乘此非疑。 郊外鳴角及合扇并拂，先乃有，不復施用，此來甚久。 凡在鎮自異還京師，先廣州乃立鼓吹，交部遂有輦事，隨時而改，亦復有可得依舊者。 汝若有疑，可與王儉諸人量裁，但令人臣之儀無失便行也。」

又啓曰：「臣拙知自處，闇於疑訪，常見素姓扶註或著布屬，不意爲異。 臣在西朝拜王，儀飾悉依宋武陵事例，有二鄣扇，仍此下都，脱不爲疑。 小兒奴子，並青布袴衫，臣齋中亦有一人，意謂外庶所服，不疑與羊車相類。 曲荷慈旨，今悉改易。 臣昔在邊鎮，不無羽衛，自歸朝以來，便相分遣，俠轂、白直，格置三百許人，臣頃所引，不過一百。 常謂京師諸王不煩牽仗，若郊外遠行，此所不論。 有仗者非臣一人，所以不容方幅啓省，又因王儉備宣下情。 臣出入榮顯，禮容優泰，第宇華曠，事乖素約，雖宋之遺製，恩處有在，猶深非服之惄。 威衛之請，仰希曲照。」上答曰：「傳詔臺家人耳，不足涉嫌。 鄣扇吾識及以來未見，故有敕耳。 小兒奴子，本非嫌也。 吾有所聞，豈容不敕汝知，令物致議耶。 吾已有敕，汝一人不省俠轂，但牽之。 吾昨不通仗事，儉已道，吾即令答，不煩有此啓。 須聞言，自更

一二。

又啓曰：「違遠侍宴，將踰一紀，憂苦閒之。始得開顏，近頻侍座，不勝悲喜。沾飲過量〔二七〕，實欲仰示恩狎，令自下知見，以杜游塵。閒節，聲其厚薄，伏度或未上簡。臣前在東田，承恩過醉，實思歎往秋之謗，故言啓至切，亦令羣物聞之，伏願已照此心。前侍幸順之宅，臣依常乘車至仗後，監伺不能示臣可否，便互競啓閒〔二八〕云臣車逼突黄屋麾旄，如欲相中。推此用意，亦何容易。仰賴慈明，即賜垂敕，不爾，臣終不知闇貽此累。比日禁斷整密，此自常理，外聲乃云臣在華林，輒捉御刀，因此更嚴，度情推理，必不容爾，爲復上啓知耳。但風塵易至，和會實難，伏願猶憶臣石頭所啓，無生閒縫。比閑侍無次，略附茹亮口宣。臣由來華素，已具上簡，每欲存衷，意慮不周，或有乖當。且臣五十之年，爲瓲幾時，爲此亦復不能以理內自剝〔二九〕。北第舊邸，本自甚華，臣改脩正而已，小小製置，已自仰簡〔三○〕。往歲收合得少雜材，并蒙賜故板，東府又啓榮內許作小眠齋，始欲成就，皆補接爲辦，無乖格製，要是樫柏之華，一時新淨。東府有齋，亦爲華屋。而臣頓有二處住止，下情竊所未安。訊訪東宮玄圃，乃有柏屋，製甚古拙，內中無此齋，臣乃欲壞取以奉太子，非但失之於前，且補接既多，不可見移，亦恐外物或爲異論，不審可有垂許送東府齋理否？臣公家住止，率爾可安，臣之今啓，實無意識，

亦無言者，太子亦不知臣有此屋，政以東宮無，而臣自處之體，不宜爾爾。所啓蒙允，臣便

當敢成第宅，安之不疑。陛下若不照體臣心，便當永廢不脩。臣自謂今啓非但是自處宜

然，實爲微臣往事，伏願必垂降許。伏見以諸王舉貨，屢降嚴旨，少拙營生，已應上簡。府

州郡邸舍，非臣私有，今臣細所資，皆是公潤，臣私累不少，未知將來罷州之後，或當不能

不試學營覓以自瞻。連年惡疾餘，顧影單回，無事畜聚，唯逐手爲樂耳。」上答曰：「茹亮

今啓汝所懷及見別紙，汝勞疾亦復那得不動，何意爲作煩長啓事！凡諸普敕，此意可尋，

當不關汝一人也。宜有敕事，吾亦必道，頃見汝自更委悉，書不欲多及。屋事慎勿彊厝此

意，白澤亦當不解何意爾。」

三年，文惠太子講孝經畢，求解太傅〔三〕，不許。皇孫婚竟，又陳解。詔曰：「公惟德

惟行，無所厝辭。且魯且衞，其誰與二。方式範當時，流聲史籍。豈容屢秉撝謙，以乖期

寄。」嶷常慮盛滿，又因言宴〔三〕，求解揚州授竟陵王子良。上終不許，曰：「畢汝一世，無

所多言。」

世祖即位後，頻發詔拜陵，不果行。遣嶷拜陵，還過延陵季子廟，觀沸井，有水牛突部

伍，直兵執牛推問，不許，取絹一疋橫繫牛角，放歸其家。爲治存寬厚，故得朝野歡心。

四年，唐寓之賊起，啓上曰：「此段小寇，出於兇愚，天網宏罩，理不足論。但聖明御

世，幸可不爾，比藉聲聽〔三三〕，皆云有由而然。豈得不仰啓所懷，少陳心款。山海崇深，臣

獲保安樂，公私情願，於此可見。齊有天下，歲月未久，澤沾萬民，其實未多，百姓猶

險〔三四〕，懷惡者衆。陛下曲垂流愛，每存優旨。但頃小大士庶，每以小利奉公，不顧所損者

大，摘籍檢工巧，督卹簡小塘〔三五〕，藏丁匿口，凡諸條制，實長怨府。此目前交利，非天下大

計。一室之中，尚不可精，寓宙之內，何可周視〔三六〕。公家何嘗不知民多欺巧，古今政以不

可細碎，故不爲此，實非乖理。但識理者百不有一，陛下弟兒大臣，猶不皆能伏理，況復天

下悠悠萬品。怨積聚黨，兇迷相類，止於一處，何足不除，脫復多所，便成絃絃。久欲上

啓，閑侍無因，謹陳愚管，伏願特留神思。」上答曰：「欺巧那可容！宋世混亂，以爲是

不？蚊蟻何足爲憂，已爲義勇所破，官軍昨至，今都應散滅。吾政恨其不辦大耳，亦何時

無亡命邪。」後乃詔聽復籍注。五年，進位大司馬。八年，給皁輪車。尋加中書監，固讓。

巋身長七尺八寸，善持容範，文物衞從，禮冠百僚，每出入殿省，皆瞻望嚴肅。自以地

位隆重，深懷退素，北宅舊有園田之美〔三七〕，乃盛脩理之。七年，啓求還第，上令世子子廉

代鎮東府。上數幸巋第。宋長寧陵隧道出第前路，上曰：「我便是入他冢墓內尋人。」乃

徙其表闕騏驎於東岡上。騏驎及闕，形勢甚巧，宋孝武於襄陽致之，後諸帝王陵皆模範而

莫及也。永明末，車駕數游幸，唯巋陪從，上出新林苑，同輦夜歸，至宮門，巋下輦辭出，上

曰：「今夜行，無使爲尉司所呵也。」嶷對曰：「京輦之內，皆屬臣州，願陛下不垂過慮。」上大笑。上謀北伐，以虜所獻氈車賜嶷。妃庾氏常有疾，瘳，上幸，後堂設金石樂[三八]，宮人畢至。每臨幸，輒極日馬第，是還家耳。」

盡歡[三九]。嶷謂上曰：「古來言願陛下壽偕南山，或稱萬歲，此殆近貌言，如臣所懷，實願陛下極壽百年亦足矣。」上曰：「百年復何可得，止得東西一百，於事亦濟。」

十年，上封嶷諸子，舊例千戶，嶷欲五子俱封，啓減人五百戶。其年疾篤，表解職，不許，賜錢百萬營功德[四〇]。嶷又啓曰：「臣自嬰今患，亟降天臨，醫徒術官[四一]，泉開藏府，慈寵優渥，備極人臣。生年疾迫，邊陰無幾。願陛下審賢與善，極壽蒼旻，彊德納和，爲億兆御。臣命違昌數，奄奪恩憐，長辭明世，伏涕嗚咽。」薨，年四十九。其日，上再視疾，至薨，乃還宮。詔曰：「嶷明哲至親，勳高業始，德懋王朝，道光區縣，奄至薨逝，痛酷抽割，不能自勝，奈何奈何！今便臨哭。九命之禮，宜備其制。斂以袞冕之服，溫明祕器，命服一具，衣一襲，喪事一依漢東平王故事，大鴻臚持節護喪事，大官朝夕送奠。大司馬、太傅二府文武悉停過葬。」

竟陵王子良啓上曰：「臣聞春秋所以稱王母弟者，以尊其所重故也。是以禮秩殊品，爵命崇異，在漢則梁王備出警入蹕之儀，在晉則齊王具殊服九命之贈。江左以來，尊親是

闕，故致袞章之典〔二〕，廢而不傳，寔由人缺其位，非禮虧省。齊王故事，與今不殊，締構王業，功迹不異，凡有變革隨時之宜者，政緣恩情有輕重，德義有厚薄，若事籌前規，禮無異則。且梁、齊闕令終之美，猶饗襃贈之榮；況故大司馬仁和著於天性，孝悌終於立身，節義表於勤王，寬猛彰於御物，奉上無艱劬之貌，接下無毀傷之容，淡矣止於清貞，無喜慍之色，悠然栖於靜默，絕馳競之聲。詩云『靡不有初，鮮克有終』。夫終之者，理實爲難，在於今行，無廢斯德。東平樂於小善，河間悅於詩書，勳績無聞，艱危不涉，尚致卓爾不羣，英聲萬代。況今協贊皇基，經綸霸始，功業高顯，清譽逾前，富貴隆重，廉潔彌峻，等古形今，孰類茲美。臣愚忖度，未有斯例。凡庶族同氣，愛睦尚少，豈有仰觀陛下垂友于之性若此者乎？共起布衣，俱登天貴，生平遊處，何事不同，分甘均味，何珍不等，未常覿貌而天心不懌，見形而聖儀不悅。爰及臨危捨命，親瞻喘息，萬分之際，沒在聖目，號哭動乎天地，感慟驚乎鬼神。乃至撤膳移寢，坐泣遷旦，神儀損耗，隔宿改容，奉瞻聖顏，誰不悲悚，歷古所未聞，記籍所不載。既有若斯之大德，實不可見典服之贈不彰〔三〕，如其脫致虧忘，追改爲煩，不令千載之下，物有遺恨。其德不具美者，尚荷嘉隆之命；況事光先烈者，寧可缺茲盛典。臣恐有識之人，容致其議。且庶族近代桓溫、庾亮之類，亦降殊命，伏度天心，已當有在。』

又詔曰：「寵章所以表德，禮秩所以紀功。慎終追遠，前王之盛策，累行疇庸，列代之通誥。故使持節、都督揚南徐二州諸軍事、大司馬、領太子太傅、揚州刺史、新除中書監、豫章王嶷，體道秉哲，經仁緯義，挺清譽於弱齡，發韶風於早日，締綸霸業之初，翼讚皇基之始，孝睦著於鄉閭，忠諒彰乎邦邑。及秉德論道，總牧神甸，七教必荷，六府咸理〔四〕，振風潤雨，無譽於時候，卹民拯物，有篤於矜懷，雍容廊廟之華，儀形列郡之觀，神凝自遠，具瞻允集。朕友于之深，情兼家國，方授以神圖，委諸廟勝，緝頌九絃，陪禪五岳。天不愁遺，奄焉薨逝，哀痛傷惜，震慟乎厥心。今先遠戒期，龜謀襲吉，宜加茂典，以協徽猷。可贈假黃鉞、都督中外諸軍事、丞相、揚州牧、綠綟綬，具九服錫命之禮，侍中、大司馬、太傅、王如故。給九旒鑾輅，黃屋左纛，虎賁班劍百人，輼輬車，前後部羽葆鼓吹，葬送儀依東平王故事。」

嶷臨終，召子子廉、子恪曰：「人生在世，本自非常，吾年已老，前路幾何。居今之地，非心期所及。性不貪聚，自幼所懷，政以汝兄弟累多，損吾暮志耳。無吾，欲當共相勉厲〔四五〕，篤睦為先。才有優劣，位有通塞，運有富貧，此自然理，無足以相陵侮。若天道有靈，汝等各自脩立，灼然之分無失也。勤學行，守基業，治閨庭，尚閑素，如此足無憂患。三日施靈，唯香火、槃水、干飯、酒脯、檳榔而聖主儲皇及諸親賢，亦當不以吾沒易情也。

已。朔望菜食一盤，加以甘菓，此外悉省。葬後除靈，可施吾常所乘轝扇繖。朔望時節，席地香火、槃水、酒脯、干飯、檳榔便足。雖才愧古人，意懷粗亦有在，不以遺財為累。主衣所餘，小弟未婚，諸妹未嫁，凡應此用，本自茫然，當稱力及時，率有為辦。事事甚多，不復甲乙。棺器及墓中，勿用餘物為後患也。朝服之外，唯下鐵鐶刀一口。作家勿令深，一一依格，莫過度也。後堂樓可安佛，供養外國二僧，餘皆如舊。與汝遊戲後堂船乘，吾所乘牛馬，送二宮及司徒，服飾衣裳，悉為功德。」子廉等號泣奉行。

世祖哀痛特至，至冬乃舉樂宴朝臣，上歔欷流涕。諸王邸不得起樓臨瞰宮掖，上後登景陽，望見樓悲感，乃敕毀之。薨後，第庫無見錢，世祖敕貨雜物服飾得數百萬，起集善寺，月給第見錢百萬，至上崩乃省。

性汎愛[四六]，不樂聞人過失，左右有投書相告，置轝中，竟不視，取火焚之。齊庫失火，燒荊州還資，評直三千餘萬，主局各杖數十而已。

羣吏中南陽樂藹、彭城劉繪、吳郡張稷最被親禮。藹與竟陵王子良牋曰：「道德以可久傳聲，風流以浸遠揮稱[四七]。雖復青簡締芳，未若玉石之不朽，飛翰圖藻，豈伊雕篆之無沫。丞相沖粹表於天真，淵照殆乎機象。經邦緯民之範，體國成務之規。故以業茂惟賢，功高則哲。神輝眇邈，叡算不追，感纏奉車，恨百留滯。下官夙稟名節，恩義軫慕[四八]，望

壎結哀，輒欲率荆、江、湘三州僚吏，建碑壠首，庶徽猷有述，茂則方存。昔子香淳德，留銘江介，鉅平遺烈，墮淚漢南，況道尊前往，惠積聯綿者哉。下官今便反假，無由躬事刊勒，須至西州鳩集所資，託中書侍郎劉繪營辦。」

藹又與右率沈約書曰：「夫道宣餘烈，竹帛有時先朽，德孚遺事，金石更非後亡。丞相獨秀生民，傍照日月。標勝丘園，素履穆於忠義，譽應華袞，功迹著於弼諧。無得而稱，竊承貴州士民，或理絕照載。若夫日用闃寂，雖無取於錙銖，歲功宏達，諒有寄於衡石。建碑表，俾我荆南，閱感無地。且作紀江、漢，道基分陝，衣冠禮樂，咸被後昆。若其望碑盡禮，我州之舊俗，傾壖罷肆，鄙土之遺風，庶幾弘烈或不泯墜。荆、江、湘三州策名不少，並欲騁無愧之辭，訓式瞻之望。斯文之託，歷選惟疑，必待文蔚辭宗，德僉茂履，非高明而誰？豈能騁無愧之辭，少申景慕。吾西州窮士，一介寂寥，恩周榮譽，澤遍衣食，永惟道廔，日月就遠，緬尋遺烈，觸目崩心。常謂福齊南山，慶鍾仁壽，吾儕小人，貽塵帷蓋。豈圖一旦遂投此請。」約答曰：「丞相風道弘曠，獨秀生民，凝猷盛烈，方軌伊、旦。愍遺之感，朝野同悲。承當刊石紀功，傳華千載，宜須盛述，迄乃有碑無文。況文獻王冠冕彝倫，儀形不足以偶三絕，謝安石素族之台輔，時無麗藻，非蔡伯喈寓內，自非一世辭宗，難或與此。約間閶鄙人，名不入第，欻酬令旨，便是以禮許人，聞命

憨顏,已不覺汗之沾背也。」建武中,第二子子恪託約及太子詹事孔稚珪爲文。

子廉字景藹。初,嶷養魚復侯子響爲世子,子廉封永新侯,千戶。子響還本,子廉爲世子。除寧朔將軍、淮陵太守,太子中舍人〔四九〕,前軍將軍〔五〇〕。善撫諸弟子。十一年卒,贈侍中,謚哀世子。

第三子子操,泉陵侯。王侯出身官無定准,素姓三公長子一人爲員外郎。建武中,子操解褐爲給事中,自此齊末皆以爲例。永泰元年,南康侯子恪爲吳郡太守,避王敬則難奔歸,以子操爲寧遠將軍、吳郡太守。永元中,爲黃門郎。義師圍城,子操與弟宜陽侯子光卒於尚書都座。

第四子子行,洮陽侯,早卒。

子元琳嗣〔五一〕,今上受禪,詔曰:「襄隆往代,義炳彝則。朕當此樂推,思弘前典。豫章王元琳、故巴陵王昭胄子周〔五二〕,齊氏宗國,高、武嫡胤,宜祚井邑,以傳世祀。」降新淦縣侯,五百戶。

史臣曰：楚元王高祖亞弟，無功漢世，東平憲王辭位永平，未及光武之業[五三]，梁孝惑於勝、詭，安平心隔晉運。蕃輔貴盛，地實高危，持滿戒盈，鮮能全德。豫章宰相之器[五四]，誠有天真，因心無矯，率由遠度，故能光贊二祖，內和九族，實同周氏之初，周公以來，則未知所匹也。

贊曰：堂堂烈考，德邁前蹤。移忠以孝，植友惟恭。帝載初造，我王奮庸。邦家有闕，我王彌縫。道深日用，事緝民雍。愛傳餘祉，聲流景鍾。

校勘記

〔一〕遂及五溪　「及」，原作「反」，據汲本、局本、南史卷四二豫章文獻王嶷傳改。

〔二〕遣隊主張莫兒率將吏擊破之　「遣」，原作「遺」，據南監本、北監本、汲本、殿本、局本改。「遣」上南監本、北監本、殿本有「嶷」字。「張莫兒」，北監本、南史卷四二豫章文獻王嶷傳、通鑑卷一三三明帝泰豫元年作「張英兒」。

〔三〕入爲宋從帝車騎諮議參軍府掾　「從帝」南監本、殿本作「順帝」。按「從帝」即「順帝」，蕭子顯避梁武帝父諱改。下文依此，不另出校。

〔四〕嶷左右儛刀載於中庭　「嶷」下南監本、北監本、殿本、南史卷四二豫章文獻王嶷傳有

「令」字。

〔五〕鎮軍府長史蕭順之　「蕭順之」，原作「蕭諱」，蕭子顯避梁武帝父諱，依例改，下文仿此，不另出校。

〔六〕人下不自保　「下」字南監本、北監本、殿本、局本、南史卷四二豫章文獻王嶷傳、冊府卷二七三宗室部無。

〔七〕必先人受禍　「禍」，原作「福」，據南監本、北監本、殿本、局本、冊府卷二七三宗室部改。「先人」，冊府卷二七三宗室部作「生人」。

〔八〕汝明可早入　冊府卷二七三宗室部作「汝明早可入」。

〔九〕務在省約　「務」上北監本、殿本、南史卷四二豫章文獻王嶷傳有「嶷」字。

〔一〇〕更定橋格　「橋格」，殿本作「橋格」。

〔一一〕嶷先下令蠲除國內昇明二年以前逋負　「國」，南史卷四二豫章文獻王嶷傳作「部」。

〔一二〕僕射王儉牋曰　王儉此牋，南監本接於上文「停府州儀迎物」之下。按南史卷四二豫章文獻王嶷傳亦置此於嶷任荊州刺史之時，上多「及至州坦懷納善側席思政」十一字，本書史文或有錯簡。

〔一三〕南蠻資費歲三百萬　「三百萬」，冊府卷二七六宗室部作「錢三千萬」。

〔一四〕虜軍濟淮攻壽春分騎當出隨鄧　「隨」，冊府卷四二八將帥部作「樊」。

〔五〕 置生四十人 「四十人」，南史卷四二豫章文獻王嶷傳作「三十人」。

〔六〕 厚爲禮遺 「遺」，原作「遣」，據南監本、北監本、殿本、南史卷四二豫章文獻王嶷傳、冊府卷六九五牧守部改。

〔七〕 建元年中 「年」字北監本、殿本、南史卷四二豫章文獻王嶷傳無。

〔八〕 豈當不臣鍾其隆遇 「不」，南監本、北監本、殿本作「獨」。

〔九〕 得預人位 「人位」，冊府卷二九四宗室部作「人伍」。

〔一〇〕 州郡秩俸及供給 「供給」，南史卷四二豫章文獻王嶷傳、通典卷五食貨五作「雜供給」。

〔一一〕 治在風均 「風」，南監本、北監本、殿本、通典卷五食貨五作「夙」。

〔一二〕 一皆乙却 「乙」，南監本、北監本、汲本、殿本、局本作「止」。

〔一三〕 嶷不參朝務 「嶷」字原疊，據三朝本、南監本、北監本、汲本、殿本、局本删。

〔一四〕 唯出太極四廂 「廂」，原作「廟」，據三朝本、南監本、北監本、汲本、殿本、局本、南史卷四二豫章文獻王嶷傳改。

〔一五〕 自此以來 「此」，南監本、北監本、汲本、殿本、局本、冊府卷二七四宗室部作「比」。

〔一六〕 或有言其多少不附事實 「不」字冊府卷二七四宗室部無。

〔一七〕 沽飲過量 「沽」，南監本、北監本、汲本、殿本、局本作「沾」。按冊府卷二七四宗室部亦作「沽」。

〔一八〕便互競啓閒　「閒」，册府卷二七四宗室部作「聞」。

〔一九〕爲此亦復不能以理內自剝　「剝」，南監本作「制」。

〔二〇〕已自仰簡　「仰」，册府卷二七四宗室部作「抑」。

〔二一〕求解太傅　「求」上南監本、北監本、殿本有「巂」字。

〔二二〕又因言宴　「言宴」，南監本、殿本作「宮宴」。按宋本册府卷二九四宗室部作「言宴」。

〔二三〕比藉聲聽　「比」，原作「此」，據北監本、殿本、南史卷四二豫章文獻王巂傳、册府卷二八八宗室部改。

〔二四〕百姓猶險　「猶」，南監本、局本作「特」。按册府卷二八八宗室部亦作「猶」。

〔二五〕摘籍檢工巧督卹簡小塘　「摘」，原作「撻」，據册府卷二八八宗室部改。按册府此句作「摘籍

〔二六〕撟巧督卹簡小」。

〔二七〕北宅舊有園田之美　「北」，原作「比」，據南監本、北監本、汲本、殿本、局本、南史卷四二豫章文獻王巂傳改。

〔二八〕上幸後堂設金石樂　「幸」下南史卷四二豫章文獻王巂傳、御覽卷六八七引蕭子顯齊書有「巂邸」二字。

〔二九〕每臨幸輒極日盡歡　御覽卷六八七引蕭子顯齊書作「登桐臺使巂著烏紗帽因極宴盡歡」。

〔四〇〕賜錢百萬營功德　「百萬」，南史卷四二豫章文獻王嶷傳作「五百萬」。

〔四一〕醫徒術官　「徒」，南監本、北監本、殿本、局本作「走」，冊府卷二七六宗室部作「降」。

〔四二〕故致袞章之典　「章」，冊府卷二七六宗室部作「冕」。

〔四三〕實不可見典服之贈不彰　南監本作「而典服之贈不彰」。

〔四四〕六府咸理　「府」，冊府卷二七四宗室部作「符」。

〔四五〕無吾欲當共相勉屬　「欲」，南監本、北監本、汲本、殿本、局本、冊府卷八九八總錄部作「後」。

按「欲當」為當時習語。

〔四六〕性汎愛　「性」上北監本、殿本有「嶷」字。

〔四七〕風流以浸遠揮稱　「揮」，南監本、北監本、殿本作「隳」，冊府卷二七二宗室部作「摽」。

〔四八〕恩義軫慕　「恩義」，南監本、局本作「思義」，冊府卷二七二宗室部作「懷恩」。

〔四九〕太子中舍人　「中」下原有「書」字，據南史卷四二豫章文獻王嶷傳刪。按本書卷一六百官志，齊東宮職僚有太子中舍人、太子舍人，無太子中書舍人。

〔五〇〕前軍將軍　南史卷四二豫章文獻王嶷傳作「前將軍」。

〔五一〕子元琳嗣　錢大昕考異卷二五云：「按嶷子十六人，長子子廉，謚哀世子，未及嗣爵。嗣豫章之封者，嶷孫元琳也。南史以元琳爲子廉之子，今乃繫元琳於洮陽侯子行之下，似元琳爲子行之子，而嗣封洮陽矣。子顯，嶷之第八子，述其家事，不宜有誤，蓋文簡而意不達爾。」

〔五一〕 故巴陵王昭胄子周　「昭胄」，原作「昭秀胄」，據南史卷四二豫章文獻王嶷傳改。「周」，南監本、北監本、殿本作「同」。按南史卷四四竟陵文宣王子良傳附蕭昭胄傳云「梁受禪，降封昭胄子同爲監利侯」。

〔五二〕 未及光武之業　「未」，原作「本」，據南監本、北監本、殿本、局本改。

〔五三〕 豫章宰相之器　「豫章」二字原無，據南監本、北監本、殿本補。

列傳第四

褚淵 淵弟澄 徐嗣 王儉

褚淵字彥回，河南陽翟人也。祖秀之，宋太常。父湛之，驃騎將軍，尚宋武帝女始安哀公主。

淵少有世譽，復尚文帝女南郡獻公主，姑姪二世相繼。拜駙馬都尉，除著作佐郎，太子舍人，太宰參軍，太子洗馬，祕書丞。湛之卒，淵推財與弟，唯取書數千卷。襲爵都鄉侯。歷中書郎〔一〕，司徒右長史，吏部郎。宋明帝即位，加領太子屯騎校尉，不受。遷侍中，知東宮事。轉吏部尚書，尋領太子右衛率〔二〕，固辭。司徒建安王休仁南討義嘉賊，屯鵲尾，遣淵詣軍，選將帥以下勳階得自專決。事平，加驍騎將軍。

薛安都以徐州叛，虜頻寇淮、泗，遣淵慰勞北討衆軍。淵還啓帝言：「盱眙以西，戍備單寡，宜更配衣。汝陰、荊亭並已圍逼，安豐又已不守，壽春衆力，止足自保[三]，若使遊騎擾壽陽，則江外危迫，歷陽、瓜步、鍾離、義陽皆須實力重戍，還有幹用者處之。」帝在藩，與淵以夙素相善[四]，及即位，深相委寄，事皆見從。改封零都縣伯，邑五百戶。轉侍中、領右衛將軍，尋遷散騎常侍、丹陽尹。出爲吳興太守，常侍如故，增秩千石[五]，固辭增秩。

明帝疾甚，馳使召淵，付以後事。帝謀誅建安王休仁，淵固諫，不納。復爲吏部尚書，領常侍、衛尉如故，不受[六]，乃授右僕射，衛尉如故。淵以母年高羸疾，晨昏須養，固辭衛尉，不許。

明帝崩，遺詔以爲中書令、護軍將軍，加散騎常侍，與尚書令袁粲受顧命，輔幼主。淵同心共理庶事，當奢侈之後，務弘儉約，百姓賴之。接引賓客，未嘗驕倦。王道隆、阮佃夫用事，姦賂公行，淵不能禁也。

遭庶母郭氏喪，有至性，數日中，毀頓不可復識。朞年不盥櫛，惟泣淚處乃見其本質焉[七]。詔斷哭，禁弔客。葬畢，起爲中軍將軍，本官如故。

元徽二年，桂陽王休範反，淵與衛將軍袁粲入衛宮省，鎮集衆心。淵初爲丹陽，與從弟炤同載出，道逢太祖，淵舉手指太祖車謂炤曰：「此非常人也。」出爲吳興，太祖餉物別，

淵又謂之曰〔八〕:「此人材貌非常,將來不可測也。」及顧命之際,引太祖豫焉。

太祖既平桂陽,遷中領軍,領南兗州,增戶邑。太祖固讓,與淵及衛軍袁粲書曰:「下官常人,志不及遠。隨運推斥,妄踐非涯,才輕任重,夙宵冰惕。近值國危,含氣同奮,況在下官,寧容身命。履冒鋒炭,報効恒理,而褒嘉之典,偏見甄沐,貴登端戎,秩加爵土,瞻言霄衢,魂神震墜。下官奉上以誠,率性無矯,前後忝荷,未嘗固讓。至若今授,特深惟迫。寔以銜恩先旨,義兼陵闕,識蔽防萌,宗戚構禍,引諧歸咎,既已靦顏,乃復乘災求幸,藉亂取貴,斯實國家之恥,非臣子所忍也。且榮不可濫,寵不可昧,乞蠲中候,請停增邑,庶保止足,輸効淮湄。如使伐匈奴,凱歸反旆,以此受爵,不復固辭矣。」淵、粲答曰:「來告穎亮,敬挹無已。謙貶居心,深承非飾,此誠此旨,久著言外,況復造席舒矜〔九〕,迂翰緒意,推情顧已,信足書紳。但今之所宜商推,必以輕重相推。世惟多難,事屬雕弊,四維悁擾,邊氓未安,國家費廣,府藏須備,北狄侵邊,憂虞交切。寓內含識,尚為天下危心,相與共荷任寄若此,當可稍脩廉退不?求之懷抱,實謂不可。了其不可,理無固執。且勍寇窮凶,勢過原燎,釁逆倉卒,終古未聞,常時懼惑,當慮先定,結壘新亭,枕戈待敵,斷決之策,寔有由然。鋒鏑初交,元惡送首,總律制奇,判於此舉。裂邑萬戶,登爵槐鼎,亦何足少酬勳勞,粗塞物聽。今以近侍禁旅,進昇中候,乘平隨牒,取此非叨。濟、河昔所履牧,

鎮軍秩不逾本，詳校階序，愧在未優，就加沖損，特虧朝制。奉職數載，同舟無幾，劉領軍峻節霜明，臨危不顧，音迹未晞，奄成今古，迷途失偶，慟不及悲。戎謨內寄，恒務倍急，秉操辭榮，將復誰委？誠惟軍柄所期，自增茂圭社，誓貫朝廷，匹夫里語，尚欲信厚，君令必行，遂巡何路。凡位居物首，功在眾先，進退之宜，當與眾共。苟殉獨善，何以處物。受不自私，彌見至公。表裏詳究，無而後可。想體殊常，深思然納。」太祖乃受命。

其年，淵加尚書令、侍中，給班劍二十人，固讓令。三年，進爵為侯，增邑千戶。服闋，改授中書監，侍中、護軍如故，給鼓吹一部。明年，淵後嫡母吳郡公主薨，毀瘠如初。葬畢，詔攝職，固辭。又以蓚祭禮及，表解職〔一〇〕，並不許。

蒼梧酷暴稍甚，太祖與淵及袁粲言世事，粲曰：「主上幼年微過易改，伊、霍之事，非季代所行〔一一〕，縱使功成，亦終無全地。」淵默然歸心〔一二〕。及廢蒼梧，羣公集議，袁粲、劉秉既不受任，淵曰：「非蕭公無以了此。」手取書授太祖〔一三〕。太祖曰：「相與不肯，我安得辭！」事乃定。順帝立，改號衛將軍、開府儀同三司，侍中如故。甲仗五十人入殿。

沈攸之事起，袁粲懷貳，太祖召淵謀議，淵曰：「西夏釁難，事必無成，公當先備其內耳。」太祖密為其備。事平，進中書監、司空，本官如故。

齊臺建，淵白太祖引何曾自魏司徒為晉丞相，求為齊官，太祖謙而不許。建元元年，

進位司徒，侍中、中書監如故。封南康郡公，邑三千户。淵固讓司徒。與僕射王儉書，欲依蔡謨事例。儉以非所宜言，勸淵受命，淵終不就。

淵美儀貌，善容止，俯仰進退，咸有風則[一四]。每朝會，百僚遠國莫不延首目送之[一五]。二年，重申前命爲司徒，又固讓。

宋明帝嘗歎曰：「褚淵能遲行緩步，便持此得宰相矣。」尋加尚書令，本官如故。

是年虜動，上欲發王公已下無官者爲軍，淵諫以爲無益實用，空致擾動，上乃止。朝廷機事，多與諮謀，每見從納，禮遇甚重。上大宴集，酒後謂羣臣曰：「卿等並宋時公卿，亦當不言我應得天子。」王儉等未及答，淵斂板曰：「陛下不得言臣不早識龍顏[一六]。」上笑曰：「吾有愧文叔，知公爲朱祐久矣[一七]。」

淵涉獵談議，善彈琵琶。世祖在東宮，賜淵金鏤柄銀柱琵琶。性和雅有器度，不妄舉動，宅嘗失火，煙焰甚逼，左右驚擾，淵神色怡然，索輦來徐去。輕薄子頗以名節譏之，以淵眼多白精[一八]，謂之「白虹貫日」，言爲宋氏亡徵也。

太祖崩，遺詔以淵爲録尚書事。江左以來，無單拜録者，有司疑立優策。尚書令王儉議[一九]，以爲「見居本官，別拜録，推理應有策書，而舊事不載。中朝以來，三公王侯，則優策並設，官品第二，策而不優。優者褒美，策者兼明委寄。尚書職居天官，政化之本，尚書

令品雖第三，拜必有策。録尚書品秩不見，而總任彌重，前代多與本官同拜，故不別有策。

即事緣情，不容均之凡僚，宜有策書，用申隆寄。既異王侯，不假優文」。從之。尋增淵班

劍爲三十人，五日一朝。

頃之寢疾。上相星連有變，淵憂之，表遜位。又因王儉及侍中王晏口陳於世祖，世祖

不許。又啓曰：「臣顧惟凡薄，福過災生，未能以正情自安，遠愧彥輔。既內懷耿介，便覺

晷刻難推。叨職未久，首歲便嬰疾篤，爾來沈痼，頻經危殆，彌深憂震。陛下曲存遲回，或

謂愈議同異，此出於留慈每過，愛欲其榮。臣年四十有八，叨忝若此，以疾陳遜，豈駭聽

察。總録之任，江左罕授，上隣亞台，升降蓋微〔一0〕。今受祿弗辭，退紲斯願，於臣名器，非

曰貶少，萬物耳目，皎然共見，寧足仰延聖慮，稍垂矜惜。臣若內飾廉譽，外循謙後〔一一〕，此

則憲書行劾，刑綱是肅〔一二〕。臣赤誠不能行，亦幽明所不宥。區區寸心，歸啓以實。自容

寸陰，寔願方倍堯世〔一三〕。昔王弘固請，乃於司徒爲衛將軍，宋氏行之不疑，當時物無異

議，以臣方之，曾何足說。伏願恢闡宏猷，賜開亭造，則臣死之日，猶生之年。」乃改授司

空、領驃騎將軍，侍中、録尚書如故。

上遣侍中王晏、黃門郎王秀之問疾。薨，家無餘財，負債至數十萬。詔曰：「司徒奄

至薨逝，痛悼慟懷，比雖尫瘵，便力出臨哭。給東園祕器，朝服一具，衣一襲，錢二十萬，布

二百疋,蠟二百斤。」

時司空掾屬以淵未拜,疑應爲吏敬不。王儉議:「依禮,婦在塗,聞夫家喪,改服而入。今掾屬雖未服勤,而吏節稟於天朝,宜申禮敬。」司徒府史又以淵既解職,而未恭後授,府猶應上服以不。儉又議:「依中朝士孫德祖從樂陵遷爲陳留,未入境[二四],樂陵郡吏依見君之服,陳留迎吏依娶女有吉日齊衰弔,司徒府宜依居官制服。」

又詔曰:「夫褒德所以紀民,慎終所以歸厚。前王盛典[二五],咸必由之。故侍中、司徒、錄尚書事、新除司空[二六]、領驃騎將軍、南康公淵,履道秉哲,鑒識弘曠。爰初弱齡,清風夙舉。登庸應務,具瞻允集。孝友著於家邦,忠貞彰於亮采。佐命先朝,經綸王化,契闊屯夷,綢繆終始。總錄機衡,四門惟穆,諒以同規往古,式範來今。謙光彌遠,屢陳降挹,權從高旨,用虧大猷。將登上列,永翼聲教。天不憖遺,奄焉薨逝,朕用震慟于厥心。其贈公太宰,侍中、錄尚書、公如故。給節,加羽葆鼓吹,增班劍爲六十人。葬送之禮,悉依宋太保王弘故事。諡曰文簡。」先是庶姓三公輼車,未有定格。王儉議官品第一,皆加幢絡,自淵始也。又詔淵妻宋故巴西主挺隧蹔啓,宜贈南康郡公夫人。

長子賁,字蔚先。解褐祕書郎。昇明中,爲太祖太尉從事中郎,司徒右長史,太傅戶

曹屬、黃門郎,領羽林監,齊世子中庶子,領翊軍校尉。建元初,仍爲宮官,歷侍中。淵羆,服闋,見世祖,賁流涕不自勝,上甚嘉之,以爲侍中、領步兵校尉,長史,左民尚書〔二七〕,散騎常侍、祕書監,不拜。六年,上表稱疾,讓封與弟蓁,世以爲賁恨淵失節於宋室,故不復仕。

永明七年卒,詔賜錢三萬,布五十匹。

蓁字茂緒。永明中,解褐爲員外郎,出爲義興太守〔二八〕。八年,改封巴東郡侯〔二九〕。明年,表讓封還賁子霽,詔許之。建武末,爲太子詹事,度支尚書,領前軍將軍〔三〇〕。永元元年,卒,贈太常,謚穆〔三一〕。淵弟澄。

澄字彥道。初,湛之尚始安公主,薨,納側室郭氏,生淵,後尚吳郡公主,生澄。淵薨,主孝謹,主愛之,湛之亡,主表淵爲嫡。澄尚宋文帝女廬江公主,拜駙馬都尉。歷官清顯。善醫術,建元中,爲吳郡太守,豫章王感疾,太祖召澄爲治,立愈。尋遷左民尚書。淵薨,澄以錢萬一千,就招提寺贖太祖所賜淵白貂坐褥、壞作裘及纓,又贖淵介幘犀導及淵常所乘黃牛,永明元年,爲御史中丞袁彖所奏,免官禁錮,見原。遷侍中、領右軍將軍,以勤謹見知。其年卒。澄女爲東昏皇后。永元元年,追贈金紫光祿大夫。

時東陽徐嗣，醫術妙〔三〕。有一傖父冷病積年，重茵累褥，牀下設鑪火，猶不差。嗣爲作治，盛冬月，令傖父髁身坐石，啓以百瓶水，從頭自灌〔三〕。得七八十瓶後，舉體出氣如雲蒸，嗣令徹牀去被，明日立能起行，其子弟相守垂泣，嗣令滿數。云此大熱病也。又春月出南籬門戲，聞笪屋中有呻吟聲，嗣曰：「此病其重〔四〕，更二日不治，必死。」乃往視。一姥稱舉體痛，而處處有黶黑無數，嗣還煮升餘湯送令服之〔五〕，姥服竟，痛愈甚，跳投牀者無數，須臾，所黶處皆拔出，長寸許〔六〕，乃以膏塗諸瘡口，三日而復，云此名釘疽也。事驗甚多，過於澄矣。

王儉字仲寶，琅邪臨沂人也。祖曇首，宋右光祿〔三七〕。父僧綽，金紫光祿大夫。儉生而僧綽遇害，爲叔父僧虔所養。數歲，襲爵豫寧侯〔三八〕。拜受茅土，流涕嗚咽。幼有神彩，專心篤學，手不釋卷。丹陽尹袁粲聞其名，言之於明帝，尚陽羨公主，拜駙馬都尉。帝以儉嫡母武康公主同太初巫蠱事，不可以爲婦姑，欲開塚離葬，儉因人自陳，密以死請，故事不行。

解褐祕書郎，太子舍人，超遷祕書丞。上表求校墳籍，依七略撰七志四十卷，上表獻

之，表辭甚典。又撰定元徽四部書目。母憂，服闋爲司徒右長史。晉令，公府長史著朝

服，宋大明以來著朱衣。儉上言宜復舊〔三九〕，時議不許。

蒼梧暴虐，儉憂懼，告袁粲求出，引晉新安主婿王獻之爲吳興例，補義興太守。還爲

黃門郎，轉吏部郎。昇明二年，遷長兼侍中，以父終此職，固讓。

儉察太祖雄異，先於領府衣裾，太祖爲太尉，引爲右長史，恩禮隆密，專見任用。轉左

長史。及太傅之授，儉所唱也。少有宰相之志，物議咸相推許。時大典將行，儉爲佐命，

禮儀詔策，皆出於儉，褚淵唯爲禪詔文〔四〇〕，使儉參治之。齊臺建，遷右僕射，領吏部，時年

二十八。太祖從容謂儉曰：「我今日以青溪爲鴻溝。」對曰：「天應民從，庶無楚、漢之

事。」建元元年，改封南昌縣公，食邑二千戶。明年，轉左僕射，領選如故。

上壞宋明帝紫極殿，以材柱起宣陽門。儉與褚淵及叔父僧虔連名上表諫曰：「臣聞

德者身之基，儉者德之興。春臺將立，晉卿秉議，北宮肇構，漢臣盡規。彼二君者，或列國

常侯，或守文中主，尚使諫諍，在義即悅，況陛下聖哲應期，臣等職司隆重，敢藉前誥，竊乃

有心。陛下登庸宰物，節省之教既昭，龍袞琁極，簡約之訓彌遠。乾華外構，采椽不斲，紫

極故材，爲宣陽門，臣等未譬也。夫移心疾於股肱，非良醫之美，畏影迹而馳騖，豈靜處

之方？且又三農在日〔四一〕，千畝咸事，輟望歲之勤，興土木之役，非所以宣昭大猷，光示遐

邇。若以門居宮南,重陽所屬,年月稍久,漸就淪胥,自可隨宜脩理而合度,改作之煩,於是乎息。所啓謬合,請付外施行。」上手詔酬納。宋世外六門設竹籬,是年初,有發白虎樽者,言「白門三重門,竹籬穿不完〔四二〕」。上感其言,改立都牆。儉又諫,上答曰:「吾欲令後世無以加也。」朝廷初基,制度草創,儉識舊事,問無不答。上歎曰:「詩云:『維嶽降神,生甫及申。』今亦天爲我生儉也。」

其年,儉固請解選,表曰:「臣遠尋終古,近察身事,邀恩幸藉,未見其倫。何者?子房之遇漢后,公達之逢魏君,史籍以爲美談,君子稱其高義。二臣才堪王佐,理非曲私,兩主專杖威武,有傷寬裕,豈與庸流之人,憑舍弘之澤者,同年而語哉?預在有心,胡寧無感〔四三〕。如使傾宗殞元,有益塵露,猶當畢志驅馳,仰誚萬一,豈容稍在形飾〔四四〕,以徇常事。九流任要,風猷所先,玉石朱素〔四五〕,由斯而定。臣亦不謂文案之間都無微解,至於品裁臧否,特所未閑。雖存自勖,識不副意,兼竊而任〔四六〕,彼此俱壅,專情本官,庶幾髣髴。且前代掌選,未必其在代來〔四七〕,何爲於今,非臣不可。傾心奉國,匪復退讓之與,預同休戚,寧俟位任爲親。陛下若不以此理賜期,豈仰望於殊眷。頻冒嚴威,分甘尤戾。」見許。加侍中,固讓,復散騎常侍〔四八〕。

上曲宴羣臣數人,各使効伎藝,褚淵彈琵琶,王僧虔彈琴,沈文季歌子夜,張敬兒舞,

王敬則拍張。儉曰：「臣無所解，唯知誦書。」因跪上前誦相如封禪書。上笑曰：「此盛德之事，吾何以堪之。」後上使陸澄誦孝經，自「仲尼居」而起。儉曰：「澄所謂博而寡要，臣請誦之。」乃誦「君子之事上」章。上曰：「善！張子布更覺非奇也。」

尋以本官領太子詹事。加兵二百人[四九]。上崩，遺詔以儉為侍中、尚書令、鎮軍將軍[五〇]。世祖即位，給班劍二十人。永明元年，進號衛將軍[五一]，參掌選事。二年，領國子祭酒、丹陽尹，本官如故。給鼓吹一部。三年，領國子祭酒。叔父僧虔亡，儉表解職，不許，又領太子少傅，本州中正，解丹陽尹。舊太子敬二傅同，至是朝議接少傅以賓友之禮。

是歲，省總明觀，於儉宅開學士館，悉以四部書充儉家，又詔儉以家為府。四年，以本官領吏部。儉長禮學，諳究朝儀，每博議，證引先儒，罕有其例。八坐丞郎，無能異者。令史諮事，賓客滿席，儉應接銓序，傍無留滯。十日一還學，監試諸生，巾卷在庭，劍衛令史，儀容甚盛。作解散髻，斜插幘簪，朝野慕之，相與放効。儉常謂人曰：「江左風流宰相，唯有謝安。」蓋自比也。世祖深委仗之，士流選用，奏無不可。

五年，即本號開府儀同三司，固讓[五二]。六年，重申前命。先是詔儉三日一還朝，尚書令史出外諮事，上以往來煩數，復詔儉還尚書下省，月聽十日出外。儉啟求解選，不許。

七年，乃上表曰：「臣比年辭選，具簡天明，款言彰於侍接，丹誠布於朝野，物議不以爲非，聖心未垂矜納。臣聞知慧不如明時，求之微躬，實允斯義。妄庸之人，沈浮無取，命偶休泰，遂踐康衢。秋葉辭條，不假風飆之力。太陽躋景，無俟螢燭之暉。晦往明來，五德遞運，聖不獨治，八元亮采。臣逢其時，而叨其位，常總端右，呕管銓衡。事涉兩朝，歲綿一紀。盛年已老，孫孺巾冠。人物徂遷，逝者將半。三考無聞，九流寂寞。能官之詠，輟響於當時[五三]；大車之刺，方興於來日[五四]。若夫珥貂衣袞之貴，四輔六教之華，誠知匪服，職務差簡，端揆雖重，猶可勉勵。至於品藻之任，尤懼其阻。夙宵罄竭，屢試無庸。歲月之久，近世罕比。非唯悔吝在身，故乃惟塵及國。方今多士盈朝，羣才競爽，選衆而授，古亦何人。冒陳微翰，必希天照。至敬無文，不敢煩黷。」見許。改領中書監，參掌選事。

其年疾，上親臨視，薨，年三十八。吏部尚書王晏啓及儉喪，上答曰：「儉年德富盛，志用方隆，豈意暴疾，不展救護，便爲異世，奄忽如此，痛酷彌深。其契闊艱運，義重常懷，言尋悲切，不能自勝。痛矣奈何！往矣奈何！」詔衛軍文武及臺所兵仗可悉停待葬[五五]。

又詔曰：「慎終追遠，列代通規，襃德紀勳，彌峻恒策。故侍中、中書令[五六]、太子少傅、領國子祭酒、衛軍將軍、開府儀同三司南昌公儉，體道秉哲，風宇淵曠。肇自弱齡，清

獸自遠。登朝應務，民望斯屬。草昧皇基，協隆鼎祚，宏謨盛烈，載銘彝篆。及贊朕躬，徽績光茂。忠圖令範，造次必彰。四門允穆，百揆時序。宗臣之重，情寄兼常。方正位論道，永釐衮職，弼茲景化，以贊隆平。天不憖遺，奄焉薨逝，朕用震慟于厥心。可追贈太尉，侍中、中書監，公如故。給節，加羽葆鼓吹，增班劍為六十人。葬禮依故太宰文簡公褚淵故事。冢墓材官營辦。謚文憲公。」

儉寡嗜慾，唯以經國為務，車服塵素，家無遺財[五七]。手筆典裁，為當時所重。少撰古今喪服集記并文集，並行於世。今上受禪，下詔為儉立碑，降爵為侯，千戶。

儉弟遜，昇明中，為丹陽丞，告劉秉事，不蒙封賞。建元初，為晉陵太守，有怨言，儉慮為禍，因褚淵啟聞。中丞陸澄依事舉奏。詔曰：「儉門世載德，竭誠佐命，特降刑書，宥遜以遠。」徙永嘉郡，道伏誅。

史臣曰：褚淵、袁粲，俱受宋明帝顧託，粲既死節於宋氏，而淵逢興運，世之非責淵者眾矣。臣請論之：夫湯、武之迹，異乎堯、舜、伊、呂之心，亦非稷、契。降此風規，未足為證也。自金、張世族，袁、楊鼎貴，委質服義，皆由漢氏，膏腴見重，事起於斯。魏氏君臨，年祚短促，服褐前代，宦成後朝。晉氏登庸，與之從事，名雖魏臣，實為晉有，故主位雖改，

臣任如初。自是世禄之盛，習爲舊準，羽儀所隆，人懷羨慕，君臣之節，徒致虛名。貴仕素資，皆由門慶，平流進取，坐至公卿，則知殉國之感無因，保家之念宜切。市朝亟革，寵貴方來，陵闕雖殊，顧眄如一。中行、智伯，未有異遇。褚淵當泰始初運，清塗已顯，數年之間，不患無位，既以民望而見引，亦隨民望而去之。夫爵禄既輕，有國常選，恩非己獨，責人以死，斯故人主之所同謬，世情之過差也。

贊曰：猗歟褚公，德素内充。民譽不爽，家稱克隆。從容佐世，貽議匪躬。文憲濟濟，輔相之體。稱述霸王，綱維典禮。期寄兩朝，綢繆宮陛。

校勘記

〔一〕歷中書郎 「歷」字原無，據南監本、北監本、汲本、殿本、局本補。「中書郎」，按文選卷五八王儉褚淵碑文作「中書侍郎」。

〔二〕尋領太子右衞率 「太子右衞率」，按宋書卷八五王景文傳載宋明帝詔作「太子左衞率」。

〔三〕止足自保 「止」，原作「王」，據北監本、汲本、殿本、局本改，南監本作「正」。

〔四〕與淵以夙素相善 「夙素」，南監本、北監本、殿本、南史卷二八褚裕之傳附褚彦回傳作「風素」。按通鑑卷一三三宋紀一五明帝泰始七年亦作「風素」，胡注云「蕭子顯齊書『風』作素」。

〔五〕『夙』，是胡氏所見亦作『夙』也。

〔六〕增秩千石 『千石』上疑脫『中二』二字。按東晉南朝時期，位望較尊顯之朝臣出任三吳等地大郡太守，例加秩中二千石。

〔七〕復爲吏部尚書領常侍衞尉如故不受 『常侍』、『衞尉』或有互倒，按褚淵前此曾爲散騎常侍，未曾爲衞尉，文選卷五八王儉褚淵碑文云「徵爲吏部尚書，領衞尉，固讓不拜」。

〔八〕惟泣淚處乃見其本質焉 『泣淚』，北監本、殿本作「哭泣」，局本作「沾淚」。按南史卷二八褚裕之傳附褚彥回傳、册府卷七五三總錄部亦作「泣淚」。

〔九〕淵又謂之曰 『謂之曰』，南監本、殿本作「謂人曰」，南史卷二八褚裕之傳附褚彥回傳作「語人曰」。

〔一〇〕況復造席舒矜 『矜』，南監本、北監本、殿本、汲本、局本作「衿」。

〔一一〕表解職 『表』字原無，據北監本、殿本、局本、南史卷二八褚裕之傳附褚彥回傳補，册府卷七五三總錄部作「乞」。

〔一二〕非季代所行 『季』字原無，據南監本、北監本、殿本、南史卷二八褚裕之傳附褚彥回傳、通鑑卷一三四宋紀一六蒼梧王昇明元年補，册府卷三三九宰輔部作「變」。

〔一三〕淵默然歸心 『歸心』下南監本、北監本、殿本、册府卷三三九宰輔部有「太祖」二字，南史卷二八褚裕之傳附褚彥回傳作「高帝」。

〔三〕 手取書授太祖 「書」，南史卷二八褚裕之傳附褚彥回傳、通鑑卷一三四宋紀一六蒼梧王昇明元年作「事」，文選卷五八王儉褚淵碑文李善注引蕭子顯齊書作「筆」。

〔四〕 咸有風則 「咸」，御覽卷二〇四引齊書、宋本冊府卷八二三總錄部亦作「盛」，明本冊府作「甚」。

〔五〕 百僚遠國莫不延首目送之 「國」下南監本、北監本、殿本、南史卷二八褚裕之傳附褚彥回傳、冊府卷八八三總錄部有「使」字。

〔六〕 陛下不得言臣不早識龍顏 「不得」，原作「不待」，據南監本、北監本、殿本、局本、南史卷二八褚裕之傳附褚彥回傳改。

〔七〕 知公爲朱祐久矣 「朱祐」，局本作「朱祐」。

〔八〕 輕薄子頗以名節譏之以淵眼多白精 「頗」，冊府卷九三九總錄部作「頻」。按御覽卷三六六引蕭子顯齊書亦作「頻」。「白精」，御覽卷三六六引蕭子顯齊書作「白睛」。按冊府卷九三九總錄部亦作「白精」。

〔九〕 尚書令王儉議 「令」字原無，據南史卷二八褚裕之傳附褚彥回傳補。

〔一〇〕 升降蓋微 「蓋微」，冊府卷三三一宰輔部作「紫微」。

〔一一〕 外循謙後 冊府卷三三一宰輔部作「外脩謙德」。

〔一二〕 刑綱是肅 冊府卷三三一宰輔部作「刑綱是嬰」。

〔三〕寔願方倍堯世 「方」，南監本、北監本、殿本、局本、册府卷三三一宰輔部作「萬」，三朝本、汲本作「万」。

〔四〕未入境 「境」下册府卷五七七掌禮部有「卒」字。

〔五〕前王盛典 「王」下原有「習但」二字，南監本、北監本、汲本、殿本、局本作「習祖」，據册府卷三一八宰輔部刪。

〔六〕新除司空 「司空」，原作「司徒」，據南監本、册府卷三一八宰輔部改。按上文，褚淵新除之官乃司空，非司徒也。

〔七〕領步兵校尉長史左民尚書 「長史」二字南史卷二八褚裕之傳附褚彥回傳、册府卷七八一總錄部無。張森楷校勘記云「長史官無所繫」，文字疑有脱衍。

〔八〕出為義興太守 「為」字原無，據南監本、殿本、局本補。

〔九〕改封巴東郡侯 「巴東郡侯」，南史卷四四齊武帝諸子南康王子琳傳作「巴東公」。按錢大昕考異卷三六云褚蓁初襲父爵為南康郡公，至是改為巴東公，「此云『郡侯』，恐誤」。

〔三0〕領前軍將軍 「前」字原無，據南史卷二八褚裕之傳附褚蓁傳補。

〔三一〕謐穆 「穆」，南史卷二八褚裕之傳附褚蓁傳作「穆子」。按梁書卷四一褚翔傳亦作「穆子」。詳參丁福林校議。

〔三二〕時東陽徐嗣醫術妙 「東陽」，南史卷三一張邵傳附徐嗣伯傳、册府卷八五九總錄部作「東海」。「徐嗣」，南史卷三一張邵傳附徐嗣伯傳、御覽卷七二二引齊書、卷七四二引南史作「徐海」。

嗣伯」，按隋書卷三四經籍志三、册府卷八五九總錄部，敦煌古寫本陶隱居本草集注序錄亦作「徐嗣伯」。

〔三三〕令僧父躶身坐石啓以百瓶水從頭自灌 「躶身」，南監本南齊書荻生徂徠批識云疑爲「躶身」之訛。「啓」，南監本、北監本、殿本、局本作「上」，屬上讀。

〔三四〕此病其重 「其」，三朝本、南監本、北監本、汲本、殿本、局本、南史亦無「甚」。按御覽卷七二三引齊書、卷七四二引南史、册府卷八五九總錄部作「甚」。

〔三五〕嗣還煮升餘湯送令服之 「升」，南史卷三二張邵傳附徐嗣伯傳、御覽卷七二三引齊書、卷七四二引南史、册府卷八五九總錄部作「斗」。

〔三六〕所黵處皆拔出長寸許 「出」下南史卷三二張邵傳附徐嗣伯傳、册府卷八五九總錄部有「釘」字。按御覽卷七二三引齊書、卷七四二引南史亦無「釘」字。

〔三七〕宋右光祿 按宋書卷四二王弘傳、卷六三王曇首傳、卷七一王僧綽傳、梁書卷二一王志傳、建康實錄卷一二云王曇首爲左光祿大夫。

〔三八〕襲爵豫寧侯 「豫寧侯」，原作「豫章侯」，南史卷二二王曇首傳附王儉傳作「豫寧縣侯」。按文選卷四六任彥昇王文憲集序，李善注引蕭子顯齊書並作「豫寧侯」，作「豫寧」是，據改。

〔三九〕儉上言宜復舊 「言」字原無，據南監本、北監本、汲本、殿本、局本、南史卷二二王曇首傳附王儉傳補。

〔四〇〕褚淵唯爲禪詔文 「文」，南史卷二一王曇首傳附王儉傳、宋本册府卷三〇九宰輔部作「又」，屬下讀。按明本册府亦作「文」。

〔四一〕且又三農在日 「在日」，十七史策要作「在田」。按册府卷三二六宰輔部、永樂大典卷六八三二引南史亦作「在日」。

〔四二〕白門三重門竹籬穿不完 「三重門」，册府卷一九六閏位部作「三重開」，通鑑卷一三五齊紀一高帝建元二年作「三重關」。

〔四三〕胡寧無感 「感」，册府卷四六四臺省部作「戚」。按永樂大典卷六八三二引南史亦作「感」。

〔四四〕豈容稍在形飾 「在」，册府卷四六四臺省部作「存」。按永樂大典卷六八三二引南史亦作「在」。

〔四五〕玉石朱素 「素」，册府卷四六四臺省部、永樂大典卷六八三二引南史作「紫」。

〔四六〕兼竊而任 「而」，册府卷四六四臺省部作「兩」。按永樂大典卷六八三二引南史亦作「而」。

〔四七〕未必其在代來 「其」，南監本、北監本、殿本、局本、永樂大典卷六八三二引南史作「具」。按册府卷四六四臺省部亦作「其」。

〔四八〕復散騎常侍 「復」下册府卷四六四臺省部亦有「兼」字。按王儉前此未曾爲散騎常侍，疑有「兼」字是。又按文選卷四六任彥昇王文憲集序云儉「詔加侍中，又授太子詹事，侍中、僕射如故，固辭侍中，改授散騎常侍，餘如故」江文通集卷九王僕射領太子詹事詔云「侍中、尚書

左僕射南昌縣開國公儉」，王僕射加兵詔云「散騎常侍、尚書左僕射、太子詹事南昌縣開國公儉」，則儉加太子詹事時爲侍中，解侍中爲散騎常侍在授太子詹事後。

〔四八〕加兵二百人 「二百」，南監本、南史卷二二王曇首傳附王儉傳作「三百」。按江文通集卷九王僕射加兵詔亦作「二百」。

〔四九〕遺詔以儉爲侍中尚書令鎮軍將軍 「令」字原無，據南史卷二二王曇首傳附王儉傳、册府卷三〇九宰輔部補。按本書卷三武帝紀、文選卷四六任彥昇王文憲集序、册府卷一九九閏位部、通鑑卷一三五齊紀一高帝建元四年亦云儉爲「尚書令」。

〔五〇〕鎮軍將軍 「鎮軍將軍」上原衍「左」字，據南史卷二二王曇首傳附王儉傳删。

〔五一〕進號衞將軍 「衞將軍」，原作「衞軍將軍」，據册府卷三三一宰輔部改。按南史卷二二王曇首傳附王儉傳、文選卷四六任彥昇王文憲集序、册府卷三一八宰輔部、通鑑卷一三五齊紀一高帝永明元年亦作「衞將軍」。又按本書卷一六百官志，時有衞將軍，無「衞軍將軍」。下文同改。

〔五二〕五年即本號開府儀同三司固讓 按文選卷四六任彥昇王文憲集序記此事於永明四年，册府卷三三一宰輔部記此事於永明三年。按本書卷三武帝紀、卷三五高十二王傳亦記此事於永明五年。

〔五三〕轂響於當時 「響」原作「饗」，據三朝本、南監本、北監本、汲本、殿本、局本、册府卷四六四改。

〔西〕臺省部、永樂大典卷六八三二引南史改。

〔五〕方興於來日 「於」，南監本作「以」。按册府卷四六四臺省部、永樂大典卷六八三二引南史亦作「於」。

〔五〕詔衛軍文武及臺所兵仗可悉停待葬 「臺所兵仗可悉停待葬」，南史卷二二王曇首傳附王儉傳作「臺所給兵仗悉停待葬」。

〔六〕中書令 「令」，疑當作「監」。按上文已云儉領中書監，下文亦謂「中書監、公如故」，此不當云中書令。

〔七〕家無遺財 「財」，原作「時」，據三朝本、南監本、北監本、汲本、殿本、局本、南史卷二二王曇首傳附王儉傳改。

列傳第五

柳世隆　張瓌

柳世隆字彥緒，河東解人也。祖憑，馮翊太守。父叔宗，早卒。

世隆少有風器，伯父元景，宋大明中爲尚書令，獨賞愛之，異於諸子。言於孝武帝，得召見，帝曰：「三公一人，是將來事也。」海陵王休茂爲雍州，辟世隆爲迎主簿。除西陽王撫軍法曹行參軍，出爲虎威將軍、上庸太守。帝謂元景曰：「卿昔以虎威之號爲隨郡，今復以授世隆，使卿門世不絕公也。」元景爲景和所殺，世隆以在遠得免。

泰始初，諸州反叛，世隆以門禍獲申，事由明帝，乃據郡起兵，遣使應朝廷。弘農人劉僧驎亦聚衆應之。收合萬人，奄至襄陽萬山，爲孔道存所破，衆皆奔散，僅以身免，逃藏民

間，事平乃出。還爲尚書儀曹郎，明帝嘉其義心，發詔擢爲太子洗馬，出爲寧遠將軍、巴西

梓潼太守。還爲越騎校尉，轉建平王鎮北諮議參軍、領南泰山太守，轉司馬，東海太守，入爲通直散騎常侍。

尋爲晉熙王安西司馬、加寧朔將軍。時世祖爲長史，與世隆相遇甚懽。太祖之謀渡廣陵也，令世祖率衆下，同會京邑，世隆與長流蕭景先等戒嚴待期，事不行。是時朝廷疑憚沈攸之，密爲之防，府州器械，皆有素蓄。世祖將下都，劉懷珍白太祖曰：「夏口是兵衝要地，宜得其人。」太祖納之，與世祖書曰：「汝既入朝，當須文武兼資人與汝意合者，委以後事，世隆其人也。」世祖舉世隆自代。轉爲武陵王前軍長史、江夏內史、行郢州事。

昇明元年冬，攸之反，遣輔國將軍中兵參軍孫同、寧朔將軍中兵參軍武寶、龍驤將軍騎兵參軍朱君拔、寧朔將軍沈惠真、龍驤將軍騎兵參軍王道起三萬人爲前驅[一]，又遣司馬冠軍劉攘兵領寧朔將軍外兵參軍公孫方平、龍驤將軍騎兵參軍朱靈真[二]、沈僧敬、龍驤將軍高茂二萬人次之，又遣輔國將軍王靈秀[三]、丁珍東、寧朔將軍中兵參軍王彌之[四]、寧朔將軍外兵參軍楊景穆二千匹騎分兵出夏口，據魯山。攸之乘輕舸從數百人先大軍下住白螺洲，坐胡床以望其軍，有自驕色。既至郢，以郢城弱小不足攻，遣人告世隆曰：「被

太后令，當蹔還都。卿既相與奉國，想得此意。」世隆使人答曰：「東下之師，久承聲問。

郢城小鎮，自守而已。」攸之將去，世隆遣軍於西渚挑戰，攸之果怒，令諸軍登岸燒郭邑，築

長圍攻道，顧謂人曰：「以此攻城，何城不剋！」書夜攻戰，世隆隨宜拒應，眾皆披却。世

祖初下，與世隆別，曰：「攸之一旦為變，焚夏口舟艦沿流而東，則坐守空城，不可制也。世

雖留攻城，不可卒拔。卿為其內，我為其外，乃無憂耳。」至是世祖遣軍主桓敬、陳胤叔、苟

元賓等八軍據西塞，令堅壁以待賊疲。慮世隆危急，遣腹心胡元直潛使入郢城通援軍消

息，內外並喜。 尚書符曰：

沈攸之出自壟畝，寂寥累世。故司空沈公，以從父宗廕，愛之若子，羽翼吹噓，得

昇官次。 景和昏悖，猜畏柱臣，而攸之凶忍，趣利樂禍，請銜詔旨，躬行反噬。 又攸之

與譚金、童泰壹等暴寵狂朝，並為心膂，同功共體，世號「三侯」。 當時親昵，情過管、

鮑，仰遭革運，凶黨懼戮，攸之反善圖全，用得自免。 既殺從父，又虐良朋，雖呂布販

君，酈寄賣友，方之斯人，未足為酷。 泰始開闢，網漏吞舟，略其凶險，取其搏噬，故階

亂獲全，因禍興福。

攸之稟性空淺，躁而無謀，濃湖土崩，本非己力，彭城、下邳，望旗宵遁，再棄王

師[五]，久應肆法，值先帝宥其回溪之恥，冀有封崤之捷，故得幸會推遷，頻煩顯授。

内端戎禁，外綏萬里。聖去鼎湖，遠頒顧命，託寄崇深，義感金石。而攸之始奉國諱，喜形于顏，普天同哀，己以爲慶。累登蕃岳，自鄖遷荆。重，攸之斷割候迎，肆意陵略。料擇士馬，簡筭器械，權撥精銳，並取自隨。鄖城所留，十不遺一。專恣鹵奪，罔顧國典。踐荆已來，恒用姦數，既懷異志，興造無端。乃蹙迫羣蠻，騷擾山谷，揚聲討伐，盡戶上丁〔六〕。蟻聚郭邑，伺國衰盛，從來積年，求不解甲〔七〕。遂四野百縣，路無男人，耕田載租，皆驅女弱。自古酷虐，未聞於此。

昔歲桂陽內衅，宗廟阽危。攸之任官上流，兵彊地廣，勤王之舉，竟宜悉行。裁遣羸弱，不滿三千，至鄖州稟受節度，欲令判否之日，委罪晉熙。招誘劍客，羈絆行侶，竄叛入境，輒加擁護，逋亡出界，必遣窮追。視吏若讎，遇民如草，峻太半之賦，暴參夷之刑，鞭箠國士，全用虜法，一人逃亡，闔宗捕逮〔八〕。皇朝敕令，初不遵奉，曠蕩之澤，長隔彼州，人懷怨望，十室而九。今乃舉兵內侮，姦回外熾，斯寔惡熟罪成之辰，決癰潰疽之日。幕府過荷朝寄，義百常憤，董御元戎，龔行天罰。

今遣新除使持節郢州司州之義陽諸軍事平西將軍郢州刺史聞喜縣開國侯黄回〔九〕、員外散騎常侍輔國將軍驍騎將軍重安縣開國子軍主王敬則〔一○〕、屯騎校尉長壽縣開國男軍主王宜與〔一二〕、屯騎校尉陳承叔、右軍將軍葛陽縣開國男彭文之〔一三〕、驍

騎行參軍振武將軍邰宰〔三〕，精甲二萬，衝其首旆。又遣散騎常侍游擊將軍臨湘縣開國男呂安國〔四〕、持節寧朔將軍越州刺史孫曇瓘、屯騎校尉寧朔將軍崔慧景、寧朔將軍左軍將軍新亭侯任候伯〔五〕、龍驤將軍虎賁中郎將尹略〔六〕、屯騎校尉南城令曹虎頭〔七〕、輔國將軍驍騎將軍蕭順之〔八〕、新除寧朔將軍游擊將軍下邳縣開國子垣崇祖等〔九〕，舳艫二萬，駱驛繼邁。又遣屯騎校尉荀元賓〔一〇〕、撫軍參軍郭文考〔一一〕、撫軍中兵參軍程隱儁、奉朝請諸襲光等，輕艇一萬，截其精要〔一二〕。驍騎將軍周盤龍、後將軍成買〔一三〕、輔國將軍王勑勤〔一四〕、屯騎校尉王洪範等〔一五〕，鐵騎五千，步道繼進，先據陸路，斷其走伏。持節、督雍梁二州郢州之竟陵司州之隨郡諸軍事、征虜將軍、寧蠻校尉、雍州刺史、襄陽縣開國侯、新除鎮軍將軍張敬兒，志節慷慨，卷甲樊、鄧，水步俱馳，破其巢窟。持節、督司州諸軍事、征虜將軍、司州刺史、領義陽太守、范陽縣侯姚道和、義烈梗槩，投袂方隅，風馳電掩，襲其輜重。萬里建旟，四方飛旆，莫不總率衆師，雲翔雷動。人神同憤，遠邇并心。

今皇上聖明，將相仁愛，約法三章，寬刑緩賦，年登歲阜，家給人足，上有惠民之澤，下無樂亂之心。攸之不識天時，妄圖大逆，舉無名之師，驅讎怨之衆，是以朝野審其易取，含識判其成禽。彼土士民，罹毒日久，今復相逼迫，投赴鋒刃。交戰之日，蘭

艾難分，去就在機，望思先曉，無使一人迷疑，而九族就禍也。弘宥之典，有如皎日。

郢城既不可攻，而平西將軍黃回軍至西陽，乘三層艦，作羌胡伎，泝流而進。攸之素

失人情，本逼以威力，初發江陵，已有叛者，至是稍多。攸之日夕乘馬歷營撫慰，而去者不

息。攸之大怒，召諸軍主曰：「我被太后令，建義下都，大事若剋，白紗帽共著耳；如其不

振，朝廷自誅我百口，不關餘人。比軍人叛散，皆卿等不以為意。我亦不能問叛身，自今

軍中有叛者，軍主任其罪。」於是一人叛，遣十人追，並去不反。莫敢發覺，咸有異計。劉

攘兵射書與世隆許降[二六]，世隆開門納之。攘兵燒營而去，火起乃覺。攸之怒，銜鬚咀之。

收攘兵兄子天賜，女壻張平虜斬之[二七]。軍旅大散。攸之渡魯山岸，猶有數十匹騎自隨。

宣令軍中曰：「荆州城中大有錢，可相與還取，以為資糧。」郢城未有追軍，而散軍畏蠻抄，

更相聚結，可二萬人，隨攸之，將至江陵，乃散。世隆乃遣軍副劉僧驎道追之。

　攸之已死，徵為侍中。仍遷尚書右僕射，封貞陽縣侯，邑二千户。出為左將軍、吳郡

太守，加秩中二千石。丁母憂。太祖踐阼，起為使持節、都督南豫司二州諸軍事、平南將

軍、南豫州刺史，進爵為公。上手詔與司徒褚淵曰：「向見世隆毀瘠過甚，殆欲不可復識，

非直使人惻然，實亦世珍國寶也。」淵答曰：「世隆至性純深，哀過乎禮。事陛下在危盡

忠，喪親居憂，杖而後起，立人之本，二理同極，加榮增寵，足以厲俗敦風。」

建元二年，進號安南將軍。是時虜寇壽陽，上敕世隆曰：「歷陽城大，恐不可卒治，正宜斷隔之，深爲保固。處分百姓，若不將家守城，單身亦難可委信也。」尋又敕曰：「吾更歷陽外城，若有賊至，即勒百姓守之，故應勝割棄也。」

垣崇祖既破虜，上欲罷併二豫，敕世隆曰：「比思江西蕭索，二豫兩辦爲難。議者多云省一足一，於事爲便。吾謂非乃乖謬。卿以爲云何？可具以聞。」尋授後將軍、尚書右僕射，不拜。世隆性愛涉獵，啓太祖借祕閣書，上給二千卷。

三年，出爲使持節、督南兗兗徐青冀五州軍事、安北將軍、南兗州刺史〔二八〕。江北畏虜寇，搔動不安。上敕世隆曰：「比有北信，賊猶治兵在彭城，年已垂盡，或當未必送死。然犲狼不可以理推，爲備或不可懈。彼郭既無關要，用宜開除，使去金城三十丈政佳耳。發民治之，無嫌。若作三千人食者，已有幾米？可指牒付信還。民間若有丁多而細口少者，悉令戍，非疑也。」又敕曰：「昨夜得北使啓，鍾離間賊已渡淮，既審送死，便當制加剿撲。卿好參候之，有急令諸小戍還鎮，不可賊至不覺也。賊既過淮，不容遍退散，要應有處送死者，定攻壽陽，吾當遣援軍也。」又遣軍助世隆，并給軍糧。

虜退，上欲土斷江北，又敕世隆曰：「呂安國近在西，土斷郢、司二境上雜民，大佳，民殆無驚恐。近又令垣豫州斷其州內，商得崇祖啓事，已行竟，近無云云，殊稱前代舊意。

卿視兗部中可行此事不？若無所撓，春便就手也。」其見親委如此。

世祖即位，加散騎常侍。世隆善卜，別龜甲，價至一萬。永明建號，世隆題州齊壁曰

「永明十一年」。謂典籤李黨曰：「我不見也。」入爲侍中、護軍將軍，遷尚書右僕射、領太

子右率，雍州大中正，不拜，改授散騎常侍、尚書左僕射，中正如故。

湘州蠻動，遣世隆以本官總督伐蠻衆軍，仍爲使持節、都督湘州諸軍事、鎮南將軍、湘

州刺史，常侍如故。世隆至鎮，以方略討平之。在州立邸治生，爲中丞庾杲之所奏，詔原

不問。復入爲尚書左僕射、領衞尉，不拜。仍轉尚書令。

世隆少立功名，晚專以談義自業。善彈琴，世稱柳公雙璅，爲士品第一。常自云馬稍

第一，清談第二，彈琴第三。在朝不干世務，垂簾鼓琴，風韻清遠，甚獲世譽。以疾遜位，

改授侍中、衞將軍，不拜，轉左光祿大夫，侍中如故。

九年，卒，時年五十。詔給東園祕器，朝服一具，衣一襲，錢一十萬[二九]，布三百匹[三〇]，

蠟三百斤。又詔曰：「故侍中左光祿大夫貞陽公世隆，秉德居業，才兼經緯。少播清徽，

長弘美譽。入參内禁，出贊西牧，剋挫巨猾，超越前勳，功著一代。及總任方

州，民頌寬德，翼教崇闥，朝稱元正。忠謨嘉猷，簡于朕心，雅志素履，邈不可踰。將登鉉

味，用燮鴻化，奄至薨殞，震慟良深。贈司空，班劍三十人[三一]，鼓吹一部，侍中如故。諡曰

忠武。」上又敕吏部尚書王晏曰：「世隆雖抱疾積歲，志氣未衰，冀醫藥有効，痊差可期。

不謂一旦便爲異世，痛怛之深〔三二〕，此何可言。其昔在鄖，誠心夙聞〔三三〕，全保一蕃，勳業克

著。尋准契闊，增泣悲咽。卿同在情，亦當無已耶！」

世隆曉數術，於倪塘創墓，與賓客踐履，十往五往，常坐一處。及卒，墓正取其坐處

焉。著龜經祕要二卷行於世。

長子悅，早卒。

張瓌，字祖逸，吳郡吳人也。祖裕，宋金紫光祿大夫。父永，右光祿大夫。曉音律，宋

孝武問永以太極殿前鍾聲嘶，永答「鍾有銅滓」。乃扣鍾求其處，鑿而去之，聲遂清越。

瓌解褐江夏王太尉行參軍、署外兵，隨府轉爲太傅五官，爲義恭所遇。遷太子舍人，

中書郎，驃騎從事中郎，司徒右長史。初，永拒桂陽賊於白下，潰散，阮佃夫等欲加罪，太

祖固申明之〔三四〕，瓌由此感恩自結。轉通直散騎常侍，驍騎將軍。遭父喪，還吳持服。

昇明元年，劉秉有異圖，弟遐爲吳郡，潛相影響。因沈攸之事難，聚衆三千人，治攻

具。太祖密遣殿中將軍卞白龍令瓌取遐。諸張世有豪氣，瓌宅中常有父時舊部曲數百。

返召瓛，瓛偽受旨，與叔恕領兵十八人入郡，與防郡隊主彊弩將軍郭羅雲進中齊取退，退踰窗而走，瓛部曲顧憲子手斬之，郡內莫敢動者。獻捷，太祖以告領軍張沖〔三五〕，沖曰：「瓛以百口一擲，出手得盧矣。」即授輔國將軍，吳郡太守，封瓛義成縣侯，邑千戶，太祖故以嘉名錫之。

除冠軍將軍、東海東莞二郡太守，不拜。建元元年，增邑二百戶〔三六〕。尋改封平都。遷侍中、加領步兵校尉。二年，遷都官尚書，領校尉如故。出為征虜將軍、吳興太守。三年，烏程令顧昌玄有罪，瓛坐不糾，免官。明年，為度支尚書。世祖即位，為冠軍將軍、鄱陽王北中郎長史、襄陽相、行雍州府州事，隨府轉征虜長史。四年，仍為持節，督雍梁南北秦四州郢州之竟陵司州之隨郡軍事、輔國將軍、雍州刺史，尋領寧蠻校尉。還為左民尚書、領右軍將軍，遷冠軍將軍、大司馬長史。

十年，轉太常。自陳衰疾，願從閑養，明年，轉散騎常侍、光祿大夫。頃之，上欲復用瓛，乃以為後將軍、南東海太守，秩中二千石，行南徐州府州事，又行河東王國事。到官，復稱疾，還為散騎常侍、光祿大夫。鬱林即位，加金章紫綬。隆昌元年，給親信二十人。鬱林廢，朝臣到宮門參承高宗，瓛託腳疾不下〔三七〕。海陵立，加右將軍。高宗疑外蕃起兵，以瓛鎮石頭，督眾軍事。瓛見朝廷多難，遂恒臥疾。建武元年，轉給事中、光祿大夫，親信如

故。月加給錢二萬。二年，虜盛，詔瓛以本官假節、督廣陵諸軍事、行南兗州事，虜退乃還。瓛居室豪富，伎妾盈房，有子十餘人，常云「其中要應有好者」。建武末，屢啓高宗還吳，見許。優游自樂，或有譏瓛衰暮畜伎，瓛曰：「我少好音律，老而方解。平生嗜欲，無復一存，唯未能遣此處耳。」

高宗疾甚，防疑大司馬王敬則，以瓛素著幹略，授平東將軍、吳郡太守，以爲之備。及敬則反，瓛遣將吏三千人迎拒於松江，聞敬則軍鼓聲，一時散走，瓛棄郡逃民間。事平，瓛復還郡，爲有司所奏，免官削爵。

永元初，爲光禄大夫。尋加前將軍，金章紫綬。三年，義師下，東昏假瓛節，戍石頭。義師至新亭，瓛棄城走還宮。梁初復爲光禄。天監四年卒。

史臣曰：文以附衆，武以立威，元帥之才，稱爲國輔。沈攸之十年治兵，白首舉事，荊楚上流，方江東下。斯驅除之巨難，帝王之大敵。柳世隆勢居中夏，年淺位輕，首抗全師，孤城挑攻，臨埤授策，曾無汗馬，勍寇乖沮，力屈於高墉，亂轍爭先，降奔郢路，陸遜之破玄德，不是過也。及世道清寧，出牧内佐，體之以風素，居之以雅德，固興家之盛美也。

贊曰：忠武匡贊，實號兼資。廟堂析理，高壘搴旗。游藝善術，安絃拂龜。義成祚

土，功立帝基。

校勘記

〔一〕 龍驤將軍騎兵參軍王道起三萬人爲前驅 「騎兵」，宋書卷七四沈攸之傳作「中兵」。

〔二〕 龍驤將軍騎兵參軍朱靈真 「朱靈真」，宋書卷七四沈攸之傳作「朱靈寶」。

〔三〕 又遣輔國將軍中兵參軍王靈秀 「王靈秀」上宋書卷七四沈攸之傳有「中兵參軍」四字。

〔四〕 寧朔將軍中兵參軍王彌之 「王彌之」，宋書卷七四沈攸之傳作「王珍之」。

〔五〕 再棄王師 「棄」，原作「紹」，據南監本、北監本、汲本、殿本、局本改。按宋書卷七四沈攸之傳作「王珍之」。傳作「鄙」。

〔六〕 盡戶上丁 「上丁」，南監本、宋書卷七四沈攸之傳作「發上」，局本作「發丁」。

〔七〕 求不解甲 「求」，宋書卷七四沈攸之傳作「永」。

〔八〕 闔宗捕逮 「捕逮」，宋書卷七四沈攸之傳作「補代」。

〔九〕 今遣新除使持節郢州之義陽諸軍事平西將軍郢州刺史聞喜縣開國侯黃回 「使持節」下疑有脫文。按宋書卷七四沈攸之傳有「督」字。

〔一〇〕 員外散騎常侍輔國將軍驍騎將軍重安縣開國子軍主王敬則 「輔國」，宋書卷七四沈攸之傳作「冠軍」。

〔二一〕 屯騎校尉長壽縣開國男軍主王宜與　「王宜與」，宋書卷一〇順帝紀、卷八三黃回傳、卷八九袁粲傳並作「王宜興」。

〔二二〕 右軍將葛陽縣開國男彭文之　「右軍」，宋書卷七四沈攸之傳作「左軍」。按宋書卷一〇順帝紀、卷八三黃回傳附傳彭文之之傳並作「左軍」。

〔二三〕 驃騎行參軍振武將軍邵宰　「振武」，宋書卷七四沈攸之傳作「龍驤」。「邵宰」，南監本、殿本作「邵宰」，宋書卷七四沈攸之傳作「召宰」。按宋書卷八四鄧琬傳、袁顗傳並有「邵宰」，泰始初年為荊州典籤。

〔二四〕 又遣散騎常侍游擊將軍臨湘縣開國男呂安國　「臨湘」，宋書卷七四沈攸之傳作「湘南」。按本書卷二九呂安國傳，安國泰始四年改封湘南縣男。

〔二五〕 寧朔將軍左軍將新亭侯任候伯　「寧朔」，宋書卷七四沈攸之傳作「輔國」。

〔二六〕 龍驤將軍虎賁中郎將尹略　「龍驤」，宋書卷七四沈攸之傳作「寧朔」。

〔二七〕 屯騎校尉南城令曹虎頭　「校」字原無，據宋書卷七四沈攸之傳補。按本書卷三〇曹虎傳云虎任屯騎校尉。

〔二八〕 輔國將軍驍騎將軍蕭順之　「順之」，原作「諱」，依例改。

〔二九〕 新除寧朔將軍下邳縣開國子垣崇祖等　「寧朔」，宋書卷七四沈攸之傳作「輔國」。

〔三〇〕 又遣屯騎校尉苟元賓　按宋書卷七四沈攸之傳云元賓任「輔國將軍後軍將軍右軍中兵參軍

事軍主」。

〔二一〕撫軍參軍郭文考 「撫軍參軍」，宋書卷七四沈攸之傳作「撫軍中兵參軍事」；「郭文考」，宋書沈攸之傳、江文通集卷六尚書符並作「郭文孝」。

〔二二〕截其精要 「精」，南監本、宋書卷七四沈攸之傳作「津」。

〔二三〕後將軍成買 「後將軍」疑有訛。按宋書卷七四沈攸之傳云買任「龍驤將軍冗從僕射軍主」，不當以後將軍任冗從僕射。

〔二四〕輔國將軍王勃勤 「輔國」，宋書卷七四沈攸之傳作「冠軍」。

〔二五〕屯騎校尉王洪範等 「屯騎」，宋書卷七四沈攸之傳作「射聲」。

〔二六〕劉攘兵射書與世隆許降 「許」，北監本、汲本、殿本、局本、南史卷三八柳元景傳附柳世隆傳作「請」。

〔二七〕女壻張平虜斬之 「張平虜」，三朝本、南監本、北監本、汲本、殿本、局本、南史卷三八柳元景傳附柳世隆傳並作「張平慮」。按通鑑卷一三四宋紀一六順帝昇明二年亦作「張平虜」。

〔二八〕督南兗兗徐青冀五州軍事安北將軍南兗州刺史 「督」，按南史卷三八柳元景傳附柳世隆傳云世隆「出爲南兗州刺史，加都督」。

〔二九〕錢一十萬 「一十萬」，冊府卷四六一臺省部作「二萬」。

〔三〇〕布三百四 「三百」，冊府卷四六一臺省部作「二百」。

〔三〇〕 班劍三十人 「三十」，南史卷三八柳元景傳附柳世隆傳、冊府卷四六一臺省部並作「二十」。

〔三一〕 痛悒之深 「悒」，原作「但」，據三朝本、南監本、北監本、汲本、殿本、局本、冊府卷二○四閏位部改。

〔三二〕 誠心夙間 「間」，三朝本、南監本、北監本、汲本、殿本、局本作「聞」。

〔三三〕 太祖固申明之 「太祖」，原作「太子」，據南監本、北監本、汲本、殿本、局本、冊府卷七六五總錄部改。按南史卷三一張裕傳附張瓖傳作「齊高帝」，可證。

〔三四〕 太祖以告領軍張沖 「領軍」，南史卷三一張裕傳附張瓖傳作「左軍」。按本書卷四九張沖傳云沖遷左軍將軍，又是時領軍之職先後由劉韞、蕭嶷任，「左軍」是。

〔三五〕 增邑二百戶 「增邑」下原有「爲」字，據南監本、冊府卷三七九將帥部刪。

〔三六〕 瓖託脚疾不下 「下」，南監本、北監本、汲本、殿本、局本、南史卷三一張裕傳附張瓖傳並作「至」。

南齊書卷二十五

列傳第六

垣崇祖　張敬兒

垣崇祖字敬遠，下邳人也。族姓豪彊，石虎世，自略陽徙之於鄴。曾祖敞，爲慕容德僞吏部尚書。祖苗，宋武征廣固，率部曲歸降，仍家下邳，官至龍驤將軍、汝南新蔡太守。父詢〔一〕，積射將軍，宋孝武世死事，贈冀州刺史。

崇祖年十四，有幹略，伯父豫州刺史護之謂門宗曰：「此兒必大成吾門，汝等不及也。」刺史劉道隆辟爲主簿，厚遇之。除新安王國上將軍〔二〕。景和世，道隆求出爲梁州，啓轉崇祖爲義陽王征北行參軍，與道隆同行，使還下邳召募。

明帝立，道隆被誅。薛安都反，明帝遣張永、沈攸之北討，安都使將裴祖隆、李世雄據

下邳。祖隆引崇祖共拒戰，會青州援軍主劉珍之背逆歸降〔三〕，祖隆士衆沮敗，崇祖與親
近數十人夜救祖隆，與俱走還彭城。虜既陷徐州，崇祖仍爲虜將游兵琅邪間不復歸，虜不
能制。密遣人於彭城迎母，欲南奔，事覺，虜執其母爲質。崇祖妹夫皇甫肅兄婦，薛安都
之女，故虜信之。肅仍將家屬及崇祖母奔胸山，崇祖因將部曲據之，遣使歸命。太祖在淮
陰，板爲胸山戍主，送其母還京師，明帝納之。

胸山邊海孤險，人情未安。崇祖常浮舟舸於水側，有急得以入海。軍將得罪亡叛，具
以告虜。虜僞圍城都將東徐州刺史成固公始得青州〔四〕，聞叛者説，遣步騎二萬襲崇祖，
屯洛要，去胸山城二十里。崇祖出送客未歸，城中驚恐，皆下船欲去。崇祖還，謂腹心
曰：「賊比擬來，本非大舉，政是承信一説，易遣詿之。今若得百餘人還，事必濟矣。但一
人情駭〔五〕，不可斂集。卿等可急去此二里外大叫而來，唱『艾塘義人已得破虜，須戍軍速
往，相助逐退』。」船中人果喜，爭上岸，崇祖引入據城，遣羸弱入島。令人持兩炬火登山鼓
叫。虜參騎謂其軍備甚盛，乃退。

崇祖啓明帝曰：「淮北士民，力屈胡虜，南向之心，日夜以冀。崇祖父伯並爲淮北州
郡，門族布在北邊，百姓所信，一朝嘯咤，事功可立〔六〕。名位尚輕〔七〕，不足威衆，乞假名
號，以示遠近。」明帝以爲輔國將軍、北琅邪蘭陵二郡太守。亡命司馬從之謀襲郡，崇祖討

捕斬之。數陳計筭，欲剋復淮北。

時虜聲當寇淮南，明帝以問崇祖，崇祖因啓「宜以輕兵深入，出其不意，進可立不世之勳，退可絕其窺窬之患」。帝許之。崇祖將數百人入虜界七百里[八]，據南城固、蒙山，扇動郡縣。虜率大衆攻之，其別將梁湛母在虜，虜執其母，使湛告部曲曰：「大軍已去，獨住何爲！」於是衆情離阻，一時奔退。崇祖謂左右曰：「今若俱退，必不獲免。」乃住後力戰，大敗而歸[九]。以久勞，封下邳縣子。

泰豫元年[一〇]，行徐州事，徙戍龍沮，在朐山南。崇祖啓斷水注平地[一一]，以絕虜馬。帝以問劉懷珍，云可立。崇祖率將吏塞之，未成。虜主謂僞彭城鎮將平陽公曰：「龍沮若立，國之恥也，以死爭之。」數萬騎掩至。崇祖馬槊陷陣不能抗，乃築城自守。會天雨十餘日，虜乃退。龍沮竟不立。歷旴眙、平陽、東海三郡太守，將軍如故。轉邵陵王南中郎司馬，復爲東海太守。

初，崇祖遇太祖於淮陰，太祖以其武勇，善待之。崇祖謂皇甫肅曰：「此真吾君也，吾今逢主矣，所謂千載一時。」遂密布誠節。元徽末，太祖憂慮，令崇祖受旨即以家口託皇甫肅，勒數百人將入虜界，更聽後旨。會蒼梧廢，太祖召崇祖領部曲還都，除游擊將軍。太祖沈攸之事平，以崇祖爲持節、督兗青冀三州諸軍事，累遷冠軍將軍、兗州刺史。太祖

踐阼，謂崇祖曰：「我新有天下，夷虜不識運命，必當動其蟻衆，以送劉昶爲辭。賊之所衝，必在壽春。能制此寇，非卿莫可。」徙爲使持節、監豫司二州諸軍事、豫州刺史，將軍如故。封望蔡縣侯[三]，七百户。

建元二年，虜遣僞梁王郁豆眷及劉昶，馬步號二十萬，寇壽春。崇祖召文武議曰：「賊衆我寡，當用奇以制之。當脩外城以待敵，城既廣闊，非水不固，今欲堰肥水却淹三面之險，諸君意如何？」衆曰：「昔佛狸侵境，宋南平王士卒完盛，以郭大難守，退保内城。今日之事，十倍於前。古來相承，不築肥堰，皆以地形不便，積水無用故也。若必行之，恐非事宜。」崇祖曰：「卿見其一，不識其二。若捨外城，賊必據之，外脩樓櫓，内築長圍，四周無礙，表裏受敵，此坐自爲擒。守郭築堰，是吾不諫之策也。」乃於城西北立堰塞肥水，堰北起小城，周爲深塹，使數千人守之。崇祖謂長史封延伯曰：「虜貪而少慮，必悉力攻小城，圖破此堰。見堰狹城小，謂一往可剋，當以蟻附攻之。放水一激，急踰三峽，事窮奔透，自然沈溺。此豈非小勞而大利邪？」虜衆由西道集堰南，分軍東路肉薄攻小城。崇祖著白紗帽，肩轝上城，手自轉式。至日晡時，決小史埭。水勢奔下，虜攻城之衆，漂墜塹中，人馬溺死數千，人衆皆退走。

初，崇祖在淮陰，見上，便自比韓信、白起，咸不信，唯上獨許之，崇祖再拜奉旨。及破

虜啓至，上謂朝臣曰：「崇祖許爲我制虜，果如其言。其恒自擬韓、白，今真其人也。」進爲

都督、號平西將軍，增封爲千五百户。崇祖聞陳顯達李安民皆增給軍儀，啓上求鼓吹橫

吹。上敕曰：「韓、白何可不與衆異。」給鼓吹一部。

崇祖慮虜復寇淮北，啓徙下蔡戍於淮東。其冬，虜果欲攻下蔡，既聞内徙，乃揚聲平

除故城。衆疑虜當於故城立戍，崇祖曰：「下蔡去鎮咫尺，虜豈敢置戍，實欲除此故城。

政恐奔走殺之不盡耳。」虜軍果夷掘下蔡城，崇祖自率衆渡淮與戰，大破之，追奔數十

里[一三]，殺獲千計。

上遣使人關參虜消息還[一四]，敕崇祖曰：「卿視吾是守江東而已邪？所少者食，卿但

努力營田，自然平殄殘醜。」敕崇祖脩治芍陂田。

世祖即位，徵爲散騎常侍、左衞將軍。俄詔留本任，加號安西。仍遷五兵尚書、領驍

騎將軍。初，豫章王有盛寵，世祖在東宮，崇祖不自附結。及破虜，詔使還朝，與共密議，

世祖疑之，曲加禮待，酒後謂崇祖曰：「世間流言，我已豁諸懷抱，自今已後，富貴見付

也。」崇祖拜謝。崇祖去後，上復遣荀伯玉口敕以邊事受旨，夜發不得辭東宮，世祖以崇祖

心誠不實[一五]，銜之。太祖崩，慮崇祖爲異，便令内轉。永明元年四月九日，詔曰：「垣崇

祖凶詭險躁，少無行業。昔因軍國多虞，採其一夫之用。大運光啓，頻煩升擢，溪壑靡厭，

恐以彌廣[六]。去歲在西，連謀境外，無君之心，已彰遐邇。特加遵養，庶或悛革。而猜貳

滋甚，志興亂階，隨與荀伯玉驅合不逞，窺窬非覬，構扇邊荒，互為表裏。寧朔將軍孫景育

究悉姦計，具以啓聞。除惡務本，刑茲罔赦。便可收掩，肅明憲辟。」死時年四十四。子惠

隆，徙番禺卒。

張敬兒，南陽冠軍人也。本名苟兒，宋明帝以其名鄙，改焉。父醜，為郡將軍，官至節

府參軍。

敬兒年少便弓馬，有膽氣，好射虎，發無不中。南陽新野風俗出騎射，而敬兒尤多膂

力，求入隊，為曲阿戍驛將，州差補府將，還為郡馬隊副，轉隊主。稍宦寧蠻府行參軍。隨

同郡人劉胡領軍伐襄陽諸山蠻，深入險阻，所向皆破。又擊湖陽蠻[七]，官軍引退，蠻賊追

者數千人，敬兒單馬在後，衝突賊軍，數十合，殺數十人，箭中左腋，賊不能抗。

平西將軍山陽王休祐鎮壽陽，求善騎射人。敬兒自占見寵，為長兼行參軍[八]，領白

直隊。泰始初，除寧朔將軍，隨府轉參驃騎軍事，署中兵。領軍討義嘉賊，與劉胡相拒於

鵲尾洲，啓明帝乞本郡，事平，為南陽太守，將軍如故。初，王玄謨為雍州，土斷敬兒家屬

舞陰，敬兒至郡，復還冠軍。

三年，薛安都子柏令、環龍等竊據順陽、廣平[九]，略義成、扶風界，刺史巴陵王休若遣敬兒及新野太守劉攘兵攻討，合戰，破走之。徙爲順陽太守，將軍如故。

南陽蠻動，復以敬兒爲南陽太守。遭母喪還家，朝廷疑桂陽王休範，密爲之備，乃起敬兒爲寧朔將軍、越騎校尉。桂陽事起，隸太祖頓新亭，賊矢石既交，休範白服乘輿往勞樓下，城中望見其左右人兵不多，敬兒與黃回白太祖曰：「桂陽所在，備防寡闕，若詐降而取之，此必可擒也。」太祖曰：「卿若能辦事，當以本州相賞。」敬兒相與出城南，放仗走，大呼稱降，休範喜，召至輦側，回陽致太祖密意，休範信之。回目敬兒，敬兒奪取休範防身刀，斬休範首，休範左右數百人皆驚散，敬兒馳馬持首歸新亭。除驍騎將軍、加輔國將軍。

太祖以敬兒人位既輕，不欲便使爲襄陽重鎮，敬兒求之不已，乃微動太祖曰：「沈攸之在荊州，公知其欲何所作？不出敬兒以防之，恐非公之利也。」太祖笑而無言，乃以敬兒爲持節、督雍梁二州郢司二郡軍事、雍州刺史[二0]，將軍如故，封襄陽縣侯，二千户。部伍泊沔口，敬兒乘舴艋過江[二一]，詣晉熙王燮。中江遇風船覆，左右丁壯者各泅走，餘二小吏没艑下，叫呼「官」，敬兒兩掖挾之，隨船覆仰，常得在水上，如此飜覆行數十里，方得迎

接。

失所持節，更給之。

沈攸之聞敬兒上，遣人伺覘。見雍州迎軍儀甚盛，慮見掩襲，密自防備。敬兒至鎮，厚結攸之，信饋不絕。得其事迹，密白太祖。攸之得太祖書翰，論選用方伯密事，輒以示敬兒，以爲反間，敬兒終無二心。元徽末，襄陽大水，平地數丈，百姓資財皆漂没，襄陽虛耗。

太祖與攸之書，令賑貸之，攸之竟不歷意。

敬兒與攸之司馬劉攘兵情款，及蒼梧廢，敬兒疑攸之當因此起兵，密以問攘兵，攘兵無所言，寄敬兒馬鐙一隻，敬兒乃爲之備。昇明元年冬，攸之反，遣使報敬兒，敬兒勞接周至，爲設酒食，謂之曰：「沈公那忽使君來，君殊可命。」乃列仗於廳事前斬之，集部曲，偵攸之下〔二〕，當襲江陵。

時攸之遺太祖書曰：

吾聞魚相忘於江湖〔三〕，人相忘於道術，彼我可謂通之矣。大明之中，謬奉聖主，忝同侍衛，情存契闊〔四〕，義著斷金，乃分帛而衣，等粮而食。值景和昏暴，心爛形燋，若斯之苦，寧可言盡。吾自分碎首於閤下，足下亦懼滅族於舍人。爾時盤石之心既固，義無貳計，蹴迫時難，相引求全。天道矜善，此理不空。結姻之始，實關於厚。及明帝龍飛，諸人皆爲鬼矣。吾與足下，得蒙大造，親過夙眷，遇若代臣，録其心迹，復

忝驅使，臨崩之日，吾豫在遺託，加榮授寵，恩深位高。雖復情謝古人，粗識忠節，誓心仰報，期之必死。此誠志竟未申遂，先帝登遐，微願永奪。自爾已來，與足下言面殆絕，非唯分張形跡，自然至此，脫枉一告，未常不對紙流涕，豈願相誚於今哉。苟有所懷，不容不白。

初得賢子賾疏〔三五〕，云得家信，云足下有廢立之事，安國寧民，此功巍巍，非吾等常人所能信也。俄奉皇太后假令，云足下潛構深略，獨斷懷抱，一何能壯。但冠雖弊，不可承足，蓋共尊高故耳。足下交結左右，親行殺逆，以免身患。卿當謂龍逢、比干，癡人耳。凡廢立大事，不可廣謀，但袁、褚遺寄，劉又國之近戚，數臣地籍實爲膏腴，人位並居時望，若此不與議，復誰可得共披心智者哉？昏明改易，自古有之，豈獨大宋中屯邪？

前代盛典，煥盈篇史，請爲足下言之。羣公共議，宜啓太后，奉令而行，當以王禮出第。足下乃可不通大理，要聽君子之言，豈可闇滅天理，一何若茲？孝經云「資於事父以事君」。縱爲宗社大計，不爾，寧不識有君親之意邪？乃復慮以家危，啗以爵賞，小人無狀，竊求古比，豈有爲臣而有近日之事邪？使一旦茶毒，身首分離，遂行弑害。吾雖寡識，生自可恨，死者何罪？且有登齋之賞，此科出於何文？凡在臣隸，

誰不惋駭。華夷扣心，行路泣血。乃至不殯，使流蟲在戶，自古以來，此例有幾？衛國微小，故有弘演，不圖我宋，獨無其人。撫膺惆悵，不能自已。足下與向之殺者何異？人情易反，還成嗟悲，爲子君者，無乃難乎！蹊田之譬，豈復有異？管仲有言，君善未嘗不諫。足下諫諍不聞，甘崔杼之罪〔二六〕，何惡逆之苦〔二七〕！

昔太甲還位，伊不自疑，昌邑之過，不可稱數，霍光荷託，尚共議於朝班，然後廢之。由有湯沐之施，論者不以劫主爲名。桓溫之心，未忘於篡，海西失道，人倫頓盡，廢之以公，猶禮處之。當溫彊盛，誰能相抗，尚畏懼於形跡，四海不愜，未嘗有樂推之者。伊尹、霍光，名高於臣節，桓氏亦得免於脅奪，凡是諸事，布於書策，若此易曉，豈待指掌。卿常言比跡夷、叔，如何一旦行過桀、跖邪？

聖明啓運，蒼生重造，普天率土，誰不歌抃，實是披心罄節，奉公忘私之日。而卿大收宮妓，劫奪天藏，器械金寶，必充私室，移易朝舊，布置私黨，被甲入殿，內外宮閣管籥，悉關家人。吾不知子孟、孔明遺訓如此？王、謝、陶、庾行此舉止？

且朱方帝鄉，非親不授，足下非國戚也，一旦專縱自樹，云是兒守臺城，父居東府，一家兩錄，何以異此？知卿防固重複，猜畏萬端，言以禦遠，實爲防內。若德允物望，夷貊猶可推心共處，如其失理乖道，金城湯池無所用也。文長以戈戟自衛，何

解滅亡。吳起有云：「義禮不脩，舟中之人皆讎也。」足下既無伍員之痛，苟懷貪悋，

而有賊宋之心，吾寧捐申包之節邪？

聞求忠臣者必出孝子之門，卿忠孝於斯盡矣！今竊天府金帛以行姦惠，盜國權

爵以結人情，且授非其理，合我則賞，此事已復不可恒用，用之既訖，恐非忠策。且受

者不感，識者不知，不能遏姦折謀，誠節慨惋。隔礙數千，無因自對，不能知復何情

顏，當與足下敍平生舊款？吾聞前哲絕交，不出惡言，但此自陳名節於宵心，因告別

於千載。放筆增歎，公私潛淚，想不深怪往言。然天下耳目，豈伊可誣。抑亦當自知

投杖無疆，爲必先及。

太祖出頓新亭，報攸之書曰：

辱足下誚書，交道不終，爲恥已足。欲下便來，何故多悶君子。

吾結髮入仕，豈期遠大，蓋感子路之言，每不擇官而宦。逮文帝之世，初被聖明

鑒賞；及孝武之朝，復蒙英主顧眄。因此感激，未能自反。及與足下斂袂定交，款著

分好，何嘗不勸慕古人國士之心，務重前良忠貞之節。至於契闊杯酒，殷勤攜袖，薦

女成姻，志相然諾，義信之篤，誰與間之。又乃景和陵虐，事切憂畏，明帝正位，運同

休顯，啓臆論心，安危豈貳。元徽之季，聽高道慶邪言，欲相討伐，發威施敕，已行外

内。于時臣子鉗口，道路以目。吾以分交義重，患難宜均，犯陵白刃，以相任保。悖主手敕，今封送相示。豈不畏威，念周旋之義耳。推此陰惠，何愧懷怉，不云足下猥含禍詖。前遣王思文所牒朝事，蓋情等家國，共詳衷否，虛心小大，必以先輪。問張雍州遷代之日，將欲誰擬？本是逆論來事，非欲代張，乃封此示張，激使見怒。若張惑一言，果興怨恨，事負雅素，君子所不可爲，況張之奉國，忠亮有本，情之見與、意契不貳邪？又張雍州啓事，稱彼中蠻動，兼民遭水患，敕令足下思經拯之計。吾亦有白，論國如家，布情而往，每思虛達。事之相接，恒必猜離。反謂無故遣信，此乃覘察。平諒之襟，動則相阻，傷負心期，自誰作故？先時足下遣信，尋盟敦舊，屬以篤終，吾止附還白，申罄情本，契然遠要，方固金石。今日舉錯，定是誰恧久言邪？

元徽末德，執亡禋祀〔二八〕，足下備聞，無待驱述。太后惟憂，式遵前誥，興毀之略，事屬鄙躬。黜昏樹明，實惟前則，寧宗靜國，何愧前脩。廢立有章，足下所允，冠弊之譏，將以何語？封爲郡王，寧爲失禮？景和無名，方之不愈乎？龍逢自匹夫之美，伊、霍則社稷之臣，同異相乘，非吾所受也。登齋有賞，壽寂已蒙之於前；同謀獲功，明皇亦行之於昔。此則接踵成事，誰敢異之。

謂其大收宫女，劫奪天藏，器械金寶，必充私室。必若虛設市虎，亦可不翅此

言；若以此詐民，天下豈患無眼。心苟無瑕，非所耿介。甲杖之授，事既舊典，豈見有任鎮邦家，勳經定主，而可得出入輕單，不資寵衛！斯之患慮，豈直身憂。祇奉此恩，職惟事理。

朱方之牧，公卿僉意，吾亦謂微勳之次，無忝一州。且魏、晉舊事，帝鄉蕃職，何嘗豫州必曹，司州必馬？折膠受柱，在體非愧。袁粲據石頭，足下無不可。吾之守東府，來告便謂非。動容見疾，頻笑入戾，乃如是乎！

袁粲、劉秉，受遇深重，家國既安，不思撫鎮，遂與足下表裏潛規，據城之夜，豈顧社稷。幸天未長亂，宗廟有靈，即與褚衛軍協謀義斷，以時殄滅。想足下聞之，悵然孤沮。小兒忝侍中，代來之澤，遇直上臺，便呼一家兩錄。發不擇言，良以太甚。吾之方寸，古列共言，乃以陶、庾往賢，大見譏責，足下自省，詎得以此見貽邪？比蹤夷、叔，論吾則可，行過桀、蹠，無乃近誣哉！

謂吾不朝，此則良誨，朝之與否，想更問之。足下受先帝之恩施，擁戎西州，鼎湖之日，率土載奔，而宴安中流，酣飲自若，即懷狼望，陵侮皇朝。晉熙殿下，以皇弟代鎮，而斷割候迎，罔蔑宗子，驅略士馬，悉以西上[二九]，郢中所遺，僅餘劣弱[三○]。昔徵茅不入，猶動義師；況荊州物產，雍、峴、交、梁之會，自足下為牧，薦獻何品？良馬

勁卒，彼中不無，良皮美罽，商略所聚，前後貢奉，多少何如？唯聞太官時納飲食耳。

桂陽之難，坐觀成敗，自以雍容漢南，西伯可擬。賴原即天世[二○]，非望亦消。又招集逋亡，斷遏行侶，治舟試艦，恒以朝廷爲旗的，秣馬按劍，常願天下有風塵，爲人臣者，固若是邪！至乃不遵制書，敕下如空，國恩莫行，命令擁隔，詔除郡縣，輒自板代，罷官去職，禁還京師。凶人出境，無不千里尋躡，而反募臺將，來必厚加給賞。太妃遣使市馬，齎寶往蜀，足下悉皆斷折，以爲私財，此皆遠邇共聞，暴於視聽。

主上叡明當璧，寓縣同慶，絕域奉贄，萬國通書，而盤桓百日，始有單騎，事存送往，於此可徵。不朝如此，誰應受誚？反以見呵，非所反側。今乃勒兵以闚象館，長戟以指魏闕，不亦爲忠臣孝子之所痛心疾首邪？賢子元琰獲免虎口，及凌波西邁，吾所發遣。猶推素懷，不畏嗤嗤。足下尚復滅君臣之紀，況吾布衣之交乎？遂事不諫，既往難咎。今六師西向，助足下憂之[三一]。軍中力授，因以爲別[三二]。

敬兒告變使至，太祖大喜，進號鎮軍將軍，加散騎常侍，改爲都督，給鼓吹一部。攸之於郢城敗走，其子元琰與兼長史江乂、別駕傅宣等守江陵城。敬兒軍至白水，元琰聞城外鶴唳，謂是叫聲，心懼欲走。其夜，又宣開門出奔，城潰，元琰奔竈洲，見殺。百姓既相抄敓[三四]，敬兒至江陵，誅攸之親黨，没入其財物數十萬[三五]，悉以入私。攸之於湯渚村自經

死，居民送首荆州，敬兒使楯擎之，蓋以青繳，徇諸市郭，乃送京師。進號征西將軍，爵爲公，增邑爲四千戶。

敬兒於襄陽城西起宅，聚財貨。又欲移羊叔子墮淚碑，於其處立臺，綱紀諫曰：「羊太傅遺德，不宜遷動。」敬兒曰：「太傅是誰？我不識也。」

敬兒弟恭兒，不肯出宦，常居上保村中，與居民不異。敬兒呼納之甚厚，恭兒月一出視敬兒，輒復去。恭兒本名猪兒，隨敬兒改名也。

初，敬兒既斬沈攸之使，報隨郡太守劉道宗，聚衆得千餘人，立營頓。司州刺史姚道和不殺攸之使，密令道宗罷軍。及攸之圍郢，道和遣軍頓董城爲郢援，事平，依例蒙爵賞。敬兒具以啓聞。建元元年，太祖令有司奏道和罪，誅之。道和字敬邑，羌主姚興孫也。父萬壽，僞鎮東大將軍，降宋武帝，卒於散騎侍郎。道和出身爲孝武安北行佐，有世名，頗讀書史。常誑人云：「祖天子，父天子，身經作皇太子。」元徽中爲游擊將軍，隨太祖新亭破桂陽賊有功，爲撫軍司馬，出爲司州，疑怯無斷，故及於誅。

三年，徵敬兒爲護軍將軍，常侍如故。敬兒武將，不習朝儀，聞當內遷，乃於密室中屏人學揖讓答對，空中俯仰，如此竟日，妾侍竊窺笑焉。太祖即位，授侍中、中軍將軍。以敬兒秩窮五等，一仍前封。建元二年，遷散騎常侍、車騎將軍，置佐史。太祖崩，敬兒於家竊

泣曰：「官家大老天子，可惜！太子年少，向我所不及也。」遣詔加敬兒開府儀同三司，將

拜，謂其妓妾曰〔三六〕：「我拜後，應開黃閣。」因口自爲鼓聲。既拜，王敬則戲之，呼爲褚淵。

敬兒曰：「我馬上所得，終不能作華林閣勳也。」敬則甚恨。

敬兒始不識書，晚既爲方伯，乃習學讀孝經、論語。於新林慈姥廟爲妾乞兒呪神，自

稱三公。然而意知滿足，初得鼓吹，羞便奏之。

初娶前妻毛氏，生子道文〔三七〕。後娶尚氏，尚氏有美色，敬兒棄前妻而納之。尚氏猶

居襄陽宅不自隨，敬兒慮不復外出，乃迎家口悉下至都。啓世祖，不蒙勞問，敬兒心疑。

及垣崇祖死，愈恐懼，妻謂敬兒曰：「昔時夢手熱如火，而君得南陽郡。元徽中，夢半身

熱，而君得本州。今復夢舉體熱矣。」有閹人聞其言，說之。事達世祖。敬兒又遣使與蠻

中交關，世祖疑其有異志。永明元年，敕朝臣華林八關齋，於坐收敬兒。敬兒左右雷仲顯

知有變，抱敬兒而泣。敬兒脫冠貂投地曰〔三八〕：「用此物誤我。」少日，伏誅。詔曰：「敬兒

蠢茲邊裔，昏迷不悛。屬值宋季多難，頗獲野戰之力。拔迹行伍，超登非分。而愚躁無

已，矜伐屢構。去歲迄今，嫌貳滋甚。鎮東將軍敬則、丹陽尹安民每侍接之日，陳其凶狡，

聞，姦回屢構。在昔舍弘，庶能懲革。位班三槐，秩窮五等，懷音靡

必圖反噬。朕猶謂恩義所感，本質可移。頃者已來，釁戾遂著，自以子弟在西，足動殊俗，

招扇蟇蠻，規擾樊、夏。假託妖巫，用相震惑，妄設徵祥，潛圖問鼎。履霜於開運之辰，堅冰於嗣業之世，此而可忍，孰不可容！天道禍淫，逆謀顯露。建康民湯天獲商行入蠻，備覩姦計，信驛書翰，證驗炳明。便可收掩，式正刑辟。同黨所及，特皆原宥。」子道文，武陵內史，道暢，征虜功曹，道固弟道休，並伏誅。少子道慶，見宥。後數年，上與豫章王嶷三日曲水內宴，舴艋船流至御坐前覆沒，上由是言及敬兒，悔殺之。

恭兒官至員外郎。在襄陽，聞敬兒敗，將數十騎走入蠻中，收捕不得。後首出，上原其罪。

史臣曰：平世武臣，立身有術，若非愚以取信，則宜智以自免，心迹無阻，乃見優容。崇祖恨結東朝，敬兒情疑鳥盡，嗣運方初，委骨嚴憲。若情非發憤，事無感激，功名之閒，不足爲也。

贊曰：崇祖爲將，志懷馳逐。規搔淮部，立勳豫牧。敬兒苞雍，深心防楚。豈不劬勞，實興師旅。烹犬藏弓，同歸異緒。

「賴原即大世」，疑。

校勘記

〔一〕 父詢 「詢」，南監本、汲本、殿本、局本、宋書卷五〇垣護之傳、南史卷二五垣護之傳作「詢之」。

〔二〕 除新安王國上將軍 疑文有脱訛。按宋書卷四〇百官志下，王國有上軍將軍，無上將軍。

〔三〕 會青州援軍主劉珍之背逆歸降 「劉珍之」，南監本、北監本、殿本、通鑑卷一三一宋紀一三明帝泰始二年作「劉彌之」。按宋書卷八八薛安都傳、沈文秀傳亦載劉彌之事。

〔四〕 虜僞圍城都將東徐州刺史成固公始得青州 「圍城」，疑爲「團城」之訛。據宋書卷八明帝紀、卷八八薛安都傳、魏書卷四三劉休賓傳附劉文曄傳、卷五〇尉元傳、卷六一張讜傳，宋泰始三年張讜爲東徐州刺史守團城，後降魏，魏亦以其地置東徐州，戍團城。

〔五〕 但一人情駭 南監本、汲本、殿本、局本作「但人情一駭」。

〔六〕 事功可立 「可」，原作「何」，據南監本、北監本、汲本、殿本、局本、册府卷四三九將帥部、卷四五一將帥部改。

〔七〕 名位尚輕 「名」上南監本、局本有「第」字。

〔八〕 崇祖將數百人入虜界七百里 「里」字原無，據南監本、北監本、殿本、局本、通鑑卷一三三宋紀一五明帝泰始七年補。

〔九〕 大敗而歸 「敗」下南監本、北監本、殿本、局本有「追者」二字。

〔一○〕泰豫元年 「元年」，原作「九年」，據南監本、殿本、通鑑卷一三三宋紀一五明帝泰豫元年改。按泰豫止一年。

〔九〕崇祖啓斷水注平地 「注」，原作「清」，據册府卷四三八將帥部改。

〔八〕封望蔡縣侯 「望蔡」，原作「望秦」，據南監本、北監本、汲本、殿本、局本、南史卷二五垣護之傳附垣崇祖傳改。按本書卷一四州郡志上、宋書卷三六州郡志二望蔡縣屬江州豫章郡，時未置望秦縣。

〔七〕世祖以崇祖心誠不實 「心誠不實」，南監本、局本、南史卷二五垣護之傳附垣崇祖傳作「不盡誠心」。

〔六〕上遣使人關參虜消息還 「人」，三朝本、南監本、北監本、殿本、局本作「入」。

〔五〕追奔數十里 「里」，原作「百」，據南監本、北監本、殿本、局本改。

〔四〕恐以彌廣 「恐」，南監本、北監本、殿本作「浸」。

〔三〕又擊湖陽蠻 「湖陽」，南史卷四五張敬兒傳、册府卷三九五將帥部作「胡陽」。

〔二〕爲長兼行參軍 「長」下原衍「史」字，據南史卷四五張敬兒傳刪。按宋書卷三九百官志上有「長兼行參軍」，無「長史兼行參軍」。

〔一〕薛安都子柏令環龍等竊據順陽廣平 「柏令」，宋書卷八明帝紀、卷八八薛安都傳作「伯令」。又張森楷校勘記云：「據子顯齊書避諱例，『順陽』疑原作『從陽』。」下文「順陽太守」同。

〔二〇〕乃以敬兒爲持節督雍梁二州郢司二郡軍事雍州刺史 「郢司二郡」，或是郢州之竟陵，司州之隨郡簡寫。錢大昕考異卷二五二云：「按雍州刺史常兼督郢州之竟陵，司州之隨郡，非盡督司、郢二州也。」

〔二一〕敬兒乘舴艋過江 「舴艋」，原作「也舨」，據三朝本、南監本、北監本、汲本、殿本、局本、南史、卷四五張敬兒傳、御覽卷三八六引蕭子顯齊書、冊府卷八四五總錄部改。

〔二二〕偵攸之下 「偵」，原作「傾」，據冊府卷三七一將帥部、通鑑卷一三四宋紀一六順帝昇明二年改。

〔二三〕吾聞魚相忘於江湖 「忘」，原作「望」，據三朝本、南監本、北監本、汲本、殿本、局本改。

〔二四〕情存契闊 原作「衛存契門」，據南監本、北監本、汲本、殿本、局本改。

〔二五〕初得賢子贖疏 「贖」，原作「譁」，依例改。

〔二六〕甘崔杼之罪 「甘」，原小字注「闕」，據南監本、北監本、汲本、殿本、局本補。

〔二七〕何惡逆之苦 「苦」，南監本、局本作「甚」。

〔二八〕執亡裡祀 「執」，原作「執」，據南監本、北監本、殿本、局本改。

〔二九〕悉以西上 「悉」，原作「志」，據南監本、北監本、殿本、局本改。

〔三〇〕僅餘劣弱 「僅」，原作「示」，據南監本、北監本、殿本、局本改。

〔三一〕賴原即天世 「天世」，北監本、汲本作「大世」，殿本作「夭世」。按卷末曾鞏校語云「賴原

即大世』,疑」。

〔三〕助足下憂之 「助」,南監本、北監本、殿本、局本作「爲」。

〔三〕軍中力授因以爲別 「軍」上原有「攸之與兼長史江乂別駕傳宣等守江陵城敬兒」十九字,「攸之」二字當爲衍文,今删。餘十七字據南監本、南史卷四五張敬兒傳移至「其子元琰」下。「力」,疑爲「口」之譌,按本書卷四一周顒傳云:「沈攸之送絶交書,太祖口授令顒裁答。」

〔三四〕百姓既相抄敓 「敓」,原作「改」,據南監本、北監本、汲本、殿本、局本改。

〔三五〕没入其財物數十萬 「十萬」,南史卷四五張敬兒傳作「千萬」。

〔三六〕謂其妓妾曰 「妓妾」,南史卷四五張敬兒傳、御覽卷五六七引齊書作「妻嫂」,建康實録卷一五作「妻」。

〔三七〕生子道文 「道文」,南史卷四五張敬兒傳作「道門」,下文並同。

〔三八〕敬兒脱冠貂投地曰 「貂」,原作「詔」,「投」,原作「毅」,並據南監本、北監本、汲本、殿本、局本、南史卷四五張敬兒傳、御覽卷六八八引蕭子顯齊書改。

南齊書卷二十六

列傳第七

王敬則　陳顯達

王敬則，晉陵南沙人也。母爲女巫，生敬則而胞衣紫色，謂人曰：「此兒有鼓角相。」敬則年長，兩腋下生乳各長數寸。夢騎五色師子。年二十餘，善拍張。補刀戟左右。景和使敬則跳刀，高與白虎幢等，如此五六，接無不中。補俠轂隊主，領細鎧左右。與壽寂之同斃景和。明帝即位，以爲直閤將軍。坐捉刀入殿啓事，繫尚方十餘日，乃復直閤。除奮武將軍，封重安縣子，邑三百五十户〔一〕。敬則少時於草中射獵，有虫如烏豆集其身，摘去乃脱，其處皆流血。敬則惡之，詣道士卜，道士曰：「不須憂，此封侯之瑞也。」敬則聞之喜，故出都自効，至是如言。

泰始初，以敬則爲龍驤將軍、軍主，隨寧朔將軍劉懷珍征壽春，殷琰遣將劉從築四壘於死虎〔二〕，懷珍遣敬則以千人繞後，直出橫塘，賊眾驚退。除奉朝請，出補東武、暨陽令〔三〕。

敬則初出都，至陸主山下〔四〕，宗侶十餘船同發，敬則船獨不進，乃令弟入水推之，見一烏漆棺。敬則曰：「爾非凡器。若是吉善，使船速進。吾富貴，當改葬爾。」船須臾去。敬則既入縣，收此棺葬之。

軍荒之後，縣有一部劫逃紫山中爲民患〔五〕，敬則遣人致意劫帥，可悉出首，當相申論。治下廟神甚酷烈，百姓信之，敬則引神爲誓，必不相負。劫帥既出，敬則於廟中設會，於座收縛，曰：「吾先啓神，若負誓，還神十牛。今不違誓。」即殺十牛解神，并斬諸劫，百姓悅之。遷員外郎。

元徽二年，隨太祖拒桂陽賊於新亭，敬則與羽林監陳顯達、寧朔將軍高道慶乘舸艑於江中迎戰，大破賊水軍，焚其舟艦。事寧，帶南泰山太守，右俠轂主，轉越騎校尉、安成王車騎參軍。

蒼梧王狂虐，左右不自保，敬則以太祖有威名，歸誠奉事。每下直，輒往領府〔六〕。夜著青衣，扶匐道路，爲太祖聽察蒼梧去來。太祖命敬則於殿內伺機，未有定日。既而楊玉

夫等危急殞帝，敬則時在家，玉夫將首投敬則，敬則馳詣太祖。太祖慮蒼梧所誑，不開門。

敬則於門外大呼曰：「是敬則耳。」門猶不開。乃於牆上投進其首，太祖索水洗視，視竟，乃戎服出。

敬則從入宮，至承明門，門郎疑非蒼梧還，敬則慮人覘見，以刀環塞窒孔，呼開門甚急。衛尉丞顏靈寶窺見太祖乘馬在外，竊謂親人曰：「今若不開內領軍，天下會是亂耳。」門開，敬則隨太祖入殿。明旦，四貴集議，敬則拔白刃在床側跳躍曰：「官應處分，誰敢作同異者！」昇明元年，遷員外散騎常侍、輔國將軍、驍騎將軍、領臨淮太守，增封為千三百戶，知殿內宿衛兵事。

沈攸之事起，進敬則號冠軍將軍。太祖入守朝堂，袁粲起兵夕，領軍劉韞、直閤將軍卜伯興等於宮內相應。敬則開關掩襲，皆殺之。殿內竊發盡平，敬則之力也。遷右衛將軍，常侍如故。增封為二千五百戶，尋又加五百戶。又封敬則子元遷為東鄉侯，邑三百七十戶〔七〕。齊臺建，為中領軍。

太祖將受禪，材官薦易太極殿柱，從帝欲避土〔八〕，不肯出宮遜位。明日，當臨軒，帝又逃宮內。敬則將轝入迎帝，啓譬令出。帝拍敬則手曰：「必無過慮，當餉輔國十萬錢。」建元元年，出為使持節、散騎常侍、都督南兗兗徐青冀五州軍事、平北將軍、南兗州刺

史，封尋陽郡公，邑三千戶。加敬則妻懷氏爵爲尋陽國夫人。二年，進號安北將軍。虜寇

淮、泗，敬則恐，委鎮還都，百姓皆驚散奔走，上以其功臣，不問，以爲都官尚書、撫軍。

尋遷使持節、散騎常侍、安東將軍、吳興太守。郡舊多剽掠，有十數歲小兒於路取遺

物，殺之以徇，自此道不拾遺，郡無劫盜。又錄得一偷，召其親屬於前鞭之，令偷身長掃街

路，久之乃令偷舉舊偷自代，諸偷恐爲其所識，皆逃走，境內以清。出行，從市過，見屠肉

枅，歎曰：「吳興昔無此枅，是我少時在此所作也。」

遷護軍將軍，常侍如故，以家爲府。三年，以改葬去職，詔贈敬則母尋陽公國太夫人。

改授侍中、撫軍將軍。太祖遺詔敬則以本官領丹陽尹。尋遷爲使持節、散騎常侍、都督會

稽東陽新安臨海永嘉五郡軍事、鎮東將軍、會稽太守。永明二年，給鼓吹一部。

會土邊帶湖海，民丁無士庶皆保塘役〔九〕，敬則以功力有餘，悉評斂爲錢，送臺庫以爲

便宜，上許之。竟陵王子良啓曰：

伏尋三吳內地，國之關輔，百度所資。民庶彫流，日有困殆，蠶農罕獲，饑寒尤

甚，富者稍增其饒，貧者轉鍾其弊，可爲痛心，難以辭盡。頃錢貴物賤，殆欲兼倍，凡

在觸類，莫不如茲。稼穡難劭〔一〇〕，斛直數十〔一一〕，機杼勤苦，匹裁三百。所以然者，實

亦有由。年常歲調，既有定期，僮卹所上，咸是見直。東間錢多剪鑿，鮮復完者，公家

所受，必須員大，以兩代一，困於所貿，鞭捶質繫，益致無聊。

臣昔忝會稽，粗閑物俗，塘丁所上，本不入官。良由陂湖宜壅，橋路須通，均夫訂直，民自爲用。若甲分毀壞，則年一脩改；若乙限堅完，則終歲無役。今郡通課此直，悉以還臺，租賦之外，更生一調。致令塘路崩蕪，湖源泄散，害民損政，實此爲劇。

建元初，狨虜游魂，軍用殷廣。浙東五郡，丁稅一千，乃有質賣妻兒，以充此限，道路愁窮，不可聞見。所逋尚多，收上事絕，臣登具啓聞，即蒙蠲原。而此年租課，三分逋一，明知徒足擾民，實自弊國。愚謂塘丁一條，宜還復舊，在所逋卹，優量原除。若民有雜物，是軍國所須者，聽隨價准直，不必其應送錢[二]，於公不虧其用，在私實荷其渥。

昔晉氏初遷，江左草創，絹布所直，十倍於今，賦調多少，因時增減。永初中，官布一匹，直錢一千，而民間所輸，聽爲九百。漸及元嘉，物價轉賤，私貨則束直六千，官受則匹准五百，所以每欲優民，必爲降落。今入官好布，匹堪百餘，其四民所送，猶依舊制。昔爲刻上[三]，今爲刻下，氓庶空儉，豈不由之。

救民拯弊，莫過減賦。時和歲稔，尚爾虛乏，儻値水旱，寧可熟念。且西京熾強，

實基三輔，東都全固，寔賴三河，歷代所同，古今一揆。石頭以外，裁足自供府州，方山以東，深關朝廷根本。夫股肱要重，不可不卹。宜蒙寬政，少加優養。略其目前小利，取其長久大益，無患民貲不殷，國財不阜也。宗臣重寄，咸云利國，竊如愚管，未見可安。

上不納。

三年，進號征東將軍。宋廣州刺史王翼之子妾路氏[四]，剛暴，數殺婢，翼之子法明告敬則[五]，敬則付山陰獄殺之，路氏家訴，爲有司所奏，山陰令劉岱坐棄市刑。敬則入朝，上謂敬則曰：「人命至重，是誰下意殺之？都不啓聞？」敬則曰：「是臣愚意。臣知何物科法，見背後有節，便言應得殺人。」劉岱亦引罪，上乃赦之。敬則免官，以公領郡。

明年，遷侍中、中軍將軍。尋與王儉俱即本號開府儀同三司，儉既固讓，敬則亦不受。

七年，出爲使持節、散騎常侍、都督豫州郢州之西陽司州之汝南二郡軍事、征西大將軍、豫州刺史，開府如故。進號驃騎。十一年，遷司空，常侍如故。世祖崩，遺詔改加侍中。

高宗輔政，密有廢立意。隆昌元年，出敬則爲使持節、都督會稽東陽臨海永嘉新安五郡軍事、會稽太守，本官如故。海陵王立，進位太尉。

敬則名位雖達，不以富貴自遇，危拱傍遑，略不嘗坐[六]，接士庶皆吳語，而殷勤周悉。

初爲散騎使虜，於北館種楊柳，後員外郎虞長耀北使還[七]，敬則問：「我昔種楊柳樹，今若大小？」長耀曰：「虜中以爲甘棠。」敬則笑而不答。

世祖御座賦詩，敬則執紙曰：「臣幾落此奴度內。」世祖問：「此何言？」敬則曰：「臣若知書，不過作尚書都令史耳，那得今日？」敬則雖不大識書，而性甚警黠，臨州郡，令省事讀辭，下教判決，皆不失理。

明帝即位，進大司馬，增邑千戶。臺使拜授日，雨大洪注，敬則文武皆失色，一客在傍曰：「公由來如此者[八]，拜丹陽吳興時亦然。」敬則大悅，曰：「我宿命應得雨。」乃列羽儀，備朝服，道引出聽事拜受，意猶不自得，吐舌久之，至事竟。

帝既多殺害，敬則自以高、武舊臣，心懷憂恐。帝雖外厚其禮，而內相疑備，數訪問敬則飲食體幹堪宜，聞其衰老，且以居內地，故得少安。三年中，遣蕭坦之將齋仗五百人行武進陵。敬則諸子在都，憂怖無計。上知之，遣敬則世子仲雄入東安慰之。仲雄善彈琴，當時新絕。江左有蔡邕焦尾琴，在主衣庫，上敕五日一給仲雄。仲雄於御前鼓琴作懊儂曲歌曰：「常歎負情儂，郎今果行許！」帝愈猜愧。

永泰元年，帝疾，屢經危殆。以張瓌爲平東將軍、吳郡太守，置兵佐，密防敬則。內外傳言當有異處分。敬則聞之，竊曰：「東今有誰？祇是欲平我耳！」諸子怖懼，第五子幼

隆遣正員將軍徐嶽密以情告徐州行事謝朓為計，若同者，當往報敬則。朓執嶽馳啟之。

敬則城局參軍徐庶家在京口，其子密以報庶，庶以告敬則五官王公林。公林，敬則族子，

常所委信。公林勸敬則急送啟賜兒死，單舟星夜還都。敬則令司馬張思祖草啟曰：「卿諸

人欲令我作何計？」莫敢先答。防閤丁興懷曰：「官秖應作耳。」敬則不作聲。明日，召山

陰令王詢、臺侍御史鍾離祖願〔九〕。敬則橫刀跂坐，問詢等「發丁可得幾人？傳庫見有幾

錢物？」詢答「縣丁卒不可上」。祖願稱「傳物多未輸入」。敬則怒，將出斬之。王公林又

諫敬則曰：「官是事皆可悔，惟此事不可悔！官詎不更思！」敬則唾其面曰：「小子！

我作事，何關汝小子！」乃起兵。

上詔曰：「謝朓啟事騰徐嶽列如右。王敬則稟質凶猾，本謝人綱。直以宋季多艱，頗

有膂力之用，驅獎所至，遂升榮顯。皇運肇基，預聞末議，功非匡國，賞實震主。爵冠執

珪，身登衣袞，故以風雅作刺，縉紳側目。而溪谷易盈，鴟梟難改，猜心內駭，醜辭外布。

永明之朝，履霜有漸，隆昌之世，堅冰將著，從容附會，朕有力焉。及景歷惟新，推誠盡禮，

中使相望，軒冕成陰。迺嫌跡愈興，禍圖茲構，收合亡命，結黨聚羣，外候邊警，內伺國隙。

元遷兄弟，中萃淵藪，姦契潛通，將謀竊發。朓即姻家，嶽又邑子，取據匪他，昭然以信。

方、邵之美未聞，韓、彭之釁已積。此而可容，孰寄刑典！便可即遣收掩，蕭明國憲。大辟所加，其父子而已；凡諸詿誤，一從蕩滌。」收敬則子員外郎世雄[二○]、記室參軍季哲、太子洗馬幼隆、太子舍人少安等，於宅殺之。長子黃門郎元遷，為寧朔將軍，領千人於徐州擊虜，敕徐州刺史徐玄慶殺之。

敬則招集配衣，二三日便發，欲劫前中書令何胤還為尚書令，長史王弄璋、司馬張思祖止之。乃率實甲萬人過浙江，謂思祖曰：「應須作檄。」思祖曰：「公今自還朝，何用作此。」敬則乃止。

朝廷遣輔國將軍前軍司馬左興盛、後軍將軍直閤將軍崔恭祖、輔國將軍劉山陽、龍驤將軍直閤將軍馬軍主胡松三千餘人，築壘於曲阿長岡，右僕射沈文季為持節都督，屯湖頭，備京口路。

敬則舊將舉事[二三]，百姓檐篙荷鍤隨逐之，十餘萬眾。至晉陵，南沙人范脩化殺縣令公上延孫以應之。敬則至武進陵口，慟哭乘肩輿而前。遇興盛、山陽二砦，盡力攻之。興盛使軍人遙告敬則曰：「公兒死已盡，公持許底作？」官軍不敵欲退，而圍不開，各死戰。胡松領馬軍突其後，白丁無器仗，皆驚散，敬則軍大敗。敬則索馬，再上不得上，興盛軍客袁文曠斬之[二三]，傳首。是時上疾已篤，敬則倉卒東起，朝廷震懼。東昏侯在東宮，議欲

叛，使人上屋望，見征虜亭失火，謂敬則至，急裝欲走。有告敬則者，敬則曰：「檀公三十六策，走是上計。汝父子唯應急走耳。」敬則之來，聲勢甚盛，裁少日而敗，時年七十餘[三三]。

封左興盛新吳縣男，崔恭祖遂興縣男，劉山陽湘陰縣男，胡松沙陽縣男，各四百戶[三四]，賞平敬則也。又贈公上延孫爲射聲校尉。

陳顯達，南彭城人也。宋孝武世，爲張永前軍幢主。景和中，以勞歷驅使。泰始初，以軍主隸徐州刺史劉懷珍北征，累至東海王板行參軍，員外郎。泰始四年，封彭澤縣子，邑三百戶。歷馬頭、義陽二郡太守，羽林監、濮陽太守。

隸太祖討桂陽賊於新亭壘，劉勔大桁敗，賊進杜姥宅，及休範死，太祖欲還衞宮城，或諫太祖曰：「桂陽雖死，賊黨猶熾，人情難固，不可輕動。」太祖乃止。遣顯達率司空參軍高敬祖自查浦渡淮緣石頭北道入承明門，屯東堂。宮中恐動，得顯達，乃至稍定[三五]。顯達出杜姥宅，大戰破賊。矢中左眼，拔箭而鏃不出，地黃村潘嫗善禁，先以釘釘柱，嫗禹步作氣，釘即時出，乃禁顯達目中鏃出之。封豐城縣侯，邑千戶。轉游擊將軍。

尋爲使持節，督廣交越三州湘州之廣興軍事、輔國將軍、平越中郎將、廣州刺史，進號冠軍。沈攸之事起，顯達遣軍援臺，長史到遁，司馬諸葛導謂顯達曰：「沈攸之擁衆百萬，勝負之勢未可知，不如保境蓄衆，分遣信驛，密通彼此。」顯達於座手斬之，遣表疏歸心太祖。進使持節，左將軍。軍至巴丘，而沈攸之平。除散騎常侍，左衛將軍、太祖太尉左司馬。齊臺建，爲散騎常侍，左衛將軍，領衛尉。太祖即位，遷中護軍，增邑千六百戶。轉護軍將軍。顯達啓讓，上答曰：「朝廷爵人以序。卿忠發萬里，信誓如期，雖屠城殄國之勳，無以相加。此而不賞，典章何在。若必未宜爾，吾終不妄授。於卿數士，意同家人，豈止於君臣邪？過明，與王、李俱祗召也。」上即位後，御膳不宰牲，顯達上熊烝一盤，上即以充飯。

建元二年，虜寇壽陽，淮南江北百姓搔動。上以顯達爲使持節、散騎常侍、都督南兗兗徐青冀五州諸軍事、平北將軍、南兗州刺史。之鎮，虜退。上敕顯達曰：「虜經破散後，當無復犯關理。但國家邊防，自應過存備豫。宋元嘉二十七年後，江夏王作南兗，徙鎮盱眙，沈司空亦以孝建初鎮彼，政當以淮上要於廣陵耳。卿謂前代此處分云何？今僉議皆云卿應據彼地，吾未能決，乃當以擾動文武爲勞。若是公計，不得憚之。」事竟不行。遷都督益寧二州軍事、安西將軍、益州刺史、領宋寧太守，持節、常侍如故。世祖即

位，進號鎮西。益部山險，多不賓服。大度村獠，前後刺史不能制，顯達遣使責其租賧，獠

帥曰：「兩眼刺史尚不敢調我！」遂殺其使。顯達分部將吏，聲將出獵，夜往襲之，男女無

少長皆斬之。自此山夷震服。廣漢賊司馬龍駒據郡反，顯達又討平之。

永明二年，徵爲侍中、護軍將軍。顯達累任在外，經太祖之憂，及見世祖，流涕悲咽，

上亦泣，心甚嘉之。

五年，荒人桓天生自稱桓玄宗族，與雍、司二州界蠻虜相扇動，據南陽故城。上遣顯

達假節，率征虜將軍戴僧靜等水軍向宛、葉、雍、司衆軍授顯達節度〔二六〕。天生率虜衆萬餘

人攻舞陰，舞陰戍主輔國將軍殷公愍擊殺其副張麒麟，天生被瘡退走。仍以顯達爲使持

節、散騎常侍、都督雍梁南北秦郢州之竟陵司州之隨郡軍事、鎮北將軍、領寧蠻校尉、雍州

刺史。顯達進據舞陽城，遣僧靜等先進，與天生及虜再戰，大破之，官軍還。數月，天生復

出攻舞陰，殷公愍破之，天生還竄荒中，萃城、平氏、白土三城賊稍稍降散〔二七〕。

八年，進號征北將軍。其年，仍遷侍中、鎮軍將軍。尋加中領軍。出爲使持節、散騎

常侍、都督江州諸軍事、征南大將軍、江州刺史，給鼓吹一部。顯達謙厚有智計，自以人微

位重，每遷官，常有愧懼之色。有子十餘人，誡之曰：「我本志不及此，汝等勿以富貴陵

人〔二八〕！」家既豪富，諸子與王敬則諸兒，並精車牛，麗服飾。當世快牛稱陳世子青，王三

郎烏，呂文顯折角，江瞿曇白鼻。」顯達謂其子曰：「塵尾扇是王謝家許[二九]，汝不須捉此自逐。」

十一年秋，虜動，詔屯樊城。世祖遺詔，即本號開府儀同三司。隆昌元年，遷侍中、車騎將軍，開府如故，置兵佐。豫廢鬱林之勳，延興元年，爲司空，進爵公，增邑千戶，甲仗五十人入殿。高宗即位，進太尉，侍中如故，改封鄱陽郡公，邑三千戶，加兵二百人，給油絡車。建武二年，虜攻徐、司，詔顯達出頓，往來新亭白下，以爲聲勢。

上欲悉除高、武諸孫，微言問顯達，答曰：「此等豈足介慮。」上乃止。顯達建武世心懷不安，深自貶匿，車乘朽故，導從鹵簿，皆用羸小，不過十數人。侍宴，酒後啓上曰：「臣年已老，富貴已足，唯少枕枕死，特就陛下乞之。」上失色曰：「公醉矣。」以年禮告退，不許。

是時虜頻寇雍州，衆軍不捷，失沔北五郡。永泰元年，乃遣顯達北討。詔曰：「晉氏中微，宋德將謝，蕃臣外叛，要荒內侮，天未悔禍，左衽亂華，巢穴神州，逆移年載[三〇]。朕嗣膺景業，踵武前王，靜言隆替，思又區夏[三一]。但多難甫夷，恩化肇洽，興師擾衆，非政所先，用戢遠圖，權緩北略，冀戎夷知義，懷我好音。而凶醜剽狡，專事侵掠，驅扇異類，蟻聚西偏，乘彼自來之資，撫其天亡之會，軍無再駕，民不重勞，傳檄以定三秦，一麾而臣禹

迹〔三〕，在此舉矣。且中原士庶，久望皇威，乞師請援，結軌馳道。信不可失，時豈終朝。宜分命方嶽，因茲大號。侍中太尉顯達，可蹔輟槐陰，指授羣帥。」中外纂嚴。加顯達使持節，向襄陽。

永元元年，顯達督平北將軍崔慧景衆軍四萬，圍南鄉堺馬圈城，去襄陽三百里，攻之四十日，虜食盡，嗽死人肉及樹皮，外圍既急，虜突走，斬獲千計。官軍競取城中絹，不復窮追。顯達入據其城，遣軍主莊丘累進取南鄉縣〔三〕，故從陽郡治也〔四〕。虜主元宏自領十餘萬騎奄至，顯達引軍渡水西據鷹子山築城，人情沮敗。虜兵甚急，軍主崔恭祖、胡松以烏布幔盛顯達，數人檐之，逕道從分磧山出均水口，臺軍緣道奔退，死者三萬餘人。左軍將軍張千戰死〔五〕，追贈游擊將軍。顯達素有威名，著於蠻虜，至是大損喪焉。御史中丞范岫奏免顯達官，朝議優詔答曰：「昔衞、霍出塞，往往無功，馮、鄧入關，有時虧喪。況公規謨肅舉，期寄兼深，見可知難，無損威略。方振遠圖，廓清朔土。雖執憲有常，非所得議。」顯達表解職，不許，求降號，又不許。

以顯達爲都督江州軍事、江州刺史，鎮盆城，持節、本官如故。初，王敬則事起，始安王遙光啓明帝慮顯達爲變，欲追軍還，事尋平，乃寢。顯達亦懷危怖。及東昏立，彌不樂還京師，得此授，甚喜。尋加領征南大將軍，給三望車。

顯達聞京師大相殺戮，又知徐孝嗣等皆死，傳聞當遣兵襲江州，顯達懼禍，十一月十

五日，舉兵。令長史庾弘遠、司馬徐虎龍與朝貴書曰：

諸君足下：我太祖高皇帝叡哲自天，超人作聖，屬彼宋季，綱紀自頓，應禪從民，

遘此基業。世祖武皇帝昭略通遠，克纂洪嗣，四關罷嶮，三河靜塵。鬱林海陵，頓孤

負荷。明帝英聖，紹建中興。至乎後主，行悖三才，琴橫曲席，繡積麻筵，淫犯先宮，

穢興閨闥，皇陛爲市廛之所，雕房起征戰之門。任非華尚，寵必寒廝。

江僕射兄弟，忠言屬薦，正諫繁興，覆族之誅，於斯而至。故乃奸噬之刑，四剸於

海路，家門之釁，一起於中都。蕭、劉二領軍，並升御座，共稟遺詔，宗戚之苦，諒不足

談，渭陽之悲，何幸至此。徐司空歷葉忠榮，清簡流世，匡翼之功未著，傾宗之罰已

彰。沈僕射年在懸車，將念机杖，歡歌園藪，絕影朝門，忽招陵上之罰，何萬古之傷

哉。遂使紫臺之路，絕縉紳之儔；纓組之閣，罷金、張之胤。悲哉！蟬冕爲賤寵之

服。嗚呼！皇陛列劫豎之坐。

且天人同怨，乾象變錯，往歲三州流血，今者五地自動。昔漢池異色，胥王因之

見廢；吳郡齾震，步生以爲奸倖。況事隆於往怪，釁倍於前虐，此而未廢，孰不可

興？

王僕射、王領軍、崔護軍、中維簡正，逆念剖心。蕭衛尉、蔡詹事、沈左衛，各負良家，共傷時嶮。先朝遺舊，志在名節，同列丹書，要同義舉。建安殿下秀德沖遠，寔允神器。昏明之舉，往聖流言。今忝役戎驅，嘔請乞路。須京塵一靜，西迎大駕，歌舞太平，不亦佳哉！裴豫州宿遣誠言，久懷慷慨，計其勁兵，已登淮路。申司州志節堅明，分見迎合，總勒偏率，殿我而進。蕭雍州、房僧寄並已纂邁，旌鼓將及。南兗州司馬崔恭祖壯烈超羣，嘉驛屢至，所聽烽諜〔三六〕，共成脣齒。荊郢行事蕭、張二賢，莫不案劍淪風，橫戈待節。關畿蕃守之儔，執非義侶。

我太尉公體道合聖，杖德脩文，神武橫於七伐，雄略震於九綱。是乃從彼英序，還抗社稷。本欲鳴笳細錫，無勞戈刃。但忠黨有心，節義難遣。信次之間，森然十萬。飛旐咽於九派，列艦迷於三川，此蓋捧海澆螢，烈火消凍耳。吾子其擇善而從之，無令竹帛空爲後人笑也。

朝廷遣後軍將軍胡松、驍騎將軍李叔獻水軍據梁山；左衛將軍左興盛假節〔三七〕，加征虜將軍，督前鋒軍事，屯新亭；輔國將軍驍騎將軍徐世摽領兵屯杜姥宅。顯達率衆數千人發尋陽，與胡松戰於採石，大破之，京邑震恐。十二月十三日，顯達至新林築城壘，左興盛率衆軍爲拒戰之計。其夜，顯達多置屯火於岸側，潛軍渡取石頭北上襲宮城，遇風失

曉，十四日平旦，數千人登落星崗，新亭軍望火，謂顯達猶在，既而奔歸赴救，屯城南。宮掖大駭，閉門守備。顯達馬稍從步軍數百人，於西州前與臺軍戰，再合，大勝，手殺數人，稍折，官軍繼至，顯達不能抗，退走至西州後烏榜村〔三八〕，爲騎官趙潭注稍刺落馬〔三九〕，斬之於籬側，血湧潏籬，似淳于伯之被刑也。時年七十二〔四〇〕。顯達在江州，遇疾不治，尋而自差，意甚不悦。是冬連大雪，梟首於朱雀，而雪不集之。諸子皆伏誅。

史臣曰：光武功臣所以能終其身名者，非唯不任職事，亦以繼奉明、章，心尊正嫡，君安乎上，臣習乎下。王、陳拔迹奮飛，則建元、永明之運；身極鼎將，則建武、永元之朝。勳非往時，位踰昔等，禮授雖重，情分不交。加以主猜政亂，危亡慮及，舉手扞頭，人思自免。干戈既用，誠淪犯上之跡，敵國起於同舟，況又疎於此者也？

贊曰：糺糺敬則，臨難不惑。功成殿寢，誅我蝥賊。顯達孤根，應義南蕃。威揚寵盛，鼎食高門。王虧河、克，陳挫襄、樊。

「鳴筎細鍚」，疑。

校勘記

〔一〕 邑三百五十戶 「三百五十戶」，宋書卷九四恩倖阮佃夫傳作「三百戶」。

〔二〕 殷琰遣將劉從築四壘於死虎 「劉從」，按宋書卷八七殷琰傳有劉順，洪頤煊考異卷六云：「劉從即劉順，蓋避梁諱而改。」

〔三〕 出補東武暨陽令 「東武」二字南監本無。

〔四〕 敬則初出都至陸主山下 「至」字原無，據南監本、北監本、汲本、殿本補。

〔五〕 縣有一部劫逃紫山中爲民患 「紫山」，南監本、南史卷四五王敬則傳作「入山」，御覽卷四八○引蕭子顯齊書作「柴山」。

〔六〕 每下直輒往領府 「領府」，南監本、北監本、汲本、殿本、局本、南史卷四五王敬則傳、御覽卷四一八引蕭子顯齊書作「領軍府」。

〔七〕 邑三百七十戶 「三百」，册府卷二一○閏位部作「二百」。

〔八〕 從帝欲避土 「從帝」，南監本、北監本、殿本作「順帝」。按「從帝」即「順帝」，蕭子顯避梁武帝父諱改。

〔九〕 民丁無士庶皆保塘役 「役」，通典卷一一食貨一作「陂」。

〔一○〕 稼穡難劬 「難」，通典卷九食貨九作「艱」。

〔一一〕 斛直數十 「十」，原作「令」，據通典卷九食貨九、册府卷二八八宗室部改。

〔三〕不必其應送錢 「其應」，南監本、北監本、汲本、殿本、局本作「一應」，通典卷五食貨五作「盡令」，册府卷二八八宗室部作「更應」。

〔三〕昔爲刻上 「刻」，南監本、北監本、殿本作「損」。

〔四〕宋廣州刺史王翼之子姜路氏 「王翼之」，册府卷二〇九閏位部作「王翌之」。下同。

〔五〕翼之子法明告敬則 「法明」，南史卷四五王敬則傳作「法朗」，册府卷二〇九閏位部作「法郎」。

〔六〕危拱傍遑略不嘗坐 「嘗坐」，南監本、北監本、汲本、殿本、局本作「衿裾」。

〔七〕後員外郎虞長耀北使還 「虞長耀」，南史卷四五王敬則傳、建康實錄卷一五、御覽卷九五六引齊書作「虞長曜」。

〔八〕公由來如此者 「者」，南監本、北監本、殿本、南史卷四五王敬則傳、册府卷三三六宰輔部作「昔」，屬下讀。

〔九〕臺侍御史鍾離祖願 「臺侍御史」，南史卷四五王敬則傳、通鑑卷一四一齊紀七明帝永泰元年作「臺傳御史」。

〔三〇〕收敬則子員外郎世雄 「世雄」，通鑑卷一四一齊紀七明帝永泰元年胡注云：「此即敬則世子仲雄也。」

〔三一〕敬則舊將舉事 「則」下南監本、北監本、汲本、殿本、局本、南史卷四五王敬則傳有「以」字。

〔三〕興盛軍客袁文曠斬之 「軍客」，南監本、北監本、殿本、局本、南史卷四五王敬則傳、建康實錄卷一五作「軍容」。

〔三〕卷一五作「軍容」。按通鑑卷一四一齊紀七明帝永泰元年亦作「軍客」。

〔三〕時年七十餘 「七十餘」，南史卷四五王敬則傳作「六十四」。

〔四〕各四百戶 按文苑英華卷四一六沈約封左興盛等制云左興盛、劉山陽「食邑二百戶」，又本書卷五一崔慧景傳附崔恭祖傳亦載恭祖時封二百戶，與此異。

〔五〕得顯達乃至稍定 「乃至」，南監本、北監本、汲本、殿本、局本、册府卷三四四將帥部作「至乃」。

〔六〕雍司衆軍授顯達節度 「授」，南監本、北監本、殿本、局本作「受」。

〔七〕萃城平氏白土三城賊稍稍降散 「萃城」，南監本、北監本、殿本、局本作「遂城」，册府卷三五一將帥部作「華城」。「平氏」，原作「平民」，據局本、本書卷三〇曹虎傳改。「白土」，原作「日土」，據局本、册府卷三五一將帥部作「至乃」。

〔六〕我本志不及此汝等勿以富貴陵人 「此汝」二字原倒，據南監本、北監本、汲本、殿本、局本、南史卷四五陳顯達傳乙正。

〔六〕塵尾扇是王謝家許 「許」，北監本、殿本、南史卷四五陳顯達傳作「物」，明本册府卷九四六總録部作「計」。按御覽卷七〇三引齊書、宋本册府並作「許」。

〔三〇〕逆移年載 「逆移」，詞林卷六六二徐孝嗣齊明帝北伐纂嚴詔作「遂淹」。

〔三一〕 思又區夏 「又」，詞林卷六六二徐孝嗣齊明帝北伐纂嚴詔作「壹」。

〔三二〕 一麾而臣禹迹 「臣」，詞林卷六六二徐孝嗣齊明帝北伐纂嚴詔作「匡」。

〔三三〕 遣軍主莊丘累進取南鄉縣 「莊丘累」，南監本、北監本、殿本、局本、南史卷四五陳顯達傳、通鑑卷一四二齊紀八東昏侯永元元年、明本冊府卷四四二將帥部作「莊丘黑」。

〔三四〕 故從陽郡治也 「從陽」，北監本、汲本、殿本作「順陽」。按「從陽」即「順陽」，蕭子顯避梁武帝父諱改。

〔三五〕 左軍將軍張千戰死 「左軍將軍」，原作「左軍將」，據魏書卷七下高祖紀下、冊府卷四四二將帥部、通鑑卷一四二齊紀八東昏侯永元元年補。「張千」，南監本、北監本、汲本、殿本、局本作「張千」，魏書卷七下高祖紀下作「張于達」。按通鑑卷一四二齊紀八東昏侯永元元年亦作「張千」，考異云：「魏書作『張于達』，今從齊書。」

〔三六〕 所聽烽諜 「所」，南監本、局本作「佇」。

〔三七〕 左衞將軍左興盛假節 「左衞將軍」，疑當作「右衞將軍」。按本書卷七東昏侯紀、卷五一崔慧景傳，崔慧景舉兵襲京師時左興盛爲右衞將軍。又按梁書卷一三沈約傳，自明帝崩至永元二年，沈約爲左衞將軍。

〔三八〕 退走至西州後烏榜村 「後」，原作「從」，據南監本、北監本、殿本、局本、南史卷四五陳顯達傳、通鑑卷一四二齊紀八東昏侯永元元年改。按通鑑云「走至西州後」，無「烏榜村」三字，胡

注云：「據蕭子顯齊書，顯達走至西州後烏榜村。」

〔三九〕爲騎官趙潭注稍刺落馬 「趙潭」，御覽卷六四六引齊書作「趙譚」。

〔四〇〕時年七十二 「七十二」，南監本、北監本、汲本、殿本、局本、南史卷四五陳顯達傳、建康實錄卷一五作「七十三」。

南齊書卷二十七

列傳第八

劉懷珍 李安民 王玄載 弟玄邈

劉懷珍字道玉，平原人，漢膠東康王後也〔一〕。祖昶，宋武帝平齊，以爲青州治中，至員外常侍。伯父奉伯，宋世爲陳南頓二郡太守。懷珍幼隨奉伯至壽陽，豫州刺史趙伯符出獵，百姓聚觀，懷珍獨避不視，奉伯異之，曰：「此兒方興吾宗。」

本州辟主簿。元嘉二十八年，亡命司馬順則聚黨東陽〔二〕，州遣懷珍將數千人掩討平之。宋文帝召問破賊事狀，懷珍讓功不肯當，親人怪問焉，懷珍曰：「昔國子尼恥陳河間之級，吾豈能論邦域之捷哉！」時人稱之。

江夏王義恭出鎮盱眙，道遇懷珍，以應對見重，取爲驃騎長兼墨曹行參軍。尋除振武

將軍、長廣太守。孝建初，爲義恭大司馬參軍、直閤將軍。懷珍北州舊姓，門附殷積，啓上門生千人充宿衞，孝武大驚，召取青、冀豪家私附得數千人，士人怨之〔三〕。隨府轉太宰參軍。

大明二年，虜圍泗口城，青州刺史顔師伯請援。孝武遣懷珍將步騎數千赴之，於廩溝湖與虜戰，破七城。拜建武將軍、樂陵河間二郡太守，賜爵廣晉縣侯。明年，懷珍啓求還，孝武答曰：「邊維須才，未宜陳請。」竟陵王誕反，郡豪民王弼勸懷珍應之，懷珍斬弼以聞，孝武大喜。除豫章王子尚車騎參軍、加龍驤將軍。

泰始初，除寧朔將軍，東安東莞二郡太守，率龍驤將軍王敬則、姜産步騎五千討壽陽〔四〕。賊遣僞盧江太守劉道蔚五千人頓建武澗，築三城。懷珍遣軍主段僧愛等馬步三百餘人掩擊斬之。引軍至晉熙，僞太守閻湛拒守〔六〕，劉子勛遣將王仲虬步卒萬人救之，懷珍遣馬步三千人襲擊仲虬，大破之於莫邪山，遂進壽陽。又遣將王敬則破殷琰等四壘於横塘死虎，懷珍等乘勝逐北，頓壽春長邏門。宋明帝嘉其功，除羽林監、屯騎校尉，將軍如故。懷珍請先平賊，辭讓不受。建安王休仁濃湖與賊相持，久未決。明帝召懷珍還，拜前將軍〔七〕、加輔國將軍，領軍向青山助擊劉胡，事平，除游擊將軍，輔國將軍如故。

盧江太守王仲子南奔〔五〕，

青州刺史沈文秀拒命，明帝遣其弟文炳宣喻，使懷珍領馬步三千人隨文炳俱行。未至，薛安都引虜，徐、兗已没，張永、沈攸之於彭城大敗。勅懷珍權鎮山陽。

先是明帝遣青州刺史明僧暠北征，僧暠遣將於王城築壘，以逼沈文秀，壍壁未立，為文秀所破，仍進攻僧暠。帝使懷珍率龍驤將軍王廣之五百騎、步卒二千人，沿海救援，至東海，而僧暠已退保東萊，懷珍進據胸城，眾心恟懼，或欲且保郁州。懷珍謂眾曰：「卿等傳文秀厚賂胡師〔八〕，規為外援，察其徒黨，何能必就左袒。聲介一馳，東萊可飛書而下，何容阻軍緩邁止於此邪？」遂進至黔陬。偽高密、平昌二郡太守潰走，懷珍達朝廷意，送致文炳，文秀終不從命，焚燒郭邑。百姓聞懷珍至，皆喜。偽長廣太守劉桃根領數千人戍不其城〔一〇〕，懷珍引軍次洋水，眾皆曰：「文秀今遊騎境內〔一一〕，宜堅壁伺隙。」懷珍曰：「今眾少粮單，我懸彼固，政宜簡精銳，掩其不備耳。」遣王廣之將百騎襲陷其城，桃根走。偽東萊太守鞠延僧數百人據城，劫留高麗獻使。懷珍又遣寧朔將軍明慶符與廣之擊降延僧，遣高麗使詣京師。文秀聞諸城皆敗，乃遣使張靈碩請降，懷珍乃還。

其秋，虜遂侵齊，圍歷城、梁鄒二城，游騎至東陽，擾動百姓。冀州刺史崔道固、兗州

刺史劉休賓告急。休賓,懷珍從弟也。朝廷以懷珍爲使持節、都督徐兗二州軍事、輔國將

軍、平胡中郎將,徐州刺史,封艾縣侯,邑四百户〔三〕,督水步四十餘軍赴救。二城既没,乃

止。

改授寧朔將軍、竟陵太守,轉巴陵王征西司馬、領南義陽太守。建平王景素爲荊州,

仍從右軍司馬,遷南郡太守,加寧朔將軍。明帝手詔懷珍曰:「卿性忠謹,平所仗賴〔一〕。

在彼與年少共事,不可深存受益。景素而乃佳〔四〕,但不能接物,頗亦墮事,卿每諫之。」懷

珍奉旨。帝寢疾,又詔懷珍曰:「卿不應乃作景素佐,才舊所寄,今徵卿參二衞直〔二〕。」會帝

崩,乃爲安成王撫軍司馬、領南高平太守。

朝廷疑桂陽王休範,中書舍人王道隆宣旨〔五〕,以懷珍爲冠軍將軍、豫章太守。懷珍

曰:「休範雖有禍萌〔六〕,安敢便發,若終爲寇,必請奉律吞之〔七〕。今者賜使,恐成猜

迫。」固請不就,乃除黄門郎,領虎賁中郎將、青州大中正。桂陽反,加懷珍前將軍,守石

頭。爲使持節,督豫司二州郢州之西陽軍事、冠軍將軍、豫州刺史。建平王景素反,懷珍

遣子靈哲領兵赴京師。昇明元年,進號征虜將軍。

沈攸之在荊楚,朝議疑惑,懷珍遣冗從僕射張護使郢,致誠於世祖,并陳計策。及攸

之起兵,衆謂當沿流直下,懷珍謂僚佐曰:「攸之矜躁夙著,虐加楚服,必當阻兵中流,聲

劫幼主，不敢長驅決勝明矣。」遣子靈哲領馬步數千人衛京師。攸之遣使許天保說結懷珍，懷珍斬之，送首於太祖，太祖送示攸之。進號左將軍，徙封中宿縣侯，增邑六百戶。攸之圍郢城，懷珍遣建寧太守張謨、游擊將軍裴仲穆蠻漢軍萬人出西陽[八]，破賊前鋒公孫方平軍數千人，收其器甲。進平南將軍，增督南豫、北徐二州，增邑為千戶。

初，孝武世，太祖為舍人，懷珍為直閤，相遇早舊。懷珍假還青州，上有白騘馬，齧人，不可騎，送與懷珍別。懷珍報上百匹絹。或謂懷珍曰：「蕭君此馬不中騎，是以與君耳。君報百匹，不亦多乎？」懷珍曰：「蕭君局量堂堂，寧應負人此絹。吾方欲以身名託之」豈計錢物多少。」

太祖輔政，以懷珍内資未多，二年冬，徵為都官尚書，領前軍將軍，以第四子寧朔將軍晃代為豫州刺史。或疑懷珍不受代，太祖曰：「我布衣時，懷珍便推懷投款，況在今日，寧當有異？」晃發經日，而疑論不止。上乃遣軍主房靈民領百騎追送晃，謂靈民曰：「論者謂懷珍必有異同，我期之有素，必不應爾。卿是其鄉里，故遣卿行，非唯衛新，亦以迎故也。」懷珍還，仍授相國右司馬[九]。建元元年，轉左衛將軍、加給事中，改霄城侯，增邑二百戶[一〇]。明年，加散騎常侍。

虜寇淮、肥，以本官加平西將軍、假節，西屯巢湖，為壽春勢援，虜退乃還。懷珍年老，

以禁旅辛勤，求爲閑職，轉光祿大夫，常侍如故。其冬，虜寇胸山，授使持節、安北將軍，本官如故，領兵救援。未至，事寧，解安北、持節。

四年，疾篤，上表解職，上優詔答許，別量所授。其夏，卒。年六十三。遺言薄葬。世祖追贈散騎常侍、鎮北將軍、雍州刺史，謚曰敬侯。

子靈哲，字文明。解褐王國常侍、行參軍，尚書直郎[三]，齊臺步兵校尉。建元初，歷寧朔將軍、臨川王前軍諮議、廬陵內史、齊郡太守、前軍將軍。

靈哲所生母嘗病，靈哲躬自祈禱，夢見黃衣老公曰：「可取南山竹笋食之，疾立可愈。」靈哲驚覺，如言而疾瘳。

嫡母崔氏及兄子景煥，泰始中沒虜，靈哲爲布衣，不聽樂。及懷珍卒，當襲爵，靈哲固辭以兄子在虜中，存亡未測，無容越當茅土，朝廷義之。靈哲傾產私贖嫡母及景煥，累年不能得。世祖哀之，令北使告虜主，虜主送以還南，襲懷珍封爵。

靈哲永明初歷護軍長史，東中郎諮議，領中直兵，出爲寧朔將軍、巴西梓潼二郡太守，西陽王左軍司馬。隆昌元年，卒，年四十九。

李安民，蘭陵承人也。祖嶷，衛軍參軍。父欽之，殿中將軍，補薛令。安民隨父之縣，

元嘉二十七年沒虜，率部曲自拔南歸。

太初逆〔二〕，使安民領支軍。降義師，板建威將軍，補魯爽左軍。及爽反，安民遁還京師，除領軍行參軍，遷左衛殿中將軍。大明中，虜侵徐、兗，以安民為建威府司馬，無鹽令。除殿中將軍，領軍討漢川互螫賊。

晉安王子勛反，明帝除安民武衛將軍、領水軍，補建安王司徒城局參軍，擊赭圻、湖白、荻浦、獺窟，皆捷，除積射將軍、軍主。張興世據錢溪，糧盡，為賊所逼。安民率舟乘數百，越賊五城，送米與興世。偽軍主沈仲玉、張喜引軍自瀆口欲斷江〔三〕，安民進軍合戰破之。又擊鵲尾、江城，皆有功。事平，明帝大會新亭，勞接諸軍主，樗蒲官賭，安民五擲皆盧，帝大驚，目安民曰：「卿面方如田，封侯狀也。」安民少時貧窶，有一人從門過，相之曰：「君後當大富貴，與天子交手共戲。」至是安民尋此人，不知所在。

從張永、沈攸之討薛安都於彭城，軍敗，安民在後拒戰，還保下邳。除寧朔將軍，戍淮陽城。論鱅口功，封邵武縣子，食邑四百戶。復隨吳喜、沈攸之擊虜，達睢口，戰敗，還保宿豫。淮北既沒，明帝敕留安民戍角城〔四〕。除寧朔將軍、冗從僕射。戍泗口，領舟軍緣淮游防，至壽春。虜遣偽長社公連營十餘里寇汝陰，豫州刺史劉勔擊退之，虜荊亭戍主昇

乞奴棄城歸降〔二五〕，安民率水軍攻前，破荊亭，絕其津逕。遷寧朔將軍、冠軍司馬、廣陵太守、行南兗州事。太祖在淮〔二六〕，安民遙相結事，明帝以爲疑，徙安民爲劉韞冠軍司馬〔二七〕、寧遠將軍、京兆太守，又除寧朔將軍、司州刺史、領義陽太守，並不拜，重除本職，又不拜，改授寧朔將軍、山陽太守。泰始末，淮北民起義欲南歸，以安民督前鋒軍事，又請援接，不克，還。除越騎校尉，復爲寧朔將軍、山陽太守。

三巴擾亂，太守張澹棄涪城走，以安民假節、都督討蜀軍事、輔師將軍。五獠亂漢中，敕安民回軍至魏興，事寧，還至夏口。

元徽初，除督司州軍事、司州刺史、領義陽太守，假節、將軍如故。別敕安民曰：「九江須防，邊備宜重，今有此授，以增鄢郢之勢，無所致辭也。」及桂陽王休範起事，安民出頓，遣軍援京師。徵左軍將軍〔二八〕、加給事中。建平王景素作難，冠軍黃回、游擊將軍高道慶、輔國將軍曹欣之等皆密遣致誠，而游擊將軍高道慶領衆出討，太祖慮其有變，使安民及南豫州刺史段佛榮行以防之。安民至京〔二九〕，破景素軍於葛橋。景素誅，留安民行南徐州事。城局參軍王迥素爲安民所親〔三〇〕，盜絹二匹，安民流涕謂之曰：「我與卿契闊備嘗，今日犯王法，此乃卿負我也。」於軍門斬之，厚爲斂祭，軍府皆震服。

授冠軍將軍、驍衛將軍〔三一〕，不拜。轉征虜將軍、東中郎司馬、行會稽郡事。安民將

東，太祖與別宴語，淹留日夜。安民密陳宋運將盡，曆數有歸。蒼梧縱虐，太祖憂迫無計，

安民白太祖欲於東奉江夏王躋起兵，太祖不許，乃止。蒼梧廢，太祖徵安民爲使持節督北

討軍事、冠軍將軍、南兗州刺史。沈攸之反，太祖召安民以本官鎮白下，治城隍。加征虜

將軍。進軍西討，又進前將軍。行至盆城，沈攸之平，仍授督郢州司州之義陽諸軍事、郢

州刺史，持節、將軍如故。昇明三年，遷左衛將軍、領衛尉。太祖即位，爲中領軍，封康樂

侯，邑千户。

宋泰始以來，內外頻有賊寇，將帥已下，各募部曲，屯聚京師，安民上表陳之，以爲自

非淮北常備，其外餘軍，悉皆輸遣，若親近宜立隨身者，聽限人數。上納之，故詔斷衆募。

時王敬則以勳誠見親，至於家國密事，上唯與安民論議，謂安民曰：「署事有卿名，我便不

復細覽也。」尋爲領軍將軍。

虜寇壽春，至馬頭。詔安民出征，加鼓吹一部。虜退，安民沿淮進壽春。先是宋世亡

命王元初聚黨六合山僭號，自云垂手過膝。州郡討不能擒，積十餘年。安民遣軍偵候，生

禽元初，斬建康市。加散騎常侍。

其年，虜又南侵，詔安民持節履行緣淮清泗諸戍屯軍。虜攻胊山、連口、角城，安民頓

泗口，分軍應赴。三年，引水步軍入清，於淮陽與虜戰〔三〕，破之。虜退，安民知有伏兵，乃

遣族弟馬軍主長文二百騎爲前驅，自與軍副周盤龍、崔文仲係其後，分軍隱林。及長文至

宿豫，虜見衆少，數千騎遮之。長文且退且戰，引賊向大軍，安民率盤龍等趨兵至，合戰於

孫溪渚戰父彎側，虜軍大敗，赴清水死不可勝數。虜遣其菟頭公送攻車材至布丘，左軍將

軍孫文顯擊破走之，燒其車材。

淮北四州聞太祖受命，咸欲南歸。至是徐州人桓摽之、兗州人徐猛子等，合義衆數

萬，柴險求援。太祖詔曰：「青徐四州〔三〕義舉雲集。安民可長彎返馭，指授羣帥。」安民

赴救留遲，虜急兵攻摽之等皆没，上甚責之。

太祖崩，遺詔加侍中。世祖即位，遷撫軍將軍、丹陽尹。永明二年，遷尚書左僕

射〔四〕，將軍如故。安民時屢啓密謀見賞，又善結尚書令王儉，故世傳儉啓有此授。尋上

表以年疾求退，改授散騎常侍、金紫光禄大夫，將軍如故。四年，爲安東將軍、吳興太守，

常侍如故。卒官，年五十八。賻錢十萬，布百匹。

吳興有項羽神護郡聽事，太守不得上。太守到郡，必須祀以軛下牛。安民奉佛法，不

與神牛，著屐上聽事。又於聽上八關齋。俄而牛死，葬廟側，今呼爲「李公牛冢」。及安民

卒，世以神爲祟。

詔曰：「安民歷位内外，庸績顯著。忠亮之誠，每簡朕心。敷政近畿，方申任寄。奄

至殞喪，痛傷于懷。贈鎮東將軍，鼓吹一部，常侍、太守如故。謚曰肅侯。」

王玄載字彥休[三五]，下邳人也。祖宰，僞北地太守。父蔟，東莞太守。

玄載解褐江夏王國侍郎，太宰行參軍。泰始初，為長水校尉。隨張永征彭城，臺軍大敗，玄載全軍據下邳城拒虜，假冠軍將軍。官軍新敗，人情恐駭，以玄載士望，板為徐州刺史，持節、監徐州豫州梁郡軍事、寧朔將軍、平胡中郎將，尋又領山陽、東海二郡太守。五年，督青兗二州，刺史、將軍、東海郡如故。七年，復為徐州，督徐兗二州、鍾離太守，將軍、郎將如故。遷左軍將軍。仍為寧朔將軍、歷陽太守，改持節、都督二豫、冠軍將軍、南豫州刺史，太守如故。遷撫軍司馬。出為持節、督梁南北秦三州軍事、冠軍將軍、西戎校尉、梁秦二州刺史。進號征虜將軍。尋徙督益寧二州、益州刺史、建寧太守，將軍、持節如故。沈攸之難，玄載起義送誠，進號後軍將軍[三六]，封鄂縣子。徵散騎常侍、領後軍，未拜，建元元年，為左民尚書，鄂縣子如故。會虜動，南兗州刺史王敬則奔京師，上遣玄載領廣陵，加平北將軍、假節、行南兗州事，本官如故。事寧，為光祿大夫、員外散騎常侍。永明四年，為持節監兗州緣淮諸軍事、平北將軍、兗州刺史。六年，卒，時年七十六。謚烈子。

玄載夷雅好玄言，脩士操，在梁益有清績，西州至今思之。

從弟玄謨子瞻〔三七〕。宋明帝世，爲黃門郎，素輕世祖。建元元年，爲冠軍將軍、永嘉太守，詣闕跪拜不如儀，爲守寺所列。有司以啓世祖，世祖召瞻入東宮，仍送付廷尉殺之。遣左右口啓上曰：「父辱子死，王瞻傲慢朝廷，臣輒以收治。」太祖曰：「語郎，此何足計！」既聞瞻已死，乃默無言。曰：「帳中物亦復隨人寢興。」世祖銜之，未嘗形色。

瞻兄寬，宋世與瞻並爲方伯，至是瞻雖坐事，而寬位待如舊也。寬泰始初爲隨郡，值西方反〔三八〕，父玄謨在都，寬棄郡歸，明帝加賞。使隨張永討薛安都，寬辭以母猶存，在西爲賊所執，請得西行。遂襲破隨郡，斬僞太守劉師念，拔其母。事平，明帝嘉之，使圖畫寬形。建元初，爲散騎常侍、光禄大夫、領前軍將軍。永明元年，爲太常。坐於宅殺牛，免官。後爲光禄大夫。三年，卒。

玄載弟玄邈，字彦遠，初爲驃騎行軍參軍〔三九〕，太子左積弩將軍，射聲校尉。泰始初，遷輔國將軍、清河廣川二郡太守〔四〇〕，幽州刺史。青州刺史沈文秀反，玄邈欲向朝廷，慮見掩襲，乃詣文秀求安軍頓。文秀令頓城外，玄邈即立營壘，至夜拔軍南奔赴義，比曉，文秀

追不復及。明帝以爲持節、都督青州、青州刺史、將軍如故。

太祖鎮淮陰，爲帝所疑，遣書結玄邈。玄邈長史房叔安勸玄邈不相答和。罷州還，太祖以經途又要之〔四一〕。玄邈雖許，既而嚴軍直過，還都啓帝，稱太祖有異謀，太祖不恨也。

昇明中，太祖引爲驃騎司馬、冠軍將軍、太山太守，玄邈甚懼，而太祖待之如初。遷散騎常侍、驍騎將軍，冠軍如故。

出爲持節，都督梁南秦二州軍事、征虜將軍、西戎校尉，梁南秦二州刺史，兄弟同時爲方伯。封河陽縣侯。建元元年，進號右將軍，侯如故。亡命李烏奴作亂梁部，陷白馬戍。玄邈率東從七八百人討之，不克，慮不自保，乃使人僞降烏奴，告之曰：「王使君兵衆羸弱，棄伎妾於城內，攜愛妾二人去已數日矣。」烏奴喜，輕兵襲州城，玄邈設伏擊破之，烏奴挺身走。太祖聞之，曰：「玄邈果不負吾意遇也。」

還爲征虜將軍、長沙王後軍司馬、南東海太守。遷都官尚書。世祖即位，轉右將軍、豫章王太尉司馬，出爲冠軍將軍、臨川內史，秩中二千石。還爲前軍、司徒司馬、散騎常侍、太子右率。永明七年，爲持節、都督兗州緣淮軍事、平北將軍、兗州刺史，未之任，轉大司馬〔四二〕，加後將軍。八年，轉太常，遷散騎常侍、右衞將軍，出爲持節、監徐州軍事、平北將軍〔四三〕、徐州刺史。

十一年，建康蓮華寺道人釋法智與州民周盤龍等作亂，四百人夜攻州城西門，登梯上城，射殺城局參軍唐穎，遂入城內。軍主耿虎、徐思慶、董文定等拒戰，至曉，玄邈率百餘人登城便門，奮擊，生擒法智、盤龍等。玄邈坐免官。鬱林即位，授撫軍將軍，遷使持節、安西將軍、歷陽南譙二郡太守。延興元年，加散騎常侍，尋轉中護軍。

高宗使玄邈往江州殺晉安王子懋，玄邈苦辭不行，及遣王廣之往廣陵取安陸王子敬，玄邈不得已奉旨。給鼓吹置佐。建武元年，遷持節、都督南兗兗青冀五州軍事、平北將軍、南兗州刺史，轉護軍將軍、加散騎常侍。四年，卒，年七十二。贈安北將軍、雍州刺史。謚曰壯侯。

同族王文和，宋鎮北大將軍仲德兄孫也。景和中，為義陽王昶征北府主簿。昶於彭城奔虜，部曲皆散，文和獨送至界上。昶謂之曰：「諸人皆去，卿有老母，何不去邪！」文和乃去。昇明中，為巴陵內史。沈攸之事起，文和斬其使，馳白世祖告變，棄郡奔郢城。永明中，歷青、冀、兗、益四州刺史，平北將軍。

史臣曰：宋氏將季，離亂日兆，家懷逐鹿，人有異圖，故蕃岳阻兵之機，州郡觀釁之會。此數子皆宿將舊勳，與太祖比肩為方伯，年位高下，或為先輩。而薦誠君側，奉義萬

里，以此知樂推之非妄，信民心之有歸。玄載兄弟門從，世秉誠烈，不爲道家所忌，斯今之耿氏也。

贊曰：霄城報馬，分義先推。靈哲守讓，方軌丁、韋。李佐東土，謀發天機。王爲清政，其風不衰。玄邈簡朕，早背同歸。

校勘記

〔一〕漢膠東康王後也 「康王」下南監本、北監本、殿本、南史卷四九劉懷珍傳有「寄」字。

〔二〕亡命司馬順則聚黨東陽 「東陽」，原作「東揚」，據局本、南史卷四九劉懷珍傳、冊府卷四三一將帥部改。

〔三〕士人怨之 「士人」，南監本、北監本、殿本作「土人」。

〔四〕姜産步騎五千討壽陽 「姜産」，宋書卷七前廢帝紀、卷七四沈攸之傳、卷八七殷琰傳、卷九四恩倖傳、魏書卷五一孔伯恭傳、卷九七島夷劉裕傳、南史卷二宋本紀二、卷七七恩倖傳、通鑑卷一三〇宋紀一二明帝泰始元年並作「姜産之」。

〔五〕盧江太守王仲子南奔 「王仲子」，宋書卷八四鄧琬傳、卷八七殷琰傳並作「王子仲」。

〔六〕僞太守閻湛拒守 「閻湛」，宋書卷八四鄧琬傳、卷八七殷琰傳、卷九七豫州蠻傳、冊府卷三六

三將帥部、通鑑卷一三一宋紀一三明帝泰始二年並作「閭湛之」。

〔七〕拜前將軍 「前將軍」，疑當作「前軍將軍」。按前將軍與輔國將軍俱爲軍號，不得雙授，懷珍所拜當係武職前軍將軍。

〔八〕卿等傳文秀厚賂胡師 「師」，册府卷三六三將帥部作「帥」。

〔九〕齊士庶見於民義積葉 「民義」，南監本、局本作「名義」。按宋本册府卷三六三將帥部此九字作「齊士庶民見義積葉」，明本册府「見」下有「於」字。

〔一〇〕僞長廣太守劉桃根領數千人戍不其城 「千」，原作「十」，據北監本、殿本、册府卷三六三將帥部、通鑑卷一三一宋紀一四明帝泰始三年改。

〔一一〕文秀令遊騎境內 「騎」下南監本、局本、明本册府卷三六三將帥部有「滿」字。按宋本册府無「滿」字。

〔一二〕封艾縣侯邑四百戶 按宋書卷八七殷琰傳繫懷珍以平殷琰功封艾縣侯事於泰始二年。

〔一三〕平所仗賴 「仗」，原作「葬」，據南監本、北監本、汲本、殿本、局本改。按册府卷二〇〇閏位部此四字作「吾所委賴」。

〔一四〕景素而乃佳 「而」，南監本、北監本、殿本、局本作「兒」，册府卷二〇〇閏位部無此字。

〔一五〕中書舍人王道隆宣旨 「王」字原無，據南監本、北監本、殿本、局本補。按王道隆於宋明帝泰始中爲通事舍人，見宋書卷九四恩倖傳。

〔一六〕休範雖有禍萌 「雖」，北監本、殿本作「須」。

〔一七〕必請奉律吞之 「請」下冊府卷四〇四將帥部有「命」字。

〔一八〕游擊將軍裴仲穆蠻漢軍萬人出西陽 冊府卷三五一將帥部「蠻」上有「統」字，「出」上有「步」字。

〔一九〕仍授相國右司馬 「右司馬」，建康實錄卷一五作「左司馬」。

〔二〇〕增邑二百戶 「增」字原無，據南監本、北監本、殿本補。

〔二一〕尚書直郎 按本書卷一六百官志無「尚書直郎」，疑當作「尚書通直郎」。

〔二二〕「太」下原衍「祖」字，據局本刪。南監本、北監本、殿本此句作「太子劭逆」。按劉劭即位，改元太初，史敍劉劭時事，多稱太初。

〔二三〕僞軍主沈仲玉張喜引軍自瀆口欲斷江 「沈仲玉張喜」，原作「沈仲王張」。按宋書卷五〇張興世傳有沈仲玉，卷八四鄧琬傳有張喜，通鑑卷一三一宋紀一三明帝泰始二年亦有沈仲玉、張喜，並劉胡部屬。朱季海校議云：「本傳沈仲、王張疑即沈仲玉、張喜。」今改正。「瀆口」，宋書張興世傳、鄧琬傳、水經注卷二九沔水、冊府卷二一六閏位部並作「貴口」。

〔二四〕明帝敕留安民戍角城 「角城」，原作「甬城」，據冊府卷四二五將帥部、卷四四二將帥部改。按魏書卷五四高閭傳云「沂淮而上，須經角城」，「角城蕞爾，處在淮北」，卷九八島夷蕭道成傳亦載魏孝文帝遣軍出角城攻齊高帝事。又按通鑑卷一三五齊紀一高帝建元三年胡注云：

〔二五〕「甬城」當作「角城」。下文同改，不另出校。

〔二六〕虜荆亭戍主昇乞奴棄城歸降 「昇乞奴」，宋書卷八三吳喜傳作「帛乞奴」。

〔二七〕太祖在淮 「淮」，南史卷四六李安人傳作「淮陰」。

〔二八〕従安民爲劉韞冠軍司馬 「冠軍」，疑當作「撫軍」。按宋書卷八明帝紀、卷九後廢帝紀、卷五一長沙景王道憐傳附劉韞傳並云劉韞爲「撫軍」。

〔二九〕徴左軍將軍 「徴」下南監本、北監本、汲本、殿本、局本有「授」字。「左軍將軍」，原作「左將軍」，據宋書卷七二文九王建平宣簡王宏傳附劉景素傳、通鑑卷一三四宋紀一六蒼梧王元徽四年改。

〔三〇〕安民至京 「京」，南監本、北監本、殿本、局本、冊府卷三五一將帥部作「京口」。

〔三一〕城局參軍王迴素爲安民所親 「王迴」，南史卷四六李安人傳作「王回」，冊府卷四〇一將帥部、御覽卷二九六引蕭子顯齊書作「王迴」。

〔三二〕驍衛將軍 按本書卷一六百官志未見驍衛將軍，疑有訛。

〔三三〕引水步軍入清於淮陽與虜戰 「清」，南監本、局本作「屯」，屬下讀，冊府卷三五一將帥部作「清泗」。「於」，北監本、殿本作「至」。

〔三四〕青徐四州 「四」，原作「泗」，據冊府卷四四五將帥部改。

〔三五〕遷尚書左僕射 「左僕射」，南史卷四齊本紀上作「右僕射」，疑是。按通鑑卷一三六齊紀二

武帝永明二年亦載李安民爲右僕射，本書卷三武帝紀、卷二四柳世隆傳，時柳世隆爲左僕射。

〔三五〕王玄載字彥休 「彥休」，經典釋文序錄、册府卷六〇六學校部作「彥運」。

〔三六〕進號後軍將軍 「後軍將軍」，疑當作「後將軍」。按後軍將軍非將軍號，似不得云「進號」。

〔三七〕從弟玄謨子瞻 「從弟」，南監本作「從兄」。南史卷一六王玄謨傳、通鑑卷一三二宋紀一四明帝泰始三年並云玄載是玄謨從弟。按張森楷校勘記云：「玄載後玄謨二十年死，且少於玄謨二十五歲。當云『從兄』，不當云『從弟』也。」

〔三八〕值西方反 「西方」，南史卷一六王玄謨傳作「四方」。

〔三九〕初爲驃騎行軍參軍 上一「軍」字疑衍。按宋書百官志未見「行軍參軍」。

〔四〇〕清河廣川二郡太守 「廣川」，原作「廣平」，據宋書卷八八沈文秀傳、通鑑卷一三一宋紀一三明帝泰始二年改。按清河廣川爲雙頭郡。

〔四一〕太祖以經途又要之 「又」，原作「人」，據册府卷二一二閏位部、卷三七一將帥部改。按南監本、殿本、局本作「令人」。

〔四二〕轉大司馬 此句當有訛奪。時豫章王嶷爲大司馬，玄邈爲其府佐。按張森楷校勘記云：「『大司馬』下有奪文。」

〔四三〕平北將軍 「平北」，原作「北平」，據南監本、北監本、汲本、殿本、局本乙正。下文同此，不另出校。

列傳第九

崔祖思　劉善明　蘇侃　垣榮祖

崔祖思字敬元，清河東武城人，崔琰七世孫也。祖諱，宋冀州刺史。父僧護，州秀才。

祖思少有志氣，好讀書史。初州辟主簿，與刺史劉懷珍於堯廟祠神〔一〕，廟有蘇侯像。懷珍曰：「堯聖人，而與雜神爲列，欲去之，何如？」祖思曰：「蘇峻今日可謂四凶之五也。」懷珍遂令除諸雜神。

太祖在淮陰，祖思聞風自結，爲上輔國主簿，甚見親待，參豫謀議。除奉朝請，安成王撫軍行參軍，員外、正員郎，冀州中正。宋朝初議封太祖爲梁公，祖思啓太祖曰：「讖書云

『金刀利刃齊刈之』。今宜稱齊,實應天命。」從之。轉為相國從事中郎,遷齊國內史。建

元元年,轉長兼給事黃門侍郎。

上初即位,祖思啓陳政事曰:「禮誥者,人倫之襟冕,帝王之樞柄。自古開物成務,必以教學為先。世不習學,民忘志義〔二〕,悖競因斯而興,禍亂是焉而作。故篤俗昌治,莫先道教,不得以夷禍革慮〔三〕,儉泰移業。今無員之官,空受祿力。三載無考績之効,九年闕登黜之序。國儲以之虛匱,民力為之凋散。能否無章,涇渭混流。宜大廟之南,弘脩文序;司農以北,廣開武校。臺府州國〔四〕,限外之職,問其所樂,依方課習,各盡其能。月供僮幹,如先充給。若有廢墮,遣還故郡。殊經奇藝,待以不次,士脩其業,必有異等,民識其利,能無勉勵。」

又曰:「漢文集上書囊以為殿帷,身衣弋綈,以韋帶劍,慎夫人衣不曳地,惜中民十家之產,不為露臺。劉備取帳鈎銅鑄錢以充國用。魏武遣女,阜帳,婢十人,東阿婦以繡衣賜死,王景興以淅米見誚〔五〕。宋武節儉過人,張妃房唯碧綃蚊幬,三齊苴席,五盞盤、桃花米飯。殷仲文勸令畜伎,答云『我不解聲』。仲文曰『但畜自解』,又答『畏解,故不畜』。歷觀帝王,未嘗不以約素興,侈麗亡也。伏惟陛下,體唐成儉,蹤虞為樸。寢殿則素木卑構,饍器則陶瓠充御。瓊簪玉筯〔六〕,碎以為塵,珍裘繡服,焚之如草。斯實風高上代,民

偃下世矣。然教信雖孚，氓染未革，宜加甄明，以速歸厚。詳察朝士，有柴車蓬館，高以殊等，雕墻華輪，卑其稱謂。馳禽荒色，長違清編，嗜音酣酒，守官不徙。物識義方，且懼且勸，則調風變俗，不俟終日。』

又曰：「憲律之重，由來尚矣。故曹參云齊唯以獄市為寄[七]，餘無所言。路溫舒言『秦有十失，其一尚在[八]，治獄之吏是也』。寔宜清置廷尉，茂簡三官，寺丞獄主，彌重其選，研習律令，刪除繁苛。詔獄及兩縣，一月三訊，觀貌察情，欺枉必達。使明慎用刑，無忝大易，寧失不經，靡愧周書。漢來治律有家，子孫並世其業，聚徒講授，至數百人。故張、于二氏，絜譽文、宣之世；陳、郭兩族，流稱武、明之朝。決獄無冤，慶昌枝裔，槐袞相襲，蟬紫傳輝。今廷尉律生，乃令史門戶，族非咸、弘，庭缺于訓。刑之不措，抑此之由。如詳擇篤厚之士[九]，使習律令，試簡有徵，擢為廷尉僚屬。苟官世其家而不美其績[一〇]，鮮矣。廢其職而欲善其事，未之有也。若劉累傳守其業，庖人不乏龍肝之饌，斷可知矣。」

又曰：「樂者動天地，感鬼神，正情性，立人倫，其義大矣。按前漢編戶千萬，太樂伶官方八百二十九人，孔光等奏罷不合經法者四百四十一人，正樂定員，唯置三百八十八人。今戶口不能百萬，而太樂雅、鄭，元徽時校試千有餘人，後堂雜伎，不在其數，糜廢力役[一一]，傷敗風俗。今欲撥邪歸道，莫若罷雜伎，王庭唯置鍾簴、羽戚、登歌而已。如此，則

官充給養，國反淳風矣。」

又曰：「論儒者以德化爲本；談法者以刻削爲體。道教治世之梁肉，刑憲亂世之藥石，故以教化比雨露，名法方風霜。是以有恥且格，敬讓之樞紐；令行禁止，爲國之關楗。然則天下治者，賞罰而已矣。賞不事豐，所病於不均，罰不在重，所困於不當。如令甲勳少，乙功多，賞甲而捨乙，天下必有不勸矣〔一一〕；丙罪重，丁舋輕，罰丁而赦丙，天下必不悛矣〔一二〕。是賞罰空行，無當乎勸沮。將令見罰者寵習之臣，受賞者仇讎之士，戮一人而萬國懼，賞匹夫而四海悅。」

又曰：「籍稅以厚國，國虛民貧；廣田以實廩，國富民贍。堯資用天之儲，實拯懷山之數〔一四〕。湯憑分地之積，以勝流金之運。近代魏置典農，而中都足食；晉開汝潁，而汴河委儲。今將掃闢咸、華，題鏤龍漠，宜簡役敦農，開田廣稼。時罷山池之威禁，深抑豪右之兼擅，則兵民優贍，可以出師。」

又曰：「古者左史記言，右史記事，故君舉必書，盡直筆而不汙；上無妄動，知如絲之成綸。今者著作之官，起居而已。述事之徒，褒諛爲體。世無董狐，書法必隱；時闕南史，直筆未聞。又廢諫官，聽納靡依〔一五〕。雖課勵朝僚，徵訪芻輿，莫若推舉質直，職思其憂。夫越任于事，在言爲難；當官而行，處辭或易。物議既以無言望己，己亦當以吞默懃人。

中丞雖謝咸、玄，未有全廢劾簡；廷尉誠非釋之，寧容都無訊牒。故知與其謬人，寧不廢職，目前之明効也。漢徵貢禹爲諫大夫，矢言先策，夏侯勝狂直拘繫，出補諷職，伐柯非遠，行之即善。」

又曰：「天地無心，賦氣自均，寧得誕秀往古，而獨寂寥一代，將在知與不知，用與不用耳。夫有賢而不知，知賢而不用，用賢而不委，委賢而不信，此四者，古今之通患也。今誠重郭隗而招劇辛，任鮑叔以求夷吾[六]，則天下之士，不待召而自至矣。」上優詔報答。

尋遷寧朔將軍、冠軍司馬、領齊郡太守，本官如故。是冬，虜動，遷冠軍將軍、軍主、屯淮上。二年，進號征虜將軍，軍主如故。仍遷假節，督青冀二州、刺史，將軍如故。少時，卒。上歎曰：「我方欲用祖思，不幸，可惜。」詔賻錢三萬，布五十四。

祖思宗人文仲，初辟州從事。泰始初，爲薛安都平北主簿，拔難歸國。元徽初，從太祖於新亭拒桂陽賊，著誠効，除游擊將軍。沈攸之事起，助豫章王鎮東府。歷驃騎諮議，出爲徐州刺史。建元初，封建陽縣子，三百戶。二年，虜攻鍾離，文仲擊破之[七]。又遣軍主崔孝伯等過淮攻拔虜莪眉戍，殺戍主龍得侯及僞陽平太守郭杜䜞，館陶令張德、濮陽令王明。時虜攻殺馬頭太守劉從[八]，上曰：「破莪眉，足相補。」文仲又遣軍主崔延叔攻僞淮陽太守梁惡，並殺之。三年，淮北義民桓磈魂於抱邑戍主白仲都，又遣軍主崔延叔攻僞淮陽太守梁惡，並殺之。

犢固與虜戰，大破之。文仲馳啟，上敕曰：「北閒起義者衆，深恐良會不再至，卿善獎沛中

人，若能一時攘袂，當遣一佳將直入也。」文仲在政，爲百姓所憚。除黃門郎，領越騎校尉，

改封隨縣。嘗獻太祖纏鬚繩一枚，上爲納受。永明元年，爲太子左率，累至征虜將軍、冠

軍司馬、汝陰太守。四年，卒。贈後將軍、徐州刺史。謚襄子。

劉善明，平原人。鎮北將軍懷珍族弟也。父懷民，宋世爲齊北海二郡太守。元嘉末，

青州飢荒，人相食，善明家有積粟，躬食饘粥，開倉以救鄉里，多獲全濟，百姓呼其家田爲

「續命田」。

少而靜處讀書，刺史杜驥聞名候之，辭不相見。年四十，刺史劉道隆辟爲治中從事。

父懷民謂善明曰：「我已知汝立身，復欲見汝立官也。」善明應辟。仍舉秀才。宋孝武見

其對策强直，甚異之。

泰始初，徐州刺史薛安都反，青州刺史沈文秀應之。時州治東陽城，善明家在郭內，

不能自拔。伯父彌之詭說文秀求自効，文秀使領軍主張靈慶等五千援安都。彌之出門，

密謂部曲曰：「始免禍坑矣。」行至下邳，起義背文秀。善明從伯懷恭爲北海太守，據郡相

應。善明密契收集門宗部曲，得三千人，夜斬關奔北海。族兄乘民又聚衆渤海以應朝廷。

而彌之尋爲薛安都所殺，明帝贈輔國將軍、青州刺史。以乘民爲寧朔將軍、冀州刺史，善

明爲寧朔長史、北海太守，除尚書金部郎。乘民病卒，仍以善明爲綏遠將軍、冀州刺史。

文秀既降，除善明爲屯騎校尉，出爲海陵太守。郡境邊海，無樹木，善明課民種榆檟雜菓，

遂獲其利。還爲後軍將軍、直閤。

五年，青州没虜，善明母陷北，虜移置桑乾。善明布衣蔬食，哀戚如持喪。明帝每見，

爲之歡息，時人稱之。轉寧朔將軍、巴西梓潼二郡太守。善明以母在虜中，不願西行，涕

泣固請，見許。朝廷多哀善明心事。元徽初，遣北使，朝議令善明舉人，善明舉州鄉北平

田惠紹使虜，贖得母還。

幼主新立，羣公秉政，善明獨結事太祖，委身歸誠。二年，出爲輔國將軍、西海太守、

行青冀二州刺史。至鎮，表請北伐，朝議不同。善明從弟僧副，與善明俱知名於州里。泰

始初，虜暴淮北，僧副將部曲二千人東依海島，太祖在淮陰，壯其所爲，召與相見，引至安

成王撫軍參軍〔九〕。蒼梧肆暴，太祖憂恐，常令僧副微行伺察聲論。使僧副密告善明及東

海太守垣崇祖曰：「多人見勸北固廣陵，恐一旦動足，非爲長筭。今秋風行起，卿若能與

垣東海微共動虜，則我諸計可立。」善明曰：「宋氏將亡，愚智所辨。故胡虜若動，反爲公

患。公神武世出，唯當靜以待之，因機奮發，功業自定。不可遠去根本，自貽狙曮。」遣部曲健兒數十人隨僧副還詣領府，太祖納之。蒼梧廢，徵善明爲冠軍將軍、太祖驃騎諮議，南東海太守、行南徐州事。

沈攸之反，太祖深以爲憂。善明獻計曰：「沈攸之控引八州，縱情蓄斂，收衆聚騎，營造舟仗，苞藏賊志，於焉十年。性既險躁，才非持重，而起逆累旬，遲回不進。豈應有所待也？一則闇於兵機，二則人情離怨，三則有掣肘之患，四則天奪其魄。本慮其剽勇，長於一戰，疑其輕速，掩襲未備。今六師齊奮，諸侯同舉。昔謝晦失理，不闕自潰；盧龍乖道，雖衆何施。且袁粲、劉秉，賊之根本，根本既滅，枝葉豈久。此是已籠之鳥耳。」事平，太祖召善明還都，謂之曰：「卿策沈攸之，雖復張良、陳平，適如此耳。」仍遷散騎常侍、領長水校尉，黃門郎、領後軍將軍，太尉右司馬。齊臺建，爲右衛將軍，辭疾不拜。

司空褚淵謂善明曰：「高尚之事，乃卿從來素意。今朝廷方相委待，詎得便學松、喬邪？」善明曰：「我本無官情[二〇]，既逢知己，所以勠力驅馳，願在申志。今天地廓清，朝盈濟濟，鄙懷既申，不敢昧於富貴矣。」太祖踐阼，以善明勳誠，欲與善明祿，召謂之曰：「淮南近畿，國之形勢[二二]，自非親賢，不使居之。卿爲我臥治也！」代高宗爲征虜將軍、淮南宣城二郡太守，遣使拜授，封新淦伯[二三]，邑五百戶。

善明至郡，上表陳事曰：「周以三聖相資，再駕乃就。漢值海內無主，累敗方登。魏挾主行令，實踰二紀。晉廢立持權，遂歷四世。景祚攸集，如此之難者也。陛下凝暉自天，照湛神極，睿周萬品，道洽無垠。故能高嘯閑軒，鯨鯢自翦，垂拱雲帝，九服載晏，靡一戰之勞，無半辰之棘，苞池江海，籠苑嵩岱，神祇樂推，普天歸奉，二三年間，允膺寶命，胄臨皇曆，正位宸居，開闢以來，未有若斯之盛者也。夫常勝者無憂，恒成者好怠。故雖休勿休，姬旦作誥；安不忘危，尼父垂範。今皇運草創，萬化始基，乘宋季葉，政多澆苛，億兆倒懸，仰齊蘇振[二三]。臣早蒙殊養，志輸肝血，徒有其誠，曾闕埃露。夙宵慙戰，如墜淵谷，不識忌諱，謹陳愚管，瞽言蒭議，伏待斧鉞。」所陳事凡十一條：其一以爲「天地開創，人神慶仰，宜存問遠方，宜廣慈澤」。其二以爲「京師浩大，遠近所歸，宜遣醫藥，問其疾苦。年九十以上及六疾不能自存者，隨宜量賜」。其三以爲「宋氏赦令，蒙原者寡。愚謂下赦書宜令事實相副[二四]」。其四以爲「匈奴未滅，劉昶猶存，秋風揚塵，容能送死。境上諸城，宜應嚴備，特簡雄略，以待事機，資實所須，皆宜豫辦」。其五以爲「宜除宋氏大明泰始以來諸苛政細制，以崇簡易」。其六以爲「凡諸土木之費，且可權停」。其七以爲「帝子王姬，宜崇儉約」。其八以爲「宜詔百官及府州郡縣，各貢讜言，以弘唐虞之美」。其九以爲「忠貞孝悌，宜擢以殊階，清儉苦節，應授以民政」。其十以爲「革命惟始，天地大慶，宜

時擇才辨，北使匈奴」。其十一以爲「交州險夐，要荒之表，宋末政苛，遂至怨叛。今大化創始，宜懷以恩德，未應遠勞將士，搖動邊氓。且彼土所出，唯有珠寶，實非聖朝所須之急。討伐之事，謂宜且停」。

又撰賢聖雜語奏之，託以諷諫。上答曰：「省所獻雜語，並列聖之明規，衆智之深軌。卿能憲章先範，纂鏤情識，忠款既昭，淵誠肅著，當以周旋，無忘聽覽也。」又諫起宣陽門，表陳「宜明守宰賞罰〔二五〕立學校，制齊禮，廣開賓館以接荒民」。上又答曰：「具卿忠讜之懷。夫賞罰以懲守宰，飾館以待遠荒。皆古之善政，吾所宜勉。更撰新禮，或非易制。國學之美，已敕公卿。宣陽門今敕停。寡德多闕，思復有聞。」

善明身長七尺九寸，質素不好聲色，所居茅齋斧木而已，牀榻机案，不加剗削。少與崔祖思友善，祖思出爲青冀二州，善明遺書曰：「昔時之遊，于今邈矣。足下方擁旄北服，吾剖竹南甸，相去千里，間以江山，人生如寄，來會何時。嘗覽書史，數千年來，略在眼中矣。歷代參差，萬理同異。夫龍虎風雲之契，亂極必夷之幾，古今豈殊，此實一揆。日者沈攸之擁長蛇於外，粲、秉不識所祖〔二六〕唯有京鎮，創爲聖基。遂乃擢吾爲首佐，授吾以大郡，付吾關中，委吾留任。既不辦有抽劍兩城之用，橫槊搴旗之能，徒以挈瓶小智，名參佐命，常

恐朝露一下，深恩不酬。憂深責重，轉不可據，還視生世，倍無次緒。藿羹布被，猶篤鄙好，惡色憎聲，暮齡尤甚。出蕃不與台輔別，入國不與公卿遊，孤立天地之間，無猜無託，唯知奉主以忠，事親以孝，臨民以潔，居家以儉。足下今鳴笳舊鄉，衣繡故國，宋季荼毒之悲，已蒙蘇泰，河朔倒懸之苦，方須救拔[一七]。遺遊辯之士，爲鄉導之使，輕裝啓行，經營舊壤，令泗上歸業，稷下還風，君欲誰讓邪？聊送諸心，敬申貧贈。」

建元二年卒，年四十九。遺命薄殯。贈錢三萬，布五十匹。又詔曰：「善明忠誠夙亮，幹力兼宣，豫經夷嶮，勤績昭著。不幸殞喪，痛悼于懷。贈左將軍、豫州刺史，謚烈伯。」子滌嗣。善明家無遺儲，唯有書八千卷。太祖聞其清貧，賜滌家葛塘屯穀五百斛。

善明從弟僧副，官至前將軍，封豐陽男，三百戶。永明四年，爲巴西梓潼二郡太守，卒。

蘇侃字休烈，武邑人也。祖護，本郡太守。父端，州治中。

侃涉獵書傳，出身正員將軍，補長城令。薛安都反，引侃爲其府參軍，使掌書記。安都降虜，侃自拔南歸。除積射將軍。遇太祖在淮上，便自委結。上鎮淮陰，以侃詳密，取

爲冠軍録事參軍。是時張永、沈攸之反後〔二八〕，新失淮北，始遣上北戍，不滿千人，每歲秋冬閒，邊淮騷動，恒恐虜至。上廣遣偵候，安集荒餘，又營繕城府。上在兵中久，見疑於時，乃作塞客吟以喻志曰：「寶緯紊宗，神經越序。德晦河〔晉，力宣江〕楚。雲雷兆壯，天山縣武。直髮指秦關，凝精越漢渚。秋風起，寒草衰〔二九〕，鵾鴻思，邊馬悲。平原千里顧，幹晴潭但見轉蓬飛。星嚴海淨，月澈河明。清輝映幕，素液凝庭。金筵夜屬，羽轡晨征。蘭涵風而瀉豔，菊籠泉而散英。曲繞首燕之歡，吹軫絕越之聲。而悵泗，枇松洲而悼情。青關望斷，白日西斜。粵擊秦中之築，因爲塞上之歌。歌曰：朝發兮江敧園琴之孤弄，想庭藿之餘馨。恬源靚霧，壟首暉霞。戒旋鷁，躍還波，情綿綿而方遠，思裊裊而遂多。胡埃兮雲聚，楚旆兮星懸。愁墉兮思宇，惻泉，日夕兮陵山。驚飆兮澗汩，淮流兮潺湲。悟樊籠之或累，悵遐心以栖玄。」侃達上此旨，愴兮何言。定寰中之逸鑒，審雕陵之迷泉。更自勤勵。委以府事，深見知待。

元徽初，巴西人李承明作亂，太祖議遣侃銜使慰勞，還除羽林監、加建武將軍。桂陽之難，上復以侃爲平南録事、領軍主，從頓新亭，使分金銀賦賜諸將。事寧，除步兵校尉，出爲綏虜將軍、山陽太守，清脩有治理，百姓懷之。進號龍驤將軍，除前軍將軍。沈攸之事起，除侃游擊將軍，遷太祖驃騎諮議、領録事，除黃門郎，復爲太祖太尉諮議。

侃事上既久，備悉起居，乃與丘巨源撰蕭太尉記，載上征伐之功。以功封新建縣侯，五百戶。齊臺建，爲黃門郎，領射聲校尉，任以心膂。上即位，侃撰聖皇瑞命記一卷奏之[三〇]。建元元年，卒，年五十三。上惜之甚至，追贈輔國將軍、梁南秦二州刺史，謚質侯。

弟烈，字休文，初爲東莞令，張永鎮軍中兵[三一]，累至山陽太守，寧朔將軍，游擊將軍。袁粲起事，太祖先遣烈助防城，仍隨諸將平石頭，封吉陽縣男。建元中，爲假節，督巴州軍事、巴州刺史、巴東太守，寧朔將軍如故。永明中，至平西司馬，陳留太守，卒官。

垣榮祖字華先，下邳人，五兵尚書崇祖從父兄也。父諒之，宋北中郎府參軍。榮祖少學騎馬及射，或謂之曰：「武事可畏，何不學書。」榮祖曰：「昔曹操、曹丕上馬橫槊，下馬談論，此於天下可不負飲食矣。君輩無自全之伎，何異犬羊乎！」

宋孝建中，州辟主簿，後軍參軍[三二]。伯父豫州刺史護之子襲祖爲淮陽太守，宋孝武以事徙之嶺南，護之不食而死。帝疾篤，又遣使殺襲祖，襲祖臨死，與榮祖書曰：「弟常勸我危行言遜，今果敗矣。」

明帝初即位，四方反，除榮祖冗從僕射，遣還徐州說刺史薛安都曰：「天之所廢，誰能

興之。使君今不同八百諸侯，如民所見，非計中也。」安都曰：「天命有在，今京都無百里地，莫論攻圍取勝，自可拍手笑殺。且我不欲負孝武。」榮祖曰：「孝武之行，足致餘殃。今雖天下雷同，正是速死，無能爲也。」榮祖被拘不得還，因收集部曲，爲安都將領。安都引虜入彭急便作計。」榮祖被拘不得還，因收集部曲，爲安都將領。安都引虜入彭城，榮祖攜家屬南奔胸山，虜遣騎追之不及。榮祖懼得罪，乃逃遁淮上。太祖在淮陰，榮祖歸附，上保持之。及明帝崩，太祖書送榮祖詣僕射褚淵，除寧朔將軍、東海太守。淵謂之曰：「蕭公稱卿幹略，故以此郡相處。」

榮祖善彈，彈鳥毛盡而鳥不死。海鵠羣翔，榮祖登城西樓彈之，無不折翅而下。

除晉熙王征虜、安成王車騎中兵，左軍將軍。元徽末，太祖欲渡廣陵，榮祖諫曰：「領府去臺百步，公走，人豈不知。若單行輕騎，廣陵人一日閉門不相受，公欲何之？公今動足下牀，便恐即有扣臺門者，公事去矣。」及蒼梧廢，除寧朔將軍、淮南太守，進輔國將軍，除游擊將軍、太祖驃騎諮議，輔國將軍、西中郎司馬、汝陰太守，除冠軍將軍、給事中、驍騎將軍。預佐命勳，封將樂縣子，三百戶，以其祖舊封封之〔三〕。出爲持節，督青冀二州、刺史，冠軍如故。遷黃門郎。

永明二年，爲冠軍將軍、尋陽相、南新蔡太守。作大形棺材盛仗，使鄉人田天生、王道

期載渡江北。監奴有罪，告之，有司奏免官削爵付東冶，案驗無實見原。爲安陸王平西諮議、帶江陵令，仍遷司馬、河東内史。遷持節、督緣淮諸軍事、冠軍將軍、兗州刺史、領東平太守，兗州大中正。

巴東王子響事，方鎮皆啓稱子響爲逆，榮祖曰：「此非所宜言。政應云劉寅等孤負恩獎，逼迫巴東，使至於此。」時諸啓皆不得通，事平後，上乃省視，以榮祖爲知言。九年，卒，年五十七。

子閎[三四]，宋孝建初，爲威遠將軍、汝南新蔡太守，據梁山拒丞相義宣賊，以功封西都縣子。累遷龍驤將軍、司州刺史。義嘉事起，明帝使閎出守盱眙，領兵北討薛道標[三五]，破之。封樂鄉縣男[三六]，三百户。昇明初，爲散騎常侍、領長水校尉，與豫章王對直殿省，遷右衛將軍。太祖即位，以心誠封爵如舊，加給事中，領驍騎將軍。累遷金紫光禄大夫。年七十六，永明五年，卒，謚定子[三七]。

榮祖從弟歷生，亦爲驍騎將軍。宋泰始初，薛安都反，以女婿裴祖隆爲下邳太守，歷生時請假還北，謀殺祖隆，舉城應朝廷，事發奔走。歷官太子右率。性苛暴，好行鞭捶。與始安王遥光同反，伏誅。

史臣曰：太祖作牧淮、兗，始基霸業，恩威北被，感動三齊。青、冀豪右，崔、劉望族，先覩人雄，希風結義。夫諫江都之略，似任光之言，雖議不獨興，理成合契，蓋帷幄之臣也。

贊曰：淮鎮北州，獲在崔、劉。獻書上議，帝念忠謀。侃奉潛躍，皇瑞是鳩。垣方帶礪，削免虛尤。

校勘記

〔一〕　與刺史劉懷珍於堯廟祠神　「劉懷珍」，南史卷四七崔祖思傳、建康實錄卷一五作「垣護之」。

〔二〕　民忘志義　「忘」，北監本、殿本作「罔」。

〔三〕　不得以夷禍革慮　「禍」，册府卷五二九諫諍部作「險」。下同。

〔四〕　臺府州國　「府」字原無，據通鑑卷一三五齊紀一高帝建元元年補。南監本、北監本、殿本作「臺州列國」。

〔五〕　王景興以淛米見誚　「淛」，汲本、十七史策要作「浙」，南史卷四七崔祖思傳、册府卷五二九諫諍部作「折」。按王景興事見三國志卷一三魏書王朗傳裴松之注引魏略，「折米」見齊民要

術卷九殟飯第八六「折粟米法」。

〔六〕瓊簪玉筯 「筯」，南史卷四七崔祖思傳、册府卷五二九諫諍部並作「笏」。

〔七〕故曹參云齊唯以獄市爲寄 「云」，南監本、北監本、殿本、册府卷五二九諫諍部並作「去」。

〔八〕其一尚在 「在」，册府卷五二九諫諍部、十七史策要並作「存」，與漢書卷五一路溫舒傳合。

〔九〕如詳擇篤厚之士 「厚」字原闕，據南監本、北監本、汲本、殿本、局本、册府卷五二九諫諍部補。

〔一〇〕苟官世其家而不美其績 「家」，汲本、局本作「守」。

〔一一〕靡廢力役 「廢」，南史卷四七崔祖思傳、明本册府卷五二九諫諍部作「費」，宋本册府作「沸」。

〔一二〕天下必有不勸矣 「有」，册府卷五二九諫諍部無。

〔一三〕天下必不悆矣 「必」下三朝本、南監本、北監本、汲本、殿本、局本有「有」字。

〔一四〕實拯懷山之數 「拯」原作「極」，據北監本、汲本、殿本、局本、册府卷五二九諫諍部、十七史策要改。

〔一五〕又廢諫官聽納靡依 「官」，十七史策要作「言」。按册府卷五二九諫諍部此句作「又曰廢諫官則聽納靡依」，自成一段。

〔一六〕任鮑叔以求夷吾 「求」，册府卷五二九諫諍部作「來」。

〔七〕文仲擊破之 「文仲」，原作「仲文」，據殿本乙正。按本書卷二高帝紀下、宋書卷九四恩倖楊運長傳皆載文仲事，可參。下文「文仲馳啓」並改。

〔八〕時虜攻殺馬頭太守劉從 按「劉從」疑即「劉順」，蕭子顯避梁武帝父諱改。劉順事見本書卷二六王敬則傳、宋書卷八七殷琰傳。

〔九〕引至安成王撫軍參軍 「至」，南監本、北監本、殿本、局本、南史卷四九劉懷珍傳附劉善明傳作「爲」。

〔一〇〕我本無官情 「官」，南監本、北監本、殿本、局本、南史卷四九劉懷珍傳附劉善明傳、冊府卷四〇八將帥部作「宜」。

〔一一〕國之形勢 「形勢」，南史卷四九劉懷珍傳、御覽卷二五九引齊書、冊府卷二〇〇閏位部並作「形勝」。

〔一二〕封新淦伯 「新淦」，原作「新塗」，據局本、宋本冊府卷二〇〇閏位部改。按本書州郡志，無「新塗縣」，江州豫章郡有新淦縣。

〔一三〕仰齊蘇振 「齊」，冊府卷四〇七將帥部作「希」。

〔一四〕愚謂下赦書宜令事實相副 「下」上北監本、殿本、南史卷四九劉懷珍傳附劉善明傳、冊府卷四〇七將帥部有「今」字。

〔一五〕宜明守宰賞罰 「宜」，原作「宜」，據南監本、北監本、殿本、局本、南史卷四九劉懷珍傳附劉

善明傳、册府卷二一二閏位部、卷四〇七帥部改。

〔二六〕粲秉不識所祖 「不」字原闕，據十七史策要補。按南監本、北監本、殿本、局本、明本册府卷九〇五總錄部作「復爲異」，汲本作「復」，宋本册府無此字。「祖」，南監本、北監本、殿本、局本、明本册府卷九〇五總錄部作「推」。按宋本册府及十七史策要亦作「祖」。

〔二七〕河朔倒懸之苦方須救拔 「河朔」，册府卷九〇五總錄部作「關河」。

〔二八〕是時張永沈攸之反後 「反」，南監本、北監本、殿本、局本、南史卷四七蘇侃傳並作「叛」。

〔二九〕寒草衰 「寒」，南監本、北監本、殿本、局本、册府卷二〇〇閏位部作「塞」。

〔三〇〕侃撰聖皇瑞命記一卷奏之 「聖皇瑞命記」，本書卷一八祥瑞志作「聖皇應記」。

〔三一〕張永鎮軍中兵 「永」，原爲二字空白，據南監本、北監本、殿本、局本補。

〔三二〕後軍參軍 「後」，上南監本、北監本、殿本、局本、南史卷二五垣護之傳附垣榮祖傳有「爲」字。

〔三三〕以其祖舊封封之 「以其」二字原漫漶，據三朝本、南監本、北監本、汲本、殿本、局本補。

〔三四〕子闥 「子」，南監本、北監本、殿本、局本作「從父」。按垣闥乃榮祖從父，此處恐有脫訛，南史卷二五垣護之傳附垣榮祖傳可參。

〔三五〕領兵北討薛道標 「薛道標」，原作「薛道樹」，據北監本、汲本、殿本、局本、南史卷二五垣護之傳附垣榮祖傳改。按宋書卷八七殷琰傳、魏書卷六一薛安都傳有「薛道標」，魏書卷五三李孝伯傳附李安世傳有「薛道撅」，皆即此人。

〔三六〕封樂鄉縣男 「樂鄉縣男」，宋書卷八七殷琰傳作「樂鄉縣侯」。

〔三七〕謚定子 「子」下南史卷二五垣護之傳附垣榮祖傳有「僖伯襲爵」四字。

南齊書卷二十九

列傳第十

呂安國　全景文　周山圖　周盤龍　王廣之

呂安國，廣陵廣陵人也。宋大明末，安國以將領見任，隱重有幹局，為劉勔所稱。泰始二年，勔征殷琰於壽春，安國以建威將軍為勔軍副。眾軍擊破琰長史杜叔寶軍於橫塘，安國抄斷賊糧道，燒其運車，多所傷殺。琰眾奔退，勔遣安國追之，先至壽春。琰閉門自守，安國與輔國將軍垣閎屯據城南，於是眾軍繼至。安國勳第一，封彭澤縣男，未拜，明年，改封鍾武縣，加邑為四百户。累至寧朔將軍、義陽太守。四年，又改封湘南縣男。虜陷汝南，司州失守，以安國為督司州諸軍事、寧朔將軍、司州刺史。六年，義陽立州治，仍領義陽太守。稍遷右軍將軍、假輔師將軍[一]。元徽二年，為晉熙王征虜司馬，輔師將軍

如故。轉游擊將軍。三年,出爲持節、都督青兗冀三州緣淮前鋒諸軍事、輔師將軍、兗州

刺史〔二〕。明年,進號冠軍將軍,還爲游擊將軍,加散騎常侍、征虜將軍。先是王蘊罷州,南中郎將南陽

王翽未之鎮,蘊寧朔長史庾佩玉權行州事,朝廷先遣南中郎將中兵參軍臨湘令韓幼宗領

軍防州。沈攸之難,二人各相疑阻,佩玉輒殺幼宗。平西將軍黃回至郢州,遣軍主任候伯

行湘州事,又殺佩玉。候伯與回同衛將軍袁粲謀石頭事〔三〕,回令候伯水軍乘舸往赴,會

衆軍已至,不得入。太祖令安國至鎮,收候伯誅之。尋進號前將軍。建元元年〔四〕,進爵,

增邑六百戶。轉右衛將軍,加給事中。

二年,虜寇邊,上遣安國出司州,安集民戶。詔曰:「郢、司之間,流雜繁廣,宜並加區

判,定其隸屬。參詳兩州,事無專任,安國可蹔往經理。」以本官使持節、總荊郢諸軍北討

事,屯義陽西關。虜未至,安國移屯沔口以俟應接。改封湘鄉。世祖即位,授使持節、散

騎常侍、平西將軍、司州刺史,領義陽太守。永明二年,徙都督南兗兗徐青冀五州諸軍事、

平北將軍、南兗州刺史,仍爲都督、湘州刺史。四年,湘川蠻動,安國督州兵討之。

有疾,徵爲光祿大夫、加散騎常侍。安國欣有文授,謂其子曰:「汝後勿作袴褶驅使,

單衣猶恨不稱,當爲朱衣官也。」上遣中書舍人茹法亮敕安國曰:「吾恒憂卿疾病,應有所

須，勿致難也。」明年，遷都官尚書、領太子左率。六年，遷領軍將軍。安國累居將率，在朝以宿舊見遇。尋遷散騎常侍、金紫光祿大夫，兗州中正，給扶。上又敕茹法亮曰：「吾見呂安國疾狀，自不宜勞，且腳中既恒惡，扶人至吾前，於禮望殊成有虧，吾難敕之。其人甚諱病，卿可作私意向，其若好差不復須扶人，依例入，幸勿牽勉。」八年，卒，年六十四。贈使持節、鎮北將軍、南兗州刺史，常侍如故。給鼓吹一部。諡肅侯。

時舊將帥又有吳郡全景文[五]，字弘達。少有氣力，與沈攸之同載出都，引奔牛埭[六]，於岸上息，有人相之：「君等皆方伯人，行當富貴也。」景文謂攸之曰：「富貴或可一人耳，今言皆然，此殆妄言也。」景文仍得將領為軍主。孝建初，為竟陵王驃騎行參軍，以功封漢水侯。除員外郎，積射將軍。

泰始二年，為假節、寧朔將軍、冗從僕射、軍主。隨前將軍劉亮討破東賊於晉陵，除長水校尉、假輔國將軍。北討薛索兒於破釜，領水軍斷賊糧運。仍隨太祖於葛冢石梁，再戰皆有功。南賊相持未決，敕景文隸劉亮拒劉胡，攻圍力戰，身被數十創，除前軍將軍，封孝寧縣侯，邑六百戶。除寧朔將軍、游擊將軍、假輔師將軍、高平太守、鎮軍、安西二府司馬，驍騎將軍。元徽末，出為南豫州刺史、歷陽太守，輔國將軍如故。遷征虜將軍、南琅邪濟

陰二郡太守、軍主，尋加散騎常侍。

建元元年，以不預佐命，國除，授南琅邪太守，常侍、將軍如故。遷光祿大夫，征虜將軍、臨川王征西司馬、南郡太守。還，累遷為給事中、光祿大夫。永明九年，卒。

周山圖字季寂，義興義鄉人也。少貧微，備書自業。有氣幹〔七〕，為吳郡晉陵防郡隊主。宋孝武伐太初，山圖豫勳，賜爵關中侯。兗州刺史沈僧榮鎮瑕丘，與山圖有舊，以為己建武府參軍。竟陵王誕據廣陵反，僧榮遣山圖領二百人詣沈慶之受節度，事平論勳，為中書舍人戴明寶所抑。泰始初，為殿中將軍。四方反叛，僕射王彧舉山圖將領，呼與語，甚悅，使領百舸為前驅。舉軍主佼長生等攻破賊湖白、赭圻二城〔八〕。除員外郎、加振武將軍。豫平濃湖，追賊至西陽還，明帝賞之，賜苑西宅一區。

鎮軍將軍張永征薛安都於彭城，山圖領二千人迎運至武原，為虜騎所追，合戰，多所傷殺。虜圍轉急，山圖據城自固，然後更結陣死戰，突圍出，虜披靡不能禁。眾稱其勇，呼為「武原將」。及永軍大敗，山圖收散卒得千餘人，守下邳城。還除給事中、冗從僕射、直閤將軍。

山圖好酒多失，明帝數加怒誚，後遂自改。出爲錢唐新城戍。是時豫州淮西地新没

虜，更於歷陽立鎮，五年，以山圖爲龍驤將軍、歷陽令，領兵守城。

初，臨海亡命田流，自號「東海王」，逃竄會稽鄞縣邊海山谷中，立屯營，分布要害，放兵大掠而反。明帝遣直後聞人襲説降之，授流龍驤將軍，流受命，將黨與出，行達海鹽，官軍不能討。是冬，殺鄞令耿歆，東境大震。六年，敕山圖將兵東屯浹口，廣設購募。流爲其副暨挈所殺，別帥杜連、梅洛生各擁衆自守〔九〕。至明年，山圖分兵掩討，皆平之。

豫章賊張鳳，聚衆康樂山，斷江劫抄。臺軍主李雙、蔡保數遣軍攻之，連年不禽。至是軍主毛寄生與鳳戰於豫章江，大敗。明帝復遣山圖討之。山圖至，先羸兵偃衆，遣幢主龐嗣厚遺鳳，要出會聚，聽以兵自衛，鳳信之。行至望蔡，山圖設伏兵於水側，擊斬鳳首，衆百餘人束首降〔一〇〕。除寧朔將軍、濜口戍主。山圖遏漣水築西城，斷虜騎路，并以漑田。

元徽三年，遷步兵校尉、加建武將軍。轉督高平下邳淮陽淮西四郡諸軍事、寧朔將軍、淮南太守。盜發桓温塚，大獲寶物。客竊取以遺山圖，山圖不受，簿以還官。遷左中郎將。

太祖輔政，山圖密啓曰：「沈攸之久有異圖，公宜深爲之備。」太祖笑而納之。武陵王

贊爲郢州，太祖令山圖領兵衛送。世祖與晉熙王燮自郢下，以山圖爲後防。攸之事起，世

祖爲西討都督，啟山圖爲軍副。世祖留據盆城，衆議以盆城城小難固，不如還都。山圖

曰：「今據中流，爲四方勢援，大衆致力，川岳可爲。城隍小事，不足難也。」世祖使城局參

軍劉皆、陳淵委山圖以處分事。山圖斷取行旅船板，以造樓櫓，立水柵，旬日皆辦。世祖

甚嘉之。授前軍將軍、加寧朔將軍，進號輔國將軍。

攸之攻郢城，世祖令山圖量其形勢。山圖曰：「攸之見與隣鄉，驅同征伐，悉其爲人。

性度險刻，無以結固士心〔一〕。如頓兵堅城之下，適所以爲離散之漸耳。」攸之既敗，平西

將軍黃回乘輕舸從白服百餘人在軍前下緣流叫，盆城中恐，須臾知是回凱歸，乃安。世祖

謂山圖曰：「周公前言，可謂明於見事矣。」還都，太祖遣山圖領部曲，鎮京城，鎮戍諸軍，

悉受節度。遷游擊將軍，輔國如故。建元元年，封廣晉縣男〔二〕，邑三百戶。

出爲假節、督兗青冀三州徐州東海胊山軍事、寧朔將軍、兗州刺史。百姓附之。二

年，進號輔國將軍。其秋，虜動，上策虜必不出淮陰，乃敕山圖曰：「知卿綏邊撫戎，甚有

次第，應變筭略〔三〕，悉以相委。恐列醜未必能送死，卿丈夫無可藉手耳。」虜果寇胊山，爲

玄元度、盧紹之所破〔四〕。虜於淮陽〔五〕。是時淮北四州起義，上使山圖自淮入清，倍道應

赴。敕山圖曰：「卿當盡相帥馭理，每存全重，天下事，唯同心力，山岳可摧。然用兵當使

背後無憂慮，若後冷然無橫來處，閉目痛打，無不摧碎。吾政應鑄金，待卿成勳耳。若不

藉此平四州，非丈夫也。努力自運，勿令他人得上功。」會義衆已爲虜所没，山圖拔三百家

還淮陰。表移東海郡治漣口，又於石鱉立陽平郡，皆見納。

世祖踐阼，遷竟陵王鎮北司馬、帶南平昌太守，將軍如故。以盆城之舊，出入殿省，甚

見親信。義鄉縣長風廟神姓鄧，先經爲縣令，死遂發靈。山圖啓乞加神位輔國將軍。上

答曰：「足狗肉便了事，何用階級爲？」轉黃門郎，領羽林四廂直衞。山圖於新林立墅舍，

晨夜往還。上謂之曰：「卿罷萬人都督，而輕行郊外。自今往墅，可以仗身自隨，以備不

虞。」及疾，上手敕參問，遣醫給藥。永明元年，卒，年六十四。詔賜朝服一具，衣一襲。

周盤龍，北蘭陵蘭陵人也。宋世土斷，屬東平郡。盤龍膽氣過人，尤便弓馬。泰始

初，隨軍討赭圻賊，躬自鬪戰，陷陣先登。累至龍驤將軍、積射將軍，封晉安縣子，邑四百

户。元徽二年，桂陽賊起，盤龍時爲冗從僕射、騎官主、領馬軍主，隨太祖頓新亭，與屯騎

校尉黄回出城南[一六]，與賊對陣，尋引還城中，合力拒戰。事寧，除南東莞太守，加前軍將

軍，稍至驍騎將軍。昇明元年，出爲假節、督交廣二州軍事、征虜將軍、平越中郎將、廣州

刺史，未之官，預平石頭。二年，沈攸之平，司州刺史姚道和懷貳被徵，以盤龍督司州軍事、司州刺史，假節〔七〕、將軍如故。

建元二年，虜寇壽春，以盤龍爲軍主、假節，助豫州刺史垣崇祖決水漂漬〔九〕。盤龍率輔國將軍張倪馬步軍於西澤中奮擊，殺傷數萬人，獲牛馬輜重。上聞之喜，詔曰：「醜虜送死，敢寇壽春，崇祖、盤龍正勒義勇，乘機電奮，水陸斬擊，填川蔽野。師不淹晨，西蕃剋定。斯實將率用命之功，文武爭伐之力〔一〇〕。凡厥勳勤，宜時銓序，可符列言〔一一〕。」盤龍愛妾杜氏，上送金釵鑷二十枚，手敕曰「餉周公阿杜」。轉太子左率。改授持節，軍主如故。

明年，虜寇淮陽，圍角城〔一二〕。先是上遣軍主成買戍角城〔一三〕，謂人曰：「我今作角城戍，我兒當得一子。」或問其故？買曰：「角城與虜同岸，危險具多，我豈能使虜不敢南向。我若不沒虜，則應破虜。兒不作孝子，便當作世子也。」至虜圍買數重，上遣領軍將軍李安民爲都督救之。敕盤龍曰：「角城湅口，賊始復進〔一四〕，西道便是無賊，卿可率馬步下淮陰就李領軍〔一五〕。鍾離船少，政可致衣仗數日糧，軍人扶淮步下也〔一六〕。」買與虜拒戰，手所傷殺無數。晨朝早起，手中忽見有數升血，其日遂戰死。

盤龍子奉叔單馬率二百餘人陷陣，虜萬餘騎張左右翼圍繞之，一騎走還，報奉叔已

没，盤龍方食，棄節，馳馬奮稍直奔〔二七〕，虜素畏盤龍驍名，即時披靡。時奉叔已大殺虜，得

出在外，盤龍不知，乃衝東擊西，奔南突北，賊衆莫敢當。奉叔見其父久不出，復躍馬入

陣。父子兩匹騎，縈攪數萬人，虜衆大敗。盤龍父子由是名播北國。形甚羸訥，而臨軍勇

果，諸將莫逮。

　永明元年〔二八〕，遷征虜將軍、南琅邪太守。三年，遷右衞將軍，加給事中。五年，轉大

司馬〔二九〕、加征虜將軍、濟陽太守。世祖數講武，帝令盤龍領軍校尉騎騁稍〔三〇〕。後以疾爲

光祿大夫。尋出爲持節、都督兗州緣淮諸軍事、平北將軍、兗州刺史。進爵侯。

　甬城戍將張蒲，與虜潛相構結，因大霧乘船入清中採樵，載虜二十餘人，藏仗笏

下〔三一〕，直向城東門，防門不禁，仍登岸拔白爭門。戍主皇甫仲賢率軍主孟靈寶等三十餘

人於門拒戰，斬三人，賊衆被創赴水，而虜軍馬步至城外已三千餘人，阻塹不得進。淮陰

軍主王僧虔等領五百人赴救〔三二〕，虜衆乃退。坐爲有司所奏，詔白衣領職。八座尋奏復

位。加領東平太守。

　盤龍表年老才弱，不可鎮邊，求解職，見許，還爲散騎常侍、光祿大夫。世祖戲之曰：

「卿著貂蟬，何如兜鍪？」盤龍曰：「此貂蟬從兜鍪中出耳。」十一年，病卒，年七十九。贈

安北將軍、兗州刺史。

子奉叔，勇力絶人，隨盤龍征討，所在爲暴掠。世祖使領軍東討唐㝢之，奉叔畏上威嚴，撿勒部下，不敢侵斥。爲東宮直閤。鬱林在西州，奉叔密得自進。及即位，與直閤將軍曹道剛並爲心膂。道剛驍騎將軍、加冠軍將軍，奉叔游擊將軍、加輔國將軍，並監殿内直衞。少日，仍遷道剛爲黄門郎，高宗固諫不納。奉叔善騎馬，帝從其學騎射，尤見親寵，得入後宮。尋加領淮陵太守，兗州中正。道剛加南濮陽太守。隆昌元年，除黄門郎，未拜，仍出爲持節、都督青冀二州軍事、冠軍將軍、青州刺史。時帝謀誅宰輔，故出奉叔爲外援，除道剛中軍司馬、青冀二州中正，本官如故。

奉叔就帝求千户侯，許之。高宗輔政，以爲不可，封曲江縣男，三百户，奉叔大怒，於衆中攘刀厲目，高宗説喻之，乃受。奉叔辭畢將之鎮，部伍已出。高宗慮其一出不可復制，與蕭諶謀，稱敕召奉叔於省内殺之，勇士數人拳擊久之乃死。啓帝云：「奉叔慢朝廷。」帝不獲已，可其奏。高宗廢帝之日，道剛直閤省，蕭諶先入户，若欲論事，兵人隨後奄進，以刀刺之，洞胷死，同進宮内廢帝〔三〕。

奉叔弟世雄，永元中，爲西江督護。陳顯達事後，世雄殺廣州刺史蕭季敞，稱季敞同逆，送首京師。廣州刺史顔緰討殺之。

王廣之字林之，沛郡相人也。少好弓馬，便捷有勇力。初爲馬隊主。宋大明中，以功補本縣令，殿中、龍驤、强弩將軍，驃騎中兵、南譙太守。

泰始初，除寧朔將軍、軍主，隸寧朔將軍劉懷珍征殷琰於壽春。琰將劉從築壘拒守，臺軍相守移日[三四]。琰遣長史杜叔寶領五千人運車五百乘援從[三五]。懷珍遣廣之及軍主辛慶祖、黃回、千道連等要擊於橫塘。寶結營拒戰，廣之等肉薄攻營，自晡至日沒，大敗之，殺傷千餘人，遂退，燒其運車。從聞之，棄壘奔走。時合肥城反，官軍前後受敵，都督劉勔召諸軍主會議。廣之曰：「請得將軍所乘馬往平之。」勔以馬與廣之，廣之去三日，攻尅合肥賊。

仍隨懷珍討淮北。時明帝遣青州刺史明僧暠北征至三城[三六]，爲沈文秀所攻。廣之將步騎三千餘人，緣海救之，俱引退。廣之又進軍襲文秀所置長廣太守劉桃根，桃根棄城走。軍還，封安蠻縣子，三百户。尋改蒲坂。除建威將軍、南陽太守，不之官。除越騎校尉，龍驤將軍、鍾離太守。遷爲左軍將軍、加寧朔將軍、高平太守。又除游擊將軍、寧朔如故。加給事中、冠軍將軍。討宋建平，先登京口，改封寧都縣子，五百户。太祖廢蒼梧，出

廣之爲假節，督徐州軍事、徐州刺史、鍾離太守，冠軍如故。

沈攸之事起，廣之留京師，豫平石頭，仍從太祖頓新亭，進號征虜將軍〔三七〕。太祖誅黃

回。回弟馰及從弟馬、兄子奴亡逸。太祖與廣之書曰：「黃回雖有微勳，而罪過轉不可

容。近遂啓請御大小二輿爲刺史服飾。吾乃不惜爲其啓聞，政恐得輿，復求畫輪車。此

外罪不可勝數，弟自悉之〔三八〕。今啓依法。」令廣之於江西搜捕馰等。建元元年，爵侯，食

邑爲千户。轉散騎常侍、左軍將軍。

北虜動，明年，詔假廣之節，出淮上。廣之家在彭、沛，啓上求招誘鄉里部曲，北取彭

城，上許之。以廣之爲使持節、都督淮北軍事、平北將軍、徐州刺史。廣之引軍過淮，無所

剋獲，坐免官。尋除征虜將軍、加散騎常侍、太子右率。世祖即位，遷長沙王鎮軍司馬、南

東海太守，司徒司馬，尋陽相〔三九〕。南新蔡太守，安陸王北中郎左軍司馬、廣陵太守，將軍如

故。出爲持節、都督徐州諸軍事、徐州刺史，將軍如故。還爲光禄大夫、左將軍、司徒司

馬。遷右衛將軍，轉散騎常侍、前將軍〔四○〕。

世祖見廣之子珍國應堪大用，謂廣之曰：「卿可謂老蚌也。」廣之曰：「臣不敢辭。」上

大笑。除游擊將軍，不拜。

十一年，虜動，假廣之節，招募。隆昌元年，遷給事中、左衛將軍〔四一〕。時豫州刺史崔

慧景密與虜通，有異志。延興元年，以廣之爲持節、督豫州郢州之西陽司州之汝南二郡軍事、平西將軍、豫州刺史。預廢鬱林勳，增封三百戶。高宗誅害諸王，遣廣之征安陸王子敬於江陽〔二〕，給鼓吹一部。事平，仍改授使持節、散騎常侍、都督江州諸軍事、鎮南將軍、江州刺史。進封應城縣公，食邑三千戶。建武二年，虜圍司州，遣廣之持節督司州征討，解圍。廣之未至百餘里，虜退，乃還。明年，遷侍中、鎮軍將軍，給扶。四年，卒。年七十三。追贈散騎常侍、車騎將軍，諡曰莊公〔三〕。

史臣曰：公侯扞城，守國之所資也。必須久習兵事，非一戰之力。安國等致效累朝，聲勤克舉，並識時變，咸知附託。盤龍驍勇，獨冠三軍，匈奴之憚飛將，曾不若也。壯矣哉！

贊曰：安國舊將，協同遷社，同裨九江，翊從中夏。盤龍殺敵，洞開胡馬。廣之末年，旌旄驟把。

校勘記

〔二〕假輔師將軍　「假」，汲本、局本作「加」。

〔二〕三年出爲持節都督青兗冀三州緣淮前鋒諸軍事輔師將軍兗州刺史　按宋書卷九後廢帝紀，元徽二年九月，「以游擊將軍呂安國爲兗州刺史」。

〔三〕候伯與回同衛將軍袁粲謀石頭事　「衛將」二字原無，據冊府卷四四九將帥部補。

〔四〕建元元年　「建元」，原作「太元」，據南史卷四六呂安國傳、冊府卷三七九將帥部改。

〔五〕時舊將帥又有吳郡全景文　「吳郡」，宋書卷八四鄧琬傳作「吳興」。

〔六〕引奔牛埭　「引」，南監本、北監本、汲本、殿本、局本作「到」。

〔七〕有氣幹　「氣」，汲本、局本作「器」。

〔八〕舉軍主佼長生等攻破賊湖白楮圻二城　「舉」，冊府卷三五一將帥部作「與」。按宋書卷八四鄧琬傳，孫沖之等於湖、白口築二城，陶亮聞二城陷没，留薛常寶守楮圻。是湖、白、楮圻乃三城，非二城。

〔九〕別帥杜連梅洛生各擁衆自守　「杜連」，局本作「杜運」。

〔一〇〕衆百餘人束首降　「束首」，南監本、局本作「束手」。

〔一一〕無以結固士心　「固」，冊府卷三四四將帥部作「國」。

〔一二〕封廣晉縣男　「廣晉」，南史卷四六周山圖傳、建康實錄卷一五、冊府卷三七九將帥部並作「晉興」。

〔一三〕應變竿略　「竿」，三朝本、南監本、北監本、汲本、殿本、局本作「策」。

〔四〕為玄元度盧紹之所破 「玄元度」，原作「元玄度」，據本書卷五七魏書虜傳、魏書卷七上高祖紀

上、卷九八島夷蕭道成傳、通鑑卷一三五齊紀一高帝建元二年乙正。

〔五〕虜於淮陽 句下或有脫文。

〔六〕與屯騎校尉黃回出城南 「屯騎」，原作「屯驤」，據宋書卷八三黃回傳改。按宋書百官志未

見「屯驤校尉」。

〔七〕假節 「假」字原闕，據三朝本、南監本、北監本、汲本、殿本、局本補。

〔八〕進號右將軍 「右」字原闕，據三朝本、南監本、北監本、汲本、殿本、局本、南史卷四六周盤龍

傳補。

〔九〕助豫州刺史垣崇祖決水漂潰 「潰」，局本、冊府卷三五一將帥部並作「潰」。

〔三〇〕文武爭伐之力 「伐」，原作「乏」，據三朝本、南監本、北監本、殿本、局本改。

〔三一〕可符列言 「言」，南監本、北監本、殿本、局本作「上」。

〔三二〕圍角城 「角城」，原作「南城」，據南史卷四六周盤龍傳、冊府卷三九五將帥部、卷四二五將

帥部、卷八四七總錄部、卷九五一總錄部改。

〔三三〕先是上遣軍主成買戍角城 「角城」，原作「甬城」，據南史卷四六周盤龍傳、冊府卷四二五將

帥部、卷九五一總錄部改。按通鑑卷一三五齊紀一高帝建元三年胡注云：「『甬城』當作『角

城』。」下文同改，不另出校。

〔一三〕角城漣口賊始復進　「賊始復」三字原闕，據三朝本、南監本、北監本、汲本、殿本、局本、冊府卷四二五將帥部補。

〔一五〕卿可率馬步下淮陰就李領軍　「淮陰」，南史卷四六周盤龍傳作「淮陽」。「就李領」三字原闕，據冊府卷四二五將帥部補。按三朝本、南監本、北監本、汲本、殿本、局本作「就安民」。

〔一六〕軍人扶淮步下也　「扶」，冊府卷四二五將帥部作「挾」。

〔一七〕馳馬奮稍直奔　「直奔」下御覽卷四三五引齊書、冊府卷三九五將帥部、卷八四七總錄部有「虜陣自稱周公來」七字。南史卷四六周盤龍傳亦有此七字，唯「虜陣」作「魏陣」。

〔一八〕永明元年　「永明」，原作「承明」，據南監本、北監本、殿本、局本改。

〔一九〕轉大司馬　按本書卷二一一豫章文獻王嶷傳云嶷「五年，進位大司馬」。錢大昕考異卷三六云：「此時豫章王嶷爲大司馬，盤龍何以得代之，蓋爲嶷府之僚佐，史脫其文耳。」

〔二○〕帝令盤龍領軍校尉騎騁稍　「帝」，南監本、北監本、殿本、局本作「常」。「軍校尉騎」，南監本、北監本、殿本、局本、南史卷四六周盤龍傳並作「馬軍校騎」。

〔二一〕藏仗笒下　「仗」，南監本、北監本、殿本、冊府卷四五○將帥部並作「伏」。

〔二二〕淮陰軍主王僧虔等領五百人赴救　「王僧虔」，局本、冊府卷四五○將帥部、通鑑卷一三六齊紀二武帝永明六年並作「王僧慶」。

〔二三〕同進宮內廢帝　「同」，南監本、北監本、殿本、局本作「因」。

〔三四〕琰將劉從築壘拒守臺軍相守移日　「拒守」，三朝本、南監本、北監本、汲本、殿本、局本作「相守」。「相守」，南監本、北監本、汲本、殿本、局本作「相拒」。按「劉從」疑即「劉順」，蕭子顯避梁武帝父諱改。劉順事見本書卷二六王敬則傳、宋書卷八七殷琰傳。

〔三五〕琰遣長史杜叔寶領五千人運車五百乘援從　「五百」，宋書卷八七殷琰傳、通鑑卷一三一宋紀一三一明帝泰始二年並作「千五百」。

〔三六〕時明帝遣青州刺史明僧暠北征至三城　「三城」，本書卷二七劉懷珍傳作「王城」，疑是。

〔三七〕進號征虜將軍　「進」，原作「推」，據南監本、北監本、汲本、殿本、局本改。

〔三八〕弟自悉之　「弟」，北監本、殿本作「第」。

〔三九〕尋陽相　「相」，原作「柏」，按王敬則封尋陽郡公，故改太守爲相，今改正。

〔四〇〕轉散騎常侍前將軍　「前將軍」，南史卷四六王敬則之傳作「前軍將軍」。

〔四一〕遷給事中左衛將軍　「左衛將軍」，南史卷四六李安人傳附李元履傳作「右衛將軍」。

〔四二〕高宗誅害諸王遣廣之征安陸王子敬於江陽　按梁書卷二〇陳伯之傳載此事云：「明帝遣廣之討子敬，廣之至歐陽，遣伯之先驅，因城開，獨入斬子敬。」

〔四三〕諡曰莊公　「莊公」，南監本、殿本、局本、南史卷四六王廣之傳並作「壯公」。

南齊書卷三十

列傳第十一

薛淵 戴僧靜 桓康 尹略 焦度 曹虎

薛淵，河東汾陰人也。宋徐州刺史安都從子。本名道淵，避太祖偏諱改。安都以彭城降虜，親族皆入北。太祖鎮淮陰，淵遁來南，委身自結。果幹有氣力。太祖使領部曲，備衞帳內，從征伐。元徽末，以勳官至輔國將軍，右軍將軍、驍騎將軍、軍主，封竟陵侯。

沈攸之難起，太祖入朝堂，豫章王嶷代守東府，使淵領軍屯司徒左府〔一〕，分備京邑。袁粲據石頭，豫章王嶷夜登西門遙呼淵，淵驚起，率軍赴難，先至石頭焚門攻戰。事平，明旦衆軍還集杜姥宅，街路皆滿，宮門不開，太祖登南掖門樓處分衆軍各還本頓，至食後，城門開，淵方得入見太祖，且喜且泣。太祖即位，增邑爲二千五百戶。除淮陵太守、加寧朔

將軍，驍騎將軍如故。尋爲直閤將軍、冠軍將軍。

虜遣僞將薛道標寇壽春，太祖以道標淵之親近，敕齊郡太守劉懷慰曰：「聞道標分明來，其兒婦並在都，與諸弟無復同生者，凡此類，無爲不多方悞之，縱不全信，足使犲狼疑惑。」令爲淵書與道標示購之之意，虜得書，果追道標，遣他將代之。

世祖即位，遷左衛將軍。初，淵南奔，母索氏不得自拔，改嫁長安楊氏，淵私遣購贖，梁州刺史崔慧景報淵云：「索在界首，遣信拘引，已得拔難。」淵表求解職至界上迎之，見許。改授散騎常侍、征虜將軍。淵母南歸事竟無實。淵憂迫之深，固辭朝列。永明元年，淵上表解職送貂蟬。詔曰：「遠隔殊方，聲問難審。昔東關舊典，猶通婚宦。況母出有差，音息時至，依附前例，不容申許。便可斷表，速還章服。」淵以贖母既不得，又表陳解職，詔不許。後虜使至，上爲淵致與母書。

車駕幸安樂寺，淵從駕乘虜橋，先是敕羌虜橋不得入仗，爲有司所奏，免官，見原。四年，出爲持節、督徐州諸軍事、徐州刺史，將軍如故。明年遷右軍司馬[二]，將軍如故，轉大司馬、濟陽太守[三]，將軍如故。七年，爲給事中、右衛將軍，以疾解職。歸家，不能乘車，去車腳，使人舁之而去，爲有司所糾，見原。

八年，爲右將軍、大司馬[四]，領軍討巴東王子響。子響軍主劉超之被捕急，以眠褥雜

物十餘種賂淵自逃，淵匿之軍中，爲有司所奏，詔原。十年，爲散騎常侍，將軍如故。世祖崩，朝廷慮虜南寇，假淵節、軍主、本官如故。尋加驍騎將軍，假節，本官如故。隆昌元年，出爲持節、督司州軍事、司州刺史，右將軍如故。延興元年，進號平北將軍，未拜，卒。明帝即位，方有詔賻錢五萬，布五百匹，剋日舉哀。

戴僧靜，會稽永興人也。祖飾，宋景平中，與富陽孫法先謀亂伏法[五]，家口徙青州。僧靜少有膽力，便弓馬。事刺史沈文秀，俱沒虜。後將家屬叛還淮陰，太祖撫畜之，常在左右。僧靜於都載錦出，爲歐陽戍所得，繫兗州獄，太祖遣薛淵餉僧靜酒食，以刀子置魚腹中。僧靜與獄吏飲酒，既醉，以刀刻械，手自折鏁，發屋而出。歸，太祖匿之齊內，以其家貧，年給穀千斛。虜圍角城，遣僧靜戰盪，數捷，補帳內軍主。隨還京師，勳階至積射將軍，羽林監。

沈攸之事起，太祖入朝堂，僧靜爲軍主從。袁粲據石頭，太祖遣僧靜將腹心先至石頭，時蘇烈據倉城，僧靜射書與烈，夜縋入城。粲登城西南門，列燭火處分[六]，臺軍至，射之，火乃滅，回登東門。其黨輔國將軍孫曇瓘驍勇善戰，每盪一合，輒大殺傷，官軍死者百

餘人。

軍主王天生殊死拒戰，故得相持。自亥至丑，有流星赤色照地墜城中，僧靜率力攻倉門，身先士卒，衆潰，僧靜手斬粲，於是外軍燒門入。初，粲大明中與蕭惠開、周朗同車行，逢大桁開，駐車共語。惠開取鏡自照曰：「無年可仕[七]。」朗執鏡良久曰：「視死如歸。」粲最後曰：「當至三公而不終也。」僧靜以功除前軍將軍、寧朔將軍。將士戰亡者，太祖爲斂祭焉。

昇明二年，除游擊將軍。沈攸之平，論封諸將，以僧靜爲興平縣侯，邑千戶。太祖即位，增邑千二百戶。除南濟陰太守，本官如故。除輔國將軍，改封建昌。建元二年，遷驍騎將軍、加員外常侍，轉太子左衛率。

世祖踐阼，出爲持節、督徐州諸軍事、冠軍將軍、北徐州刺史。買牛給貧民令耕種，甚得荒情。遷給事中、太子右率。尋加通直常侍。永明五年，隸護軍陳顯達，討荒賊桓天生於比陽。僧靜與平西司馬韓孟度、華山太守康元隆前進，未至比陽四十里，頓深橋。天生引虜步騎十萬奄至，僧靜合戰大破之，殺獲萬計。天生退還比陽，僧靜進圍之。天生出城外，僧靜又擊破之，天生閉門不復出，僧靜力疲乃退。除征虜將軍、南中郎司馬、淮南太守。

八年，巴東王子響殺僚佐，世祖召僧靜使領軍向江陵，僧靜面啟上曰：「巴東王年少，

長史捉之太急，忿不思難故耳。天子兒過誤殺人，有何大罪。官忽遣軍西上，人情惶懼，無所不至，僧靜不敢奉敕。」上不答而心善之。

從爲廬陵王中軍司馬、高平太守，將軍如故。九年，卒。詔曰：「僧靜志懷貞果，誠著艱難。剋殄西塘，勳彰運始。奄致殞喪，惻愴傷懷。賵錢五萬，布百匹。謚壯侯。」

僧靜同郡餘姚人陳胤叔，本名承叔，避宣帝諱改。彊辯果捷，便刀楯。初爲左夾轂隊將。泰始初，隨太祖東討，遂歸身隨從征伐，小心慎事，以功見賞。封當陽縣子。官至太子左率。啓世祖以鍛箭鏃用鐵多，不如鑄作。東冶令張候伯以鑄鏃鈍，不合用，事不行。

永明三年，卒。

桓康，北蘭陵承人也。勇果驍悍。宋大明中，隨太祖爲軍容。從世祖在贛縣。泰始初，世祖起義，爲郡所繫，衆皆散。康裝檐，一頭貯穆后，一頭貯文惠太子及竟陵王子良，自負置山中。與門客蕭欣祖、楊璪之、皋分喜、潛三奴、向思奴四十餘人相結，破郡獄出世祖。郡追兵急，康等死戰破之。隨世祖起義，摧堅陷陣，膂力絕人，所經村邑，恣行暴害。江南人畏之，以其名怖小兒，畫其形以辟癘，無不立愈。見擢爲世祖冠軍府參軍，除殿中

將軍，武騎常侍，出補襄賁令。桂陽事起，康棄縣還都就太祖，會事平，除員外郎。

太祖鎮東府，除康武陵王中兵、寧朔將軍、帶蘭陵太守，常衛左右。

太祖誅黃回，回時將爲南兗州，部曲數千，遣收，恐爲亂〔一〇〕。召入東府，停外齋，使康將數十人數回罪，然後殺之。回初與屯騎校尉王宜與同石頭之謀〔一一〕，太祖隱其事，猶以重兵付回而配以腹心。宜與拳捷，善舞刀楯，回嘗使十餘人以水交灑，不能著。既慮宜與反己，乃先撤其軍將，宜與不與，回發怒不從處分，擅斬之。諸將因此白太祖，以回握彊兵，必遂反覆。康請獨往刺之，太祖曰：「卿等何疑，其使無能爲也〔一二〕。」及回被召上車，愛妾見赤光冠其頭至足，苦捉留，回不肯止。時人爲之語曰：「欲俟張，問桓康。」

除後軍將軍、直閤將軍、南濮陽太守，寧朔如故。太祖謂康曰：「卿隨我日久，未得方伯，亦當未解我意，政欲與卿先共滅虜耳。」虜動，遣康行，假節。尋進冠軍將軍。三年春，於淮陽與虜戰，大破之，進兵攻陷虜樊諧城〔一四〕。太祖喜，敕康迎淮北義民，不剋。明年，以康

轉輔國將軍、左軍將軍、游擊將軍，太守如故。建元元年，封吳平縣伯〔一三〕，五百戶。

元徽五年七月六日夜，少帝微行至領軍府，帝左右人曰：「一府人皆眠，何不緣牆入。」帝曰：「我今夕欲一處作適，待明日夜。」康與太祖所養健兒盧荒、向黑於門間聽得其語〔八〕。明夕，王敬則將帝首至，扣門，康謂是變，與荒、黑曉下，拔白欲出。仍隨入宮〔九〕。

爲持節、督青冀二州東徐之東莞琅邪二郡胊山成北徐之東海漣口戍諸軍事、青冀二州刺史，冠軍如故。世祖即位，轉驍騎將軍，復前軍郡。其年，卒。詔曰：「康昔預南勳，義兼常懷，倍深惻愴。凶事所須，厚加料理。」年五十七。

淮南人尹略，少伏事太祖，晚習騎射，以便捷見使爲將。昇明中，爲虎賁中郎將[一五]，越騎校尉。建元初，封平固男，三百戶。永明八年，爲游擊將軍，討巴東王子響，見害。贈輔國將軍、梁州刺史。

焦度字文績[一六]，南安氏人也。祖文珪，避難至襄陽，宋元嘉中，僑立天水郡略陽縣，乃屬焉。

度以歸國，補北館客。孝武初，青州刺史顏師伯出鎮，臺差度領幢主送之。索虜寇青州，師伯遣度領軍與虜戰於沙溝杜梁，度身破陣，大捷。師伯板爲己輔國府參軍。虜遣清水公拾貴敕文寇清口[一七]，度又領軍救援，刺虜騎將豹皮公墮馬，獲其具裝鎧矟，手殺數十人。師伯啓孝武稱度氣力弓馬並絕人，帝召還充左右。見度身形黑壯，謂師伯曰：「真健

物也。」除西陽王撫軍長兼行參軍，補晉安王子勛夾轂隊主，隨鎮江州。子勛起兵，以度爲

龍驤將軍，領三千人爲前鋒，屯赭圻。朝廷聞其勇，甚憂患之，使江州刺史王景文誘降度等將部曲出首[八]，景文

湖中爲寇賊。每與臺軍戰，常自排突，所向無不勝。事敗，逃宮亭

以爲己鎮南參軍，尋領中直兵，厚待之。隨景文還都，常在府州內。景文被害夕，度大怒，

勸景文拒命，景文不從。明帝不知也。

度武勇[九]，補晉熙王燮防閤，除征虜鎧曹行參軍，隨鎮夏口。武陵王贊代燮爲郢州，

度仍留鎮，爲贊前軍參軍[一〇]。沈攸之事起，轉度中直兵，加寧朔將軍、軍主。太祖又遣使

假度輔國將軍、屯騎校尉。攸之大眾至夏口，將直下都，留偏兵守郢城而已。度於城樓上

肆言罵辱攸之，故攸之怒，改計攻城。度親力戰，攸之眾蒙楯將登，度令投

以穢器，賊眾不能冒，至今呼此樓爲「焦度樓」。事寧，度功居多，轉後軍將軍，封東昌縣

子，東宮直閤將軍。爲人朴澀，欲就太祖求州，比及見，意色甚變，竟不得一語。太祖以其

不閑民事，竟不用。建元四年，乃除淮陵太守，本官如故。度見朝廷貴賤[一二]，說郢城事，

宣露如初。好飲酒，醉輒暴怒。上常使人節之。年雖老，而氣力如故。尋除游擊將軍。

永明元年，卒，年六十一。贈輔國將軍、梁秦二州刺史。

子世榮，永明中爲巴東王防閤。子響事，世榮避奔雍州，世祖嘉之，以爲始興中兵參軍。

曹虎字士威，下邳下邳人也，本名虎頭。宋明帝末，為直閤。桂陽賊起，隨太祖出新亭壘出戰，先斬一級持還，由是識太祖。太祖為領軍，虎訴勳，補防殿隊主，直西齋。蒼梧廢明日，虎欲出外避難，遇太祖在東中華門，問虎何之？虎因曰：「故欲仰覓明公耳。」仍留直衛。

太祖鎮東府，以虎與戴僧靜各領白直三百人。累至屯騎校尉、帶南城令。豫平石頭，封羅江縣男，除前軍將軍。上受禪，增邑為四百戶。直閤將軍、領細仗主。尋除寧朔將軍、東莞太守。建元元年冬，虎啟乞度封侯官，尚書奏侯官戶數殷廣，乃改封監利縣。二年，除游擊將軍，本官如故。

及彭、沛義民起，遣虎領六千人入渦。沈攸之橫吹一部，京邑之絕，虎啟以自隨。義民久不望[三]，虎乃攻虜別營破之。將士貪取俘執，反為虜所敗，死亡二千人。

世祖即位，除員外常侍，遷南中郎司馬，加寧朔將軍、南新蔡太守。永明元年，徙為安成王征虜司馬，餘官如故。明年，江州蠻動，敕虎領兵戍尋陽，板輔國將軍、伐蠻軍主。又領尋陽相。尋除游擊將軍，輔國、軍主如故。世祖以虎頭名鄙，敕改之。

六年四月，荒賊桓天生復引虜出據隔城，遣虎督數軍討之。虎令輔國將軍朱公恩領
騎百匹及前行踏伏，值賊遊軍，因合戰破之。遂進至隔城。賊黨拒守，虎引圍柵，絕其走
路，須臾，候騎還報虜援已至，尋而天生率馬步萬餘人迎戰，虎奮擊大敗之，獲二千餘人。
明日，遂攻隔城拔之，斬偽虎威將軍襄城太守帛烏祝，復殺二千餘人，賊棄平氏城退走。

七年，遷冠軍將軍〔二四〕，驍騎如故〔二五〕。明年，遷太子左率，轉西陽王冠軍司馬、廣陵太
守。上敕虎曰：「廣陵須心腹，非吾意可委者，不可得處此任。」隨郡王子隆代巴東王子響
為荊州，備軍容西上，以虎為輔國將軍、鎮西司馬、南平內史。十一年，收雍州刺史王奐，
敕領步騎數百，步道取襄陽。仍除持節，督梁南北秦沙四州諸軍事、西戎校尉、梁南秦二
州刺史，將軍如故。尋進號征虜將軍。鬱林即位，進號前將軍。隆昌元年，遷督雍州郢州
之竟陵司州之隨郡軍事、冠軍將軍、雍州刺史。建武元年，進號右將軍。二年，進督為監，
進號平北將軍，爵為侯，增邑三百戶。

四年，虜寇沔北，虎聚軍襄陽，與南陽太守房伯玉不協，不急赴救，末乃移頓樊城。虜
主元宏遺虎書曰：「皇帝謝偽雍州刺史：神運兆中，皇居闡洛。化總元天，方融八表。而
南有未賓之吳，治為兩主之隔。幽顯含嗟，人靈雍閼〔二六〕。且漢北江邊，密邇乾縣，故先動
鳳駕，整我神邑。卿進無陳平歸漢之智，退闕關羽殉節之忠，嬰閉窮城，憂頓長沔，機勇兩

缺，何其嗟哉。朕比乃欲造卿，逼冗未果，且還新都，饗厥六戎，入彼春月，遲遲揚旆，善脩爾略，以俟義臨。」虎使人答書曰：「自金精失道，皇居徙縣，喬木空存，茂草方鬱。七狄交侵，五胡代起，顧瞻中原，每用弔焉。知棄皋蘭，隨水瀍澗，伊川之象，爰在茲日。古人有云：『匪宅是卜，而鄰是卜。』樊、漢無幸，咫尺殊風，折膠入塞，乘秋犯邊，親屬窮於斬殺，士女困於虜劉。與彼蠢左，共爲脣齒，仁義弗聞，苟暴先露。乃復改易氈裘，妄自尊大。我皇開運，光宅區夏，而式亂通逃，棄同即異。每欲出車鞠旅，以征不庭，所冀干戚兩階，組甲十萬，雄戟千羣，以此叛命來格，遂復遊魂不戢，乾沒孔熾[二七]。孤總連率，任屬方邵，頭曼不祀。若遂迷復，知進忘退，當金鉦戒路，雲旗北掃，長驅燕代，併羈名戡難，何往不克。主上每矜率土，哀彼民黎，使不戰屈敵，兵無血刃。故部勒小戎，閉壁清野，抗威遵養，庶能懷音。兵交無遠，相爲憫然。」王，使少卿忽諸，頭曼不祀。若遂迷復，知進忘退，當金鉦戒路，雲旗北掃，長驅燕代，併羈名

永泰元年，遷給事中，右衞將軍，持節，隸都督陳顯達停襄陽伐虜。度支尚書崔慧景於鄧地大敗，虜追至沔北。元宏率十萬衆，從羽儀華蓋，圍樊城。虎閉門固守。虜去城數里立營頓，設氈屋，復再圍樊城，臨沔水，望襄陽岸乃去。虎遣軍主田安之等十餘軍出逐之，頗相傷殺。東昏即位，遷前將軍、鎮軍司馬。永元元年，始安王遙光反，虎領軍屯青溪中橋[二八]。事寧，轉散騎常侍、右衞將軍。

虎形幹甚毅，善於誘納，日食荒客常數百人。晚節好貨賄，吝嗇，在雍州得見錢五千萬〔二九〕，伎女食醬菜，無重肴。每好風景，輒開庫拍張向之〔三〇〕。帝疑虎舊將，兼利其財，新除未及拜，見殺。時年六十餘。和帝中興元年，追贈安北將軍、徐州刺史。

贊曰：薛辭親愛，歸身淮泱。戴類千秋，興言帝子。桓勇焦壯，爪牙之士。虎守西邊，功虧北鄙。

史臣曰：解厄鴻門，資舞陽之氣；納降饗旅，仗虎侯之力。觀茲猛毅，藉以風威，未必投車挾轊，然後勝敵。故桓康之聲，所以震懾江蠻也。

校勘記

〔二〕 使淵領軍屯司徒左府　「左府」，南史卷四〇薛安都傳附薛深傳作「右府」。

〔三〕 明年遷右軍司馬　「明年」，原作「明帝」，據北監本、殿本改。按上云「四年，出爲持節、督徐州諸軍事、徐州刺史」，次年即永明五年，正蕭鸞爲右將軍、豫州刺史時。又局本作「遷明帝右軍司馬」，錢大昕考異卷二五云：「考明帝紀，永明五年爲右將軍、豫州刺史，淵殆爲其府司馬耳。當云『遷明帝右軍司馬』。」

〔三〕轉大司馬濟陽太守　按「大司馬」下或有脫文，錢大昕考異卷二五云：「按齊世除大司馬者，唯豫章王嶷、王敬則二人，非淵所得授，此蓋蒙上右軍司馬之文，由右軍司馬轉爲大司馬府之司馬也。」

〔四〕爲右將軍大司馬　按「大司馬」下或有脫文，亦當爲大司馬參佐。參見上條校勘記。

〔五〕與富陽孫法先謀亂伏法　「孫法先」，宋書卷四少帝紀、冊府卷六九三牧守部、卷七〇五令長部作「孫法光」，宋書卷五二褚叔度傳附褚淡之傳作「孫法亮」。

〔六〕列燭火處分　「列」，原作「烈」，據北監本、殿本、局本、南史卷四六戴僧靜傳、冊府卷三四四將帥部改。

〔七〕無年可仕　「無」，原作「元」，據北監本、殿本、局本、南史卷二六袁粲傳、冊府卷八六七總錄部改。

〔八〕康與太祖所養健兒盧荒向於閒聽得其語　「盧荒」，南監本、北監本、殿本、局本、南史卷四六桓康傳作「盧荒」。

〔九〕仍隨入宮　「隨」下南監本有「太祖」二字。

〔一〇〕遣收恐爲亂　「遣」，三朝本、南監本、北監本、汲本、殿本、局本、南史卷四六桓康傳作「欲」，通鑑卷一三四宋紀一六順帝昇明二年作「欲遣」。

〔一一〕回初與屯騎校尉王宜與同石頭之謀　「王宜與」，南監本、局本、宋書卷一〇順帝紀、卷八三黃

回傳、卷八九袁粲傳並作「王宜興」。

〔二二〕 卿等何疑其使無能爲也 南監本、北監本、殿本、局本作「卿等何疑彼無能爲也」，通鑑卷一三四宋紀一六順帝昇明元年作「卿等何疑甚彼無能爲也」。

〔二三〕 封吳平縣伯 「縣伯」，南史卷四六桓康傳作「縣侯」。按建康實錄卷一五、冊府卷三四四將帥部亦作「縣伯」。

〔二四〕 進兵攻陷虜樊諧城 「樊諧城」，魏書卷五一孔伯恭傳作「樊階城」。

〔二五〕 爲虎賁中郎將 「將」字原無，據冊府卷三四四將帥部補。按本書卷二四柳世隆傳、宋書卷七四沈攸之傳並云尹略爲虎賁中郎將。

〔二六〕 焦度字文績 「文績」，南史卷四六焦度傳作「文績」。

〔二七〕 虞遣清水公拾賁敕文寇清口 「清水公」，魏書卷五高宗紀、卷五一封敕文傳作「天水公」。

〔二八〕 使江州刺史王景文誘降度等將部曲出首 「將」上冊府卷四二二將帥部、卷六九二牧守部有「度」字。

〔二九〕 度武勇 「度」上南監本、北監本、汲本、殿本、局本、南史卷四六焦度傳並有「以」字。

〔三〇〕 爲贊前軍參軍 「參軍」二字原無，據南監本、北監本、殿本、局本、南史卷四六焦度傳、冊府卷三五一將帥部補。

〔三一〕 至自發露 「露」下南監本、北監本、殿本、局本、南史卷四六焦度傳有「形體穢辱之」五字。

〔三三〕度見朝廷貴賤 「賤」，南監本、北監本、汲本、殿本、局本、冊府卷九五四總錄部並作「戚」。

〔三二〕義民久不望 「望」，南監本、北監本、汲本、殿本、局本作「至」。

〔三一〕七年遷冠軍將軍 「七年」，原作「十一年」，張森楷校勘記云：「按下有十一年收王奐云云，則此不得云是十一年，疑是七年之訛。」張說是。按下云明年隨郡王子隆代巴東王子響爲荊州，以曹虎爲輔國將軍，事在永明八年。明此「十一年」爲「七年」之訛，今改正。

〔三〇〕驍騎如故 本傳未言曹虎任驍騎將軍，按南史卷四六曹武傳云：「武帝即位，累遷驍騎將軍。」

〔二九〕人靈雍闕 「闕」，原作「泰」，據南監本、北監本、殿本、局本改。

〔二八〕乾沒孔熾 「乾沒」，南監本、局本作「亂猾」。

〔二七〕虎領軍屯青溪中橋 「中橋」，本書卷四五宗室始安王遙光傳、南史卷四六曹武傳、通鑑卷一四二齊紀八東昏侯永元元年並作「大橋」。

〔二六〕在雍州得見錢五千萬 「五千萬」，南史卷四六曹武傳、冊府卷九三二總錄部作「七千萬」。

〔二五〕輒開庫拍張向之 「拍」上冊府卷九三六總錄部有「招」字。

南齊書卷三十一

列傳第十二

江謐　荀伯玉

江謐字令和，濟陽考城人也。祖秉[一]，臨海太守，宋世清吏。父徽，尚書都官郎，吳令，爲太初所殺。謐繫尚方，孝武平京邑，乃得出。解褐奉朝請，輔國行參軍，于湖令，強濟稱職。宋明帝爲南豫州，謐傾身奉之，爲帝所親待。即位，以爲驃騎參軍。弟蒙貌醜，帝常召見狎侮之。

謐轉尚書度支郎，俄遷右丞、兼比部郎。泰始四年，江夏王義恭第十五女卒，年十九，未笄。禮官議從成人服，諸王服大功。左丞孫夐重奏：「禮記『女子十五而笄』，鄭云應年許嫁者也[二]，其未許嫁者，則二十而笄。射慈云十九猶爲殤。禮官違越經典，於禮無

據。」博士太常以下結免贖論，諡坐杖督五十，奪勞百日。諡又奏：「復先不研辨，混同謬

議。准以事例，亦宜及咎。」復又結免贖論。詔「可」。

出爲建平王景素冠軍長史、長沙内史，行湘州事。政治苛刻。僧遵道人與諡情款，隨

諡莅郡，犯小事，餓繫郡獄，僧遵裂三衣食之，既盡而死。爲有司所奏，徵還。明帝崩，遇

赦得免。爲正員郎，右軍將軍。

太祖領南兗州，諡爲鎮軍長史、廣陵太守，入爲游擊將軍。性流俗，善趨勢利。元徽

末，朝野咸屬意建平王景素，諡深自委結，景素事敗，僅得免禍。蒼梧王廢後，物情尚懷疑

惑，諡獨竭誠歸事太祖，以本官領尚書左丞。昇明元年，遷黃門侍郎，左丞如故。沈攸之

事起，議加太祖黃鉞，諡所建也。事平，遷吏部郎，稍被親待。遷太尉諮議，領錄事參軍。

齊臺建，爲右衛將軍。建元元年，遷侍中，出爲臨川王平西長史、冠軍將軍、長沙内史，行

湘州留事，先遣之鎮，既而驃騎豫章王嶷領湘州，以諡爲長史，將軍、内史、知州留事如故。

封永新縣伯，四百户。三年，爲左民尚書。諸皇子出閣用文武主帥[三]，皆以委諡。尋敕

曰：「江諡寒士，誠當不得競等華儕。然甚有才幹，堪爲委遇，可遷掌吏部。」世祖即

諡才長刀筆，所在事辦。太祖崩，諡稱疾不入，衆頗疑其怨不豫顧命也[四]。世祖即

位，諡又不遷官，以此怨望。時世祖不豫，諡詣豫章王嶷請閒曰：「至尊非起疾，東宫又非

才，公今欲作何計？」世祖知之，出謐爲征虜將軍、鎮北長史、南東海太守。未發，上使御

史中丞沈沖奏謐前後罪曰：「謐少懷輕躁，長習諂薄，交無義合，行必利動。特以奕世更

局，見擢宋朝，而阿諛內外，貨賂公行，咎盈憲簡，庆彰朝聽，輿金輦寶，取容近習。以沈攸

之地勝兵強，終當得志，委心託身，歲暮相結。以劉景素親屬望重，物應樂推[五]，獻誠薦

子，窺窬非望。時艱網漏，得全首領。太祖匡飭天地，方知遠圖[六]，薄其艱洗之瑕[七]，許

其革音之効，加以非分之寵，推以不次之榮，列迹勳良，比肩朝德。以往者微勤，刀筆小

用，賞廁河山，任忝出入。輕險之性，在貴彌彰；貪昧之情，雖富無滿。重苫湘部，顯行斷

盜；及居銓衡，肆意受納。連席同乘，皆彼黷舊侶；密筵閑讌，必貨賄常客。理合升進者，

以爲己惠；事宜貶退者，並稱中旨。謂販鬻威權，姦自不露[八]，欺主罔上，姦議可掩[九]。

先帝寢疾彌留，人神憂震。謐託病私舍[一〇]，曾無變容。國諱經旬，甫蹔入殿，參訪遺詔，

覘忖時旨。以身列朝流，宜蒙兼帶，先顧不逮，舊位無加，遂崇飾惡言，肆醜縱悖，譏誹朝

政，訕毀皇猷，遍蚩忠賢，歷詆台相。至於蕃岳入授，列代恒規，勳戚出撫，前王彝則。而

謐妄發樞機，坐構鬩論。復敢貶謗儲后，不顧辭端，毀折宗王，每窮舌杪。皆云浩誓乖禮，

崇樹失宜，仰指天，俯畫地，希幸災故，以申積憤。犯上之跡既彰，反噬之情已著。請免官

削爵土，收送廷尉獄治罪。」詔賜死，時年五十二。

子介，建武中，爲吳令，治亦深切，民閒榜死人髑髏爲謎首，棄官而去。

荀伯玉字弄璋，廣陵人也。祖永，南譙太守，父闓之，給事中。

伯玉少爲柳元景撫軍板行參軍，南徐州祭酒，晉安王子勛鎮軍行參軍。泰始初，子勛舉事，伯玉友人孫沖爲將帥，伯玉隷其驅使，封新亭侯。事敗，伯玉還都賣卜自業。建平王景素聞而招之，伯玉不往。

太祖鎮淮陰，伯玉歸身結事，爲太祖冠軍刑獄參軍。太祖爲明帝所疑，及徵爲黃門郎，深懷憂慮。伯玉勸太祖遣數十騎入虜界，安置標榜，於是虜游騎數百履行界上，太祖以聞，猶懼不得留，令伯玉卜，伯玉斷卦不成行，而明帝詔果復太祖本任，由是見親待。從太祖還都，除奉朝請。令伯玉看宅，知家事。世祖罷廣興還，立別宅，遣人於大宅掘樹數株，伯玉不與，馳以聞。太祖曰：「卿執之是也。」轉太祖平南府，晉熙王府參軍。太祖爲南兗州，伯玉轉爲上鎮軍中兵參軍、帶廣陵令。除羽林監，不拜。

初，太祖在淮南，伯玉假還廣陵，夢上廣陵城南樓，上有二青衣小兒語伯玉云：「草中肅，九五相追逐。」伯玉視城下人頭上皆有草。泰始七年，伯玉又夢太祖乘船在廣陵北渚，

見上兩掖下有翅不舒。伯玉問何當舒，上曰：「却後三年。」伯玉夢中自謂是呪師，向上唾

呪之，凡六呪，有六龍出，兩掖下翅皆舒，還而復斂。元徽二年，而太祖破桂陽，威名大震。

五年而廢蒼梧。太祖謂伯玉曰：「卿時乘之夢，今且効矣。」

　昇明初，仍爲太祖驃騎中兵參軍，除步兵校尉，不拜。仍帶濟陽太守，中兵如故。霸

業既建，伯玉忠勤盡心，常衛左右。加前軍將軍。隨太祖太尉府轉中兵，將軍、太守如故。

建元元年，封南豐縣子，四百户。轉輔國將軍、武陵王征虜司馬，太守如故。徙爲安成王

冠軍司馬，轉豫章王司空諮議，太守如故。

　世祖在東宮，專斷用事，頗不如法。任左右張景真，使領東宮主衣食官穀帛，賞賜什

物，皆御所服用。景真於南澗寺捨身齋，有元徽紫皮袴褶，餘物稱是。於樂遊設會，伎人

皆著御衣。又度絲錦與崑崙舶營貨，輒使傳令防送過南州津。世祖拜陵還，景真白服乘

畫舴艋，坐胡牀，觀者咸疑是太子。内外祇畏，莫敢有言。伯玉謂親人曰：「太子所爲，官

終不知，豈得顧死蔽官耳目。我不啓聞，誰應啓者？」因世祖拜陵後密啓之。上大怒，檢

校東宮。世祖還至方山，日暮將泊。豫章王於東府乘飛鷁東迎，具白上怒之意。世祖夜

歸，上亦停門籥待之，二更盡，方入宮。上明日遣文惠太子、聞喜公子良宣敕，以景真罪狀

示世祖。稱太子令，收景真殺之。世祖憂懼，稱疾月餘日。上怒不解。晝卧太陽殿，王敬

則直入，叩頭啓上曰：「官有天下日淺，太子無事被責，人情恐懼，願官往東宮解釋之。」太祖乃幸宮（二），召諸王以下於玄圃園爲家宴，致醉乃還。

上嘉伯玉盡心，愈見親信，軍國密事，多委使之。時人爲之語曰：「十敕五令，不如荀伯玉命。」世祖深怨伯玉。上臨崩，指伯玉謂世祖曰：「此人事我忠，我身後，人必爲其作口過，汝勿信也。」可令往東宮長侍白澤，小却以南兗州處之。」

伯玉遭父憂，除冠軍將軍、南濮陽太守，未拜，除黃門郎，本官如故。世祖轉爲豫章王太尉諮議，太守如故。俄遷散騎常侍，太守如故。伯玉憂懼無計，上聞之，以其與垣崇祖善，慮相扇爲亂，加意撫之，伯玉乃安。永明元年，垣崇祖誅，伯玉并伏法。

初，善相墓者見伯玉家墓，謂其父曰：「當出暴貴而不久也。」伯玉後聞之，曰：「朝聞道，夕死可矣。」死時年五十。

史臣曰：君老不事太子，義烈之遺訓也。欲夫專心所奉，在節無貳，雖人子之親，尚宜自別，則偏黨爲論，豈或傍啓（三）。察江、荀之行也，雖異術而同亡。以古道而居今世，難乎免矣。

贊曰：讇口禍門，荀言嘔盡。時清主異，并合同殞。

〔一〕 祖秉 「秉」，南監本、北監本、殿本、局本作「秉之」。按江秉之傳見宋書卷九二、南史卷三六。

〔二〕 鄭云應年許嫁者也 「應年」，原作「年應」，據南史卷三六江秉之傳附江謐傳乙正。按禮記內則云：「十有五年而笄。」鄭注云：「謂應年許嫁者。」

〔三〕 諸皇子出閣用文武主帥 「主帥」，原作「主師」，據南監本、北監本、殿本、局本、南史卷三六江秉之傳附江謐傳、冊府卷二〇〇閏位部、卷四六七臺省部改。

〔四〕 衆頗疑其怨不豫顧命也 「衆」，冊府卷四七九臺省部作「帝」。按南史卷三六江秉之傳附江謐傳亦作「衆」。

〔五〕 物應樂推 「物」，冊府卷四八二臺省部作「俯」。按冊府卷四七九臺省部亦作「物」。

〔六〕 方知遠圖 「知」，冊府卷四八二臺省部作「弘」。按冊府卷四八二臺省部亦作「知」。

〔七〕 薄其艱洗之瑕 「艱」，冊府卷四八二臺省部作「難」。

〔八〕 姦自不露 「自」，冊府卷四七九臺省部作「狀」，卷四八二臺省部作「回」。

〔九〕 姦議可掩 「姦」，冊府卷四八二臺省部補。

〔一〇〕 謐託病私舍 「託」字原無，據南監本、冊府卷四七九臺省部補。

〔一一〕 謐託病私舍 「舍」，冊府卷四六六臺省部作「謗」。

〔一二〕 太祖乃幸宮 「宮」，冊府卷四六六臺省部作「東宮」。按南史卷四七荀伯玉傳云高帝「遂幸

東宫」。

〔三〕 豈或傍啓 「傍」，原作「榜」，據南監本、北監本、汲本、殿本、局本改。

列傳第十三

王琨　張岱　褚炫　何戢　王延之　阮韜

王琨，琅邪臨沂人也。祖薈，晉衞將軍。父懌，不慧，侍婢生琨，名爲崑崙。懌後娶南陽樂玄女，無子，改琨名，立以爲嗣。

琨少謹篤，爲從伯司徒謐所愛〔一〕。宋永初中，武帝以其娶桓脩女，除郎中，駙馬都尉，奉朝請。元嘉初，從兄侍中華有權寵，以門戶衰弱，待琨如親，數相稱薦。爲尚書儀曹郎，州治中。累至左軍諮議、領錄事，出爲宣城太守，司徒從事中郎，義興太守。歷任皆廉約。還爲北中郎長史，黃門郎，寧朔將軍、東陽太守。孝建初，遷廷尉卿，竟陵王驃騎長史、加臨淮太守，轉吏部郎。吏曹選局，貴要多所屬請，琨自公卿下至士大夫，例爲用兩門

生。

江夏王義恭嘗屬琨用二人，後復遣屬琨，答不許。

出爲持節、都督廣交二州軍事、建威將軍、平越將軍[二]、平越中郎將[三]、廣州刺史。

南土沃實，在任者常致巨富，世云「廣州刺史但經城門一過，便得三千萬」也。琨無所取

納，表獻禄俸之半。州鎮舊有鼓吹，又啓輸還。及罷任，孝武知其清，問還資多少？琨

曰：「臣買宅百三十萬，餘物稱之。」帝悦其對。爲廷尉、加給事中，轉寧朔將軍、長史[四]、

歷陽內史。

上以琨忠實，徙爲寵子新安王東中郎長史[五]、加輔國將軍，遷右衛將軍，度支尚書。

出爲永嘉王左軍、始安王征虜二府長史、加輔國將軍、廣陵太守，皆孝武諸子。泰始元年，

遷度支尚書，尋加光禄大夫。

初，從兄華孫長襲華爵爲新建侯，嗜酒多愆失。琨上表曰：「臣門姪不休，從孫長是

故左衛將軍嗣息，少資常猥，猶冀晚進。頃更昏酣，業身無檢。故衛將軍華忠肅奉國，善

及世祀；而長負釁承封，將傾基緒。嗣小息佟閑立保退[六]，不乖素風，如蒙拯立，則存亡

荷榮，私禄更構。」

出爲冠軍將軍、吳郡太守，遷中領軍。坐在郡用朝舍錢三十六萬營餉二宮諸王及作

絳襖奉獻軍用，左遷光禄大夫[七]，尋加太常及金紫，加散騎常侍。廷尉虞龢議社稷合爲

一神，琨案舊糾駁。時觚深被親寵，朝廷多琨強正。

明帝臨崩，出爲督會稽東陽新安臨海永嘉五郡軍事、左軍將軍、會稽太守，常侍如故。元徽中，遷金紫光祿、弘訓太僕，常侍如故，本州中正，加特進。從帝即位[八]，進右光祿大夫，常侍餘如故。從帝遜位，琨陪位及辭廟，皆流涕。太祖即位，領武陵王師，加侍中，給親信二十人。

時王儉爲宰相，屬琨用東海郡迎吏。琨謂信人曰：「語郎，三臺五省，皆是郎用人；外方小郡，當乞寒賤，省官何容復奪之[九]。」遂不過其事。

琨性既古慎，而儉嗇過甚，家人雜事，皆手自操執。公事朝會，必夙夜早起，簡閱衣裳[一〇]，料數冠幘，如此數四，世以此笑之。尋解王師。

建元四年，太祖崩，琨聞國諱，牛不在宅，去臺數里，遂步行入宮。朝士皆謂琨曰[一一]：「故宜待車，有損國望。」琨曰：「今日奔赴，皆應爾。」遂得病，卒。贈左光祿大夫，餘如故。年八十四。

張岱字景山，吳郡吳人也。祖敞，晉度支尚書，父茂度，宋金紫光祿大夫。

岱少與兄太子中舍人寅[一二]、新安太守鏡、征北將軍永、弟廣州刺史辨俱知名[一三]，謂

之張氏五龍。 鏡少與光祿大夫顏延之隣居，顏談議飲酒，喧呼不絕；而鏡靜嘿無言聲。

後延之於籬邊聞其與客語[一四]，取胡床坐聽，辭義清玄，延之心服，謂賓客曰：「彼有人

焉。」由此不復酗叫。 寅，鏡名最高，永、辨、岱不及也。

郡舉岱上計掾，不行，州辟從事。 累遷南平王右軍主簿，尚書水部郎。 出補東遷令。

時殷沖為吳興，謂人曰：「張東遷親貧須養，所以栖遲下邑。 然名器方顯，終當大至[一五]。」

隨王誕於會稽起義，以岱為建威將軍、輔國長史，行縣事。 事平，為司徒左西曹[一六]。

母年八十，籍注未滿，岱便去官從實還養，有司以岱違制，將欲糾舉。 宋孝武曰：「觀過可

以知仁，不須案也。」累遷撫軍諮議參軍、領山陰令，職事閑理。

巴陵王休若為北徐州，未親政事，以岱為冠軍諮議參軍、領彭城太守，行府、州、國事。

後臨海王為征虜廣州，豫章王為車騎揚州，晉安王為征虜南兗州，岱歷為三府諮議、三王

行事，與典籤主帥共事，事舉而情得。 或謂岱曰：「主王既以執事多門[一七]，而每能緝和公

私，云何致此？」岱曰：「古人言一心可以事百君。 我為政端平，待物以禮，悔吝之事，無

由而及。 明闇短長，更是才用之多少耳。」

入為黃門郎，遷驃騎長史、領廣陵太守。 新安王子鸞以盛寵為南徐州，割吳郡屬焉。

高選佐史，孝武帝召岱謂之曰：「卿美效夙著，兼資宦已多[一八]。今欲用卿爲子鸞別駕，總

刺史之任，無謂小屈，終當大伸也。」帝崩，累遷吏部郎。

明帝初，四方反，帝以岱堪幹舊才，除使持節、督西豫州諸軍事、輔國將軍、西豫州刺

史，尋徙爲冠軍將軍、北徐州刺史，都督北討諸軍事，並不之官。泰始末，爲吳興太守。元

徽中，遷使持節、督益寧二州軍事、冠軍將軍、益州刺史。數年，益土安其政。徵侍中、領

長水校尉，度支尚書，領左軍，遷吏部尚書。王儉爲吏部郎，時專斷曹事，岱每相違執，及

儉爲宰相，以此頗不相善[一九]。

兄子瓛、弟恕，誅吳郡太守劉遐。太祖欲以恕爲晉陵郡，岱曰：「恕未閑從政，美錦不

宜濫裁。」太祖曰：「恕爲人，我所悉。且又與瓛同勳，自應有賞。」岱曰：「若以家貧賜禄，

此所不論；語功推事，臣門之恥。」

尋加散騎常侍。建元元年，出爲左將軍、吳郡太守。太祖知岱歷任清直，至郡未幾，

手敕岱曰：「大邦任重，乃未欲回換，但總戎務殷，宜須望實，今用卿爲護軍。」加給事中。

岱拜竟，詔以家爲府。陳疾。明年，遷金紫光禄大夫、領鄱陽王師。

世祖即位，復以岱爲散騎常侍、吳興太守，秩中二千石。岱晚節在吳興，更以寬恕著

名。遷使持節、監南兗兗徐青冀五州諸軍事[二〇]、後將軍、南兗州刺史，常侍如故。未拜，

卒。年七十一。岱初作遺命，分張家財，封置箱中，家業張減，隨復改易，如此十數年。贈
本官，謚貞子。

褚炫字彥緒，河南陽翟人也。祖秀之，宋太常。父法顯，鄱陽太守。兄炤，字彥宣，少
秉高節，一目眇，官至國子博士，不拜。常非從兄淵身事二代，聞淵拜司徒，歎曰：「使淵
作中書郎而死，不當是一名士？德不昌[一二]，遂令有期頤之壽。」

炫少清簡，為從舅王景文所知。從兄淵謂人曰：「從弟廉勝獨立，乃十倍於我也。」宋
義陽王昶為太常，板炫補五官，累遷太子舍人，撫軍車騎記室，正員郎。

從宋明帝射雉，至日中，無所得。帝甚猜羞，召問侍臣曰：「吾旦來如皋，遂空行，可
笑。」座者莫答。炫獨曰：「今節候雖適，而雲露尚凝[一三]，故斯翬之禽，驕心未警。但得神
駕游豫，羣情便為載懽。」帝意解，乃於雉塲置酒。遷中書侍郎，司徒右長史。

昇明初，炫以清尚，與劉俁、謝朏、江斆入殿侍文義[一三]，號為「四友」。遷黃門郎，太
祖驃騎長史，遷侍中，復為長史。齊臺建，復為侍中、領步兵校尉。以家貧，建元初，出補
東陽太守、加秩中二千石。還，復為侍中、領步兵。凡三為侍中。出為竟陵王征北長史、

加輔國將軍，尋徙爲冠軍長史、江夏內史，將軍如故。

永明元年，爲吏部尚書。炫居身清立，非弔問不雜交遊，論者以爲美。及在選部，門庭蕭索，賓客罕至。出行，左右捧黃紙帽箱，風吹紙剝僅盡。罷江夏還，得錢十七萬，於石頭并分與親族，病無以市藥。表自陳解，改授散騎常侍、領安成王師。國學建，以本官領博士，未拜，卒，無以殯斂。時年四十一。贈太常，謚曰貞子。

何戢字慧景，廬江灊人也。祖尚之，宋司空。父偃，金紫光祿大夫，被遇於宋武。選戢尚山陰公主，拜駙馬都尉。解褐祕書郎，太子中舍人，司徒主簿，新安王文學，祕書丞，中書郎。

景和世，山陰主就帝求吏部郎褚淵入內侍己，淵見拘逼，終不肯從，與戢同居止月餘日，由是特申情好。明帝立，遷司徒從事中郎，從建安王休仁征赭圻，板轉戢司馬，除黃門郎，出爲宣威將軍、東陽太守，吏部郎。元徽初，褚淵參朝政，引戢爲侍中，時年二十九。

戢以年未三十，苦辭內侍，表疏屢上，時議許之。改授司徒左長史。

太祖爲領軍，與戢來往，數置歡讌。上好水引䴵，戢令婦女躬自執事以設上焉。久

之，復爲侍中，遷安成王車騎長史、輔國將軍、濟陰太守，行府、州事。出爲吳郡太守，以疾歸。爲侍中、祕書監，仍轉中書令，太祖相國左長史。建元元年，遷散騎常侍、太子詹事，尋改侍中，詹事如故。上欲轉戢領選，問尚書令褚淵，以戢資重，欲加常侍。淵曰：

「宋世王球從侍中、中書令單作吏部尚書，資與戢相似。頃選職方昔小輕[二四]不容頓加常侍。聖旨每以蟬冕不宜過多，臣與王儉既已左珥，若復加戢，則八座便有三貂。若帖以驍、游[二五]亦爲不少。」乃以戢爲吏部尚書、加驍騎將軍。

戢美容儀，動止與褚淵相慕，時人呼爲「小褚公」。家業富盛，性又華侈，衣被服飾，極爲奢麗。三年，出爲左將軍、吳興太守。

上頗好畫扇，宋孝武賜戢蟬雀扇，善畫者顧景秀所畫。時陸探微、顧彥先皆能畫[二六]，歎其巧絕。戢因王晏獻之，上令晏厚酬其意。

四年，卒。時年三十六。贈散騎常侍、撫軍，太守如故。謚懿子。女爲鬱林王后，又贈侍中、光祿大夫[二七]。

王延之字希季，琅邪臨沂人也。祖裕[二八]宋左光祿儀同三司。父昇之，都官尚書。

延之出繼伯父秀才粲之。

延之少而靜默，不交人事。州辟主簿，不就。舉秀才，北中郎法曹行參軍，轉署外兵，尚書外兵部[二九]，司空主簿，並不就。除中軍建平王主簿、記室，仍度司空、北中郎二府、轉祕書丞，西陽王撫軍諮議，州別駕，尋陽王冠軍、安陸王後軍司馬，加振武將軍，出為安遠護軍、武陵內史，不拜。宋明帝為衛軍，延之轉為長史，加宣威將軍。司徒建安王休仁征赭圻，轉延之為左長史，加寧朔將軍。

延之清貧，居宇穿漏。褚淵往候之，見其如此，具啟明帝，帝即敕材官為起三間齋屋。遷侍中、領射聲校尉，未拜。出為吳郡太守。罷郡還，家產無所增益。除吏部尚書、侍中、領右軍，並不拜。復為吏部尚書、領驍騎將軍，出為後軍將軍、吳興太守。遷都督浙東五郡、會稽太守。轉侍中、祕書監、晉熙王師。遷中書令，師如故。未拜，轉右僕射。昇明二年，轉左僕射。

宋德既衰，太祖輔政，朝野之情，人懷彼此。延之與尚書令王僧虔中立無所去就，時人為之語曰：「二王持平，不送不迎。」太祖以此善之。三年，出為使持節、都督江州豫州之新蔡晉熙二郡諸軍事、安南將軍、江州刺史。建元二年[三〇]，進號鎮南將軍。

延之與金紫光祿大夫阮韜，俱宋領軍劉湛外甥，並有早譽。湛甚愛之，曰：「韜後當

為第一，延之爲次也。」延之甚不平。每致餉下都，韜與朝士同例。太祖聞其如此，與延之書曰：「韜云卿未嘗有別意，當緣劉家月旦故邪？」在州祿俸以外，一無所納，獨處齊內，吏民罕得見者。

四年，遷中書令，右光祿大夫，本州大中正。轉左僕射，光祿、中正如故。尋領竟陵王師。永明二年，陳疾解職，世祖許之。轉特進，右光祿大夫，王師、中正如故。其年卒，年六十四。追贈散騎常侍，右光祿大夫，特進如故。諡簡子。

延之家訓方嚴，不妄見子弟，雖節歲問訊，皆先克日。子倫之〔三〕，見兒子亦然。永明中，爲侍中。世祖幸琅邪城，倫之與光祿大夫全景文等二十一人坐不參承，爲有司所奏。詔倫之親爲陪侍之職，而同外惰慢〔三〕，免官，景文等贖論。建武中，至侍中、領前軍將軍，都官尚書、領游擊將軍，卒。

阮韜字長明，陳留人，晉金紫光祿大夫裕玄孫也。韜少歷清官，爲南兗州別駕，刺史江夏王劉義恭逆求資費錢，韜曰：「此朝廷物。」執不與。宋孝武選侍中四人，並以風貌。王彧、謝莊爲一雙，韜與何偃爲一雙。常充兼假。泰

始末，爲征南江州長史。桂陽王休範在鎮，數出行遊，韜性方峙，未嘗隨從。至散騎常侍、金紫光禄大夫、領始興王師。永明二年，卒。

史臣曰：内侍樞近，世爲華選，金璫頻耀，朝之麗服，久忘儒藝，專授名家。加以簡擇少姿，簪貂冠冕，基蔭所通，後才先貌，事同謁者，以形骸爲官，斯違舊矣。辟强之在漢朝，幼有妙察；仲宣之處魏國，見貶容陋。何戢之讓，雖未能深識前古之美，與夫尸官靦服者，何等級哉！

贊曰：萬石祇慎，琨既爲倫。五龍一氏，張亦繼荀。炫清褚族，戢遺何姻。延之居簡，名峻王臣。

校勘記

〔一〕 爲從伯司徒謐所愛 「謐」，原作「謐」，據三朝本、南監本、北監本、汲本、殿本、局本、南史卷二三王華傳附王琨傳改。

〔二〕 平越將軍 疑文有訛。按宋書百官志無平越將軍，又南史卷二三王華傳附王琨傳、建康實録卷一六俱未載王琨嘗任此職。

〔三〕平越中郎將 「將」字原無，據南史卷二三王華傳附王琨傳、建康實錄卷一六補。

〔四〕寧朔將軍長史 「長史」上疑有脫文。按丁福林校議云：「寧朔將軍帶某大府之長史，例作寧朔長史，今作『寧朔將軍長史』，非史法。疑王琨是時乃以寧朔將軍帶歷陽內史。」

〔五〕徙爲寵子新安王東中郎長史 「東中郎」，南史卷二三王華傳附王琨傳作「北中郎」。按宋書卷八〇始平孝敬王子鸞傳云子鸞大明四年爲東中郎將，吳郡太守，五年，遷北中郎將，南徐州刺史。

〔六〕嗣小息佟閑立保退 「佟」，宋書卷六三王華傳作「終」。

〔七〕左遷光祿大夫 「左」字原無，據南監本、北監本、殿本、局本、南史卷二三王華傳附王琨傳、册府卷六九九牧守部補。按北監本、殿本「左」上有「乃」字。

〔八〕從帝即位 「從帝」，南監本、北監本、殿本作「順帝」。按「從帝」即「順帝」，蕭子顯避梁武帝父諱改。下文同此，不另出校。

〔九〕省官何容復奪之 「容」字原闕，據三朝本、南監本、北監本、殿本、局本、南史卷二三王華傳附王琨傳、通典卷三一職官一三、建康實錄卷一六、宋本册府卷四五九臺省部補，明本册府、洪邁南朝史精語卷六作「用」。

〔一〇〕簡閱衣裳 「衣」，原作「及」，據三朝本、南監本、北監本、汲本、殿本、局本、南史卷二三王華傳附王琨傳、建康實錄卷一六、册府卷八六四總錄部改。

〔一〕朝士皆謂琨曰　「琨」，原作「現」，據三朝本、南監本、北監本、汲本、殿本、局本改。

〔二〕岱少與兄太子中舍人寅　「寅」，册府卷七八三總錄部作「演」。按宋書卷五三張茂度傳、南史卷三一張裕傳、建康實錄卷一六亦作「演」，蕭子顯避梁諱改。下文「寅鏡名最高」之「寅」同。

〔三〕弟廣州刺史辨俱知名　「弟」字疑衍，按宋書卷五三張茂度傳、南史卷三一張裕傳，張岱乃張辨之弟。「辨」，宋書卷八明帝紀、卷二八符瑞志中、卷二九符瑞志下、卷五三張茂度傳、南史卷三一張裕傳、陳書卷二一張種傳作「辯」。按册府卷七八三總錄部、御覽卷五一六引齊書亦作「辨」。

〔四〕後延之於籬邊聞其與客語　「聞」，原作「間」，據三朝本、南監本、北監本、殿本、局本、册府卷八九七總錄部、卷九〇一總錄部改。

〔五〕終當大至　「當大」，原作「常火」，據三朝本、南監本、北監本、汲本、殿本、局本、南史卷三一張裕傳附張岱傳、册府卷七〇五令長部、卷七九一總錄部改。

〔六〕爲司徒左西曹　「左西曹」，册府卷七五三總錄部作「左西掾」。

〔七〕主王既以執事多門　「以」，三朝本、南監本、北監本、汲本、殿本、局本、南史卷三一張裕傳附張岱傳、通鑑卷一二九宋紀一一孝武帝大明五年作「幼」，下當點斷。按御覽卷二四九引齊書亦作「以」。

〔八〕卿美效夙著兼資宦已多 「美效」，御覽卷二五九引齊書作「美望」。按南史卷三一張裕傳附張岱傳、册府卷二〇〇閏位部，卷七一六幕府部、洪邁南朝史精語卷六亦作「美效」。「資宦」，原作「資官」，據三朝本、南監本、北監本、汲本、殿本、局本、南史卷三一張裕傳附張岱傳、册府卷二〇〇閏位部、洪邁南朝史精語卷六改。

〔九〕以此頗不相善 「不」字原無，據三朝本、南監本、北監本、汲本、殿本、局本、南史卷三一張裕傳附張岱傳、册府卷四七八臺省部補。

〔一〇〕遷使持節監南兗兗徐青冀五州諸軍事 「徐」字原闕，據南監本、北監本、汲本、殿本、局本、南史卷三一總録部有「耶名」二字。

〔一一〕不當是一名士德不昌 「名士」下三朝本、南監本、北監本、汲本、殿本、局本、南史卷二八褚裕之傳附褚炤傳、通鑑卷一三五齊紀一高帝建元元年有「邪名」二字，册府卷七八一總録部有「耶名」二字。

〔一二〕與劉俁謝朏江斆入殿侍文義 「劉俁」，册府卷七七六總録部作「劉候」。按宋書卷一〇順帝紀作「劉候」。按南史卷二八褚裕之傳附褚炫傳、梁書卷一五謝朏傳亦作「劉候」。

〔一三〕而雲露尚凝 「雲露」，南監本、殿本、局本、南史卷二八褚裕之傳附褚炫傳、御覽卷九一七引齊書、册府卷二〇五閏位部作「雲霧」。按册府卷八〇〇總録部亦作「雲露」。

〔一四〕項選職方昔小輕 「項」，南史卷三〇何尚之傳附何戢傳、御覽卷六八八引蕭子顯齊書作「領」。按宋本册府卷四六〇臺省部亦作「項」。

〔一五〕 若帖以驍游 「帖」，原作「怗」，據三朝本、南監本、北監本、汲本、殿本、局本、南史卷三〇何尚之傳附何戢傳、通鑑卷一三五齊紀一高帝建元二年、御覽卷六八八引蕭子顯齊書、明本冊府卷四六〇臺省部改。

〔一六〕 時陸探微顧彥先皆能畫 「顧彥先」，御覽卷七〇二引南史作「顧寶元」，卷九四四引梁書作「顧寶先」。顧寶先傳見宋書卷八一顧琛傳、南史卷三五顧琛傳、南史卷二二王曇首傳附王僧虔傳云「吳郡顧寶先卓越多奇，自以伎能，僧虔乃作飛白以示之」，疑作「顧寶先」是。歷代名畫記卷一、卷二、卷六、卷七、貞觀公私畫史、法書要錄卷五唐竇臮述書賦竇蒙注作「顧寶光」。按南史卷三〇何尚之傳附何戢傳、建康實錄卷一六亦作「顧彥先」。

〔一七〕 光禄大夫 南史卷三〇何尚之傳附何戢傳作「右光禄大夫」。

〔一八〕 祖裕 按王延之祖南史卷二四有傳，作「王裕之」。

〔一九〕 尚書外兵部 「外兵部」，或爲「外兵郎」之訛，按本書卷一六百官志、五兵尚書領外兵曹。

〔二〇〕 建元二年 「二年」，南史卷二四王裕之傳附王延之傳作「元年」。

〔二一〕 子倫之 「倫之」，南史卷二四王裕之傳、建康實錄卷一六、冊府卷六八七牧守部作「綸之」。

〔二二〕 而同外惰慢 「外」，南監本、北監本、殿本、局本作「衆」。按冊府卷六九九牧守部亦作「倫之」。

〔二三〕 「惰」，原作「情」，據南監本、北監本、殿本、局本、冊府卷四七八臺省部改。

南齊書卷三十三

列傳第十四

王僧虔　張緒

王僧虔，琅邪臨沂人也。祖珣，晉司徒。伯父太保弘，宋元嘉世爲宰輔。賓客疑所諱，弘曰：「身家諱與蘇子高同。」父曇首，右光祿大夫〔一〕。曇首兄弟集會諸子孫，弘子僧達下地跳戲，僧虔年數歲，獨正坐採蠟燭珠爲鳳凰。弘曰：「此兒終當爲長者。」

僧虔弱冠，弘厚，善隸書。宋文帝見其書素扇，歎曰：「非唯跡逾子敬，方當器雅過之。」除祕書郎，太子舍人。退默少交接，與袁淑、謝莊善。轉義陽王文學，太子洗馬，遷司徒左西屬。

兄僧綽，爲太初所害，親賓咸勸僧虔逃。僧虔涕泣曰：「吾兄奉國以忠貞，撫我以慈

愛，今日之事，苦不見及耳。若同歸九泉，猶羽化也。」孝武初，出爲武陵太守。兄子儉於

中途得病，僧虔爲廢寢食。同行客慰喻之。僧虔曰：「昔馬援處兒姪之間一情不異，鄧攸

於弟子更逾所生，吾實懷其心，誠未異古。亡兄之胤，不宜忽諸。若此兒不救，便當回舟

謝職，無復遊官之興矣〔一〕。」還爲中書郎，轉黃門郎，太子中庶子。

孝武欲擅書名，僧虔不敢顯跡。大明世，常用掘筆書〔三〕，以此見容。出爲豫章王子

尚撫軍長史，遷散騎常侍，復爲新安王子鸞北中郎長史、南東海太守，行南徐州事，二蕃皆

帝愛子也。

尋遷豫章內史。入爲侍中，遷御史中丞，領驍騎將軍。甲族向來多不居憲臺〔四〕，王

氏以分枝居烏衣者，位官微減〔五〕，僧虔爲此官，乃曰：「此是烏衣諸郎坐處，我亦可試爲

耳。」復爲侍中、領屯騎校尉。泰始中，出爲輔國將軍、吳興太守，秩中二千石。王獻之善

書，爲吳興郡，及僧虔工書，又爲郡，論者稱之。

徙爲會稽太守，秩中二千石，將軍如故。中書舍人阮佃夫家在會下〔六〕，請假東歸。

客勸僧虔以佃夫要倖，宜加禮接。僧虔曰：「我立身有素，豈能曲意此輩。彼若見惡，當

拂衣去耳。」佃夫言於宋明帝，使御史中丞孫夐奏：「僧虔前莅吳興，多有謬命，檢到郡至

遷，凡用功曹五官主簿至二禮吏署三傳及度與弟子，合四百四十八人。又聽民何係先等

一百十家為舊門。委州檢削。」坐免官。

尋以白衣兼侍中，出監吳郡太守，遷使持節、都督湘州諸軍事、建武將軍，行湘州事，仍轉輔國將軍、湘州刺史。所在以寬惠著稱。巴峽流民多在湘土，僧虔表割益陽、羅、湘西三縣緣江民立湘陰縣，從之。

元徽中，遷吏部尚書。高平檀珪罷沅南令，僧虔以為征北板行參軍。訴僧虔求祿不得，與僧虔書曰：「五常之始，文武為先，文則經緯天地，武則撥亂定國。僕一門雖謝文通，乃忝武達。羣從姑叔，三媾帝室，祖兄二世，糜軀奉國，而致子姪餓死草壤。去冬今春，頻荷二敕，既無中人，屢見蹉奪。經涉五朔，踰歷四晦，書牘十二，接觀六七，遂不荷潤，反更曝鰓。九流繩平，自不宜獨苦一物，蟬腹龜腸，為日已久。飢虎能嚇，人遽與肉；餓麟不噬，誰為落毛。去冬乞豫章丞，為馬超所爭，今春蒙敕南昌縣，為史偃所奪。二子勳蔭人才，有何見勝。若以貧富相奪，則分受不如。雖孤微，百世國土，姻媾位宦，亦不後物。尚書同堂姊為江夏王妃，檀珪同堂姑為南譙王妃，尚書婦是江夏王女，檀珪祖姑嬪長沙景王；尚書伯為江州，檀珪祖亦為江州；尚書從兄出身為後軍參軍，檀珪父釋褐亦為中軍參軍。僕於尚書，人地本懸，至於婚宦，不肯殊絕〔七〕。今通塞雖異，猶忝氣類，尚書何事乃爾見苦？泰始之初，八表同逆，一門二世，粉骨衞主，殊勳異績，已不能甄，常階舊

途，復見侵抑。」僧虔報書曰：「征北板比歲處遇小優，殷主簿從此府入崇禮，何儀曹即代

殷，亦不見訴爲苦。足下積屈，一朝超升，政自小難。泰始初勤苦十年，自未見其賞，而頓

就求稱，亦何可遂。吾與足下素無怨憾，何以相侵苦，直是意有佐佑耳。」珪又書曰：「昔

荀公達漢之功臣，晉武帝方爵其玄孫。夏侯惇魏氏勳佐，金德初融，亦始就甄顯，方賞其

孫，封樹近族。羊叔子以晉泰始中建策伐吳，至咸寧末，方加褒寵，封其兄子。卜望之以

咸和初殞身國難，至興寧末，方崇禮秩，官其子孫。蜀郡主簿田混，黃初末死故君之難，咸

康中方擢其子孫。似不以世代遠而被棄，年世疎而見遺。檀珪百罹六極，造化罕比，五喪

停露，百口轉命，存亡披迫，本希小禄，無意階榮。自古以來有沐食侯，近代有王官。府佐

非沐食之職，參軍非王官之謂。質非匏瓜，實羞空懸。殷、何二生，或是府主情味，或是朝

廷意旨，豈與悠悠之人同口而語。使僕就此職，尚書能以郎見轉不？若使日得五升禄，

則不恥執鞭。」僧虔乃用爲安成郡丞。珪，宋安南將軍韶孫也。

僧虔尋加散騎常侍，轉右僕射。昇明元年，遷尚書僕射，尋轉中書令、左僕射，二年，

爲尚書令。僧虔好文史，解音律，以朝廷禮樂多違正典，民間競造新聲雜曲，時太祖輔政，

僧虔上表曰：「夫懸鍾之器，以雅爲用；凱容之禮，八佾爲儀。今總章羽佾，音服舛異。

又歌鍾一肆，克諧女樂，以歌爲務，非雅器也。大明中，即以宮懸合和鞞、拂、節數雖會，慮

乖雅體，將來知音，或譏聖世。若謂鍾舞已諧，重違成憲，更立歌鍾，不參舊例，四縣所奏，謹依雅條，即義沿理，如或可附。又令之清商，實由銅爵，三祖風流，遺音盈耳，京洛相高，江左彌貴。諒以金石干羽，事絕私室，桑、濮、鄭、衛，訓隔紳冕，中庸和雅，莫復於斯。而情變聽移，稍復銷落，十數年間，亡者將半。自頃家競新哇，人尚謠俗，務在噍殺，不顧音紀，流宕無崖，未知所極，排斥正曲，崇長煩淫。士有等差，無故不可去樂；禮有攸序，長幼不可共聞。故喧醜之制，日盛於閭里；風味之響，獨盡於衣冠。宜命有司，務勤功課，緝理遺逸，迭相開曉，所經漏忘，悉加補綴。曲全者禄厚，藝妙者位優。利以動之，則人思刻厲。反本還源，庶可跂踵。」事見納。

建元元年，轉侍中、撫軍將軍、丹陽尹。二年，進號左衞將軍〔八〕，固讓不拜。改授左光禄大夫，侍中、尹如故。郡縣獄相承有上湯殺囚，僧虔上疏言之曰：「湯本以救疾，而實行冤暴，或以肆忿。若罪必入重，自有正刑；若去惡宜疾，則應先啓。豈有死生大命，而潛制下邑。愚謂治下囚病，必先刺郡，求職司與醫對共診驗；遠縣，家人省視，然後處理〔九〕。可使死者不恨，生者無怨。」上納其言。

僧虔留意雅樂，昇明中所奏，雖微有釐改，尚多遺失。是時上始欲通使，僧虔與兄子儉書曰：「古語云『中國失禮，問之四夷』。計樂亦如。苻堅敗後，東晉始備金石樂〔一〇〕，

故知不可全誣也。北國或有遺樂，誠未可便以補中夏之闕，且得知其存亡，亦一理也。但鼓吹舊有二十一曲，今所能者十一而已，意謂北使會有散役[二]，得令樂署一人粗別同異者，充此使限[三]。雖復延州難追，其得知所知，亦當不同。若謂有此理者，可得申吾意上聞否？試爲思之。」事竟不行。

太祖善書，及即位，篤好不已。與僧虔賭書畢，謂僧虔曰：「誰爲第一？」僧虔曰：「臣書第一，陛下亦第一。」上笑曰：「卿可謂善自爲謀矣。」示僧虔古迹十一裘[三]，就求能書人名。僧虔得民閒所有，裘中所無者，吳大皇帝、景帝、歸命侯書，桓玄書，及王丞相導、領軍洽、中書令珉[四]、張芝、索靖、衛伯儒[五]、張翼十二卷奏之[六]。又上羊欣所撰能書人名一卷。

其年冬，遷持節、都督湘州諸軍事[七]、征南將軍、湘州刺史，侍中如故。清簡無所欲，不營財産，百姓安之。世祖即位，僧虔以風疾欲陳解，會遷侍中、左光祿大夫、開府儀同三司。僧虔少時輩從宗族並會，客有相之者云：「僧虔年位最高，仕當至公，餘人莫及也。」及授，僧虔謂兄子儉曰：「汝任重於朝，行當有八命之禮，我若復此授，則一門有二台司，實可畏懼。」乃固辭不拜，上優而許之。改授侍中、特進、左光祿大夫。客問僧虔固讓之意，僧虔曰：「君子所憂無德，不憂無寵。吾衣食周身，榮位已過，所慙庸薄無以報國，豈

容更受高爵，方貽官謗邪！」兄子儉爲朝宰，起長梁齋，制度小過，僧虔視之不悦，竟不入
戶，儉即毁之。

永明三年，薨【一八】。

僧虔頗解星文，坐見豫章分野當有事故【一九】，時僧虔子慈爲豫章内
史，慮其有公事。少時，僧虔薨，慈棄郡奔赴。僧虔時年六十。追贈司空，侍中如故。諡
簡穆。

其論書曰：「宋文帝書，自云可比王子敬，時議者云『天然勝羊欣，功夫少於欣』。王
平南廙，右軍叔，過江之前以爲最【二〇】。不爾，至今猶法鍾、張。亡曾祖領軍書，右軍云『弟書遂不減吾』。變古制
今，唯右軍、領軍。亡從祖中書令書，子敬云『弟書如騎騾，騤騤恒
欲度驊騮前』。庾征西翼書，少時與右軍齊名，右軍後進，庾猶不分，在荆州與都下人書
云：『小兒輩賤家雞，皆學逸少書，須吾下，當比之』。張翼，王右軍自書表，晉穆帝令翼寫
題後答，右軍當時不別，久後方悟，云『小人幾欲亂真』【二一】。張芝、索靖、韋誕、鍾會、二衞
並得名前代，無以辨其優劣，唯見其筆力驚異耳【二二】。張澄當時亦呼有意。郗愔章草亞於
右軍。郗嘉賓草亞於二王，緊媚過其父【二三】。桓玄自謂右軍之流，論者以比孔琳之。謝安
亦入能書錄，亦自重，爲子敬書稍康詩。羊欣書見重一時，親受子敬，行書尤善，正乃不稱
名。孔琳之書天然放縱，極有筆力，規矩恐在羊欣後。丘道護與羊欣俱面受子敬，故當在

欣後〔二四〕。范曄與蕭思話同師羊欣，後小叛，既失故步，爲復小有意耳。蕭思話書羊欣之影，風流趣好，殆當不減，筆力恨弱。謝綜書，其舅云『緊生起』，是得賞也，恨少媚好。謝靈運乃不倫，遇其合時，亦得入流。賀道力書亞丘道護。庾昕學右軍〔二五〕，亦欲亂真矣。」

又著書賦，傳於世。

第九子寂，字子玄，性迅動，好文章，讀范滂傳，未常不歎抱。王融敗後，賓客多歸之。寂志謂之曰：「汝膏粱年少，何患不達，不鎮之以靜，將恐貽譏。」寂乃止。初爲祕書郎，卒，年二十一。

建武初，欲獻中興頌，兄志謂之曰：

僧虔宋世嘗有書誡子曰：

知汝恨吾不許學〔二六〕，欲自悔厲，或以闔棺自欺〔二七〕，或更擇美業，且得有慨，亦慰窮生。但亟聞斯唱，未覩其實。請從先師聽言觀行，冀此不復虛身。吾未信汝，非徒然也。往年有意於史，取三國志聚置牀頭，百日許，復徙業就玄，自當小差於史〔二八〕，猶未近彷彿。曼倩有云「談何容易」，見諸玄，志爲之逸，腸爲之抽，專一書，轉誦數十家注，自少至老，手不釋卷，尚未敢輕言。汝開老子卷頭五尺許，未知輔嗣何所道，平叔何所說，馬、鄭何所異，指例何所明，而便盛於塵尾自呼談士，此最險事。設令袁令命汝言易，謝中書挑汝言莊，張吳興叩汝老端〔二九〕，可復言未嘗看邪？談故如射，前

人得破，後人應解，不解即輸賭矣。且論注百氏，荆州八袠，又才性四本，聲無哀樂，皆言家口實，如客至之有設也。汝皆未經拂耳瞥目。豈有庖廚不脩，而欲延大賓者哉？就如張衡思侔造化，郭象言類懸河，不自勞苦，何由至此？汝曾未窺其題目，未辨其指歸；六十四卦，未知何名；莊子衆篇，何者內外；八袠所載，凡有幾家；四本之稱，以何為長。而終日欺人，人亦不受汝欺也。由吾不學，無以為訓。然重華無嚴父，放勳無令子，亦各由已耳。汝輩竊議亦當云：「何日不學〔三〇〕？」在天地間可嬉戲，何忽自課讁？幸及盛時逐歲暮，何必有所減？」汝見其一耳，不全爾也。設令吾學如馬、鄭，亦必甚勝；復倍不如今，亦必大減。致之有由〔三一〕，從身上來也。今壯年〔三二〕，自勵數倍許勝，劣及吾耳。世中比例舉眼是〔三三〕，汝足知此，不復具言。

吾在世，雖乏德素，要復推排人間數十許年，故是一舊物，人或以比數汝等耳。即化之後，若自無調度，誰復知汝事者？舍中亦有少負令譽，弱冠越超清級者，于時王家門中，優者則龍鳳，劣者猶虎豹，失蔭之後，豈龍虎之議？況吾不能為汝蔭，政應各自努力耳。或有身經三公，蔑爾無聞；布衣寒素，卿相屈體。或父子貴賤殊，兄弟聲名異。何也？體盡讀數百卷書耳〔三四〕。吾今悔無所及，欲以前車誡爾後乘也。汝年入立境，方應從官〔三五〕，兼有室累，牽役情性，何處復得下帷如王郎時邪？為可

作世中學，取過一生耳。試復三思，勿諱吾言。猶捶撻志輩，冀脫萬一，未死之間，望有成就者，不知當有益否？各在爾身，已切身，豈復關吾邪〔三六〕？鬼唯知愛深松茂柏，寧知子弟毀譽事！因汝有感，故略敍胸懷矣。

張緒字思曼〔三七〕，吳郡吳人也。祖茂度，會稽太守。父寅〔三八〕，太子中舍人。

緒少知名，清簡寡欲，叔父鏡謂人曰：「此兒，今之樂廣也〔三九〕。」州辟議曹從事，舉秀才。建平王護軍主簿，右軍法曹行參軍，司空主簿，撫軍、南中郎二府功曹，尚書倉部郎。都令史諮郡縣米事，緒蕭然直視，不以經懷。除巴陵王文學，太子洗馬，北中郎參軍，太子中舍人，本郡中正，車騎從事中郎，中書郎，州治中，黃門郎。

宋明帝每見緒，輒歎其清淡〔四〇〕。轉太子中庶子，本州大中正，遷司徒左長史。吏部尚書袁粲言於帝曰：「臣觀張緒有正始遺風，宜爲宮職。」復轉中庶子，領翊軍校尉，轉散騎常侍、領長水校尉，尋兼侍中，遷吏部郎，參掌大選。元徽初，東宮罷，選曹擬舍人王儉格外記室，緒以儉人地兼美，宜轉祕書丞，從之。緒又遷侍中，郎如故〔四一〕。

緒忘情榮祿，朝野皆貴其風，嘗與客閑言，一生不解作諾。時袁粲、褚淵秉政，有人以

緒言告粲、淵者，即出緒爲吳郡太守，緒初不知也。遷爲祠部尚書，復領中正，遷太常、加

散騎常侍，尋領始建王師。昇明二年，遷太祖太傅長史（四二），加征虜將軍。

齊臺建，轉散騎常侍、世子詹事。建元元年，轉中書令，常侍如故。緒善言，素望甚

重。太祖深加敬異。僕射王儉謂人曰：「北士中覓張緒，過江未有人，不知陳仲弓、黃叔

度能過之不耳？」車駕幸莊嚴寺聽僧達道人講（四三），座遠，不聞緒言，上難移緒，乃遷僧達

以近之。

尋加驍騎將軍。欲用緒爲右僕射，以問王儉，儉曰：「南士由來少居此職。」褚淵在

座，啓上曰：「儉年少，或不盡憶。江左用陸玩、顧和，皆南人也。」儉曰：「晉氏衰政，不可

以爲准則。」上乃止。四年，初立國學，以緒爲太常卿，領國子祭酒，常侍、中正如故。緒既

遷官，上以王延之代緒爲中書令，時人以此選爲得人，比晉朝之用王子敬、王季琰也。

緒長於周易，言精理奧，見宗一時。常云何平叔所不解易中七事（四四），諸卦中所有時

義，是其一也。

世祖即位，轉吏部尚書，祭酒如故。永明元年，遷金紫光祿大夫，領太常。明年，領南

郡王師，加給事中，太常如故。三年，轉太子詹事，師、給事中如故（四五）。緒每朝見，世祖目送

之。謂王儉曰：「緒以位尊我，我以德貴緒也。」遷散騎常侍、金紫光祿大夫，師如故。給

親信二十人。復領中正。長沙王晃屬選用吳興聞人邕為州議曹〔四六〕,緒以資藉不當,執不

許。晃遣書佐固請之,緒正色謂晃信曰:「此是身家州鄉,殿下何得見逼!」竟陵王

子良領國子祭酒,世祖敕王晏曰:「吾欲令司徒辭祭酒以授張緒〔四七〕,物議以為云何?」子

良竟不拜。以緒領國子祭酒,光祿、師、中正如故。

緒口不言利,有財輒散之。清言端坐,或竟日無食,門生見緒飢,為之辦餐,然未嘗求

也。卒時年六十八。遺命作蘆葭輤車,靈上置杯水香火,不設祭。從弟融敬重緒,事之如

親兄,齊酒於緒靈前酌飲,慟哭曰:「阿兄風流頓盡!」追贈散騎常侍、特進、金紫光祿大

夫。謚簡子。

子克〔四八〕,蒼梧世,正員郎,險行見寵,坐廢錮。

克弟允,永明中,安西功曹,淫通殺人,伏法。

允兄充,永明元年,為武陵王友,坐書與尚書令王儉,辭旨激揚,為御史中丞到撝所

奏,免官禁錮。論者以為有恨於儉也。

案建元初,中詔序朝臣,欲以右僕射擬張岱。褚淵謂「得此過優,若別有忠誠,特進升

引者,別是一理,仰由裁照」。詔「更量」。說者既異,今兩記焉。

史臣曰：王僧虔有希聲之量，兼以藝業。戒盈守滿，屈己自容[四九]，方軌諸公[五〇]，實平世之良相。張緒凝衿素氣，自然標格，搢紳端委，朝宗民望。夫如緒之風流者，豈不謂之名臣！

贊曰：簡穆長者，其義恢恢。聲律草隸，燮理三台。思曼廉靜，自絕風埃。遊心文繫，物允清才。

校勘記

〔一〕右光祿大夫　按宋書卷四二王弘傳載元嘉詔、卷六三王曇首傳、卷七一王僧綽傳、梁書卷二一王志傳、建康實錄卷一二，王曇首為左光祿大夫，本書卷二三王儉傳亦云為右光祿大夫。

〔二〕無復遊宦之興矣　「遊宦」，局本、冊府卷八五一總錄部、永樂大典卷六八三二引齊書作「遊宦」。

〔三〕常用掘筆書　「掘筆」，三朝本、南監本、北監本、汲本、殿本、局本、洪邁南朝史精語卷六、法書要錄卷五竇臮述書賦上注、卷八張懷瓘書斷中作「拙筆」，冊府卷八三六總錄部作「屈筆」。按南史卷二二王曇首傳附王僧虔傳、永樂大典卷六八三二引齊書、御覽卷七四八引書斷亦作「掘筆」。

〔四〕甲族向來多不居憲臺 「向來」，北監本、殿本、南史卷二二王曇首傳附王僧虔傳、通典卷二四職官六、御覽卷二二六引齊書作「由來」，永樂大典卷六八三二引齊書亦作「向來」。「憲臺」，通典卷二四職官六、御覽卷二二六引齊書作「憲職」，册府卷四八一臺省部作「臺憲」。

〔五〕位官微減 「位官」，南監本、局本、南史卷二二王曇首傳附王僧虔傳作「位宦」。按册府卷四八一臺省部、洪邁南朝史精語卷六、永樂大典卷六八三二引齊書亦作「位官」。

〔六〕中書舍人阮佃夫家在會下 「家」字原無，據南監本、北監本、殿本、局本、南史作「會稽」。按永樂大典卷六八三二引齊書亦作「會下」。傳附王僧虔傳補。「會下」，南監本、北監本、殿本、局本作「會下」，洪邁南朝史精語卷六、永樂大典卷六八三二引齊書亦作「會下」。

〔七〕不肯殊絕 「不肯」，南監本、北監本、殿本、局本作「不至」，南史卷一五檀道濟傳附檀珪傳作「不肯」。

〔八〕皆不 「皆不」，册府卷九一八總錄部、洪邁南朝史精語卷六、永樂大典卷六八三二引齊書亦作「不肯」。

〔九〕然後處理 「處理」，册府卷四七一臺省部、通鑑卷一三五齊紀一高帝建元二年作「處治」，或唐人避高宗諱改。按永樂大典卷六八三二引齊書亦作「處理」。

〔一〇〕進號左衛將軍 「左」字疑衍，按僧虔既由三品之撫軍將軍「進號」，不當爲「左衛將軍」。

〔一一〕東晉始備金石樂 「晉」字原無，據南監本、北監本、汲本、殿本、局本補。

〔一二〕意謂北使會有散役 「散役」，永樂大典卷六八三二引齊書作「散秩」。

〔三〕 充此使限 「此」，永樂大典卷六八三二引齊書作「北」。

〔二〕 示僧虔古迹十一裘 「十一」，按法書要錄卷四唐張懷瓘二王等書錄作「十二」。

〔三〕 中書令珉 「珉」原作「㟁」，據南監本、北監本、汲本、殿本、局本、南史卷二二王曇首傳附王僧虔傳、册府卷八六一總錄部、永樂大典卷六八三二引齊書改。按王珉傳見晉書卷六五。

〔五〕 衞伯儒 明本册府卷八六一總錄部作「衞伯玉」。按法書要錄卷一南齊王特進答齊太祖論書啓、宋本册府亦作「衞伯儒」。

〔六〕 張翼十二卷奏之 「十二」，南史卷二二王曇首傳附王僧虔傳、册府卷八六一總錄部作「十一」，法書要錄卷四唐張懷瓘二王等書錄作「十」。按法書要錄卷一南齊王特進答齊太祖論書啓，無桓玄，有晉安帝，張芝前又列韋仲將名，正爲十二人也。

〔七〕 都督湘州諸軍事 「事」字原無，據汲本、局本補。

〔八〕 永明三年薨 册府卷三三一宰輔部、文選卷四六任彥昇王文憲集序繫此事於二年。按本書卷二三王儉傳亦繫於三年。

〔九〕 坐見豫章分野當有事故 「坐」，南監本、北監本、殿本、局本、南史卷二二王曇首傳附王僧虔傳作「夜坐」。

〔一〇〕 過江之前以爲最 「江」下南史卷二二王曇首傳附王僧虔傳、册府卷八六一總錄部有「右軍」二字，是。按法書要錄卷一王僧虔論書云王廙「是右軍叔，自過江東，右軍之前，惟廙爲最」，

〔二〕 云小人幾欲亂真 「小人」，法書要錄卷一王僧虔論書作「小子」。按南史卷二二王曇首傳附王僧虔傳、法書要錄卷二梁虞龢論書表、卷五竇臮述書賦上注、册府卷八六一總録部、永樂大典卷八六三二引齊書亦作「小人」。

〔三〕 唯見其筆力驚異耳 「驚異」，法書要錄卷一王僧虔論書作「驚絕」。按南史卷二二王曇首傳附王僧虔傳、册府卷八六一總録部、永樂大典卷八六三二引齊書亦作「驚異」。

〔三〕 緊媚過其父 「過」字原無，據十七史策要、册府卷八六一總録部、法書要錄卷一王僧虔論書補。

〔四〕 故當在欣後 按法書要錄卷一王僧虔論書此下有「丘殊在羊欣前」六字。

〔五〕 庾昕學右軍 「庾昕」，法書要錄卷一王僧虔論書作「康昕」。同卷王僧虔録宋羊欣采古來能書人名云有「胡人康昕」工隸草，疑作「康昕」是。

〔六〕 知汝恨吾不許學 「許」，南監本、北監本、殿本、南史卷二二王曇首傳附王僧虔傳、明本册府卷八一七總録部作「許汝」。按十七史策要、宋本册府、永樂大典卷六八三二引齊書亦作「許」。

〔七〕 或以闔棺自欺 「欺」，南監本作「期」。按十七史策要、南史卷二二王曇首傳附王僧虔傳、册府卷八一七總録部、永樂大典卷六八三二引齊書亦作「欺」。

文義較明晰。

〔二八〕復徙業就玄自當小差於史　「玄」，册府卷八一七總録部作「玄玄」。按十七史策要、永樂大典卷六八三二引齊書亦作「玄」。

〔二九〕張吳興叩汝老端　「汝」，南監本、北監本、殿本、局本作「汝言」，「端」字屬下讀。按十七史策要、册府卷八一七總録部、洪邁南朝史精語卷六、永樂大典卷六八三二引齊書亦作「汝」。

〔三〇〕何日不學　「何日」，南監本、北監本、殿本、南史卷二二王曇首傳附王僧虔傳、明本册府卷八一七總録部作「阿越」，宋本册府作「吾」，十七史策要作「何日」。按永樂大典卷六八三二引齊書亦作「何日」。

〔三一〕致之有由　「有由」，原作「有曰」，據南監本、北監本、殿本、局本、南史卷二二王曇首傳附王僧虔傳改。

〔三二〕今壯年　「今」，南史卷二二王曇首傳附王僧虔傳、册府卷八一七總録部作「汝今」。按十七史策要、永樂大典卷六八三二引齊書亦作「今」。

〔三三〕世中比例舉眼是　「是」，册府卷八一七總録部作「皆是」。按十七史策要、永樂大典卷六八三二引齊書亦作「是」。

〔三四〕體盡讀數百卷書耳　「體盡」，册府卷八一七總録部作「蓋」。按南史卷二二王曇首傳附王僧虔傳、十七史策要、永樂大典卷六八三二引齊書亦作「體盡」。

〔三五〕方應從官　「從官」，南史卷二二王曇首傳附王僧虔傳、十七史策要作「從宦」。按册府卷八

一七總錄部、永樂大典卷六八三三引齊書亦作「從官」。

〔三六〕各在爾身己切身豈復關吾邪 「己切身」，南史卷二二王曇首傳附王僧虔傳、冊府卷八一七總錄部、永樂大典卷六八三三引齊書作「已切」，屬上讀。按十七史策要亦作「已切身」。

〔三七〕張緒字思曼 「思曼」，御覽卷二六五引蕭子顯齊書作「思蔓」。按南史卷三一張緒傳、建康實錄卷一六、御覽卷四〇三引齊書、冊府卷五九七學校部、卷七〇八宮臣部亦作「思曼」。

〔三八〕父寅 「寅」，南監本、局本、南史卷三一張裕傳附張緒傳、建康實錄卷一六作「演」。按宋書卷五三張茂度傳，「寅」即「演」，蕭子顯避梁諱改。

〔三九〕今之樂廣也 「今」，明本冊府卷八一九總錄部作「舍」。按建康實錄卷一六、宋本冊府亦作「今」。

〔四〇〕輒歎其清淡 「清淡」，冊府卷四六一臺省部作「清談」。按南史卷三一張裕傳附張緒傳亦作「清淡」。

〔四一〕郎如故 「郎」上原衍「中」字，按上文未言爲中郎，據刪。

〔四二〕遷太祖太傅長史 「太祖」，原作「太子」，南史卷三一張裕傳附張緒傳云：「自祠部尚書爲齊高帝太傅長史。」按昇明二年無太子，據宋書卷一〇順帝紀，是年九月蕭道成爲太傅，張緒當於此時遷太傅長史，蕭道成廟號太祖，「太子」訛，今改正。

〔三〕 聽僧達道人講 「講」下南史卷三一張裕傳附張緒傳、御覽卷六五七引齊書有「維摩」二字。

〔四〕 常云何平叔所不解易中七事 「七事」，按三國志卷二九魏書方技管輅傳裴注引輅別傳、世說新語規箴第一〇劉孝標注引管輅別傳、梁書卷四八儒林伏曼容傳、南史卷七一儒林伏曼容傳作「九事」。

〔四〕 給事如故 「如」，原作「加」，據三朝本、南監本、北監本、汲本、殿本、局本、南史卷三一張裕傳附張緒傳改。

〔四〕 長沙王晃屬選用吳興聞人邕爲州議曹 「長沙王」，原作「長沙主」，據南監本、北監本、汲本、殿本、局本、南史卷三一張裕傳附張緒傳、御覽卷二六五引蕭子顯齊書、册府卷四五九臺省部、通鑑卷一三六齊紀二武帝永明七年改。「吳興」，南史張緒傳作「吳郡」，按張緒吳郡人，南史疑是。

〔四七〕 吾欲令司徒辭祭酒以授張緒 「令」，原作「領」，據南監本、北監本、汲本、殿本、局本、南史卷三一張裕傳附張緒傳、御覽卷二三六引齊書、册府卷五九七學校部改。

〔四八〕 子克 「克」，南史卷三一張裕傳附張緒傳作「完」。

〔四九〕 屈己自容 「屈己」，原作「發」，據南監本、北監本、汲本、殿本、局本改。

〔五〇〕 方軌諸公 「軌」，原作「執」，據北監本、汲本、殿本、局本改，南監本作「之」。

南齊書卷三十四

列傳第十五

虞玩之 劉休 沈沖 庾杲之 王諶

虞玩之字茂瑤，會稽餘姚人也。祖宗，晉庫部郎。父玫，通直常侍。

玩之少閑刀筆，汎涉書史，解褐東海王行參軍，烏程令。路太后外親朱仁彌犯罪，依法録治，怨訴孝武〔一〕，坐免官。泰始中，除晉熙國郎中令，尚書起部郎，通直郎。時太祖參政，與玩之書曰：「張華爲度支尚書，事不徒然。今漕藏有闕，吾賢居右丞，已覺金粟可積也。」玩之上表陳府庫錢帛器械役力所懸轉多，興用漸廣，慮不支歲月。朝議優報之。遷安成王車騎録事，轉少府。

太祖鎮東府，朝野致敬，玩之猶躡展造席。太祖取展視之，訛黑斜鋭，蒵斷，以芒接

之。問曰：「卿此屢已幾載？」玩之曰：「初釋褐拜征北行佐買之，著已二十年〔二〕，貧士竟不辦易。」太祖善之，引爲驃騎諮議參軍。霸府初開，賓客輻湊，太祖留意簡接，玩之與樂安任遐，俱以應對有席上之美，齊名見遇。遐字景遠，好學，有義行，兼與太祖素游，褚淵、王儉並見親愛。官至光祿大夫，永元初卒。

玩之遷驍騎將軍、黃門郎，領本部中正〔三〕。上患民間欺巧，及即位，敕玩之與驍騎將軍傅堅意檢定簿籍。建元二年，詔朝臣曰：「黃籍，民之大紀，國之治端。自頃氓俗巧僞，爲日已久，至乃竊注爵位，盜易年月，增損三狀，貿襲萬端。或戶存而文書已絕，或人在而反託死板〔四〕。停私而云隸役，身强而稱六疾。編戶齊家，少不如此。皆政之巨蠹，教之深疵。比年雖却籍改書，終無得實〔五〕。若約之以刑，則民僞已遠；若綏之以德，則勝殘未易〔六〕。卿諸賢並深明治體，可各獻嘉謀，以振澆化。又臺坊訪募，此制不近，優刻素定，閑劇有常。宋元嘉以前，茲役恒滿，大明以後，樂補稍絕。或緣寇難頻起，軍蔭易多，民庶從利，投坊者寡。然國經未變，朝紀恒存，相揆而言，隆替何速。比急病之洪源〔七〕，晷景之切患，以何科筭，革斯弊邪？」玩之上表曰：「宋元嘉二十七年八條取人〔八〕，孝建元年書籍，衆巧之所始也。元嘉中，故光祿大夫傅隆，年出七十，猶手自書籍，躬加隱校。隆何必有石建之慎，高柔之勤，蓋以世屬休明，服道脩身故耳。今陛下日旰忘食，未明求衣，詔

逮幽愚，謹陳妄說。古之共治天下，唯良二千石，今欲求治取正，其在勤明令長。凡受籍，縣不加檢合，但封送州，州檢得實[九]，方却歸縣。吏貪其賂，民肆其姦，姦彌深而却彌多，賂愈厚而答愈緩。自泰始三年至元徽四年，揚州等九郡四號黃籍，共却七萬一千餘戶。愚謂宜以元嘉二十七年籍爲正。神州奧區，尚或如此，江、湘諸部[一〇]，倍不可念。而所正者猶未四萬。

于今十一年矣，而所正者猶未四萬。使官長審自檢校[一一]，必令明洗，然後上州，永以爲正。若有虛昧，州縣同咎。今戶口多少，不減元嘉，而板籍頓闕[一二]，弊亦有以。自孝建已來，入勳者衆，其中操干戈衛社稷者，三分殆無一焉。勳簿所領，而詐注辭籍，浮遊世要，非官長所拘錄，復爲不少。尋蘇峻平後，庾亮就溫嶠求勳簿[一三]，而嶠不與，以爲陶侃所上，多非實錄。尋物之懷私，無世不有，宋末落紐，此巧尤多。又將位既衆，舉卹爲祿，實潤甚微，而人領數萬，尋如此二條，天下合役之身，已據其太半矣。又有改注籍狀，詐入仕流，苦爲人役者[一四]，今反役人。又生不長髮，便謂爲道，填街溢巷，是處皆然。或抱子井居[一五]，竟不編戶，遷徙去來，公違土斷。法令必行，自然競反。又四鎮戍將，有名寡實，隨才部曲，無辦勇懦，署位借給，巫媼比肩，彌山滿海，皆是私役。行貨求位，其塗甚易，募役卑劇，何爲投補？坊吏之所以盡，百里之所以單也。今但使募制

明信,滿復有期,民無逕路,則坊可立表而盈矣。爲治不患無制,患在不行,不患不行,患在不久。」上省玩之表,納之。乃別置板籍官[六],置令史,限人一日得數巧,以防懈怠。於是貨賂因緣,籍注雖正,猶强推却,以充程限。至世祖永明八年,謫巧者戍緣淮各十年,百姓怨望。世祖乃詔曰:「夫簡貴賤,辨尊卑者,莫不取信於黄籍。豈有假器濫榮,竊服非分。故所以澄革虛妄,式允舊章。然釁起前代,過非近失,既往之譽,不足追咎。自宋昇明以前,皆聽復注。其有謫役邊疆,各許還本。此後有犯,嚴加翦治。」

玩之以久官年疾[七],上表告退,曰:「臣聞負重致遠,力窮則困,竭誠事君,智盡必傾,理固然也。四十仕進,七十懸車,壯則驅馳,老宜休息。臣生於晉,長於宋,老於齊,歷三代,朝市再易。臣以宋元嘉二十八年爲王府行佐,於茲三十年矣。自頃以來,衰耗漸篤。爲性不嬾惰,而倦怠頓來。耳目本聰明,而聾瞎轉積。脚不支身,喘不緒氣。景刻不推,朝晝不保。大功兄弟,四十有二人,通塞壽夭,唯臣獨存。朝露末光,寧堪長久。且知足不辱,臣已足矣。稟命飢寒,不求富貴,銅山由命,臣何恨焉,久甘之矣。直道事人,不免縲絏,屬遇聖明,知其非罪,臣之幸厚矣。授命於道消之晨,効節於百揆之日,臣忠之効也。慶降於文明之初[八],荷澤於天飛之運,臣命之偶也。不謀巧宦而位至九卿,德慙李陵而忝居門下。堯舜無窮,臣亦通矣。年過六十,不爲夭矣。榮期之三樂,東平之一善,

臣俱盡之矣。經昏踐亂，涉艱履危，仰聖德以求全，憑賢輔以申節，未嘗厭屈於勳權，畏溺於狐鼠，臣立身之本，於斯不虧。在其壯也，當官不讓。及其衰矣，豪露靡因。伏願慈臨，賜臣骸骨。非爲希高慕古，愛好泉林。特以丁運孤貧，養禮多闕，風樹之感，夙自纏心，庶天假其辰，得一二三年間，掃守丘墓，以此歸全，始終之報遂矣。」上省玩之表，許之。

玩之於人物好臧否[一九]，宋末，王儉舉員外郎孔逿使虜，玩之言論不相饒，逿、儉並恨之。至是玩之東歸，儉不出送，朝廷無祖餞者。玩之歸家起大宅，數年卒。其後員外郎孔瑤就儉求會稽五官[二○]，儉方盥，投皁莢於地，曰：「卿鄉俗惡。虞玩之至死治人[二一]。」

孔逿字世遠，玩之同郡人，好典故學，與王儉至交。昇明中，爲齊臺尚書儀曹郎，太祖謂之曰：「卿儀曹才也。」儉爲宰相，逿嘗謀議帷幬，每及選用，頗失鄉曲情。儉從容啓上曰：「臣有孔逿，猶陛下之有臣也。」永明中，爲太子家令，卒。時人呼孔逿、何憲爲王儉三公。

憲字子思，廬江人也，以強學見知。母鎮北長史王敷之女，聰明有訓識。憲爲本州別駕。永明十年，使于虜中。

劉休字弘明，沛郡相人也。祖徽，正員郎。父超，九真太守。

休初爲駙馬都尉，奉朝請，宋明帝湘東國常侍[二二]。好學諳憶，不爲帝所知。襲祖封南鄉侯。

友人陳郡謝儼同丞相義宣反，休坐匿之，被繫尚方七年，孝武崩，乃得出。隨弟欽爲羅縣。

泰始初，諸州反，休簽明帝當勝，靜處不預異謀。數年，還投吳喜爲輔師府録事參軍，喜稱其才，進之明帝，得在左右。板桂陽王征北參軍。

帝頗有好尚，尤嗜飲食，休多藝能，爰及鼎味，問無不解。後宮孕者，帝使簽其男女，無不如占。帝素肥，痿不能御内，諸王妓妾懷孕，使密獻入宮，生子之後，閉其母於幽房，前後十數。從帝，桂陽王休範子也[二三]。蒼梧王亦非帝子，陳太妃先爲李道兒妾，故蒼梧微行，嘗自稱爲李郎焉。帝憎婦人妬，尚書右丞榮彦遠以善棊見親[二四]，婦妬傷其面，帝曰：「我爲卿治之，何如？」彦遠率爾應曰：「聽聖旨。」其夕，遂賜藥殺其妻。休妻王氏亦妬，帝聞之，賜休妾，敕與王氏二十杖。令休於宅後開小店，使王氏親賣掃箒皁莢以辱之。其見親如此。

尋除員外郎，領輔國司馬、中書通事舍人，帶南城令。除尚書中兵郎，給事中、舍人、令如故。除安成王撫軍參軍，出爲都水使者，南康相。善言治體[二五]，而在郡無異績。還爲正員郎，邵陵王南中郎録事、建威將軍、新蔡太守。隨轉左軍府，加鎮蠻護軍，將軍、太

守如故。遷諮議、司馬，進寧朔將軍，鎮蠻護軍、太守如故。徙尋陽太守，將軍、司馬如故。

後遷長史。沈攸之難，世祖挾晉邵陵二王軍府鎮盆城，休承奉軍費，事寧，仍遷邵陵王安南長史，除黃門郎，寧朔將軍、前軍長史、齊臺散騎常侍。

建元初，為御史中丞。頃之，休啟曰：「臣自塵榮南憲，星晷交春，謬聞弱奏，劾無空月。豈唯不能使蕃邦斂手，豪右屏氣，乃遣聽已暴之辜，替網觸羅之鳥。而猶以此，里失鄉黨之和[二六]，朝絕比肩之顧，覆背騰其喉脣，武人屬其觜吻。怨之所聚，勢難久堪，議之所裁，孰懷其允。臣竊尋宋世載祀六十，歷職斯任者五十有三，校其年月，不過盈歲。於臣叨濫，宜請骸骨。」上曰：「卿職當國司，以威裁為本，而忽憚世誚。卿便應辭之事始，何可獲惰晚節邪？」

宋末，上造指南車，以休有思理，使與王僧虔對共監試。元嘉世，羊欣受子敬正隸法，世共宗之。右軍之體微古，不復見貴，休始好此法，至今此體大行。四年，出為豫章內史，加冠軍將軍。卒，年五十四。

沈沖字景綽，吳興武康人也。祖宣，新安太守。父懷文，廣陵太守[二七]。沖解褐衛尉

五官，轉揚州主簿。宋大明中，懷文有文名，沖亦涉獵文義。轉西陽王撫軍法曹參軍，尋舉秀才，還爲撫軍正佐、兼記室。及懷文得罪被繫，沖兄弟行謝，情哀貌苦，見者傷之。柳元景欲救懷文，言於帝曰：「沈懷文三子塗炭不可見，願陛下速正其罪。」帝竟殺之。元景爲之歎息。沖兄弟以此知名。

泰始初，以母老家貧，啓明帝得爲永興令。遷巴陵王主簿，除尚書殿中郎。元徽中，出爲晉安王安西記室參軍[二八]。還爲司徒主簿，山陰令，轉司徒録事參軍。世祖爲江州，沖爲征虜長史，尋陽太守，甚見委遇。世祖還都，使沖行府、州事。遷領軍長史。建元初，轉驍騎諮議參軍、領録事，未及到任，轉黃門郎。世祖在東宮，待以恩舊。及即位，轉御史中丞，侍中，冠軍廬陵王子卿爲郢州，仍遷太子中庶子。隨府轉爲安西長史、南郡内史，行荊州府事，將軍如故。永明四年，徵爲五兵尚書。

沖與兄淡、淵名譽有優劣，世號爲「腰鼓兄弟」。淡、淵並歷御史中丞，兄弟三人，皆爲司直，晉、宋未有也。中丞案裁之職，被憲者多結怨。淵永明中彈吳興太守袁彖，建武中，彖從弟昂爲中丞，到官數日，奏彈淵子續父在做白幨車，免官禁錮。沖母孔氏在東，隣家失火，疑爲人所焚爇，大呼曰：「我三兒皆作御史中丞，與人豈有善者！」

世祖方欲任沖，沖西下至南州而卒。時年五十一。上甚惜之。喪還，詔曰：「沖喪柩至止，惻愴良深。以其昔在南蕃，特兼憫悼。」車駕出臨沖喪，詔曰：「沖貞詳閑理，志局淹正。誠著蕃朝，績彰出內〔二九〕。不幸早世，朕甚悼之。」追贈太常〔三〇〕，諡曰恭子。

庾杲之字景行，新野人也。祖深之，雍州刺史。父粲，司空參軍。杲之少而貞立，學涉文義。起家奉朝請，巴陵王征西參軍。郢州舉秀才，除晉熙王鎮西外兵參軍，世祖征虜府功曹，尚書駕部郎。清貧自業，食唯有韭葅、瀹韭、生韭雜菜，或戲之曰：「誰謂庾郎貧，食鮭常有二十七種。」言三九也。仍為世祖撫軍中軍記室，遷員外散騎常侍，正員郎，遷中書郎，領荊湘二州中正。轉尚書左丞，常侍、領中正如故。出為王儉衛軍長史，時人呼儉府為入芙蓉池。儉謂人曰：「昔袁公作衛軍，欲用我為長史，雖不獲就，要是意向如此。今亦應須如我輩人也。」乃用杲之。遷黃門郎、兼御史中丞，尋即正。

杲之風範和潤，善音吐。世祖令對虜使，兼侍中。上每歎其風器之美，王儉在座，曰：「杲之為蟬冕所照〔三一〕，更生風采。陛下故當與其即真。」帝意未用也。永明中，諸王

年少，不得妄與人接，敕杲之與濟陽江淹五日一詣諸王，使申遊好。尋又遷盧陵王中軍長史，遷尚書吏部郎，參大選事。轉太子右衞率[二]，加通直常侍。

九年，卒。臨終上表曰：「臣昨夜及旦，更增氣疾，自省綿痼，頃刻危殆，無容復卧。臣以凡庸，謬徼昌運，獎擢之厚，千載難逢。且年踰知命，志事榮顯，脩夭有分[三]，無所厝言。若天鑒微誠，蹔借餘曆，傾宗殞元，陳力無遠。仰違庭闕，伏枕鯁戀。送貂蟬及章。」詔不許。杲之歷在上府，以文學見遇。上造崇虛館，使爲碑文。卒時年五十一，上甚惜之。謚曰貞子。

時會稽孔廣，字淹源，亦美姿制。歷州治中，卒。

王諶字仲和，東海郯人也。祖万慶[四]，員外常侍。父元閔，護軍司馬。宋大明中，沈曇慶爲徐州，辟諶爲迎主簿，又爲州迎從事，湘東王國常侍，鎮北行參軍，除義陽王征北行參軍、國、府主皆宋明帝也。除度明帝衞軍府。諶有學義，累爲軍、州、國、府主皆宋明帝也。及即位，除司徒參軍、帶薛令、兼中書舍人，見親遇，常在左右。諶見帝所行慘僻，屢諫不從，請退，坐此見怒，繫尚書方，少日出。尋除尚書殿中郎，徙記室參軍，正員郎，帝蕃佐。

薛令如故。遷兼中書郎，晉平王驃騎板諮議，出爲湘東太守，秩中二千石，未拜，坐公事免。復爲桂陽王驃騎府諮議參軍，中書郎。

明帝好圍棋，置圍棋州邑，以建安王休仁爲圍棋州都大中正，諶與太子右率沈勃、尚書水部郎庾珪之、彭城丞王抗四人爲小中正，朝請褚思莊、傅楚之爲清定、訪問。出爲臨川内史，還遷爲尚書左丞。尋以本官領東觀祭酒，即明帝所置總明觀也。遷黃門，轉正員常侍，輔國將軍、江夏王右軍長史[三五]冠軍將軍。轉給事中、廷尉卿，未拜。建元中，武陵王曅爲會稽，以諶爲征虜長史行事，冠軍如故。永明初，遷豫章王太尉司馬，將軍如故。

世祖與諶相遇於宋明之世，欲委任[三六]，爲輔國將軍、晉安王南中郎長史、淮南太守，行府、州事。五年，除黃門郎，領驍騎將軍，遷太子中庶子，驍騎如故。諶貞正和謹，朝庭稱爲善人，多與之厚。八年，轉冠軍將軍、長沙王車騎長史，徙廬陵王中軍長史，將軍如故。西陽王子明在南兖州，長史沈憲去職，上復徙諶爲征虜長史，行南兖府、州事，將軍如故。

諶少貧，嘗自紡績，及通貴後，每爲人説之，世稱其志達。九年，卒。年六十九。

史臣曰：鶉居鷇飲，裁樹司牧，板籍之起，尚未分民，所以愛字之義深，納隍之意重也。季世以後，務盡民力，量財品賦，以自奉養。下窮而上卹，世澆而事愈變。故有竊名簿閥，忍賊肌膚，生濫死乖，趨避繩網。積虛累謬，已數十年，欺蔽相容，官民共有，爲國之道，良宜矯革。若令優役輕徭，則斯詐自弭；明糾羣吏，則茲僞不行。空閱舊文，徒成民幸。是以崔琰之譏魏武，謝安之論京師，斷民之難，豈直遠在周世？

贊曰：玩之止足，爲論未光。劉休善筮，安臥南湘。沖獲時譽，呆信珪璋。諶惟舊序，並用興王。

校勘記

〔一〕怨訴孝武　「怨」上南監本、北監本、殿本、局本、南史卷四七虞玩之傳、冊府卷七〇六令長部有「太后」二字。

〔二〕著已二十年　「二十年」，南史卷四七虞玩之傳、御覽卷六九八引宋書、冊府卷六二二卿監部作「三十年」。

〔三〕領本部中正　張森楷校勘記云：「『部』疑『郡』字之訛。」

〔四〕或人在而反託死板　「板」，南監本、南史卷四七虞玩之傳、冊府卷四八六邦計部作「叛」。

〔五〕 終無得實 「得」，冊府卷四八六邦計部作「洗」。

〔六〕 若綏之以德則勝殘未易 「則勝殘未易」，通典卷三食貨三作「又未易可懲」。

〔七〕 比急病之洪源 「比」，南監本、北監本、殿本、局本、冊府卷四八六邦計部作「此」。

〔八〕 宋元嘉二十七年八條取人 「八條」，按南史卷五九王僧孺傳、通典卷三食貨三並載沈約云「宋元嘉二十七年，始以七條徵發」。

〔九〕 州檢得實 「實」，冊府卷四八六邦計部作「巧」。

〔一〇〕 江湘諸部 「部」，通典卷三食貨三、冊府卷四八六邦計部作「郡」。

〔一一〕 使官長審自檢校 「審自」，冊府卷四八六邦計部作「於階」。

〔一二〕 而板籍頓闕 「板籍」，冊府卷四八六邦計部作「板募」。

〔一三〕 庾亮就溫嶠求勳簿 「求」，原作「永」，據南監本、北監本、汲本、殿本、局本、通典卷三食貨三、冊府卷四八六邦計部改。「勳簿」，冊府卷四八六邦計部作「勳籍」。

〔一四〕 苦爲人役者 「苦」，通典卷三食貨三、冊府卷四八六邦計部作「昔」。

〔一五〕 或抱子井居 「井」，南監本、北監本、殿本、局本、通典卷三食貨三作「并」。按冊府卷四八六邦計部亦作「井」。

〔一六〕 乃別置板籍官 「板」，南史卷四七虞玩之傳、通典卷三食貨三、通鑑卷一三六齊紀二武帝永明三年作「校」，冊府卷四八六邦計部作「較」。「較」「校」通。

〔一七〕 玩之以久官年疾 「久官年疾」，南監本、北監本、殿本、南史卷四七虞玩之傳作「久宦衰疾」，建康實錄卷一六作「年老有疾」，明本册府卷八九九總錄部作「久官年老」。

〔一八〕 慶降於文明之初 「慶降」，北監本、殿本作「降慶」，建康實錄卷一六、册府卷八九九總錄部作「慶隆」。

〔一九〕 玩之於人物好藏否 「於人物」三字北監本、殿本無。

〔二〇〕 其後員外郎孔瑄就儉求會稽五官 「孔瑄」，御覽卷九六〇引齊書作「孔愷」。

〔二一〕 虞玩之至死治人 「治人」，南監本、北監本、汲本、殿本、局本、南史卷四七虞玩之傳、建康實錄卷一六、御覽卷九六〇引齊書、册府卷四七八臺省部作「煩人」。

〔二二〕 宋明帝湘東國常侍 「湘」字原無，據南監本、北監本、殿本、局本、南史卷四七劉休傳補。

〔二三〕 從帝桂陽王休範子也 「從帝」，南監本、北監本、殿本作「順帝」。按「從帝」即「順帝」，蕭子顯避梁武帝父諱改。

〔二四〕 尚書右丞榮彥遠以善某見親 「榮彥遠」，南監本、局本作「羅彥遠」，南史卷四七劉休傳作「勞彥遠」。

〔二五〕 善言治體 「善」上南監本、北監本、殿本、局本有「休」字。

〔二六〕 里失鄉黨之和 「里」，原作「理」，據北監本、汲本、殿本、局本改。

〔二七〕 父懷文廣陵太守 「廣陵太守」四字原無，據南監本、北監本、汲本、殿本、局本補。按宋書卷

八二 沈懷文傳記其大明五年任廣陵太守。

〔二八〕 出爲晉安王安西記室參軍 「晉安王」，疑爲「晉熙王」之訛。按晉安王子勛於泰始二年見誅，晉熙王燮於元徽二年至元徽四年爲安西將軍。

〔二九〕 續彰出内 「出内」，南監本、北監本、殿本作「出守」。

〔三〇〕 追贈太常 「太常」，原作「太保」，據南監本、北監本、殿本、局本、南史卷三四沈懷文傳附沈沖傳改。

〔三一〕 昦之爲蟬冕所照 「蟬冕」，宋本冊府卷八二三總錄部作「黄門」。

〔三二〕 轉太子右衞率 「右衞率」，建康實録卷一五作「左衞率」。

〔三三〕 脩夭有分 「夭」，原作「大」，據南監本、北監本、汲本、殿本、局本、冊府卷四六四臺省部改。

〔三四〕 祖万慶 「万慶」，南史卷四九王諶傳作「慶」。

〔三五〕 江夏王右軍長史 按宋書卷六一江夏文獻王義恭傳載江夏王躋時爲左將軍。

〔三六〕 欲委任 「欲」，南史卷四九王諶傳作「甚」，冊府卷二一一閏位部作「故」。

列傳第十六

高十二王

高帝十九男：昭皇后生武帝、豫章文獻王嶷；謝貴嬪生臨川獻王映、長沙威王晃；羅太妃生武陵昭王曄；任太妃生安成恭王暠；陸脩儀生鄱陽王鏘、晉熙王銶；袁脩容生桂陽王鑠；何太妃生始興簡王鑑、宜都王鏗；區貴人生衡陽王鈞；張淑妃生江夏王鋒、河東王鉉；李美人生南平王銳；第九、第十三、第十四、第十七皇子早亡。衡陽王鈞出繼元王後。

臨川獻王映字宣光，太祖第三子也。宋元徽四年，解褐著作佐郎，遷撫軍行參軍，南陽王文學。沈攸之事難，太祖時領南徐州，以映爲寧朔將軍，鎮京口。事寧，除中軍諮議，從事中郎、輔國將軍、淮南宣城二郡太守〔一〕，並不拜。仍爲假節、都督南兗兗徐青冀五州諸軍事、行兗州刺史，將軍如故。尋除給事黃門侍郎、領前軍將軍，仍復爲冠軍將軍、南兗州刺史、假節、都督，復爲監軍〔二〕，督五州如故。

齊臺建，宋帝詔封映及弟晃、曇、嵩、鏘、鑠、鑑並爲開國縣公，各千五百户，未及定土宇，而太祖踐阼。以映爲使持節、都督荆湘雍益梁寧南北秦八州諸軍事、平西將軍、荆州刺史。封臨川王，食邑例二千户。又領湘州刺史。

豫章王嶷既留鎮陝西，映亦不行。改授散騎常侍、都督揚南徐二州諸軍事、前將軍、揚州刺史，持節如故。國家初創，映以年少臨神州，吏治聰敏，府州曹局，皆重足以奉禁令，自宋彭城王義康以後未之有也。

出爲都督荆湘雍益梁巴寧南北秦九州諸軍事、鎮西將軍、荆州刺史，持節、常侍如故。給鼓吹一部。以國憂解散騎常侍，進號征西。七年，薨。永明元年〔三〕，入爲侍中、驃騎將軍。二年，映善騎射，解聲律，工左右書、左右射，應接賓客，風韻韶美，朝野莫不惋惜焉。時年三十二。詔賜東園祕器，朝服一具，衣一襲。贈司空。九子，皆封侯。

五年，即本號開府儀同三司。給油絡車。

長子子晉，歷東陽、吳興二郡太守，祕書監、領後軍將軍。永元初，爲侍中，遷左民尚書。坐從妹祖日不拜，爲有司所奏，事留中，子晉遂不復拜。梁王定京邑，猶服侍中服。入梁爲輔國將軍、高平太守。第二子子游，州陵侯。解褐員外郎，太子洗馬，歷琅邪、晉陵二郡太守，黃門侍郎。好音樂，解絲竹雜藝。梁初坐闈門淫穢及殺人，爲有司所奏，請議禁錮〔四〕。子晉謀反，兄弟並伏誅。

長沙威王晃字宣明，太祖第四子也。少有武力，爲太祖所愛。宋世解褐祕書郎、邵陵王友，不拜。昇明二年，代兄映爲寧朔將軍、淮南宣城二郡太守。初，沈攸之事起，晃便弓馬，多從武容〔五〕，爛赫都街，時人爲之語曰：「煥煥蕭四繖。」

其年，遷爲持節，監豫司二州郢州之西陽諸軍事〔六〕、西中郎將，豫州刺史。太祖踐祚，晃欲用政事〔七〕，輒爲典籤所裁，晃執殺之，上大怒，手詔賜杖。尋遷使持節、都督南徐兗二州諸軍事、後將軍、南徐州刺史。世祖爲皇太子，拜武進陵，於曲阿後湖鬭隊，使晃御馬軍，上聞之，又不悅。入爲侍中、護軍將軍，以國憂，解侍中，加中軍將軍。

太祖臨崩，以晃屬世祖，處以輦轂近蕃，勿令遠出。永明元年，上遷南徐州刺史竟陵

王子良爲南兗州，以晃爲使持節、都督南兗兗二州諸軍事、鎮軍將軍、南徐州刺史。入爲散騎常侍、中書監。諸王在京都，唯置捉刀左右四十人，晃愛武飾，罷徐州還，私載數百人仗還都，爲禁司所覺，投之江水。世祖禁諸王畜私仗，上聞之大怒[八]，將糾以法。豫章王嶷於御前稽首流涕曰：「晃罪誠不足宥。陛下當憶先朝念白象。」白象，晃小字也[九]。上亦垂泣。太祖大漸時，誡世祖曰：「宋氏若不骨肉相圖，他族豈得乘其衰斃，汝深戒之。」故世祖終無異意。然晃亦不見親寵。當時論者以世祖優於魏文，減於漢明。

尋加晃鎮軍將軍，轉丹陽尹，常侍、將軍如故。又爲侍中、護軍將軍，鎮軍如故。尋進號車騎將軍，侍中如故。給油絡車，鼓吹一部。八年，薨，年三十一。賜東園祕器，朝服一具，衣一襲。即本號，贈開府儀同三司。

世祖嘗幸鍾山，晃從駕，以馬稍刺道邊枯蘗，上令左右數人引之，銀纏皆卷聚，而稍不出。乃令晃復馳馬拔之，應手便去。每遠州獻駿馬，上輒令晃於華林中調試之。太祖常曰：「此我家任城也。」世祖緣此意，故謚曰威。

武陵昭王曅字宣照[一〇]，太祖第五子也。母羅氏，從太祖在淮陰，以罪誅，曅年四歲，

思慕不異成人〔二〕，故曇見愛〔三〕。初除冠軍將軍，轉征虜將軍。曇剛穎儁出，工弈棊，與諸王共作短句詩，學謝靈運體，以呈上，報曰：「見汝二十字，諸兒作中最爲優者。但康樂放蕩，作體不辯有首尾，安仁、士衡深可宗尚，顏延之抑其次也。」

建元三年〔三〕，出爲持節、都督會稽東陽新安永嘉臨海五郡軍事、會稽太守，將軍如故。上遣儒士劉瓛往郡，爲曇講五經。世祖即位，進號左將軍，入爲中書令，將軍如故。轉散騎常侍、太常卿。又爲中書令，遷祠部尚書，常侍並如故。

曇無寵於世祖，未嘗處方嶽，數以語言忤旨。世祖幸豫章王嶷東田宴諸王〔四〕，獨不召曇。嶷曰：「風景殊美，今日其憶武陵〔五〕。」上乃呼之。曇善射，屢發命中，顧謂四坐曰：「手何如？」上神色甚怪。嶷曰：「阿五常日不爾，今可謂仰藉天威。」帝意乃釋。後於華林賭射，上勑曇疊破，凡放六箭，五破一皮，賜錢五萬。又於御席上舉酒勸曇，曇曰：「陛下嘗不以此處許臣。」上回面不答。

久之，出爲江州刺史，常侍如故。上以曇方出外鎮，求曇宅給諸皇子。曇曰：「先帝賜臣此宅，使臣歌哭有所。陛下欲以州易宅，臣請以宅易州〔六〕。」至鎮百餘日，典籤趙渥之啓曇得失，於是徵還爲左民尚書。

俄轉前將軍、太常卿，累不得志。冬節問訊，諸王皆出，曇獨後來，上已還便殿，聞曇

至，引見問之。曇稱牛羸，不能取路。上敕車府給副御牛一頭。敕主客：「自今諸王來不隨例者，不得復爲通。」

以公事還過竟陵王子良宅，冬月道逢乞人，脫襦與之。子良見曇衣單，薦襦於曇。曇曰：「我與向人亦復何異！」尚書令王儉詣曇，曇留儉設食，桮中菘菜鮰魚而已。又名後堂山爲「首陽」，蓋怨貧薄也。

尋爲丹陽尹，常侍、將軍如故。始不復置行事，得自親政。轉侍中、護軍將軍。給油絡車。又給扶二人。世祖臨崩，遺詔爲衛將軍、開府儀同三司，給鼓吹一部。大行在殯，竟陵王子良在殿內，太孫未立〔七〕，衆論喧疑。曇衆中言曰：「若立長則應在我，立嫡則應在太孫。」鬱林既立，甚見憑賴。隆昌元年，年二十八，薨。賜東園祕器、朝服。贈司空，侍中如故。給節，班劍二十人。

安成恭王暠字宣曜，太祖第六子也。建元二年，除冠軍將軍，鎮石頭戍，領軍事。四年，出爲使持節，督江州豫州之晉熙諸軍事、南中郎將、江州刺史。永明元年，進號征虜將軍。明年，爲左衛將軍。尋遷侍中、領步兵校尉。轉中書令。五年，遷祠部尚書、領驍騎

將軍。六年，出爲南徐州刺史。九年，遷散騎常侍、祕書監，領石頭戍事。鏘性清和多疾，其夏薨，年二十四。贈撫軍將軍，常侍如故。

鄱陽王鏘字宣韶，太祖第七子也。建元四年，世祖即位，以鏘爲使持節、督雍梁南北秦四州郢州之竟陵司州之隨郡軍事、北中郎將、寧蠻校尉、雍州刺史。永明二年，進號征虜將軍。四年，爲左衛將軍，遷侍中、領步兵校尉。七年，轉征虜將軍、丹陽尹。尋加散騎常侍，進號撫軍。出爲江州刺史，常侍如故。九年，始親府、州事。加使持節、督江州諸軍事、安南將軍，置佐史，常侍如故。先是二年省江州府，至是乃復。十一年，爲領軍，常侍如故。

鏘和悌美令，有寵於世祖，領軍之授，齊室諸王所未爲。鏘在官理事無壅，當時稱之。車駕遊幸，常甲仗衛從，恩待次豫章王嶷。其年，給油絡車。隆昌元年，轉尚書右僕射，常侍如故。俄遷侍中、驃騎將軍、開府儀同三司，領兵置佐。鏘雍容得物情，爲鬱林王所依信。鬱林心疑高宗，諸王問訊，獨留鏘謂之曰：「公聞鸞於法身何如[八]？」鏘曰：「臣鸞於宗戚最長，且受寄先帝。臣等年皆尚少，朝廷之幹，

唯鸞一人，願陛下無以爲慮。」鬱林退謂徐龍駒曰：「我欲與公共計取鸞，公既不同，我不能獨辦，且復小聽。」及鬱林廢，鏘竟不知。

延興元年，進位司徒，侍中、驃騎如故。高宗鎮東府，權勢稍異，鏘每往，高宗常躡履至車迎鏘。語及家國，言淚俱下，鏘以此推信之。而宮臺內皆屬意於鏘，勸鏘入宮發兵輔政。制局監謝粲說鏘及隨王子隆曰：「殿下但乘油壁車入宮，出天子置朝堂，二王夾兵力令，粲等閉城門上仗，誰敢不同？東城人政共縛送蕭令耳。」子隆欲定計，鏘以上臺兵力既悉度東府，且慮事難捷，意甚猶豫。馬隊主劉巨，世祖時舊人，詣鏘請間，叩頭勸鏘立事。鏘命駕將入，復回還內與母陸太妃別，日暮不成行。數日，高宗遣二千人圍鏘宅害鏘，謝粲等皆見殺。鏘時年二十六。凡諸王被害，皆以夜遣兵圍宅，或斧關排牆叫噪而入，家財皆見封籍焉。

桂陽王鑠字宣朗，太祖第八子也。永明二年，出爲南徐州刺史，鎮京口。歷代鎮府，鑠出蕃，始省軍府。四年，加散騎常侍。六年，遷中書令，度支尚書。七年，轉中書令，加散騎常侍。時鄱陽王鏘好文章，鑠好名理，時人稱爲「鄱桂」。十年，遷太常，常侍如故。

鑠清羸有冷疾，常枕臥。世祖臨視，賜床帳衾褥。隆昌元年，加前將軍。給油絡車，并給

扶侍二人。海陵立，轉侍中、撫軍將軍，領兵置佐。

鄱陽王見害，鑠遷中軍將軍、開府儀同三司。鑠不自安，至東府詣高宗還，謂左右

曰：「向錄公見接慇懃，流連不能已，而貌有慙色，此必欲殺我。」三更中，兵至見害。時年

二十五。

始興簡王鑑字宣徹，太祖第十子也。初封廣興王，後國隨郡改名。永明二年，世祖始

以鑑為持節、都督益寧二州軍事、前將軍、益州刺史。

廣漢什邡民段祖以錞于獻鑑，古禮器也。高三尺六寸六分，圍二尺四寸[一九]，圓如筒，

銅色黑如漆，甚薄。上有銅馬，以繩縣馬，令去地尺餘，灌之以水，又以器盛水於下，以芒

莖當心跪注錞于，以手振芒，則其聲如雷，清響良久乃絕。古所以節樂也。五年，鑑獻龍

角一枚，長九尺三寸，色紅，有文。八年，進號安西將軍。

明年，為散騎常侍、祕書監，領石頭戍事。上以與鑑久別，車駕幸石頭宴會賞賜。尋

遷左衞將軍，未拜，遇疾。上為南康王子琳起青陽巷第新成[二○]，車駕與後宮幸第樂飲，其

日鑑疾甚，上遣騎問疾相繼，爲之詔止樂。薨，年二十一。遣贈中軍將軍，本官新除悉如故。

江夏王鋒字宣穎，太祖第十二子[一]。永明五年，爲輔國將軍、南彭城、平昌二郡太守。轉散騎常侍。七年，遷左衛將軍，仍轉侍中，領石頭戍事。九年，出爲徐州刺史。鬱林即位，加散騎常侍。隆昌元年，入爲侍中，領驍騎將軍，尋加祕書監。

鋒好琴書，有武力。高宗殺諸王，鋒遣書誚責，左右不爲通，高宗深憚之。不敢於第收鋒，使兼祠官於太廟，夜遣兵廟中收之。鋒出登車，兵人欲上車防勒，鋒以手擊却數人，皆應時倒地，於是敢近者遂逼害之。時年二十。

南平王銳字宣毅，太祖第十五子也。永明七年，爲散騎常侍，尋領驍騎將軍。明年，爲左民尚書。朝直勤謹，未嘗屬疾，上嘉之。十年，出爲持節、都督湘州諸軍事、南中郎將、湘州刺史，以此賞銳。鬱林即位，進號前將軍。

延興元年，害諸王，遣裴叔業平尋陽，仍進湘州。銳防閤周伯玉勸銳拒叔業，而府州力弱不敢動，銳見害，年十九。伯玉下獄誅。

號征虜將軍。延興元年，見害，年十八。

宜都王鏗字宣嚴，太祖第十六子也。初除遊擊將軍。永明十年，遷左民尚書。十一年，為持節、都督南豫司二州軍事、冠軍將軍、南豫州刺史，鎮姑熟。時有盜發晉大司馬桓溫女塚，得金蠶銀繭及珪璧等物。鏗使長史蔡約自往修復，纖毫不犯[三]。鬱林即位，進

晉熙王銶字宣攸，太祖第十八子也。永明十一年，除驍騎將軍。隆昌元年，出為持節、督郢司二州軍事、冠軍將軍、郢州刺史。延興元年，進號征虜將軍。尋見害，年十六。

河東王鉉字宣胤，太祖第十九子也。隆昌元年，為驍騎將軍。出為徐州刺史，遷中書

令。

高宗誅諸王，以鉉年少才弱，故未加害。建武元年，轉爲散騎常侍、鎮軍將軍，置兵

佐。

建武之世，高、武子孫憂危，鉉每朝見，常鞠躬俯僂，不敢平行直視。尋遷侍中、衛將

軍。鉉年稍長。四年，誅王晏，以謀立鉉爲名，免鉉官，以王還第，禁不得與外人交通。永

泰元年，上疾暴甚，遂害鉉，時年十九。二子在孩抱，亦見殺。太祖諸王，鉉獨無後，衆竊

冤之。乃使揚州刺史始安王遙光、臨川王子晉、竟陵王昭胄、太尉陳顯達、尚書令徐孝嗣、

右僕射沈文季、尚書沈淵、沈約、王亮奏論鉉，帝答不許，再奏，乃從之。

史臣曰：陳思王表云「權之所存〔二三〕，雖疏必重；勢之所去，雖親必輕」。若夫六代之

興亡，曹冏論之當矣。分珪命社，實寄宗城，就國之典，既隨世革，卿士入朝，作貴蕃輔。

皇王託體，同稟尊極，仕無常資，秩有恒數，禮地兼隆，易生推擬〔二四〕。世祖顧命，情深尊

嫡，淵圖遠筭，意在無遺。豈不以羣王少弱，未更多難，高宗清謹，同起布衣，故韜末命於

近親，寄重權於疏戚，子弟布列，外有強大之勢，疏親中立〔二五〕，可息覬覦之謀，表裏相維，

足固家國。曾不慮機能運衡，寡以制衆〔二六〕，宗族殲滅，一至於斯〔二七〕。曹植之言信之矣。

贊曰：高十二王，始建封植。獻、昭機警，威、江才力。恭、簡恬和，鄱、桂清識。四王

少盛，同規謹敕。

校勘記

〔一〕淮南宣城二郡太守　「二」，原作「三」，據北監本、汲本、殿本、局本、册府卷二七九宗室部改。

〔二〕假節都督復爲監軍　「都督」，錢大昕考異卷二五云：「此亦進督爲監也。上文『假節都督』字兩見，俱當爲『假節督』，誤衍『都』字耳。」

〔三〕永明元年　「永明」，原作「永興」，據殿本、南史卷四三齊高帝諸子下臨川獻王映傳改。

〔四〕請議禁錮　張森楷校勘記云：「『請』疑當作『清』。」

〔五〕多從武容　「武容」，御覽卷四九五引齊書、册府卷二七一宗室部作「武客」。

〔六〕監豫司二州郢州之西陽諸軍事　「郢州」二字原無。錢大昕考異卷二五云：「當云監豫司二州、郢州之西陽諸軍事，傳脱『郢州』二字。」錢説是，今補。

〔七〕晃欲用政事　「欲用」，南監本、局本作「欲親」，北監本、殿本作「欲陳」，南史卷四三齊高帝諸子下長沙威王晃傳作「每陳」。

〔八〕上聞之大怒　「上」，南監本無。

〔九〕白象晃小字也　「白象」二字原無，據南監本、北監本、殿本、局本、南史卷四三齊高帝諸子下長沙威王晃傳、册府卷二七四宗室部補。

〔一○〕武陵昭王曄字宣照　「宣照」，南史卷四三齊高帝諸子下武陵昭王曄傳作「宣昭」。

〔一一〕曄年四歲思慕不異成人　此十字原無，據汲本、殿本、局本、南史卷四三齊高帝諸子下武陵昭王曄傳、册府卷二六七宗室部補。

〔一二〕故曄見愛　「曄」，北監本、殿本作「每」。

〔一三〕建元三年　「三年」，南史卷四三齊高帝諸子下武陵昭王曄傳作「二年」，疑是。按本書卷四○武十七王竟陵文宣王子良傳，竟陵王子良原爲會稽太守，建元二年遭母穆妃喪去官，武陵王曄代任。

〔一四〕世祖幸豫章王嶷東田宴諸王　「諸王」，南史卷四三齊高帝諸子下武陵昭王曄傳作「諸長王」。

〔一五〕今日其憶武陵　「其」，三朝本、南監本、北監本、汲本、殿本、局本、南史卷四三齊高帝諸子下武陵昭王曄傳、册府卷二六六宗室部、卷二七四宗室部作「甚」。

〔一六〕臣請以宅易州　「請」下南監本、北監本、殿本、局本、南史卷四三齊高帝諸子下武陵昭王曄傳有「不」字。

〔一七〕太孫未立　「立」，南史卷四三齊高帝諸子下武陵昭王曄傳作「至」。

〔一八〕公聞鸞於法身何如　「鸞」原作「諱」，依例改。下皆仿此，不另出校。

〔一九〕圍二尺四寸　「二尺」，南史卷四三齊高帝諸子下始興簡王鑑傳作「三尺」。

〔二○〕上爲南康王子琳起青陽巷第新成　「成」，原作「城」，據南監本、北監本、汲本、殿本、局本改。

〔二一〕太祖第十二子　「十二」，原作「十三」，據南監本、殿本、局本、南史卷四三齊高帝諸子下江夏王鋒傳、册府卷二七九宗室部改。按本傳敍云「第九、第十三、第十四、第十七皇子早亡」，明「三」乃「二」字之訛。

〔二二〕得金罌銀繭及珪璧等物鏗使長史蔡約自往修復纖毫不犯　「等物鏗使長史蔡約自往修復纖毫不犯」十六字原無，據南監本、北監本、汲本、殿本、局本補。

〔二三〕權之所存　「存」，三國志卷一九魏書陳思王植傳作「在」。

〔二四〕易生推擬　「推擬」，三朝本、南監本、北監本、殿本、局本作「猜疑」，北監本、汲本、殿本作「猜擬」。

〔二五〕疎親中立　「疎親」，南監本、北監本、殿本、南史卷四三齊高帝諸子傳「論曰」作「支庶」。

〔二六〕寡以制衆　「寡以」，南監本、北監本、殿本、南史卷四三齊高帝諸子傳「論曰」作「權可」。

〔二七〕宗族殲滅一至於斯　此八字原無，據南監本、北監本、殿本、南史卷四三齊高帝諸子傳「論曰」補，汲本、局本並有此八字，唯「斯」作「此」。

列傳第十七

謝超宗　劉祥

謝超宗，陳郡陽夏人也。祖靈運，宋臨川內史。父鳳，元嘉中坐靈運事，同徙嶺南，早卒。超宗元嘉末得還。與慧休道人來往，好學，有文辭，盛得名譽。解褐奉朝請。

新安王子鸞，孝武帝寵子，超宗以選補王國常侍。王母殷淑儀卒，超宗作誄奏之，帝大嗟賞。曰：「超宗殊有鳳毛，恐靈運復出。」轉新安王撫軍行參軍。

泰始初，爲建安王司徒參軍事，尚書殿中郎。三年，都令史駱宰議策秀才考格，五問並得爲上，四、三爲中，二爲下，一不合與第。超宗議以爲「片辭折獄，寸言挫眾，魯史褒貶，孔論興替，皆無俟繁而後秉裁。夫表事之淵，析理之會，豈必委牘方切治道[一]。非患

對不盡問，患以恒文弗奇。必使一通峻正，寧劣五通而常，與其俱奇，必使一亦宜採。」詔

從宰議。

遷司徒主簿，丹陽丞。建安王休仁引爲司徒記室，正員郎、兼尚書左丞中郎〔二〕。以

直言忤僕射劉康〔三〕，左遷通直常侍〔四〕。太祖爲領軍，數與超宗共屬文，愛其才翰。衛將

軍袁粲聞之，謂太祖曰：「超宗開亮迥悟，善可與語。」取爲長史，臨淮太守。粲既誅，太祖

以超宗爲義興太守。昇明二年，坐公事免。詣東府門自通，其日風寒慘懍，太祖謂四座

曰：「此客至，使人不衣自暖矣。」超宗既坐，飲酒數甌，辭氣橫出，太祖對之甚歡。板爲驃

騎諮議。及即位，轉黃門郎。

有司奏撰立郊廟歌，敕司徒褚淵、侍中謝朏、散騎侍郎孔稚珪、太學博士王咺之、總明

學士劉融、何法同〔五〕、何曇秀十人並作，超宗辭獨見用。

爲人仗才使酒，多所陵忽。在直省常醉，上召見，語及北方事，超宗曰：「虜動來二十

年矣，佛出亦無如何！」以失儀出爲南郡王中軍司馬。超宗怨望，謂人曰：「我今日政應

爲司驢。」爲省司所奏，以怨望免官，禁錮十年。司徒褚淵送湘州刺史王僧虔，閣道壞，墜

水；僕射王儉嘗牛驚，跌下車。超宗撫掌笑戲曰：「落水三公，墮車僕射。」前後言誚，稍

布朝野。

世祖即位，使掌國史，除竟陵王征北諮議參軍、領記室。愈不得志。超宗娶張敬兒女為子婦，上甚疑之。

永明元年，敬兒誅，超宗謂丹陽尹李安民曰：「往年殺韓信，今年殺彭越，尹欲何計？」安民具啓之。上積懷超宗輕慢，使兼中丞袁彖奏曰：

風聞征北諮議參軍謝超宗，根性浮險，率情躁薄。仕近聲權，務先諂狎。人裁疎黜，疢便詆賤。卒然面譽，旋而背毀。疑閒台賢，每窮詭舌。訕貶朝政，必聲凶言。腹誹口謗，莫此之甚：不敬不諱，罕與為二。

輒攝白從王永先到臺辨問「超宗有何罪過，詣諸貴皆有不遜言語，並依事列對」。永先列稱：「主人超宗恒行來詣諸貴要，每多觸忤，言語怨懟。與張敬兒周旋，許結姻好，自敬兒死後，惋歎忿慨。今月初詣李安民，語論『張敬兒不應死』。安民道『敬兒書疏，墨迹炳然，卿何忽作此語』？其中多有不遜之言，小人不悉盡羅縷諳憶。」如其辭列，則與風聞符同。超宗罪自已彰，宜附常准。

超宗少無行檢[六]，長習民愿。狂狡之跡，聯代所疾；迷懶之釁，累朝點觸[七]。剗容掃轍，久埋世表[八]。屬聖明廣愛，忍禍舒慈[九]，捨之憲外，許以改過。野心不悛，在宥方驕；才性無親，處恩彌戾。遂遷扇非端[一〇]，空生怨懟，恣囂毒於京輔之門，揚凶悖於卿守之席。此而不翦，國章何寄？此而可貸，孰不可容？請以見事免

超宗所居官，解領記室。輒勒外收付廷尉法獄治罪。超宗品第未入簡奏，臣輒奉白簡以聞。

世祖雖可其奏，以象言辭依違，大怒，使左丞王逡之奏曰：

臣聞行父盡忠，無禮斯疾；農夫去草，見惡必耘。所以振纓稱良，登朝著績，未有尸位存私，而能保其榮名者也。

今月九日，治書侍御史臣司馬侃啓彈征北諮議參軍事謝超宗，稱「根性昏動，率心險放，悖議爽真，囂辭犯實，親朋忍聞，衣冠掩目，輒收付廷尉法獄治罪」。處劾雖重，文辭簡略，事入主書，被却還外。其晚，兼御史中丞臣袁象改奏白簡，始粗詳備。尋超宗植性險戾，稟行凶詖，犲狼野心，久暴遐邇。張敬兒潛厥初隱衛，寔象之由。協附姦邪，疑閒勳烈，構扇異端，譏議時政，行路同忿，有心咸疾。而阿昧苟容，輕文略奏。又彈事舊體，品第不簡，而釁戾殊常者，皆命議親奏，以彰深譽。況超宗罪愈四凶，過窮南竹，雖下輒收，而文止黃案，沈浮牙見[一]，輕重相乖，此而不糾，憲網將替[二]。象才識疎淺，質幹無聞，憑戚昇榮，因慈荷任。不能克己厲情，少酬恩獎，撓法容非，用申私惠。何以糾正邦違，式明王度？臣等參議，請以見事免象所居官，解兼御

史中丞，輒攝曹下禁止視事如故。

治書侍御史臣司馬侃雖承稟有由，而初無疑執，亦合及咎。請杖督五十，奪勞百日。

令史卑微，不足申盡，啓可奉行。

侃奏彈之始，臣等並即經見加推糾，案入主書，方被却檢，疎謬之譽，伏追震悚。

詔曰：「超宗釁同大逆，罪不容誅。象匿情欺國，愛朋罔主，事合極法，特原收治，免官如案，禁錮十年。」超宗下廷尉，一宿髮白皓首。詔徙越州，行至豫章，上敕豫章內史虞悰曰：「謝超宗令於彼賜自盡，勿傷其形骸。」

明年，超宗門生王永先又告超宗子才卿死罪二十餘條。上疑其虛妄，以才卿付廷尉辯，以不實見原。永先於獄自盡。

劉祥字顯徵，東莞莒人也。祖式之，吳郡太守。父數，太宰從事中郎。

祥宋世解褐爲巴陵王征西行參軍，歷驃騎中軍二府，太祖太尉東閣祭酒，驃騎主簿。建元中，爲冠軍征虜功曹，爲府主武陵王曇所遇。除正員郎〔三〕。

祥少好文學，性韻剛疏，輕言肆行，不避高下。司徒褚淵入朝，以腰扇鄣日，祥從側

過，曰：「作如此舉止，羞面見人，扇鄣何益？」淵曰：「寒士不遜。」祥曰：「不能殺袁、劉，

安得免寒士？」永明初，遷長沙王鎮軍板諮議參軍，撰宋書，譏斥禪代，尚書令王儉密以啓

聞，上銜而不問。歷鄱陽王征虜、豫章王大司馬諮議，臨川王驃騎從事中郎。

祥兄整爲廣州，卒官，祥就整妻求還資，事聞朝廷。於朝士多所貶忽。王奐爲僕射，

祥與奐子融同載，行至中堂，見路人驅驢，祥曰：「驢！汝好爲之，如汝人才，皆已令僕。」

著連珠十五首以寄其懷。辭曰：

蓋聞興教之道，無尚必同；拯俗之方，理貴袪弊[四]。故揖讓之禮，行乎堯舜之

朝；干戈之功，盛於殷周之世。清風以長物成春，素霜以凋嚴戒節。

蓋聞鼓鼗懷音，待揚桴以振響；天地涵靈，資昏明以垂位。是以俊乂之臣，借

湯、武而隆；英達之君，假伊、周而治。

蓋聞懸饑在歲，式羨藜藿之飽；重炎灼體，不念狐白之溫。故才以偶時爲劭；道

以調俗爲尊。

蓋聞習數之功，假物可尋；探索之明，循時則缺。故班匠日往，繩墨之伎不衰；

大道常存，機神之智永絕。

蓋聞理定於心，不期俗賞；情貫於時，無悲世辱。故芬芳各性，不待汨渚之哀；

明白爲寶，無假荆南之哭。

蓋聞百仞之臺，不挺陵霜之木；盈尺之泉，時降夜光之寶。故理有大而乖權；物有微而至道。

蓋聞忠臣赴節，不必在朝；列士匡時，義存則幹。故包胥垂涕，不荷肉食之謀；王歜投身，不主廟堂之筭。

蓋聞智出乎身，理無或困；聲係於物，才有必窮。故陵波之羽，不能淨浪，盈岫之木，無以輟風。

蓋聞良寶遇拙，則奇文不顯；達士逢讒，則英才滅耀。故墜葉垂蔭，明月爲之隔輝；堂宇留光，蘭燈有時不照。

蓋聞跡慕近方，必勢遺於遠大；情係驅馳，固理忘於肥遯。是以臨川之士，時結羨網之悲；負身之氓，不抱屠龍之歎。

蓋聞數之所隔，雖近則難；情之所符，雖遠則易。是以陟歡流霜，時獲感天之誠；泣血從刑，而無悟主之智。

蓋聞妙盡於識，神遠則遺；功接於人，情微則著。故鍾鼓在堂，萬夫傾耳；大道居身，有時不遇。

蓋聞列草深岫，不改先冬之悴；植松澗底，無奪後凋之榮。故展禽三黜，而無下

愚之譽；千秋一時，而無上智之聲。

蓋聞希世之寶，違時則賤；偉俗之器，無聖必淪。故鳴玉黜於楚岫[五]，章甫窮

於越人。

蓋聞聽絕於聰，非疾響所握[六]；神閉於明，非盈光所燭。故破山之雷，不發聲

夫之耳；朗夜之輝，不開矇叟之目。

有以祥連珠啓上者，上令御史中丞任遐奏曰：「祥少而狡異，長不悛徙，請謁絕於私

館，反脣彰於公庭，輕議乘輿，歷貶朝望，肆醜無避，縱言自若。厥兄浮槻，天倫無一日之

悲，南金弗獲，嫂姪致其輕絶，孤舟復反，遂令暴客掠奪骸柩，行路流歎，有識傷

心。攝祥門生孫狼兒，列『祥頃來飲酒無度，言語闌逸，道說朝廷，亦有不遜之語，實不避

左右，非可稱紙墨。兄整先爲廣州，於職喪亡，去年啓求迎喪，還至大雷，聞祥與整妻孟爭

計財物瞋忿，祥仍委前還，後未至鵲頭，其夜遭劫，內人並爲凶人所淫略』。如所列與風聞

符同。請免官付廷尉。」

上別遣敕祥曰：「卿素無行檢，朝野所悉。輕棄骨肉，侮蔑兄嫂，此是卿家行不足，乃

無關他人。卿才識所知，蓋何足論。位涉清途，於分非屈。何意輕肆口嘁，詆目朝士，造

席立言，必以貶裁爲口實。冀卿年齒已大，能自感厲，日望悛革。如此所聞，轉更增甚，誼議朝廷，不避尊賤，肆口極辭，彰暴物聽。近見卿影連珠，寄意悖慢，彌不可長。卿不見謝超宗，其才地二三，故在卿前，事始是百分不一。我當原卿性命，令卿萬里思愆。卿若能改革，當令卿得還。」

獄鞫祥辭。祥對曰：「被問『少習狡異，長而不悛，頃來飲酒無度，輕議乘輿，歷貶朝望，每肆醜言，無避尊賤』。迂答奉旨。囚出身入官，二十餘年，沈悴草萊，無明天壤。皇運初基，便蒙抽擢，祭酒主簿，並皆先朝相府。聖明御寓，榮渥彌隆，諮議中郎，一年再澤。廣筵華宴，必參末例，朝半問訊，時奉天暉。囚雖頑愚，豈不識恩？有何怨望，敢生譏議？囚歷府以來，伏事四王：武陵功曹，凡涉二載；長沙諮議，故經少時，奉隸大司馬，並被恩拂，驃騎中郎，親職少日；臨川殿下不遺蟲蟻，賜參辭華。司徒殿下文德英明，四海傾屬。囚不涯卑遠，隨例問訊，時節拜觀，亦沾昳議。自餘令王〔七〕，未被祇拜，既不經伏節，理無厚薄。敕旨製書，令有疑則啓。囚以天日懸遠，未敢塵穢。私之疑事，衞將軍臣儉，宰輔聖朝，令望當世〔八〕。囚自斷才短，密以諮儉，儉爲折衷，紙迹猶存。未解此理云何敢爲『歷貶朝望』。云囚『輕議乘輿』爲向誰道？若向人道，則應有主甲，豈有事無髣髴，空見羅謗？囚性不耐酒，親知所悉，強進一升，便已迷醉。」其餘事事自申〔九〕。乃徒

廣州。

祥至廣州，不得意，終日縱酒，少時病卒，年三十九。

祥從祖兄彪，祥曾祖穆之正胤。建元初，降封南康縣公[一0]，虎賁中郎將。永明元年，坐廟墓不脩削爵。後爲羽林監。九年，又坐與亡弟母楊別居，不相料理，楊死不殯葬，崇聖寺尼慧首剃頭爲尼，以五百錢爲買棺材，以泥洹轝送葬劉墓[一一]。爲有司所奏，事寢不出。

史臣曰：魏文帝云「文人不護細行」，古今之所同也。由自知情深，在物無競，身名之外，一覽可蔑。既徇斯道，其弊彌流，聲裁所加，取忤人世。向之所以貴身，翻成害己。故通人立訓，爲之而不恃也。

贊曰：超宗蘊文，粗構餘芬。劉祥慕異，言亦不羣。違朝失典，流放南濆。

校勘記

[一0] 豈必委牘方切治道　「切」，原作「功」，據南監本、北監本、汲本、殿本、局本、通典卷一四選舉二、册府卷六三九貢舉部改。

〔二〕兼尚書左丞中郎　疑文有脫衍，按本書卷一六百官志未見「尚書左丞中郎」。丁福林校議疑「中郎」上脫「殿」字。

〔三〕以直言忤僕射劉康　「劉康」，當爲「劉秉」之訛。按宋書卷九後廢帝紀，泰豫元年十一月，以「平西將軍、郢州刺史劉秉爲尚書左僕射」。

〔四〕左遷通直常侍　按上文云謝超宗由正員郎「左遷」，此「通直常侍」疑當作「通直侍郎」。

〔五〕何法囚　南史卷一九謝靈運傳附謝超宗傳作「何法圖」。

〔六〕超宗少無行檢　「行檢」，南監本、北監本、汲本、殿本、局本作「士行」。

〔七〕累朝點觸　「點」，南監本、北監本、汲本、殿本、局本作「兼」。

〔八〕久埋世表　「埋」，原作「理」，據南監本、北監本、汲本、殿本、局本改。

〔九〕忍禍舒慈　「舒」，南監本、北監本、汲本、殿本、局本作「宣」。

〔一〇〕遂遷扇非端　「遷」，原作「遻」，不成字。三朝本、南監本、北監本、汲本、殿本、局本作「連」。按張元濟校勘記云「疑當作『遷』」，是，今改正。

〔一一〕沈浮牙見　「牙」，原作「牙」，據局本改。按「牙」即「互」。

〔一二〕憲網將替　「憲網」，南監本、北監本、殿本、局本作「憲綱」。

〔一三〕除正員郎　「正員郎」，原作「正員外」，據南史卷一五劉穆之傳附劉祥傳、御覽卷七〇二引齊書、册府卷九一八總錄部改。按劉祥既自征虜功曹除官，當以正員郎爲是。

〔一四〕理貴祛弊　「祛」，原作「袪」，據南監本、北監本、汲本、殿本、局本改。

〔一五〕故鳴玉黜於楚岫　「鳴玉」，南史卷一五劉穆之傳附劉祥傳、御覽卷五九〇引宋書作「明玉」，建康實録卷一六作「明璧」。

〔一六〕非疾響所握　「握」，南監本、北監本、殿本、局本作「達」。真大成中古史書校證以爲「握」當作「振」，形近而訛。

〔一七〕自餘令王　「自」，原作「目」，據南監本、北監本、殿本、局本改。

〔一八〕令望當世　「當」，原作「富」，據南監本、北監本、殿本、局本改。

〔一九〕其餘事自申　「申」，原作「巾」，據三朝本、南監本、北監本、殿本、局本改。

〔二〇〕降封南康縣公　「南康縣公」，南史卷一五劉穆之傳附劉祥傳、册府卷九二三總録部作「南康縣侯」。按宋書卷四二劉穆之傳、南史卷一五劉穆之傳云劉穆之追封「南康郡公」，南史卷四二齊本紀上云劉穆之後降封「南康縣公」，疑「南康縣公」是。

〔二一〕以泥洹轝送葬劉墓　「轝」，原作「擧」，據南監本、北監本、汲本、殿本、局本改。

南齊書卷三十七

列傳第十八

到撝　劉悛　虞悰　胡諧之

到撝字茂謙，彭城武原人也。祖彥之，宋驃騎將軍。父仲度，驃騎從事中郎。撝襲爵建昌公。起家爲太學博士，除奉車都尉，試守延陵令，非所樂，去官。除新安王北中郎行參軍，坐公事免。除新安王撫軍參軍，未拜，新安王子鸞被殺，仍除長兼尚書左民郎中。明帝立，欲收物情，以撝功臣後〔一〕，擢爲太子洗馬。除王景文安南諮議參軍。

撝資籍豪富，厚自奉養，宅宇山池，京師第一，妓妾姿藝，皆窮上品。才調流贍，善納交遊〔二〕，庖廚豐腆，多致賓客。愛妓陳玉珠，明帝遣求，不與，逼奪之，撝頗怨望。帝令有

司誣奏攜罪，付廷尉，將殺之。攜入獄，數宿鬚鬢皆白。免死，繫尚方，奪封與弟賁。攜由是屏斥聲玩，更以貶素自立〔三〕。

帝除攜爲羊希恭寧朔府參軍〔四〕，徙劉韞輔國、王景文鎮南參軍，並辭疾不就。尋板假明威將軍，仍除桂陽王征南參軍，轉通直郎，解職。帝崩後，弟賁表讓封還攜，朝議許之。遷司徒左西屬，又不拜。居家累年。

弟遁，元徽中爲寧遠將軍、輔國長史、南海太守，在廣州。昇明元年，沈攸之反，刺史陳顯達起兵以應朝廷，遁以猶預見殺。遁家人在都，從野夜歸，見兩三人持壓刷其家門，須臾滅，明日而遁死問至。攜遑懼，詣太祖謝，即板爲世祖中軍諮議參軍。建元初，遷司徒右長史〔五〕，出爲永嘉太守，爲黃門郎，解職。

世祖即位，遷太子中庶子，不拜。又除長沙王中軍長史，司徒左長史。宋世，上數遊會攜家，同從明帝射雉郊野，渴倦，攜得早青瓜，與上對剖食之。上懷其舊德，意眄良厚。

至是一歲三遷。

永明元年，加輔國將軍，轉御史中丞。車駕幸丹楊郡宴飲，攜恃舊，酒後狎侮同列，言笑過度，爲左丞庾杲之所糾，贖論。三年，復爲司徒左長史，轉左衞將軍〔六〕。隨王子隆帶彭城郡，攜問訊，不修民敬，爲有司所舉，免官。久之，白衣兼御史中丞。轉臨川王驃騎長

史，司徒左長史，遷五兵尚書，出爲輔國將軍、盧陵王中軍長史。母憂去官，服未終，八年，卒，年五十八。

弟賁，初爲衛尉主簿，奉車都尉。

昇明初，爲中書郎，太祖驃騎諮議。建元中，爲征虜司馬，卒。

賁弟坦，解褐本州西曹。昇明二年，亦爲太祖驃騎參軍。歷豫章王鎮西、驃騎二府諮議。坦美鬚髯，與世祖、豫章王有舊。坦仍隨府轉司空、太尉□□[七]。出爲晉安內史，還又爲大司馬諮議，中書郎，卒。

劉悛字士操，彭城安上里人也。彭城劉同出楚元王，分爲三里，以別宋氏帝族。祖穎之，汝南新蔡二郡太守。父勔，司空。

劉延孫爲南徐州，初辟悛從事，隨父勔征竟陵王誕於廣陵，以功拜駙馬都尉，轉宗慤寧蠻府主簿，建安王司徒騎兵參軍。復隨父勔征殷琰於壽春，於橫塘、死虎累戰皆勝。歷遷員外郎，太尉，司徒二府參軍，代世祖爲尚書庫部郎。遷振武將軍、蜀郡太守，未之任，歷復從父勔征討，假寧朔將軍，拜鄱陽縣侯世子。轉桂陽王征北中兵參軍，與世祖同直殿

内，為明帝所親待，由是與世祖款好。

遷通直散騎侍郎，出爲安遠護軍、武陵内史。郡南江古堤，久廢不緝。悛脩治未畢，而江水忽至，百姓棄役奔走，悛親率屬之，於是乃立。漢壽人邵榮興六世同爨〔八〕，表其門間。悛強濟有世調，善於流俗。蠻王田僮在山中，年垂百餘歲，南譙王義宣爲荆州，僮出謁。至是又出謁悛。明帝崩，表奔赴，敕帶郡還都。吏民送者數千人，悛人人執手，係以涕泣，百姓感之，贈送甚厚。

仍除散騎侍郎。桂陽難，加寧朔將軍，助守石頭。父勔於大桁戰死，悛時疾病，扶伏路次，號哭求勔屍，項後傷缺〔九〕，悛割髮補之。持哭墓側〔一〇〕，冬月不衣絮。終哀全生，先王明領軍，素與勔善，書譬悛曰：「承至性毀瘵，轉之危慮，深以酸怛〔一一〕。軌，豈有去縑纊，徹溫席，以此悲號，得終其孝性邪？當深顧往旨，少自抑勉。」

建平王景素反，太祖總衆軍出頓玄武湖。悛初免喪，太祖欲使領支軍〔一二〕，召見悛兄弟，皆羸削改貌，於是乃止。除中書郎，行宋南陽八王事，轉南陽王南中郎司馬、長沙内史，行湘州事。未發，霸業初建，悛先致誠節。沈攸之事起，加輔國將軍。世祖鎮盆城，上表西討，求悛自代。世祖既不行，悛除黃門郎，行吳郡事。尋轉晉熙王撫軍中軍二府長史，行揚州事。出爲持節、督廣州、廣州刺史，將軍如故。襲爵鄱陽縣侯。世祖自尋陽還，

遇悛於舟渚間，歡宴敘舊，停十餘日乃下。遣文惠太子及竟陵王子良攝衣履，脩父友之敬。

太祖受禪，國除。進號冠軍將軍。平西記室參軍夏侯恭叔上書，以柳元景中興功臣，劉勔殞身王事，宜存封爵。詔曰：「與運隆替，自古有之，朝議已定，不容復厝意也。」初，蒼梧廢，太祖集議中華門，見悛，謂之曰：「君昨直耶？」悛答曰：「僕昨乃正直，而言急在外。」至是上謂悛曰：「功名之際，人所不忘。卿昔於中華門答我，何其欲謝世事？」悛曰：「臣世受宋恩，門荷齊眷，非常之勳，非臣所及。進不遠怨前代，退不孤負聖明，敢不以實仰答。」

遷太子中庶子、領越騎校尉。時世祖在東宮，再幸悛坊〔三〕，閒言至夕，賜屏風帷帳。世祖即位，改領前軍將軍，中庶子如故。征北竟陵王子良帶南兗州，以悛為長史，加冠軍將軍、廣陵太守。

轉持節、都督司州諸軍事、司州刺史，將軍如故。悛父勔討殷琰，平壽陽，無所犯害，百姓德之，為立碑祀〔四〕。悛步道從壽陽之鎮，過勔碑，拜敬泣涕。初，義陽人夏伯宜殺剛陵戍主叛渡淮，虜以為義陽太守。悛設討購誘之〔五〕，虜□州刺史謝景殺伯宜兄弟、北襄城太守李榮公歸降。悛於州治下立學校，得古禮器銅罍、銅甌、山罍樽〔六〕、銅豆、鍾各二

列傳第十八　劉悛

七二三

口，獻之。

遷長兼侍中。車駕數幸悛宅。宅盛治山池，造甕牖袤[一七]，於牖中宴樂，以冠賜悛，至夜乃去。世祖著鹿皮冠，被悛菟皮後悛從駕登蔣山，上數歎曰：「貧賤之交不可忘，糟糠之妻不下堂。」顧謂悛曰：「此況卿也。世言富貴好改其素情，吾雖有四海，今日與卿盡布衣之適。」悛起拜謝。遷冠軍將軍、司徒左長史。尋以本官行北兗州緣淮諸軍事。徙始興王前軍長史、平蠻校尉，蜀郡太守，將軍如故，行益州府、州事。隨府轉安西。悛治事嚴辦，以是會旨。

宋代太祖輔政，有意欲鑄錢，以禪讓之際，未及施行。建元四年，奉朝請孔覬上言鑄錢均貨議[一八]，辭證甚博。其略以為「食貨相通，理勢自然。李悝曰：『糴甚貴傷民，甚賤傷農。民傷則離散，農傷則國貧。甚賤與甚貴，其傷一也。』三吳國之關閫[一九]，比歲被水潦，而糴不貴，是天下錢少，非穀穰賤，此不可不察也。鑄錢之弊，在輕重屢變。重錢患難用，而難用為累；輕錢弊盜鑄，而盜鑄為禍深。民所盜鑄，嚴法不禁者，由上鑄錢惜銅愛工也。惜銅愛工者，謂錢無用之器，以通交易，務欲令輕而數多，使省工而易成，不詳慮其為患也。自漢鑄五銖錢，至宋文帝，歷五百餘年，制度世有廢興，而不變五銖錢者，明其輕重可法，得貨之宜。以為宜開置泉府，方牧貢金[二〇]，大興鎔鑄。錢重五銖，一依漢法。府庫

已實，國用有儲，乃量奉禄，薄賦税，則家給民足。頃盜鑄新錢者，皆効作翦鑿，不鑄大錢也。摩澤淄染，始皆類故；交易之後，淄變還新。良民弗皆淄染〔二一〕，不復行矣。所驚賣者，皆徒失其物。盜鑄者復賤買新錢，淄染更用，反覆生詐，循環起姦，此明主尤所宜禁而不可長也。若官鑄已布於民，使嚴斷翦鑿〔二二〕，小輕破缺無周郭者，悉不得行，官錢細小者，稱合銖兩，銷以爲大。利貧良之民，塞姦巧之路。錢貨既均，遠近若一，百姓樂業，市道無爭，衣食滋殖矣。」時議者多以錢貨轉少，宜更廣鑄，重其銖兩，以防民姦。太祖使諸州郡大市銅〔二三〕，會晏駕事寢。永明八年，悛啓世祖曰：「南廣郡界蒙山下，有城名蒙城，可二頃地，有燒鑪四所，高一丈，廣一丈五尺。從蒙城渡水南百許步，平地掘土深二尺，得銅。又有古掘銅坑，深二丈，并居宅處猶存。鄧通，南安人，漢文帝賜嚴道縣銅山鑄錢，今蒙山近青衣水南，青衣左側並是故秦之嚴道地〔二四〕。青衣縣又改名漢嘉。且蒙山去南安二百里，案此必是通所鑄。近喚蒙山獠出，云『甚可經略』。此議若立，潤利無極。」并獻蒙山銅一片，又銅石一片，平州鐵刀一口。上從之。遣使入蜀鑄錢，得千餘萬，功費多，乃止。

悛仍代始興、王鑑爲持節、監益寧二州諸軍事、益州刺史，將軍如故。悛既藉舊恩，尤能悦附人主，承迎權貴。賓客閨房，供費奢廣。罷廣、司二州，傾資貢獻，家無留儲。在蜀

作金浴盆，餘金物稱是。罷任，以本號還都，欲獻之，而世祖晏駕，鬱林新立，悛奉獻減少，

鬱林知之，諷有司收悛付廷尉，將加誅戮。高宗啓救之，見原，禁錮終身。雖見廢黜，而賓

客日至。

悛婦弟王法顯同宋桂陽事，遂啓別居，終身不復見之。

海陵王即位，以白衣除兼左民尚書，尋除正。高宗立，加領驍騎將軍，復故官駙馬都

尉。建武二年，虜主侵壽陽，詔悛以本官假節出鎮濼湖，遷散騎常侍、右衛將軍。虜寇既

盛，悛又以本官出屯新亭。

悛歷朝皆見恩遇。太祖爲鄱陽王鏘納悛妹爲妃，高宗又爲晉安王寶義納悛女爲妃，

自此連姻帝室。王敬則反，悛出守琅邪城，轉五兵尚書、領太子左衛率。未拜，明帝崩，東

昏即位，改授散騎常侍、領驍騎將軍，尚書如故。衛送山陵，卒，年六十一。贈太常，常侍、

都尉如故。謚曰敬〔二五〕。

虞悰字景豫，會稽餘姚人也。祖嘯父，晉左民尚書。父秀之，黃門郎。

悰少而謹敕，有至性。秀之於都亡，悰東出奔喪，水漿不入口。州辟主簿，建平王參

軍，尚書儀曹郎，太子洗馬，領軍長史，正員郎，累至州治中，別駕，黃門郎。

初，世祖始從官，家尚貧薄，憬推國士之眷，數相分與，每行，必呼上同載，上甚德之。

昇明中，世祖爲中軍，引憬爲諮議參軍，遣吏部郎江謐持手書謂憬曰：「今因江吏郎有白，以君情顧，意欲相屈。」建元初，轉太子中庶子，遷後軍長史、領[二六]，爲太子中庶子，領步兵校尉，鎮北長史、寧朔將軍、南東海太守。尋爲豫章內史，將軍如故。憬治家富殖，奴婢無游手，雖在南土，而會稽海味無不畢致焉。遷輔國將軍，始興王長史、平蠻校尉，蜀郡太守。轉司徒司馬，將軍如故。

憬善爲滋味，和齊皆有方法。豫章王嶷盛饌享賓，謂憬曰：「今日肴羞，寧有所遺不？」憬曰：「恨無黃頷臛，何曾食疏所載也。」遷散騎常侍，太子右率。永明八年，大水，百官戎服救太廟，憬朱衣乘車鹵簿，於宣陽門外行馬內驅打人，爲有司所奏，見原。上以憬布衣之舊，從容謂憬曰：「我當令卿復祖業。」轉侍中，朝廷咸驚其美拜。遷祠部尚書。世祖幸芳林園，就憬求扁米粣。憬獻粣及雜肴數十輿，太官鼎味不及也。上就憬求諸飲食方，憬秘不肯出，上醉後體不快，憬乃獻醒酒鯖鮓一方而已。出爲冠軍將軍、車騎長史，轉度支尚書，領步兵校尉。

鬱林立，改領右軍將軍、揚州大中正、兼大匠卿。起休安陵，於陵所受局下牛酒，坐免

官。隆昌元年，以白衣領職。

鬱林廢，憬竊歎曰：「王、徐遂縛袴廢天子，天下豈有此理邪？」延興元年，復領右軍。明帝立，憬稱疾不陪位。帝使尚書令王晏齎廢立事示憬，以憬舊人，引參佐命。憬謂晏曰：「主上聖明，公卿勠力，寧假朽老以匡贊惟新乎？不敢聞命。」朝議欲糾之，僕射徐孝嗣曰：「此亦古之遺直。」眾議乃止。

憬稱疾篤還東，上表曰：「臣族陋海區，身微稽屬，屬興運[二七]，荷竊稠私，徒越星紀，終慚報答。衛養乖方，抱疾嬰固，寢瘵以來，倏踰旬朔，頻加醫治，曾未瘳損。惟此朽頓，理難振復，乞解所職，盡療餘辰。」詔賜假百日。轉給事中、光祿大夫，尋加正員常侍。永元元年，卒。時年六十五。

憬性敦實，與人知識，必相存訪，親疏皆有終始，世以此稱之。

從弟袤，失志不仕[二八]。王敬則反，取袤監會稽郡，而軍事悉付寒人張靈寶，郡人攻郡殺靈寶，袤以不豫事得全。

胡諧之，豫章南昌人也。祖廉之，治書侍御史。父翼之，州辟不就。

諧之初辟州從事、主簿，臨賀王國常侍，員外郎，撫軍行參軍，晉熙王安西中兵參軍，

南梁郡太守。以器局見稱。徙邵陵王南中郎中兵、領汝南太守，不拜。除射聲校尉，州別駕。除左軍將軍，不拜。仍除邵陵王左軍諮議。

世祖頓盆城，使諧之守尋陽城，及爲江州，復以諧之爲別駕，委以事任。文惠太子鎮襄陽，世祖以諧之心腹，出爲北中郎征虜司馬、扶風太守，爵關内侯。在鎮毗贊，甚有心力。建元二年，還爲給事中、驍騎將軍、本州中正、轉黃門郎、領羽林監。永明元年，轉守衛尉，中正如故。明年，加給事中。三年，遷散騎常侍，太子右率。五年，遷左衛將軍、加給事中，中正如故。

諧之風形璅潤，善自居處，兼以舊恩見遇，朝士多與交遊。六年，遷都官尚書。上欲遷諧之，嘗從容謂諧之曰：「江州有幾侍中邪？」諧之答曰：「近世唯有程道惠一人而已。」上曰：「當令有二。」後以語尚書令王儉，儉意更異，乃以爲太子中庶子、領左衛率。諧之兄謨之亡，諧之上表曰：「臣私門罪釁，早備荼苦。兄弟三人，共相撫鞠，嬰孩抱疾，得及成人。長兄臣謀之，復早殞没，與亡第二兄臣謨之銜戚家庭，得蒙訓長，情同極廕。何圖一旦奄見棄放，吉凶分違，不獲臨奉，乞解所職。」詔不許。改衛尉，中庶子如故。

八年，上遣諧之率禁兵討巴東王子響於江陵，兼長史行事。臺軍爲子響所敗，有司奏

免官，權行軍事如故。復爲衛尉、領中庶子、本州中正。

十年，轉度支尚書，領衛尉。明年，卒，年五十一。贈右將軍、豫州刺史。諡曰肅[二九]。

諧之有識計，每朝廷官缺及應遷代，密量上所用人，皆如其言，虞悰以此稱服之。

信，汎愛衆，其爲利也博矣。況乎先覺潛龍，結厚於布素，隨才致位，理固然也。

史臣曰：送錢贏兩，言此無忘，一笥之懷，報以都尉，千金可失，貴在人心。夫謹而

贊曰：到藉豪華，晚懷虛素。虞生富厚，侈不違度。劉實朝交，胡乃蕃故，頡頏亮采，

康衢騁步。

校勘記

〔一〕以攝功臣後 「攝」原作「爲」，據南監本、北監本、殿本、南史卷二五到彥之傳附到攝傳改。

〔二〕善納交遊 「交」原作「文」，據南監本、殿本、局本、南史卷二五到彥之傳附到攝傳、御覽卷六四三引宋書、冊府卷九四六總錄部改。

〔三〕更以貶素自立 「貶素」，冊府卷八九七總錄部作「貞素」。

〔四〕帝除攝爲羊希恭寧朔府參軍 「羊希恭」，疑當作「羊希」。按宋書卷五四羊玄保傳附羊希傳

云：「泰始三年，出爲寧朔將軍、廣州刺史。」又冊府卷四二三將帥部、卷四三九將帥部並云「羊希爲寧朔將軍」，皆與此合，「羊希恭」之「恭」字或爲衍文。

〔五〕建元初遷司徒右長史 「建元初」下南史卷二五到彥之傳附到撝傳有「國除」二字。

〔六〕轉左衛將軍 「左衛將軍」，冊府卷六二一八環衛部作「右衛將軍」。

〔七〕坦仍隨府轉司空太尉□□ 「太尉」下二字原闕，南監本、北監本、汲本、殿本、局本作「參軍」，疑誤。按丁福林校議云，到坦先後任豫章王鎮西、驃騎、司空諮議參軍，諮議爲軍府上佐，不應省作「參軍」，闕文或爲「諮議」二字。

〔八〕漢壽人邵榮興六世同爨 「邵榮興」，原作「邵榮與」，據三朝本、南監本、北監本、汲本、殿本、局本、南史卷三九劉勔傳附劉悛傳、冊府卷六八七牧守部改。按本書卷五五孝義封延伯傳有武陵郡邵榮興八世同居，當即此人。

〔九〕項後傷缺 「項」上南監本、北監本、殿本、局本、南史卷三九劉勔傳附劉悛傳、冊府卷七五三總録部有「勔屍」二字。又「項」，南史作「頭」，冊府作「頭」。

〔一〇〕持哭墓側 「哭」，南監本、局本、南史卷三九劉勔傳附劉悛傳、冊府卷七五三總録部作「喪」。按三朝本、北監本、殿本、汲本亦作「哭」。

〔一一〕深以酸怛 「酸怛」，冊府卷七五三總録部作「慘怛」。

〔一二〕太祖欲使領支軍 「支軍」，冊府卷七五三總録部作「父軍」。

〔三〕再幸悛坊 「再」，三朝本、南監本、北監本、汲本、殿本、局本、南史卷三九劉勔傳附劉悛傳、御覽卷七〇一引齊書作「每」。

〔四〕爲立碑祀 「碑祀」，南史卷三九劉勔傳附劉悛傳作「碑記」。

〔五〕悛設討購誘之 「討」，三朝本、南監本、北監本、汲本、殿本、局本作「計」。

〔六〕山罍樽 「山罍」，南監本、北監本、局本、南史卷三九劉勔傳附劉悛傳作「幽山銅罍」。

〔七〕被悛菟皮衾 按御覽卷六八四引齊書作「劉悛設兔毛衾」。

〔八〕奉朝請孔覬上鑄錢均貨議 「孔覬」，南監本、北監本、殿本、册府卷五〇〇邦計部、通鑑卷一三七齊紀三武帝永明八年作「孔顗」。通鑑考異云：「齊紀作『孔顗』，今從齊書、南史。」則所見齊書亦作「孔顗」。

〔九〕三吳國之關闥 「關闥」，南史卷三九劉勔傳附劉悛傳、册府卷五〇〇邦計部、通鑑卷一三七齊紀三武帝永明八年作「關奧」。

〔一〇〕方牧貢金 「牧」，原作「收」，據北監本、汲本、殿本、局本、南史卷三九劉勔傳附劉悛傳改。

〔一一〕良民弗皆淄染 「弗皆」，通典卷九食貨九作「不習」，册府卷五〇〇邦計部作「弗習」。

〔一二〕使嚴斷翦鑿 「使」，通鑑卷一三七齊紀三武帝永明八年作「便」。

〔一三〕太祖使諸州郡大市銅 「銅」下南監本、北監本、殿本、南史卷三九劉勔傳附劉悛傳、通鑑卷一

三七　齊紀三武帝永明八年有「炭」字。

〔三四〕青衣左側並是故秦之嚴道地　「左側」，原作「在側」，據南史卷三九劉勔傳附劉悛傳改。按張森楷校勘記云：「南史『在側』作『左側』，是。」

〔三五〕謚曰敬　「敬」，南史卷三九劉勔傳附劉悛傳作「敬子」。

〔三六〕遷後軍長史領　「領」下疑有脫文。按建元初，長沙王晃爲後將軍、南徐州刺史，虞悰爲其長史，依例應領南東海太守，不應領下文之太子中庶子或步兵校尉。疑「領」字下所脫文爲「南東海太守」。

〔三七〕身微稽嶺與運　南監本、北監本、殿本、局本作「身微稽土猥屬興運」，冊府卷六二二卿監部作「身微稽嶺屬此興運」。

〔三八〕失志不仕　「失」，南監本、北監本、殿本、局本作「矢」。

〔三九〕謚曰肅　「肅」，南史卷四七胡諧之傳作「肅侯」。

南齊書卷三十八

列傳第十九

蕭景先　蕭赤斧　子穎冑

蕭景先，南蘭陵蘭陵人，太祖從子也。祖爰之，員外郎。父敬宗，始與王國中軍。景先少遭父喪，有至性，太祖嘉之。及從官京邑，常相提攜。解褐為海陵王國上軍將軍，補建陵令，還為新安王國侍郎，桂陽國右常侍。

太祖鎮淮陰，景先以本官領軍主自隨，防衛城內，委以心腹。除後軍行參軍，卭縣令，員外郎。與世祖款暱，世祖為廣興郡，啟太祖求景先同行，除世祖寧朔府司馬，自此常相隨逐。世祖為鎮西長史，以景先為鎮西長流參軍，除寧朔將軍，隨府轉撫軍中兵參軍，尋除諮議，領中兵如故。昇明初，為世祖征虜府司馬、領新蔡太守，隨上鎮盆城。沈攸之事

平，還都，除寧朔將軍、驍騎將軍，仍爲世祖撫軍、中軍二府司馬，兼左衛將軍。建元元年，

遷太子左衛率，封新吳縣伯，邑五百戶。景先本名道先，乃改避上諱。

出爲持節，督司州軍事〔一〕、寧朔將軍、司州刺史，領義陽太守。是冬，虜出淮、泗，增

司部邊戍兵。義陽人謝天蓋與虜相構扇，景先言於督府，驃騎豫章王遣輔國將軍、中兵參

軍蕭惠朗二千人助景先。惠朗依山築城，斷塞關隘，討天蓋黨與。虜尋遣僞南部尚書頹

跋屯汝南，洛州刺史昌黎王馮莎屯清丘。景先嚴備待敵。豫章王又遣寧朔將軍王僧炳、

前軍將軍王應之、龍驤將軍莊明三千人屯義陽關外，爲聲援。虜退，進號輔國將軍。

景先啓稱上德化之美。上答曰：「風淪俗敗，二十餘年，以吾當之，豈得頓掃。幸得

數載盡力救蒼生者，必有功於萬物也。治天下者，雖聖人猶須良佐，汝等各各自竭，不憂

不治也。」

世祖即位，徵爲侍中、領左軍將軍，尋兼領軍將軍。景先事上盡心，故恩寵特密。初

西還，上坐景陽樓召景先語故舊，唯豫章王一人在席而已。轉中領軍。車駕射雉郊外行

游，景先常甲仗從，廉察左右。尋進爵爲侯。領太子詹事，本官如故。遭母喪，詔起爲

領軍將軍〔二〕。遷征虜將軍、丹楊尹。

五年，荒人桓天生引蠻虜於雍州界上，司部以北，人情騷動。上以景先諳究司土，詔

曰：「得雍州刺史張瓌啓事，蠻虜相扇，容或侵軼。蜂蠆有毒，宜時剿蕩。可遣征虜將軍丹陽尹景先總率步騎，直指義陽。可假節，司州諸軍皆受節度。」景先至鎮，屯軍城北，百姓乃安，牛酒來迎。

軍未還，遇疾，遺言曰：「此度疾病，異於前後〔二〕，自省必無起理。但夙荷深恩，今謬充戎寄，闇弱每事不稱，上慙慈旨。便長違聖世，悲哽不知所言。可爲作啓事，上謝至尊，粗申愚心。毅雖成長，素闕訓範。貞等幼稚，未有所識。方以仰累聖明，非殘息所能陳謝。自丁荼毒以來，妓妾已多分張，所餘醜猥數人，皆不似事。可以明月、佛女、桂支、佛兒、玉女、美玉上臺，美滿、豔華奉東宮。私馬有二十餘匹，牛數頭，可簡好者十四、牛二頭上臺，馬五匹、牛一頭奉東宮，大司馬、司徒各奉二匹，驃騎、鎮軍各奉一匹。應私仗器，亦悉輸臺。六親多未得料理，可隨宜溫卹，微申素意。所賜宅曠大，恐非毅等所居，須喪服竟，可輸還臺。劉家前宅，久聞其貨，可合率市之，直若短少，啓官乞足。三處田，勤作，自足供衣食。力少，更隨宜買醜猥奴婢充使。不須餘營生。周旋部曲還都，理應分張，其久舊勞勤者，應料理，隨宜啓聞乞恩。」卒，時年五十。上傷惜之，詔曰：「西信適至，景先奄至喪逝，悲懷切割，自不勝任。今便舉哀。賵錢十萬，布二百匹。」景先喪還，詔曰：「故假節征虜將軍丹陽尹新吳侯景先，器懷開亮，幹局通敏。綢繆少長，義兼勳戚。誠著夷險，

績茂所司。方升寵榮，用申任寄。奄至喪逝，悲痛良深。可贈侍中、征北將軍、南徐州刺史。給鼓吹一部。假節、侯如故。謚曰忠侯。」

子毅，以勳戚子，少歷清官。太子舍人，洗馬，隨王友，永嘉太守，大司馬諮議參軍，南康太守，中書郎。建武初，爲撫軍司馬，遷北中郎司馬。虜動，領軍守琅邪城。毅性奢豪，好弓馬，爲高宗所疑忌。王晏事敗，并陷誅之。遣軍圍宅，毅時會賓客奏伎，聞變，索刀未得，收人突進，挾持毅入與母別，出便殺之。

蕭赤斧，南蘭陵人，太祖從祖弟也。祖隆子，衛軍錄事參軍。父始之，冠軍中兵參軍。

赤斧歷官爲奉朝請，以和謹爲太祖所知。宋大明初，竟陵王誕反廣陵，赤斧爲軍主，隸沈慶之，圍廣陵城，攻戰有勳，事寧，封永安亭侯，食邑三百七十戶。除車騎行參軍，出補晉陵令，員外郎，丹楊令，還除晉熙王撫軍中兵參軍，出爲建威將軍，錢唐令。遷正員郎，赤斧治政爲百姓所安，吏民請留之，時議見許，改除寧朔將軍。

太祖輔政，以赤斧爲輔國將軍、左軍會稽司馬，輔鎮東境。遷黃門郎，淮陵太守。從

帝遜位〔四〕，於丹陽故治立宮，上令赤斧輔送，至薨乃還。

建元初，遷武陵王冠軍長史，驃騎司馬，南東海太守，輔國將軍並如故。遷長兼侍中，祖母喪去職。起爲冠軍將軍、寧蠻校尉。出爲持節、督雍梁南北秦四州郢州之竟陵司州之隨郡軍事、雍州刺史，本官如故。在州不營産利，勤於奉公。

遷散騎常侍，左衛將軍。世祖親遇與蕭景先相比。封南豐縣伯，邑四百户。遷給事中，太子詹事。赤斧夙患渴利，永明三年會，世祖使甲仗衛三廂，赤斧不敢辭，疾甚，數日卒，年五十六。家無儲積，無絹爲衾，上聞之，愈加惋惜。詔賻錢五萬，上材一具，布百匹，蠟二百斤。追贈金紫光禄大夫。謚曰懿伯。子穎冑襲爵。

穎冑字雲長，弘厚有父風。起家祕書郎。太祖謂赤斧曰：「穎冑輕朱被身，覺其趨進轉美，足慰人意。」遷太子舍人。遭父喪，感脚疾，數年然後能行。世祖有詔慰勉，賜醫藥。

除竟陵王司徒外兵參軍，晉熙王文學。

穎冑好文義，弟穎基好武勇，世祖登烽火樓，詔羣臣賦詩。穎冑詩合旨，上謂穎冑曰：「卿文弟武，宗室便不乏才。」除明威將軍、安陸内史。遷中書郎。上以穎冑勳戚子弟，除左將軍〔五〕知殿内文武事，得入便殿。出爲新安太守，吏民懷之。隆昌元年，永嘉

王昭粲爲南徐州，以穎胄爲南東海太守，行南徐州事。轉持節、督青冀二州軍事、輔國將軍、青冀二州刺史。不行，除黃門郎，領四廟直。遷衛尉。

高宗廢立，穎胄從容不爲同異，乃引穎胄預功。建武二年，進爵侯，增邑爲六百戶。賜穎胄以常所乘白輸牛。

上慕儉〔六〕，欲鑄壞太官元日上壽銀酒鎗〔七〕，尚書令王晏等咸稱盛德。穎胄曰：「朝廷盛禮，莫過三元。此一器既是舊物，不足爲侈。」帝不悅。後預曲宴，銀器滿席。穎胄曰：「陛下前欲壞酒鎗，恐宜移在此器也。」帝甚有慚色。

冠軍江夏王寶玄鎮石頭，以穎胄爲長史，行石頭戍事。是年虜動，揚聲當飲馬長江。帝懼，敕穎胄移居民入城〔八〕，百姓驚恐，席卷欲南渡。穎胄以賊勢尚遠，不即施行，虜亦尋退。仍爲持節，督南兗、兗、徐、青、冀五州諸軍事、輔國將軍、南兗州刺史〔九〕。復爲衛尉。出爲冠軍將軍、廬陵王後軍長史、廣陵太守、行南兗州府州事。

和帝爲荊州，以穎胄爲冠軍將軍、西中郎長史、南郡太守、行荊州府州事。東昏侯誅戮臺輔，委任群小，崔、陳敗後，方鎮各懷異計。永元二年十月，尚書令臨湘侯蕭懿及弟衞尉暢見害，先遣輔國將軍、巴西梓潼二郡太守劉山陽領三千兵受旨之官，就穎胄共襲雍州。雍州刺史梁王將起義兵，慮穎胄不識機變，遣使王天虎詣江陵，聲云山陽西上，并襲

荆、雍。書與穎冑，或勸同義舉[一〇]，穎冑意猶未決。初，山陽出南州[一一]，謂人曰：「朝廷

以白虎幡追我，亦不復還矣。」席卷妓妾，盡室而行。至巴陵，遲回十餘日不進。梁王復遣

天虎齎書與穎冑，陳設其略。是時或云山陽謀殺穎冑，以荆州同義舉，穎冑乃與梁王定

契，斬王天虎首，送示山陽。發百姓車牛，聲云起步軍征襄陽。十一月十八日，山陽至江

津，單車白服，從左右數十人[一二]，詣穎冑，穎冑使前汶陽太守劉孝慶、前永平太守劉熙暈、

鎧曹參軍蕭文照、前建威將軍陳秀、輔國將軍孫末伏兵城內。山陽入門，即於車中亂斬

之。副軍主李元履收餘眾歸附。遣使蔡道猷馳驛送山陽首於梁王，乃發教纂嚴，分部購

募。東昏聞山陽死，發詔討荆、雍。贈山陽寧朔將軍、梁州刺史。

穎冑有器局，既唱大事，虛心委己，眾情歸之。加穎冑右將軍、都督行留諸軍事，置佐

史，本官如故。西中郎司馬夏侯詳加征虜將軍。遣寧朔將軍王法度向巴陵。穎冑獻錢二

十萬，米千斛，鹽五百斛。諮議宗夬、別駕宗夬獻穀二千斛，牛二頭[一三]。換借富貲，以助

軍費。長沙寺僧業富，沃鑄黃金爲龍數千兩，埋土中，歷相傳付，稱爲下方黃鐵，莫有見

者，乃取此龍，以充軍實。

十二月，移檄：

西中郎府長史、都督行留諸軍事、右將軍[一四]、南郡太守、南豐縣開國侯蕭穎冑，

司馬、征虜將軍、新興太守夏侯詳告京邑百官，諸州郡牧守：

夫運不嘗夷，有時而陂，數無恒剝，否極則亨。昔商邑中微，彭、韋投袂；漢室方昏，虛、年効節。故風聲永樹，卜世長久者也。昔我太祖高皇帝德範生民，功格天地，仰緯彤雲，俯臨紫極。世祖嗣興，增光前業，雲雨之所沾被，日月之所出入，莫不舉踵來王，交臂納貢。鬱林昏迷，顛覆厥序，俾我大齊之祚，翦焉將墜。高宗明皇帝建道德之盛軌，垂仁義之至蹤，紹二祖之鴻基，繼三五之絶業。昧旦不顯，不明求衣，故奇士盈朝，異人輻湊。若迺經禮緯樂之文，定鼎作洛之制，非雲如體之祥，白質黑章之瑞，諒以則天比大，無德稱焉。而嗣主不綱，窮肆陵暴，十䜴畢行，三風咸襲。喪初而無哀貌，在感而有喜容。酣酒嗜音，罔懲其侮。讒賊狂邪，是與比周。遂令親賢嬰荼毒之誅，宰輔受葅醢之戮。江僕射、蕭、劉領軍，徐司空、沈僕射，曹右衞，或外戚懿親，或皇室令德，或時宗民望〔五〕，或國之虎臣，並勳彰中興，功比申、邵，秉鈞贊契，受遺先朝。咸以名重見疑，正直貽斃，害加黨族，虐及嬰孺。曾無渭陽追遠之情，不顧本枝殄落之痛。信必見疑，忠而獲罪，百姓業業，罔知攸暨。崔慧景內逼淫刑，外不堪命，驅土崩之民，爲免死之計，倒戈回刃，還指宮闕。城無完守，人有異圖。賴蕭令君勳濟宗祐〔七〕，業拯蒼氓，四海蒙一匡之德，億兆憑再造之功。江夏王拘迫威

強，牽制巨力，迹屈當時，迺心可亮。竟不能内恕探情，顯加鴆毒。蕭令自以親惟族

長[八]，任實宗臣，至誠苦言，朝夕獻入，讒醜交構，漸見疎疑，浸潤成災，奄離怨酷。

用人之功，以寧社稷，刈人之身，以騁淫濫。

台輔既誅，姦小競用，梅蟲兒、茹法珍妖忍愚戾，窮縱醜惡，販鬻主威，以爲家勢，

營惑嗣主，恣其妖虐。宮女千餘，裸服宣婬，孽臣數十，祖祸相逐。帳飲闤肆之間，宵

遊街陌之上，提挈羣豎，以爲歡笑。劉山陽潛受凶旨，規肆狂逆，天誘其衷，即就梟

夷。

夫天生蒸民，樹之以君，使司牧之，勿使失性。豈有尊臨寓縣，毒遍黔首，絕親戚

之恩，無君臣之義，功重者先誅，勳高者速斃。九族内離，四夷外叛，封境日蹙，戎馬

交馳，帑藏既空，百姓已竭，不卹不憂，慢遊是好。民怨於下，天懲於上，故熒惑襲月，

孽火燒宮，妖水表災，震蝕告沴。七廟阽危，三才莫紀，大懼我四海之命，永淪于地。

南康殿下體自高宗，天挺英懿。食葉之徵，著於弱年；當璧之祥，兆乎綺歲。億

兆顒顒，咸思戴奉。且勢居上游，任總連帥[九]，家國之否，寧濟是當。莫府身備皇

宗，忝荷顧託，憂深責重，誓清時難。今命冠軍將軍、西中郎諮議、領中直兵參軍、軍

主楊公則，寧朔將軍、領中兵參軍、軍主王法度，冠軍將軍、諮議參軍、軍主龐巋，輔國

將軍、諮議參軍、領別駕、軍主宗夬，輔國將軍、諮議參軍、軍主樂藹等，領勁卒三萬，陵波電邁，逕造秭陵。冠軍將軍，領諮議、中直兵參軍、軍主蔡道恭，輔國將軍、中直兵參軍、右軍府司馬、軍主席闡文，輔國將軍、中直兵參軍、軍主任漾之，寧朔將軍、中直兵參軍、軍主韓孝仁，寧朔將軍、中直兵參軍、軍主朱斌，中直兵參軍、軍主宗冰之，建威將軍、中直兵參軍、軍主朱景舒，寧朔將軍、中直兵參軍、軍主庾域，寧遠將軍、軍主庾略等，被甲二萬，直指建業。輔國將軍、武寧太守、軍主鄧元起，輔國將軍、前軍將軍、軍主王世興等，鐵騎一萬，分趨白下。征虜將軍、領司馬、新興太守夏侯詳，寧朔將軍、諮議參軍、軍主柳忱，寧朔將軍、領中兵參軍、軍主劉孝慶，建威將軍、軍主、江陵令江詮等〔二〇〕，帥組甲五萬，駱驛繼發。雄劍高麾，則五星從流；長戟遠指，則雲虹變色。天地爲之裔皇，山淵以之崩沸。莫府親貫甲胄，授律中權，董帥熊羆之士十有五萬，征鼓紛沓，雷動荆南。寧朔將軍、南康王友蕭穎達領虎旅三萬，抗威後拒。蕭雍州勳業蓋世，謀猷淵肅，既痛家禍，兼憤國難，泣血枕戈，誓雪怨酷，精卒十萬，已出漢川。張郢州節義慷慨，悉力齊奮。江州邵陵王、湘州張行事、王司州皆遠近懸契，不謀而同，並勒驍猛，指景風驅。舟艦魚麗，萬里蓋水，車騎雲屯，平原霧塞。以同心之士，伐倒戈之衆，盛德之師，救危亡之國，何征而不服，何誅而不克哉！

今兵之所指，唯在梅蟲兒、茹法珍二人而已。諸君德載累世，勳著先朝，屬無妄之時，居道消之運〔二〕，受迫羣豎，念有危懼。大軍近次，當各思拔迹〔三〕，來赴軍門。檄到之日，有能斬送蟲兒、法珍首者，封二千戶開國縣侯。若迷惑凶黨，敢拒軍鋒，刑茲無赦，戮及宗族。賞罰之信，有如曒日，江水在此，余不食言。

遣冠軍將軍楊公則向湘州。王法度不進軍，免官。公則進剋巴陵，仍向湘川〔三〕。遣寧朔將軍劉坦行湘州事。

潁胄遣人謂梁王曰：「時月未利，當須來年二月。今便進兵，恐非良策。」梁王曰：「今坐甲十萬，粮用自竭。況藉以義心，一時驍鋭。且太白出西方，杖義而動，天時人謀，無有不利。昔武王伐紂，行逆太歲，豈復待年月邪？」潁胄乃從。遣西中郎參軍鄧元起率衆向夏口。

三年正月，和帝爲相國，潁胄領左長史，進號鎮軍將軍。於是始選用方伯。梁王屢表勸和帝即尊號，梁州刺史柳惔、竟陵太守曹景宗並勸進。潁胄使別駕宗夬撰定禮儀，上尊號，改元，於江陵立宗廟，南北郊，州府城門悉依建康宮，置尚書五省，以城南射堂爲蘭臺，南郡太守爲尹。建武中，荊州大風雨，龍入柏齋中，柱壁上有爪足處，刺史蕭遙欣恐畏，不敢居之。至是以爲嘉祐殿〔四〕。中興元年三月，潁胄爲侍中、尚書令，假節、都督如故。尋

領吏部尚書，監八州軍事，行荊州刺史，本官如故。左丞樂藹奏曰：「敕旨以軍旅務殷，且
停朝直。竊謂匪懈于位，義昭夙興，國容舊典，不可頓闕。與兼右丞江詮等參議，八座丞
郎以下宜五日一朝，有事郎坐侍下鼓[二五]，無事許從實還外。」奏可。

梁王義師出沔口，郢州刺史張沖據城拒守。楊公則定湘州，行事張寶積送江陵，率軍
會夏口。巴西太守魯休烈、巴東太守蕭惠訓遣子瑃拒義師。潁胄遣汶陽太守劉孝慶進峽
口，與巴東太守任漾之、宜都太守鄭法紹衛之[二六]。時軍旅之際，人情未安，潁胄府長史張

熾從絳衫左右三十餘人，入千秋門，城內驚恐，疑有同異。御史中丞奏彈熾，詔以贖論。
潁胄弟潁孚在京師，廬陵人脩靈竊將南上[二七]，於西昌縣山中聚兵二千人，襲郡，內
史謝篡奔豫章。潁孚、靈祐據郡求援，潁胄遣寧朔將軍范僧簡入湘州南道援之。僧簡進

剋安成，仍以為輔國將軍、安成内史。拜潁孚為冠軍將軍、廬陵內史。合二郡兵，出彭蠡
口。東昏侯遣軍主彭盆、劉希祖三千人受江州刺史陳伯之節度，南討二郡義兵，仍進取湘
州。南康太守王丹保郡應盆等。潁孚聞兵至，望風奔走。前內史謝篡復還郡。劉希祖至

安成，攻戰七日，城陷，范僧簡見殺。希祖仍為安成內史。潁孚收散卒據西昌，謝篡又遣
軍攻之，衆敗，奔湘州。以潁孚為督湘東衡陽零陵桂陽營陽五郡、湘東內史，假節、將軍如
故。尋病卒。後脩靈祐又合餘衆攻篡，篡復敗走豫章，劉希祖亦以郡降。

湘東內史王僧粲亦拒義[二八]，自稱平西將軍、湘州刺史，以南平鎮軍主周敷爲長史，率前軍襲湘州，去州百餘里。楊公則長史劉坦守州城，遣軍主尹法略拒之，屢戰不勝。及聞建康城平，僧粲散走，乃斬之。南康太守王丹亦爲郡人所殺。

郢城降，義師衆軍東下。八月，魯休烈、蕭璝破汶陽太守劉孝慶等於峽口，巴東太守任漾之見殺，遂至上明，江陵大震。穎冑恐，馳告梁王曰：「劉孝慶爲蕭璝所敗，宜遣楊公則還援根本。」梁王曰：「公則今泝流上荊，鞭長之義耳。蕭璝、魯休烈烏合之衆，尋自退散。政須荊州少時持重。良須兵力，兩弟在雍，指遣往徵，不爲難至。」穎冑乃追贈任漾之輔國將軍、梁州刺史。遣軍主蔡道恭假節屯上明拒蕭璝。

時梁王已平郢、江二鎮。穎冑輔帝出居上流，有安重之勢。素能飲酒，噉白肉鱠至三升[二九]，既聞蕭璝等兵相持不決，憂慮感氣，十二月壬寅夜，卒[三〇]。遺表曰：「臣疹患數日，不謂便至困篤，氣息綿微，待盡而已。臣雖庸薄，忝籍葭莩，過受先朝殊常之眷，循寵礪心，誓生以死。屬皇業中否，天地分崩，總率諸侯，翼奉明聖。賴社稷靈長，大明在運，故兵之所臨，無思不服。今四海垂平，干戈行戢，方希陪翠華，奉法駕，反東都，觀舊物。不幸遘疾，奄辭明世，懷此深恨[三一]，永結泉壤。竊惟王業至重，萬機甚大，登之實難，守之未易。陛下富於春秋，當遠尋祖宗創業艱難，殷鑒季末，顛覆厥緒，思所以念始圖終，康此

兆庶。征東大將軍臣衍〔二〕，元勳上德，光贊天下，陛下垂拱仰成，則風流日化，臣雖萬沒，無所遺恨。」時年四十。和帝出臨哭。詔贈侍中、丞相，本官如故。前後部羽葆鼓吹，班劍三十人，輼輬車，黃屋左纛。

梁王圍建康城，住在石頭，和帝密詔報穎胄凶問，祕不發喪。及城平，識者聞之，知天命之有在矣。

梁天監元年，詔曰：「念功惟德，歷代所同，追遠懷人，彌與事篤。齊故侍中、丞相、尚書令穎胄，風格峻遠，器宇淵邵，清猷盛業，問望斯歸。締構義始，肇基王迹，契闊屯夷，載形心事。朕膺天改命〔三〕，光宅區宇，望岱瞻河，永言增慟。可封巴東郡公，邑三千戶，本官如故。」喪還，今上車駕臨哭渚次。詔曰：「齊故侍中、丞相、尚書令穎胄葬送有期，前代所加殊禮，依晉王導、齊豫章王故事，可悉給。謚曰獻武。」范僧簡贈交州刺史。

史臣曰：魏氏基於用武，夏侯、諸曹，並以戚族而爲將相。夫股肱爲義，既有常然，肺腑之重，兼存宗寄。豐沛之間，貴人滿市，功臣所出，多在南陽。夫貞幹所以成務，非虛言也。

贊曰：新吳事武，簡在帝心。南豐治政，迹顯亡衾。鎮軍茂績，機識弘深，荊南立主，

校勘記

〔一〕督司州軍事 「軍」下原有「州」字，據冊府卷三七九將帥部、三九〇將帥部刪。

〔二〕詔超起爲領軍將軍 「超起」，冊府卷八六二總録部作「起」。

〔三〕異於前後 「異」，冊府卷八九八總録部作「暴」。

〔四〕從帝遜位 「從帝」，南監本、北監本、殿本作「順帝」。按「從帝」即「順帝」，蕭子顯避梁武帝父諱改。下皆仿此，不另出校。

〔五〕除左將軍 「左將軍」，南史卷四一齊宗室蕭穎冑傳作「左軍將軍」。按穎冑不應單授軍號，下云「知殿內文武事，得入便殿」，疑禁衛武職「左軍將軍」是。

〔六〕上慕儉 「儉」下南監本、北監本、殿本有「約」字。按南史卷四一齊宗室蕭穎冑傳此句作「每存儉約」。

〔七〕欲鑄壞太官元日上壽銀酒鎗 「太官」，原作「太宮」，據南監本、汲本改。

〔八〕敕穎冑移居民入城 「移」，冊府卷四〇四將帥部作「拔」。

〔九〕仍爲持節督南兗兗徐青冀五州諸軍事輔國將軍南兗州刺史 「南兗兗徐青冀」，原作「南兗徐青冀荆」，按南兗州所督五州，有兗州，無荆州，今改正。

〔一〇〕或勸同義舉 「或」字南監本、南史卷四一齊宗室蕭穎胄傳無。

〔一一〕山陽出南州 「出」下原有「爲」字，據南史卷四一齊宗室蕭穎胄傳刪。

〔一二〕從左右數十人 按梁書卷一〇蕭穎達傳、南史卷四一齊宗室蕭穎胄傳並云「輕將步騎數百」。

〔一三〕別駕宗夬獻穀二千斛牛二頭 「牛二頭」，冊府卷四八五邦計部作「牛二千」。

〔一四〕都督行留諸軍事右將軍 「右將軍」原作「右軍將軍」，據冊府卷一八八閏位部、卷四八五邦計部、御覽卷一二九引蕭子顯齊書改。

〔一五〕或時宗民望 「時宗民望」，冊府卷四一六將帥部作「時之宗望」。

〔一六〕驅土崩之民 「土崩」，冊府卷四一六將帥部作「亡命」。

〔一七〕賴蕭令君勸濟宗祐 「祐」，原作「祐」，據南監本、北監本、殿本、局本、局本改，冊府卷四一六將帥部作「祀」。

〔一八〕蕭令自以親惟族長 「蕭令」，冊府卷四一六將帥部作「蕭令君」。

〔一九〕且勢居上游任總連帥 「連帥」，南監本作「戎略」。

〔二〇〕江陵令江詮等 「江詮」，冊府卷四一六將帥部作「江銓」。

〔二一〕居道消之運 「道消」，南監本作「中否」。

〔二二〕當各思拔迹 「拔」，南監本作「舊」。

〔二三〕仍向湘川 「湘川」，南監本、殿本、局本作「湘州」。

〔二四〕　至是以爲嘉祐殿　「嘉祐殿」，南史卷四一齊宗室蕭穎胄傳、御覽卷一七五引齊書蕭赤斧子穎胄傳、册府卷二〇三閏位部作「嘉福殿」，建康實錄卷一六作「嘉瑞殿」。

〔二五〕　有事郎坐侍下鼓　「郎」，局本作「即」。

〔二六〕　宜都太守鄭法紹衞之　「衞」，南監本作「禦」。

〔二七〕　盧陵人脩靈祐竊將南上　「脩靈祐」，南史卷四一齊宗室蕭穎胄傳作「脩景智」。按梁書卷一〇蕭穎達傳、册府卷七六五總錄部云循景智及宗人靈祐共爲起兵。是二人並姓「循」，與本書異。

〔二八〕　湘東內史王僧粲亦拒義　「湘東」，梁書卷一九劉坦傳、南史卷五〇劉虬傳附劉坦傳、册府卷三六三將帥部、通鑑卷一四四齊紀一〇和帝中興元年並作「始興」。

〔二九〕　噉白肉繪至三升　「三升」，南史卷四一齊宗室蕭穎胄傳作「三斗」。

〔三〇〕　十二月壬寅夜卒　「十二月」，本書卷八和帝紀、南史卷五齊本紀下、通鑑卷一四四齊紀一〇和帝中興元年並作「十一月」，疑是。按十年十二月辛酉朔，無壬寅日。十一月辛卯朔，壬寅日爲當月十二日。

〔三一〕　懷此深恨　「恨」，南監本作「惟」。

〔三二〕　征東大將軍臣衍　「衍」，原作「諱」，依例改。下皆同此，不另出校。

〔三三〕　朕膺天改命　「命」，原作「於」，據三朝本、南監本、北監本、汲本、殿本、局本改，梁書卷一〇蕭穎達傳作「物」。

南齊書卷三十九

列傳第二十

劉瓛 弟璡　陸澄

劉瓛字子珪，沛國相人，晉丹陽尹惔六世孫也。祖弘之，給事中。父惠，治書御史。

瓛初州辟祭酒，主簿。宋大明四年，舉秀才，兄瓃亦有名，先應州舉，至是別駕東海王元曾與瓛父惠書曰：「此歲賢子充秀[一]，州間可謂得人。」除奉朝請，不就。

丹陽尹袁粲於後堂夜集，瓛在座，粲指庭中柳樹謂瓛曰：「人謂此是劉尹時樹，每想高風；今復見卿清德，可謂不衰矣。」薦爲祕書郎，不見用。除邵陵王郡主簿，安陸王國常侍，安成王撫軍行參軍，公事免。瓛素無宦情，自此不復仕。除車騎行參軍，南彭城郡丞，尚書祠部郎，並不拜。袁粲誅，瓛微服往

少篤學，博通五經。聚徒教授，常有數十人。

哭，并致賻助。

太祖踐阼，召瓛入華林園談語，謂瓛曰：「吾應天革命，物議以爲何如？」瓛對曰：「陛下誠前軌之失，加之以寬厚，雖危可安；若循其覆轍，雖安必危矣。」既出，帝顧謂司徒褚淵曰：「方直乃爾！學士故自過人。」敕瓛使數入，而瓛自非詔見，未嘗到官門。

上欲用瓛爲中書郎，使吏部尚書何戢喻旨。戢謂瓛曰：「上意欲以鳳池相處，恨君資輕，可且就前除，少日當轉國子博士，便即後授。」瓛曰：「平生無榮進意，令聞得中書郎而拜[二]，豈本心哉！」後以母老闕養，重拜彭城郡丞。謂司徒褚淵曰：「自省無廊廟之才，所願唯保彭城丞耳。」上又以瓛兼總明觀祭酒，除豫章王驃騎記室參軍，丞如故，瓛終不就。

武陵王曄爲會稽太守，上欲令瓛爲曄講，除會稽郡丞，學徒從之者轉衆。

永明初，竟陵王子良請爲征北司徒記室。瓛與張融、王思遠書曰：「奉教使恭召，會當停公事，但念生平素抱，有乖恩顧。吾性拙人間，不習仕進，昔嘗爲行佐，便以不能及公事免黜，此皆眷者所共知也。量己審分，不敢期榮。夙嬰貧困，加以疎懶，衣裳容髮，有足駭者。中以親老供養，褰裳徒步，脫爾逮今，二代一紀。先朝使其更自脩正，勉厲於階級之次，見其艦縷，或復賜以衣裳，袁、褚諸公咸加勸勵，終不能自反也。一不復爲，安可重爲哉？昔人有以冠一免不重加於首，每謂此得進止之儀。古者以賢制爵，或有秩滿而辭

老，以庸制祿，或有身病而求歸者〔三〕，永瞻前良，在己何若。又上下年尊，益不願居官次，廢晨昏也。先朝爲此，曲申從許，故得連年不拜榮授，而帶帖薄祿。既習此歲久，又齒長疾侵，豈宜攝齋河間之聽，廁迹東平之僚？本無絕俗之操，亦非能偃蹇爲高，此又諸賢所當深察者也。近奉初教，便自希得託迹於客遊之末，而固辭榮級，其故何耶？以古之王侯大人，或以此延四方之士，甚美者則有輻湊燕路，慕君王之義，驤鑣魏闕，高公子之仁，繼有追申白而入楚，羨鄒枚而遊梁，吾非敢叨夫曩賢，庶欲從九九之遺蹤。既於聞道集泮不殊，而幸無職司拘礙，可得奉溫清，展私計，志在此爾。」除步兵校尉，並不拜。

瓛姿狀纖小，儒學冠於當時，京師士子貴遊莫不下席受業。性謙率通美，不以高名自居。遊詣故人，唯一門生持胡床隨後，主人未通，便坐問答。住在檀橋，瓦屋數間，上皆穿漏。學徒敬慕，不敢指斥，呼爲青溪焉。

竟陵王子良親往脩謁。七年，表世祖爲瓛立館，以揚烈橋故主第給之，生徒皆賀。瓛曰：「室美爲人災〔四〕，此華宇豈吾宅邪？幸可詔作講堂，猶恐見害也。」未及徙居，遇病，子良遣從瓛學者彭城劉繪，從陽范縝將廚於瓛宅營齋〔五〕。及卒，門人受學並弔服臨送。時年五十六。

瓛有至性，祖母病痁經年，手持膏藥，漬指爲爛。母孔氏甚嚴明，謂親戚曰：「阿稱便是今世曾子。」阿稱，瓛小名也。年四十餘，未有婚對。建元中，太祖與司徒褚淵爲瓛娶王

氏女。王氏椓壁挂履〔六〕，土落孔氏牀上，孔氏不悦，瓛即出其妻。及居父喪〔七〕，不出廬，足爲之屈，杖不能起。今上天監元年，下詔爲瓛立碑，謚曰貞簡先生。所著文集，皆是禮義，行於世。

初，瓛講月令畢，謂學生嚴植曰〔八〕：「江左以來，陰陽律數之學廢矣。吾今講此，曾不得其髣髴。」時濟陽蔡仲熊禮學博聞，謂人曰：「凡鍾律在南，不容復得調平。昔五音金石，本在中土；今既來南，土氣偏陂，音律乖爽。」瓛亦以爲然〔九〕。仲熊歷安西記室，尚書左丞。

瓛弟璡。

璡字子璥。方軌正直。宋泰豫中，爲明帝挽郎。舉秀才，建平王景素征北主簿，深見禮遇。邵陵王征虜安南行參軍。建元初，爲武陵王曅冠軍征虜參軍。曅與僚佐飲，自割鵝炙。璡曰：「應刃落俎，膳夫之事，殿下親執鸞刀，下官未敢安席。」因起請退。與友人孔澈同舟入東，澈留目觀岸上女子〔一〇〕，璡舉席自隔，不復同坐。豫章王太尉板行佐。兄瓛夜隔壁呼璡共語，璡不答，方下牀著衣立，然後應。璡問其久，璡曰：「向束帶未竟。」其立操如此。文惠太子召璡入侍東宮，每上事，輒削草。尋署中兵、兼記室參軍大司馬軍

事〔一〕，射聲校尉，卒官。

陸澄字彥淵，吳郡吳人也。祖邵〔二〕，臨海太守。父瑗，州從事。

澄少好學，博覽無所不知，行坐眠食，手不釋卷。起家太學博士，中軍衞軍府行佐，太宰參軍，補太常丞，郡主簿，北中郎行參軍。

宋泰始初，爲尚書殿中郎，議皇后諱，及下外〔三〕，皆依舊稱姓。左丞徐爰案司馬孚議皇后不稱姓，春秋「逆王后于齊」，澄不引典據明，而以意立議，坐免官，白衣領職。郎官舊有坐杖，有名無實，澄在官積前後罰，一日并受千杖。轉通直郎、兼中書郎，尋轉兼左丞。

泰始六年，詔皇太子朝賀服袞冕九章，澄與儀曹郎丘仲起議：「服冕以朝，實著經文。秦除六冕，漢明還備。魏晉以來，不欲令臣下服袞冕，故位公者加侍官。今皇太子禮絕羣后，宜遵聖王盛典，革近代之制。」尋轉著作正員郎，兼官如故。除安成太守，轉劉韞撫軍長史，加綏遠將軍、襄陽太守，並不拜。仍轉劉秉後軍長史、東海太守。遷御史中丞。

建元元年，驃騎諮議沈憲等坐家奴客爲劫，子弟被劾，憲等晏然。左丞任遐奏澄不糾，請免澄官。澄上表自理曰：

周稱舊章，漢言故事，爰自河雒，降逮淮海，朝之憲度，動尚先准。若乃任情違古，率意專造，豈謂酌諸故實，擇其茂典？

案遐啓彈新除諮議參驃騎大將軍軍事沈憲、太子庶子沈曠并弟息，敕付建康，而憲被使，曠受假，俱無歸罪事狀。臣以不糾憲等為失。伏尋晉、宋左丞案奏，不乏於時，其及中丞者，從來殆無。王獻之習達朝章，近代之宗，其為左丞，彈司徒屬王濛憚罰自解，屬疾遊行，初不及中丞。桓祕不奔山陵，左丞鄭襲不彈祕，直彈中丞孔欣時，又云別攝蘭臺檢校，此徑彈中丞之謂。唯左丞庾登之奏鎮北檀道濟北伐不進，致虎牢陷没，蕃岳宰臣，引咎謝譽，而責帥之劾，曾莫奏聞，請收治道濟，免中丞何萬歲。夫山陵情敬之極，北伐專征之大，祕霸季之貴，道濟元勳之盛，所以咎及南司，事非常憲，然祕事猶非及中丞也。今若以此為例，恐人之貴賤，事之輕重，物有其倫，不可相方。

左丞江奧彈段景文，又彈裴方明·；左丞甄法崇彈蕭珍，又彈杜驥，又彈段國，又彈范文伯，左丞羊玄保又彈蕭汪·；左丞殷景熙彈張仲仁，兼左丞何承天彈呂萬齡。並不歸罪，皆為重劾。凡茲十彈，差是憲、曠之比，悉無及中丞之議。左丞荀萬秋、劉藏、江謐彈王僧朗、王雲之、陶寶度，不及中丞，最是近例之明者。謐彈在今龜鼇之後，事行聖照。遠取十奏，近徵二案，自宜依以為體，豈得捨而不遵？

臣竊此人乏，謬奉國憲。今遷所糾，既行一時，若默而不言，則向爲來准，後人被繩，方當追請[一四]，素飡之責[一五]，貽塵千載。所以備舉顯例，弘通國典，雖有愚心，不在微躬。請出臣表付外詳議。若所陳非謬，裁由天鑒。

詔委外詳議。尚書令褚淵奏：「宋世左丞荀伯子彈彭城令張道欣等[一六]，坐界劫累發不禽，免道欣等官；中丞王准不糾[一七]，亦免官。左丞羊玄保彈豫州刺史管義之譙梁羣盜，免義之官；中丞傅隆不糾，亦免隆官。左丞羊玄保又彈兗州刺史鄭從之濫上布及加課租綿[一八]，免從之官；中丞傅隆不糾，免隆官。左丞陸展彈建康令丘珍孫、丹陽尹孔山士劫發不禽，免珍孫、山士官；中丞何勗不糾，亦免勗官。左丞劉矇彈青州刺史劉道隆失火燒府庫，免道隆官；中丞蕭惠開不糾，免惠開官。左丞徐爰彈右衞將軍薛安都屬疾不直，免安都官；中丞張永結免。左丞徐爰彈右衞將軍薛安都屬疾不直，免安都官；中丞張永結免。澄謏聞膚見，貽撓後昆，上掩皇明，下籠朝識，請以見事免澄所居官。」詔曰：「澄表據多謬，不足深劾，可白衣領職。」

明年，轉給事中、祕書監，遷吏部。四年，復爲祕書監、領國子博士。遷都官尚書。出爲輔國將軍、鎮北鎮軍二府長史、廷尉，領驍騎將軍。永明元年，轉度支尚書。尋領國子博士。時國學置鄭王易，杜服春秋，何氏公羊，麋氏穀梁[一九]，鄭玄孝經。澄謂尚書令王儉曰：「孝經，小學之類，不宜列在帝典。」乃與儉書論之曰：

易近取諸身,遠取諸物,彌天地之道,通萬物之情。自商瞿至田何,其閒五傳。

年未爲遠,無訛雜之失;秦所不焚,無崩壞之弊。雖有異家之學,同以象數爲宗。數

百年後,乃有王弼。王濟云弼所悟者多,何必能頓廢前儒。若謂易道盡於王弼,方須

大論,意者無乃仁智殊見。四道異傳[一〇],無體不可以一體求,屢遷不可以一遷執也。

晉太興四年,太常荀崧請置周易鄭玄注博士,行乎前代,于時政由王、庾,皆儁神清識,

能言玄遠,捨輔嗣而用康成,豈其妄然。太元立王肅易,當以在玄、弼之閒。元嘉建學

之始,玄、弼兩立。逮顏延之爲祭酒,黜鄭置王,意在貴玄,事成敗儒。今若不大弘儒

風,則無所立學,衆經皆儒,惟易獨玄,玄不可棄,儒不可缺。謂宜並存,所以合無體

之義。且弼於注經中已舉繫辭,故不復別注。今若專取弼易,則繫說無注。

　　左氏太元取服虔,而兼取賈逵經,服傳無經[一一],雖在注中,而傳又有無經者故

也。今留服而去賈,則經有所闕。案杜預注傳,王弼注易,俱是晚出,並貴後生。杜

之異古,未如王之奪實,祖述前儒,特舉其違。又釋例之作,所弘惟深。

　　穀梁太元舊有麋信注,顏益以范甯,麋猶如故。顏論閏分范注,當以同我者親。

常謂穀梁劣公羊,爲注者又不盡善,竟無及公羊之有何休,恐不足兩立。必謂范善,

便當除麋。

世有一《孝經》，題爲鄭玄注，觀其用辭，不與注書相類。案玄自序所注衆書，亦無

孝經。

儉答曰：「《易》體微遠，實貫羣籍，施、孟異聞，周、韓殊旨，豈可專據小王，便爲該備？依舊存鄭，高同來説〔三二〕。元凱注傳，超邁前儒，若不列學官，其可廢矣。賈氏注經，世所穿習。穀梁小書，無俟兩注，存麋略范，率由舊式。凡此諸義，並同雅論。疑孝經非鄭所注，僕以此書明百行之首，實人倫所先，七略、藝文並陳之六藝，不與蒼頡、凡將之流也」。鄭注虛實，前代不嫌，意謂可安，仍舊立置。」

儉自以博聞多識，讀書過澄。澄曰：「僕年少來無事，唯以讀書爲業。且年已倍令君，令君少便執掌王務〔三三〕，雖復一覽便諳，然見卷軸未必多僕」。儉集學士何憲等盛自商略，澄待儉語畢〔三四〕，然後談所遺漏數百千條〔三五〕，皆儉所未覩，儉乃歎服。儉在尚書省，出巾箱机案雜服飾，令學士隸事，事多者與之，人人各得一兩物，澄後來，更出諸人所不知事復各數條，并奪物將去。

轉散騎常侍、祕書監，吳郡中正，光禄大夫、加給事中，中正如故。尋領國子祭酒。以竟陵王子良得古器，小口方腹而底平，可將七八升〔三六〕，以問澄，澄曰：「北名服匿〔三七〕，單于以與蘇武。」子良後詳視器底，有字髣髴可識，如澄所言。隆昌元年，以老疾，轉光禄大

夫,加散騎常侍,未拜,卒。年七十。諡靖子。當世稱爲碩學[二八],讀易三年不解文義,欲撰宋書竟不成,王儉戲之曰:「陸公,書廚也。」家多墳籍,人所罕見。撰地理書及雜傳,死後乃出。

澄弟鮮,得罪宋世,當死。澄於路見舍人王道隆,叩頭流血,以此見原。揚州主簿顧測以兩奴就鮮質錢,鮮死,子㬭誣爲賣券[二九],澄爲中丞,測與書相往反,後又賤與太守蕭緬云:「澄欲遂子弟之非[三0],未近義方之訓,此趨販所不爲,況搢紳領袖,儒宗勝達乎?」測遂爲澄所排抑,世以此少之。

時東海王摛,亦史學博聞,歷尚書左丞。竟陵王子良校試諸學士,唯摛問無不對。永明中,天忽黃色照地,衆莫能解。摛云是榮光。世祖大悦,用爲永陽郡。

史臣曰:儒風在世,立人之正道,聖哲微言,百代之通訓。洙泗既往,義乖七十;稷下横論,屈服千人。自後專門之學興,命氏之儒起,石渠朋黨之事,白虎同異之説,六經五典,各信師言,嗣守章句,期乎勿失。西京儒士,莫有獨擅;東都學術,鄭賈先行。康成生炎漢之季[三一],訓義優洽,一世孔門,襃成並軌,故老以爲前脩,後生未之敢異。而王肅依經辯理,與碩相非,爰興聖證,據用家語,外戚之尊,多行晉代。江左儒門,參差互出,雖於

時不絕，而罕復專家。晉世以玄言方道，宋氏以文章閒業，服膺典藝，二代以

來，爲教衰矣。建元肇運，戎警未夷，天子少爲諸生，端拱以思儒業[三]，載戢干戈，遽詔庠

序。永明纂襲，克隆均校，王儉爲輔，長於經禮，朝廷仰其風，胄子觀其則，由是家尋孔教，

人誦儒書，執卷欣欣，此焉彌盛。建武繼立，因循舊緒，時不好文，輔相無術，學校雖設，前

軌難追。劉瓛成馬、鄭之異，時學徒以爲師範[三]。虎門初闢，法駕親臨，待問無五更之

禮，充庭闕蒲輪之御，身終下秩，道義空存，斯故進賢之責也。其餘儒學之士，多在卑位，

或隱世辭榮者，別見他篇云。

贊曰：儒宗義肆，紛綸子珪。升堂受業，事越關西。璀居闇室，立操無攜。彦淵書

史，疑問窮稽。

「徐令上文」，疑。

校勘記

[一] 此歲賢子充秀　「此」，南監本、局本作「比」。按元大德本南史卷五〇劉瓛傳、洪邁南朝史精

語卷六亦作「此」。「賢子」，局本作「賢才」。按元大德本南史劉瓛傳、洪邁南朝史精語卷六

南齊書卷三十九

〔二〕 令聞得中書郎而拜 「令」，三朝本、南監本、北監本、殿本、汲本、局本、南史卷五○劉瓛傳、册府卷八一三總錄部、洪邁南朝史精語卷六作「今」。「拜」，南監本、北監本、南史卷五○劉瓛傳、册府卷八一三總錄部作「拜記室」。按洪邁南朝史精語卷六亦作「拜」。

〔三〕 或有身病而求歸者 「身病而求歸」，原作「徐令上文長」，據南監本、北監本、汲本、殿本、局本改。

〔四〕 室美爲人災 南史卷五○劉瓛傳、建康實錄卷一六、御覽卷一八一引齊書、册府卷二九二宗室部、卷五九八學校部、卷六○○學校部作「室美豈爲人哉」。

〔五〕 從陽范縝將廚於瓛宅營齋 按「從陽」即「順陽」，蕭子顯避梁武帝父諱改。

〔六〕 王氏柞壁挂履 「柞」，南史卷五○劉瓛傳、册府卷七五三總錄部作「穿」，御覽卷五二一引齊書作「緣」。

〔七〕 及居父喪 「父喪」，南史卷五○劉瓛傳作「母憂」。

〔八〕 謂學生嚴植曰 「嚴植」，南史卷五○劉瓛傳、宋本册府卷七六八總錄部作「嚴植之」。按梁書卷四八儒林傳、南史卷七一儒林傳有嚴植之傳，「嚴植」爲「嚴植之」省寫。

〔九〕 瓛亦以爲然 此五字原無，據南監本、北監本、殿本、南史卷五○劉瓛傳補。

〔一〇〕 與友人孔澈同舟入東澈留目觀岸上女子 「孔澈」，汲本、南史卷五○劉瓛傳、建康實錄卷一

六、册府卷九一六總錄部並作「孔徹」。下同。

〔二六〕尋署中兵兼記室參軍大司馬軍事　疑文有脱衍，或「大司馬」上脱「參」字，「參軍」屬上讀；或「參」下衍「軍」字，「參」屬下讀。按册府卷八五一總錄部云璀「參大司馬軍事」。

〔二七〕祖邵　「邵」，南史卷四八陸澄傳作「劭」。

〔二八〕議皇后諱及下外　「及下外」，南史卷四八陸澄傳作「班下」。

〔二九〕方當追請　「追請」，册府卷五一九憲官部作「追誚」。

〔三〇〕素湌之責　「責」，原作「貴」，據南監本、殿本、局本、册府卷五一九憲官部改。

〔三一〕宋世左丞荀伯子彈彭城令張道欣等　「張道欣」，册府卷五一九憲官部作「單道欣」。

〔三二〕中丞王准不糾　「王准」，南監本、北監本、殿本、局本作「王淮」。按册府卷五一九憲官部亦作「王淮」。「准」「淮」形近，未知孰是。

〔三三〕左丞羊玄保又彈兗州刺史鄭從之濫上布及加課租綿　「鄭從之」，或即「鄭順之」，蕭子顯避梁武帝父諱改。按宋書卷九五索虜傳有「兗州刺史鄭順之」。

〔三四〕廉氏縠梁　「廉氏」，北監本、殿本作「鐮氏」。

〔三五〕四道異傳　「異傳」原闕，據南監本、北監本、殿本、局本補，汲本作「異道」。册府卷五九九學校部此四字作「且易道」。按易繫辭云：「易有聖人之道四焉。」

〔三六〕服傳無經　「服」，册府卷五九九學校部作「由服」。

〔二二〕高同來説 「高」，册府卷五九九學校部作「允」，十七史策要作「宜」。

〔二三〕令君少便執掌王務 「令」，元大德本南史卷四八陸澄傳、御覽卷六一二引蕭子顯齊書、册府卷六〇一學校部作「今」。

〔二四〕澄待儉語畢 「待」，原作「侍」，據南監本、北監本、殿本、局本、南史卷四八陸澄傳、御覽卷六〇一學校部改。

〔二五〕然後談所遺漏數百千條 「千」，通志卷一三八作「十」，疑是。

〔二六〕可將七八升 「升」，南史卷四八陸澄傳、建康實錄卷一六、册府卷六〇一學校部、卷七九七總錄部作「十」。

〔二七〕北名服匿 「北」，北監本、殿本、局本、南史卷四八陸澄傳、册府卷六〇一學校部、卷七九七總錄部作「此」。

〔二八〕當世稱爲碩學 「當」上南監本、南史卷四八陸澄傳有「澄」字。

〔二九〕子晫誣爲賣券 「晫」，三朝本、南監本、北監本、汲本、殿本、局本、南史卷四八陸澄傳作「暉」。御覽卷五〇〇引齊書、册府卷五二二憲官部亦作「暉」。「賣券」，南史卷四八陸澄傳、御覽卷五〇〇引齊書、册府作「買券」。

〔三〇〕澄欲遂子弟之非 「遂」字原闕，據三朝本、南監本、北監本、汲本、殿本、局本補，御覽卷五〇〇引齊書作「成」。

〔三〕 康成生炎漢之季　「生」，原作「主」，據南監本、北監本、殿本、局本改。

〔三〕 端拱以思儒業　「端拱」，原作「昊拱」，據南監本、北監本、殿本、局本改。

〔三〕 劉瓛成馬鄭之異時學徒以爲師範　「成」，南監本、北監本、汲本、殿本、局本改。「異時」，南監本、北監本、殿本作「後一時」，局本作「後」。

點校本二十四史修訂本

〔梁〕蕭子顯　撰

南齊書

第　三　册

卷四〇至卷五九

中　華　書　局

2017 年 8 月第 1 版　　 2025 年 3 月第 4 次印刷

ISBN　978-7-101-12715-7

列傳第二十一

武十七王

武帝二十三男：穆皇后生文惠太子、竟陵文宣王子良；張淑妃生廬陵王子卿、魚復侯子響；周淑儀生安陸王子敬、建安王子真；阮淑媛生晉安王子懋、衡陽王子峻；王淑儀生隨郡王子隆；蔡婕好生西陽王子明；樂容華生南海王子罕；傅充華生巴陵王子倫；謝昭儀生邵陵王子貞〔一〕；江淑儀生臨賀王子岳；庾昭容生西陽王子文；荀昭華生南康王子琳；顏婕好生永陽王子珉；宮人謝生湘東王子建；何充華生南郡王子夏；第六、十一、十五、二十二皇子早亡。子珉建武中繼衡陽元王後。

竟陵文宣王子良字雲英，世祖第二子也。初，沈攸之難，隨世祖在盆城，板寧朔將軍〔一〕。仍爲宋邵陵王左軍行參軍，轉主簿，安南記室參軍，邵陵王友、王名友，不廢此官。

遷安南長史。

昇明三年，爲使持節、都督會稽東陽臨海永嘉新安五郡、輔國將軍、會稽太守。宋世元嘉中，皆責成郡縣；孝武徵求急速，以郡縣遲緩，始遣臺使，自此公役勞擾。太祖踐阼，子良陳之曰：

前臺使督逋切調，恒聞相望於道。及臣至郡，亦殊不疏。凡此輩使人，既非詳慎懃順，或貪險崎嶇，要求此役。朝辭禁門，情態即異，暮宿村縣，威福便行。但令朱鼓裁完，鈹槊微具，顧眄左右，叱咤自專。摘宗斷族，排輕斥運〔三〕，脅遏津埭，恐喝傳郵。破崗水逆，商旅半引，逼令到下，先過己船。浙江風猛，公私畏渡，脫舫在前，驅令俱發。呵嘖行民，固其常理。侮折守宰，出變無窮。既瞻郭望境，便飛下嚴符，但稱行臺，未顯所督。先訶彊寺，却攝羣曹，開亭正檢，便振荆革。其次絳標寸紙，一日數至；徵村切里，俄刻十催〔四〕。四鄉所召，莫辨枉直，孩老士庶，其令付獄〔五〕。或尺布之逋，曲以當匹；百錢餘稅，且增爲千。或誑應質作尚方，寄繫東冶，萬姓駭迫，

人不自固〔六〕。遂漂衣敗力，競致兼漿。值今夕酒諧肉飯，即許附申赦格〔七〕；明日禮輕貨薄，便復不入恩科。筐貢微闕，總撻肆情〔八〕，風塵毀謗，隨忿而發。及其狃蒜轉積，鵝栗漸盈，遠則分鬻他境，近則託貿吏民。反請郡邑，助民由緩〔九〕，回刺言臺，推信在所。如聞頃者令長守牧，離此每實，非復近歲。愚謂凡諸檢課，宜停遣使，密幾州郡，則指賜勑〔一〇〕，遙外鎮宰，明下條源，既各奉別旨，人競自罄。雖復臺使盈湊，會取正屬所〔一一〕，徒相疑債，反更淹懈。

凡預衣冠，荷恩盛世，多以闇緩貽譽，少爲欺猾入罪。若類以宰牧乖政，則觸事難委，不容課逋上綱，偏覺非才。但睞促差降，各限一期。如乃事速應緩，自依違糾坐之。坐之科〔一三〕，不必須重，但令必行，期在可肅。且兩裝之船，充擬千緒；三坊寡役，呼訂萬計。每一事之發，彌晨方辦，粗計近遠，率遣一部，職散人領，無減二十，舟船所資，皆復稱是。長江萬里，費固倍之。較略一年，脫得省者，息船優役，寔爲不少。兼折姦減竊，遠近蹔安。

封聞喜縣公，邑千五百戶〔一二〕。

子良敦義愛古。郡民朱百年有至行，先卒，賜其妻米百斛，蠲一民給其薪蘇。郡閣下有虞翻舊牀，罷任還，乃致以歸。後於西邸起古齋，多聚古人器服以充之。夏禹廟盛有禱

祀，子良曰：「禹泣辜表仁，菲食旌約，服翫果粽，足以致誠。」使歲獻扇簟而已。

建元二年，穆妃薨，去官。仍為征虜將軍、丹陽尹。開私倉賑屬縣貧民。明年，上表曰：「京尹雖居都邑，而境壤兼跨，廣袤周輪，幾將千里。繁原抱隰，其處甚多，舊遏古塘，非唯一所。而民貧業廢，地利久蕪。近啟遣五官殷瀰、典籤劉僧瑗到諸縣循履，得丹陽、溧陽、永世等四縣解，并村耆辭列，堪墾之田，合計荒熟有八千五百五十四頃，脩治塘遏，可用十一萬八千餘夫，一春就功，便可成立。」上納之。會遷官，事寢。

是年，始制東宮官僚以下官敬子良〔四〕。世祖即位，封竟陵郡王，邑二千戶。為使持節、都督南徐兗二州諸軍事、鎮北將軍、南徐州刺史。永明元年，徙為侍中、都督南兗徐青冀五州、征北將軍、南兗州刺史，持節如故。給油絡車。明年，入為護軍將軍、兼司徒，領兵置佐，侍中如故。鎮西州。三年，給鼓吹一部。四年，進號車騎將軍。

子良少有清尚，禮才好士，居不疑之地，傾意賓客，天下才學皆遊集焉。善立勝事，夏月客至，為設瓜飲及甘果，著之文教。士子文章及朝貴辭翰，皆發教撰錄。

是時上新親政，水旱不時。子良密啟曰：

臣思水潦成患，良田沃壤，變為汙澤；農政告祥，因高肆務，播植既周，繼以旱虐。黔庶呼嗟，相視褫氣。夫國資於民，民資於食，匪食匪民，何以能政？臣每一念

此，寢不便席。本始中，郡國大旱，宣帝下詔除民租。今聞所在逋餘尚多〔一五〕，守宰嚴期，兼夜課切，新稅力尚無從，故調於何取給？政當相驅爲盜耳。愚謂逋租宜皆原除，少降停恩，微紓民命。

自宋道無章，王風陵替，竊官假號，駢門連室。今左民所檢，動以萬數，漸漬之來，非復始適，一朝洗正，理致沸騰。小人之心，罔思前咎〔一六〕，董之以威〔一七〕，反怨後罰，獸窮則觸，事在匪輕。齊有天下日淺，恩洽未布，一方或飢，當加優養。愚謂自可依源削除，未宜便充猥役。且部曹檢校，誠存精密，令史奸黠，鮮不容情。情既有私，理或枉謬。耳目有限，羣狡無極。變易是非，居然可見。詳而後取，於事未遲。

明詔深矜獄固，恩文累墜〔一八〕。今科網嚴重，稱爲峻察。負罪離譽，充積牢户。暑時鬱蒸，加以金鐵。聚憂之氣，足感天和。民之多怨，非國福矣。

頃土木之務，甚爲殷廣，雖役未及民，勤費已積。炎旱致災，或由於此。皇明載遠，書軌未一，緣淮帶江，數州地耳，以魏方漢，猶一郡之譬〔一九〕，以今比古，復爲遠矣。何得不愛其民，緩其政，救其危，存其命哉？

交州复絕一垂，寔惟荒服，恃遠後賓，固亦恒事。自青德啓運，款關受職，置之方重。湘區奧密，蠻寇熾彊，如聞南師未能挫衄。百姓齊民，積年塗炭，疽食侵淫，邊虞

度外，不足絓言。今縣軍遠伐，經途萬里，衆寡事殊，客主勢異，以逸待勞，全勝難必。又緣道調兵，以足軍力，民丁烏合，事乖習銳。廣州積歲無年，越州兵糧素乏，加以發借，必致恇擾。愚謂叔獻所請，不宜聽從。取亂侮亡，更俟後會。雖緩歲月，必有可禽之理，差息發動費役之勞。」劉楷見甲以助湘中，威力既舉，蟻寇自服。

詔折租布，二分取錢。子良又啟曰：

臣一月入朝，六登玟陛[二○]。廣殿稠人，裁奉顏色，縱有所懷，豈敢自達。比天晻啞見，地孽亟臻，民下妖訛，好生噂沓。穀價雖和，比室飢嗛；縑纊雖賤，騈門課質。三吳奧區，地惟河、輔，百度所資，罕不自出，宜在蠲優，使臣一念此，每入心骨[二一]。而守宰相繼，務在哀剋，圍桑品屋，以准貲課。致令斬樹發瓦，以充重賦，破其全富。東郡使民，年無常限，在所相承，准令上直[二二]。每至州臺使命，切求懸急，應充猥役，必由窮困。乃有畏失嚴期，自殘軀命，亦有斬絕手足，以避傜役。生育弗起，殆爲恆事。守長不務先富民，而唯言益國，豈有民貧於下，而國富於上邪？

又泉鑄歲遠，類多翦鑿，江東大錢，十不一在。公家所受，必須輪郭[二四]，遂買本一千，加子七百，猶求請無地，椎革相繼[二五]。尋完者爲用，既不兼兩，回復遷貿，會非

委積，縱令小民每嬰困苦〔二六〕。且錢帛相半，爲制永久〔二七〕，或聞長宰須令輸直〔二八〕，

進違舊科，退容姦利〔二九〕。

八屬近縣，既在京畿，發借徵調，寔煩他邑，民特尤貧，連年失稔，草衣藋食，稍有流亡。今農政就興，宜蒙賑給，若通課未上，許以申原。

兗豫二藩，雖曰舊鎮，往屬兵虞，累棄鄉土。密邇寇庭，下無安志。編草結菴，不違涼暑；扶淮聚落〔三〇〕，靡有生向。俱稟人靈，獨絕溫飽，而賦斂多少，尚均沃實。謂凡在荒民，應加蠲減。

又司市之要，自昔所難。頃來此役，不由才舉，並條其重貨，許以賈衒〔三一〕。前人增估求俠，後人加稅請代，如此輪回，終何紀極？兼復交關津要，共相脣齒，愚野未閑，必加陵誆，罪無大小，橫没貲載。凡求試穀帛，類非廉謹，未解在事所以開容？

夫獄訟惟平，畫一在制，雖恩家得罪，必宜申憲，鼎姓貽譽，最合從網。若罰典惟加賤下，辟書必蠲世族，懼非先王立理之本。

尚書列曹，上應乾象。如聞命議所出，先諮於都，都既下意，然後付郎，謹寫關行。

愚謂郎官尤宜推擇。

宋運告終，戎車屢駕〔三二〕，寄名軍牒，動竊數等。故非分充朝，資奉殷積。廣、越

邦宰，梁、益郡邑，參差調補，寔允事機[三三]。且此徒冗雜，罕遵王憲，嚴加廉視，隨違彈斥，一二年間，可減太半。

五年，正位司徒，給班劍二十人，侍中如故。移居雞籠山邸[三四]，集學士抄五經、百家，依皇覽例爲四部要略千卷。招致名僧，講語佛法[三五]，造經唄新聲，道俗之盛，江左未有也。

世祖好射雉，子良諫曰：

鑾輅呵動，天蹕屢巡，陵犯風烟，驅馳野澤。萬乘至重，一羽甚微。從甚微之懼[三六]，忽至重之誠。頃郊郛以外，科禁嚴重，匪直芻牧事罷，遂乃窀掩殆廢。且田月向登，桑時告至，士女呼嗟，易生囂議，棄民從欲，理未可安。曩時巡幸，必盡威防，領軍景先、詹事赤斧堅甲利兵，左右屯衞。今馳鶩外野，交侍疎闊，晨出晚還，頓遺清道，此實愚臣最所震迫。

狡虜玩威，甫獲款關，二漢全富，猶加曲待。如聞使臣，頻亦怨望，前會東宮，遂形言色。昔宋氏遣使，舊列階下，劉纘銜使，始登朝殿。今既反命，宜賜優禮。

伏謂中堂雲構，實惟峻絕，檐陛深嚴，事隔涼暑，而別爲一室，如或有疑。邊帶廣途，訛言孔熾，毀立之易，過於轉圓，若依舊制通廠，實允觀聽。

頃市司驅扇，租估過刻，吹毛求瑕，廉察相繼，被以小罪，責以重備。愚謂宜勅有司，更詳優格。

臣年方朝賢，齒未相及，以管窺天，猶知失得，廊廟之士，豈闇是非。未聞一人開一說爲陛下憂國家，非但面從，亦畏威耳。臣若不啓，陛下於何聞之？

先是六年，左衞殿中將軍邯鄲超上書諫射雉，世祖爲止。久之，超竟被誅。永明末，上將射雉。子良諫曰：

忽聞外議，伏承當更射雉。臣下情震越，心懷憂悚，猶謂疑妄，事不必然。伏度陛下以信心明照，故所以傾金寶於禪靈[三七]，仁愛廣洽，得使禽魚養命於江澤，豈惟國慶民懌，乃以翔翔治樂。夫衞生保命，人獸不殊；重軀愛體，彼我無異。故禮云「聞其聲不食其肉，見其生不忍其死」。且萬乘之尊，降同匹夫之樂，天殺無辜，傷仁害福之本。菩薩不殺，壽命得長。施物安樂，自無恐怖。不惱眾生，身無患苦。臣見功德有此果報，所以日夜劬懃，厲身奉法，實願聖躬康御若此。每至寢夢，脫有異見，不覺身心立就燋爛。陛下常日捨財脩福，臣私心顒顒，尚恨其少，豈可今日見此事？一損福業，追悔便難。臣此啓聞，私心實切。若是大事，不可易改，亦願陛下照臣此誠，曲垂三思。況此嬉遊之間，非關當否，而動輒傷生，實可深慎。

臣聞子孝奉君，臣忠事主，莫不靈祇通感，徵祥證登。臣近段仰啓，賜希受戒，天心洞遠，誠未達勝善之途，而聖恩遲疑，尚未垂履曲降尊極，豈可今月復隨此事？臣不隱心，即實上啓。

雖不盡納，而深見寵愛。

又與文惠太子同好釋氏，甚相友悌。子良敬信尤篤，數於邸園營齋戒，大集朝臣衆僧，至於賦食行水，或躬親其事，世頗以爲失宰相體。勸人爲善，未嘗厭倦，以此終致盛名。尋代王儉領國子祭酒，辭不拜。八年，給三望車。九年，京邑大水，吳興偏劇，子良開倉賑救，貧病不能立者於第北立解收養，給衣及藥。十年，領尚書令。尋爲使持節、都督揚州諸軍事、揚州刺史，本官如故。尋解尚書令，加中書監。

文惠太子薨，世祖檢行東宮，見太子服御羽儀，多過制度，上大怒，以子良與太子善，不啓聞，頗加嫌責。

世祖不豫，詔子良甲仗入延昌殿侍醫藥。子良啓進沙門於殿户前誦經，世祖爲感夢見優曇鉢華，子良按佛經宣旨使御府以銅爲華，插御床四角。世祖暴漸，内外惶懼，百僚皆已變服，物議疑立子良，俄頃而蘇，問太孫所在，因召東宮器甲皆入。遺詔使子良輔政，高宗知尚書事。子良素仁厚，不樂世務，乃推高宗。詔承〔三八〕。

云：「事無大小，悉與鸞參懷[三九]。」子良所志也。太孫少養於子良妃袁氏，甚著慈愛，既懼

前不得立，自此深忌子良。大行出太極殿，子良居中書省，帝使虎賁中郎將潘敞領二百人

仗屯太極西階防之。成服後，諸王皆出，子良乞停至山陵，不許。

進位太傅，增班劍爲三十人，本官如故。解侍中。隆昌元年，加殊禮，劍履上殿，入朝

不趨，贊拜不名。進督南徐州。其年疾篤，謂左右曰：「門外應有異。」遣人視，見淮中魚

萬數，皆浮出水上向城門。尋薨，時年三十五。帝常慮子良有異志，及薨，甚悅。詔給東

園溫明秘器，斂以袞冕之服。東府施喪位，大鴻臚持節監護，太官朝夕送祭。又詔曰：

「褒崇明德，前王令典，追遠尊親，沿情所隆。故使持節、都督揚州諸軍事、中書監、太傅、

領司徒、揚州刺史、竟陵王、新除督南徐州，體睿履正，神鑒淵遐。道冠民宗，具瞻允集。

肇自弱齡，孝友光備。爰及贊契，協升景業。燮曜台陛，五教克宣。敷奏朝端[四〇]，百揆惟

穆。寄重先顧，任均負圖。諒以齊暉二南，同規往哲。方憑保祐，永翼雍熙。天不憗遺，

奄焉薨逝。哀慕抽割，震于厥心。今龜謀襲吉，先遠戒期。宜崇嘉制，式弘風烈。可追崇

假黃鉞、侍中、都督中外諸軍事、太宰、領大將軍、揚州牧、綠綟綬、備九服錫命之禮。使持

節、中書監、王如故。給九旒鸞輅、黃屋左纛、輼輬車、前後部羽葆鼓吹、挽歌二部、虎賁班

劍百人，葬禮依晉安平王孚故事。」初，豫章王嶷葬金牛山，文惠太子葬夾石，子良臨送，望

祖碉山，悲感歔曰：「北瞻吾叔，前望吾兄，死而有知，請葬茲地。」既薨，遂葬焉。建武中，故吏范雲上表爲子良立碑，事

所著内外文筆數十卷，雖無文采，多是勸戒。

不行。子昭胄嗣。

昭胄字景胤。汎涉有父風。永明八年，自竟陵王世子爲寧朔將軍、會稽太守。鬱林

初，爲右衞將軍，未拜，遷侍中、領右軍將軍。建武三年，復爲侍中、領驍騎將軍，轉散騎常

侍，太常。以封境邊虜，永元元年〔四二〕，改封巴陵王。

先是王敬則事起，南康侯子恪在吳郡，高宗慮有同異，召諸王侯入宮。晉安王寶義及

江陵公寶覽等住中書省，高、武諸孫住西省，勅人各兩左右自隨，過此依軍法，孩抱者乳母

隨入。其夜太醫煮藥，都水辦數十具棺材，須三更當悉殺之。子恪奔歸，二更達建陽門刺

啓。時刻已至，而帝眠不起，中書舍人沈徽孚與帝所親左右單景雋共謀少留其事，須臾帝

覺，景雋啓子恪已至，驚問曰：「未邪？」景雋具以事答。明日悉遣王侯還第。建武以來，

高、武王侯居常震怖，朝不保夕，至是尤甚。

及陳顯達起事，王侯復入宮。昭胄懲往時之懼，與弟永新侯昭穎逃奔江西，變形爲道

人。崔慧景舉兵，昭胄兄弟出投之。慧景事敗，昭胄兄弟首出投臺軍主胡松，各以王侯還

第。不自安，謀爲身計。子良故防閤桑偃爲梅蟲兒軍副，結前巴西太守蕭寅，謀立昭胄。

昭胄許事克用寅爲尚書左僕射、護軍將軍。以寅有部曲，大事皆委之。時胡松領軍在新亭，寅遣人説之，云：「須昏人出[四二]，寅等便率兵奉昭胄入臺，閉城號令。昏人必還就將軍，將軍但閉壘不應，則三公不足得也。」松又許諾。會東昏新起芳樂苑，月許日不復出遊，偃等議募健兒百餘人從萬春門入突取之，昭胄以爲不可。寅遣人殺山沙於路，吏於麝膳中得其事迹，昭胄兄弟與同黨皆伏誅。

以事告御刀徐僧重。偃同黨王山沙慮事久無成，昭穎官至寧朔將軍、彭城太守。梁王定京邑，追贈昭胄散騎常侍、撫軍將軍，昭穎黃門郎。

梁受禪，降封昭胄子周監利侯[四三]。

廬陵王子卿字雲長，世祖第三子也。建元元年，封臨汝縣公，千五百戶。兄弟四人同封。

世祖即位，爲持節、都督郢州司州之義陽軍事、冠軍將軍、郢州刺史。永明元年，徙都督荊湘益寧梁南北秦七州、安西將軍、荊州刺史，持節如故。始興王鑑爲益州，子卿解督。

子卿在鎮，營造服飾，多違制度。上敕之曰：「吾前後有敕，非復一兩過，道諸王不得

作乖體格服飾，汝何意都不憶吾勅邪？忽作瑇瑁乘具，何意？已成不須壞，可速送下。
純銀乘具，乃復可爾，何以作鐙亦是銀？可即壞之。忽用金薄裹箭腳，何意？亦速壞
去。凡諸服章，自今不啓吾知復專輒作者，後有所聞，當復得痛杖。」又曰：「汝比在都，讀
學不就，年轉成長，吾日冀汝美，勿得勅如風過耳，使吾失氣。」

五年，入為侍中、撫軍將軍，未拜，仍為中護軍，侍中如故。六年，遷祕書監、領右衛將
軍，尋遷中軍將軍，侍中並如故。十年，進號車騎將軍。俄遷使持節、都督<u>南豫</u>司三州軍
事[四四]、驃騎將軍、<u>南豫州</u>刺史，侍中如故。<u>子卿</u>之鎮，道中戲部伍為水軍，上聞之，大怒，
殺其典籤。遣宜都王<u>鏗</u>代之。<u>子卿</u>還第，至崩，不與相見。

<u>鬱林</u>即位，復為侍中、驃騎將軍。<u>隆昌</u>元年，轉衛將軍、開府儀同三司，置兵佐。<u>鄱陽</u>
王<u>鏘</u>見害，以<u>子卿</u>代為司徒，領兵置佐。尋復見殺，時年二十七。

<u>魚復</u>侯子<u>響</u>字<u>雲音</u>，<u>世祖</u>第四子也。<u>豫章王嶷</u>無子，養子<u>響</u>，後有子，表留為嫡。<u>世</u>
祖即位，為輔國將軍、<u>南彭城</u>臨<u>淮</u>二郡太守，見諸王不致敬。<u>子響</u>勇力絕人，閞弓四斛
力[四五]，數在園池中怙騎馳走竹樹下，身無虧傷。既出繼，車服異諸王，每入朝，輒忿怒，拳

打車壁。世祖知之，令車服與皇子同。

永明三年，遷右衛將軍。仍出爲使持節、都督豫州郢州之西陽司州之汝南二郡軍事[四六]、冠軍將軍、豫州刺史。明年，進號右將軍。進督南豫州之歷陽、淮南、潁川、汝陽四郡[四七]。入爲散騎常侍，右衛將軍。六年，有司奏：「子響體自聖明，出繼宗國。大司馬臣嶷昔未有胤，所以因心鞠養。陛下弘天倫之愛，臣嶷深猶子之恩，遂乃繼體扶疏，世祚垂改，茅蔣菴蔚，冢嗣莫移，誠欣惇睦之風，實虧立嫡之教。臣等參議，子響宜還本。」乃封巴東郡王。遷中護軍，常侍如故。尋出爲江州刺史，常侍如故[四八]。

七年，遷使持節、都督荊湘雍梁寧南北秦七州軍事、鎮軍將軍、荊州刺史。子響少好武，在西豫時，自選帶仗左右六十人，皆有膽幹。至鎮，數在內齋殺牛置酒，與之聚樂。令内人私作錦袍絳襖，欲餉蠻交易器仗。長史劉寅等連名密啓，上敕精檢。寅等懼，欲秘之。子響聞臺使至，不見勅，召寅及司馬席恭穆、諮議參軍江愈、殷曇粲、中兵參軍周彥、典籤吳脩之、王賢宗、魏景淵於琴臺下詰問之。寅等無言。脩之曰：「既以降勅旨，政應方便答塞。」景淵曰：「故應先檢校。」子響大怒，執寅等於後堂殺之。以啓無江愈名，欲釋之，而用命者已加戮。上聞之怒，遣衛尉胡諧之、游擊將軍尹略、中書舍人茹法亮領齊仗數百人，檢捕羣小。勅：「子響若束首自歸，可全其性命。」

諧之等至江津，築城燕尾洲，遣傳詔石伯兒入城慰勞。子響曰：「我不作賊，長史等見負，今政當受殺人罪耳。」乃殺牛具酒饌，餉臺軍。而諧之等疑畏，執錄其吏。子響怒，遣所養數十人收集府州器仗，令二千人從靈溪西渡，克明旦與臺軍對陣南岸。子響自與百餘人袍騎，將萬鈞弩三四張，宿江堤上。明日，凶黨與臺軍戰，子響於堤上放弩，亡命王充天等蒙楯陵城〔四九〕，臺軍大敗，尹略死之，官軍引退。上又遣丹陽尹蕭順之領兵繼至〔五〇〕，子響部下恐懼，各逃散，子響乃白服降，賜死。時年二十二。

臨死，啟上曰：「劉寅等入齋檢仗，具如前啟。臣罪既山海〔五一〕，分甘斧鉞。奉勅遣胡諧之、茹法亮賜重勞，其等至，竟無宣旨，便建旗入津，對城南岸築城守。臣累遣書信喚法亮渡，乞白服相見，其永不肯，羣小懼怖，遂致攻戰，此臣之罪也。臣此月二十五日束身投軍，希還天闕，停宅一月，臣自取盡，可使齊代無殺子之譏，臣免逆父之謗。既不遂心，今便命盡，臨啟哽塞，知復何陳。」有司奏絕子響屬籍，削爵土，收付廷尉法獄治罪。賜為蛸氏。諸所連坐，別下考論。贈劉寅侍中，席恭穆輔國將軍、益州刺史，江愈、殷曇粲黃門郎〔五二〕，周彥驍騎將軍。寅字景蕤，高平人也。有文義而學不閑世務。席恭穆，安定焉氏人，關隴豪族。

上憐子響死，後遊華林園，見猿對跳子鳴嘯〔五三〕，上留目久之，因嗚咽流涕。豫章王嶷

上表曰：「臣聞將而必戮，炳自春秋，馨于旬人，著於經禮，猶懷不忍之言，尚有如倫之痛。豈不事因法往，情以恩留。故庶人蛸子響，識懷靡樹，見淪不逞，肆憤一朝，取陷凶德，遂使迹隣非孝，事近無君，身膏草野，未云塞釁。但鞱矢倒戈，歸罪司戮，即理原心，亦既迷而知返。釁骨不收，辜魂莫赦，撫事惟往，載傷心目。昔閔榮伏厥，愴動墳園；思荆就辟，側懷丘墓。皆兩臣釁結於明時，二主議加於盛世，積代用之爲美[四]，歷史不以云非。伏願一下天矜，爰詔蛸氏，使得安兆末郊，旋窆餘麓，微列葦輤之容，薄申封樹之禮。豈伊窮骸被德，實且天下歸仁。臣屬忝皇枝，偏留友睦，以臣繼別未安，子響言承出命，提攜鞠養，俯見成人，雖輟胤蕃條，歸體琁蕚，循執之念不移，傅訓之憐何已。敢冒宸嚴，布此悲乞。」上不許。先是貶爲魚復侯[五]。

安陸王子敬字雲端，世祖第五子也。初封應城縣公。永明二年，出爲持節、監南兗兗徐青冀五州、北中郎將、南兗州刺史。四年，進號右軍[六]。明年，徙都督荆湘梁雍南北秦六州軍事、平西將軍、荆州刺史，持節如故。尋進號安西將軍。七年，徵侍中、護軍將軍。十年，轉散騎常侍、撫軍將軍、丹陽尹。十一年，進車騎將軍。尋給鼓吹一部。隆昌元年，

遷使持節、都督南兗兗徐青冀五州、征北大將軍、南兗州刺史。延興元年，加侍中。高宗除諸蕃王，遣中護軍王玄邈征九江，王廣之襲殺子敬，時年二十三。

晉安王子懋字雲昌，世祖第七子也。初封江陵公。永明三年，爲持節、都督南豫司三州、南中郎將、南豫州刺史。魚復侯子響爲豫州，子懋解督。四年，進號征虜將軍。南豫州置，力役寡少，加子懋領宣城太守。明年，爲監南兗兗徐青冀五州軍事、後將軍、南兗州刺史，持節如故。六年，徙監湘州、平南將軍、湘州刺史。明年，加持節、都督。八年，進號鎮南將軍。撰春秋例苑三十卷奏之，世祖嘉之，勅付秘閣。九年，親府州事。十年，入爲侍中、領右衛將軍。十一年，遷散騎常侍、中書監。未拜，仍爲使持節、都督雍梁南北秦四州郢州之竟陵司州之隨郡軍事、征北將軍、雍州刺史，給鼓吹一部。豫章王喪服未畢，上以邊州須威望，許得奏之。

鬱林即位，即本號爲大將軍。子懋見幼主新立，密懷自全之計，令作部造器仗。陳顯達時爲征虜屯襄陽，欲脅取以爲將帥。子懋見幼主新立，密懷自全之計，令作部造器仗。顯達密啓，高宗徵顯達還。隆昌元年，遷子懋爲都督、江州刺史，留西楚部曲助鎮襄陽，單將白直俠轂自隨。顯達入朝〔五七〕，子懋謂曰：「朝

廷令身單身而反，身是天王，豈可過爾輕率。今猶欲將二三千人自隨，公意何如？」顯達曰：「殿下若不留部曲，便是大違勅旨，其事不輕。且此閒人亦難可收用。」子懋默然，顯達因辭出便發去，子懋計未立，還鎮尋陽。

延興元年，加侍中。聞鄱陽隨郡二王見殺，欲起兵赴難。母阮在都，遣書欲密迎上，阮報□其兄于瑤之爲計〔五八〕，瑤之馳告高宗。於是纂嚴，遣平西將軍王廣之南北討〔五九〕，使軍主裴叔業與瑤之先襲尋陽，聲云爲郢州行司馬〔六○〕。子懋知之，遣三百人守盆城。叔業泝流直上〔六一〕，至夜回下襲盆城。城局參軍樂賁開門納之。子懋率府州兵力，先已具船於稽亭渚，聞叔業得盆城，乃據州自衞。子懋部曲多雍土人，皆踊躍顧奮，叔業畏之，遣于瑤之說子懋曰：「今還都，必無過憂，政當作散官，不失富貴也。」子懋既不出兵攻叔業〔六二〕，衆情稍沮。中兵參軍于琳之，瑤之兄也。說子懋重賂叔業，子懋使琳之往。琳之因說叔業請取子懋，叔業遣軍主徐玄慶將四百人隨琳之入州城，僚佐皆奔散，琳之從二百人拔白入齋〔六三〕，子懋罵曰：「小人何忍行此事。」琳之以袖鄣面，使人害之。時年二十三。

初，子懋鎮雍，世祖勅以邊略曰：「吾比連得諸處啓，所說不異，虜必無敢送死理，然爲其備，不可暫懈。今秋犬羊輩越逸者〔六四〕，其亡滅之徵。吾今亦行密纂集，須有分明指的，便當有大處分。今普勅鎮守，並部偶民丁，有事即使應接運〔六五〕，已勅更遣，想行有至

者，汝共諸人量覓，可使人數往南陽舞陰諸要處參覘【六六】。糧食最爲根本，更不憂人仗，常行視驛亭馬，不可有廢闕。并約語諸州，當其堺皆爾，不如法，即問事【六七】。」又曰：「吾勅荊郢二鎮，各作五千人陣，本擬應接彼耳。賊若送死者，更即呼取之。已勅子真，魚繼宗、殷公愍至鎮，可以公愍爲城主，三千人配之便足。汝可好以階級在意，勿得人求，或超五三階。及文章詩筆【六八】，乃是佳事，然世務彌爲根本，可常憶之。汝所啓仗，此悉是吾左右御仗也，云何得用之。品格不可乖，吾自當優量覓送。」先是啓求所好書，上又曰：「知汝常以書讀在心，足爲深欣也。」賜子懋杜預手所定左傳及古今善言。

隨郡王子隆字雲興，世祖第八子也。有文才。初封枝江公。永明三年，爲輔國將軍、南琅邪彭城二郡太守。明年，遷江州刺史，未拜，唐寓之賊平，遷爲持節、督會稽東陽新安臨海永嘉五郡、東中郎將、會稽太守。遷長兼中書令。

子隆娶尚書令王儉女爲妃，上以子隆能屬文，謂儉曰：「我家東阿也。」儉曰：「東阿重出，實爲皇家蕃屏。」未及拜，仍遷中護軍、轉侍中、左衞將軍。八年，代魚復侯子響爲使持節、都督荊雍梁寧南北秦六州、鎮西將軍、荊州刺史，給鼓吹一部。其年，始興王鑑罷益

州，進號督益州。九年，親府州事。十一年，晉安王子懋爲雍州，子隆復解督。鬱林立，進號征西將軍。隆昌元年，爲侍中、撫軍將軍，領兵置佐。延興元年，轉中軍大將軍，侍中如故。

子隆年二十一，而體過充壯，常服蘆茹丸以自銷損〔六九〕。高宗輔政，謀害諸王，世祖諸子中，子隆最以才兒見憚，故與鄱陽王鏘同夜先見殺。文集行於世。

建安王子真字雲仙，世祖第九子也。永明四年，爲輔國將軍、南琅邪彭城二郡太守。遷持節、督南豫司二州軍事、冠軍將軍、南豫州刺史、領宣城太守。進號南中郎將。六年，以府州稍實，表解領郡。七年，進號右將軍，遷丹陽尹，將軍如故。轉左衛將軍。七年，遷中護軍〔七〇〕，仍出爲持節、都督郢司二州軍事、平西將軍、郢州刺史。鬱林立，進號安西將軍。隆昌元年，爲散騎常侍、護軍將軍。延興元年，轉鎮軍將軍，領兵置佐，常侍如故。其年見殺，年十九。

西陽王子明字雲光,世祖第十子也。永明元年,封武昌王。三年,失國璽,改封西陽。六年,爲持節、都督南兗兗徐青冀五州軍事、冠軍將軍、南兗州刺史。八年,進號征虜將軍。十年,進左將軍,仍爲督會稽東陽臨海永嘉新安五郡軍事、會稽太守,將軍如故。子明風姿明淨,士女觀者,咸嗟嘆之。鬱林初,進號平東將軍。隆昌元年,爲右將軍、中書令。延興元年,遷侍中、領驍騎將軍,右軍如故。建武元年,轉撫軍將軍,領兵置佐。二年,誅蕭諶,誣子明及弟子罕子貞與諶同謀,見害。年十七。

南海王子罕字雲華,世祖第十一子也。永明六年,爲北中郎將、南琅邪彭城二郡太守。上初以白下地帶江山,徙琅邪郡自金城治之,子罕始鎮此城。十年,爲持節、都督南兗兗徐青冀五州軍事、征虜將軍、南兗州刺史。鬱林即位,進號後將軍。隆昌元年,遷散騎常侍、右衞將軍。建武元年,轉護軍將軍。二年,見殺。年十七。

巴陵王子倫字雲宗,世祖第十三子也。永明七年,爲持節、都督南豫司二州軍事、南

中郎將，南豫州刺史。十年，遷北中郎將，南琅邪彭城二郡太守[七二]。鬱林即位，以南彭城禄力優厚，奪子倫與中書舍人綦毋珍之，更以南蘭陵代之。隆昌元年，遷散騎常侍、左將軍。延興元年，遣中書舍人茹法亮殺子倫，子倫正衣冠出受詔，曰：「鳥之將死，其鳴也哀；人之將死，其言也善。先朝昔滅劉氏，今日之事，理數固然。君是身家舊人，今銜此使，當由事不獲已。」法亮不敢答而退。年十六。

邵陵王子貞字雲松，世祖第十四子也。永明十年，爲東中郎將、吳郡太守。鬱林即位，進號征虜將軍，還爲後將軍。建武二年，見誅。年十五。

臨賀王子岳字雲嶠，世祖第十六子也，永明七年封。高宗誅世祖諸子，唯子岳及弟六人在後，世呼爲七王。朔望入朝，上還後宮，輒嘆息曰：「我及司徒諸兒子皆不長，高、武子孫日長大。」永泰元年，上疾甚，絕而復蘇。於是誅子岳等。延興建武中[七三]，凡三誅諸王，每一行事，高宗輒先燒香火，嗚咽涕泣，衆以此輒知其夜當相殺戮也。子岳死時，年十

西陽王子文字雲儒，世祖第十七子也。永明七年，封蜀郡王。建武中，改封西陽王。

永泰元年，見殺。年十四。

衡陽王子峻字雲嵩，世祖第十八子也。永明七年，封廣漢郡王[七三]。建武中，改封。

永泰元年，見殺。年十四。

南康王子琳字雲璋，世祖第十九子也。母荀氏，盛寵。子琳鍾愛。永明七年，封宣城王。明年，上改南康公褚蓁以封子琳。永泰元年，見殺。年十四。

四。

湘東王子建字雲立，世祖第二十一子也。母謝氏，無寵，世祖度爲尼。高宗即位，使還母。子建永泰元年見殺，年十三。

南郡王子夏字雲廣，世祖第二十三子也。上春秋高，子夏最幼，寵愛過諸子。初，世祖夢金翅鳥下殿庭，搏食小龍無數，乃飛上天。永泰元年，子夏誅。年七歲。

史臣曰：民之勞逸，隨所遭遇，習以成性，有識斯同。帝王子弟，生長尊手[七四]，薪禽之道未知，富厚之圖已極。齠年稚齒，養器深宮，習趨拜之儀，受文句之學，坐躡搢紳，傍絕交友，情僞之事，不經耳目，憂懼之道，未涉智衿，雖卓爾天悟，自得懷抱，孤寡爲識，所陋猶多。朝出閨闥，暮司方岳，帝予臨州[七五]，親民尚小，年序次第，宜屏皇家，防驕剪逸，積代恒典，平允之情，操捶貽慮。故輔以上佐，簡自帝心，勞舊左右，用爲主帥，州國府第，先令後行，飲食遊居[七六]，動應聞啓，端拱守祿，遵承法度，張弛之要，莫敢厝言，行事執其權，典籤掣其肘[七七]，苟利之義未申，專違之咎已及。處地雖重，行己莫由，威不在身，恩未接下，倉卒一朝，艱難總集，望其釋位扶危，不可得矣。路溫舒云：「秦有十失，其一尚

存。」斯宋氏之餘風，在齊而彌弊也。

贊曰：武十七王，文宣令望，愛才悅古，仁信溫良，宗英是寄，遺惠未忘。廬陵犯色，安陸括囊。晉安早悟，隨郡雕章。建賀湘海，二陵二陽，幼蕃盛寵，南郡南康。

校勘記

〔一〕謝昭儀生邵陵王子貞　「邵陵王」，原作「邵陽王」，據本卷下文、本書卷三武帝紀、南史卷四四齊武帝諸子傳改。

〔二〕板寧朔將軍　「板」，三朝本、南監本、北監本、汲本、殿本、局本作「授」。

〔三〕摘宗斷族排輕斥運　「運」，南監本、北監本、汲本、殿本、局本作「重」。

〔四〕徵村切里俄刻十催　「徵村切里」，通典卷五食貨五作「深村遠里」。

〔五〕孩老士庶其令付獄　「其」，南監本、北監本、汲本、殿本、局本作「具」，冊府卷二八八宗室部作「共」。

〔六〕萬姓駭迫人不自固　通典卷五食貨五作「百姓駭迫不堪其命」。

〔七〕即許附申赦格　「赦」字原闕，據南監本、北監本、殿本、局本補。按明本冊府卷二八八宗室部作「徵」。

〔八〕筐貢微闕總撻肆情 「總」，南監本、北監本、殿本、局本作「篚」。

〔九〕反請郡邑助民由緩 「助民由緩」，宋本冊府卷二八八宗室部作「助申容緩」。

〔一〇〕密畿州郡則指賜勑 「勑」下冊府卷二八八宗室部有「令」字。

〔一一〕會取正屬所 「所」下通鑑卷一三五齊紀一高帝建元元年有「辦」字。

〔一二〕坐之科 「之」下南監本、北監本、殿本、局本疊「之」字。

〔一三〕封閒喜縣公邑千五百户 「千五百户」，文選卷六〇任彦昇齊竟陵文宣王行狀作「千户」。

〔一四〕始制東宮官僚以下官敬子良 「以下官敬」，冊府卷二七六宗室部作「以下致敬」。

〔一五〕今聞所在逋餘尚多 「逋餘」，冊府卷二八八宗室部作「逋欠」。

〔一六〕小人之心罔思前咎 「咎」，南監本、北監本、汲本、殿本、局本作「恩」，冊府卷二八八宗室部作「過」。

〔一七〕董之以威 「董」字原無，據南監本、北監本、汲本、殿本、局本補，冊府卷二八八宗室部作「申」。

〔一八〕明詔深矜獄圄恩文累墜 「墜」，冊府卷二八八宗室部作「降」。

〔一九〕猶一郡之譬 「猶」下冊府卷二八八宗室部有「有」字。

〔二〇〕六登玟陛 「玟」原作「玫」，據局本改。按南監本、冊府卷二八八宗室部作「文」。

〔二一〕每入心骨 「每」，冊府卷二八八宗室部作「痛」。

〔三三〕破民財産要利一時　御覽卷六二六引齊書作「破人敗産賈利一時」。

〔三四〕在所相承准令上直　「在所」，通典卷五食貨五作「郡縣」。

〔三五〕公家所受必須輪郭　「輪郭」下南監本、册府卷五〇〇邦計部有「完全」二字。

〔三六〕猶求請無地種革相繼　「繼」，南監本、殿本、局本、南史卷四四齊武帝諸子竟陵文宣王子良傳作「驅」。

〔三七〕會非委積縱令小民每嬰困苦　「會」，殿本、宋本册府卷二八八宗室部作「曾」。「縱」，南監本、北監本、殿本、局本、南史卷四四齊武帝諸子竟陵文宣王子良傳作「徒」。

〔三八〕且錢帛相半爲制永久　「帛」，南史卷四四齊武帝諸子竟陵文宣王子良傳、通典卷五食貨五作「布」。

〔三九〕進違舊科退容姦利　按御覽卷六二六引齊書、通典卷五食貨五此句下有「欲人康泰豈可得乎」八字。

〔四〇〕或聞長宰須令輸直　「直」，通典卷五食貨五作「錢」。

〔四一〕扶淮聚落　三朝本、南監本、北監本、汲本、殿本、局本作「扶淮聚洛」，册府卷二八八宗室部作「扶攜流落」。

〔四二〕並條其重貨許以賈衒　「賈衒」，册府卷二八八宗室部作「衒譁」。

〔四三〕宋運告終戎車屢駕　「車」，原作「軍」，據三朝本、南監本、北監本、汲本、殿本、局本、册府卷二八八宗室部改。按張元濟校勘記云：「『車』字疑是。」

〔三三〕寔允事機　「允」，原作「充」，據南監本、北監本、殿本、局本改。

〔三四〕移居雞籠山邸　「邸」，南監本、北監本、殿本、局本、金樓子說蕃篇、南史卷四四齊武帝諸子竟陵文宣王子良傳、冊府卷二七〇宗室部作「西邸」。

〔三五〕講語佛法　「語」，南監本、局本、金樓子說蕃篇、南史卷四四齊武帝諸子竟陵文宣王子良傳、御覽卷六五四引齊書、通鑑卷一三六齊紀二武帝永明二年並作「論」。

〔三六〕從甚微之懼　「從」，冊府卷二八八宗室部作「貪」。

〔三七〕故所以傾金寶於禪靈　「故」字南監本、北監本、殿本、局本無。

〔三八〕太孫間日入參承　「承」字南監本、南史卷四四齊武帝諸子竟陵文宣王子良傳無。

〔三九〕悉與鸞參懷　「鸞」，原作「讙」，依例改，下文仿此，不另出校。

〔四〇〕敷奏朝端　「朝端」原倒，據文選卷六〇任彥昇齊竟陵文宣王行狀乙正。

〔四一〕永元元年　「永元」，原作「建元」，據南史卷四四齊武帝諸子竟陵文宣王子良傳附蕭昭胄傳改。

〔四二〕云須昏人出　「云」，原作「法」，據南監本、北監本、汲本、殿本、局本改。

〔四三〕降封昭胄子周監利侯　「周」，南監本、北監本、殿本、南史卷四四齊武帝諸子竟陵文宣王子良傳附蕭昭胄傳作「同」。

〔四四〕都督南豫司三州軍事　「南豫司」與「三州」之數不合。按本卷下文及本書卷三五高十二王

宜都王鏗傳，宜都王鏗永明十一年代廬陵王子卿爲持節、都督南豫司二州軍事、南豫州刺史，

疑「三州」爲「二州」之訛。

〔四五〕 關弓四斛力 「關」，南史卷四四齊武帝諸子魚復侯子響傳、御覽卷四三五引齊書作「開」。冊

府卷二七一宗室部作「彎」。

〔四六〕 都督豫州郢州之西陽司州之汝南二郡軍事 「司州之」三字原無。按本書卷一五州郡志下，

汝南郡當屬司州，不屬郢州。 錢大昕考異卷二五云：「按州郡志、郢州但有汝南縣，隸江夏

郡，而無汝南郡。以明帝紀、崔慧景王廣之蕭遙欣蕭遙昌諸傳證之，知當云司州之汝南，傳脱

『司州之』三字。」今補。

〔四七〕 進督南豫州之歷陽淮南潁川汝陽四郡 「督」字原無，據冊府卷二七九宗室部補。 按錢大昕

考異卷二五云：「『進』下當有『督』字。」

〔四八〕 遷中護軍常侍如故尋出爲江州刺史常侍如故 按本書卷三武帝紀，子響遷中護軍及江州刺

史事俱在永明七年，繫年與此異。

〔四九〕 亡命王充天等蒙楯陵城 「王充天」，南監本、北監本、殿本、局本作「王衝天」。

〔五〇〕 上又遣丹陽尹蕭順之領兵繼至 「順之」，原作「諱」，依例改，下文仿此，不另出校。

〔五一〕 臣罪既山海 「既」，通鑑卷一三七齊紀三武帝永明八年作「踰」。

〔五二〕 江愈殷曇粲黃門郎 「殷曇粲」，原作「殷雲粲」，據殿本、局本、南史卷四四齊武帝諸子魚復

侯子響傳改。 按本卷上文亦有殷曇粲，即此人。

〔五三〕見猨對跳子鳴嘯　「對」下御覽卷三八七引蕭子顯齊書有「樹」字。

〔五四〕積代用之爲美　「代」字原闕，據南監本、北監本、殿本、局本改。「用」，原作「周」，據南監本、北監本、殿本、局本補。

〔五五〕先是貶爲魚復侯　「先是」，南監本、南史卷四四齊武帝諸子魚復侯子響傳、通鑑卷一三七齊紀三武帝永明八年無。

〔五六〕進號右軍　「右軍」，南監本、北監本、殿本、局本作「右將軍」。 按本書卷三武帝紀云永明五年「左將軍安陸王子敬爲荊州刺史」，卷二九王廣之傳云世祖即位後廣之遷「安陸王北中郎左軍司馬」，卷四二江祏傳云祏爲「安陸王左軍諮議」。 疑安陸王子敬當進號左將軍。

〔五七〕顯達入朝　「朝」，南監本、北監本、殿本、局本、南史卷四四齊武帝諸子晉安王子懋傳作「別」。

〔五八〕阮報□其兄于瑤之爲計　「□其兄」，南監本、局本作「其同產弟」，南史卷四四齊武帝諸子晉安王子懋傳作「同産弟」，通鑑卷一三九齊紀五明帝建武元年作「其同母兄」。

〔五九〕遣平西將軍王廣之南北討　「遣」下南史卷四四齊武帝諸子晉安王子懋傳有「中護軍王玄邈」六字，疑是。

〔六〇〕聲云爲郢州行司馬　「行」，原作「衍」，據北監本、殿本改，南史卷四四齊武帝諸子晉安王子

戀傳、通鑑卷一三九齊紀五明帝建武元年無此字。按南監本、局本作「郡府行司馬」。

〔六一〕叔業洊流直上 「直」，原作「下」，據南監本、北監本、殿本、局本改。

〔六二〕子戀既不出兵攻叔業 「子」字原無，據南史卷四四齊武帝諸子晉安王子戀傳、通鑑卷一三九齊紀五明帝建武元年補。

〔六三〕琳之從二百人拔白入齋 「白」，原作「日」，據冊府卷九四三總錄部改。張元濟校勘記云：「按『日』當是『白』之訛。」

〔六四〕今秋犬羊輩越逸者 「輩」，冊府卷一九六閏位部作「皆」。

〔六五〕有事即使應接運 「使」，冊府卷一九六閏位部作「便」。

〔六六〕可使人數往南陽舞陰諸要處參覘 「陽」，原作「門」，據南監本、北監本、殿本、局本、冊府卷一九六閏位部改。

〔六七〕不如法即問事 「問事」，南監本作「周章」。

〔六八〕或超五三階及文章詩筆 「五三」，冊府卷一九六閏位部作「三五」。「階」下南監本、北監本、殿本、局本、冊府有「級」字。「及」，南監本、局本、冊府無，北監本作「又」。

〔六九〕常服蘆茹丸以自銷損 「蘆茹」，冊府卷二六六宗室部、御覽卷九八四引齊書作「蘭茹」。

〔七〇〕七年遷中護軍 「七年」此處重出，疑衍。

〔七一〕遷北中郎將南琅邪彭城二郡太守 「彭城」下原有「刺史」二字，據南史卷四四齊武帝諸子巴

陵王子倫傳刪。按錢大昕考異卷二五云:「『刺史』二字衍,蓋罷南豫而領兩郡守也。」

〔一二〕延興建武中 「武」字原無,據南監本、北監本、汲本、殿本、局本、南史卷四四齊武帝諸子臨賀王子岳傳補。

〔一三〕封廣漢郡王 「廣漢」,原作「蜀漢」,據北監本、汲本、殿本、局本、本書卷三武帝紀、南史卷四四齊武帝諸子衡陽王子峻傳改。

〔一四〕生長尊手 「手」,北監本、殿本、局本、南史卷四四齊武帝諸子傳「論曰」作「貴」。

〔一五〕帝予臨州 「予」,南監本、北監本、汲本、殿本、局本作「子」。

〔一六〕飲食遊居 「居」,原作「屈」,據北監本、汲本、殿本、局本、南史卷四四齊武帝論子傳「論日」改。

〔一七〕典籤掣其肘 「肘」,原作「財」,據南監本、北監本、汲本、殿本、局本改。

列傳第二十二

張融　周顒

張融字思光，吳郡吳人也。祖禕[一]，晉琅邪王國郎中令。父暢，宋會稽太守。

融年弱冠，道士同郡陸脩靜以白鷺羽塵尾扇遺融，曰：「此既異物，以奉異人。」宋孝

武聞融有早譽，解褐爲新安王北中郎參軍。孝武起新安寺，僚佐多儭錢帛，融獨儭百錢。

帝曰：「融殊貧，當序以佳祿。」出爲封溪令。從叔永出後渚送之，曰：「似聞朝旨，汝尋當

還。」融曰：「不患不還，政恐還而復去。」廣越嶂嶮，獠賊執融，將殺食之，融神色不動，方

作洛生詠，賊異之而不害也。浮海至交州，於海中作海賦曰：

　蓋言之用也，情矣形乎。使天形寅內敷，情敷外寅者[二]，言之業也。吾遠職荒

官，將海得地，行關入浪，宿渚經波，傅懷樹觀，長滿朝夕，東西無里，南北如天，反覆懸烏，表裏菀色〔二〕。壯哉水之奇也，奇哉水之壯也。故古人以之頌其所見，吾問翰而賦之焉。當其濟興絕感，豈覺人在我外，木生之作，君自君矣。

分渾始地，判氣初天。作成萬物，爲山爲川。總川振會，導海飛門。爾其海之狀也，之相也〔三〕：則窮區没渚，萬里藏岸，控會河、濟，朝總江、漢。回混浩潰，巔倒發濤。浮天振遠，灌日飛高。摐灑江撞則八絃摧隤，鼓怒則九紐折裂。擔於活長風以舉波，漈音郭天地而爲勢。盩音蟄澤于及渣音沓洽音合，來往相羣麤合。汨于突湙音突澌於渤渤，窣紆狀石成窟。西衝虞淵之曲，東振湯谷之阿。若木於是乎倒覆，折扶桑而爲渣在牙。濩瀁音藥潏音渾門渾，涫於官洷於和碨於磊雍，渤非勃淬音卒淪音崙漙音尊，瀰淺壟嵷子拱。湍轉則日月似驚，浪動而星河如覆〔四〕。既烈太山與崑崙相壓而共潰，又盛雷車震漢破天以折轂。

澹於員連洑於卵瀨於嬾，輾轉縱橫。揚珠起玉，流鏡飛明。是其回堆曲浦，欹關弱渚之形勢也〔五〕。沙嶼相接，洲島相連。東西南北〔六〕，如滿于天。苔苔蔕蔕，宦宦翳翳〔七〕。梁禽楚獸，胡木漢草之所生焉。長風動路，深雲暗道之所經焉。晨烏宿音秀於東隅，落河浪其西界。茫沆于剛汭無河□□□〔八〕，汨于突魂于磊漫無官桓。旁踞

委岳，橫竦危巒。重彰岌岌，攢嶺聚立。

罪陁陁，橫出旁入。嵬嵬支罪磊磊，若相追而下。峯勢縱橫[九]，岫形參錯。或如

前而未進，乍非遷而已却。天抗暉於東曲，日倒麗於西阿。嶺集雪以懷鏡，巖照春而

自華。

江泽許江洎洎許百，濔子曷巖拍芬百嶺。觸山礛石，汙灣于各溱音寒况于朗。礛於

磊决於朗渨阿音阿，流柴磾五感反岆五窟。頓浪低波，蓊苦降砓苦交硆苦江[一〇]，折嶺挫

峯，牢浪碾音郎拉，崩山相磋苦合。萬里藹藹，極路天外。電戰雷奔，倒地相磋。獸門

象逸，魚路鯨奔。水邊龍魄，陸振虎魂。却瞻無後，向望行前[一一]。長尋高眺，唯水與

天。若乃山橫蹴浪，風倒摧波。磊若驚山竭嶺以竦石，鬱若飛煙奔雲以振霞[一二]。連

瑤光而交綵，接玉繩以通華。

爾乎夜滿深霧，晝密長雲，高河滅景，萬里無文。山門幽暖，岫戶蓋蓋。淬巆貴潰大人之表，泆於朗

掩，玉地交氛[一三]。汪汪橫橫音皇，沉沉于剛浩浩音害[一四]。

蕩君子之外。風沫相排，日閉雲開。浪散波合，岳起山隤。

若乃漉沙構白，熬波出素。積雪中春，飛霜暑路。爾其奇名出録，詭物無書。高

岸乳鳥，橫門産魚[一五]。則何懼音羅鯡音容鮨音詣，鱳音非魟音人鰊音果鮹音滑。哄日

吐霞，吞河漱月。氣開地震，聲動天發。噴灑嘁於月嚥於戒，流雨而揚雲。喬艫壯脊，

架岳而飛墳。跕音挺動崩五山之勢，瞷矣簡鰰矣觬焕七曜之文。蟭蟟瑂蜌〔一六〕，綺貝

繡螺。玄珠互綵，綠紫相華。遊風秋瀨，泳景登春。伏鱗漬綵，昇紛洗文。

若乃春代秋緒，歲去冬歸〔一七〕。柔風麗景，晴雲積暉。起龍塗於靈步，翔螭道之

神飛。浮微雲之如嘗，落輕雨之依依。觸巧塗而礛去紺遠，抵欒木以激揚。浪相礴傍

各而起千狀，波獨湧乎驚萬容。蘋藻留映，荷芰提陰。扶容曼綵，秀遠華深。明藕移

玉，清蓮代金。眄芬芳於遙渚，汎灼爍於長潯。浮艫雜軸，遊舶交艘。帷軒帳席〔一八〕，

方遠連高。入驚波而箭絕，振排天之雄飆。越湯谷以逐景，渡虞淵以追月。徧萬里

而無時，浹天地於揮忽。雕隼飛而未半，鯤龍趨貪教而不逮。舟人未及復其喘，已周

流宇宙之外矣。

陰鳥陽禽，春毛秋羽。遠翅風遊，高翮雲舉。翔歸棲去，連陰日路。瀾漲波渚，

陶玄浴素。長紘四斷〔一九〕，平表九絕。雉翥成霞，鴻飛起雪。合聲鳴侶，並翰翻羣。

飛關溢繡，流浦照文。

爾夫人微亮氣，小白如淋。涼空澄遠，增漢無陰。照天容於鯡渚〔二〇〕，鏡河色於

魦潯。括蓋餘以進廣，浸夏洲以洞深。形每驚而義維靜，跡有事而道無心。於是乎

山海藏陰，雲塵入岫。天英偏華，日色盈秀。則若士神中，琴高道外。袖輕羽以衣

風，逸玄裾於雲帶。筵秋月於源潮，帳春霞於秀瀨。曬蓬萊之靈岫，望方壺之妙闕。

樹遏日以飛柯，嶺回峯以蹴月。空居無俗，素館何塵。谷門風道，林路雲真。

若乃幽崖阻於夾隔倉夾，限隩之窮，駿波虎浪之氣，激勢之所不攻。有卉有木，爲

灌爲叢。絡緜網雜，結葉相籠。通雲交拂，連韻共風。蕩洲礉去角岸，而千里若崩，

衝崖沃島，其萬國如戰。振駿氣以擺雷，飛雄光以倒電。

若夫增雲不氣，流風斂聲。瀾文復動，波色還驚。明月何遠，沙裏分星。至其積

珍全遠，架寶諭深。瓊池玉壑，珠岫珂岑。合日開夜，舒月解陰。珊瑚開纊，瑠璃竦

華。丹文鏡色，雜照冰霞。洪洪潰潰，浴千日月。淹漢星墟，滲河天界。風何本而自

生，雲無從而空滅。籠麗色以拂烟〔三〕，鏡懸暉以照雪。

爾乃方員去我，混然落情。氣暄而濁，化靜自清。心無終故不滯，志不敗而無

成。既覆舟而載舟，固以死而以生。弘芻狗於人獸，導至本以充形。雖萬物之日用，

諒何緯其何經。道湛天初，機茂形外。亡有所以而有，非膠有於生末。亡無所以而

無，信無心以入太。不動動是使山岳相崩，不聲聲故能天地交泰。行藏虛於用舍，應

感亮於圓會。仁者見之謂之仁，達者見之謂之達。咭者幾於上善，吾信哉其爲大

融文辭詭激，獨與衆異。

矣。

融即求筆注之曰：「漉沙構白，熬波出素。積雪中春，飛霜暑路。」此四句，後所足也。

後還京師，以示鎮軍將軍顧覬之〔一二〕，覬之曰：「卿此賦實超玄虛，但恨不道鹽耳〔一三〕。」

覬之與融兄有恩好，覬之卒，融身負墳土。在南與交阯太守卞展有舊，展於嶺南爲人所殺，融挺身奔赴。

舉秀才，對策中第，爲尚書殿中郎，不就，爲儀曹郎。泰始五年，明帝取荆、郢、湘、雍四州射手，叛者斬亡身，及家長者，家口沒奚官。元徽初，郢州射手有叛者，融議家人家長罪所不及，亡身刑五年。

尋請假奔叔父喪，道中罰幹錢敬道鞭杖五十，寄繫延陵獄。大明五年制，二品清官行僮幹杖，不得出十。爲左丞孫緬所奏，免官。尋復位，攝祠、倉部二曹。領軍劉勔戰死〔一四〕，祠曹議「上應哭勔不」，融議「宜哭」。於是始舉哀。倉曹又以「正月俗人所忌，太倉爲可開不」，融議「不宜拘束小忌」。尋兼掌正廚，融見宰殺，回車徑去，自表解職。

爲安成王撫軍倉曹參軍，轉南陽王友。融父暢先爲丞相長史，義宣事難，暢爲王玄謨所錄，將殺之。玄謨子瞻爲南陽王前軍長史，融啓求去官，不許。

融家貧願禄，初與從叔征北將軍永書曰：「融昔稱幼學，早訓家風，雖則不敏，率以成性。布衣葦席〔二五〕，弱年所安，簞食瓢飲，不覺不樂。但世業清貧，民生多待，榛栗棗脩，女贄既長，束帛禽鳥，男禮已大。勉身就官，十年七仕，不欲代耕，何至此事。昔求三吳一丞，雖屢舛錯〔二六〕。今聞南康缺守，願得爲之。」融不知階級，階級亦可不知融，政以求丞不得，所以求郡，退不知賤，求郡不得，亦可復求丞。」又與吏部尚書王僧虔書曰〔二七〕：「融，天地之逸民也。進不辨貴，退不知賤，兀然造化，忽如草木。實以家貧累積，孤寡傷心，八姪俱孤，二弟頗弱，撫之而感，古人以悲。豈能山海陋禄，申融情累〔二八〕。阮籍愛東平土風，融亦欣晉平閑外。」時議以融非治民才，竟不果。

辟太祖太傅掾，歷驃騎豫章王司空諮議參軍，遷中書郎，非所好，乞爲中散大夫，不許。融風止詭越，坐常危膝，行則曳步，翹身仰首，意制甚多。隨例同行，常稽遲不進。太祖素愛融，爲太尉時，時與融款接，見融常笑曰：「此人不可無一，不可有二。」即位後，手詔賜融衣曰：「見卿衣服麤故，誠乃素懷有本，交爾藍縷，亦虧朝望。今送一通故衣，意謂雖故乃勝新。是吾所著，已令裁減稱卿之體。并履一量。」

融與吏部尚書何戢善，往詣戢，誤通尚書劉澄。融下車入門，乃曰：「非是。」至戶外，望澄，又曰：「非是。」既造席，視澄曰：「都目非是〔二九〕。」乃去。其爲異如此。

又爲長沙王鎮軍、竟陵王征北諮議，並領記室，司徒從事中郎。永明二年，總明觀講，

勅朝臣集聽。融扶入就榻，私索酒飲之，難問既畢，乃長嘆曰：「嗚呼！仲尼獨何人

哉！」爲御史中丞到撝所奏，免官，尋復〔三〇〕。融形貌短醜，精神清澈。王敬則見融革帶垂

寬，殆將至骼〔三一〕，謂之曰：「革帶太急。」融曰：「既非步吏，急帶何爲？」後日上以問融

融假東出，世祖問融住在何處？融答曰：「臣陸處無屋，舟居非水。」上大笑。虞中聞融名，上使

融接北使李道固，就席，道固顧之而言曰：「張融是宋彭城長史張暢子不？」融欻慼久之，

從兄緒，緒曰：「融近東出，未有居止，權牽小船，於岸上住。」融欲求鹽、蒜、白，

融曰：「先君不幸，名達六夷。」豫章王大會賓僚，融食炙始畢，行炙人便去，

終不言〔三二〕，方搖食指〔三三〕，半日乃息。出入朝廷，皆拭目驚觀之。八年，朝臣賀，衆端公

事〔三四〕。融扶入拜起，復爲有司所奏，見原。遷司徒右長史。

竟陵張欣時爲諸暨令，坐罪當死。欣時父興世宋世討南譙王義宣，官軍欲殺融父暢，

興以袍覆暢而坐之，以此得免。興世卒，融著高履負土成墳。至是融啓竟陵王子良，乞

代欣時死。子良答曰：「此乃是長史美事，恐朝有常典，不得如長史所懷。」遷黃門郎，太

子中庶子，司徒左長史。融有孝義，忌月三旬不聽樂，事嫂甚謹。宋丞相起事〔三五〕，父暢以

不同將見殺，司馬竺超民諫免之。暢臨終謂諸子曰：「昔丞相事難，吾緣竺司馬得活，爾

等必報其子弟。」後超民孫微冬月遭母喪，居貧，融往弔之，悉脫衣以爲賻〔三六〕，披牛被而反。常以兄事微。

建武四年，病卒。年五十四。遺令建白旐無旒〔三七〕，不設祭，令人捉塵尾登屋復魂。左手執孝經、老子，右手執小品、法華經。妾二人，哀事畢，各遣還家。」又曰：「以吾平生之風調，何至使婦人行哭失聲，不須暫停閨閤。」

曰：「吾生平所善，自當凌雲一笑。三千買棺，無製新衾。

豫章王嶷、竟陵王子良薨，自以身經佐吏，哭輒盡慟。

融玄義無師法，而神解過人〔三八〕，白黑談論，鮮能抗拒。永明中，遇疾，爲門律，自序曰〔三九〕：「吾文章之體，多爲世人所驚，汝可師耳以心，不可使耳爲心師也。夫文豈有常體，但以有體爲常，政當使常有其體。丈夫當刪詩書，制禮樂，何至因循，寄人籬下。且中代之文，道體闕變〔四〇〕，尺寸相資，彌縫舊物。吾之文章，體亦何異，何嘗顛溫凉而錯寒暑，綜哀樂而橫歌哭哉？政以屬辭多出，比事不羈，不阡不陌，非途非路耳。然其傳音振逸，鳴節竦韻〔四一〕，或當未極，亦已極其所矣。汝若復別得體者，吾不拘也。吾義亦如文，造次乘我，顚沛非物。吾無師無友，不文不句，頗有孤神獨逸耳。義之爲用，將使性入清波，塵洗猶沐。無得鈞聲同利，舉價如高，儜是道塲，險成軍路。吾昔嗜僧言，多肆法辯，此盡遊乎言笑，而汝等無幸。」又云：「人生之口，正可論道説義，惟飲與食，此外如樹網爲〔四二〕。

吾每以不爾爲恨，爾曹當振綱也。」

臨卒，又戒其子曰：「手澤存焉，父書不讀。況父音情〔四三〕，婉在其韻，吾意不然。別

遺爾音〔四四〕。吾文體英絕，變而屢奇，既不能遠至漢魏，故無取晉宋。

家聲。汝若不看，父祖之意欲汝見也，可號哭而看之。」融自名集爲玉海。司徒褚淵問玉

海名，融答：「玉以比德，海崇上善。」文集數十卷行於世。

張氏知名，前有敷、演、鏡、暢〔四五〕，後有充、融、卷、稷。

恂〔四六〕，歸鄉相。

周顒字彦倫，汝南安城人。晉左光祿大夫顒七世孫也。祖虎頭，員外常侍。父

顒少爲族祖朗所知。解褐海陵國侍郎。益州刺史蕭惠開賞異顒，攜入蜀，爲厲鋒將

軍、帶肥鄉成都二縣令〔四七〕。轉惠開輔國府參軍，將軍、令如故。仍爲府主簿。常謂惠開

性太險峻〔四八〕，每致諫，惠開不悅，答顒曰：「天險地險，王公設險，但問用險何如耳。」隨惠

開還都。

宋明帝頗好言理，以顒有辭義，引入殿內，親近宿直。帝所爲慘毒之事，顒不敢顯諫，

輒誦經中因緣罪福事，帝亦爲之小止。轉安成王撫軍行參軍。元徽初，出爲剡令，有恩惠，百姓思之[四九]。還，歷邵陵王南中郎三府參軍。太祖輔政，引接顒。顒善尺牘，沈攸之送絕交書，太祖口授令顒裁答。轉齊臺殿中郎。

建元初，爲長沙王後軍參軍[五０]。山陰令。縣舊訂滂民，以供雜使。顒言之於太守聞喜公子良曰：「竊見滂民之困，困實極矣。役命有常，祇應轉竭，蹙迫驅催，莫安其所。險者或竄避山湖，困者自經溝瀆爾。亦有摧臂斮手，苟自殘落，販傭貼子，權赴急難。每至滂使發動，遵赴常促，輒有桓杖被錄[五一]，稽顙階垂，泣涕告哀，不知所振。下官未嘗不臨食罷節，當書偃筆，爲之久之愴不能已。交事不濟，不得不就加捶罰，見此辛酸，時不可過。山陰邦治，事倍餘城；然略聞諸縣，亦處處皆躓。唯上虞以百戶一滂，大爲優足，過此列城，不無凋罄。宜應有以普救倒懸，設流開便，則轉患爲功，得之何遠」還爲文惠太子中軍錄事參軍，隨府轉征北。文惠在東宮，顒還正員郎[五二]，始興王前軍諮議。直侍殿省，復見賞遇。

顒音辭辯麗，出言不窮，宮商朱紫，發口成句。汎涉百家，長於佛理。著三宗論。立空假名，立不空假名。設不空假名難空假名，設空假名難不空假名。假名空難二宗，又立假名空。西涼州智林道人遺顒書曰：「此義旨趣似非始開，妙聲中絕六七十載[五三]。貧道

年二十時，便得此義，竊每歡喜，無與共之。年少見長安耆老，多云關中高勝乃舊有此義，

當法集盛時，能深得斯趣者，本無多人。過江東略是無一。貧道捉塵尾來四十餘年，東西

講說，謬重一時，餘義頗見宗錄，唯有此塗白黑無一人得者，爲之發病。非意此音猥來入

耳，始是真實行道第一功德。」其論見重如此。

顒於鍾山西立隱舍，休沐則歸之。轉太子僕、兼著作，撰起居注。遷中書郎，兼著作

如故。常遊侍東宮。少從外氏車騎將軍臧質家得衛恒散隸書法，學之甚工。文惠太子使

顒書玄圃茅齋壁，國子祭酒何胤以倒薤書求就顒換之，顒笑而答曰：「天下有道，丘不與

易也。」

每賓友會同，顒虛席晤語，辭韻如流，聽者忘倦。兼善老、易，與張融相遇，輒以玄言

相滯，彌日不解。清貧寡欲，終日長蔬食，雖有妻子，獨處山舍。衛將軍王儉謂顒曰：「卿

山中何所食？」顒曰：「赤米白鹽，綠葵紫蓼。」文惠太子問顒：「菜食何味最勝？」顒曰：

「春初早韭，秋末晚菘。」時何胤亦精信佛法，無妻妾。太子又問顒：「卿精進何如何

胤？」顒曰：「三塗八難〔四〕，共所未免。然各有其累。」太子曰：「所累伊何？」對曰：「周

妻何肉。」其言辭應變，皆如此也。

轉國子博士，兼著作如故。太學諸生慕其風，爭事華辯。後何胤言斷食生〔五〕，猶欲

食肉白魚、鮬脯、糖蟹〔五六〕，以爲非見生物。疑食蚶蠣，使學生議之。學生鍾岏曰〔五七〕：「鮬

之就脯，驟於屈伸，蟹之將糖，躁擾彌甚。仁人用意，深懷如怛。至於車螯蚶蠣，眉目內

闕，懃渾沌之奇，礦殼外緘〔五八〕非金人之慎。不悴不榮，曾草木之不若〔五九〕，無馨無臭，與

瓦礫其何算。故宜長充庖廚，永爲口實。」竟陵王子良見岏議，大怒。

胤兄點，亦遁節清信。顒與書，勸令菜食。曰：「丈人之所以未極遐蹈，或在不近全

菜邪？脫灑離析之討，鼎俎網罟之興，載策其來寔遠〔六○〕，誰敢干議？觀聖人之設膳

脩〔六一〕，仍復爲之品節，蓋以茹毛飲血，與生民共始，縱而勿裁，將無崖畔。善爲士者，豈不

以恕己爲懷〔六二〕？是以各靜封疆，罔相陵軼〔六三〕。況乃變之大者，莫過死生；生之所重，無踰

性命。性命之於彼極切，滋味之在我可賒，而終身朝晡，資之以永〔六三〕，彼就冤殘，莫能自

列〔六四〕，我業久長，吁哉可畏。且區區微卵，脆薄易矜，歘彼弱麛〔六五〕，顧步宜愍。觀其飲噣

飛沈〔六六〕，使人物憐悼〔六七〕，況可心心撲褫〔六八〕，加復恣忍吞嚼〔六九〕。至乃野牧盛羣，閉豢重

圈，量肉揣毛，以俟枝剝，如土委地，歛謂常理，百爲愴息〔七○〕，事豈一塗。若云三世理誣，

則幸矣良快，如使此道果然，而形未息〔七一〕，則一往一來，一生一死，亦爲常事〔七二〕。雜報如

家，人天如客，遇客日多，吾儕信業，未足長免，則傷心之慘，行亦息念〔七三〕。丈

人於血氣之類，雖無身踐〔七四〕，至於晨鳧夜鯉〔七五〕，不能不取備屠門。財貝之經盜手〔七六〕，

猶爲廉士所棄;生性之一啓鸞刀〔七七〕,寧復慈心所忍。驥虞雖飢,非自死之草不食,聞其風豈不使人多愧。眾生之稟此形質,以畜肌膋,皆由其積壅癡迷,沈流莫反,報受穢濁,歷苦酸長,此甘與肥,皆無明之報聚也。何至復引此滋腴,自汙腸胃。丈人得此有素,聊復寸言發起耳。」

顗卒官時,會王儉講孝經未畢,舉曇濟自代〔七八〕,學者榮之,官爲給事中。

史臣曰:弘毅存容,至仁表貌,汲黯剛戇,崔琰聲姿,然後能不憚雄桀,嘔成譏犯。張融標心託旨,全等塵外,吐納風雲,不論人物,而干君會友〔七九〕,敦義納忠,誕不越檢,常在名教。若夫奇偉之稱,則虞飜、陸績不得獨擅於前也。

贊曰:思光矯矯,萬里千仞。升同應諧,黜同解擯。務在連衡,不謀銷印。彥倫辭辯,苦節清韻。白馬橫擒,雲梯獨振。

校勘記

張融海賦文多脱誤,諸本同。

〔一〕祖襌 「襌」，南監本、局本、晉書卷八九忠義傳作「襌」；宋書卷四六張邵傳附張暢傳、通鑑卷一一九宋紀一武帝永初二年六月作「偉」。

〔二〕使天形寅內敷情敷外寅者 「天」，張惠言七十家賦鈔卷六張融海賦作「夫」。按南監本南齊書荻生徂徠批識云：「『天』當作『夫』。」又黃侃云：「『天』當作『夫』。兩『寅』字皆當作『演』，史避梁武嫌名。」

〔三〕爾其海之狀也之相也 「之相也」三字類聚卷八引齊張融海賦無。

〔四〕浪動而星河如覆 「而」，類聚卷八引齊張融海賦作「則」。

〔五〕歆關弱渚之形勢也 「歆」，南監本作「幽」。

〔六〕東西南北 「南北」，南監本作「蕩瀁」。

〔七〕宆宆嶬嶬 「宆宆」，原作「宆」，據南監本、北監本、汲本、殿本、局本改。

〔八〕茫沉于剛汋無河□□□ 「無河」下原闕一字及兩小字音注。據文廷式純常子枝語卷三二，所闕字永樂大典作「瀙」。音注未詳。

〔九〕峯勢縱橫 「縱橫」，類聚卷八引齊張融海賦作「崇高」。

〔一〇〕蓉砹硑 此句奪一字，文廷式純常子枝語卷三二云「大典『砹』下有『碎』字」。

〔一一〕向望行前 「行」，類聚卷八引齊張融海賦作「何」。

〔一二〕鬱若飛煙奔雲以振霞 「霞」，類聚卷八引齊張融海賦作「柯」。

〔三〕九天相掩玉地交氛 「玉」，三朝本、南監本、北監本、汲本、殿本、局本、張溥漢魏六朝百三家集作「王」，嚴可均全齊文卷一五、張惠言七十家賦鈔卷六張融海賦作「五」。殿本考證云：「諸本同。按『王』疑作『五』。」黃侃亦云應作「五」。

〔四〕沆沆于剛浩浩音害 黃侃云「浩浩」應作「澔澔」。按「害」疑爲「澔」，玉篇云「澔，火麥切」，與「音害」合，又表水聲，與本文語境亦合。

〔五〕横門產魚 「門」，類聚卷八引齊張融海賦作「關」。

〔六〕蠨蟻瑂蛘 「瑂蛘」，類聚卷八引齊張融海賦作「瑇瑁」。

〔七〕歲去冬歸 「冬」字原闕，據南監本、北監本、殿本、局本補。 據文廷式純常子枝語卷三二，所闕字永樂大典作「陽」。

〔八〕帷軒帳席 「帷」字原闕，據南監本、北監本、殿本、局本補。 據文廷式純常子枝語卷三二，所闕字永樂大典作「文」。

〔九〕長紘四斷 「四」，原作「而」，據三朝本、南監本、北監本、汲本、殿本、局本改。

〔二〇〕照天容於鮮渚 「渚」字原闕，據南監本、北監本、殿本、局本補。 按文廷式純常子枝語卷三二云「大典『渚』作『水』」。

〔二一〕籠麗色以拂煙 「籠」字原闕，據南監本、北監本、殿本、局本補。 據文廷式純常子枝語卷三二，所闕字永樂大典作「山」。

二、所闕字永樂大典作

〔三三〕 以示鎮軍將軍顧覬之　「鎮軍」，原作「鎮國」，據南史卷三二張融傳、御覽卷五九九引齊書、卷八六五引宋書、册府卷八五〇總録部改。「顧覬之」，原作「顧凱之」，據南史卷三二張融傳、御覽卷五九九引齊書、卷八六五引宋書、册府卷八五〇總録部改。按宋書卷八一顧覬之傳，顧覬之卒，贈鎮軍將軍。

〔三三〕 但恨不道鹽耳　「恨」，南監本、北監本、殿本、局本、南史卷三二張融傳、御覽卷五九九引齊書、卷八六五引宋書、册府卷八五〇總録部作「恨」。

〔三四〕 領軍劉勔戰死　「領軍」，原作「領事」，據南史卷三二張融傳、册府卷四六五臺省部改。按宋書卷八六劉勔傳，劉勔戰死時爲中領軍。

〔三五〕 布衣葦席　「葦席」，南史卷三二張融傳、册府卷九〇〇總録部、卷九〇五總録部亦作「葦席」。

〔三六〕 雖屢舛錯　「屢」，殿本、南史卷三二張融傳、册府卷九〇〇總録部、卷九〇五總録部作「屬」。

〔三七〕 又與吏部尚書王僧虔書曰　「又」，原作「人」，據南監本、北監本、汲本、殿本、局本改。

〔三八〕 申融情累　「申」，原作「甲」，據南監本、北監本、殿本、局本、南史卷三二張融傳、册府卷九〇〇總録部、卷九〇五總録部改。

〔三九〕 都目非是　「目」，南監本、北監本、殿本、局本、南史卷三二張融傳、册府卷九四四總録部作「自」。

〔三〇〕 免官尋復　「復」下南監本、局本、南史卷三二張融傳、册府卷九四四總録部有「職」字。

〔三〕 殆將至骼 「骼」，南史卷三二張融傳、册府卷九四四總録部作「髀」。

〔三〕 融欲求鹽蒜白終不言 「白」，南史卷三二張融傳、建康實録卷一六、御覽卷八六五引宋書、卷九七七引齊書、册府卷九四四總録部作「曰」，當下屬。

〔三〕 方搖食指 「食指」，原作「食貨」，據南監本、北監本、汲本、殿本、局本、南史卷三二張融傳、建康實録卷一六、御覽卷八六五引宋書、卷九七七引齊書、册府卷九四四總録部改。

〔三四〕 朝臣賀衆端公事 「端」，南監本、北監本、汲本、殿本、局本、南史卷三二張融傳作「瑞」。

〔三五〕 宋丞相起事 「丞相」下南監本、北監本、殿本、局本有「義宣」二字。

〔三六〕 悉脱衣以爲賻 「賻」，原作「臍」，據南監本、北監本、汲本、殿本、局本、南史卷三二張融傳、御覽卷五四九引齊書、卷七〇三引宋書、册府卷八一七總録部改。按本書卷五四高逸顧歡

〔三七〕 遺令建白旌無旒 「旌」，南史卷三二張融傳、御覽卷五五〇引齊書作「贈」。

〔三八〕 而神解過人 「神解」，御覽卷四六四引蕭子顯齊書作「神王」。

〔三九〕 爲門律自序曰 「門律」，原作「問律」，據册府卷八一七總録部改。

傳載「司徒從事中郎張融作門律」。

〔四〇〕 道體關變 「道體」，册府卷八一七總録部作「其體」。

〔四一〕 鳴節竦韻 「韻」，册府卷八一七總録部作「異」。

〔四二〕此外如樹網爲 「網」，原作「銅」，據南監本、北監本、殿本、局本、冊府卷八一七總錄部改。

〔四三〕況父音情 「父」，南監本、冊府卷八一七總錄部作「文」。

〔四四〕別遺爾音 「音」，冊府卷八一七總錄部作「旨」。

〔四五〕張氏知名前有敷演鏡暢 「鏡」，按宋書卷四六張邵傳附張暢傳作「敬」。

〔四六〕父恂 「恂」，建康實錄卷一六作「珣」。

〔四七〕帶肥鄉成都二縣令 錢大昕考異卷二五云：「按宋齊二志，成都無肥鄉縣。」

〔四八〕常謂惠開性太險峻 「險峻」，原作「險俊」，據三朝本、南監本、北監本、汲本、殿本、局本、冊府卷七二三幕府部改。

〔四九〕百姓思之 「思之」，原作「思遠」，據南監本、北監本、殿本、汲本、局本、南史卷三四周朗傳附周顒傳改。

〔五〇〕爲長沙王後軍參軍 「長沙王」下原衍「參軍」二字，據南史卷三四周朗傳附周顒傳、文選卷四三孔德璋北山移文李善注引蕭子顯齊書刪。按本書卷二高帝紀下、卷三五高十二王長沙威王晃傳，蕭晃先爲後將軍，後封長沙王。

〔五一〕輒有柤杖被録 「録」，原作「緑」，據南監本、北監本、汲本、殿本、局本改。

〔五二〕顒還正員郎 「還」，南史卷三四周朗傳附周顒傳作「遷」。

〔五三〕妙聲中絶六七十載 「六七十」，高僧傳卷八釋智林傳、廣弘明集卷二四釋智林與汝南周顒書

作「六十七」。

〔五四〕三塗八難 「八」，冊府卷八○○總錄部作「六」。

〔五五〕後何胤言斷食生 「言斷食生」，南監本作「亦斷食肉」。

〔五六〕猶欲食肉白魚鮿脯糖蟹 「肉白魚」，南監本、北監本、南史卷三○何尚之傳附何胤傳、酉陽雜俎前集卷七、御覽卷八四八引梁書、卷九四二引梁書、冊府卷九二八總錄部作「白魚」。

〔五七〕學生鍾岏曰 「鍾岏」，御覽卷八四八引梁書、卷九四二引梁書、冊府卷九二八總錄部作「鍾玩」，酉陽雜俎前集卷七作「鍾岏」。按南史卷三○何尚之傳附何胤傳亦作「鍾岏」。鍾岏傳見梁書卷四九文學傳上、南史卷七二文學傳。

〔五八〕礦殼外緘 「礦殼」，酉陽雜俎前集卷七作「脣吻」。按南史卷三○何尚之傳附何胤傳、御覽卷八四八引梁書、卷九四二引梁書、冊府卷九二八總錄部作「㹠殼」。

〔五九〕曾草木之不若 「草木」，廣弘明集卷二六周顒與何胤書論止殺作「芻豢」。按南史卷三○何尚之傳附何胤傳、酉陽雜俎前集卷七、御覽卷八四八引梁書、卷九四二引梁書、冊府卷八二一總錄部、卷九二八總錄部亦作「草木」。

〔六○〕脫灑離析之討鼎俎網罟之興載策其來寔遠 「脫灑離析之討」，廣弘明集卷二六周顒與何胤書論止殺作「剗折之升」。「載策」，廣弘明集作「載冊」，冊府卷八二一總錄部作「載之簡策」。

〔六一〕 觀聖人之設膳脩 「膳脩」，南監本、廣弘明集卷二六周顒與何胤書論止殺、册府卷八二一總錄部作「膳羞」。

〔六二〕 罔相陵軼 「陵軼」，廣弘明集卷二六周顒與何胤書論止殺作「陵轢」。

〔六三〕 資之以永 「永」，南監本、北監本、殿本、局本、明本册府卷八二一總錄部作「永歲」。按宋本册府亦作「永」。

〔六四〕 莫能自列 「列」，廣弘明集卷二六周顒與何胤書論止殺作「伸」，明本册府卷八二一總錄部作「剖」。

〔六五〕 歊彼弱麑 「歊」，册府卷八二一總錄部作「瞻」。

〔六六〕 觀其飲噭飛沈 「噭」，南監本、局本、廣弘明集卷二六周顒與何胤書論止殺、册府卷八二一總錄部作「啄」。「沈」，南監本、北監本、殿本、明本册府卷八二一總錄部作「沉」。

〔六七〕 使人物憐悼 「使人物」，南監本、北監本、殿本、局本册府作「人應」，廣弘明集卷二六周顒與何胤書論止殺、册府卷八二一總錄部作「使人」。

〔六八〕 況可心心撲襫 「心心」，廣弘明集卷二六周顒與何胤書論止殺、册府卷八二一總錄部作「甘心」。

〔六九〕 加復恣忍吞嚼 「恣忍」，廣弘明集卷二六周顒與何胤書論止殺作「恣意」。

〔七〇〕 百爲愾息 「百」，廣弘明集卷二六周顒與何胤書論止殺、册府卷八二一總錄部作「可」。

〔一二〕而形未息 「形」上南史卷三〇何尚之傳附何胤傳、廣弘明集卷二六周顒與何胤書論止殺、冊府卷八二二總録部有「受」字。

〔一三〕則一往一來一生一死亦爲常事 「亦爲」二字原闕，據宋本冊府卷八二二總録部補，明本冊府作「斯爲」，南監本、北監本、汲本、殿本、局本作「輪迴是」，多出一字，恐誤。南史卷三〇何尚之傳附何胤傳、廣弘明集卷二六周顒與何胤書論止殺此句作「一往一來生死常事」。

〔一四〕行亦息念 「息念」，南監本、南史卷三〇何尚之傳附何胤傳、冊府卷八二二總録部作「自及」，廣弘明集卷二六周顒與何胤書論止殺作「自念」，文義較長。

〔一五〕雖無身踐 廣弘明集卷二六周顒與何胤書論止殺作「雖不身殘」。

〔一六〕至於晨梟夜鯉 「晨梟夜鯉」，廣弘明集卷二六周顒與何胤書論止殺作「升梟沈鯉」。

〔一七〕財貝之經盜手 「之」，明本冊府卷八二二總録部作「方」。 「經」，廣弘明集卷二六周顒與何胤書論止殺作「一經」。

〔一八〕生性之一啓鸞刀 「之一」，明本冊府卷八二二總録部作「任」。

〔一九〕會王儉講孝經未畢舉曇濟自代 按職官分紀卷二一「祭酒」條引吳均齊春秋云「謝曇濟字彥均，王儉爲國子祭酒，講孝經未畢，舉曇濟自代」，知此「曇濟」當爲謝曇濟。

〔二〇〕而干君會友 「干」，南監本、北監本、殿本、局本作「事」。

列傳第二十三

王晏　蕭諶　蕭坦之　江祏

王晏字士彥，琅邪臨沂人也。祖弘之，通直常侍。父普曜，祕書監。晏宋大明末起家臨賀王國常侍，員外郎，巴陵王征北板參軍，安成王撫軍板刑獄，隨府轉車騎。

晉熙王燮爲郢州，晏爲安西主簿。世祖爲長史，與晏相遇。府轉鎮西，板晏記室、諮議。沈攸之事難，鎮西職僚皆隨世祖鎮盆城，上時權勢雖重，而衆情猶有疑惑，晏便專心奉事，軍旅書翰皆委焉。性甚便僻，漸見親侍〔一〕。乃留爲上征虜撫軍府板諮議、領記室。從還都，遷領軍司馬，中軍從事中郎。常在上府，參議機密。建元初，轉太子中庶子。世

祖在東宮，專斷朝事，多不聞啓，晏慮及罪，稱疾自疎。尋領射聲校尉，不拜。世祖即位，轉長兼侍中，意任如舊。

永明元年，領步兵校尉，遷侍中祭酒，校尉如故。遭母喪，起爲輔國將軍、司徒左長史。晏父普曜藉晏勢宦，多歷通官。晏尋遷左衛將軍，加給事中。未拜，而普曜卒，居喪有稱〔二〕。起冠軍將軍，司徒左長史、濟陽太守，未拜，遷衞尉，將軍如故。四年，轉太子詹事，加散騎常侍。六年，轉丹陽尹，常侍如故。晏位任親重，朝夕進見，言論朝事，自豫章王嶷、尚書令王儉皆降意以接之，而晏每以疎漏被上呵責，連稱疾久之。上以晏須禄養，七年，轉爲江州刺史，晏固辭不願出外，見許，留爲吏部尚書、領太子右衞率。終以舊恩見寵。

時令王儉雖貴而疎〔三〕。晏既領選，權行臺閣，與儉頗不平。儉卒，禮官議謚，上欲依王導謚爲「文獻」，晏啓上曰：「導乃得此謚，但宋以來，不加素族。」出謂親人曰：「平頭憲事已行矣。」八年，改領右衞將軍，陳疾自解。

上欲以高宗代晏領選〔四〕，手敕問之。晏啓曰：「鸞清幹有餘〔五〕，然不諳百氏，恐不可居此職。」上乃止。明年，遷侍中、領太子詹事，本州中正，又以疾辭。十年，改授散騎常侍、金紫光禄大夫，給親信二十人，中正如故。十一年，遷右僕射，領太孫右衞率。

世祖崩，遺旨以尚書事付晏及徐孝嗣，令久於其職。鬱林即位，轉左僕射，中正如故。

隆昌元年，加侍中。高宗謀廢立，晏便響應推奉。延興元年，轉尚書令、加後將軍，侍中、

中正如故。封曲江縣侯，邑千户。給鼓吹一部，甲仗五十人入殿。高宗與晏宴於東府，語

及時事，晏抵掌曰：「公常言晏怯，今定何如？」建武元年，進號驃騎大將軍，給班劍二十

人，侍中、令、中正如故。又加兵百人，領太子少傅，進爵爲公，增邑爲二千户。以虜動，給

兵千人。

晏爲人篤於親舊，爲世祖所稱〔六〕。至是自謂佐命惟新，言論常非薄世祖故事，衆始

怪之。高宗雖以事際須晏，而心相疑斥，料簡世祖中詔，得與晏手敕三百餘紙，皆是論國

家事，以此愈猜薄之。初即位，始安王遙光便勸誅晏，帝曰：「晏於我有勳，且未有罪。」遙

光曰：「晏尚不能爲武帝，安能爲陛下。」帝默然變色。時帝常遣心腹左右陳世範等出塗

巷採聽異言，由是以晏爲事。晏輕淺無防慮，望開府，數呼相工自視，云當大貴。與賓客

語，好屏人清間〔七〕。上聞之，疑晏欲反，遂有誅晏之意。傖人鮮于文粲與晏子德元往來，

密探朝旨，告晏有異志。世範等又啓上云：「晏謀因四年南郊，與世祖故舊主帥於道中竊

發。」會虎犯郊壇，帝愈懼。未郊一日，敕停行。元會畢，乃召晏於華林省誅之。下詔曰：

「晏間閻凡伍，少無持操〔八〕，階緣人乏，班齒官途。世祖在蕃，搜揚擢用，棄略疵瑕，遂升

要重。而輕跳險銳，在貴彌著，猜忌反覆，觸情多端。故以兩宫所弗容，十手所共指。既

内愧于心，外懼憲牘，掩迹陳痾，多歷年載。頻授藩任，輒辭請不行，事以謙虛[九]，情實詭伏。隆昌以來，運集艱難，匡贊之功，頗有心力。迺爵冠通侯，位登元輔，綢繆恩寄，朝莫均焉。谿壑可盈，無厭將及。視天畫地，遂懷異圖。廣求卜相，取信巫覡。論薦黨附，遍滿臺府。令大息德元淵藪亡命，同惡相濟，劍客成羣。弟諷凶愚，遠相脣齒，信驛往來，密通要契。去歲之初，奉朝請鮮于文粲備告姦謀[一〇]。朕以信必由中，義無與貳，推誠委任，覬能悛改。而長惡易流，構扇彌大，與北中郎司馬蕭毅、臺隊主劉明達等剋期竊發。以河東王鉉識用微弱，可爲其主，得志之日，當守以虛器。明達諸辭列，炳然具存。昔漢后以反脣致討，魏臣以蚪鬚爲戮，況無君之心既彰，陵上之迹斯著，此而可容，誰實刑辟。並可收付廷尉，肅明國典。」

晏未敗數日，於北山廟答賽，夜還，晏既醉，部伍人亦飲酒，羽儀錯亂，前後十餘里中，不復相禁制，識者云「此勢不復久也」[一一]。

晏子德元，有意尚。至車騎長史。德元初名湛，世祖謂晏曰：「劉湛、江湛，並不善終，此非佳名也。」晏乃改之。至是與弟晉安王友德和俱被誅。

晏弟詡，永明中爲少府卿。六年，敕位未登黃門郎，不得畜女妓。詡與射聲校尉陰玄智坐畜妓免官，禁錮十年。敕特原詡禁錮。後出爲輔國將軍、始興內史。廣州刺史劉繢

為奴所殺，詡率郡兵討之。延興元年，授詡持節、廣州刺史。詡亦篤舊。晏誅，上又遣南中郎司馬蕭季敞襲詡殺之。

蕭諶字彥孚，南蘭陵蘭陵人也〔二〕。祖道清，員外郎。父仙伯，桂陽國下軍〔三〕。

諶初爲州從事，晉熙國侍郎，左常侍。諶於太祖爲絕服族子，元徽末，世祖在郢州，欲知京邑消息，太祖遣諶就世祖宣傳謀計，留爲腹心。昇明中，爲世祖中軍刑獄參軍、東莞太守。以勳勤封安復縣男，三百戶。建元初，爲武陵王冠軍、臨川王前軍參軍，除尚書都官郎，建威將軍、臨川王鎮西中兵。世祖在東宮，諶領宿衞。太祖殺張景真，世祖令諶口啓乞景真命，太祖不悅，諶懼而退。世祖即位，出諶爲大末令〔四〕，未之縣，除步兵校尉、領射陽令，轉帶南濮陽太守，領御仗主。

永明二年，爲南蘭陵太守，建威將軍如故。復除步兵校尉，太守如故。世祖齋內兵仗悉付之，心膂密事，皆使參掌。除正員郎，轉左中郎將，後軍將軍，太守如故。世祖卧疾延昌殿，敕諶在左右宿直。上崩，遺敕諶領殿內事如舊。鬱林即位，深委信諶，諶每請急出宿，帝通夕不得寐，諶還乃安。轉衞軍司馬、兼衞尉、加輔國將軍。丁母憂，敕還復本任，

守衛尉。高宗輔政，有所匡諫，帝既在後宮不出，唯遣諶及蕭坦之遙進[五]，乃得聞達。諶

回附高宗，勸行廢立，密召諸王典籤約語之，不許諸王外接人物。諶親要日久，衆皆憚而

從之。鬱林被廢日，初聞外有變，猶密爲手敕呼諶，其見信如此。諶性險進無計略，及廢

帝日，領兵先入後宮，齋內仗身素隸服諶，莫有動者。

海陵立，轉中領軍，進爵爲公，二千戶。甲仗五十人。入直殿內，月十日還府。建武

元年，轉領軍將軍、左將軍、南徐州刺史，給扶[六]，進爵衡陽郡公，食邑三千戶。高宗初許

事克用諶爲揚州，及有此授，諶恚曰：「見炊飯熟，推以與人。」王晏聞之曰：「誰復爲蕭諶

作堀筯者。」諶恃勳重，干豫朝政，諸有選用，輒命議尚書使爲申論。上新即位，遣左右要

人於外聽察，具知諶言，深相疑阻。

二年六月，上幸華林園，宴諶及尚書令王晏等數人盡歡。坐罷，留諶晚出，至華林閤，

仗身執還入省，上遣左右莫智明數諶曰：「隆昌之際，非卿無有今日。今一門二州，兄弟

三封，朝廷相報，政可極此。卿恒懷怨望，乃云炊飯已熟，合甑與人邪？今賜卿死。」諶謂

智明曰：「天去人亦復不遠，我與至尊殺高、武諸王，是君傳語來去。我今死，令取卿。」於

省殺之，至秋而智明死，見諶爲祟。詔曰：「蕭諶擢自凡庸，識用輕險，因藉倖會，早預驅

馳。永明之季，曲頒恩紀。鬱林昏悖，頗立誠効。寵靈優渥，期遇兼隆，内總戎柄，外暢蕃

威，兄弟榮貴，震灼朝野。曾不感佩殊荷，少答萬一。自以勳高伊、霍，事均難賞，才冠當時，恥居物後。矯制王權，與奪由己。空懷疑懼，坐構嫌猜。睍覷宮掖，希覬非望。蔽上罔下之心，誣君不臣之跡，固以彰暴民聽，喧聒遐邇。遂潛散金帛，招集不逞，交結禁衛，互為脣齒，密契戚邸，將肆姦逆。朕以其任寄既重，爵列河山，每加彌縫，弘以大信，庶能懷音，翻然悛改。而犲狼其性，凶謀滋甚。夫無將必戮，陽秋明義，況釁積禍盈，若斯之大。可收付廷尉，速正刑書。罪止元惡，餘無所問。」

諶好左道，吳興沈文猷相諶云相不減高宗[一七]，諶喜曰：「感卿意，無為人言也。」至是，文猷伏誅。

諶兄誕，字彥偉，初為殿中將軍。永明中為建康令，與秣陵令司馬迪之同乘行，車前導四卒[一八]，左丞沈昭略奏：「凡有鹵簿官，共乘不得兼列騶寺。請免誕等官。」詔贖論。延興元年，自輔國、徐州為持節、督司州、刺史，將軍如故。明帝立，封安德侯[一九]，五百戶。進號冠軍。建武二年春，虜攻司州，誕盡力拒守，虜退。增封四百戶。徵左衛將軍。上欲殺諶，以誕在邊鎮拒虜，故未及行。虜退六旬，諶誅，遣黃門郎梁王為司州，別使誅誕[二〇]，束身受戮，家口繫尚方。

諶弟誅，與諶同豫廢立，為寧朔將軍、東莞太守，轉西中郎司馬。建武初，封西昌侯，

千戶。轉太子左率。領軍解司州圍還，同伏誅。

諶伯父仙民，官至太中大夫，卒。

蕭坦之，南蘭陵蘭陵人也。祖道濟，太中大夫。父欣祖，有勳於世祖，至武進令。

坦之與蕭諶同族。初爲殿中將軍，累至世祖中軍板刑獄參軍。以宗族見驅使。除竟

陵王鎮北征北參軍，東宮直閤，以懃直爲世祖所知〔三一〕。除給事中、淮陵令，又除蘭陵令，

給事中如故。尚書起部郎，司徒中兵參軍。世祖崩，坦之隨太孫文武度上臺，除射聲校

尉，令如故。未拜，除正員郎、南魯郡太守。

少帝以坦之世祖舊人〔三二〕，親信不離〔三三〕，得入內見皇后。於宮中及出後堂雜戲狡

獝〔三四〕，坦之皆得在側。或值醉後躶袒，坦之輒扶持諫喻。見帝不可奉，乃改計附高宗，密

爲耳目。除晉安王征北諮議。隆昌元年，追錄坦之父勳，封臨汝縣男，食邑三百戶。徙征

南諮議。

高宗謀廢少帝，既與蕭諶及坦之定謀。帝腹心直閤將軍曹道剛疑外間有異，密有處

分，諶未能發。始興內史蕭季敞、南陽太守蕭穎基遷都尉〔三五〕，諶欲待二蕭至，藉其勢力以

舉事。高宗慮事變，以告坦之，坦之馳謂諶曰：「廢天子古來大事。比聞曹道剛、朱隆之

等轉已猜疑。衛尉明日若不就事，無所復及。弟有百歲母，豈能坐聽禍敗，政應作餘計

耳！」諶遑遽，明日遂廢帝，坦之力也。

海陵即位，除黃門郎，兼衛尉卿，進爵伯，增邑爲六百戶。建武元年，遷散騎常侍、右

衛將軍，進爵侯，增邑爲千五百戶。明年，虜動，假坦之節，督徐州征討軍事。虜圍鍾離，

春斷淮洲，坦之擊破之。還加領太子中庶子，未拜，遷領軍將軍。永泰元年，爲侍中、領

軍。

東昏立，爲侍中、領軍將軍。永元元年，遭母喪，起復職，加右將軍，置府。江祏兄弟

欲立始安王遙光，密謂坦之，坦之曰：「明帝取天下，已非次第，天下人至今不服。今若復

作此事，恐四海瓦解。我其不敢言[二六]。」持喪還宅。宅在東府城東，遙光起事，遣人夜掩

取坦之，坦之科頭著褌踰牆走，從東冶僦渡南渡，間道還臺，假節督衆軍討遙光，屯湘宮

寺。事平，遷尚書右僕射，丹陽尹，右軍如故。進爵公，增邑千戶。

坦之肥黑無鬚，語聲嘶，時人號爲「蕭痙」。剛很專執，羣小畏而憎之。遙光事平二十

餘日，帝遣延明主帥黃文濟領兵圍坦之宅，殺之。子賞，祕書郎。亦伏誅。坦之謂文濟曰：「從兄海陵宅故應無他？」文濟

坦之從兄翼宗，爲海陵郡，將發。

曰：「海陵宅在何處？」坦之告。文濟曰：「應得罪。」仍遣收之。檢家赤貧，唯有質錢帖

子數百，還以啓帝，原死，繫尚方。

和帝中興元年，追贈坦之中軍將軍[二七]、開府儀同三司。

江祏字弘業，濟陽考城人也。祖遵，寧朔參軍。父德隣[二八]，司徒右長史。

祏姑爲景皇后，少爲高宗所親，恩如兄弟。宋末，解褐晉熙國常侍，太祖徐州西曹，員

外郎，高宗冠軍參軍、帶灄陽令，竟陵王征北參軍，尚書水部郎。高宗爲吳興，以祏爲郡

丞、加宣威將軍，廬陵王中軍功曹記室，安陸王左軍諮議、領錄事、帶京兆太守。除通直

郎，補南徐州別駕。

高宗輔政，委以心腹。隆昌元年，自正員郎補丹陽丞，中書郎。高宗爲驃騎，鎮東府，

以祏爲諮議參軍、領南平昌太守[二九]，與蕭諶對直東府省內。時新立海陵，人情未服，高宗

胛上有赤誌[三〇]，常祕不傳，祏勸帝出以示人。晉壽太守王洪範罷任還，上祖示之，曰：

「人皆謂此是日月相。卿幸無泄言。」洪範曰：「公日月之相在軀，如何可隱。轉當言之公

卿。」上大悅。會直後張伯、尹瓚等屢謀竊發，祏、諶憂虞無計，每夕輒託事外出。及入纂

議定，加祏寧朔將軍。高宗爲宣城王，太史密奏圖緯云「一號當得十四年」。祏入，帝喜以示祏曰：「得此復何所望。」及即位，遷守衛尉，將軍如故。封安陸縣侯，邑千戶。祏祖遵，以后父贈金紫光禄大夫。父德隣，以帝舅亦贈光禄大夫。

遠致餉遺，或取諸王第名書好物。然家行甚睦，待子姪有恩意。

建武二年，遷右衞將軍，掌甲仗廉察。四年，轉太子詹事。祏以外戚親要，勢冠當時，上寢疾，永泰元年，轉祏爲侍中、中書令，出入殿省。上崩，遺詔轉右僕射，祏弟衞尉祀爲侍中，敬皇后弟劉暄爲衞尉。東昏即位，參掌選事。高宗雖顧命羣公，而意寄多在祏兄弟。至是更直殿内，動止關諮。永元元年，領太子詹事。劉暄遷散騎常侍、右衞將軍。

祏兄弟與暄及始安王遙光、尚書令徐孝嗣，領軍蕭坦之六人，更日帖敕，時呼爲「六貴」。帝稍欲行意，孝嗣不能奪，坦之雖時有異同，而祏堅意執制，帝深忿之。有人獻馬，寶玄欲看之，暄曰：「馬何用看。」妃索煮肫，帳下諮暄，暄曰：「且已煮鴷〔三〕，不煩復此。」寶玄恚彰，祏議欲立江夏王寶玄。劉暄初爲寶玄郢州行事，執事過刻。曰：「舅殊無渭陽之情。」暄聞之亦不悦。至是不同祏議，欲立建安王寶寅，密謀於遙光。遙光自以年長，屬當鼎命，微旨動祏。祏弟祀以少主難保，勸祏立遙光。暄以遙光若立，己失元舅之望，不肯同。故祏遲疑久不決。遙光大怒，遣左右黄曇慶於清溪橋道中刺殺

暄，曇慶見暄部伍人多，不敢發。事覺，暄告祏謀，帝處分收祏兄弟。祏時直在內殿，疑有異，遣信報祏曰：「劉暄似有異謀，今作何計？」祏曰：「政當靜以鎮之耳。」俄而召祏入見，停中書省。初，直齋袁文曠以王敬則勳當封，祏執不與。帝使文曠取祏，以刀環築其心曰：「復能奪我封否？」祏、祀同日見殺。

祀字景昌，初爲南郡王國常侍，歷高祖驃騎東閤祭酒〔三〕，祕書丞，晉安王鎮北長史、南東海太守，行府、州事。治下有宣尼廟，久廢不脩，祀更開掃構立。

祀弟禧，居喪早卒。有子廞，字偉卿，年十二，聞收至，謂家人曰：「伯既如此，無心獨存。」赴井死。

後帝於後堂騎馬致適，顧謂左右曰：「江祏若在，我當復能騎此不？」

暄字士穆〔三〕，出身南陽國常侍。遙光起事，以討暄爲名。事平，暄遷領軍將軍，封平都縣侯，千戶。其年，又見殺。和帝中興元年，贈祏衛將軍，暄散騎常侍、撫軍將軍，並開府儀同三司，祀散騎常侍、太常卿。

史臣曰：士死知己，蓋有生所共情，雖愚智之品有二，而逢迎之運唯一。夫懷可知之才，受知人之時，無慙外物，此固天理，其猶藏在中心，銜恩念報。況乎義早蕃僚，道同遇

合，踰越勝己，顧邁先流，棄子如遺，曾微舊德，使狗之喻，人致前譏，憝包疾心〔三四〕，我無其事。嗚呼！陸機所以賦豪士也。

贊曰：王蕭提契，世祖基之。樂羊食子，里克無辭。江劉后戚，明嗣是維。廢興異論，終用乖疑。

校勘記

〔一〕漸見親侍　「親侍」，南史卷二四王鎮之傳附王晏傳作「親待」。

〔二〕居喪有稱　「稱」，南監本、南史卷二四王鎮之傳附王晏傳作「禮」。

〔三〕時令王儉雖貴而疏　「令」，北監本、殿本、南監本、局本、南史卷二四王鎮之傳附王晏傳、冊府卷五九五掌禮部、卷九二〇總錄部作「尚書令」。

〔四〕上欲以高宗代晏領選　「高宗」，原作「高祖」，據南監本、北監本、汲本、殿本、局本改，南史卷二四王鎮之傳附王晏傳、冊府卷四六〇臺省部作「明帝」，通鑑卷一三七齊紀三武帝永明八年作「西昌侯鸞」。

〔五〕鸞清幹有餘　「鸞」，原作「諱」，依例改。下皆仿此，不另出校。

〔六〕為世祖所稱　「世祖」，南史卷二四王鎮之傳附王晏傳作「時」。

〔七〕 好屏人清間　「清間」，三朝本、北監本、汲本、殿本、局本、洪邁南朝史精語卷七作「清閒」。按通鑑卷一四一齊紀七明帝建武四年亦作「清閒」。

〔八〕 少無持操　「持操」，南監本、北監本、殿本、局本作「特操」。

〔九〕 事以謙虛　「以」，三朝本、南監本、北監本、殿本、局本作「似」。

〔一〇〕 奉朝請鮮于文粲備告姦謀　「請」字原無，據局本補。按通鑑卷一四一齊紀七明帝建武四年有「奉朝請鮮于文粲」。

〔一一〕 識者云此勢不復久也　「此勢」，原作「北勢」，據南監本、北監本、汲本、殿本、局本、册府卷九五一總録部改。

〔一二〕 南蘭陵蘭陵人也　「南蘭陵」之「蘭」字原闕，據三朝本、南監本、北監本、汲本、殿本、局本補。

〔一三〕 桂陽國下軍　原作「桂陽國參軍」，據南史卷四一齊宗室蕭諶傳改。按本書卷一六百官志，王國無參軍，有上、中、下三軍。又北監本、殿本作「桂陽王參軍」。

〔一四〕 出諶爲大末令　「大末」，疑爲「太末」之訛。按本書卷一四州郡志上，宋書卷三五州郡志一，揚州東陽郡有太末縣，未見「大末縣」。

〔一五〕 唯遣諶及蕭坦之遙進　「遙進」，通鑑卷一三九齊紀五明帝建武元年作「徑進」。

〔一六〕 給扶　「扶」，原作「特」，據南監本、北監本、殿本、局本、南史卷四一齊宗室蕭諶傳改。

〔一七〕 吳興沈文猷相諶云相不減高宗　「高宗」，殿本、南史卷四一齊宗室蕭諶傳、通鑑卷一四〇齊

紀六明帝建武二年作「高帝」。

〔二八〕車前導四卒 「卒」，原作「平」，據南監本、北監本、汲本、殿本、局本、南史卷四一齊宗室蕭諶傳附蕭誕傳、册府卷五一九憲官部改。

〔二九〕封安德侯 「安德侯」，南史卷四一齊宗室蕭諶傳附蕭誕傳作「安復侯」。按宋書卷三六州郡志二，冀州平原郡有安德令，非侯國，江州安成郡有安復侯相。本卷上文云「蕭諶」「以勳勤封安復縣男」，疑及「諶進爵衡陽郡公，復以此封諶兄誕也。

〔三〇〕遣黃門郎梁王爲司州別使誅誕 「別」下原衍「駕」字，據南史卷四一齊宗室蕭諶傳附蕭誕傳刪。按本書卷六明帝紀，建武二年「六月壬戌，誅領軍將軍蕭諶」，七月壬申「以冠軍將軍梁王爲司州刺史」，可證。

〔三一〕以懃直爲世祖所知 「世祖」，南史卷四一齊宗室蕭坦之傳作「文惠」，通鑑卷一三九齊紀五明帝建武元年作「世宗」，胡注云「既爲東宮直閣，則從世宗爲是」。

〔三二〕少帝以坦之世祖舊人 「世祖」，南史卷四一齊宗室蕭坦之傳作「文惠」，參見上條校勘記。

〔三三〕親信不離 「離」，原作「難」，據南監本、北監本、汲本、殿本、局本、南史卷四一齊宗室蕭坦之傳改。

〔三四〕於宮中及出後堂雜戲狡獪 「於」上南監本、北監本、殿本、局本、南史卷四一齊宗室蕭坦之傳有「帝」字。

〔二五〕始興内史蕭季敞南陽太守蕭穎基遷都尉　「遷都尉」，南監本、北監本、殿本、局本、南史卷四一齊宗室蕭坦之傳作「並應還都」，通鑑卷一三九齊紀五明帝建武元年作「皆内遷」。

〔二六〕我其不敢言　「其」，南監本、通鑑卷一四二齊紀八東昏侯永元元年作「期」。按南史卷四一齊宗室蕭坦之傳、冊府卷三七一將帥部亦作「其」。

〔二七〕追贈坦之中軍將軍　上「軍」字原無，據南監本、北監本、殿本、局本、南史卷四一齊宗室蕭坦之傳補。

〔二八〕領平昌太守　「平」字原無，據南史卷四七江祏傳補。按本書卷一四州郡志上、卷一五州郡志下，無「南昌郡」，南徐州有南平昌郡。

〔二九〕父德隣　「德隣」，南史卷四七江祏傳作「德驎」，下文「父德隣」同。

〔三○〕高宗胼上有赤誌　「胼」，宋本冊府卷八六○總録部作「髀」。按南史卷四七江祏傳、明本冊府亦作「胼」。

〔三一〕且已煮鶩　「且」，南監本、北監本、殿本、局本、南史卷四七江祏傳、御覽卷九一九引宋書、通鑑卷一四二齊紀八東昏侯永元元年作「旦」。洪邁南朝史精語卷七作「但」。

〔三二〕歷高祖驃騎東閤祭酒　按齊無「高祖」，據本書卷二高帝紀、卷六明帝紀，高帝爲驃騎將軍遠在宋末，高宗爲驃騎將軍在延興元年，「高祖」或爲「高宗」之訛。

〔三三〕暄字士穆　「暄」，文選卷五九王簡棲頭陀寺碑文李善注引蕭子顯齊書皆作「誼」。按南史卷

四七 江祐傳亦作「暄」。又按「劉暄」多見於本書、南史、梁書、建康實録。

〔三〕憨包疾心　黄侃云：「『包』當作『色』。」

南齊書卷四十三

列傳第二十四

江斅 何昌寓 謝瀹 王思遠

江斅字叔文，濟陽考城人也。祖湛，宋左光祿大夫、儀同三司。父恁，著作郎，爲太初所殺[一]。斅母文帝女淮陽公主。

少有美譽。桂陽王休範臨州，辟迎主簿，不就。尚孝武女臨汝公主[二]，拜駙馬都尉。斅庶祖母王氏老疾，斅視膳嘗藥，七十餘日不解衣。及累居內官，每以侍養陳請，朝廷優其朝直。尋轉安成王驃騎從事中郎。幼以戚屬召見，孝武謂謝莊曰：「此小兒方當爲名器。」

除著作郎，太子舍人，丹陽丞。時袁粲爲尹，見斅歎曰：「風流不墜，政在江郎。」數與晏賞，留連日夜。遷安成王撫軍記室，祕書丞、中書郎。

初，湛娶褚秀之女，被遣。褚淵爲衛軍，重斅爲人，先通音意，引爲長史。加寧朔將軍。從

帝立〔三〕，隨府轉司空長史、領臨淮太守，將軍如故。轉太尉從事中郎。齊臺建，爲吏部郎。

太祖即位，敩以祖母久疾連年，臺閣之職，永廢溫清，啓乞自解。

初，宋明帝勑敩出繼從叔燮，爲從祖淳後〔四〕。於是僕射王儉啓：「禮無後小宗之文〔五〕，近世緣情，皆由父祖之命，未有既孤之後，出繼宗族也。雖復臣子一揆，而義非天屬。江忠簡胤所寄，唯敩一人，傍無眷屬。敩宜還本。若不欲江燮絕後，可以敩小兒繼燮爲孫。」尚書參議，謂「間世立後，禮無其文。苟顗無子立孫，墜禮之始。何琦又立此論，義無所據」。於是敩還本家，詔使自量立後者。

出爲寧朔將軍、豫章内史，還除太子中庶子、領驍騎將軍。未拜，門客通贓利，世祖遣信撿覈，敩藏此客而躬自引咎，上甚有怪色。王儉從容啓上曰：「江敩若能治郡，此便是具美耳。」上意乃釋。永明初，仍爲豫章王太尉諮議、領録事，遷南郡王友，竟陵王司徒司馬。敩好文辭，圍棊第五品，爲朝貴中最。遷侍中，領本州中正。司徒左長史，中正如故。

五年，遷五兵尚書。明年，出爲輔國將軍、東海太守，加秩中二千石，行南徐州事。

七年，徙爲侍中、領驍騎將軍，尋轉都官尚書、領驍騎將軍。王晏啓世祖曰：「江敩今重登禮閣，兼掌六軍，慈渥所覃，寔有優忝。但語其事任，殆同閑輩。天旨既欲升其名位，愚謂以侍中領驍騎，望實清顯，有殊納言。」上曰：「敩常啓吾，爲其鼻中惡。今既以何胤、

王瑩還門下，故有此回換耳〔七〕。」鬱林即位，遷掌吏部。隆昌元年，爲侍中、領國子祭酒。鬱林廢，朝臣皆被召入宮，敇至雲龍門，託藥醉吐車中而去。明帝即位，改領祕書監，又改領晉安王師。

建武二年，卒，年四十四。遺令儉約葬，不受賻贈。詔賻錢三萬，布百匹。子蒨啓遵敇令，讓不受。詔曰：「敇貽厥之訓，送終以儉，立言歸善，益有嘉傷，可從所請。」贈散騎常侍、太常，謚曰敬子。

何昌寓字儼望，廬江灊人也。祖叔度，吳郡太守。父佟之〔八〕，太常。昌寓少而淹厚，爲伯父司空尚之所遇。宋建安王休仁爲揚州，辟昌寓州主簿。遷司徒行參軍，太傅五官，司徒東閤祭酒，尚書儀曹郎。建平王景素爲征北南徐州，昌寓又爲府主簿，以夙素見重〔九〕。母老求禄，出爲湘東太守，加秩千石。

建平王景素爲征北南徐州，昌寓又爲府主簿，以夙素見重〔九〕。母老求禄，出爲湘東太守，加秩千石。

昌寓在郡，景素被誅，昌寓痛之。至是啓太祖曰：爲太祖驃騎功曹。

伏尋故建平王，因心自遠，忠孝基性，徽和之譽，早布國言，勝素之情，夙洽民聽。世祖綢繆，太宗眷異，朝中貴人，野外賤士，雖聞見有殊，誰不悉斯事者？

元徽之間，政關羣小，構扇異端，共令傾覆。愍懃之非，古人所悼，況蒼梧將季，能無銜惑。一年之中，藉者再三，有必巔之危，無憩立之安，行路寒心，往來踟躕。而王夷慮坦然，委之天命，惟謙惟敬，專誠奉國，闇無執戟之衞，門闕衣介之夫，此五尺童子所見，不假闊曲言也。一淪疑似，身名頓滅，冤結淵泉，酷貫穹昊。時經隆替，歲改三元，曠蕩之惠呕申，被枉之澤未流。俱沐溫光，獨酸霜露。

明公鋪天地之施，散雲雨之潤，物無巨細，咸被慶渥。若今日不蒙照滌，則爲萬代冤魂。昌寓非敢慕慷慨之士，激揚當世，實義切於心，痛入骨髓。瀝腸紓憤，仰希神照，辯明枉直，亮王素行，使還名帝籍，歸靈舊塋，死而不泯，豈忘德於黃壚。分軀碎首，不足上謝。

又與司空褚淵書曰：

天下之可哀者有數，而埋冤於黃泉者爲甚焉。何者？百年之壽，同於朝露，揮忽去留，寧足道哉！政欲闔棺之日，不隕令名，竹帛傳芳烈，鐘石紀清英。是以昔賢甘心於死所者也。若懷忠抱義，而負枉冥冥之下，時主未之矜，卿相不爲言，良史濡翰，將被以惡名，豈不痛哉！豈不痛哉！

竊尋故建平王，地屬親賢，德居宗望，道心惟沖，睿性天峻。散情風雲，不以塵務

嬰裈，明發懷古，惟以琴書娛志。言忠孝，行惇慎，二公之所深鑒也。前者阮、楊連黨，搆此紛紜，雖被明於朝貴，愈結怨於羣醜。覘察繼蹤，疑防重著，小人在朝，詩史所歎，少一句。清識飲涕。王每永言終日，氣淚交橫。既推信以期物，故曰去其備衛，朱門蕭條，示存典刑而已。求解徐州，以避北門要任，苦乞會稽，貪處東甌閑務，此並彰於事迹。與公道味相求，期心有素，方共經營家國，劬勞王室，何圖時不我與，契闊屯昏，忠誠弗亮，罹此百殃。

歲朔驅流，已經四載。皇命惟新，人沾天澤，而幽然深酷，未蒙照明。封殯卑雜，窮魂莫寄，昭穆不序，松柏無行。事傷行路，痛結幽顯。吾等叩心泣血，實有望於聖時。公以德佐世，欲物得其所，豈可令建平王枉直不分邪？田叔不言梁事，袁絲諫止淮南，以兩國釁禍，尚回帝意，豈非親親之義，寧從敦厚。而今疑以未辨[一〇]，爲世大戮。若使王心跡得申，亦示海內理冤枉，明是非。存亡國，繼絕世，周漢之通典，有國之所急也。昔叔向之理，恃祁大夫而獲亮，戾太子之冤，資車丞相而見察。幽靈有知，豈不眷眷於明顧？碎首抽脅，自謂不殞。

淵答曰：「追風古人，良以嘉歎。但事既昭晦，理有逆從。建平初阻，元徽未悖，專欲委咎阮、楊，彌所致疑。于時正亦謬參此機，若審如高論，其愧特深。」太祖嘉其義，轉爲記室，

遷司徒左西、太尉戶曹屬，中書郎，王儉衛軍長史。儉謂昌寓曰：「後任朝事者，非卿而誰？」

永明元年，竟陵王子良表置友、學官，以昌寓爲竟陵王文學，以清信相得，意好甚厚。轉揚州別駕，豫章王又善之。遷太子中庶子，出爲臨川內史。除廬陵王中軍長史，未拜，復爲太子中庶子，領屯騎校尉。遷吏部郎，轉侍中、

臨海王昭秀爲荊州，以昌寓爲西中郎長史、輔國將軍、南郡太守，行荊州事。明帝遣徐玄慶西上害蕃鎮諸王，玄慶至荊州，欲以便宜從事。昌寓曰：「僕受朝廷意寄，翼輔外蕃，何容以殿下付君一介之使。若朝廷必須殿下還，當更聽後旨。」昭秀以此得還京師。

建武二年，爲侍中、領長水校尉，轉吏部尚書。復爲侍中、領驍騎將軍。四年，卒。年五十一。贈太常，謚簡子。

昌寓不雜交遊，通和汎愛。歷郡皆清白，士君子多稱之。

謝瀟字義潔，陳郡陽夏人也。祖弘微，宋太常。父莊，金紫光祿大夫。瀟四兄颺、朏、顥、縱，世謂謝莊名兒爲風、月、景、山、水。顥字仁悠，少簡靜。解褐祕書郎，累至太祖驃

騎從事中郎。建元初，爲吏部郎，至太尉從事中郎。永明初，高選友、學，以顗爲竟陵王友。至北中郎長史。卒。

瀹年七歲，王彧見而異之，言於宋孝武，孝武召見於稠人廣衆之中，瀹舉動閑詳，應對合旨，帝甚悦。詔尚公主，值景和敗，事寢。僕射褚淵聞瀹年少清正不惡，以女結婚，厚爲資送。

解褐車騎行參軍，遷祕書郎，司徒祭酒，丹陽丞，撫軍功曹。世祖爲中軍，引爲記室。齊臺建，遷太子中舍人。建元初，轉桂陽王友。以母老須養，出爲安成内史。還爲中書郎。衛軍王儉引爲長史，雅相禮遇。除黃門郎，兼掌吏部。尋轉太子中庶子、領驍騎將軍，轉長兼侍中[一]。瀹以晨昏有廢，固辭不受。世祖勅令速拜，別停朝直。

遷司徒左長史，出爲吳興太守。長城縣民盧道優家遭劫，誣同縣殷孝悌等四人爲劫，瀹收付縣獄考正。孝悌母駱詣登聞訴稱孝悌爲道優所誹謗，橫劫爲劫，一百七十三人連名保徵，在所不爲申理。瀹聞孝悌母訴，乃啓建康獄覆，道優理窮款首，依法斬刑。有司奏免瀹官。瀹又使典藥吏煮湯，失火，燒郡外齊南廂屋五間。又輒鞭除身，爲有司所奏，詔並贖論。在郡稱爲美績。母喪去官。

服闋，爲吏部尚書。高宗廢鬱林，領兵入殿，左右驚走報瀹。瀹與客圍棊，每下子，輒

云「其當有意」。竟局,乃還齋臥,竟不問外事也。明帝即位,瀟又屬疾不視事。後上讌

會,功臣上酒,尚書令王晏等興席,瀟獨不起,曰:「陛下受命,應天從民[三],王晏妄叩天

功以爲己力。」上大笑解之。座罷,晏呼瀟共載還令省,欲相撫悦。瀟又正色曰:「君巢窟

在何處?」晏初得班劍,瀟謂之曰:「身家太傅裁得六人。君亦何事一朝至此。」晏甚憚

之。

加領右軍將軍。兄朓在吳興,論啓公齊稽晚[三],瀟輒代爲啓,上見非其手迹,被問,

見原。轉侍中、領太子中庶子、豫州中正。永泰元年,轉散騎常侍、太子詹事。其年卒。

年四十五。贈金紫光禄大夫。謚簡子。

初,兄朓爲吳興,瀟於征虜渚送別,朓指瀟口曰:「此中唯宜飲酒。」瀟建武之初,專以

長酣爲事,與劉瑱沈昭略以觴酌交飲,各至數斗。

世祖嘗問王儉,當今誰能爲五言詩?儉對曰:「謝朓得父膏腴;江淹有意。」上起禪

靈寺,勑瀟撰碑文。

王思遠,琅邪臨沂人。尚書令晏從弟也。父羅雲,平西長史。思遠八歲,父卒,祖弘

之及外祖新安太守羊敬元，並栖退高尚，故思遠少無仕心。

宋建平王景素辟爲南徐州主簿，深見禮遇。景素被誅，左右離散，思遠親視殯葬，手種松柏。與廬江何昌寓、沛郡劉璡上表理之，事感朝廷。景素女廢爲庶人，思遠分衣食以相資贍，年長，爲備笄總，訪求素對，傾家送遣。

除晉熙王撫軍行參軍，安成王車騎參軍。建元初，爲長沙王後軍主簿，尚書殿中郎，出補竟陵王征北記室參軍，府遷司徒，仍爲錄事參軍。遷太子中舍人，文惠太子與竟陵王子良素好士，並蒙賞接[一四]。思遠求出爲遠郡，除建安內史。長兄思玄卒，思遠友于甚至，表乞自解，不許。及祥日，又固陳，世祖乃許之。除中書郎，大司馬諮議。

世祖詔舉士，竟陵王子良薦思遠及吳郡顧暠之、陳郡殷叡。邵陵王子貞爲吳郡，世祖除思遠爲吳郡丞，以本官行郡事，論者以爲得人。以疾解職，還爲司徒諮議參軍、領錄事，轉黃門郎。出爲使持節、都督廣交越三州諸軍事、寧朔將軍、平越中郎將、廣州刺史。高宗輔政，不之任，仍遷御史中丞。臨海太守沈昭略贓私，思遠依事劾奏，高宗及思遠從兄晏、昭略叔父文季請止之，思遠不從，案事如故。

建武中，遷吏部郎。思遠以從兄晏爲尚書令，不欲並居內臺權要之職，上表固讓。曰：「近頻煩歸啓，實有微槩。陛下矜遇之厚，古今罕儔。臣若孤恩，誰當勠力。既自誓

輕命[一五]，不復以塵黷爲疑[一六]，正以臣與晏地惟密親，必不宜俱居顯要。懍懍丹赤，守之

以死。臣實庸鄙，無足獎進。陛下甄拔之旨，要是許其一節。臣果不能以理自固，有乖則

哲之明。犯冒之尤，誅責在己，謬賞之私，惟塵聖鑒。權其輕重，寧守褊心[一七]。且亦緣陛

下以德御下，故臣可得以禮進退。伏願思垂拯宥[一八]，不使零墜。今若祇膺所忝，三公不

足爲泰[一九]，犯忤之後，九泉未足爲劇。而臣苟求刑戮，自棄富榮，愚夫不爲，臣亦庶免。

此心此志，可憐可矜。如其上命必行，請罪非理，聖恩方置之通塗，而臣固求擯壓，自愍自

悼，不覺涕流。謹冒鈇鉞，悉心以請。窮則呼天，仰祈一照[二○]。」上知其意，乃改授司徒左

長史。

初，高宗廢立之際，思遠與晏閑言，謂晏曰：「兄荷世祖厚恩，今一旦贊人如此事，彼

或可以權計相須，未知兄將來何以自立。若及此引決，猶可不失後名。」晏不納。及拜驃

騎，集會子弟，謂思遠兄思微曰[二一]：「隆昌之末，阿戎勸吾自裁，若從其語，豈有今日。」思

遠遽應曰：「如阿戎所見，猶未晚也。」及晏敗，故得無他。

思遠清脩，立身簡潔。衣服牀筵，窮治素淨，賓客來通，輒使人先密覘視，衣服垢穢，

方便不前，形儀新楚，乃與促膝。雖然，既去之後，猶令二人交帚拂其坐處。上從祖弟季

敞性甚豪縱，上心非之。謂季敞曰：「卿可數詣王思遠。」

上既誅晏，遷爲侍中，掌優策及起居注。永元二年，遷度支尚書。未拜，卒。年四十九。

贈太常，謚貞子。

思遠與顧暠之友善。暠之卒後家貧，思遠迎其兒子〔二〕，經卹甚至。

暠之字士明，少孤，好學有義行。初舉秀才，歷宦府閣。永明末，爲太子中舍人、兼尚書左丞。隆昌初，爲安西諮議、兼著作，與思遠並屬文章。建武初，以疾歸家，高宗手詔與思遠曰：「此人殊可惜。」就拜中散大夫。卒，年四十九。

思微，永元中爲江州長史，爲陳伯之所殺。

史臣曰：德成爲上，藝成爲下。觀夫二三子之治身，豈直清體雅業，取隆基構；行禮蹈義，可以勉物風規云。

贊曰：江纂世業，有聞時陂。何申舊主，辭出乎義。謝獻壽觿，載色載刺。思遠退食，沖心篤寄。

校勘記

〔一〕爲太初所殺 「爲」上南監本有「並」字。「太初」原作「太祖」，據局本改，南監本、北監本、

殿本作「太子劭」。按劉劭即位，改元太初，史敍劭事多稱「太初」。又按宋書卷七一江湛傳，江湛及子恁並爲劉劭所殺。

〔二〕 尚孝武女臨汝公主 「臨汝」，御覽卷一五四引宋書作「臨江」。按册府卷三〇〇外戚部、卷八六三總録部亦作「臨汝」。又按宋書卷四一后妃傳，元大德本南史卷二三王誕傳附王藻傳、類聚卷一六引江敳讓婚表，江敳係尚「臨海公主」而讓婚。

〔三〕 從帝立 按「從帝」即「順帝」，蕭子顯避梁武帝父諱改。

〔四〕 宋明帝敕敳出繼從叔慈爲從祖淳後 「淳」，殿本、南史卷三六江夷傳附江敳傳作「湻」。按册府卷八六三總録部亦作「淳」。

〔五〕 禮無後小宗之文 「後」，原作「從」，據南監本、北監本、殿本、局本、南史卷三六江夷傳附江敳傳改。按儀禮喪服有「後大宗」之文。

〔六〕 傍無眷屬 「眷屬」，南史卷三六江夷傳附江敳傳、宋本册府卷八六三總録部作「昚屬」，義較長。

〔七〕 故有此回換耳 「耳」，原作「吳」，據南監本、北監本、汲本、殿本、局本、南史卷三六江夷傳附江敳傳、御覽卷二三八引齊書、册府卷四五七臺省部改。

〔八〕 父佟之 「佟之」，宋書卷六六何尚之傳作「悠之」，梁書卷三七何敬容傳作「攸之」。

〔九〕 以夙素見重 「夙素」，南監本、北監本、殿本、局本、南史卷三〇何尚之傳附何昌㝢傳、册府卷

〔一〇〕二九二宗室部、卷七二七幕府部、卷八〇三總録部作「風素」。

〔一一〕而今疑以未辨 「以」，局本、册府卷八七五總録部作「似」。

〔一二〕轉長兼侍中 「長」下原衍「史」字。按册府卷七五三總録部云謝瀹時爲侍中。錢大昕考異卷三六云「諸列傳除長史者，必繋本府名」，「未有單稱長史者」，「長兼者，未正授之稱」，其名自晉已有之。無「史」字是，今删正。

〔一三〕應天從民 「從」，南監本、北監本、殿本、通鑑卷一三九齊紀五明帝建武元年作「順」。按「即」，蕭子顯避梁武帝父諱改。「民」，汲本作「命」。

〔一三〕論啓公齊稽晚 「公齊」，南監本、北監本、汲本、殿本、局本、南史卷二〇謝弘微傳附謝瀹傳、册府卷八五一總録部作「公事」。

〔一四〕並蒙賞接 「並」，原作「立」，據南監本、北監本、汲本、殿本、局本、南史卷二四王鎮之傳附王思遠傳改。

〔一五〕既自誓輕命 「輕命」，南監本、北監本、殿本、局本作「輕軀命」。

〔一六〕不復以塵黷爲疑 「塵黷」，原作「塵黷」，據册府卷四六四臺省部改，南監本、北監本、殿本作「塵點」。

〔一七〕寧守褊心 「褊心」，原作「福心」，據南監本、北監本、汲本、殿本、局本改。

〔一八〕伏願思垂拯宥 「思」，册府卷四六四臺省部作「恩」。

〔一九〕　三公不足爲泰　「三公」，册府卷四六四臺省部作「三錫」。

〔二〇〕　仰祈一照　「祈」，原作「斯」，據南監本、北監本、汲本、殿本、局本改。按册府卷四六四臺省部亦作「期」。

〔二一〕　謂思遠兄思微曰　「思微」，南史卷二四王鎮之傳附王思遠傳、通鑑卷一四一齊紀七明帝建武四年作「思徽」。

〔二二〕　思遠迎其兒子　「兒子」，南史卷二四王鎮之傳附王思遠傳、册府卷八〇三總録部作「妻子」。按册府卷八八二總録部、永樂大典卷一二〇一七引南史亦作「兒子」。

南齊書卷四十四

列傳第二十五

徐孝嗣 沈文季

徐孝嗣字始昌，東海郯人也。祖湛之，宋司空；父聿之，著作郎：並爲太初所殺〔一〕。孝嗣在孕得免。幼而挺立，風儀端簡。八歲，襲爵枝江縣公〔二〕，見宋孝武，升階流涕，迄于就席。帝甚愛之，尚康樂公主。泰始二年，西討解嚴，車駕還宮，孝嗣登殿不著韈，爲治書御史蔡准所奏，罰金二兩。拜駙馬都尉，除著作郎，母喪去官。爲司空太尉二府參軍，安成王文學。孝嗣姑適東莞劉舍，舍兄藏爲尚書左丞，孝嗣往詣之。藏退語舍曰：「徐郎是令僕人，三十餘可知矣。汝宜善自結。」

昇明中，遷太祖驃騎從事中郎、帶南彭城太守，隨府轉爲太尉諮議參軍，太守如故。

齊臺建，為世子庶子。建元初，國除，出為晉陵太守，還為太子中庶子、領長水校尉。未拜，為寧朔將軍、聞喜公子良征虜長史，遷尚書吏部郎、太子右衛率、轉長史[三]。善趨步，閑容止，與太宰褚淵相埒。世祖深加待遇。尚書令王儉謂人曰：「徐孝嗣將來必為宰相。」轉充御史中丞。世祖問儉曰：「誰可繼卿者？」儉曰：「臣東都之日，其在徐孝嗣乎！」出為吳興太守，儉贈孝嗣四言詩曰：「方軌叔茂，追清彥輔。柔亦不茹，剛亦不吐[四]。」時人以比蔡子尼之行狀也。在郡有能名。會王儉亡，上徵孝嗣為五兵尚書。

其年，上敕儀曹令史陳淑、王景之、朱玄真、陳羲民撰江左以來儀典，令諮受孝嗣。明年，遷太子詹事。從世祖幸方山。上曰：「朕經始此山之南，復為離宮之所。故應有邁靈丘。」靈丘山湖，新林苑也。孝嗣答曰：「繞黃山，欵牛首，乃盛漢之事。今江南未曠[五]，民亦勞止，願陛下少更留神。」上竟無所修立。竟陵王子良甚善之。子良好佛法，使孝嗣及廬江何胤掌知齊講及眾僧。轉吏部尚書。尋加右軍將軍，轉領太子左衛率。臺閣事多以委之。

世祖崩，遺詔轉右僕射。隆昌元年，遷散騎常侍、前將軍、丹陽尹。高宗謀廢鬱林，以告孝嗣，孝嗣奉旨無所褒贊[六]。高宗入殿，孝嗣戎服隨後。鬱林既死，高宗須太后令，孝嗣於袖中出而奏之，高宗大悅。以廢立功，封枝江縣侯，食邑千戶。給鼓吹一部，甲仗五

十人入殿。轉左僕射，常侍如故。明帝即位，加侍中、中軍大將軍，定策勳，進爵爲公，增封二千戶。給班劍二十人〔七〕，加兵百人。舊拜三公乃臨軒，至是帝特詔與陳顯達、王晏並臨軒拜授。

北虜動，詔孝嗣假節頓新亭。時王晏爲令，民情物望，不及孝嗣也。晏誅，轉尚書令、領本州中正，餘悉如故。孝嗣愛好文學，賞託清勝。器量弘雅，不以權勢自居，故見容建武之世。恭己自保，朝野以此稱之。

初，孝嗣在率府，晝臥齊北壁下，夢兩童子遽云「移公床」。孝嗣驚起，聞壁有聲，行數步而壁崩壓床。建武四年，即本號開府儀同三司。孝嗣聞有詔，斂容謂左右曰：「吾德慙古人，位登袞職，將何以堪之。明君可以理奪，必當死請。若不獲命，正當巾丘園，待罪家巷耳。」固讓不受。

是時連年虜動，軍國虛乏。孝嗣表立屯田曰：「有國急務，兵食是同，一夫輟耕，於事彌切。故井陌壃里，長轂盛於周朝；屯田廣置，勝戈富於漢室。降此以還，詳略可見。但求之自古，爲論則賒；即以當今，宜有要術。竊尋緣淮諸鎮，皆取給京師，費引既殷，漕運艱澀。聚粮待敵，每若不周〔八〕，利害之基，莫此爲急。臣比訪之故老及經彼宰守，淮南舊田，觸處極目，陂遏不脩，咸成茂草。平原陸地，彌望尤多。今邊備既嚴，戍卒增衆，遠資

餽運，近廢良疇，士多飢色，可爲嗟歎。愚欲使刺史二千石躬自履行，隨地墾闢。精尋灌

溉之源，善商肥确之異。州郡縣戍主帥以下，悉分番附農。今水田雖晚，方事菽麥，菽麥

二種，益是北土所宜，彼人便之，不減粳稻。開創之利，宜在及時。所啓允合，請即使至

徐、兗、司、豫、爰及荊、雍，各當境規度，勿有所遺。別立主曹，專司其事。田器耕牛，臺詳

所給。歲終言殿最，明其刑賞。此功克舉，庶有弘益。若緣邊足食，則江南自豐，權其所

饒，略不可計。」事御見納。時帝已寢疾，兵事未已，竟不施行。

帝疾甚，孝嗣入居禁中，臨崩受遺託，重申開府之命。加中書監。永元初輔政，自尚

書下省出住宮城南宅，不得還家。帝失德稍彰，孝嗣不敢諫諍。及江祐見誅，內懷憂恐，

然未嘗表色。始安王遙光反，衆情遑惑，見孝嗣入，宮內乃安。羣小用事[九]，亦不能制

也。進位司空，固讓。求解丹陽尹，不許。

孝嗣文人，不顯同異，名位雖大，故得未及禍。虎賁中郎將許准有膽力，領軍隸孝嗣，

陳說事機，勸行廢立。孝嗣遲疑久之，謂必無用干戈理，須少主出遊，閉城門召百僚集議

廢之，雖有此懷，終不能決。羣小亦稍憎孝嗣，勸帝召百僚集議，因誅之。冬，召孝嗣入華

林省，遣茹法珍賜藥，孝嗣容色不異，少能飲酒，藥至斗餘，方卒。乃下詔曰：「周德方熙，

三監迷叛，漢歷載昌，宰臣構戾，皆身膏斧鉞，族同煙燼。殷鑒上代，垂戒後昆。徐孝嗣憑

藉世資，早蒙殊遇，階緣際會，遂登台鉉。匡翼之誠無聞，諂黷之迹屢著。沈文季門世[一〇]

沈文季字伯達，吳興武康人。父慶之，宋司空。文季少以寬雅正直見知。孝建二年，起家主簿，徵祕書郎[一一]。以慶之勳重，大明五年，封文季爲山陽縣五等伯。轉太子舍人，新安王北中郎主簿，西陽王撫軍功曹，江夏王太尉東曹掾[一二]，遷中書郎。慶之爲景和所殺，兵仗圍宅，收捕諸子。文季長兄文叔謂文季曰：「我能死，爾能報。」遂自縊。文季揮刀馳馬去，收者不敢追，遂得免。

明帝立，起文季爲寧朔將軍，遷太子右衞率，建安王司徒司馬。出爲寧朔將軍、征北司馬、廣陵太守。轉黃門郎、領長水校尉。明帝宴會朝臣，以南臺御史賀臧爲柱下史[一三]，糾不醉者。文季不肯飲酒，被驅下殿。

盧江王太尉長史。出爲寧朔將軍、征北司馬、廣陵太守。轉黃門郎、領長水校尉。明帝宴會朝臣，以南臺御史賀臧爲柱下史[一三]，糾不醉者。文季不肯飲酒，被驅下殿。

晉平王休祐爲南徐州，帝問褚淵須幹事人爲上佐，淵舉文季。轉寧朔將軍、驃騎長史、南東海太守。休祐被殺，雖用薨禮，僚佐多不敢至，文季獨往省墓展哀。出爲臨海太守。赭圻平，爲宣威將軍、

元徽初，遷散騎常侍、領後軍將軍，轉祕書監。出爲吳興太守。文季飲酒至五斗，妻

王氏，王錫女，飲酒亦至三斗。文季與對飲竟日，而視事不廢。

昇明元年，沈攸之反，太祖加文季爲冠軍將軍、督吳興錢塘軍事[四]。攸之先爲景和

衙使殺慶之，至是文季收殺攸之弟新安太守登之，誅其宗族。加持節，進號征虜將軍，改

封略陽縣侯，邑千戶。明年，遷丹陽尹，將軍如故。齊國初建，爲侍中、領祕書監。建元元

年，轉太子右衛率，侍中如故。改封西豐縣侯，食邑千二百戶。

文季風采稜岸，善於進止。司徒褚淵當世貴望，頗以門戶裁之，文季不爲之屈。世祖

在東宮，於玄圃宴會朝臣。文季數舉酒勸淵，淵甚不平，啓世祖曰：「沈文季謂淵經爲其

郡，數加淵酒。」文季曰：「惟桑與梓，必恭敬止。豈如明府亡國失土，不識枌榆。」遂言及

虜動，淵曰：「陳顯達、沈文季當今將略，足要委以邊事[五]。」文季諱稱將門，因是發怒，啓

世祖曰：「褚淵自謂是忠臣，未知身死之日，何面目見宋明帝？」世祖笑曰：「沈率醉也。」

中丞劉休舉其事，見原。後豫章王北宅後堂集會，文季與淵並喜琵琶[六]，酒闌，淵取樂

器，爲明君曲。文季便下席大唱曰：「沈文季不能作伎兒。」豫章王嶷又解之曰：「此故當

不損仲容之德。」淵顏色無異，曲終而止。

文季尋除征虜將軍，侍中如故。遷散騎常侍、左衛將軍，征虜如故。世祖即位，轉太

子詹事，常侍如故。永明元年，出爲左將軍、吳郡太守。三年，進號平東將軍。四年，遷會

稽太守，將軍如故。是時連年檢籍，百姓怨望。富陽人唐寓之僑居桐廬，父祖相傳圖墓爲

業。寓之自云其家墓有王氣，山中得金印，轉相誑惑。三年冬，寓之聚黨四百人，於新城

水斷商旅，黨與分布近縣。新城令陸赤奮、桐廬令王天愍棄縣走。寓之向富陽，抄略人

民，縣令何洵告魚浦子邏主從係公，發魚浦村男丁防縣。永興遣西陵戍主夏侯曇羨率將

吏及戍左右埭界人起兵赴救。寓之遂陷富陽。會稽郡丞張思祖遣臺使孔矜、王萬歲、張

緜等配以器仗將吏白丁，防衛永興等十屬。文季亦遣器仗將吏救援錢塘。寓之至錢塘，

錢塘令劉彪、戍主聶僧貴遣隊主張珒於小山拒之，力不敵，戰敗。寓之進抑浦登岸，焚郭

邑，彪棄縣走。文季又發吳、嘉興、海鹽、鹽官民丁救之。賊分兵出諸縣，鹽官令蕭元蔚

諸暨令陵琚之並逃走，餘杭令樂琰戰敗乃奔。是春，寓之於錢塘僭號，置太子，以新城戍

爲天子宮，縣解爲太子宮。弟紹之爲揚州刺史。 錢塘富人柯隆爲尚書僕射、中書舍人、領

太官令。 獻鋌數千口爲寓之作仗，加領尚方令。 分遣其黨高道度徐寇東陽、東陽太守蕭

崇之、長山令劉國重拒戰見害。 崇之字茂敬，太祖族弟。 至是臨難，貞正果烈。 追贈冠軍

將軍，太守如故。 賊遂據郡。 又遣僞會稽太守孫泓取山陰，時會稽太守王敬則朝正，故寓

之謂乘虛可襲。 泓至浦陽江，郡丞張思祖遣浹口戍主湯休武拒戰，大破之。 上在樂遊苑，

聞寓之賊，謂豫章王嶷曰：「宋明初，九州同反，鼠輩俱作，看蕭公雷汝頭。」遣禁兵數千

人，馬數百匹東討。賊衆烏合，畏馬[一七]。官軍至錢塘，一戰便散，禽斬寅之，進兵平諸郡縣。

臺軍乘勝，百姓頗被抄奪。軍還，上聞之，收軍主、前軍將軍陳天福棄市，左軍將軍、中宿縣子劉明徹免官削爵付東冶。天福，上寵將也，既伏誅，內外莫不震肅。天福善馬稍，至今諸將法之。

御史中丞徐孝嗣奏曰：「風聞山東羣盜，剽掠列城，雖匪日而殄，要墅干王略。郡縣闕攻守之宜，倉府多侵耗之弊，舉善懲惡，應有攸歸。吳郡所領鹽官令蕭元蔚、桐廬令王天愍、新城令陸赤奮等，縣為白劫破掠[一八]，並不經格戰，委職。故是元蔚、天愍還臺[一九]，未委歸臺。餘赤奮不知所在。又錢塘令劉彪、富陽令何洵[二○]，乃率領吏民相戰不敵[二一]，委走出都。吳興所領餘杭縣被劫破，令樂琰乃率吏民徑戰不敵，委走出都。會稽所領諸暨縣，為劫所破，令陵琚之不經格戰，委城奔走，不知所在。案元蔚等妄藉天私，作司近服，昧斯隱匿，職咎虔劉。會稽郡丞張思祖謬因承乏，總任是寄。平東將軍吳郡太守文季、征虜將軍吳興太守西昌侯鸞[二二]，任屬尸，涓誠匆劾，終焉無紀。平東將軍吳郡太守文季、征虜將軍吳興太守西昌侯鸞[二三]，總任是寄。輒下禁止彪、琰、洵、思祖、文季視事如故，鸞等結贖論[二三]。」詔元蔚等免，思祖、鸞、文季原。

文季固讓會稽之授，轉都官尚書，加散騎常侍。出爲持節、督郢州司州之義陽諸軍事、左將軍、郢州刺史。還爲散騎常侍、領軍將軍。世祖謂文季曰：「南士無僕射，多歷年所。」文季對曰：「南風不競，非復一日。」文季雖不學，發言必有辭采，當世稱其應對。尤善篆及彈棊，篆用五子。

以疾遷金紫光祿大夫，加親信二十人，常侍如故。轉侍中、領太子詹事，遷中護軍，侍中如故。豫廢鬱林，高宗欲以文季爲江州，遣左右單景雋宣旨，文季口自陳讓，稱年老不願外出，因問右執法有人未，景雋還具言之。

延興元年，遷尚書右僕射。

明帝即位，加領太子詹事，增邑五百戶。尋加散騎常侍，僕射如故。建武二年，虜寇壽春，豫州刺史豐城公遙昌嬰城固守，數遣輕兵相抄擊[二四]，明帝以爲憂，詔文季領兵鎮壽春。文季入城，止游兵不聽出[二五]，洞開城門，嚴加備守，虜軍尋退，百姓無所傷損。增封爲千九百戶。尋加護軍將軍，僕射、常侍如故。

尚書令王晏嘗戲文季爲「吳興僕射」，文季答曰：「琅邪執法，似不出卿門。」

王敬則反，詔文季領兵屯湖頭，備京路。永元元年，轉侍中、左僕射，將軍如故。始安王遙光反，其夜，遣三百人於宅掩取文季，欲以爲都督，而文季已還臺。明日，與尚書令徐

孝嗣守衛宮城，戎服共坐南掖門上。時東昏已行殺戮，孝嗣深懷憂慮，欲與文季論世

事[二六]，文季輒引以他辭，終不得及。事寧，加鎮軍將軍，置府，侍中、僕射如故。

文季見世方昏亂，託以老疾，不豫朝機。兄子昭略謂文季曰：「阿父年六十爲員外僕

射，欲求自免，豈可得乎？」文季笑而不答。同孝嗣被害[二七]。其日先被召見，文季知敗，

舉動如常，登車顧曰：「此行恐往而不反也。」於華林省死，時年五十八。朝野冤之。中興

元年，贈侍中、司空，謚忠憲。

兄子昭略，有剛氣。昇明末，爲相國西曹[二八]，太祖賞之，及即位，謂王儉曰：「南士中

有沈昭略，何職處之？」儉曰：「臣已有擬。」奏轉前軍將軍，上不欲違，可其奏。尋遷爲中

書郎。永明初，歷太尉大司馬從事中郎、驃騎司馬、黃門郎。南郡王友、學華選，以昭略爲

友，尋兼左丞。元年，出爲臨海太守，御史中丞。昭略建武世嘗酒酣，與謝瀹善[二九]。累

遷侍中，冠軍將軍、撫軍長史。永元元年，始安王遙光起兵東府，執昭略於城內。昭略潛

自南出，濟淮還臺。至是與文季俱被召入華林省[三〇]。茹法珍等進藥酒，昭略怒罵徐孝嗣

曰：「廢昏立明，古今令典。宰相無才，致有今日。」以甌擲面破，曰「作破面鬼」。死時年

四十餘。

弟昭光，聞收至，家人勸逃去，昭光不忍捨母，遂見獲，殺之。中興元年，贈昭略太常，昭光廷尉。

史臣曰：爲邦之訓，食惟民天，足食足兵，民之信矣〔三〕。屯田之略，實重戰守。若夫充國耕殖，用珍羌戎，韓浩、棗祇，亦建華夏置典農之官，興大佃之議。金城布險，峻壘綿埵，飛芻輓粒，事難支繼。一夫不耕，或鍾飢餒，緣邊戍卒，坐甲千羣。故宜盡收地利，因兵務食。緩則躬耕，急則從戰。歲有餘粮，則紅食可待。前世達治，言之已詳。江左以來，不暇遠策，王旅外出，未嘗宿飽，四郊嬰守，懼等松匊。縣兵所救，經歲引日，凌風泙水，轉漕艱長。傾窖底之儲，盡倉敖之粟，流馬木牛，尚深前弊，田積之要，唯在江淮。郡國同興，遠不周急。故吳氏列戍南濱，屯農水右，魏世淮北大佃，而石橫開漕〔三〕，皆輔車相資，易以待敵〔三〕。孝嗣當蹙境之晨，薦希行之計，王無外略，民困首領，觀機而動，斯議殆爲空陳，惜矣！

贊曰：文忠作相，器範先標。有容有業，可以立朝。豐城歷仕，音儀孔昭。爲舟等溺，在運同消。

校勘記

〔一〕 並爲太初所殺 「太初」，原作「太祖」，據局本改，南監本、北監本、汲本、殿本作「太子劭」，建康實錄卷一六作「宋元凶」。錢大昕考異卷二五云：「予謂『太祖』乃『太初』之訛。元凶僭號，改元太初，史敍元凶朝事，多稱太初。」

〔二〕 襲爵枝江縣公 「枝江縣公」，建康實錄卷一六作「枝江縣侯」。按宋書卷七一徐湛之傳云湛之封枝江縣侯，錢大昕考異卷三五謂湛之「身後亦未見加封之文，其子何以得襲公爵」。元大德本南史卷一五徐羨之傳附徐孝嗣傳、册府卷八二三總錄部作「長史兼侍中」，錢大昕考異卷三六辨「史」字衍云：「長兼者，未正授之稱。是長兼之名，自晉已有之矣。」

〔三〕 轉長史 「長史」，疑當作「長兼侍中」。按建康實錄卷一六作「兼侍中」。

〔四〕 柔亦不茹剛亦不吐 原作「柔亦不吐剛亦不茹」，據南監本、局本、南史卷一五徐羨之傳附徐孝嗣傳、册府卷三二四宰輔部改，與詩大雅烝民合。

〔五〕 今江南未曠 「未曠」，册府卷二二二閏位部作「土曠」。

〔六〕 孝嗣奉旨無所釐贊 「贊」，南史卷一五徐羨之傳附徐孝嗣傳作「替」。

〔七〕 給班劍二十人 「二十」，册府卷三二八宰輔部作「三十」。

〔八〕 每若不周 「若」，册府卷五〇三邦計部作「苦」。按十七史策要亦作「若」。

〔九〕 羣小用事 「羣」上南監本、北監本、殿本、局本、南史卷一五徐羨之傳附徐孝嗣傳有「然」字。

〔一〇〕沈文季門世 此下原闕一頁，南監本、北監本、汲本、殿本、局本亦有闕文。底本每頁十八行，每行十八字。按洪邁南朝史精語引徐孝嗣傳有「門世爲將」、「恐不終尊身」、「緣有此慮故令卿決之耳」三句，當屬佚文。又册府卷二一〇閏位部云：「和帝中興三年，以故侍中、中書監徐孝嗣謀廢東昏未決，並子演、況遇害，贈太尉，侍中、中書監如故。二年，孝嗣改葬，宣德太后詔贈班劍四十人，加羽葆鼓吹，謚文忠，改封餘干縣公。」疑所據乃齊書傳文。又按南史卷四四徐羨之傳附徐孝嗣傳未全錄此詔，下云：「于時凡被殺者，皆取其蟬冕，剝其衣服，眾情素敬孝嗣，得無所侵。長子演，尚齊武帝女武康公主，位太子中庶子。第三子況，尚明帝女山陰公主，並拜駙馬都尉。俱見殺。孝嗣之誅，眾人懼，無敢至者，唯會稽魏溫仁奔赴，以私財營喪事，當時稱之。初，孝嗣復故封，使故吏吳興丘叡籙之，當傳幾世。』叡曰：『恐不終尊身。』孝嗣容色甚惡，徐曰：『緣有此慮，故令卿決之。』」中興元年，和帝贈孝嗣太尉。二年，改葬，宣德太后詔贈班劍四十人，加羽葆鼓吹，謚曰文忠，改封餘干縣公。」可參。

〔一三〕沈文季字伯達吳興武康人父慶之宋司空文季少以寬雅正直見知孝建二年起家主簿徵祕書郎 「沈文季」至「起家主簿徵」三十六字原屬闕頁，據南監本、北監本、汲本、殿本、局本補。「伯達」，南史卷三七沈慶之傳附沈文季傳、建康實錄卷一六、御覽卷七五四引齊書、册府卷二一〇閏位部、卷九一八總錄部作「仲達」。按文季爲文叔之弟，「仲達」疑是。「二年」，建康實錄卷一六、册府卷二一〇閏位部作「三年」。「起家主簿」，建康實錄卷一六、册府卷二一〇閏位

部作「起家辟州主簿」。「徵」，册府卷二一○閏位部作「遷」。

〔二〕 江夏王太尉東曹掾 「太尉」，原作「太祖」，據南監本、北監本、汲本、殿本、局本改。

〔三〕 以南臺御史賀藏爲柱下史 並作「賀咸」。 「賀藏」，南監本、北監本、殿本、南史卷三七沈慶之傳附沈文季傳

〔四〕 督吳興錢塘軍事 册府卷三七九將帥部、卷八九六總錄部、通鑑卷一三四宋紀一六順帝昇明元年作「吳」。 「吳興」，册府卷三七九將帥部、卷八九六總錄部、通鑑卷一三四宋紀一六

〔五〕 足要委以邊事 「要」字，南監本、北監本、殿本、局本、南史卷三七沈慶之傳附沈文季傳卷九一八總錄部無。

〔六〕 文季與淵並喜琵琶 「喜」，南監本、北監本、殿本、局本、南史卷三七沈慶之傳附沈文季傳、册府卷九一八總錄部作「善」。

〔七〕 賊衆烏合畏馬 「馬」，三朝本、南監本、北監本、汲本、局本作「焉」。

〔八〕 縣爲白劫破掠 「白」，原作「百」，據册府卷五一九憲官部改。 按南監本、北監本、殿本、局本作「首」。

〔九〕 並不經格戰委職故是元蔚天愍還臺 「故是」，南監本、北監本、汲本、殿本、局本、册府卷五一九憲官部作「散走」，屬上讀。

〔一〇〕 富陽令何洵 「何洵」，册府卷五一九憲官部作「何珣」，下同。

〔二二〕乃率領吏民相戰不敵　「相」，册府卷五一九憲官部作「拒」。

〔二三〕征虜將軍吳興太守西昌侯鸞　「鸞」，原作「諱」，依例改。下文仿此，不另出校。

〔二四〕鸞等結贖論　「結」，南監本、局本作「納」。

〔二五〕數遣輕兵相抄襲　「輕」，原作「經」，據南監本、北監本、汲本、殿本、册府卷三九一將帥部改。

〔二六〕止游兵不聽出　「不」，原作「一」，據册府卷三九一將帥部、通鑑卷一四○齊紀六明帝建武二年改。

〔二七〕欲與文季論世事　「論」，原作「給」，據南監本、北監本、殿本、局本、南史卷三七沈慶之傳附沈文季傳改。

〔二八〕為相國西曹　「西曹」，南史卷三七沈慶之傳附沈文季傳、册府卷二一一閏位部作「西曹掾」，疑是。

〔二九〕同孝嗣被害　「同」，原作「見」，據南監本、北監本、殿本、局本改。

〔三○〕昭略建武世嘗酒酣與謝瀹善□　「酒酣」，册府卷八三六總錄部作「酣酒以自晦」。按南監本、北監本、殿本無此句。

〔三一〕昭略潛自南出濟淮還臺至是與文季俱被召入華林省　「潛自南出濟淮還臺至是與」十一字原無，據南監本、北監本、殿本補。

〔三〕 民之信矣 「之信」，南監本、局本作「斯信」，北監本、殿本作「信之」。

〔三〕 魏世淮北大佃而石横開漕 「石横」，晉書卷二六食貨志、通典卷二食貨二並作「横石」。

〔三〕 易以待敵 「敵」，原作「商」，據南監本、北監本、汲本、殿本、局本改。

南齊書卷四十五

列傳第二十六

宗室

衡陽元王道度　始安貞王道生 遙光 遙欣 遙昌　安陸昭王緬

衡陽元王道度，太祖長兄也。與太祖俱受學雷次宗。宣帝問二兒學業，次宗答曰：「其兄外朗，其弟內潤，皆良璞也。」隨宣帝征伐，仕至安定太守，卒於宋世。建元元年，追加封謚〔一〕。無子，太祖以第十一子鈞繼道度後。

鈞字宣禮。永明四年，爲江州刺史、加散騎常侍。母區貴人卒，居喪盡禮。六年，遷爲征虜將軍。八年，遷驍騎將軍，常侍如故。仍轉左衛將軍。鈞有好尚，爲世祖所知，兄

弟中意遇次鄱陽王鏘。十年，轉中書令，領石頭戍事。遷散騎常侍、祕書監，領驍騎如故，不拜。隆昌元年，改加侍中，給扶。海陵立，轉撫軍將軍，侍中如故。尋遇害，年二十二。

明帝即位，以永陽王子珉仍本國，繼元王爲孫。

子珉字雲興，世祖第二十子也。永明七年，封義安王，後改永陽。永泰元年見害，年十四。復以武陵昭王曄第三子子坦奉元王後。

始安貞王道生字孝伯，太祖次兄也。宋世爲奉朝請，卒。建元元年，追封謚。建武元年，追尊爲景皇，妃江氏爲后。立寢廟於御道西，陵曰脩安。生子鳳、高宗、安陸昭王緬。鳳字景慈，官至正員郎，卒於宋世，謚靖世子。明帝建武元年，贈侍中、驃騎將軍、開府儀同三司，始安靖王。改華林鳳莊門爲望賢門，太極東堂畫鳳鳥[二]，題爲神鳥，而改鸞鳥爲神雀。子遙光嗣。

遙光字元暉。生有躄疾，太祖謂不堪奉拜祭祀，欲封其弟，世祖諫，乃以遙光襲爵。初爲員外郎，轉給事郎[三]，太孫洗馬，轉中書郎，豫章內史，不拜。高宗輔政，遙光好天文

候道，密懷規贊。隆昌元年，除驍騎將軍，冠軍將軍、南東海太守，行南徐州事。仍除南彭城太守，將軍如故。又除輔國將軍、吳興太守。高宗廢鬱林，又除冠軍將軍、南蠻校尉、西中郎長史〔四〕、南郡太守。一歲之內，頻五除，並不拜。是時高宗欲即位，誅賞諸事唯遙光共謀議。

建武元年，以爲持節、都督揚南徐二州諸軍事、前將軍、揚州刺史。晉安王寶義爲南徐州，遙光求解督，見許。二年，進號撫軍將軍〔五〕。加散騎常侍，給通幰車、鼓吹。遙光好吏事，稱爲分明，頗多慘害。足疾不得同朝例〔六〕，常乘輿自望賢門入。每與上久清閑，言畢，上索香火，明日必有所誅殺。上以親近單少，憎忌高、武子孫，欲并誅之，遙光計畫參議，當以次施行。永泰元年，即本位爲大將軍，給油絡車。帝不豫，遙光數入侍疾，帝漸甚，河東王鉉等十王一夕見殺〔七〕，遙光意也。

帝崩，遺詔加遙光侍中、中書令，給扶。永元元年，給班劍二十人，即本號開府儀同三司。遙光既輔政，見少主即位，潛與江祏兄弟謀自樹立。弟遙欣在荊楚，擁兵居上流，密相影響。遙光當據東府號令，使遙欣便星速急下。潛謀將發，而遙欣病死。江祏被誅，東昏侯召遙光入殿，告以祏罪，遙光懼，還省便陽狂號哭，自此稱疾不復入臺。先是遙光行還入城，風飄儀繖出城外。

遙光弟遙昌先卒壽春〔八〕，豫州部曲皆歸遙光。，及遙欣喪還葬武進，停東府前〔九〕，荊

州衆力送者甚盛。帝誅江祐後，慮遙光不自安，欲轉爲司徒還第，召入喻旨。遙光慮見

殺，八月十二日晡時，收集二州部曲，於東府門聚人衆，街陌頗怪其異，莫知指趣也。遙光

召親人丹陽丞劉渢及諸傖楚，欲以討劉暄爲名。夜遣數百人破東冶出囚，尚方取仗。又

召驍騎將軍垣歷生，歷生隨信便至，勸遙光令率城內兵夜攻臺，輦萩燒城門〔一〇〕：「公但乘

輦隨後〔一一〕，反掌可得。」遙光意疑不敢出。天稍曉，遙光戎服出聽事，停輦，處分上仗，登

城行賞賜。歷生復勸出軍，遙光不肯，望臺內自有變。

至日中，臺軍稍至，尚書符遙光曰：「逆從之數〔一二〕，皎然有徵，干紀亂常，刑茲罔赦。

蕭遙光宗室蚩庸，才行鄙薄，緹裙可望〔一三〕，天路何階。受遇自昔，恩加猶子，禮絕帝體，寵

越皇季。旗章車服，窮千乘之尊；闉闍爽闓，踰百雉之制。及聖后在天，親受顧託，話言

在耳，德音猶存，侮蔑天明，罔畏不義，無君之心，履霜有日。遂乃稱兵內犯，竊發京畿，自

古巨釁，莫斯爲甚。今便分命六師，弘宣九伐。皇上當親御戎軒，弘此廟略。信賞必罰，

有如大江。」於是戒嚴，曲赦京邑。領軍蕭坦之屯湘宮寺，鎮軍司馬曹虎屯清溪大橋，太子

右衞率左興盛屯東府東籬門。

衆軍圍東城三面，燒司徒二府。

遙光遣垣歷生從西門出戰，臺軍屢北，殺軍主桑天

愛。初，遙光起兵，問諮議參軍蕭暢，暢正色拒折不從，十五日，暢與撫軍長史沈昭略潛自

南出，濟淮還臺，人情大沮。十六日，垣歷生從南門出戰，因棄稍降曹虎軍，虎命斬之。遙

光大怒，於牀上自踊踊，使殺歷生兒。

其晚，臺軍射火箭燒東北角樓，至夜城潰。遙光還小齋，帳中著衣帢坐，秉燭自照，令

人反拒，齋閤皆重關。左右並踰屋散出。臺軍主劉國寶，時當伯等先入，遙光聞外兵至，

吹滅火，扶匐下牀，軍人排閤入，於暗中牽出斬首，時年三十二。遙光未敗一夕，城內皆夢

羣虵緣城四出，各各共説之，咸以爲異。臺軍入城，焚燒屋宇且盡[四]。

遙光府佐司馬端爲掌書記，曹虎謂之曰：「君是賊非？」端曰：「僕荷始安厚恩，今死

甘心。」虎不殺，執送還臺，徐世檦殺之。劉渢遁走還家園，爲人所殺。端，河內人。渢，南

陽人，事繼母有孝行，弟漾事渢亦謹。

詔斂葬遙光屍，原其諸子。追贈桑天愛輔國將軍、梁州刺史。以江陵公寶覽爲始安

王，奉靖王後。永元二年，爲持節、督湘州、輔國將軍、湘州刺史。

遙欣字重暉。宣帝兄西平太守奉之無後，以遙欣繼爲曾孫。除祕書郎，太子舍人，巴

陵王文學，中書郎。延興元年，高宗樹置，以遙欣爲持節、督兗州緣淮軍事、寧朔將軍、兗

州刺史。仍爲督豫州郢州之西陽司州之汝南二郡〔一五〕、輔國將軍、豫州刺史，持節如故。未之任。建武元年，進號西中郎將，封聞喜縣公。遷使持節、都督荆雍益寧梁南北秦七州軍事、右將軍〔一六〕、荆州刺史。改封曲江公。高宗子弟弱小，晉安王寶義有廢疾，故以遙光爲揚州居中，遙欣居陝西在外，權勢并在其門。遙欣好勇，聚畜武士，以爲形援。四年，進號平西將軍。永泰元年，以雍州虜寇，詔遙欣以本官領刺史〔一七〕、寧蠻校尉，移鎮襄陽，虜退不行。永元元年卒，年三十一。贈侍中、司空，謚康公。葬用王禮。

遙昌字季暉。解褐祕書郎，太孫舍人，給事中，祕書丞。延興元年〔一八〕，除黃門侍郎，未拜，仍爲持節，督郢司二州軍事、寧朔將軍、郢州刺史。建武元年，進號冠軍將軍。封豐城縣公，千五百户。未之鎮，徙督豫州郢州之西陽司州之汝南二郡軍事、征虜將軍、豫州刺史，持節如故。

二年，虜主元宏寇壽春，遣使呼城内人，遙昌遣參軍崔慶遠、朱選之詣宏。慶遠曰：「旌蓋飄颻，遠涉淮、泗，風塵慘烈，無乃上勞〔九〕？」宏曰：「六龍騰躍，倏忽千里，經途未遠，不足爲勞。」慶遠曰：「川境既殊，遠勞軒駕，屈完有言：『不虞君之涉吾地也』，何故？」宏曰：「故當有故。卿欲使我舍瑕依違？爲欲指斥其事？」慶遠曰：「君包荒之

南齊書卷四十五

八七八

德，本施北政，未承來議，無所含瑕。」宏曰：「朕本欲有言，會卿來問。齊主廢立〔一〕，有其例不？」慶遠曰：「廢昏立明，古今同揆。中興克昌，豈唯一代？主上與先武帝，非唯昆季，有同魚水。武皇臨崩，託以後事。嗣孫荒迷，廢爲鬱林，功臣固請，爰立明聖。上逼太后之嚴令，下迫羣臣之稽顙，俯從億兆，踐登皇極。未審聖旨，獨何疑怪？」宏曰：「聞卿此言，殊解我心。但哲婦傾城，何足可用。果如所言，武帝子弟今皆何在？」慶遠曰：「七王同惡，皆伏管、蔡之誅，其餘列蕃二十餘國，內升清階，外典方牧。哲婦之戒，古人所惑；然十亂盈朝，實唯文母。」宏曰：「如我所聞，靡有孑遺。卿言美而乖實，未之全信。」

宏又曰：「雲羅所掩，六合宜一。故往年與齊武有書，言今日之事，書似未達齊主，命也。南使反〔二〕，情有愴然，朕亦保兵〔三〕。此段猶是本意，不必專爲問罪。若如卿言，便可釋然。」慶遠曰：「見可而進，知難而退，聖人奇兵。今旨欲憲章聖人，不失其美〔四〕，豈不善哉！」宏曰：「卿爲欲朕和親？爲欲不和？」慶遠曰：「和親則二國交歡，蒼生再賴；不和則二國交怨，蒼生塗炭。和與不和，裁由聖衷。」宏曰：「朕來爲復遊行鹽境，北去洛都，率爾便至。亦不攻城，亦不伐塢，卿勿以爲慮。」宏曰：「聽卿主克黜凶嗣，不違忠孝。何以不立近親，如周公輔成王，而苟欲自取？」慶遠答曰：「成王有亞聖之賢，故周公得輔而相之。今近蕃雖無悖德，未有成王之賢。霍光亦捨漢蕃親

而遠立宣帝。」宏曰：「若爾，霍光饗自立爲君，當復得爲忠臣不？」慶遠曰：「此非其類，乃可言『宣帝立與不立，義當云何？』皇上豈得與霍光爲匹？若爾，何以不言『武王伐紂，何意不立微子而輔之，苟貪天下？』」宏大笑。明日引軍向城東〔二四〕，遣道登道人進城內施眾僧絹五百匹，慶遠、選之各袴褶絡帶。

遙昌永泰元年卒，上愛遙昌兄弟如子，甚痛惜之。贈車騎將軍、儀同三司。帝以問徐孝嗣，孝嗣曰：「豐城本資尚輕，贈以班台，如爲小過。」帝曰：「卿乃欲存萬代准則，此我孤兄子，不得與計。」謚憲公。

安陸昭王緬字景業。善容止。初爲祕書郎，宋邵陵王文學，中書郎。建元元年，封安陸侯，邑千戶。轉太子中庶子，遷侍中。世祖即位，遷五兵尚書，領前軍將軍，仍出爲輔國將軍、吳郡太守，少時，大著風績。竟陵王子良與緬書曰：「竊承下風，數十年來未有此政。」世祖嘉其能，轉持節、都督郢州司州之義陽軍事、冠軍將軍、郢州刺史。永明五年，還爲侍中、領驍騎將軍，仍遷中領軍。明年，轉散騎常侍、太子詹事。出爲會稽太守，常侍如故。遷使持節、都督雍梁南北秦四州荊州之竟陵司州之隨郡軍事、左將

軍、寧蠻校尉、雍州刺史。緬留心辭訟，親自隱卹，劫抄度口，皆赦遣許以自新，再犯乃加誅，爲百姓所畏愛。

九年，卒。詔賻錢十萬，布二百匹。喪還，百姓緣沔水悲泣設祭，於峴山爲立祠。贈侍中、衛將軍，持節、都督、刺史如故。給鼓吹一部。謚昭侯。年三十七。高宗少相友愛，時爲僕射，領衛尉，表求解衛尉，私第展哀，詔不許。每臨緬靈，輒慟哭不成聲。建武元年，贈侍中、司徒，安陸王，邑二千戶。

子寶晊嗣，爲持節、督湘州軍事、輔國將軍、湘州刺史。弟寶覽爲江陵公，寶宏汝南公，邑各千五百戶。二年，寶晊進號冠軍將軍。三年，寶宏改封霄城。永元元年，以安陸郡邊虜，寶晊改封湘東王。進號征虜將軍。二年，爲左衛將軍。高宗兄弟一門皆尚吏事，寶晊粗好文章。義師下，寶晊在城內，東昏廢，寶晊望物情歸己，坐待法駕，既而城內送首詣梁王。宣德太后臨朝，以寶晊爲太常。寶晊不自安，謀反，兄弟皆伏誅。

史臣曰：太祖膺期御世，二昆夙殞，慶命傍流，追序蕃胙。安陸王緬以宗子戚屬，弱年進仕，典郡臨州，去有餘迹，遺愛在民。蓋因情而可感，學以從政，夫豈必然。

贊曰：太祖二昆，追樹雙蕃。元託繼胤，貞興子孫。並用威福，自取亡存。安陸稱

美，事表西魂。

校勘記

〔一〕 建元元年追加封謚 「元年」，原作「二年」，據本書卷二高帝紀、南史卷四一齊宗室衡陽元王道度傳、冊府卷二八四宗室部改。

〔二〕 太極東堂畫鳳鳥 「畫」，原作「書」，據南史卷四一齊宗室始安貞王道生傳、御覽卷五六二引蕭子顯齊書改。

〔三〕 轉給事郎 按本書卷一六百官志未見「給事郎」，此疑有訛。

〔四〕 西中郎長史 「西」下原有「平」字，據本書卷六明帝紀、冊府卷二六九宗室部刪。

〔五〕 二年進號撫軍將軍 「二年」，南史卷四一齊宗室始安王遙光傳作「三年」。

〔六〕 足疾不得同朝例 「例」，御覽卷七四〇引齊書作「列」。

〔七〕 河東王鉉等十王一夕見殺 「十王」，原作「士王」，三朝本、南監本、北監本、汲本、殿本、局本作「七王」，並誤。按本書卷六明帝紀及通鑑卷一四一齊紀七明帝永泰元年，正月丁未，誅河東王鉉、臨賀王子岳、西陽王子文、衡陽王子峻、南康王子琳、永陽王子珉、湘東王子建、南郡王子夏、桂陽王昭粲、巴陵王昭秀，凡十王，當作「十王」，今改正。

〔八〕 遙光弟遙昌先卒壽春 「卒」，原作「平」，據南監本、北監本、殿本、局本改。

〔九〕停東府前　「前」下南監本、北監本、殿本、局本、南史卷四一齊宗室始安王遙光傳、通鑑卷一四二齊紀八東昏侯永元元年有「渚」字。

〔一〇〕輦萩燒城門　「萩」三朝本、南監本、北監本、汲本、殿本、局本、南史卷四一齊宗室始安王遙光傳、通鑑卷一四二齊紀八東昏侯永元元年作「荻」。

〔一一〕公但乘輦隨後　「公」上南監本、局本、南史卷四一齊宗室始安王遙光傳、通鑑卷一四二齊紀八東昏侯永元元年有「曰」字。

〔一二〕逆從之數　冊府卷二一六閏位部作「逆徒數敗」。

〔一三〕緹裙可望　按錢大昕十駕齋養新録卷六云:「『裙』當作『羣』。續漢書五行志云:『王莽末,天水童謡曰:「出吳門,望緹羣。見一蹇人,言欲上天。令天可上,地上安得民!」時隗囂初起兵於天水,後意稍廣,欲爲天子,遂破滅。囂少病蹇。吳門,冀郭門名也。緹羣,山名也。』遙光亦病蹇,故以隗囂況之。郡國志天水郡冀縣有緹羣山。」

〔一四〕焚燒屋宇且盡　「且」,原作「旦」,據南監本、北監本、汲本、殿本、局本改。按此六字通鑑卷一四二齊紀八東昏侯永元元年作「焚燒室屋且盡」。

〔一五〕仍爲督豫州郢州之西陽司州之汝南二郡　「郢州」二字原無,錢大昕考異卷二五云:「當云督豫州郢州之西陽司州之汝南二郡,傳有脱文。」今補。按本書卷一五州郡志下,西陽屬郢州。南齊豫州刺史例督豫州及郢州之西陽司州之汝南二郡。

〔一六〕 都督荊雍益寧梁南秦七州軍事右將軍　「都督」，冊府卷二七九宗室部作「督」。「右將軍」，明本冊府卷二七一宗室部作「左將軍」，按宋本冊府亦作「右將軍」。

〔一七〕 詔遙欣以本官領刺史　「以」字原無，據南監本、局本、南史卷四一齊宗室曲江公遙欣傳補。

〔一八〕 延興元年　「延興」，原作「興元」，據冊府卷二七九宗室部改。按延興爲海陵王年號，南齊年號無「興元」。

〔一九〕 無乃上勞　「上勞」，冊府卷六五九奉使部作「勞止」。

〔二〇〕 齊主廢立　「主」，原作「王」，據南監本、北監本、殿本、局本、冊府卷六五九奉使部、通鑑卷一四〇齊紀六明帝建武二年改。按下文有「書似未達齊主」，蓋以「齊主」稱齊帝。

〔二一〕 南使反　「使」下冊府卷六五九奉使部有「既」字。

〔二二〕 朕亦保兵　「保」，冊府卷六五九奉使部作「休」。

〔二三〕 不失其美　「其美」，原作「美無」，據冊府卷六五九奉使部改，南監本、北監本、汲本、殿本、局本作「舊好」。

〔二四〕 明日引軍向城東　「引軍」，冊府卷六五九奉使部作「列軍」。

南齊書卷四十六

列傳第二十七

王秀之　王慈　蔡約　陸慧曉　顧憲之　蕭惠基

王秀之字伯奮，琅邪臨沂人也。祖裕，宋左光禄大夫、儀同三司。父瓚之，金紫光禄大夫。

秀之幼時，裕愛其風采。起家著作佐郎，太子舍人。父卒，爲菴舍於墓下持喪，服闋復職。吏部尚書褚淵見秀之正潔，欲與結婚，秀之不肯，以此頻轉爲兩府外兵參軍。遷太子洗馬，司徒左西屬，桂陽王司空從事中郎。秀之知休範將反，辭疾不就。出爲晉平太守。至郡朞年，謂人曰：「此邦豐壤，禄俸常充。吾山資已足，豈可久留以妨賢路。」上表請代，時人謂「王晉平恐富求歸」。

還爲安成王驃騎諮議，轉中郎。又爲太祖驃騎諮議。昇明二年，轉左軍長史、尋陽太守，隨府轉鎮西長史、南郡太守。府主豫章王嶷既封王，秀之遷爲司馬、河東太守，辭郡不受。加寧朔將軍，改除黃門郎，未拜，仍遷豫章王驃騎長史。王於荆州立學[一]，以秀之領儒林祭酒。遷寧朔將軍、南郡王司馬。復爲黃門郎，領羽林監。遷長沙王中軍長史。世祖即位，爲太子中庶子，吏部郎，出爲義興太守，遷侍中祭酒，轉都官尚書。

初，秀之祖裕，性貞正。徐羨之、傅亮當朝，裕不與來往。及致仕隱吳興，與子瓚之書曰：「吾欲使汝處不競之地。」瓚之歷官至五兵尚書，未嘗詣一朝貴。江湛謂何偃曰：「王瓚之今便是朝隱。」及柳元景、顏師伯令僕貴要，瓚之竟不候之。至秀之爲尚書，又不與令王儉款接。三世不事權貴，時人稱之。轉侍中、領射聲校尉。

出爲輔國將軍、隨王鎮西長史、南郡內史。州西曹苟㔝遺秀之交知書[二]，秀之拒不答。㔝乃遺書曰：「僕聞居謙之位，既刊于易；懶不可長，禮明其文。是以信陵致夷門之義，燕丹收荆卿之節，皆以禮而然矣。丈夫處世，豈可寂漠恩榮，空爲後代一丘土？足下業潤重光，聲居朝右，不脩高世之績，將何隔於愚夫？僕耿介當年，不通羣品，饑寒白首，望物嗟來。成人之美，春秋所善，薦我寸長，開君尺短，故推風期德，規於相益，實非碌碌有求於平原者也。僕與足下，同爲四海國士。夫盛衰迭代，理之恒數，名位參差，運之通

塞，豈品德權行爲之者哉？第五之號，既無易於驃騎，西曹之名，復何推於長史？足下

見答書題久之，以君若此非典，何宜施之於國士？如其循禮，禮無不答，謹以相還，亦何

犯於鱗哉〔三〕？君子處人，以德不以位，相如不見屈於澠池，毛遂安受辱於鄋門，造敵臨

事，僕必先於二子。未知足下之貴，足下之威，孰若秦、楚兩王？僕以德爲寶，足下以位

爲寶，各寶其寶，於此敬宜。常聞古人交絕，不泄惡言，僕謂之鄙。無以貽離〔四〕。故薦貧

者之贈。」不，潁川人。豫章王嶷爲荆州時，不獻書令減損奢麗，豫章王優教酬答。尚書令

王儉當世〔五〕，不又與儉書曰：「足下建高世之名，而不顯高世之迹，將何以書於齊史

哉？」至是南郡綱紀啓隨王子隆請罪不，不上書自申。

秀之尋徵侍中、領游擊將軍。未拜，仍爲輔國將軍、吳興太守。秀之常云：「位至司

徒左長史，可以止足矣。吳興郡隱業所在，心願爲之。」到郡脩治舊山，移置輜重。隆昌元

年，卒官。年五十三。謚曰簡子。

秀之宗人僧祐，太尉儉從祖兄也〔六〕。父遠，光祿勳。宋世爲之語曰：「王遠如屏風，

屈曲從俗，能蔽風露。」而僧祐負氣不羣，儉常候之，辭不相見。世祖數閱武，僧祐獻武

賦，儉借觀，僧祐不與。竟陵王子良聞僧祐善彈琴，於座取琴進之，不肯從命。永明末，爲

太子中舍人，在直屬疾，代人未至，僧祐委出，爲有司所奏，贖論。官至黃門郎。時衛軍掾

孔逿亦抗直，著三吳決録，不傳。

王慈字伯寶，琅邪臨沂人，司空僧虔子也。年八歲，外祖宋太宰江夏王義恭迎之内齋，施寶物恣聽所取，慈取素琴石研，義恭善之。少與從弟儉共書學。除祕書郎，太子舍人，安成王撫軍主簿，轉記室。遷祕書丞，司徒左西屬，右長史，試守新安太守，黃門郎，太子中庶子、領射聲校尉，安成王冠軍、豫章王司空長史，司徒左長史，兼侍中。出爲輔國將軍、豫章内史，父憂去官。起爲建武將軍、吳郡太守。遷寧朔將軍、大司馬長史，重除侍中、領步兵校尉。

慈以朝堂諱榜，非古舊制，上表曰：「夫帝后之德，綢繆天地，君人之亮，蟬聯日月。所以魏臣據中以建議，晉主依經以下詔。朝堂榜誌，諱字懸露，義非綿古，事殷中世，空失資敬之情，徒乖嚴配之道。若乃式功鼎臣，贊庸元吏，或以勳崇〔八〕，或由姓表。故孔悝見銘，謂標叔舅，子孟應圖，稱題霍氏。至於名族不著，昭自方篆〔七〕，號諡聿宣，載伊篇籍。況以處一之重，列尊名以止仁；無二之貴，黈沖文而止敬。昔東平即世，孝章巡宮而灑

泣；新野云終，和熹見似而流涕。感循舊類，尚或深心；矧觀徽跡，能無惻隱？今局禁嶔遂，動延車蓋，若使鑾駕紆覽〔九〕，四時臨閱，豈不重增聖慮，用感宸衷？愚謂空彪簡第〔一〇〕，無益於匡躬，直述朝堂〔一一〕，寧虧於夕惕。伏惟陛下保合萬國，齊聖羣生，當删前基之弊軌，啓皇齊之孝則。」詔付外詳議。博士李撝議：「據周禮，凡有新令，必奮鐸以警衆，乃退以憲之于王宮。注『憲，表懸之也』。」太常丞王偘之議：「尊極之名，宜率土同諱。目可得覩，口不可言。口不可言，則知之者絕，知之者絕，則犯觸必衆。」儀曹郎任昉議：「撝取證明之文，偘之即情惟允。直班諱之典，爰自漢世，降及有晉，歷代無爽。今之諱榜，兼明義訓，『邦』之字『國』，實爲前事之徵。名諱之重，情敬斯極，故懸諸朝堂，搢紳所聚，將使起伏晨昏，不違耳目，禁避之道，昭然易從。此乃敬恭之深旨，何情興之或廢〔一二〕？尊稱霍氏，理例乖方。居下以名，故以不名爲重，在上必諱，故以班諱爲尊。因心則理無不安，即事則習行已久，謂宜式遵，無所創革。」慈議不行。

慈患脚，世祖敕王晏曰：「慈在職未久，既有微疾，不堪朝，又不能騎馬，聽乘車在仗後。」江左來少例也。以疾從閑任，轉冠軍將軍、司徒左長史。慈妻劉秉女。子觀，尚世祖長女吳縣公主，脩婦禮，姑未嘗交答。江夏王鋒爲南徐州，妃，慈女也，以慈爲冠軍將軍、東海太守，加秩中二千石，行徐州府事。還爲冠軍將軍、廬陵王中軍長史，未拜，永明九

年，卒。年四十一。

謝超宗嘗謂慈曰：「卿書何當及虔公？」慈曰：「我之不得仰及，猶雞之不及鳳也。」

時人以爲名答。追贈太常，謚懿子。

蔡約字景攄，濟陽考城人也。祖廓，宋祠部尚書。父興宗，征西、儀同。

約少尚宋孝武女安吉公主，拜駙馬都尉，祕書郎，不拜。從帝車騎、驃騎行參軍[一三]，

通直郎，不就。遷太祖司空東閣祭酒，太尉主簿。齊臺建，爲世子中舍人，仍隨度東宮。

轉鄱陽王友，竟陵王鎮北諮議、領記室，中書郎，司徒右長史，黃門郎，領本州中正。

出爲新安太守，復爲黃門郎、領射聲校尉，通直常侍、領驍騎將軍，太子中庶子、領屯騎校

尉。永明八年八月合朔，約脫武冠，解劍，於省眠，至下鼓不起，爲有司所奏，贖論。太孫

立，領校尉如故。

出爲宜都王冠軍長史、淮南太守，行府、州事。世祖謂約曰：「今用卿爲近蕃上佐，想

副我所期。」約曰：「南豫密邇京師，不治自理。臣亦何人，爝火不息。」時諸王行事多相裁

割，約在任，主佐之間穆如也。

遷司徒左長史〔一四〕。高宗爲錄尚書輔政，百僚屣履到席〔一五〕，約躡屐不改〔一六〕。帝謂

江祏曰：「蔡氏故是禮度之門，故自可悦。」祏曰：「大將軍有揖客，復見於今。」建武元年，

遷侍中。明年，遷西陽王撫軍長史、加冠軍將軍，徙廬陵王右軍長史，將軍如故。轉都官

尚書，遷邵陵王師、加給事中，江夏王車騎長史，加征虜將軍，並不拜。好飲酒，夷淡不與

世雜。遷太子詹事。永元二年，卒〔一七〕。年四十四。贈太常。

陸慧曉字叔明，吳郡吳人也。祖萬載，侍中。父子真，元嘉中爲海陵太守。時中書舍

人秋當親幸，家在海陵，假還葬父，子真不與相聞。當請發民治橋，又以妨農不許。彭城

王義康聞而賞焉。自臨海太守眼疾歸，爲中散大夫，卒。

慧曉清介正立，不雜交游。會稽内史同郡張暢見慧曉童幼〔一八〕，便嘉異之。張緒稱之

曰：「江東裴、樂也。」初應州郡辟，舉秀才、衛尉史，歷諸府行參軍。以母老還家侍養，十

餘年不仕。太祖輔政，除爲尚書殿中郎。隣族來相賀，慧曉舉酒曰：「陸慧曉年踰三十，

婦父領選，始作尚書郎，卿輩乃復以爲慶邪？」

太祖表禁奢侈，慧曉撰答詔草，爲太祖所賞，引爲太傅東閣祭酒。建元初，仍遷太子

洗馬。武陵王曅守會稽，上爲精選僚吏，以慧曉爲征虜功曹，與府參軍沛國劉璡同從述

職〔一九〕。行至吳，璡謂人曰：「吾聞張融與陸慧曉並宅，其間有水，此水必有異味。」遂往，

酌而飲之。

廬江何點薦慧曉於豫章王嶷，補司空掾，加以恩禮。轉長沙王鎮軍諮議參軍。安陸

侯緬爲吳郡，復禮異慧曉，慧曉求補緬府諮議參軍。遷始與王前將軍安西諮議，領冠軍録

事參軍，轉司徒從事中郎，遷右長史。時陳郡謝朏爲左長史，府公竟陵王子良謂王融曰：

「我府二上佐，求之前世，誰可爲比？」融曰：「兩賢同時，便是未有前例。」子良於西邸抄

書，令慧曉參知其事。

尋遷西陽王征虜、巴陵王後軍、臨汝公輔國三府長史，行府、州事。復爲西陽王左軍

長史、領會稽郡丞，行郡事。隆昌元年，徙爲晉熙王冠軍長史、江夏内史，行郢州事。慧曉

歷輔五政，治身清肅，僚佐以下造詣，趨起送之。或謂慧曉曰：「長史貴重，不宜妄自謙

屈。」答曰：「我性惡人無禮，不容不以禮處人。」未嘗卿士大夫，或問其故，慧曉曰：「貴人

不可卿，而賤者可卿。人生何容立輕重於懷抱！」終身常呼人位。

建武初，除西中郎長史，行事、内史如故。俄徵黄門郎，未拜，遷吏部郎。尚書令王晏

選門生補内外要局，慧曉爲用數人而止，晏恨之。送女妓一人，欲與申好，慧曉不納。吏

曹都令史歷政以來，諮執選事，慧曉任已獨行，未嘗與語。帝遣左右單景儁以事誚問，慧曉謂景儁曰：「六十之年，不復能諮都令史爲吏部郎也。上若謂身不堪，便當拂衣而退。」

帝甚憚之。後欲用爲侍中，以形短小，乃止。出爲輔國將軍[二〇]、晉安王鎮北司馬、征北長史、東海太守，行府州事。入爲五兵尚書，行揚州事。崔惠景事平，領右軍將軍，出監南徐州，少時，仍遷持節、督南兗兗徐青冀五州軍事、輔國將軍、南兗州刺史。至鎮俄爾，以疾歸，卒。年六十二。贈太常。

同郡顧憲之，字士思，宋鎮南將軍凱之孫也[二一]。性尤清直。永明六年，爲隨王東中郎長史、行會稽郡事。時西陵戍主杜元懿啓：「吳興無秋，會稽豐登，商旅往來，倍多常歲。西陵牛埭稅，官格日三千五百，元懿如即所見，日可一倍，盈縮相兼，略計年長百萬。浦陽南北津及柳浦四埭，乞爲官領攝，一年格外長四百許萬。西陵戍前檢稅，無妨戍事，餘三埭自舉腹心。」世祖敕示會稽郡：「此詎是事？宜可訪察即啓。」憲之議曰：

尋始立牛埭之意，非苟逼僦以納稅也。當以風濤迅險，人力不捷，屢致膠溺，濟急利物耳。既公私是樂，所以輸直無怨。京師航渡，即其例也。而後之監領者，不達其本，各務己功，互生理外。或禁遏別道，或空稅江行，或撲船倍價，或力周而猶責，

凡如此類，不經堺煩牛者上詳，被報格外十條，並蒙停寢。從來諐訴，始得暫弭。案吳興頻歲失稔，今茲尤饉，去之從豐〔二三〕，良由饑棘。或徵貨貿粒〔二三〕，還拯親累。或攜老弱〔二四〕，陳力餬口。堺司責稅，依格弗降。舊格新減，尚未議登，格外加倍，將以何術〔二五〕？皇慈恤隱，振廩蠲調，而元懿幸災擢利，重增困瘼，人而不仁，古今共疾。且比見加格置市者，前後相屬，非惟新加無贏，並皆舊格猶闕。愚恐元懿今啓，亦當不殊。若事不副言，懼貽譴詰〔二六〕，便百方侵苦，為公賈怨。元懿稟性苛刻，已彰往效，任以物上〔二七〕，譬以狼將羊，其所欲舉腹心，亦當虎而冠耳。書云：「與其有聚斂之臣，寧有盜臣，」此言盜公為損蓋微，斂民所害乃大也。今雍熙在運，草木含澤，其非事宜，仰如聖旨。然掌斯任者，應簡廉平，廉則不竊於公，平則無害於民矣。愚又以便宜者，蓋謂便於公，宜於民也。竊見頃之言便宜者，非能於民力之外，用天分地者。率皆即日不宜於民，方來不便於公。名與實反，有乖政體。凡如此等，誠宜深察。

山陰一縣，課戶二萬，其民貲不滿三千者，殆將居半，刻又刻之，猶且三分餘一。凡有貲者，多是士人復除〔二八〕。其貧極者，悉皆露戶役民。三五屬官，蓋惟分定〔二九〕，百端輸調，又則常然。比衆局檢校，首尾尋續，橫相質累者，亦復不少。一人被攝，十

人相追；一緒裁萌，千蘖互起。蠶事弛而農業廢，賤取庸而貴舉責，應公贍私，日不暇給，欲無為非，其可得乎？死且不憚，矧伊刑罰；身且不愛，何況妻子。是以前檢未窮，後巧復滋，網辟徒峻，猶不能悛。竊尋民之多偽，實由宋季軍旅繁興，役賦殷重，不堪勤劇，倚巧祈傃，積習生常，遂迷忘反。四海之大，黎庶之眾，心用參差，難卒澄一。化宜以漸，不可疾責，誠存不擾，藏疾納汙，實增崇曠，務詳寬簡，則稍自歸淳。又被符簡病，前後年月久遠，具事不存〔三0〕。符旨既嚴，不敢闇信。縣簡送郡，郡簡呈使，殊形詭狀，千變萬源。聞者忽不經懷〔三一〕，見者實足傷駭。兼親屬里伍，流離道路，時轉寒溫，事方未已。其士人婦女，彌難厝衷。不簡則疑其有巧，欲簡復未知所安。愚謂此條，宜縣簡保〔三二〕，舉其綱領，略其毛目〔三三〕，乃囊漏不出貯中，庶嬰疾沈痼者，重荷生造之恩也。

又永興、諸暨離唐寓之寇擾，公私殘盡〔三四〕，復特彌甚〔三五〕。儻值水旱，實不易念〔三六〕。俗諺云：「會稽打鼓送卹，吳興步檐令史。」會稽舊稱沃壤，今猶若此；吳興本是埆土，事在可循。餘弊誠宜改張〔三七〕。沿元懿今啟，敢陳管見。

世祖並從之。由是深以方直見委。仍行南豫、南兗二州事，籤典咨事，未嘗與色，動遵法制。歷黃門郎，吏部郎。永元中，為豫章內史。

蕭惠基,南蘭陵蘭陵人也。祖源之,宋前將軍。父思話,征西將軍、儀同三司。

惠基幼以外戚見江夏王義恭,歎其詳審,以女結婚。解褐著作佐郎,征北行參軍〔三八〕,尚書水部、左民郎。出爲湘東內史,除奉車都尉,撫軍、車騎主簿。

泰始初,兄益州刺史惠開拒命,明帝遣惠基奉使至蜀,宣旨慰勞。惠開降而益州土人反,引氐賊圍州城。惠基於外宣示朝廷威賞,於是氐人邵虎、郝天賜等斬賊帥馬興懷以降。還爲太子中舍人。惠基西使千餘部曲,並欲論功,惠基毀除勳簿,竟無所用。或問其此意,惠基曰:「我若論其此勞,則驅馳無已,豈吾素懷之本邪?」

出爲武陵內史,中書、黃門郎。惠基善隸書及弈棊,太祖與之情好相得,早相器遇。桂陽之役,惠基姊爲休範妃,太祖謂之曰:「卿家桂陽遂復作賊。」太祖頓新亭壘,以惠基爲軍副,惠基弟惠朗親爲休範攻戰,惠基在城內了不自疑。出爲豫章太守。還爲吏部郎,遷長兼侍中。

袁粲、劉秉起兵之夕,太祖以秉是惠基妹夫,時直在侍中省,遣王敬則觀其指趣,見惠基安靜不與秉相知,由是益加恩信。討沈攸之,加惠基輔國將軍,徙頓新亭。事寧,解軍號,領長水校尉。母憂去官。

太祖即位，爲征虜將軍、衞尉。惠基就職少時，累表陳解，見許。服闋，爲征虜將軍、東陽太守，加秩中二千石。凡歷四郡，無所蓄聚。還爲都官尚書，轉掌吏部。永明三年，以久疾徙爲侍中、領驍騎將軍。尚書令王儉朝宗貴望，惠基同在禮閣，非公事不私覿焉。

五年，遷太常，加給事中。

自宋大明以來，聲伎所尚，多鄭衞淫俗，雅樂正聲，鮮有好者。惠基解音律，尤好魏三祖曲及相和歌，每奏，輒賞悦不能已。當時能棊人琅邪王抗第一品，吳郡褚思莊、會稽夏赤松並第二品。赤松思速，善於大行；思莊思遲，巧於鬥棊。宋文帝世，羊玄保爲會稽太守，帝遣思莊入東與玄保戲，因製局圖，還於帝前覆之。太祖使思莊與王抗交賭，自食時至日暮，一局始竟。上倦，遣還省，至五更方決。抗睡於局後，思莊達曉不寐。世或云：「思莊所以品第致高，緣其用思深久，人不能對也。」抗、思莊並至給事中。永明中，敕抗品棊，竟陵王子良使惠基掌其事。

初，思話先於曲阿起宅，有閑曠之致。惠基常謂所親曰：「須婚嫁畢，當歸老舊廬。」立身退素，朝廷稱爲善士。明年卒，年五十九。追贈金紫光禄大夫。

弟惠休，永明四年，爲廣州刺史。罷任，獻奉傾資。上敕中書舍人茹法亮曰：「可問

蕭惠休。吾先使卿宣敕答其勿以私禄足充獻奉,今段殊覺其下情厚於前後人。問之,故當不侵私邪〔三九〕?吾欲分受之也。」十一年,自輔國將軍、南海太守爲徐州刺史。鬱林即位,進號冠軍將軍。建武二年,虜圍鍾離,惠休拒守。虜遣使仲長文真謂城中曰:「聖上方脩文德,何故完城拒命?」參軍羊倫答曰:「獫狁孔熾,我是用急。」虜攻城,惠休拒戰破之。遷侍中、領步兵校尉,封建安縣子,五百户。永元元年,徙吳興太守。徵爲右僕射。

吳興郡項羽神舊酷烈,世人云「惠休事神謹,欲得美遷〔四〇〕」。二年,卒。贈金紫光禄大夫。

惠休弟惠朗。善騎馬,同桂陽賊叛,太祖赦之,復加序用。永明九年,爲西陽王征虜長史,行南兗州事。典籤何益孫贓罪百萬,棄市,惠朗坐免官。

史臣曰:長揖上宰,廷折公卿,古稱遺直,希之未過。若夫根孤地危,峻情不屈,則其道雖行,其身永廢。王秀之世守家風,不降節於權輔,美矣哉!

贊曰:秀處邦朝,清心直己。伯寶世族,榮家爲美。約守先業,觀進知止。慧曉貞亮,斯焉君子。惠基惠和,時之選士。

南齊書卷四十六　八九八

〔一〕王於荆州立學 「王」字原無，據册府卷七一八幕府部補，南史卷二四王裕之傳附王秀之傳作「嶷」。

〔二〕州西曹苟丕遺秀之交知書 「苟丕」，南監本、北監本、汲本、殿本、局本作「苟平」，南史卷四二齊高帝諸子豫章文獻王嶷傳、御覽卷四○三引齊書、册府卷二七四宗室部作「苟丕」，册府卷八三二總録部作「苟丕」。「丕」即「丕」字，疑當作「苟丕」。按丕爲潁川人，苟氏爲潁川大族。

〔三〕亦何犯於鱗哉 「鱗」，南監本、局本作「逆鱗」。

〔四〕無以貽離 「貽離」，南監本、北監本、殿本、局本作「相貽」。

〔五〕尚書令王儉當世 「當世」，南監本、北監本、殿本作「當事」，南史卷四二齊高帝諸子豫章文獻王嶷傳作「當朝」。

〔六〕太尉儉從祖兄也 「儉」字原無，據册府卷七八一總録部、卷九一六總録部補。

〔七〕昭自方篆 「篆」，南監本、北監本、汲本、殿本、局本作「策」。

〔八〕或以勳崇 「勳」，册府卷四七一臺省部作「秩」。

〔九〕若使鑾駕紆覽 「紆」，宋本册府卷四七一臺省部作「佇」，明本册府作「停」。

〔一○〕愚謂空彪簡第 「彪」，南監本、汲本、殿本、局本作「標」。「簡第」，册府卷四七一臺省部作

〔一〕「簡册」。

〔二〕直述朝堂　「述」原作「日」，據南監本、北監本、殿本、局本改。

〔三〕從帝車騎驃騎行參軍　「從帝」，南監本、北監本、殿本作「順帝」。按從帝即順帝，蕭子顯避梁諱改。

〔三〕何情興之或廢　「興」，南監本、北監本、汲本、殿本、局本、冊府卷四七一臺省部作「典」。

〔四〕遷司徒左長史　「徒」字原無，據南監本、北監本、汲本、殿本、局本、南史卷二九蔡廓傳附蔡約傳、冊府卷八七七總錄部補。

〔五〕百僚屣履到席　「屣履」，南監本、南史卷二九蔡廓傳附蔡約傳作「脫屣」，冊府卷八七七總錄部作「脫履」。

〔六〕約躧屣不改　「屣」，冊府卷八七七總錄部作「履」。

〔七〕永元二年卒　「永元」，原作「永明」，據南史卷二九蔡廓傳附蔡約傳改。按張森楷校勘記云：「上文已有『永明八年』、『建武元年』，此當從南史。」

〔八〕會稽內史同郡張暢見慧曉童幼　按宋書卷五九張暢傳云暢為會稽太守。

〔九〕與府參軍沛國劉璡同從述職　「劉璡」，原作「劉瑭」，據南監本、北監本、汲本、殿本、局本、御覽卷五八引齊書改。按劉璡為劉瓛之弟，本書卷三九有傳。

〔一〇〕出為輔國將軍　「為」字原無，據南監本、北監本、汲本、殿本、局本、南史卷四八陸慧曉傳補。

〔三〇〕宋鎮南將軍凱之孫也　按梁書卷五二止足顧憲之傳,「鎮南」當作「鎮軍」,「凱之」當作「覬之」。又按宋書卷八一顧覬之傳云覬之卒後追贈鎮軍將軍,可證。

〔三一〕去之從豊　「之」,南監本、北監本、殿本、局本、南史卷三五顧覬之傳附顧憲之傳、冊府卷五〇四邦計部、咸淳臨安志卷八九作「乏」。按冊府卷六八八牧守部作「乏」。

〔三二〕或徵貨貿粒　「徵貨」,冊府卷五〇四邦計部作「徵貸」,咸淳臨安志卷八九作「齎貨」。

〔三三〕或攜老弱　「攜」上南監本、北監本、殿本、局本、冊府卷五〇四邦計部有「提」字。按冊府卷六八八牧守部作「或攜老扶弱」。

〔三四〕將以何術　冊府卷六八八牧守部作「將何以濟」。

〔三五〕懼貽譴詰　「詰」,原作「誥」,據南監本、北監本、殿本、局本、南史、冊府卷五〇四邦計部、卷六八八牧守部及十七史策要改。

〔三六〕任以物上　「物上」,殿本、局本、冊府卷五〇四邦計部、明本冊府卷六八八牧守部作「物土」。按宋本冊府卷六八八牧守部作「物上」,通鑑卷一三六齊紀二武帝永明六年作「物土」。「物上」爲當時習語。

〔三七〕多是士人復除　「士人」,原作「土人」,據南監本、北監本、殿本、局本、南史卷三五顧覬之傳附顧憲之傳、冊府卷五〇四邦計部、卷六八八牧守部改。

〔三八〕蓋惟分定　「定」字原闕,據南監本、北監本、汲本、殿本、局本、冊府卷五〇四邦計部補。按元

〔三〇〕 大德本南史卷三五顧覬之傳附顧憲之傳作「並惟正」。

〔三一〕 具事不存 「具」，南監本、北監本、汲本、殿本、局本、册府卷五〇四邦計部、卷六八八牧守部並作「其」。按宋本册府卷六八八作「具」。

〔三二〕 聞者忽不經懷 「忽不經懷」，宋本册府卷六八八牧守部作「忽不驚懷」，明本册府作「莫不驚懷」。

〔三三〕 宜縣簡保 「宜」下南監本、北監本、殿本、局本、南史卷三五顧覬之傳附顧憲之傳、册府卷五〇四邦計部有「委」字。按南史此句作「宜委縣保」。

〔三四〕 略其毛目 「毛目」二字原闕，據南監本、北監本、殿本、局本、南史卷三五顧覬之傳附顧憲之傳、册府卷五〇四邦計部、卷六八八牧守部補。

〔三五〕 公私殘盡 「盡」，南監本、北監本、殿本、局本、册府卷五〇四邦計部、卷六八八牧守部作「燼」。

〔三六〕 復特彌甚 南監本、局本、南史卷三五顧覬之傳附顧憲之傳、册府卷五〇四邦計部、卷六八八牧守部作「彌復特甚」。

〔三七〕 實不易念 「念」，南監本、南史卷三五顧覬之傳附顧憲之傳、册府卷五〇四邦計部、卷六八八牧守部作「思」。

〔三八〕 事在可循餘弊誠宜改張 「可」下南監本、北監本、殿本、局本、南史卷三五顧覬之傳附顧憲之

傳、册府卷五〇四邦計部、卷六八八牧守部有「知因」二字。「改張」下册府卷六八八牧守部有「置法」二字。

〔三六〕征北行參軍　「行參軍」，南監本作「參軍」。

〔三九〕故當不侵私邪　「侵」，南監本、北監本、殿本、局本、南史卷一八蕭思話傳附蕭惠基傳作「復」。

〔四〇〕欲得美遷　「欲」，南監本、北監本、殿本、局本、南史卷一八蕭思話傳附蕭惠基傳作「故」。

南齊書卷四十七

列傳第二十八

王融　謝朓

王融字元長，琅邪臨沂人也。祖僧達，中書令，曾高並台輔。僧達答宋孝武云：「亡父亡祖，司徒司空。」父道琰，廬陵內史。母臨川太守謝惠宣女，惇敏婦人也。教融書學。

融少而神明警惠，博涉有文才。舉秀才，晉安王南中郎板行參軍，坐公事免。竟陵王司徒板法曹行參軍，遷太子舍人。融以父官不通，弱年便欲紹興家業，啓世祖求自試。曰：「臣聞春庚秋蟀，集候相悲，露木風榮〔一〕，臨年共悅。夫唯動植，且或有心，況在生靈，而能無感。臣自奉望宮闕，沐浴恩私，拔迹庸虛〔二〕，參名盛列，纓劍紫複，趨步丹墀，歲時歸來，誇榮邑里。然無勩而官，昔賢曾議〔三〕；不任而祿，有識必譏。臣所用慷慨

懣，不遑自晏〔四〕。誠以深恩鮮報，聖主難逢，蒲柳先秋，光陰不待，貪及明時，展悉愚効，

以酬陛下不世之仁。若微誠獲信，短才見序，文武吏法，唯所施用。夫君道含弘，臣術無

隱，翁歸乃居中自是〔五〕，充國曰『莫若老臣』。竊景前脩〔六〕，敢蹈輕節。以冒不媒之鄙，

式罄奉公之誠。抑又唐堯在上，不參二八，管夷吾恥之，臣亦恥之。願陛下裁覽。」遷祕書

丞。

尋遷丹陽丞，中書郎。虞使遣求書，朝議欲不與。融上疏曰：

從叔儉，初有儀同之授，融贈詩及書，儉甚奇憚之，笑謂人曰：「穰侯印詎便可解？」

臣側聞僉議，疑給虜書，如臣愚情，切有未喻。夫虜人面獸心，狼猛蜂毒，暴悖天

經，虧違地義，遁竄燭幽，去來幽朔，綿周、漢而不悛，歷晉、宋其踰梗。豈有愛敬仁

智，恭讓廉脩，懃犬馬之馴心，同鷹虎之反目。設稾秩有儲，筋竿足用，必以草竊關

燧，寇擾邊疆；寧容款塞卑辭，承衣請朔。陛下務存遵養，不時侮亡，許其膜拜之誠，

納裘之賮。況復願同文軌，儻見款遣，思奉聲教，方致猜拒。將使舊邑遺逸，未知所

實，衰胡餘噍，或能自推。一令蔓草難鉏，涓流泛酌，豈直疥癬輕痾，容爲心腹重患。

抑孫武之言也，困則數罰，窘則多賞，先暴而後畏其衆者，虜之謂乎？前中原士

庶，雖淪懾殊俗，至於婚葬之晨，猶巾褠爲禮。而禁令苛刻，動加誅轘。于時獯粥初

遷，犬羊尚結，即心徒怨，困懼成逃。自其將卒奔離，資待銷闕〔七〕，北畏勃蠕，西逼南胡，民背如崩，勢絕防斷。於是曲從物情，偽竊章服，歷年將絕，隱蔽無聞。既南向而泣者，日夜以覬。北顧而辭者，江淮相屬。凶謀歲窘，淺慮無方，於是稽顙郊門，問禮求樂。若來之以文德〔八〕，賜之以副書，漢家軌儀，重臨畿輔，司隸傳節，復入關河，無待八百之師，不期十萬之衆，固其提漿佇俟，揮戈願倒，三秦大同，六漢一統。

又虜前後奉使，不專漢人，必介以匈奴，備諸覘獲。且設官分職，彌見其情，抑退舊苗，扶任種戚。師保則后族馮晉國，總錄則邦姓直勒渴侯〔九〕，台鼎則丘頹，苟仁端，執政則目凌、鉗耳。至於東都羽儀，西京簪帶，崔孝伯、程虜虯久在著作，李元和、郭季祐上于中書，李思沖飾虜清官，游明根泛居顯職。今經典遠被，詩史北流，馮、李之徒，必欲遵尚，直勒等類，居致乖阻。何則？匈奴以氈騎爲帷牀，馳射爲糇糧，冠方帽則犯沙陵雪，服左袵則風驤鳥逝。若衣以朱裳，戴之玄頍〔一〇〕，節其揖讓，教以翔趨，必同羈桎梏，等懼冰淵，婆娑蹢躅，困而不能前已。及夫春草水生，阻散馬之適，秋風木落，絕驅禽之歡，息沸脣於桑墟，別醒乳於冀俗，聽韶雅如聾瞶，臨方丈若爰居，馮、李之徒，固得志矣，虜之凶族，其如病何？於是風土之思深，愎戾之情動，拂衣者連裾，抽鋒者比鏃，部落爭于下，酋渠危於上，我一舉而兼吞，卞莊之勢必也。且

棘寶薦虞，晉疆彌盛，大鍾出智，宿氏以亡。帝略遠孚，無思不服，巒光幸岱，匪暮斯朝。臣請收籍伊瀍，茲書復掌，猶取之內府，藏之外籤，於理有愜，即事何損。若狂言足採，請決敕施行。

世祖答曰：「吾意不異卿。今所啓，比相見更委悉。」事竟不行。

永明末，世祖欲北伐，使毛惠秀畫漢武北伐圖，使融掌其事。融好功名，因此上疏曰：

臣聞情愔自中，事符則感，象構於始，機動斯彰。莊敬之道可宗，會揖讓其彌肅，勇烈之士足貴〔一〕，應鼙鐸以增思。肇植生民，厥詳既緬，降及興運，維道有徵，莫不有所因循而升皇業者也。若夫膏腴既稱，天乙知五方之富，皮幣已列，帝劉測四海之尊。異封禪之文，則升中之典攸閟。嘆輿地之圖，乃席卷之庸是立。

伏惟陛下窮神盡聖，總極居中，偶化兩儀，均明二耀，拯玄綱於頹絕，反至道於澆淳，可謂區宇儀形，齊民先覺者也。臣亦遭逢，生此嘉運，鑿飲耕食，自幸唐年。而識用昏霾，經術疏淺，將薾且軸，豈蕪與薇。皇鑒燭幽，天高聽下，賞片言之或善，矜一物之失時，湔拂塵蒙，霑飾光價，拔足草廬，廁身朝序，復得拜賀歲時，瞻望日月，於臣心願，曾已畢矣。但千祀一逢〔二〕，休明難再，思策�駑，樂陳涓埃。竊習戰陣攻守之

術，農桑牧藝之書，申、商、韓、墨之權，伊、周、孔、孟之道。常願待詔朱闕，俯對青蒲，請閑宴之私，談當世之務。位賤人微，徒深傾款。

方今九服清怡，三靈和晏，木有附枝，輪無異轍，東鞮獻舞，南辮傳歌，羌、僰蹏山，秦、屠越海，舌象瓵委體之勤，輶譯厭瞻巡之數，固將開桂林於鳳山，創金城於西守。而蠢爾獫狄，敢讎大邦，假息關河，竊命函谷，淪故京之爽塏，變舊邑而荒涼，息反坫之儒衣，久伊川之被髮。北地殘氓，東都遺老，莫不茹泣吞悲，傾耳戴目，翹心仁政，延首王風。若試馳咫尺之書，其甄戎旅之卒，徇其墮城，納其降虜，可弗勞弦鏃，無待干戈。真皇王之兵，征而不戰者也。臣乞以執殳先邁，式道中原，澄灚渚之恒流〔三〕，掃狼山之積霧，係單于之頸，屈左賢之膝，習呼韓之舊儀，拜鑾輿之巡幸。然後天移雲動，勒封岱宗〔四〕，咸五登三〔五〕，追蹤七十，百神肅警，萬國具僚，瑝弁星離，玉帛雲聚，集三燭於蘭席，聆萬歲之禎聲，豈不盛哉！豈不韙哉！

　昔桓公志在伐莒，郭牙審其幽趣；魏后心存去漢，德祖究其深言。臣愚昧，忖誠不足以知微，然伏揆聖心，規模弘遠，既圖載其事，必克就其功。臣不勝歡喜。

九年，上幸芳林蘭禊宴朝臣，遊幸輒觀視焉。

圖成，上置琅邪城射堂壁上，使融爲曲水詩序，文藻富麗，當世稱之。

上以融才辯，十一年，使兼主客，接虜使房景高、宋弁〔六〕。弁見融年少，問：「主客年幾？」融曰：「五十之年，久踰其半。」因問：「在朝聞主客作曲水詩序。」景高又云：「在北聞主客此製，勝於顏延年，實願一見。」融乃示之。後日，宋弁於瑤池堂謂融曰：「昔觀相如封禪，以知漢武之德；今覽王生詩序，用見齊王之盛〔七〕。」融曰：「皇家盛明，豈直比蹤漢武，更慙鄙製，無以遠匹相如。」上以虜獻馬不稱，使融問曰：「秦西冀北，實多駿驥。而魏主所獻良馬，乃駑駘之不若。求名檢事，殊爲未孚。將旦信誓，有時而爽，駒駒之牧，不能復嗣？」宋弁曰：「不容虛僞之名，當是不習土地。」融曰：「周穆馬跡徧於天下，若騏驥之性，因地而遷，則造父之策，有時而躓。」弁曰：「王主客何爲懃懃於千里〔八〕？」融曰：「卿國既異其優劣，聊復相訪。若千里日至，聖上當駕鼓車。」弁曰：「向意既須，必不能駕鼓車也。」融曰：「買死馬之骨，亦郭隗之故〔九〕。」弁不能答。

融自恃人地，三十內望爲公輔。直中書省，夜歎曰：「鄧禹笑人。」行逢大桁開，喧湫不得進。又歎曰：「車前無八騶卒，何得稱爲丈夫！」

朝廷討雍州刺史王奐，融復上疏曰：

臣每覽史傳，見憂國忘家，捐生報德者，未曾不撫卷歎息〔二〇〕，以爲今古共情也。然或以片言微感，一飧小惠，參國士之眄，同布素之遊耳。豈有如臣，獨拔無聞之伍，

過超非分之位，名器雙假，榮祿兩升，而宴安昊罷之晨，優游旰食之日。所以敢布丹愚，仰聞宸聽。

今議者或以西夏爲念，臣竊謂之不爾。其故何哉？陛下聖明，羣臣悉力，從以制逆[三]，上而御下，指開賞黜之言[三]，微示生死之路，方域之人，皆相爲敵。既兵威遠臨，人不自保，雖窮鳥必啄，固等命於梁鷃，困獸斯驚，終並懸於廚鹿。凱師勞飲，固不待晨。臣之寸心，獨有微願。

自獫狁荐食，荒侮伊瀍，天道禍淫，危亡日至，毋后內難，粮力外虛[三]，謠言物情，屬當今會。若藉巫、漢之歸師，騁士卒之餘憤，取函谷如反掌[二四]，陵關塞若摧枯。但士非素蓄，無以即用，不教民戰，是實棄之。特希私集部曲，豫加習校。若蒙垂許，乞隸監省拘食人身，權備石頭防衛之數。臣少重名節，早習軍旅，若試而無績，伏受面欺之誅：用且有功，仰訓知人之哲。

會虜動，竟陵王子良於東府募人，板融寧朔將軍、軍主。融文辭辯捷，尤善倉卒屬綴，有所造作，援筆可待。子良特相友好，情分殊常。晚節大習騎馬。才地既華，兼藉子良之勢，傾意賓客，勞問周款，文武翕習輻湊之[二五]。招集江西傖楚數百人，並有幹用。

世祖疾篤暫絕，子良在殿內，太孫未入，融戎服絳衫，於中書省閣口斷東宮仗不得進，

欲立子良。上既蘇，太孫入殿，朝事委高宗。融知子良不得立，乃釋服還省。歎曰：「公

誤我。」鬱林深忿疾融，即位十餘日〔二六〕，收下廷尉獄，然後使中丞孔稚珪倚爲奏曰：「融姿

性剛險，立身浮競，動迹驚羣，抗言異類。近塞外微塵，苦求將領，遂招納不逞，扇誘荒傖。

狡筭聲勢〔二七〕，專行權利，反覆脣齒之間，傾動頰舌之內。威福自己，無所忌憚，誹謗朝政，

歷毀王公，謂己才流，無所推下，事曝遠近，使融依源據答。」融辭曰：「凶蹇頑蔽，觸行多

釁，但夙忝門素〔二八〕，得奉教君子。爰自總髮，迄將立年，州間鄉黨，見許愚慎，朝廷衣冠，

謂無釁咎。過蒙大行皇帝獎育之恩，又荷文皇帝識擢之重〔二九〕，司徒公賜預士林，安陸王

曲垂眄接。既身被國慈，必欲以死自効，前後陳伐虜之計，亦仰簡先朝。今段犬羊乍擾，

紀僧真奉宣勑敕，賜語北邊動靜，令囚草撰符詔，于時即因啓聞，希侍變輿。及司徒宣勑

招募，同例非一，實以戎事不小，不敢承教。續蒙軍號，賜使招集，銜敕而行，非敢虛扇。

且格取亡叛，不限傖楚。『狡筭聲勢』〔三〇〕，應有形迹。『專行權利』，又無贓賄。『反覆脣齒

之間』，未審悉與誰言？『輕動頰舌之內』〔三一〕，不容都無主此〔三二〕。但聖主膺教，實所沐

浴，自上甘露頌及銀甕啓、三日詩序、接虜語辭〔三三〕，竭思稱揚，得非『詆毀』？且王公百

司，唯賢是與，高下之敬，等秩有差，不敢踰濫，豈應『訕毀』？因才分本劣〔三四〕，謬被策

用，悚怍之情，夙宵兢惕，未嘗誇示里閭，彰曝遠邇，自循自省，並愧流言。良由緣淺寡

虞〔三五〕，致貽囂謗。伏惟明皇臨宇，普天蒙澤，戊寅赦恩，輕重必宥。百日曠期，始蒙旬日，一介罪身，獨嬰憲劾。若事實有徵，爰對有在，九死之日，無恨泉壤。」詔於獄賜死。時年二十七。臨死歎曰：「我若不爲百歲老母，當吐一言。」融意欲指斥帝在東宮時過失也。

融被收，朋友部曲參問北寺，相繼於道。融請救於子良，子良憂懼不敢救。融文集行於世。

謝朓字玄暉，陳郡陽夏人也。祖述，吳興太守。父緯，散騎侍郎。

朓少好學，有美名，文章清麗。解褐豫章王太尉行參軍〔三六〕，度隨王東中郎府，轉王儉衛軍東閣祭酒〔三七〕，太子舍人，隨王鎮西功曹，轉文學。

子隆在荆州，好辭賦，數集僚友，朓以文才〔三八〕，尤被賞愛，流連晤對，不捨日夕。長史王秀之以朓年少相動，密以啟聞。世祖敕曰：「侍讀虞雲自宜恒應侍接。朓可還都。」道中爲詩寄西府曰：「常恐鷹隼擊，秋菊委嚴霜〔三九〕。寄言蔚羅者，寥廓已高翔。」遷新安王中軍記室。朓牋辭子隆曰：「朓聞潢汙之水，思朝宗而每竭〔四〇〕；歧路東西〔四一〕，或以嗚悒。乃服義徒擁〔四二〕，歸志莫中疲。何則？皋壤搖落，對之惆悵；

從，邈若墜雨，飄似秋蔕〔四三〕。朓實庸流，行能無算，屬天地休明，山川受納，襃採一介，搜揚小善〔四四〕，捨未場圃，奉筆菟園。東亂三江，西浮七澤，契闊戎旃，從容讌語。長裾日曳，後乘載脂，榮立府廷，恩加顏色。沐髮晞陽，未測涯涘；撫臆論報，早誓肌骨。不悟滄溟未運〔四五〕，波臣自蕩；渤澥方春，旅翮先謝。清切蕃房，寂寥舊華。輕舟反泝，弔影獨留，白雲在天，龍門不見。去德滋永，思德滋深。唯待青江可望，候歸艎於春渚；朱邸方開，効蓬心於秋實。如其簪履或存，袵席無改，雖復身填溝壑，猶望妻子知歸。攬涕告辭，悲來橫集。」

尋以本官兼尚書殿中郎。隆昌初，敕朓接北使，朓自以口訥，啟讓不當，不見許〔四六〕。高宗輔政，以朓爲驃騎諮議，領記室，掌霸府文筆。又掌中書詔誥，除祕書丞，未拜，仍轉中書郎。出爲宣城太守，以選復爲中書郎。

建武四年，出爲晉安王鎮北諮議、南東海太守，行南徐州事。啟王敬則反謀，上甚善賞之〔四七〕。遷尚書吏部郎。朓上表三讓，中書疑朓官未及讓，以問祭酒沈約。約曰：「宋元嘉中，范曅讓吏部，朱脩之讓黃門，蔡興宗讓中書，並三表詔答，具事宛然。近世小官不讓，遂成恒俗，恐此有乖讓意。王藍田、劉安西並貴重，初不自讓〔四八〕，今豈可慕此不讓邪？孫興公、孔顗並讓記室，今豈可三署皆讓邪？謝吏部今授超階，讓別有意，豈關官

之大小？撝讓之美〔四九〕，本出人情。若大官必讓，便與詣闕章表不異。例既如此，謂都自非疑〔五〇〕。」朓又啟讓，上優答不許。

朓善草隸，長五言詩，沈約常云「二百年來無此詩也」。敬皇后遷祔山陵，朓撰哀策文，齊世莫有及者。

東昏失德，江祏欲立江夏王寶玄〔五一〕，未更回惑，與弟祀密謂朓曰：「江夏年少輕脫，不堪負荷神器，不可復行廢立。始安年長入纂，不乖物望。非以此要富貴，政是求安國家耳。」遙光又遣親人劉渢密致意於朓〔五二〕，欲以為肺腑。朓自以受恩高宗，非渢所言，不肯答。少日，遙光以朓兼知衞尉事，朓懼見引，即以祏等謀告左興盛〔五三〕，興盛不敢發言。祏聞，以告遙光，遙光大怒，乃稱敕見朓〔五四〕，仍回車付廷尉，與徐孝嗣、祏、暄等連名啟誅朓曰：「謝朓資性險薄，王敬則往構凶逆，微有誠効，自爾昇擢，超越倫伍。而谿壑無厭，著於觸事。比遂扇動內外，處處姦說，妄貶乘輿，竊論宮禁，間謗親賢，輕議朝宰，醜言異計，非可具聞。無君之心既著，共棄之誅宜及。臣等參議，宜下北里，肅正刑書。」

詔：「公等啟事如此，朓資性輕險，久彰物議。直以彫蟲薄伎，見齒衣冠。昔在渚宮，構扇蕃邸，日夜縱諛〔五五〕，仰窺俯畫。及還京師，飜自宣露，江、漢無波，以為己功。素論於茲而盡，縉紳所以側目。去夏之事，頗有微誠，賞擢曲加，踰邁倫序，感悅未聞，陵競彌著。遂

復矯構風塵，妄惑朱紫，詆貶朝政，疑閒親賢。巧言利口，見醜前志，涓流纖蘖，作戒遠圖。宜有少正之刑，以申去害之義。便可收付廷尉，蕭明國典。」又使御史中丞范岫奏收朓，下獄死。時年三十六。

朓初告王敬則，敬則女為朓妻，常懷刀欲報朓，朓不敢相見。及為吏部郎，沈昭略謂朓曰：「卿人地之美，無忝此職。但恨今日刑于寡妻。」朓臨敗歎曰：「我不殺王公，王公由我而死。」

史臣曰：晉世遷宅江表，人無北歸之計，英霸作輔，芟定中原，彌見金德之不競也。元嘉再略河南，師旅傾覆，自此以來，攻伐寢議。雖有戰爭，事存保境。王融生遇永明，軍國寧息，以文敏才華，不足進取，經略心旨，殷懃表奏。若使宮車未晏，有事邊關，融之報效，或不易限。夫經國體遠，許久為難，而立功立事，信居物右，其賈誼終軍之流亞乎！

贊曰：元長穎脫，拊翼將飛。時來運往，身沒志違。高宗始業，乃顧玄暉。逢昏屬亂，先蹈禍機。

校勘記

（一）露木風榮　「風榮」，類聚卷五三引王融求試效啓作「風螢」。

（二）拔迹庸虛　「虛」，册府卷九〇〇總錄部作「流」。

（三）昔賢曾議　册府卷九〇〇總錄部作「在昔貽議」。

（四）不違自晏　「晏」，南監本作「安」。

（五）翁歸乃居中自是　「是」，南監本、北監本、汲本、殿本、局本作「見」。

（六）竊景前脩　「竊景」，類聚卷五三引王融求試效啓作「切慕」。

（七）資待銷闕　「待」，南監本、北監本、殿本、局本作「峙」，永樂大典卷六八三一引齊書王融傳作「偫」。

（八）若來之以文德　「來」，永樂大典卷六八三一引齊書王融傳作「求」。

（九）總錄則邦姓直勒渴侯　「直勒」，據本書卷五七魏虜傳、北魏文成帝南巡碑、宋書卷九五索虜傳，當作「直勤」。

（一〇）戴之玄頍　「頍」，原作「頗」，據永樂大典卷六八三一引齊書王融傳改，南監本、北監本、汲本、殿本、局本作「冕」。

（一一）勇烈之士足貴　「士」，永樂大典卷六八三一引齊書王融傳作「風」。

（一二）但千祀一逢　「千祀」，類聚卷五九引王融答勑撰漢武北伐圖賦啓作「九祀」。

（一三）澄瀚渚之恒流　「瀚渚」，類聚卷五九引王融答勑撰漢武北伐圖賦啓作「瀚海」。

〔一四〕勒封岱宗 「勒」，類聚卷五九引王融答勅撰漢武北伐圖賦啟作「升」。

〔一五〕咸五登三 「咸」，類聚卷五九引王融答勅撰漢武北伐圖賦啟作「減」。

〔一六〕十一年使兼主客接虜使房景高宋弁 「十一年」，魏書卷七下高祖紀下記房景高、宋弁聘齊事在太和十六年，時當齊永明十年，疑是。

〔一七〕用見齊王之盛 「齊王」，南史卷二一王弘傳附王融傳、冊府卷八三四總錄部作「齊主」。

〔一八〕王主客何爲勤勤於千里 「勤勤」，南監本、局本作「殷勤」。

〔一九〕亦郭隗之故 「亦」下南史卷二一王弘傳附王融傳、冊府卷八三四總錄部有「以」字。

〔二0〕未嘗不撫卷歎息 「撫卷歎息」，宋本冊府卷四七一臺省部作「撫躬歎息」，明本冊府作「撫躬歎惜」。

〔二一〕從以制逆 「從」，南監本、北監本、殿本作「順」。「從」即「順」字，蕭子顯避梁武帝父諱改。

〔二二〕指開賞黜之言 「指」，冊府卷四七一臺省部作「詔」。

〔二三〕粮力外虛 「粮力」，南監本作「兵力」。

〔二四〕取函谷如反掌 「函谷」，類聚卷五九引王融勸高帝北伐啟、明本冊府卷四七一臺省部作「函河」。

〔二五〕文武翕習輻湊之 「翕習」，南監本作「翕翕」。

〔二六〕即位十餘日 「十餘日」，冊府卷五二一憲官部作「十日」。

〔二七〕狡筭聲勢 「筭」，南監本、北監本、汲本、殿本、局本、南史卷二一王弘傳附王融傳並作「弄」。按説文「筭」字從竹弄，本含有「弄」義。

〔二六〕但夙忝門素 「忝」，原作「恭」，據北監本、汲本、殿本、局本、南史卷二一王弘傳附王融傳、册府卷五二一憲官部改。

〔二五〕又荷文皇帝識擢之重 「識擢」，明本册府卷五二一憲官部作「職任」。

〔二四〕狡竿聲勢 「竿」，南監本、北監本、汲本、殿本、局本作「弄」。按册府卷五二一憲官部作「筭」。

〔二三〕輕動煩舌之内 「輕」，南監本、局本、南史卷二一王弘傳附王融傳作「傾」。

〔二二〕不容都無主此 「主」，南監本、局本作「彼」。

〔二一〕接虜語辭 「虜」下南監本、北監本、殿本、局本、南史卷二一王弘傳附王融傳、册府卷五二一憲官部有「使」字。

〔二〇〕因才分本劣 「因」，北監本、汲本、殿本、局本、南史卷二一王弘傳附王融傳、册府卷五二一憲官部作「囚」。

〔一九〕良由緣淺寡虞 「緣」，册府卷五二一憲官部作「慮」。

〔一八〕解褐豫章王太尉行參軍 「章」字原無，據南監本、北監本、汲本、殿本、局本、文選卷二〇謝玄暉新亭渚別范零陵詩、卷三〇謝玄暉始出尚書省李善注引蕭子顯齊書補。

〔三七〕轉王儉衞軍東閤祭酒 「閤」，原作「門」，南監本、北監本、汲本、殿本作「閤」，據局本、南史卷一九謝裕傳附謝朓傳改。

〔三八〕朓以文才 「文才」，文選卷二六謝玄暉暫使下都夜發新林至京邑贈西府同僚李善注引蕭子顯齊書、册府卷二九二宗室部作「才文」。

〔三九〕秋菊委嚴霜 「秋菊」，文選卷二六謝玄暉暫使下都夜發新林至京邑贈西府同僚、類聚卷三一人部、南史卷一九謝裕傳附謝朓傳、謝宣城集卷三作「時菊」。

〔四〇〕思朝宗而每竭 「思」，文選卷四〇謝玄暉拜中軍記室辭隋王箋作「願」。

〔四一〕歧路東西 「東西」，文選卷四〇謝玄暉拜中軍記室辭隋王箋、册府卷七一八幕府部作「西東」。

〔四二〕乃服義徒擁 「乃」上南監本、北監本、殿本、局本、文選卷四〇謝玄暉拜中軍記室辭隋王箋、南史卷一九謝裕傳附謝朓傳、册府卷八五〇總錄部有「況」字。宋刊明州本六臣注文選卷四〇謝玄暉拜中軍記室辭隋王箋有「恐」，册府卷七一八幕府部引作「而」。

〔四三〕飄似秋蔕 「飄」，文選卷四〇謝玄暉拜中軍記室辭隋王箋作「翻」。

〔四四〕搜揚小善 「搜」，文選卷四〇謝玄暉拜中軍記室辭隋王箋作「抽」。

〔四五〕不悟滄溟未運 「未」，原作「末」，據南監本、北監本、局本、文選卷四〇謝玄暉拜中軍記室辭隋王箋、南史卷一九謝裕傳附謝朓傳、册府卷七一八幕府部、卷八五〇總錄部改。

〔四六〕啓讓不當不見許　南監本、南史卷一九謝裕傳附謝朓傳無「不當不」三字，北監本、殿本無下「不」字。

〔四七〕上甚善賞之　「善」，南監本、北監本、汲本、殿本、局本作「嘉」。

〔四八〕初不自讓　南史卷一九謝裕傳附謝朓傳、通典卷二二一職官四、御覽卷二一六引齊書、卷四二二引齊書、册府卷四六四臺省部作「初自不讓」。

〔四九〕撝讓之美　「讓」，北監本、汲本、殿本、局本作「謙」。

〔五〇〕謂都自非疑　「自」，南監本無。

〔五一〕江祏欲立江夏王寶玄　「祏」，原作「柘」，據南監本、北監本、汲本、殿本、局本改。

〔五二〕遙光又遣親人劉渢密致意於朓　「遣」，原作「遺」，據北監本、殿本、局本、南史卷一九謝裕傳附謝朓傳、通鑑卷一四二齊紀八東昏侯永元元年改。

〔五三〕即以祏等謀告左興盛　「左興盛」下北監本、殿本有「劉暄」二字。

〔五四〕乃稱敕見朓　「見」，南監本、北監本、汲本、殿本、局本作「召」。

〔五五〕日夜縱諛　「縱」，南監本、北監本、殿本作「從」。

列傳第二十九

袁彖　孔稚珪　劉繪

袁彖字偉才，陳郡陽夏人也。祖洵，吳郡太守。父覬，武陵太守〔一〕。

彖少有風氣，好屬文及玄言。舉秀才，歷諸王府參軍，不就。覬臨終與兄顗書曰：「史公才識可嘉，足懋先基矣。」史公，彖之小字也。

服未闋，顗在雍州起事見誅，宋明帝投顗尸江中，不聽斂葬。彖與舊奴一人，微服潛行求尸，四十餘日乃得，密瘞石頭後崗，身自負土。懷其父集〔二〕，未嘗離身。明帝崩後，乃改葬顗。從叔司徒粲、外舅征西將軍蔡興宗並器之〔三〕。

除安成王征虜參軍，主簿，尚書殿中郎，出爲廬陵內史，豫州治中，太祖太傅相國主

簿，祕書丞。議駁國史，檀超以天文志紀緯序位度，五行志載當時祥沴，二篇所記，事用相懸，日蝕爲災，宜居五行。超欲立處士傳。象曰：「夫事關業用〔四〕，方得列其名行。今栖遁之士，排斥皇王，陵轢將相，此偏介之行，不可長風移俗，故遷書未傳，班史莫編。一介之善，無緣頓略，宜列其性業〔五〕，附出他篇。」

遷始興王友，固辭。太祖使吏部尚書何戢宣旨令就。遷中書郎，兼太子中庶子。又以中書兼御史中丞。轉黃門郎，兼中丞如故。坐彈謝超宗簡奏依違，免官。尋補安西諮議，南平内史。除黃門，未拜，仍轉長史、南郡内史，行荊州事。還爲太子中庶子，本州大中正。出爲冠軍將軍、監吳興郡事。

象性剛，嘗以微言忤世祖，又與王晏不恊。世祖在便殿，用金柄刀子治爪〔六〕，晏在側曰：「外間有金刀之言，恐不宜用此物。」世祖愕然，窮問所以。晏曰：「袁象爲臣說之。」上銜怒良久，象到郡，坐逆用禄錢〔七〕，免官付東冶。世祖遊陵〔八〕，望東冶，曰：「中有一好貴囚。」數日，車駕與朝臣幸冶，履行庫藏，因宴飲，賜囚徒酒肉，敕見象，與語，明日釋之。尋白衣行南徐州事，司徒諮議，衛軍長史，遷侍中。

象形體充腴，有異於衆。每從車駕射雉在郊野，數人推扶，乃能徒步。幼而母卒，養於伯母王氏，事之如親。閨門中甚有孝義。隆昌元年，卒。年四十八。諡靖子。

孔稚珪字德璋，會稽山陰人也。祖道隆，位侍中。父靈産，泰始中，罷晉安太守。有

隱遁之懷，於禹井山立館，事道精篤，吉日於靜屋四向朝拜〔九〕，涕泗滂沱。東出過錢塘北

郭，輒於舟中遙拜杜子恭墓，自此至都，東向坐，不敢背側。元徽中，爲中散、太中大夫。

頗解星文，好術數。太祖輔政，沈攸之起兵，靈産密白太祖曰：「攸之兵衆雖彊，以天時冥

數而觀，無能爲也。」太祖驗其言，擢遷光禄大夫。以籤盛靈産上靈臺，令其占候。餉靈産

白羽扇、素隱几。曰：「君性好古，故遺君古物。」

稚珪少學涉，有美譽。太守王僧虔見而重之，引爲主簿。州舉秀才。解褐宋安成王

車騎法曹行參軍，轉尚書殿中郎。太祖爲驃騎，以稚珪有文翰，取爲記室參軍，與江淹對

掌辭筆。遷正員郎，中書郎，尚書左丞。父憂去官，與兄仲智還居父山舍。仲智妾李氏驕

妬無禮，稚珪白太守王敬則殺之。服闋，爲司徒從事中郎，州治中、別駕從事史，本郡中

正。

永明七年，轉驍騎將軍，復領左丞。遷黃門郎，左丞如故。轉太子中庶子，廷尉。江

左相承用晉世張杜律二十卷，世祖留心法令，數訊囚徒，詔獄官詳正舊注〔一〇〕。先是七年，

尚書删定郎王植撰定律章，表奏之，曰：「臣尋晉律，文簡辭約，旨通大綱，事之所質，取斷難釋。張斐杜預同注一章，而生殺永殊。自晉泰始以來，唯斟酌參用。是則吏挾威福之勢，民懷不對之怨，所以溫舒獻辭於失政，絳侯忼慨而興歎。皇運革祚，道冠前王，陛下紹興，光開帝業。下車之痛，每惻上仁，滿堂之悲，有矜聖思。爰發德音，删正刑律，敕臣集定張杜二注。謹礪愚蒙，盡思詳撰，削其煩害，録其允衷。取張注七百三十一條，杜注七百九十一條。或二家兩釋，於義乃備者，又取一百七條。其注相同者[二]，取一百三條。於是公卿八座參議。凡一千五百三十二條[三]，爲二十卷。請付外詳校，摘其違謬。」從之。於是集爲一書，考正舊注。有輕重處，竟陵王子良下意，多使從輕。其中朝議不能斷者，制旨平決。至九年，稚珪上表曰：

臣聞匠萬物者以繩墨爲正，馭大國者以法理爲本。是以古之聖王，臨朝思理，遠防邪萌，深杜姦漸，莫不資法理以成化，明刑賞以樹功者也。伏惟陛下躡曆登皇，乘圖踐帝，天地更築，日月再張，五禮裂而復縫，六樂積而爰緝。乃發德音，下明詔，降恤刑之文，申慎罰之典，敕臣與公卿八座共删注律。謹奉聖旨，諮審司徒臣子良，稟受成規，創立條緒。使兼監臣宋躬、兼平臣王植等抄撰同異，定其去取。詳議八座，裁正大司馬臣嶷。其中洪疑大議，衆論相背者，聖照玄覽，斷自天筆。始就成立律文

二十卷，〈録叙〉一卷，凡二十一卷。今以奏聞，請付外施用，宣下四海。

臣又聞老子、仲尼曰：「古之聽獄者，求所以生之；今之聽獄，求所以殺之。」「與其殺不辜，寧失有罪。」是則斷獄之職，自古所難矣。今律文雖定，必須用之，用失其平，不異無律。律書精細，文約例廣，疑似相傾，故誤相亂，一乖其綱，枉濫橫起。法吏無解，既多謬僻，監司不習，無以相斷，則法書徒明於帙裏，冤魂猶結於獄中。今府州郡縣千有餘獄，如令一獄歲枉一人，則一年之中，枉死千餘矣。冤毒之死，上干和氣，聖明所急，不可不防。致此之由，又非但律吏之咎，列邑之宰〔三〕，亦亂其經。或以軍勳餘力，或以勞吏暮齒，獷情濁氣〔四〕，忍并生靈，昏心狠態〔五〕，吞剝氓物，虐理殘其命，曲文被其罪，冤積之興，復緣斯發。獄吏雖良，不能爲用。使于公哭於邊城，孝婦冤於遐外。陛下雖欲宥之，其已血濺九泉矣。

尋古之名流，多有法學。故釋之、定國，聲光漢臺〔六〕；元常、文惠〔七〕，績映魏閣〔八〕。今之士子，莫肯爲業，縱有習者，世議所輕。良由空勤永歲，不逢一朝之賞，積學當年，終爲閒伍所蚩。將恐此書永墜下走之手矣。今若弘其爵賞，開其勸慕，課業宦流，班習胄子，拔其精究〔九〕，使處內局，簡其身良，以居外仕〔一〇〕，方岳咸選其能，邑長並擢其術，則皋繇之謀〔一一〕，指掌可致，杜鄭之業，鬱焉何遠。然後姦邪無所逃其

刑〔二二〕，惡吏不能藏其詐〔二三〕，如身手之相驅，若絃栝之相接矣。

臣以疎短，謬記大理。陛下發自聖衷，憂矜刑網，御延奉訓〔二四〕，遠照民瘼。臣謹仰述天官，伏奏雲陛。所奏繆允者，宜寫律上，國學置律助教〔二五〕，依五經例，國子生有欲讀者，策試上過高第，即便擢用，使處法職，以勸士流。

詔報從納，事竟不施行。

轉御史中丞，遷驍騎長史、輔國將軍。

珪以虜連歲南侵，征役不息，百姓死傷。乃上表曰：

匈奴爲患，自古而然，雖三代智勇，兩漢權奇，筭略之要，二塗而已。一則鐵馬風馳，奮威沙漠；二則輕車出使，通驛虜庭。揣而言之〔二六〕，優劣可覩。今之議者，咸以丈夫之氣，恥居物下，況我天威，寧可先屈？吳、楚勁猛，帶甲百萬，截彼鯨鯢，何往不碎？請和示弱，非國計也。臣以爲戎狄獸性，本非人倫，鴟鳴狼踞，不足喜怒，蜂目豺尾，何關美惡。唯宜勝之以深權，制之以遠筭〔二七〕，弘之以大度，處之以蟊賊。豈足肆天下之忿，捐蒼生之命，發雷電之怒，爭蟲鳥之氣。百戰百勝，不足稱雄，橫尸千里，無益上國。而蟻聚蠶攅〔二八〕，窮誅不盡，馬足毛羣，難與競逐。漢高橫威海表，窘迫長圍；孝文國富刑清，事屈陵辱；宣帝撫納安靜，朔馬不驚；光武卑辭厚禮，寒山

無釁。是兩京四主，英濟中區，輸寶貨以結和，遣宗女以通好，長轡遠馭，子孫是賴。

豈不欲戰，惜民命也。唯漢武藉五世之資，承六合之富，驕心奢志，大事匈奴。遂連

兵積歲，轉戰千里，長驅瀚海，飲馬龍城[二九]，雖斬獲名王，屠走凶羯，而漢之卒甲十亡

其九[三〇]。故衛霍出關，千隊不反，貳師入漠[三一]，百旅頓降，李廣敗於前鋒，李陵沒於

後陣，其餘奔北，不可勝數。遂使國儲空懸，户口減半，好戰之功，其利安在？戰不

及和，相去何若？

自西朝不綱，東晉遷鼎，羣胡沸亂，羌狄交橫，荊棘攢於陵廟，豺虎咆於宮闈[三二]，

山淵反覆，黔首塗地，逼迫崩騰，開闢未有。是時得失，略不稍陳。近至元嘉，多年無

事，末路不量，復挑彊敵。遂迺連城覆徙，虜馬飲江，青、徐之際[三三]，草木爲人耳。建

元之初，胡塵犯塞，永明之始，復結通和，十餘年間，邊候且息[三四]。

陛下張天造曆，駕日登皇，聲雷寓宙，勢壓河岳。而封豕殘魂，未屠劍首，長蛇餘

喘，偷窺外甸，烽亭不靜，五載於斯。昔歲蟻壞[三五]，瘻食樊、漢，今茲蟲毒，浸淫未已。

興師十萬，日費千金，五歲之費，寧可貲計。陛下何惜匹馬之驛，百金之賂，數行之

詔，誘此凶頑，使河塞息肩，關境全命，蓄甲養民，以觀彼弊。我策若行，則爲不世之

福；若不從命，不過如戰失一隊耳。或云「遣使不受，則爲辱命」。夫以天下爲量者，

不計細恥，以四海爲任者，寧顧小節。一城之没，尚不足惜；一使不反，曾何取愆？且我以權取貴，得我略行，何嫌其恥？所謂尺蠖之屈，以求伸也。臣不言遣使必得和，自有可和之理；猶如欲戰不必勝，而有可勝之機耳。今宜早發大軍，廣張兵勢，徵犀甲於岷峨，命樓船於浦海。使自青徂豫，候騎星羅，沿江入漢，雲陣萬里。據險要以奪其魂，斷糧道以折其膽，多設疑兵，使精悉而計亂〔三六〕，固列金湯，使神茹而慮屈。然後發衮詔，馳輕驛，辯辭重幣，陳列吉凶。北虜頑而愛奇，貪而好古〔三七〕，畏我之威，喜我之賂，畏威喜賂，願和必矣。陛下用臣之啓，行臣之計，何憂玉門之下，而無款塞之胡哉？

彼之言戰既慇懃，臣之言和亦慷闊。伏願察兩塗之利害，檢二事之多少，聖照玄省，灼然可斷。所表謬奏，希下之朝省，使同博議。臣謬荷殊恩，奉佐侯岳〔三八〕，敢肆瞽直，伏奏千里。

帝不納。

徵侍中，不行，留本任。

稚珪風韻清疎，好文詠，飲酒七八斗。與外兄張融情趣相得，又與琅邪王思遠、廬江何點、點弟胤並款交。不樂世務，居宅盛營山水，憑机獨酌，傍無雜事。門庭之內，草萊不剪，中有蛙鳴，或問之曰：「欲爲陳蕃乎？」稚珪笑曰：「我以此當兩部鼓吹，何必期效仲

永元元年，爲都官尚書，遷太子詹事、加散騎常侍。三年，稚珪疾，東昏屛除，以牀轝

走，因此疾甚，遂卒。年五十五。贈金紫光禄大夫。

劉繪字士章，彭城人，太常悛弟也。父勔，宋末權貴，門多人客，使繪與之共語，應接

流暢。勔喜曰：「汝後若束帶立朝，可與賓客言矣。」解褐著作郎，太祖太尉行參軍。太祖

見而歎曰：「劉公爲不亡也。」

嶷謂僚佐曰：「吾雖不能得應嗣陳蕃，然閣下自有二驥也。」復爲司空記室録事，轉

自進。

警有文義，善隷書，數被賞召，進對華敏，僚吏之中，見遇莫及。琅邪王詡爲功曹，以吏能

豫章王嶷爲江州，以繪爲左軍主簿。隨鎮江陵，轉鎮西外兵曹參軍，驃騎主簿。繪聰

太子洗馬，大司馬諮議、領録事。時豫章王嶷與文惠太子以年秩不同，物論謂宮、府有疑，

繪苦求外出，爲南康相。郡事之暇，專意講説。上左右陳洪請假南還，問繪在郡何似？

既而聞之曰：「南康是三州喉舌，應須治幹。豈可以年少講學處之邪？」徵還爲安陸王護

軍司馬，轉中書郎，掌詔誥。敕助國子祭酒何胤撰治禮儀。

永明末，京邑人士盛爲文章談義，皆湊竟陵王西邸。繪爲後進領袖，機悟多能。時張融、周顒並有言工，融音旨緩韻，顒辭致綺捷，繪之言吐又頓挫有風氣。時人爲之語曰：「劉繪貼宅，別開一門。」言在二家之中也。

魚復侯子響誅後，豫章王嶷欲求葬之，召繪言其事，使爲表。繪求紙筆，須臾便成。嶷足八字[三九]，云「提攜鞠養，俯見成人」。繪謂人曰：「無論潤色未易，但得我語亦難矣。」後北虜使來，繪以辭辯，敕接虜使。事畢，當撰語辭。隆昌中，繪坐罪將見誅，繪伏闕請代兄死，高宗輔政，救解之。引爲鎮軍長史，轉黃門郎。

事兄悛恭謹，與人語，呼爲「使君」。高宗爲驃騎，以繪爲輔國將軍、諮議、領錄事，典筆翰。高宗即位，遷太子中庶子，出爲寧朔將軍、撫軍長史。

安陸王寶晊爲湘州，以繪爲冠軍長史、長沙內史，行湘州事，將軍如故。寶晊妃，悛女也。寶晊愛其侍婢，繪奪取，具以啓聞，寶晊以爲恨，與繪不恊。

遭母喪去官。有至性，持喪墓下三年，食麄糲。服闋，爲寧朔將軍、晉安王征北長史、南東海太守，行南徐州事。繪雖豪俠，常惡武事，雅善博射，未嘗跨馬。兄悛之亡，朝議贈平北將軍、雍州刺史，詔書已出，繪請尚書令徐孝嗣改之。

及梁王義師起，朝廷以繪爲持節、督雍梁南北秦四州郢州之竟陵司州之隨郡諸軍事、

輔國將軍、領寧蠻校尉、雍州刺史。固讓不就。衆以朝廷昏亂，爲之寒心，繪終不受，東昏改用張欣泰。繪轉建安王車騎長史，行府國事。義師圍城，南兗州刺史張稷總城內軍事，與繪情款異常，將謀廢立，閑語累夜。東昏殞，城內遣繪及國子博士范雲等送首詣梁王於石頭，轉大司馬從事中郎。中興二年，卒。年四十五。繪撰能書人名，自云善飛白，言論之際，頗好矜知〔四〇〕。

弟瑱，字士溫。好文章，飲酒奢逸，不丟財物。滎陽毛惠遠善畫馬，瑱善畫婦人，世並爲第一。官至吏部郎。先繪卒。

史臣曰：刑禮相望，勸戒之道，淺識言治，莫辯後先，故宰世之堤防，御民之羈絆。簡爲政，貴在畫一，輕重屢易，手足無從〔四一〕。律令之本，文約旨曠，據典行罰，各用情求。端舒慘之意既殊，寬猛之利亦異，辭有出沒，義生增損。舊尹之事，政非一途，後主所是，即爲成用。張弛代積，稍至遷訛。故刑開二門，法有兩路，刀筆之態深，舞弄之風起。承喜怒之機隙，挾千金之姦利，剪韭復生，寧失有罪，抱木牢戶，未必非冤。下吏上司，文簿從事，辯聲察色，莫用衿府，申枉理讜，急不在躬，案法隨科，幸無咎悔。至於郡縣親民，百務萌始，以情矜過，曾不待獄，以律定罪，無細非譽。蓋由網密憲煩，文理相背。夫懲恥難

窮，盜賊長有，欲求猛勝，事在或然，掃墓高門，爲利孰遠。故永明定律，多用優寬，治物不患仁心，見累於弘厚，爲令貴在必行，而惡其舛雜也。

贊曰：袁徇厥戚，猶子爲情。稚珪夷遠，奏諫罷兵。士章機悟，立行砥名。

校勘記

〔一〕父覬武陵太守 「太守」，宋書卷五二袁湛傳附袁豹傳、南史卷二六袁彖傳作「内史」。

〔二〕懷其父集 「父」，南史卷二六袁彖傳、明本册府卷七五二總錄部作「文」。

〔三〕外舅征西將軍蔡興宗並器之 「外舅」，南史卷二六袁彖傳作「祖舅」。按宋書卷五七蔡廓傳附蔡興宗傳載袁彖祖母爲「興宗姊」，後興宗又「以女適彖」。「外舅」「祖舅」皆不誤。

〔四〕夫事關業用 「業用」，明本册府卷五五八國史部作「策用」。

〔五〕宜列其性業 「性業」，南監本、北監本、汲本、殿本、局本作「姓業」，册府卷五五八國史部亦作「性業」。

〔六〕用金柄刀子治爪 「治爪」，原作「治瓜」，據御覽卷四八三引齊書改。南史卷二六袁彖傳作「翦爪」，通志卷一三八作「翦爪」。按瓜不當云翦，明此作「治爪」是。

〔七〕坐逆用禄錢 「逆用」，南監本、北監本、汲本、殿本、局本、南史卷二六袁彖傳作「過用」。按御覽卷四八三引齊書、卷八三三引南史、册府卷二七四宗室部亦作「逆用」。

〔八〕世祖遊陵　「陵」，南監本、北監本、殿本、局本、南史卷二六袁彖傳、册府卷二七四宗室部作「孫陵」。

〔九〕吉日於靜屋四向朝拜　「吉日」，册府卷八二三總録部作「每旦」。

〔一〇〕詔獄官詳正舊注　「注」，册府卷六一〇刑法部作「法」。

〔一一〕其注相同者　「同」，明本册府卷六一〇刑法部作「通」。

〔一二〕凡一千五百三十二條　按此數與上文所列總數不合，或有一訛。

〔一三〕則一年之中柱死千餘矣　「矣」，南監本作「人」。

〔一四〕獷情濁氣　「情」，原作「猜」，據南監本、北監本、汲本、殿本、局本改。

〔一五〕昏心狠態　「狠」，原作「狼」，據南監本、北監本、殿本改。

〔一六〕聲光漢臺　「光」，類聚卷五四引孔稚珪上新定法律表作「著」。

〔一七〕元常文惠　「元常」，原作「元帝」，據南監本、北監本、汲本、殿本、局本、類聚卷五四引孔稚珪上新定法律表改。「元常」爲鍾繇字，「文惠」爲高柔字。

〔一八〕績映魏閣　「映」，類聚卷五四引孔稚珪上新定法律表作「應」。

〔一九〕拔其精究　「究」，原作「冤」，據南監本、北監本、殿本、局本改。

〔二〇〕簡其身良以居外仕　「身」，南監本、北監本、殿本、局本作「才」。「仕」，局本作「任」。

〔二一〕則皋繇之謀　「謀」，類聚卷五四引孔稚珪上新定法律表作「謨」。

列傳第二十九

九三五

〔三二〕然後姦邪無所逃其刑 「姦邪」，類聚卷五四引孔稚珪上新定法律表作「姦人」。

〔三三〕惡吏不能藏其詐 「不能藏」，類聚卷五四引孔稚珪上新定法律表作「無所窮」。

〔三四〕御延奉訓 「延」，局本作「廷」。

〔三五〕國學置律助教 「律」，北監本、殿本、南史卷四九孔珪傳作「律學」。按御覽卷六三八引齊書亦作「律」。

〔三六〕推而言之 「推」，册府卷四〇七將帥部作「推」。

〔三七〕制之以遠竿 「竿」，册府卷四〇七將帥部作「策」。

〔三八〕而蟻聚蜜攢 「蜜」，南監本作「鼇」。

〔三九〕飲馬龍城 「龍城」，原作「籠城」，據南監本、北監本、汲本、殿本、局本、册府卷四〇七將帥部改。

〔四〇〕而漢之卒甲十亡其九 「卒甲」，原作「棄甲」，據册府卷四〇七將帥部改。按北監本、汲本、殿本、局本作「器甲」。

〔四一〕貳師入漠 「漠」，原作「漢」，據册府卷四〇七將帥部改。

〔四二〕犲虎咆於宮闈 「宮闈」，册府卷四〇七將帥部作「宮闥」。

〔四三〕青徐之際 「徐」下原有「州」字，據北監本、汲本、殿本、局本、册府卷四〇七將帥部删。

〔四四〕邊候且息 「候」，册府卷四〇七將帥部作「堠」。

〔三五〕 昔歲蟻壞 「壞」，冊府卷四〇七將帥部作「壤」。

〔三六〕 使精悉而計亂 「悉」，南監本、北監本、殿本、局本作「唯」字。

〔三七〕 貪而好古 「古」，北監本、殿本、局本作「貨」。按冊府卷四〇七將帥部亦作「古」。

〔三八〕 奉佐侯岳 「侯岳」，冊府卷四〇七將帥部作「藩岳」。

〔三九〕 嶷足八字 「足」上北監本、殿本有「惟」字，南史卷三九劉繪傳、御覽卷五九九引齊書有「唯」字。

〔四〇〕 頗好矜知 「矜知」，南監本、北監本、殿本作「矜詡」，冊府卷八六一總錄部作「矜衒」。

〔四一〕 手足無從 「從」，南監本作「措」。

列傳第三十

王奐 從弟繢

張沖

王奐字彥孫[一]，琅邪臨沂人也。祖僧朗，宋左光祿、儀同。父粹，黃門郎。奐出繼從祖中書令球，故字彥孫。

解褐著作佐郎，太子舍人，安陸王冠軍主簿，太子洗馬，本州別駕，中書郎，桂陽王司空諮議，黃門郎。元徽元年，為晉熙王征虜長史、江夏內史，遷侍中、領步兵校尉。復出為晉熙王鎮西長史、加冠軍將軍、江夏武昌太守。徵祠部尚書，轉掌吏部。

昇明初，遷冠軍將軍、丹陽尹。初，王晏父普曜為沈攸之長史，常慮攸之舉事，不得還。時奐為吏部，轉普曜為內職，晏深德之。及晏仕世祖府，奐從弟蘊反，世祖謂晏曰：

「王奐宋家外戚，王蘊親同逆黨，既其羣從，豈能無異意。我欲具以啓聞。」晏叩頭曰：「王奐修謹，保無異志。奐父母在都，請以爲質。」世祖乃止。

明年，遷太常、領鄱陽王師，仍轉侍中、祕書監、領驍騎將軍。尋進號征虜將軍。建元元年，進號左將軍。

出爲吳興太守，秩中二千石，將軍如故。奐一歲三遷，上表固讓南蠻曰：「今天地初闢，萬物載新，荆蠻來威，巴濮不擾。但使邊民樂業，有司脩務，本府舊州，日就殷阜。臣昔遊西土，較見盈虛，兼日者戎燼之後，痍毀難復。雖復緝以善政，未及來蘇。今復割撤大府，制置偏校，非獨崇望不足以助强，語實安能以相弊？且資力既分，職司增廣，衆勞務倍，文案滋煩。臣見其難，竊以爲國計非允。」見許。於是罷南蠻校尉官。進號前將軍。

長史、領南蠻校尉、南郡內史。

世祖即位，徵右僕射。仍轉使持節、監湘州軍事、前將軍、湘州刺史。永明二年，徙爲散騎常侍、江州刺史。初省江州軍府。四年，遷右僕射、本州中正。奐無學術，以事幹見處。遷尚書僕射，中正如故。校籍郎王植屬吏部郎孔琇之，以校籍令史俞公喜求進署，矯稱奐意，植坐免官。

六年，遷散騎常侍、領軍將軍。奐欲請車駕幸府。上晚信佛法，御膳不宰牲。使王晏謂奐曰：「吾前去年爲斷殺事，不復幸詣大臣已判，無容欻爾也。」王儉卒，上用奐爲尚書

令〔二〕，以問王晏。晏位遇已重，與奐不能相推，答上曰：「柳世隆有勳望〔三〕，恐不宜在奐

後。」乃轉爲左僕射，加給事中，出爲使持節、散騎常侍、都督雍梁南北秦四州郢州之竟陵

司州之隨郡軍事、鎮北將軍、雍州刺史。上謂王晏曰：「奐於釋氏，實自專至。其在鎮或

以此妨務，卿相見言次及之，勿道吾意也。」上以行北諸戍士卒多襤縷，送袴褶三千具，令

奐分賦之。

十一年，奐輒殺寧蠻長史劉興祖，上大怒，使御史中丞孔稚珪奏其事曰：

雍州刺史王奐啓録小府長史劉興祖，虛稱「興祖扇動山蠻，規生逆謀，訕言誹謗，

言辭不遜」。敕使送興祖下都，奐慮所啓欺妄，於獄打殺興祖，詐啓稱自經死。止今

體傷楗蒼黯，事暴聞聽。

攝興祖門生劉倪到臺辨問，列「興祖與奐共事，不能相和。自去年朱公恩領軍征

蠻失利，興祖啓聞，以啓呈奐，奐因此便相嫌恨。若云興祖有罪，便應事在民間；民

間恬然，都無事迹。去十年九月十八日〔四〕，奐使仗身三十人來，稱敕録興祖付獄。

安定郡蠻先在郡贓私，興祖既知其取與，即牒啓，奐不問。興祖後執録，奐仍令蠻領

仗身於獄守視。興祖未死之前，於獄以物畫漆柈子中出密報家，道無罪，令啓乞出都

一辨，萬死無恨」。又云：「奐駐興祖嚴禁信使，欲作方便，殺以除口舌。」又云：「奐

意乃可。免第三息彪隨免在州，凡事是非皆干豫〔五〕，扇構密除興祖。」又云：「興祖家餉糜，中下藥，食兩口便覺，回乞獄子，食者皆大利。興祖大叫道『糜中有藥』。近獄之家，無人不聞。」又云：「免治著興祖日急，判無濟理。十一月二十一日，免使獄吏來報興祖家，道興祖於獄自經死。尸出，家人共洗浴之，見興祖頸下有傷，肩胛烏黶，陰下破碎，實非興祖自經死。家人及門義共見，非是一人。」重攝檢雍州都留田文喜，列與倪符同狀。

興祖在獄，嗛苦望下，既蒙降旨，欣願始遂〔六〕，豈容於此，方復自經？敕以十九日至，興祖以二十一日死，推理檢迹，灼然矯假。尋敕使送下，免輒拒詔，所謗諸條，悉出免意。毀故丞相若陳顯達，誹訕朝事，莫此之深。彪私隨父之鎮，敢亂王法，罪並合窮戮。

上遣中書舍人呂文顯、直閤將軍曹道剛領齊仗五百人收免。敕鎮西司馬曹虎從江陵步道會襄陽。

彪子彪素凶剽，免不能制。女婿殷叡懼禍，謂免曰：「曹、呂今來，既不見真敕，恐爲姦變，政宜錄取，馳啓聞耳。」免納之。彪輒令率州內得千餘人，開鎮庫，取仗，配衣甲，出南堂陳兵，閉門拒守。免門生鄭羽叩頭啓免，乞出城迎臺使。曰：「我不作賊〔七〕，欲先遣

啓自申。政恐曹、呂輩小人相陵藉，故且閉門自守耳。」彪遂出與虎軍戰，其黨范虎領二百

人降臺軍，彪敗走歸。士人起義攻州西門，彪登門拒戰，却之。奐聞兵入，還內禮佛，未及起，軍人遂斬之。年五十九。執彪及

裴叔業於城內起兵攻奐。奐司馬黃瑤起、寧蠻長史

弟爽、弼、殷叡，皆伏誅。

詔曰：「逆賊王奐，險詖之性，自少及長。外飾廉勤，內懷凶慝，貽戾鄉伍，取棄衣

冠[八]。拔其文筆之用，擢以顯任，出牧樊阿，政刑弛亂。第三息彪矯弄威權，父子均勢。

故寧蠻長史劉興祖忠於奉國，每事匡執，奐忿其異己，誣以訕謗，肆怒囚錄，然後奏聞。朕

察奐愚詐，詔送興祖還都，乃懼姦謀發露，潛加殺害。欺罔既彰，中使辯覈，遂授兵登陴，

逆捍王命。天威電掃，義夫咸奮，曾未浹辰，罪人斯獲，方隅克殄，漢南肅清。自非犯官兼

預同逆謀，爲一時所驅逼者，悉無所問。」

奐長子太子中庶子融，融弟司徒從事中郎琛，於都棄市。餘孫皆原宥。

殷叡字文子，陳郡人。晉太常融七世孫也。宋元嘉末，祖元素坐染太初事誅。叡遺

腹亦當從戮，外曾祖王僧朗啓孝武救之，得免。叡解義有口才[九]，司徒褚淵甚重之，謂之

曰：「諸殷自荊州以來，無出卿右者。」叡斂容答曰：「殷族衰悴，誠不如昔，若此旨爲虛，

故不足降；此旨爲實，彌不可聞。」奐爲雍州，啓叡爲府長史。

叡族父恒，字昭度，與叡同承融後。宋司空景仁孫也。恒及父道矜，並有古風，以是見蚩於世，其事非一。恒，宋泰始初，爲度支尚書，坐屬父疾及身疾多，爲有司所奏。明帝詔曰：「殷道矜有生便病〔一〇〕，比更無橫病〔一一〕。恒因愚習情〔一二〕，久妨清敘。左遷散騎常侍、領校尉。」恒歷官清顯，至金紫光祿大夫。建武中，卒。

叙弟伷女爲長沙王晃妃，世祖詔曰：「叙自陷逆節，長沙王妃男女並長，且叙又出繼，前代或當有准，可特不離絶。」叙從弟續。

續字叔素，宋車騎將軍景文子也。弱冠，爲祕書郎，太子舍人，轉中書舍人。景文以此授超階，令續經年乃受。景文封江安侯，續襲其本爵，爲始平縣五等男〔一三〕。遷祕書丞，司徒右長史。元徽末，除寧朔將軍，建平王征北長史〔一四〕、南東海太守，黃門郎，寧朔將軍、東陽太守。世祖爲撫軍，吏部尚書張岱選續爲長史，呈選牒。太祖笑謂岱曰：「此可謂素望。」遷散騎常侍、驍騎將軍。

出補義興太守。輒録郡吏陳伯喜付陽羨獄，欲殺之，縣令孔逿不知何罪，不受續教，爲有司所奏，續坐白衣領職。遷太子中庶子、領驍騎，轉長兼侍中〔一五〕。世祖出射雉，續信佛法，稱疾不從駕。轉左民尚書，以母老乞解職，改授寧朔將軍、大司馬長史、淮陵太守。

出爲宣城太守，秩中二千石。隆昌元年，遷輔國將軍、太傅長史，不拜。仍爲冠軍將軍、豫章内史。進號征虜。又坐事免官。除冠軍將軍、司徒左長史，散騎常侍，隨王師。除征虜將軍、驃騎長史，遷散騎常侍、太常。永元元年，卒。年五十三。謚靖子。

續女適安陸王子敬，世祖寵子。永明三年〔六〕，納妃，脩外舅姑之敬。世祖遣文惠太子相隨往續家置酒設樂，公卿皆冠冕而至，當世榮之。

張沖字思約，吳郡吳人。父柬，通直郎。沖出繼從伯侍中景胤〔七〕，小名查，父邵，小名梨。宋文帝戲景胤曰：「查何如梨。」景胤答曰：「梨是百果之宗，查何敢及。」

沖亦少有至性，辟州主簿，隨從叔永爲將帥，除綏遠將軍、盱眙太守。永征彭城，遇寒雪，軍人足脛凍斷者十七八，沖足指皆墮。除尚書駕部郎，桂陽王征南中兵、振威將軍。歷驃騎太尉南中郎參軍，不拜。遷征西從事中郎，通直郎，武陵王北中郎直兵參軍，長水校尉，除寧朔將軍，本官如故。遷左軍將軍、加寧朔將軍、輔國將軍。沖少從戎事，朝廷以幹力相待，故歷處軍校之官。出爲馬頭太守，徙盱眙太守，輔國將軍如故。永明六年，遷西陽王冠軍司馬。八年，爲假節、監青冀二州刺史事〔八〕，將軍如故。沖父初卒，遺命曰：

「祭我必以鄉土所產，無用牲物。」沖在鎮，四時還吳園中取果菜，流涕薦焉。仍轉刺史。

鬱林即位，進號冠軍將軍。明帝即位，以晉壽太守王洪軌代沖[九]。除黃門郎、加征

虜將軍。建武二年，虜寇淮泗，假沖節，都督青冀二州北討諸軍事，本官如故。虜并兵攻

司州。除青右。出軍分其兵勢[一〇]。沖遣軍主桑係祖由渣口攻拔虜建陵、驛馬、厚丘三

城，多所殺獲。又與洪軌遣軍主崔季延襲虜紀城[一一]，據之。沖又遣軍主杜僧護攻拔虜虎

坑、馮時、即丘三城，驅生口輜重還，至溢溝，虜救兵至，緣道要擊，僧護力戰，大破之。

其年，遷廬陵王北中郎司馬、加冠軍將軍。未拜，豐城公遙昌為豫州，上慮寇未

已[一二]，徙沖為征虜長史、南梁郡太守。永泰元年，除江夏王前軍長史。東昏即位，出為建

安王征虜長史、輔國將軍、江夏內史、行郢州府州事。永元元年，遷持節、督豫州軍事、豫

州刺史，代襲叔業。竟不行。明年，遷督南兗兗徐青冀五州、輔國將軍、南兗州刺史、持節

如故。會司州刺史申希祖卒，以沖為督司州軍事、冠軍將軍、司州刺史。裴叔業以壽春降

虜，又遷沖為督南兗兗徐青冀五州、南兗州刺史，持節、將軍如故。並未拜。崔慧景事平，

徵建安王寶夤還都，以沖為督郢司二州、郢州刺史，持節、將軍如故。一歲之中，頻授四

州，至此受任。其冬，進征虜將軍。封定襄侯，食邑千戶。

梁王義師起，東昏遣驍騎將軍薛元嗣、制局監暨榮伯領兵及糧運百四十餘船送沖，使

拒西師。元嗣等懲劉山陽之敗，疑冲，不敢進，停住夏口浦。聞義師將至，元嗣、榮伯相率入郢城。

時竟陵太守房僧寄被代還至郢，東昏敕僧寄留守魯山，除驍騎將軍。僧寄謂冲曰：「臣雖未荷朝廷深恩[二三]，實蒙先帝厚澤。蔭其樹者不折其枝，實欲微立塵効。」冲深相許諾，共結盟誓。乃分部拒守。遣軍主孫樂祖數千人助僧寄據魯山岸立城壘。

明年二月，梁王出沔口，圍魯山城。遣軍主曹景宗等過江攻郢城，未及盡濟，冲遣中兵參軍陳光靜等開門出擊，為義師所破，光靜戰死，冲固守不出。景宗於是據石橋浦，連軍相續，下至加湖。東昏遣軍主巴西梓潼二郡太守吳子陽、光子衿、李文釗、陳虎牙等十三軍援郢，至加湖不得進，乃築城舉烽，城內亦舉火應之。而內外各自保[二四]，不能相救。

冲病死，元嗣、榮伯與冲子孜及長史江夏內史程茂固守。東昏詔贈冲散騎常侍、護軍將軍。假元嗣子陽節。

江水暴長，加湖城淹漬[二五]，義師乘高艦攻之，子陽等大敗散[二六]。魯山城乏糧，軍人於磯頭捕細魚供食，密治輕船，將奔夏口。梁王命偏軍斷其取路，防備越逸。房僧寄病死，孫樂祖窘，以城降。

郢城被圍二百餘日，士庶病死者七八百家[二七]。魯山既敗，程茂及元嗣等議降，使孜為書與梁王。

冲故吏青州治中房長瑜謂孜曰：「前使君忠貫昊天，操逾松竹。郎君但當

端坐畫一,以荷析薪。若天運不與,幅巾待命,以下從使君。今若隨諸人之計,非唯郢州士女失高山之望,亦恐彼所不取也。」魯山陷後二日,元嗣等以郢城降。

東昏以程茂爲督郢司二州、輔國將軍、郢州刺史,元嗣爲督雍梁南北秦四州郢州之竟陵司州之隨郡、冠軍將軍、雍州刺史,並持節。時郢魯二城以降,死者相積,竟無叛散。時以沖及房僧寄比臧洪之被圍也。贈僧寄益州刺史。

時新蔡太守席謙,永明中爲中書郎王融所薦。父恭穆,鎮西司馬,爲魚復侯所害。至是謙鎮盆城,聞義師東下,曰:「我家世忠貞,殞死不二。」爲陳伯之所殺。

史臣曰:石碏棄子,弘滅親之戒;鮑永晚降,知事新之節。王奐誠在靡貳,迹允嚴科;張沖未達天心,守迷義運。致危之理異,爲亡之事一也。

贊曰:王居北牧,子未克家。終成干紀,覆此胄華。張暠窮守,死如亂麻。爲悟既晚,辯見方賒。

「除青右」疑。

校勘記

〔一〕 王奐字彥孫　按南史卷二三王奐傳附王奐傳云「奐字道明」，「小字彥孫」。

〔二〕 上用奐爲尚書令　「上」下南史卷二三王奐傳附王奐傳、通鑑卷一三六齊紀二武帝永明七年並有「欲」字。

〔三〕 柳世隆有勳望　「勳」，原作「勤」，據南史卷二三王奐傳附王奐傳、通鑑卷一三六齊紀二武帝永明七年改。

〔四〕 去十年九月十八日　三朝本、南監本、北監本、汲本、殿本、局本作「重」。

〔五〕 凡事是非皆干豫　「事」，汲本、局本作「州」。

〔六〕 欣願始遂　「遂」，册府卷五一九憲官部作「通」。

〔七〕 曰我不作賊　「曰」南監本、北監本、殿本、局本，南史卷二三王奐傳附王奐傳、通鑑卷一三八齊紀四武帝永明十一年並作「奐曰」。

〔八〕 取棄衣冠　「取」，三朝本、南監本、北監本、汲本、殿本、局本作「敢」。

〔九〕 叡解義有口才　「義」上南監本、北監本、殿本、局本有「文」字。

〔一〇〕 殷道矜有生便病　「有生便病」，南監本、宋書卷六三殷景仁傳、册府卷四七八臺省部並作「生便有病」。

〔一一〕 比更無橫病　「病」，南監本、北監本、殿本、局本、宋書卷六三殷景仁傳並作「疾」。

〔三〕 恒因愚習情 「情」，南監本、北監本、汲本、殿本、局本、宋書卷六三殷景仁傳並作「惰」。按

〔一三〕 景文封江安侯續襲其本爵爲始平縣五等男 按宋書卷八五王景文傳云景文「襲爵建陵子」，
錢大昕考異卷三六云：「景文初襲伯父封建陵子，非始平男。」

〔一二〕 建平王征北長史 「建」字原闕，據南監本、北監本、汲本、殿本、局本補。

〔一一〕 轉長兼侍中 「長」下原有「史」字，據南史卷二三王或傳附王續傳删。按錢大昕考異卷三六
云：「長兼者，未正授之稱。長兼之名，自晉已有之矣。」

〔一〇〕 永明三年 「三年」，南史卷二三王或傳附王續傳、册府卷三〇三外戚部並作「二年」。

〔九〕 沖出繼從侍中景胤 「從伯」，南史卷三一張邵傳附張沖傳作「伯父」。按南史張邵傳云
沖出繼從侍中景胤 「從伯」，南史卷三一張邵傳附張沖傳、御覽卷五二六引齊書

〔八〕 爲假節監青冀二州刺史事 「刺史事」上南史卷三一張邵傳附張沖傳、御覽卷五二六引齊書
並有「行」字。按本書卷三武帝紀亦云張沖「監青冀二州，行刺史事。」

〔七〕 敷弟東 「敷字景胤，爲沖伯父。

〔六〕 以晉壽太守王洪軌代沖 「王洪軌」，本書卷六明帝紀、卷四二江祏傳、卷五七魏虜傳並作
「王洪範」。下同。

〔五〕 虜并兵攻司州除青右出軍分其兵勢 「除青右」當有訛，南監本、北監本、汲本、殿本、局本作
「徐青詔」，册府卷三五一將帥部作「徐青右」，亦不可通。按通鑑卷一四〇齊紀六明帝建武

二年云「上以義陽危急，詔都督青冀二州軍事張沖出軍攻魏，以分其勢」，或可參。

〔二〕又與洪軌遣軍主崔季延襲虜紀城　「崔季延」，本書卷五七魏虜傳、通鑑卷一四○齊紀六明帝建武二年並作「崔延」。

〔三〕上慮寇未已　「寇」，册府卷六七一牧守部作「寇難」。

〔三〕臣雖未荷朝廷深恩　「臣」，南監本、南史卷三二張邵傳附張沖傳並作「下官」。

〔四〕而内外各自保　「保」，原作「侵」，據南監本、北監本、汲本、殿本、局本、册府卷三七一將帥部改。

〔五〕加湖城淹潰　「潰」，南監本、北監本、汲本、殿本、局本、明本册府卷三七一將帥部並作「潰」。
　　按本册府亦作「潰」。

〔六〕子陽等大敗散　「散」，南監本、局本作「走」。

〔七〕士庶病死者七八百家　「七八百家」，梁書卷一武帝紀上、卷一二韋叡傳、通鑑卷一四四齊紀一○和帝中興元年並作「十七八」。

南齊書卷五十

列傳第三十一

文二王　明七王

文惠太子四男：安皇后生鬱林王昭業；宮人許氏生海陵恭王昭文；陳氏生巴陵王昭秀；褚氏生桂陽王昭粲。

巴陵王昭秀字懷尚，太子第三子也。永明中，封曲江公，千五百戶。十年，為寧朔將軍、濟陽太守。鬱林即位，封臨海郡王，二千戶。隆昌元年，為使持節、都督荊雍益寧梁南北秦七州軍事、西中郎將、荊州刺史。延興元年，徵為車騎將軍，衛京師，以永嘉王昭粲代之。

明帝建武二年,通直常侍庾曇隆啓曰:「周定雒邑,天子置畿内之民;漢都咸陽,三輔爲社稷之衛。中晉南遷,事移威弛,近郡名邦,多有國食。宋武創業,依擬古典,神州部内,不復別封。而孝武末年,分樹寵子,苟申私愛,有乖訓准。隆昌之元,特開母弟之貴,竊謂非古。聖明御宇〔一〕,禮舊爲先,畿内限斷,宜遵昔制,賜茅授土,一出外州〔二〕。」詔付尚書詳議。其冬,改封昭秀爲巴陵王〔三〕。永泰元年見殺,年十六。

桂陽王昭粲,太子第四子也。鬱林立,以皇弟封永嘉郡王,南徐州刺史。延興元年,出爲使持節、都督荆雍益寧梁南北秦七州軍事、西中郎將、荆州刺史。明帝立,欲以聞喜公遙欣爲荆州,轉昭粲爲右將軍、中書令。建武二年,改封桂陽王。四年,遷太常,將軍如故。永泰元年見殺,年八歲。

明帝十一男:敬皇后生東昏侯寶卷,江夏王寶玄,鄱陽王寶寅〔四〕,和帝;殷貴嬪生巴陵隱王寶義,晉熙王寶嵩;袁貴妃生廬陵王寶源;管淑妃生邵陵王寶攸〔五〕;許淑媛生桂陽王寶貞。餘皆早夭。

巴陵隱王寶義字智勇，明帝長子也。本名明基。建武元年，爲持節、都督揚南徐州軍事、前將軍、揚州刺史。封晉安郡王，三千戶。寶義少有廢疾，不堪出人間，故止加除授，仍以始安王遙光代之。轉寶義爲右將軍，領兵置佐，鎮石頭。二年，出爲使持節、都督南徐州軍事、鎮北將軍、南徐州刺史。東昏即位，進征北大將軍、開府儀同三司，給扶〔六〕。永元元年，給班劍二十人。始安王遙光誅，爲都督揚南徐二州軍事、驃騎大將軍、揚州刺史，持節如故。東府被兵火，屋宇燒殘，帝方營宮殿，不暇脩葺，寶義鎮西州。三年，進位司徒。和帝西臺建，以爲侍中、司空，使持節、都督、刺史如故。梁王定京邑，宣德太后令以寶義爲太尉，領司徒。詔云：「不言之化，形于自遠。」時人皆云此寶錄也。梁受禪，封謝沐縣公，尋封巴陵郡王，奉齊後。天監中薨。

江夏王寶玄字智深，明帝第三子也。建武元年，爲征虜將軍，領石頭戍事，封江夏郡王。仍出爲持節、都督郢司二州軍事、西中郎將、郢州刺史。永泰元年，還爲前將軍，領石頭戍事。未拜，東昏即位，進號鎮軍將軍。永元元年，又進車騎將軍，代晉安王寶義爲使持節、都督南徐兗二州軍事、南徐兗二州刺史，將軍如故。

寶玄娶尚書令徐孝嗣女爲妃，孝嗣被誅離絕，少帝送少姬二人與之，寶玄恨望，密有異計。明年，崔慧景舉兵，還至廣陵，遣使奉寶玄爲主。寶玄斬其使，因是發將吏防城。

帝遣馬軍主戚平、外監黃林夫助鎮京口。慧景將渡江，寶玄密與相應，殺司馬孔矜、典籤吕承緒及平、林夫，開門納慧景。使長史沈佚之，諮議柳憕分部軍衆，乘八掆輿，手執絳麾幡，隨慧景至京師，住東城，百姓多往投集。慧景敗，收得朝野投寶玄及慧景軍名，帝令羣燒之，曰：「江夏尚爾，豈復可罪餘人。」寶玄逃奔數日乃出。帝召入後堂，以步鄣裹之，令羣小數十人鳴鼓角馳繞其外，遣人謂寶玄曰：「汝近圍我亦如此。」少日乃殺之。

廬陵王寶源字智淵，明帝第五子也。建武元年，爲北中郎將，鎮琅邪城，封廬陵郡王。遷右將軍，領石頭戍事，仍出爲使持節、都督南兗兗徐青冀五州軍事、後將軍、南兗州刺史。王敬則伏誅，徙寶源爲都督會稽東陽臨海永嘉新安五郡軍事、會稽太守，將軍如故。和帝即位，以爲侍中、車騎將軍、開府儀同三司，都督、太守如故。永元元年，進號安東將軍。未拜，中興二年薨。

鄱陽王寶夤字智亮，明帝第六子也。建武初，封建安郡王。二年，爲北中郎將，鎮琅

邪城。明年，出爲持節、都督江州軍事、南中郎將、江州刺史。東昏即位，爲使持節、都督郢司二州軍事、征虜將軍、郢州刺史。尋進號前將軍。永元二年，徵爲撫軍，領石頭戍事，未拜。三年，爲車騎將軍、開府儀同三司，鎮石頭。

其秋，雍州刺史張欣泰等謀起事於新亭，殺臺内諸主帥，事在欣泰傳。難作之日，前南譙太守王靈秀奔往石頭，率城内將吏見力，去車脚載寶夤向臺城，百姓數千人皆空手隨後，京邑騷亂。寶夤至杜姥宅，日已欲暗，城門閉，城上人射之，衆棄寶夤逃走。寶夤逃亡三日，戎服詣草市尉，尉馳以啓帝，帝迎寶夤入宮問之。寶夤涕泣稱：「爾日不知何人逼使上車，仍將去，制不自由。」帝笑，乃復爵位。

和帝立，西臺以寶夤爲使持節、都督南徐兗二州軍事、衛將軍、南徐州刺史。少帝以爲使持節、都督荆益寧雍梁南北秦七州軍事〔七〕、荆州刺史，將軍如故。宣德太后臨朝，梁王爲建安公，改封寶夤爲鄱陽王。中興二年，謀反誅〔八〕。

邵陵王寶攸字智宣，明帝第九子也。建武元年，封南平郡王。二年，改封。三年，爲北中郎將，鎮琅邪城。永元元年，爲持節、都督南北徐南兗青冀五州軍事，南兗州刺史，郎將如故。未拜，遷征虜將軍、領石頭戍事，丹楊尹，戍事如故。陳顯達事平，出爲持節、督將如故。

江州軍事、左將軍、江州刺史。以本號還京師，授中將軍〔九〕、祕書監。中興二年，謀反，宣德太后令賜死。

晉熙王寶嵩字智靖，明帝第十子也。永元二年，爲冠軍將軍、丹楊尹。仍遷持節、都督南徐兗二州軍事、南徐州刺史，將軍如故。中興元年，和帝以爲中書令。明年，謀反伏誅。

桂陽王寶貞，明帝第十一子也。永元二年，爲中護軍、北中郎將，領石頭戍事。中興二年，謀反伏誅。

史臣曰：春秋書「鄭伯克段于鄢」，兄弟之恩離，君臣之義正。夫逆從有勢〔一〇〕，況親兼一體，道窮數盡，或容觸啄。而寶玄自尋干戈，欣受家難。曾不悟執柯所指，跗蕚相從，以此而圖萬全，未知其髣髴也。

贊曰：文惠二王，于嗟夭殤。明子七國，終亦衰亡。

校勘記

〔一〕 聖明御寓　「寓」，原作「寓」，據南監本、北監本、汲本、殿本、局本、冊府卷二六四宗室部改。

〔二〕 一出外州　「一出」，南監本作「出典」。

〔三〕 其冬改封昭秀爲巴陵王　按本書卷六明帝紀、南史卷五齊本紀下明帝紀、通鑑卷一四〇齊紀六明帝建武二年並繫其事於當年九月己丑。

〔四〕 鄱陽王寶寅　「寶寅」，三朝本、汲本、殿本、局本作「寶黃」。按本書「寅」「黃」錯出，錢大昕考異卷二五云：「據其字智亮，當以『寅』爲是。」

〔五〕 管淑妃生邵陵王寶攸　「寶攸」，南史卷四四齊明帝諸子邵陵王寶脩傳作「寶脩」。下同。

〔六〕 給扶　「扶」，原作「仗」，據南史卷四四齊明帝諸子巴陵隱王寶義傳改。

〔七〕 都督荊益寧梁南北秦七州軍事　「南北」二字原誤倒，據冊府卷二七九宗室部乙正。

〔八〕 中興二年謀反誅　「謀反誅」，南監本、北監本、殿本作「謀反奔魏」。按本書卷八和帝紀中興二年三月「辛丑，鄱陽王寶寅奔虜」，魏書卷八宣武帝紀云景明三年三月「蕭寶卷弟建安王寶寅來降」，並不云「謀反誅」。錢大昕考異卷二五云：「此云誅者，據梁人之詞，以爲寶寅已死，其在魏者僞也。」

〔九〕 授中將軍　此疑有脱訛。按本書卷一六百官志未見「中將軍」，張森楷校勘記云：「應作『中

軍將軍」，史奪「軍」字。

〔一○〕夫逆從有勢　「從」，南監本、北監本、殿本作「順」。按「從」即「順」，蕭子顯避梁武帝父諱改。

列傳第三十二

裴叔業　崔慧景　張欣泰

裴叔業，河東聞喜人，晉冀州刺史徽後也。徽子游擊將軍黎，遇中朝亂，子孫沒涼州，仕於張氏。黎玄孫先福，義熙末還南，至滎陽太守。叔業父祖晚渡。少便弓馬，有武幹。宋元徽末，累官爲羽林監，太祖驃騎行參軍。建元元年，除屯騎校尉。虜侵司豫二州，以叔業爲軍主征討，本官如故。

上初即位，臺下各獻讜言。二年，叔業上疏曰：「成都沃壤，四塞爲固，古稱一人守隘，萬夫趑趄。雍、齊亂於漢世，譙、李寇於晉代，成敗之迹，事載前史。頃世以來，綏馭乖術，地惟形勢〔一〕，居之者異姓，國實武用，鎮之者無兵，致寇掠充斥，賖稅不斷。宜遣帝子

之尊,臨撫巴蜀,總益、梁、南秦爲三州刺史。率文武萬人,先啓嶓漢,分遣郡戍,皆配精力,搜盪山源,糾虔姦蠹。威令既行,民夷必服。」除寧朔將軍,軍主如故。永明四年,累至右軍將軍,東中郎諮議參軍。

高宗爲豫州,叔業爲右軍司馬,加建威將軍,軍主,領陳留太守。七年,爲王敬則征西司馬,將軍、軍主如故。隨府轉驃騎。在壽春爲佐數年。九年,爲蠻長史、廣平太守。雍州刺史王奐事難,叔業率部曲於城內起義。上以其有幹用,仍留爲晉安王征北諮議、領中兵、扶風太守,遷晉熙王冠軍司馬。延興元年,加寧朔將軍,司馬如故。

叔業早與高宗接事,高宗輔政,厚任叔業以爲心腹,使領軍掩襲諸蕃鎮,叔業盡心用命。建武二年,虜圍徐州,叔業以軍主隸右衛將軍蕭坦之救援。叔業攻虜淮柵外二城,剋之,賊衆赴水死甚衆。除黃門侍郎。上以叔業有勳誠,封武昌縣伯,五百戶。仍爲持節、督徐州軍事、冠軍將軍、徐州刺史。

四年,虜主寇沔北,上令叔業援雍州。叔業啓:「北人不樂遠行,唯樂侵掠,伐虜堺[二],則雍司之賊,自然分張,無勞動民向遠也。」上從之。叔業率軍攻虹城,獲男女四千餘人。

永泰元年,叔業領東海太守孫令終、新昌太守劉思効、馬頭太守李僧護等五萬人圍渦

陽，虜南兗州所鎮，去彭城百二十里。偽兗州刺史孟表固守拒戰，叔業攻圍之，積所斬級高五丈，以示城內。又遣軍主蕭璝、成寶真分攻龍亢戌，即虜馬頭郡也。虜閉城自守。偽

徐州刺史廣陵王率二萬人，騎五千匹，至龍亢，璝等拒戰不敵。叔業三萬餘人助之，數道攻虜。虜新至，營未立，於是大敗。廣陵王與數十騎走，官軍追獲其節。虜又遣偽將劉

藻、高忽繼至〔三〕，叔業率軍迎擊破之，再戰，斬首萬級，獲生口三千人，器仗驢馬絹布千萬計。虜主聞廣陵王敗，遣偽都督王肅、大將軍楊大眼步騎十餘萬救渦陽，叔業見兵盛，夜委軍遁走。明日，官軍奔潰，虜追之，傷殺不可勝數，日暮乃止。叔業還保渦口，上遣使慰勞。

高宗崩，叔業還鎮。少主即位，誅大臣，京師屢有變發。叔業登壽春城北望肥水，謂部下曰：「卿等欲富貴乎？我言富貴亦可辦耳。」永元元年，徙督南兗兗徐青冀五州軍事、南兗州刺史，將軍、持節如故。叔業見時方亂，不樂居近蕃，朝廷疑其欲反，叔業亦遣使參察京師消息，於是異論轉盛。叔業兄子植、颺並為直閣，殿內驅使。慮禍至，棄母奔壽陽，說叔業以朝廷必見掩襲。徐世檦等慮叔業外叛，遣其宗人中書舍人裴長穆宣旨，許停本任。叔業猶不自安，而植等說之不已，叔業憂懼，問計於梁王，梁王令遣家還都，自然無患。叔業乃遣子芬之等還質京師。明年，進號冠軍將軍。傳叔業反者不已，芬之愈懼，

復奔壽春。於是發詔討叔業，遣護軍將軍崔慧景、征虜將軍豫州刺史蕭懿督水陸眾軍西討，頓軍小峴。叔業病困，植請救魏虜，送芬之爲質。叔業尋卒，虜遣大將軍李醜楊大眼二千餘騎入壽春。初，虜主元宏建武二年至壽春，其下勸攻城。宏曰：「不須攻，後當降也。」植等皆還洛陽〔四〕。

崔慧景字君山，清河東武城人也〔五〕。祖構，奉朝請。父系之，州別駕。

慧景初爲國子學生。宋泰始中，歷位至員外郎，稍遷長水校尉、寧朔將軍。太祖在淮陰，慧景與宗人祖思同時自結，太祖欲北渡廣陵，使慧景具船於陶家後渚，事雖不遂，以此見親。除前軍。沈攸之事平，仍出爲武陵王安西司馬、河東太守，使防扞陝西。昇明三年，豫章王爲荊州，慧景留爲鎮西司馬、兼諮議，太守如故。太祖受禪，封樂安縣子，三百戶。豫章王遣慧景奉表稱慶還京師，太祖召見，加意勞接。轉平西府司馬、南郡內史。仍遷爲南蠻長史、加輔國將軍，內史如故。先是蠻府置佐，資用甚輕，至是始重其選。

建元元年，虜動，豫章王遣慧景三千人頓方城，爲司州聲援。虜退，梁州賊李烏奴未平，以慧景爲持節、都督梁南北秦沙四州軍事、西戎校尉、梁南秦二州刺史，將軍如故。敕

荆州資給發遣，配以實甲千人，步道從襄陽之鎮。初，烏奴屢爲官軍所破，走氐中，乘閒出，擾動梁、漢，據關城。遣使詣荆州請降，豫章王不許。遣中兵參軍王圖南率益州軍從劍閣掩討，大摧破之，烏奴還保武興。慧景發漢中兵衆，進頓白馬。遣支軍與圖南腹背攻擊，烏奴大敗，遂奔于武興。

世祖即位，進號冠軍將軍。在州蓄聚，多獲珍貨。永明三年，以本號還。遷黃門郎、領羽林監。明年，遷隨王東中郎司馬，加輔國將軍。出爲持節、督司州軍事、冠軍將軍、司州刺史。母喪，詔起復本任。慧景每罷州，輒傾資獻奉〔六〕，動數百萬，世祖以此嘉之。九年，以本號徵還，轉太子左率、加通直常侍。明年，遷右衛將軍、加給事中。

是時虜將南侵，上出慧景爲持節，督豫州郢州之西陽司州之汝南二郡諸軍事、冠軍將軍、豫州刺史。鬱林即位，進號征虜將軍。慧景以少主新立，密與虜交通，朝廷疑懼。高宗輔政，遣梁王至壽春安慰之，慧景遣密啓送誠勸進，徵還，爲散騎常侍、左衛將軍。建武二年，虜寇徐、豫，慧景以本官假節向鍾離，受王玄邈節度。尋加冠軍將軍。四年，遷度支尚書，領太子左率。

冬，虜主攻沔北五郡，假慧景節，率衆二萬，騎千匹，向襄陽。雍州衆軍並受節度。永泰元年，慧景至襄陽，五郡已没。加慧景平北將軍，置佐史，分軍助戍樊城。慧景頓渦口

村，與太子中庶子梁王及軍主前寧州刺史董仲民、劉山陽、裴颺、傅法憲等五千餘人進行

鄧城。前參騎還，稱虜軍且至。須臾，望數萬騎俱來，慧景據南門，梁王據北門，令諸軍上

城上。時慧景等蓐食輕行，皆有饑懼之色。軍中北館客三人，走投虜，具告之。虜偽都

督、中軍大將軍彭城王元勰分遣偽武衛將軍元蛶趣城東南，斷慧景歸路，偽司馬孟斌向城

東，偽右衛將軍播正屯城北，交射城內。梁王欲出戰，慧景曰：「虜不夜圍人城，待日暮自

當去也。」既而虜衆轉盛，慧景於南門拔軍，衆軍不相知，隨後奔退。虜軍從北門入，劉山

陽與部曲數百人斷後死戰，虜遣鎧馬百餘匹突取山陽，山陽使射手射之，三人倒馬，手殺

十餘人，不能禁，且戰且退。慧景南出過閞溝，軍人蹈藉，橋皆斷壞，虜軍夾路射之，軍主

傅法憲見殺，赴溝死者相枕。山陽取襆杖填溝，乘之得免。虜主率大衆追之，晡時，虜主

至沔北，圍軍主劉山陽。山陽據城苦戰，至暮，虜乃退。衆軍恐懼，其夕皆下船還襄陽。

東昏即位，改領右衛將軍，平北、假節如故。未拜。永元元年，遷護軍將軍，尋加侍

中。陳顯達反，加慧景平南將軍，都督衆軍事，屯中堂。時輔國將軍徐世摽專勢號令，慧

景備員而已。帝既誅戮將相，舊臣皆盡，慧景自以年宿位重，轉不自安。

明年，裴叔業以壽春降虜，改授慧景平西將軍，假節、侍中、護軍如故，率軍水路征壽

陽。軍頓白下，將發，帝長圍屏除出琅邪城送之。帝戎服坐城樓上，召慧景單騎進圍內，

無一人自隨者。裁交數言,拜辭而去。慧景既得出,甚喜。子覺爲直閤將軍,慧景密與

期:四月慧景至廣陵,覺便出奔〔七〕。

慧景過廣陵數十里,召會諸軍主曰:「吾荷三帝厚恩,當顧託之重。幼主昏狂,朝廷

壞亂,危而不扶,責在今日。欲與諸君共建大功,以安宗社,何如?」眾皆響應。於是回軍

還廣陵,司馬崔恭祖守廣陵城,開門納之。帝聞變,以征虜將軍右衛將軍左興盛假節,督

京邑水陸眾軍。慧景停二日,便收眾濟江集京口。江夏王寶玄又爲内應,合二鎮兵力,奉

寶玄向京師。

臺遣驍騎將軍張佛護、直閤將軍徐元稱、屯騎校尉姚景珍、西中郎參軍徐景智、游盪

主董伯珍、騎官桓靈福等據竹里爲數城〔八〕。寶玄遣信謂佛護曰:「身自還朝,君何意苦

相斷過?」佛護答曰:「小人荷國重恩,使於此創立小戍。殿下還朝,但自直過,豈敢干

斷。」遂射慧景軍,因合戰。慧景子覺及崔恭祖領前鋒,皆僄楚善戰。又輕行不齎食,以數

舫緣江載酒肉爲軍糧。每見臺軍城中煙火起,輒盡力攻擊,臺軍不復得食,以此饑困。元

稱等議欲降,佛護不許。十二日,恭祖等復攻之,城陷,佛護單馬走,追得斬首,徐元稱降,

餘軍主皆死。慧景至,臨沂令李之發橋斷路,慧景收殺之。

臺遣中領軍王瑩都督眾軍,據湖頭築壘,上帶蔣山西巖,實甲數萬。慧景至查硎,竹

塘人萬副兒善射獵，能捕虜[九]，投慧景曰：「今平路皆爲臺軍所斷，不可議進。唯宜從蔣山龍尾上，出其不意耳。」慧景從之，分遣千餘人魚貫緣山，自西巖夜下，鼓叫臨城中。臺軍驚恐，即時奔散。帝又遣右衛將軍左興盛率臺內三萬人，拒慧景於北籬門，望風退走。慧景引軍入樂遊，恭祖率輕騎十餘匹突進北掖門，乃復出，宮門皆閉。慧景引衆圍之。於是東府、石頭、白下、新亭諸城皆潰。左興盛走，不得入宮，逃淮渚荻舫中，慧景擒殺之。宮中遣兵出盪，不剋。慧景燒蘭臺府署爲戰塲，守衛尉蕭暢屯南掖門處分城內，隨方應擊，衆心以此稍安。

慧景稱宣德太后令，廢帝爲吳王。時巴陵王昭胄先逃民間，出投慧景，慧景意更向之，故猶豫未知所立。竹里之捷，子覺與恭祖爭勳，慧景不能決。恭祖勸慧景射火箭燒北掖樓，慧景以大事垂定，後若更造，費用功力，不從其計。性好談義，兼解佛理，頓法輪寺，對客高談。恭祖深懷怨望。

先是衛尉蕭懿爲征虜將軍、豫州刺史，自歷陽步道征壽陽。帝遣密使告之，懿率軍主胡松、李居士等數千人自採石濟岸，頓越城，舉火，臺城中鼓叫稱慶。恭祖先勸慧景遣二千人斷西岸軍，令不得渡，慧景以城旦夕降，外救自然應散。至是恭祖請擊義師，又不許。乃遣子覺將精手數千人渡南岸。義師昧旦進戰，數合，士皆致死，覺大敗，赴淮死者二千

餘人,覺單馬退,開桁阻淮。其夜,崔恭祖與驍將劉靈運詣城降[一〇],慧景眾情離壞,乃將腹心數人潛去,欲北渡江,城北諸軍不知,猶為拒戰。城內出盪,殺數百人。義軍渡北岸,慧景餘眾皆奔。慧景圍城凡十二日,軍旅散在京師,不為營壘。及走,眾於道稍散,單馬至蠏浦,為漁父所斬,以頭內鱃魚籃,檐送至京師,時年六十三。

追贈張佛護為司州刺史,左興盛豫州刺史,並征虜將軍,徐景智桓靈福屯騎校尉,董伯珍員外郎,李玉之給事中,其餘有差。

恭祖者,慧景宗人,驍果便馬矟,氣力絕人,頻經軍陣。討王敬則,與左興盛軍客袁文曠爭敬則首[一一],訴明帝曰:「恭祖禿馬絳衫,手刺倒賊。故文曠得斬其首。以死易勳,而見枉奪。若失此勳,要當刺殺左興盛。」帝以其勇,使謂興盛曰[一二]:「何容令恭祖與文曠爭功。」遂封二百戶。慧景平後,恭祖繫尚方,少時殺之。

覺亡命為道人,見執伏法。臨刑與妹書曰:「捨逆旅,歸其家,以為大樂;況得從先君遊太清乎。古人有力扛周鼎,而有立錐之歡,以此言死,亦復何傷!平生素心,士大夫皆知之矣。既不得附驥尾,安得施名於後世,慕古竹帛之事,今皆亡矣。」慧景妻女亦頗知

佛義。

覺弟偃，爲始安內史，藏竄得免。和帝西臺立，以爲寧朔將軍。中興元年，詣公車門

上書曰：

臣竊惟太祖、高宗之孝子忠臣，而昏主之賊臣亂子者，江夏王與陛下，先臣與鎮

軍是也。臣聞堯舜之心，常以天下爲憂，而不以位爲樂。彼子然之舜，壟畝之人，猶

尚若此。況祖業之重，家國之切〔三〕？江夏既行之於前，陛下又蹈之於後，雖成敗異

術，而所由同方也。

陛下初登至尊，與天合符。天下纖介之屈，尚望陛下申之，絲髮之冤，尚望陛下

理之。況先帝之子，陛下之兄，所行之道，即陛下所由哉？如此尚弗恤，其餘何幾

哉〔四〕？陛下德侔造化，仁育羣生，雖在昆蟲草木，有不得其所者，覽而傷焉。而況

乎友愛天至，孔懷之深。夫豈不懷，將以事割。此實左右不明，未之或詳。惟陛下公

聽並觀，以詢之芻蕘。羣臣有以臣言爲不可，乞使臣廷辯之。則天人之意塞，四海之

疑釋。必若不然，僥小民之無識耳〔五〕。使其曉然知此，相聚而逃陛下，以責江夏之

冤，朝廷將何以應之哉？若天聽沛然回光，發惻愴之詔，而使東牟朱虛東襄儀父之

節，則何戈之士，誰不盡死？愚戇之言，萬一上合，事乞留中。

事寢不報。偃又上疏曰：

　　近冒陳江夏之冤，定承聖詔，已有褒贈，此臣狂疏之罪也。然臣所以諮問者，不得其實，罪在萬没，無所復云。但愚心所恨，非敢以父子之親，骨肉之間，而僥幸曲陛下之法，傷至公之義，誠不曉聖朝所以然之意。何則[六]？狂主雖狂，而實是天子；江夏雖賢，實是人臣，先臣奉人臣逆人君，以爲不可申明詔，得矣；然未審陛下亦是人臣不？而鎮軍亦復奉人臣逆人君，今之嚴兵勁卒，方指於象魏者，其故何哉？臣所不死，苟存視息，非有他故，所以待皇運之開泰，申冤魂之枉屈。今皇運既已開泰矣，而死於社稷盡忠，反以爲賊，臣何用此生陛下世矣。

　　臣聞王臣之節，竭智盡公，以奉其上。居股肱之任者，申理冤滯，薦達羣賢。凡此眾臣，夙興夜寐，心未嘗須臾之間而不在公[七]。故萬物無不得其理，而頌聲作焉。臣謹案鎮軍將軍臣穎胄，宗室之親，股肱之重，身有伊、霍之功，荷陛下稷、旦之任。中領軍臣詳[八]，受帷幄之寄，副宰相之尊。皆所以棟梁朝廷，社稷之臣，天下所當遑遑匪懈，盡忠竭誠，欲使萬物得理，而頌聲大興者，豈復宜踰此哉？而同知先臣股肱江夏，匡濟王室，天命未遂，王亡與亡，而不爲陛下瞥然一言。知而不言，是不忠之臣，不知而言，乃不智之臣，此而不知，將何所知？

如以江夏心異先臣，受制臣力，則江夏同致死斃，聽可昏政淫刑，見殘無道。然江夏之異，以何爲明，孔、呂二人，誰以爲戮。手御麾幡，言輒任公，同心共志，心若膠漆，而以爲異，臣竊惑焉。如以先臣遣使，江夏斬之，則征東之驛，何爲見戮？陛下斬征東之使，寔詐山陽。江夏違先臣之請，實謀孔矜。天命有歸，故事業不遂耳。夫唯聖人，乃知天命，守忠之臣，唯知盡死，安顧成敗。詔稱江夏遭時屯故，跡屈行令，內恕探情，無玷純節。今茲之旨〔一九〕，又何以處鎮軍哉？

臣所言畢矣，乞就湯鑊。然臣雖萬沒，猶願陛下必申先臣。何則？惻愴而申之，則天下伏；不惻愴而申之，天下之人北面而事陛下者，徒以力屈耳。先臣之忠，有識所知，南史之筆，千載可期，亦何待陛下屈申而爲褒貶。然小臣惓惓之愚，爲陛下計耳。臣之所言，非孝於父，實忠於君。唯陛下執察，少留心焉。

臣雖淺薄，然今日之事，斬足斷頭，殘身滅形，何所不能，爲陛下耳。臣聞生人之死，肉人之骨，有識之士，未爲多感。公聽並觀，申人之冤，秉德任公，理人之屈，則普天之人，爭爲之死。何則？理之所不可以已也。陛下若引臣冤，免臣兄之罪，則往失〔二〇〕，發惻愴之詔，懷可報之意，則桀之犬實可吠堯，跖之客實可刺由，又何況由

臣頻觸宸嚴，而不彰露，所以每上封事者，非自爲戇地，猶以春秋之義有隱諱之意也。

之犬，堯之客。臣非丟生，實爲陛下重此名於天下。已成之基，可惜之寶，莫復是加。

寢明寢昌，不可不循，寢微寢滅，不可不慎。惟陛下熟察。

若陛下猶以爲疑，鎮軍未之允決，乞下征東共詳可否，無以向隅之悲，而傷陛下

滿堂之樂。何則？陛下昏主之弟，江夏亦昏主之弟；鎮軍受遺託之恩，先臣亦荷顧

命之重。情節無異，所爲皆同，殊者唯以成敗仰資聖朝耳。臣不勝愚忠，請使羣臣廷

辯者，臣乞專令一人，精賜本語。僥幸萬一，天聽昭然，則軹沈七族，離燔妻子，人以

爲難，臣豈不易。

詔報曰：「具卿冤切之懷。卿門首義，而旌德未彰，亦追以慨然，今當顯加贈謚。」俄尋下

獄死。

張欣泰字義亨，竟陵人也。父興世，宋左衛將軍。

欣泰少有志節，不以武業自居，好隸書，讀子史。年十餘，詣吏部尚書褚淵，淵問之

曰：「張郎弓馬多少。」欣泰答曰：「性怯畏馬，無力牽弓。」淵甚異之。

辟州主簿，歷諸王府佐。元徽中，興世在家，擁雍州還資，見錢三千萬。蒼梧王自領

人劫之，一夜垂盡，興世憂懼感病卒。欣泰兄欣華時任安成郡，欣泰悉封餘財以待之。

建元初，歷官寧朔將軍，累除尚書都官郎。世祖與欣泰早經款遇，及即位，以爲直閤

將軍，領禁旅。除豫章王太尉參軍，出爲安遠護軍、武陵内史。還復爲直閤，步兵校尉，領

羽林監。欣泰通涉雅俗，交結多是名素。下直輒遊園池，著鹿皮冠，衲衣錫杖，挾素琴。

有以啓世祖者，世祖曰：「將家兒何敢作此舉止！」後從車駕出新林，敕欣泰甲仗廉察，欣

泰停仗，於松樹下飲酒賦詩。制局監呂文度過見，啓世祖。世祖大怒，遣出外，數日，意稍

釋，召還，謂之曰：「卿不樂爲武職驅使，當處卿以清貫。」除正員郎。

永明八年，出爲鎮軍中兵參軍、南平内史。巴東王子響殺僚佐，上遣中庶子胡諧之西

討，使欣泰爲副。欣泰謂諧之曰：「今太歲在西南，逆歲行軍，兵家深忌，不可見戰，戰必

見危。今段此行，勝既無名，負誠可恥。彼凶狡相聚，所以爲其用者，或利賞逼威，無由自

潰。若且頓軍夏口，宣示禍福，可不戰而禽也。」諧之不從，進屯江津，尹略等見殺。

事平，欣泰徙爲隨王子隆鎮西中兵，改領河東内史。子隆深相愛納，數與談宴，州府

職局，多使關領，意遇與謝朓相次。典籤密以啓聞，世祖怒，召還都。屏居家巷，置宅南岡

下，面接松山。欣泰負弩射雉，恣情閑放。衆伎雜藝，頗多閑解。

明帝即位，爲領軍長史，遷諮議參軍。上書陳便宜二十條，其一條言宜毀廢塔寺。帝

並優詔報答。

建武二年，虜圍鍾離城。欣泰爲軍主，隨崔慧景救援。欣泰移虜廣陵侯曰：「聞攻鍾離，是子之深策，可無謬哉！兵法云『城有所不攻，地有所不爭』。豈不聞之乎？我國家舟舸百萬，覆江橫海，所以案甲于今不至，欲以邊城疲魏士卒。我且千里運糧，行留俱弊，一時霖雨，川谷涌溢，然後乘帆渡海，百萬齊進，子復奚以御之？乃令魏主以萬乘之重，攻此小城，是何謂歟？攻而不拔，誰之恥邪？假令能拔，子守之，我將連舟千里，舳艫相屬，西過壽陽，東接滄海，仗不再請，糧不更取，士卒偃臥，起而接戰，乃魚鱉不通，飛鳥斷絕，偏師淮左，其不能守，皎可知矣。如其不拔，吾將假法于魏之有司，以請子之過。若挫兵夷眾，攻不卒下，驅士填隍，拔而不能守，則魏朝名士，其當別有深致乎，吾所未能量。昔魏之太武佛狸，傾一國之眾，攻十雉之城，死亡太半，僅以身返。既智屈於金墉，亦雖拔而不守，皆筭失所爲，至今爲笑。前鑒未遠，已恐之乎〔二〕？和門邑邑，戲載往意。」

虜既爲徐州軍所挫，更欲於邵陽洲築城。慧景慮爲大患〔三〕。欣泰曰：「虜所以築城者，外示姱大，實懼我躡其後耳。今若説之以彼此各願罷兵，則其患自息。」慧景從之。遣欣泰至虜城下具述此意。及虜引退，而洲上餘兵萬人，求輸五百匹馬假道，慧景欲斷路攻之。欣泰説慧景曰：「歸師勿遏，古人畏之。死地之兵，不可輕也。勝之既不足爲武，敗

則徒喪前功。不如許之。」慧景乃聽虜過。時領軍蕭坦之亦援鍾離，還啟明帝曰：「邵陽洲有死賊萬人，慧景、欣泰放而不取。」帝以此皆不加賞。

四年，出爲永陽太守。永元初，還都。崔慧景圍城，欣泰入城內，領軍守備。事寧，除輔國將軍、廬陵王安東司馬。義師起，以欣泰爲持節、督雍梁南北秦四州郢州之竟陵司州之隨郡軍事、雍州刺史，將軍如故。時少帝昏亂，人情咸伺事隙。欣泰與弟前始安內史欣時密謀結太子右率胡松、前南譙太守王靈秀、直閣將軍鴻選、含德主帥苟勵、直後劉靈運等十餘人，並同契會。

帝遣中書舍人馮元嗣監軍救郢，茹法珍、梅蟲兒及太子右率李居士[三三]、制局監楊明泰等十餘人相送中興堂。欣泰等使人懷刀於座斫元嗣，頭墜果柈中，又斫明泰，破其腹，蟲兒傷刺數瘡，手指皆墮。居士踰牆得出，茹法珍亦散走還臺。靈秀仍往石頭迎建安王寶夤，率文武數百，唱警蹕，至杜姥宅。欣泰初聞事發，馳馬入宮，冀法珍等在外，城內處分，必盡見委，表裏相應，因行廢立。既而法珍得反，處分閉門上仗，不配欣泰兵，鴻選在殿內亦不敢發。城外衆尋散。少日事覺，詔收欣泰、胡松等，皆伏誅。

欣泰少時有人相其當得三公，而年裁三十。後屋瓦墮傷額，又問相者，云：「無復公相，年壽更增，亦可得方伯耳。」死時年四十六[三四]。

史臣曰：崔慧景宿將老臣，憂危昏運，回董御之威，舉晉陽之甲，乘機用權，內襲少主，因樂亂之民，藉淮楚之剽，驍將授首，羣帥委律，鼓鼙讙於官寢[二五]，戈戟跱於城隍，陵埤負戶，士衰氣竭，屢發銅虎之兵，未有釋位之援，勢等易京，魚爛待盡。征虜將軍投袂以先國急，束馬旅師，橫江競濟，風驅電掃，制勝轉丸，越城之戰，旗獲蔽野，津舾之捷，獻俘象魏，瞻塵望烽，窮壘重闉，戮帶定襄，曾未及此。盛矣哉，桓文異世也！

贊曰：叔業外叛，淮肥失險。慧景倒戈，宮門晝掩。欣泰倉卒，霜刃不染。實起時昏，堅冰互漸。

校勘記

〔一〕 地惟形勢 「勢」，冊府卷四〇四將帥部、十七史策要卷一裴叔業啓遺帝子臨巴蜀疏作「勝」。

〔二〕 唯樂侵掠伐虜堺 「掠」字原無，據冊府卷三六三將帥部補。 按通鑑卷一四一齊紀七明帝建武四年云：「唯樂鈔略若侵虜境。」

〔三〕 虜又遣偽將劉藻高忩繼至 「高忩」，魏書卷六八高聰傳、通鑑卷一四一齊紀七明帝永泰元年作「高聰」。

〔四〕植等皆還洛陽 「還」，南監本作「遷」。

〔五〕清河東武城人也 「清」字原無，據南監本、北監本、汲本、殿本、局本、南史卷四五崔慧景傳補。

〔六〕輒傾資獻奉 「傾」字原無，據南監本、北監本、汲本、殿本、局本補。

〔七〕四月慧景至廣陵覺便出奔 按通鑑卷一四三齊紀九東昏侯永元二年記「慧景至廣陵，覺走從之」，事在三月己亥至壬子間，考異云慧景傳載其四月至廣陵，「四月當作三月」。參見卷七東昏侯紀校勘記〔三〕。

〔八〕騎官桓靈福等據竹里爲數城 「桓靈福」，原作「相靈福」，據南監本、北監本、汲本、殿本、局本、冊府卷四二五將帥部、通鑑卷一四三齊紀九東昏侯永元二年改。

〔九〕能捕虜 「虜」，北監本、殿本、局本作「虎」。 按通鑑卷一四三齊紀九東昏侯永元二年胡注亦作「虜」。

〔一〇〕崔恭祖與驍將劉靈運詣城降 「靈」字原無，據南監本、北監本、殿本、局本、南史卷四五崔慧景傳、通鑑卷一四三齊紀九東昏侯永元二年補。

〔一一〕與左興盛軍客袁文曠爭敬則首 「軍客」，南監本、北監本、汲本、殿本、局本、南史卷四五崔慧景傳附崔恭祖傳、御覽卷四三五引齊書、冊府卷四五一將帥部作「軍容」。

〔一二〕帝以其勇使謂興盛曰 「使」，南監本、北監本、殿本、南史卷四五崔慧景傳作「健」，屬上讀。

〔三〕家國之切　「家」，原作「蒙」，據南監本、北監本、汲本、殿本、局本、册府卷八七五總錄部改。

〔四〕其餘何幾哉　「幾」，通鑑卷一四四齊紀一〇和帝中興元年作「冀」。

〔五〕僥小民之無識耳　「僥」，南監本、北監本、殿本、局本、册府卷八七五總錄部作「倖」，通鑑卷一四四齊紀一〇和帝中興元年作「幸」。

〔六〕何則　南監本、北監本、殿本、通鑑卷一四四齊紀一〇和帝中興元年作「若以」，屬下讀。按册府卷八七五總錄部亦作「何則」。

〔七〕心未嘗須臾之閒而不在公　「未」，原作「不」，據南監本、北監本、殿本、局本、册府卷八七五總錄部改。

〔八〕中領軍臣詳　「詳」，原作「諱」，據通鑑卷一四四齊紀一〇和帝中興元年改。按詳指夏侯詳。

〔九〕今茲之旨　「茲」字原闕，據南監本、北監本、殿本、局本、册府卷八七五總錄部補。

〔一〇〕陛下若引臣冤免臣兄之罪收往失　册府卷八七五總錄部作「陛下若俯鑒臣冤深收往失」。

〔一一〕已恐之乎　「恐」，南監本、北監本、汲本、殿本、局本、册府卷四一六將帥部、十七史策要卷一

〔一二〕張欣泰移虜廣陵侯文作「忘」。

〔一三〕慧景慮爲大患　「患」，原作「忠」，據三朝本、南監本、北監本、汲本、殿本、局本改。

〔一四〕梅蟲兒及太子右率李居士　「太子右率」，疑當作「太子左率」。按本書卷七東昏侯紀及文苑

〔一五〕英華卷四一六沈約授李居士等制，李居士於此前後所任皆爲太子左率。

〔三四〕 死時年四十六 「時」，原作「者」，據南監本、北監本、汲本、殿本、局本改。

〔三五〕 鼓聲讙於官寢 「官」，南監本、北監本、殿本、局本作「官」。

列傳第三十三

文學

丘靈鞠　檀超　卞彬　丘巨源　王智深　陸厥　崔慰祖

王逡之　祖沖之　賈淵

丘靈鞠，吳興烏程人也。祖系，祕書監[一]。

靈鞠少好學，善屬文。與上計[二]，仕郡爲吏。州辟從事，詣領軍沈演之。演之曰：「身昔爲州職，詣領軍謝晦，賓主坐處，政如今日。卿將來或復如此也。」舉秀才，爲州主簿。累遷員外郎。

宋孝武殷貴妃亡，靈鞠獻挽歌詩三首，云「雲横廣階闇，霜深高殿寒」。帝摘句嗟賞。

除新安王北中郎參軍，出爲剡烏程令，不得志。泰始初，坐東賊黨錮數年。褚淵爲吳興，謂人曰：「此郡才士，唯有丘靈鞠及沈勃耳。」乃啓申之。明帝使著大駕南討紀論。久之，除太尉參軍，轉安北記室、帶扶風太守，不就。爲尚書三公郎，建康令，轉通直郎、兼中書郎。

昇明中，遷正員郎，領本郡中正，兼中書郎如故。時方禪讓，太祖使靈鞠參掌詔策。建元元年，轉中書郎，中正如故，敕知東宮手筆。尋又掌知國史。明年，出爲鎮南長史、尋陽相，遷尚書左丞。世祖即位，轉通直常侍，尋領東觀祭酒。靈鞠曰：「久居官不願數遷〔三〕，使我終身爲祭酒，不恨也。」永明二年，領驍騎將軍。靈鞠不樂武位，謂人曰：「我應還東掘顧榮冢。江南地方數千里，士子風流，皆出此中。顧榮忽引諸傖渡，妨我輩塗轍，死有餘罪。」改正員常侍。

靈鞠好飲酒，臧否人物，在沈淵座見王儉詩，淵曰：「王令文章大進。」靈鞠曰：「何如我未進〔四〕？」此言達儉。靈鞠宋世文名甚盛，入齊頗減。蓬髮弛縱，無形儀，不治家業。王儉謂人曰：「丘公仕宦不進，才亦退矣。」遷長沙王車騎長史，太中大夫，卒。著江左文章録序，起太興，訖元熙。文集行於世。

檀超字悦祖，高平金鄉人也。祖弘宗﹝五﹞，宋南琅邪太守。

超少好文學，放誕任氣，解褐州西曹。嘗與別駕蕭惠開共事，不爲之下。謂惠開曰：「我與卿俱起一老姥，何足相誇？」蕭太后，惠開之祖姑，長沙王道憐妃，超祖姑也。舉秀才。孝建初，坐事徙梁州，板宣威府參軍。孝武聞超有文章，敕還直東宮，除驃騎參軍，寧蠻主簿，鎮北諮議。超累佐蕃職，不得志，轉尚書度支郎，車騎功曹，桂陽內史。入爲殿中郎、兼中書郎，零陵內史，征北驃騎記室，國子博士、兼左丞。

超嗜酒，好言詠，舉止和靡，自比晉郤超，爲「高平二超」。謂人曰：「猶覺我爲優也。」太祖賞愛之。遷驍騎將軍，常侍，司徒右長史。

建元二年，初置史官，以超與驃騎記室江淹掌史職。上表立條例，開元紀號，不取宋年。封爵各詳本傳，無假年表。立十志：律曆、禮樂、天文、五行、郊祀、刑法、藝文依班固，朝會、輿服依蔡邕、司馬彪，州郡依徐爰。百官依范曄，合州郡。班固五星載天文，日蝕載五行；改日蝕入天文志。以建元爲始。帝女體自皇宗，立傳以備甥舅之重。又立處士、列女傳。詔內外詳議。左僕射王儉議：「金粟之重，八政所先，食貨通則國富民實，宜加編錄，以崇務本。朝會志前史不書，蔡邕稱先師胡廣說漢舊儀，此乃伯喈一家之意，曲

碎小儀，無煩録。宜立食貨，省朝會。洪範九疇，一曰五行。五行之本，先乎水火之精，是為日月五行之宗也。今宜憲章前軌，無所改革。又立帝女傳，亦非淺識所安。若有高德異行，自當載在列女，若止於常美，則仍舊不書。」詔：「日月災隸天文，餘如儉議。」超史功未就，卒官。江淹撰成之，猶不備也。

時豫章熊襄著齊典，上起十代。其序云：「尚書堯典，謂之虞書，則附所述，故通謂之齊，名為河洛金匱。」

卞彬字士蔚，濟陰宛句人也〔六〕。祖嗣之，中領軍。父延之，有剛氣，為上虞令。

彬才操不群，文多指刺。州辟西曹主簿，奉朝請，員外郎。宋元徽末，四貴輔政。彬謂太祖曰：「外間有童謡云：『可憐可念尸著服，孝子不在日代哭，列管蹔鳴死滅族。』」尸著服〔七〕，褚字邊衣也，孝除子，以日代也，謂褚淵也。列管，蕭也。彬退，太祖笑曰：「彬自作此。」齊臺初建，彬又曰：「誰謂宋遠，跂予望之。」太祖聞之，不加罪也。除右軍參軍。家貧，出為南康郡丞。

彬頗飲酒，擯棄形骸。作蚤蝨賦序曰：「余居貧，布衣十年不制。一袍之縕，有生所

託，資其寒暑，無與易之。為人多病，起居甚疏，縈寢敗絮，不能自釋。兼攝性懶惰，嬾事皮膚，澡刷不謹，澣沐失時，四體氈氍，加以臭穢，故葦席蓬纓之間，蚤虱猥流。淫癢渭濩，無時恕肉，探揣撮摸，日不替手。虱有諺言，朝生暮孫。若吾之虱者，無湯沐之慮，絕相弔之憂，宴聚乎久襟爛布之裳〔八〕，服無改換，搔挖不能加，脫略緩嬾，復不懃於捕討，孫孫息息，三十五歲焉。」其略言皆實錄也。

除南海王國郎中令，尚書比部郎，安吉令，車騎記室。彬性好飲酒〔九〕，以瓠壺瓢勺，杬皮為肴。著帛冠，十二年不改易。以大瓠為火籠〔一〇〕，什物多諸詭異。自稱「卜田居」，婦為「傅蠶室」。或諫曰：「卿都不持操，名器何由得升？」彬曰：「擲五木子，十擲輒鞿，豈復是擲子之拙。吾好擲，政極此耳。」永元中，為平越長史，綏建太守，卒官。

彬又目禽獸云：「羊性淫而狠，豬性卑而率，鵝性頑而傲，狗性險而出。」皆指斥貴勢。其蝦蟆賦云：「紆青拖紫，名為蛤魚。」世謂比令僕也。又云：「科斗唯唯，羣浮闇水。維朝繼夕，聿役如鬼。」比令史諮事也。文章傳於閭巷。

永明中，琅邪諸葛勗為國子生，作雲中賦，賦祭酒以下〔一一〕，皆有形似之目。坐繫東冶，作東冶徒賦，世祖見，赦之。

又有陳郡袁嘏，自重其文。謂人云：「我詩應須大材迮之，不爾飛去。」建武末，為諸東

暨令，被王敬則所殺。

丘巨源，蘭陵蘭陵人也。宋初土斷屬丹陽，後屬蘭陵。巨源少舉丹陽郡孝廉，爲宋孝武所知。大明五年，敕助徐爰撰國史[二]。帝崩，江夏王義恭取掌書記。明帝即位，使參詔誥，引在左右。自南臺御史爲王景文鎮軍參軍，寧喪還家。

元徽初，桂陽王休範在尋陽，以巨源有筆翰，遣船迎之，餉以錢物。巨源因太祖自啓，敕板起巨源使留京都。桂陽事起，使於中書省撰符檄，事平，除奉朝請。

巨源望有封賞，既而不獲，乃與尚書令袁粲書曰：

民信理推心，闇於量事，庶謂丹誠感達，賞報屢期。豈虞寂寥，忽焉三稔？議者必云筆記賤伎，非殺活所待；開勸小說，非否判所寄。然則先聲後實，軍國舊章，七德九功，將名當世。仰觀天緯，則右將而左相；俯察人序，則西武而東文。固非胥祝之倫伍，巫匠之流匹矣。

去昔奇兵，變起呼吸，雖凶渠即勦，而人情更迷。茅恬開城，千齡出叛，當此之時，心膂胡、越，奉迎新亭者，士庶填路，投名朱雀者，愚智空閭，人惑而民不惑，人畏

而民不畏，其一可論也。

臨機新亭，獨能抽刃斬賊者，唯有張敬兒；而中書省獨能奮筆弗顧者，唯有丘巨源。文武相方，誠有優劣，就其死亡以決成敗，當崩天之敵，抗不測之禍，請問海內，此膽何如？其二可論也。

又爾時顛沛，普喚文士，黃門中書，靡不畢集，摛翰振藻，非爲乏人，朝廷洪筆，何故假手凡賤？若以此賊彊盛，勝負難測，羣賢怯不染豪者，則民宜以勇獲賞；若云羽檄之難，必須筆傑，羣賢推能見委者，則民宜以才賜列〔三〕，其三可論也。

竊見桂陽賊賞不赦之條凡二十五人，而李恒、鍾爽同在此例，戰敗後出，罪並釋然，而吳邁遠族誅之。罰則操筆大禍而操戈无害，論以賞科，則武人超越而文人埋沒，其四可論也。

且邁遠置辭，無乃侵慢，民作符檄，肆言詈辱，放筆出手，即就虀粉。若使桂陽得志，民若不輾裂軍門，則應腰斬都市，嬰孩脯醢，伊可熟念，其五可論也。至往年戎旅，萬有餘甲，十分之中，九分冗隸，可謂眾矣。攀龍附驎，翻焉雲翔。至若民狂夫，可謂寡矣。徒關敕旨，空然泥沈。詎其荷敝塵末，皆是白起，操牘事始，必非魯連邪？民偵，國算迅足，馳烽旆之機，帝擇逸翰，赴尉羅之會。既能陵敵不殿，

爭先無負，宜其微賜存在，少沾飲釃。遂乃棄之溝間，如蜉如蟻，擲之言外，如土如灰。綷隸帖戰，無拳無勇，並隨資峻級矣；凡豫臺內，不文不武，已坐拱清階矣。撫骸如此，瞻例如彼，既非草木，何能弭聲？

巨源竟不被申。

歷佐諸王府，轉羽林監。建元元年，為尚書主客郎，領軍司馬，越騎校尉。除武昌太守，拜竟，不樂江外行，世祖問之，巨源曰：「古人云：『寧飲建業水，不食武昌魚。』臣年已老，寧死於建業。」以為餘杭令。

沈攸之事，太祖使巨源為尚書符荊州，巨源以此又望賞異，自此意常不滿。高宗為吳興，巨源作秋胡詩，有譏刺語，以事見殺。

王智深字雲才，琅邪臨沂人也。少從陳郡謝超宗學屬文。好飲酒，拙澀乏風儀。宋建平王景素為南徐州，作觀法篇，智深和之，見賞，辟為西曹書佐。貧無衣，未到職而景素敗。後解褐為州祭酒。太祖為鎮軍時，丘巨源薦之於太祖，板為府行參軍，除豫章王國常侍，遷太學博士，豫章王大司馬參軍、兼記室。

世祖使太子家令沈約撰宋書，擬立袁粲傳，以審世祖。世祖曰：「袁粲自是宋家忠臣。」約又多載孝武、明帝諸鄙瀆事[一四]，上遣左右謂約曰：「孝武事迹不容頓爾。我昔經事宋明帝，卿可思諱惡之義。」於是多所省除。

又敕智深撰宋紀，召見芙蓉堂，賜衣服，給宅。智深告貧於豫章王，王曰：「須卿書成，當相論以禄[一五]。」書成三十卷，世祖後召見智深於璿明殿，令拜表奏上。表未奏而世祖崩。

隆昌元年，敕索其書，智深遷爲竟陵王司徒參軍，坐事免。江夏王鋒、衡陽王鈞並善待之。

初，智深爲司徒袁粲所接，及撰宋紀，意常依依。粲幼孤，祖母名其爲愍孫，後慕荀粲，自改名，會稽賀喬譏之，智深於是著論。

家貧無人事，嘗餓五日不得食，掘覓根食之。司空王僧虔及子志分其衣食[一六]。卒於家。

先是陳郡袁炳，字叔明，有文學，亦爲袁粲所知。著晉書未成，卒。

潁川庾銑，善屬文，見賞豫章王，引至大司馬記室參軍，卒。

陸厥字韓卿，吳郡吳人，揚州別駕閑子也〔七〕。厥少有風槩，好屬文，五言詩體甚新

變〔八〕。永明九年，詔百官舉士，同郡司徒左西掾顧暠之表薦焉。州舉秀才，王晏少傅主

簿，遷後軍行參軍。

永明末，盛爲文章。吳興沈約、陳郡謝朓、琅邪王融以氣類相推轂。汝南周顒善識聲

韻。約等文皆用宮商，以平上去入爲四聲，以此制韻，不可增減，世呼爲「永明體」。沈約

宋書謝靈運傳後又論宮商。厥與約書曰：

范詹事自序「性別宮商，識清濁，特能適輕重，濟艱難。古今文人，多不全了斯

處，縱有會此者，不必從根本中來。」沈尚書亦云「自靈均以來〔九〕，此祕未覩」。或

「闇與理合，匪由思至」。張蔡曹王，曾無先覺，潘陸顏謝，去之彌遠」。大旨鈞使「宮

羽相變，低昂舛節〔一〇〕。若前有浮聲，則後須切響，一簡之內，音韻盡殊，兩句之中，輕

重悉異」。辭既美矣，理又善焉。但觀歷代眾賢，似不都闇此處，而云「此祕未覩」，

近於誣乎？

案范云「不從根本中來」。尚書云「匪由思至」。斯可謂揣情謬於玄黃，摘句差

其音律也〔一一〕。范又云「時有會此者」。尚書云「或闇與理合」。則美詠清謳，有辭章

調韻者，雖有差謬，亦有會合，推此以往，可得而言。夫思有合離，前哲同所不免，文

有開塞，即事不得無之。子建所以好人譏彈，士衡所以遺恨終篇。既曰遺恨，非盡美之作，理可詆訶。君子執其詆訶，便謂合理爲闇。豈如指其合理而寄詆訶爲遺恨邪？

自魏文屬論，深以清濁爲言，劉楨奏書[二]，大明體勢之致。岨峿妥怗之談，操末續顛之說，興玄黃於律呂，比五色之相宣，苟此祕未覩，茲論爲何所指邪？故愚謂前英已早識宮徵，但未屈曲指的，若今論所申。至於掩瑕藏疾，合少謬多，則臨淄所云「人之著述，不能無病」者也。非知之而不改，謂不改則不知，斯曹、陸又稱「竭情多悔，不可力彊」者[三]。今許以有病有悔爲言，則必自知無病無悔之地，引其不了不合爲闇，何獨誣其一合一了之明乎？意者亦質文時異，古今好殊，將急在情物，而緩於章句。情物，文之所急，美惡猶且相半；章句，意之所緩，故合少而謬多。義兼於斯，必非不知明矣。

長門、上林，殆非一家之賦，洛神、池鴈，便成二體之作。孟堅精正，詠史無虧於東主，平子恢富，羽獵不累於憑虛。王粲初征，他文未能稱是；楊脩敏捷，暑賦彌日不獻。率意寡尤，則事促乎一日；翳翳愈伏，而理賒於七步。一人之思，遲速天懸；一家之文，工拙壤隔。何獨宮商律呂，必責其如一邪？論者乃可言未窮其致，不得必非不知明矣。

列傳第三十三 文學

九九一

言曾無先覺也。

約答曰：

宮商之聲有五，文字之別累萬，以累萬之繁，配五聲之約，高下低昂〔二四〕，非思力所舉。又非止若斯而已也。十字之文，顛倒相配，字不過十，巧歷已不能盡，何況復過於此者乎？靈均以來，未經用之於懷抱，固無從得其髣髴矣。若斯之妙，而聖人不尚邪〔二五〕？此蓋曲折聲韻之巧，無當於訓義，非聖哲立言之所急也。是以子雲譬之「雕蟲篆刻」，云「壯夫不爲」。

自古辭人，豈不知宮羽之殊、商徵之別。雖知五音之異，而其中參差變動，所昧實多，故鄙意所謂「此祕未覩」者也〔二六〕。以此而推，則知前世文士便未悟此處。若以文章之音韻，同弦管之聲曲，則美惡妍蚩，不得頓相乖反。譬由子野操曲，安得忽有闡緩失調之聲，以洛神比陳思他賦，有似異手之作。故知天機啓，則律呂自調；六情滯，則音律頓舛也。

士衡雖云「炳若縟錦」，寧有濯色江波，其中復有一片是衞文之服？此則陸生之言，即復不盡者矣。韻與不韻，復有精麤，輪扁不能言，老夫亦不盡辨此。

永元元年，始安王遙光反，厥父閑被誅，厥坐繫尚方，尋有赦令，厥恨父不及，感慟而

卒，年二十八。文集行於世。

會稽虞炎，永明中以文學與沈約俱爲文惠太子所遇〔二七〕，意眄殊常。官至驍騎將軍〔二八〕。

崔慰祖字悅宗，清河東武城人也。父慶緒，永明中，爲梁州刺史。

慰祖解褐奉朝請。父喪不食鹽，母曰：「汝既無兄弟，又未有子胤。毀不滅性，政當與宗族，漆器題爲日字，日字之器，流乎遠近。」慰祖不得已從之。父梁州之資，家財千萬，散不進肴羞耳，如何絕鹽！吾今亦不食矣。」料得父時假貸文疏〔二九〕，謂族子紘曰：「彼有，自當見還。彼無，吾何言哉！」悉火焚之。

好學，聚書至萬卷，隣里年少好事者來從假借，日數十裹，慰祖親自取與，未常爲辭。

爲始安王撫軍墨曹行參軍，轉刑獄、兼記室。遙光好棊，數召慰祖對戲，慰祖輒辭拙，非朔望不見也。建武中，詔舉士，從兄慧景舉慰祖及平原劉孝標，並碩學。帝欲試以百里，慰祖辭不就。

國子祭酒沈約、吏部郎謝朓嘗於吏部省中賓友俱集，各問慰祖地理中所不悉十餘事，

慰祖口吃，無華辭，而酬據精悉，一座稱服之。朓歎曰：「假使班、馬復生，無以過此。」

慰祖賣宅四十五萬，買者云：「寧有減不？」答曰：「誠慚韓伯休，何容二價。」買者又曰：「君但責四十六萬，一萬見與。」慰祖曰：「是即同君欺人，豈是我心乎？」

少與侍中江祀款，及祀貴，常來候之，而慰祖不往也。與丹陽丞劉�素善，遙光據東府反，慰祖在城內。城未潰一日，瀿謂之曰：「卿有老母，宜其出矣。」命門者出之。慰祖詣闕自首，繫尚方，病卒。

慰祖著海岱志，起太公迄西晉人物，爲四十卷，半未成。臨卒，與從弟緯書云：「常欲更注遷、固二史，採史、漢所泥二百餘事〔三〇〕，在廚籚，可檢寫之，以存大意。海岱志良未周悉，可寫數本，付護軍諸從事人一通，及友人任昉、徐寅、劉洋、裴揆。」又令「以棺親土，不須塼，勿設靈座」。時年三十五。

王逡之字宣約，琅邪臨沂人也。父祖皆爲郡守。逡之少禮學博聞。起家江夏王國常侍，大司馬行參軍，章安令，累至始安內史。不之官，除山陽王驃騎參軍、兼治書御史，安成國郎中，吳令。

昇明末，右僕射王儉重儒術，逡之以著作郎兼尚書左丞，參定齊國儀禮。初，儉撰古今喪服集記，逡之難儉十一條，更撰世行五卷。

先上表立學，又兼著作，撰永明起居注。轉通直常侍，驍騎將軍，領博士、著作如故。出爲寧朔將軍、南康相、太中、光禄大夫，加侍中〔三〕。逡之率素，衣裘不澣，机案塵黑，年老，手不釋卷。建武二年，卒。

從弟珪之，有史學，撰齊職儀。永明九年，其子中軍參軍顥上啓曰：「臣亡父故長水校尉珪之，藉素爲基，依儒習性。以宋元徽二年，被救使纂集古設官歷代分職，凡在墳策，必盡詳究。是以等級掌司，咸加編錄。黜陟遷補，悉該研記〔三〕。述章服之差，兼冠佩之飾。屬值啓運，軌度惟新，故太宰臣淵奉宣救旨，使速洗正。刊定未畢，臣私門凶禍。不揆庸微，謹冒啓上，凡五十卷，謂之齊職儀。仰希永升天閣，長銘祕府。」詔付祕閣。

祖沖之字文遠，范陽薊人也〔三〕。祖昌，宋大匠卿。父朔之，奉朝請。沖之少稽古，有機思。宋孝武使直華林學省，賜宅宇車服。解褐南徐州迎從事，公府

參軍。

曰：

宋元嘉中，用何承天所制歷，比古十一家爲密，沖之以爲尚疎，乃更造新法。上表

臣博訪前墳，遠稽昔典，五帝躔次，三王交分，春秋朔氣，紀年薄蝕，談、遷載述，

彪、固列志，魏世注歷，晉代起居，探異今古，觀要華戎。書契以降，二千餘稔，日月離

會之徵，星度疎密之驗。專功覃思，咸可得而言也。加以親量圭尺，躬察儀漏，目盡

毫氂，心窮籌筴，考課推移，又曲備其詳矣。

然而古曆疎舛，類不精密〔三四〕，羣氏糾紛〔三五〕，莫審其會〔三六〕。尋何承天所上，意

存改革，而置法簡略，今已乖遠。以臣校之，三覬厥謬，日月所在，差覺三度，二至晷

景，幾失一日，五星見伏，至差四旬，留逆進退，或移兩宿。分至失實，則節閏非正；

宿度違天，則伺察無准。臣生屬聖辰，詢逮在運，敢率愚瞽，更創新曆。

謹立改易之意有二，設法之情有三。改易者一：以舊法一章，十九歲有七閏，閏

數爲多，經二百年輒差一日。節閏既移，則應改法，曆紀屢遷，寔由此條。今改章法

三百九十一年有一百四十四閏，令却合周、漢，則將來永用，無復差動。其二：以堯

典云「日短星昴，以正仲冬」。以此推之，唐世冬至，日在今宿之左五十許度。漢代之

初，即用秦曆〔三七〕，冬至日在牽牛六度。漢武改立太初曆，冬至日在牛初。後漢四分法，冬至之日，在斗二十二。晉世姜岌以月蝕檢日，知冬至在斗十七。今參以中星，課以蝕望，冬至之日，在斗十一。通而計之，未盈百載，所差二度。舊法並令冬至日有定處，天數既差，則七曜宿度，漸與舜訛〔三八〕。乖謬既著，輒應改易。僅合一時，莫能通遠。遷革不已，又由此條。今令冬至所在歲歲微差，却檢漢注，並皆審密，將來久用，無煩屢改。又設法者，其一：以子為辰初，位在正北，爻應初九，升氣之端，虛為北方列宿之中，元氣肇初，宜在此次。前儒虞喜，備論其義。今曆上元日度，發自虛一。

其二：以日辰之號，甲子為先，曆法設元，應在此歲。黃帝以來，世代所用，凡十一曆，上元之歲，莫值此名。今曆上元歲在甲子。其三：以上元之歲，曆中衆條，並應以此為始。而景初曆交會遲疾，元首有差。又承天法，日月五星，各自有元，交會遲疾，亦並置差，裁得朔氣合而已，條序紛錯，不及古意。今設法日月五緯交會遲疾，悉以上元歲首為始，羣流共源，庶無乖誤〔三九〕。

若夫測以定形，據以實効。懸象著明，尺表之驗可推；動氣幽微，寸管之候不忒。今臣所立，易以取信。但綜覈始終，大存緩密〔四〇〕，革新變舊，有約有繁。用約之條，理不自懼，用繁之意，顧非謬然。何者？夫紀閏參差，數各有分，分之為體，非不

細密〔四一〕，臣是用深惜毫釐，以全求妙之准，不辭積累，以成永定之製，非爲思而莫知，悟而弗改也。若所上萬一可採，伏願頒宣羣司，賜垂詳究。」

事奏。孝武令朝士善曆者難之，不能屈。會帝崩，不施行。出爲婁縣令，謁者僕射。

初，宋武平關中，得姚興指南車，有外形而無機巧，每行，使人於内轉之。昇明中，太祖輔政，使沖之追修古法。沖之改造銅機，圓轉不窮，而司方如一，馬均以來未有也〔四二〕。時有北人索馭驎者，亦云能造指南車，太祖使與沖之各造，使於樂遊苑對共校試，而頗有差僻，乃毀焚之。永明中，竟陵王子良好古，沖之造欹器獻之。

文惠太子東宫，見沖之曆法〔四三〕，啓世祖施行，文惠尋薨，事又寢。轉長水校尉，領本職。

沖之造安邊論，欲開屯田，廣農殖。建武中，明帝使沖之巡行四方，興造大業，可以利百姓者，會連有事〔四四〕，事竟不行。

沖之解鍾律，博塞當時獨絕，莫能對者。以諸葛亮有木牛流馬，乃造一器，不因風水，施機自運，不勞人力。又造千里船，於新亭江試之，日行百餘里。於樂遊苑造水碓磨，世祖親自臨視。又特善筭。永元二年，沖之卒。年七十二。著易老莊義，釋論語孝經，注九章，造綴述數十篇。

賈淵字希鏡，平陽襄陵人也。祖弼之，晉員外郎。父匪之，驃騎參軍。

世傳譜學。孝武世，青州人發古冢，銘云「青州世子，東海女郎」。帝問學士鮑照、徐爰、蘇寶生，並不能悉。淵對曰：「此是司馬越女，嫁苟晞兒。」檢訪果然。由是見遇。敕淵注郭子。

泰始初，辟丹陽郡主簿，奉朝請，太學博士，安成王撫軍行參軍，出爲丹徒令。昇明中，太祖嘉淵世學，取爲驃騎參軍，武陵王國郎中令，補餘姚令。未行，仍爲義興郡丞。永明初，轉尚書外兵郎，歷大司馬司徒府參軍。竟陵王子良使淵撰見客譜，出爲句容令。

先是譜學未有名家，淵祖弼之廣集百氏譜記，專心治業。晉太元中，朝廷給弼之令史書吏，撰定繕寫，藏祕閣，乃遷左民曹[四五]。淵父及淵三世傳學，凡十八州士族譜，合百帙七百餘卷[四六]，該究精悉，當世莫比。永明中，衛軍王儉抄次百家譜，與淵參懷撰定。

建武初，淵遷長水校尉。荒�倫人王泰寶買襲琅邪譜，尚書令王晏以啓高宗，淵坐被求[四七]，當極法，子棲長謝罪，稽顙流血，朝廷哀之，免淵罪。數年，始安王遙光板撫軍諮議，不就，仍爲北中郎參軍。中興元年，卒。年六十二。撰氏族要狀及人名書，並行於世。

史臣曰：文章者，蓋情性之風標，神明之律呂也。蘊思含毫，遊心內運，放言落紙，氣韻天成。莫不稟以生靈，遷乎愛嗜，機見殊門，賞悟紛雜。若子桓之品藻人才，仲治之區判文體，陸機辨於文賦，李充論於翰林，張眎摘句褒貶，顏延圖寫情興，各任懷抱，共為權衡。屬文之道，事出神思，感召無象，變化不窮。俱五聲之音響，而出言異句；等萬物之情狀，而下筆殊形。吟詠規範，本之雅什，流分條散，各以言區。若陳思「代馬」群章，王粲「飛鸞」諸製，四言之美，前超後絕。少卿離辭，五言才骨，難與爭鶩。「桂林」「湘水」，平子之華篇，「飛館」「玉池」，魏文之麗篆，七言之作，非此誰先。卿、雲巨麗，升堂冠冕，張、左恢廓，登高不繼，賦貴披陳，未或加矣。顯宗之述傅毅，簡文之摛彥伯，分言製句，多得頌體。裴頠內侍，元規鳳池，子章以來，章表之選。孫綽之碑，嗣伯喈之後；謝莊之誄，起安仁之塵；顏延楊瓚，自比馬督，以多稱貴，歸莊為允。王褒僮約，束皙發蒙，滑稽之流，亦可奇瑋。五言之製，獨秀眾品。習玩為理，事久則瀆，在乎文章，彌患凡舊。若無新變，不能代雄。建安一體，典論短長互出。潘、陸齊名，機、岳之文永異。江左風味，盛道家之言，郭璞舉其靈變，許詢極其名理，仲文玄氣，猶不盡除，謝混情新，得名未盛。顏、謝並起，乃各擅奇，休、鮑後出，咸亦標世。朱藍共妍，不相祖述。今之文章，作者雖眾，總而為

論，略有三體。一則啓心閑繹，託辭華曠，雖存巧綺，終致迂回。宜登公宴，本凡准的[四八]。次則緝事比類，非對不發，博物可嘉，職成拘制。或全借古語，用申今情，崎嶇牽引，直爲偶說。唯覩事例，頓失清采[四九]。此則傅咸五經，應璩指事，雖不全似，可以類從。次則發唱驚挺，操調險急，雕藻淫豔，傾炫心魂。亦猶五色之有紅紫，八音之有鄭、衛。斯鮑照之遺烈也。三體之外，請試妄談。若夫委自天機，參之史傳，應思悱來，勿先構聚[五〇]。言尚易了，文憎過意，吐石含金，滋潤婉切。雜以風謠，輕脣利吻，不雅不俗，獨中胸懷。輪扁斲輪，言之未盡，文人談士，罕或兼工。非唯識有不周，道實相妨，談家所習，理勝其辭，就此求文，終然翳奪。故兼之者鮮矣。

贊曰：學亞生知，多識前仁。文成筆下，芬藻麗春。

校勘記

〔一〕 祕書監 「祕書監」，汲本、局本作「中書監」。

〔二〕 與上計 「與」，建康實錄卷一六作「舉」。

〔三〕 久居官不願數遷 「久」，三朝本、南監本、北監本、汲本、殿本、局本、南史卷七二文學丘靈鞠

〔四〕何如我未進　「進」下南監本、北監本、殿本、南史卷七二文學丘靈鞠傳、建康實錄卷一六、册府卷七八五總錄部有「時」字。

傳、建康實錄卷一六作「人」。「不願」，南監本、北監本、殿本、南史卷七二文學丘靈鞠傳、建康實錄卷一六、册府卷七八五總錄部作「願」。

〔五〕祖弘宗　「宗」字原無，據三朝本、南監本、北監本、汲本、殿本、局本補。　按南史卷七二文學檀超傳云「祖嶷之，字弘宗」，子顯避家諱，改稱其字。

府卷九一七總錄部、卷九三九總錄部有「時」字。

〔六〕宛句人也　「宛句」，南監本、殿本、南史卷七二文學卞彬傳作「宛句」，御覽卷六八七引齊書作「宛胊」。

〔七〕尸著服　南監本「尸」上有「公頗聞否時王蘊居父憂與袁粲同死故云」十七字，「服」下有「也」字。北監本、殿本、局本略同南監本，唯「否」作「不」，「服也」下有「服者衣也」四字。另「云」，北監本、殿本本作「念」。南史卷七二文學下卞彬傳此處作「公頗聞不時蘊居父憂與袁粲同死故云尸著服也服者衣也」，南監本、北監本、局本蓋據南史補字。　按册府卷一九閏位部亦作「尸著服」。

〔八〕宴聚乎久襟爛布之裳　「襟」，南史卷七二文學下卞彬傳作「袴」。

〔九〕彬性好飲酒　「好」字原無，據御覽卷九七九引齊書補。

〔一〇〕以大瓠爲火籠　「火籠」，御覽卷九七九引齊書作「籠」。

〔三〕賦祭酒以下 「賦」，南監本、北監本、汲本、殿本、局本、南史卷七二文學卜彬傳、冊府卷九四四總錄部作「指」。

〔三〕大明五年敕助徐爰撰國史 按宋書卷九四徐爰傳、史通卷一二古今正史篇、冊府卷五五八國史部載徐爰撰國史在大明六年。

〔三〕則民宜以才賜列 「列」，原作「外」，據南監本、北監本、汲本、殿本、局本改。

〔四〕約又多載孝武明帝諸鄙瀆事 「武」字原無，據南監本、北監本、汲本、殿本、局本、南史卷七二文學王智深傳、冊府卷五六二國史部、職官分紀卷一五補。

〔五〕當相論以祿 「論」，冊府卷五五五國史部作「誦」。

〔六〕司空王僧虔及子志分其衣食 「其」，北監本、殿本、南史卷七二文學王智深傳、冊府卷九〇二總錄部作「與」。

〔七〕揚州別駕閑子也 「閑」，原作「閒」，據南監本、北監本、汲本、殿本、局本、南史卷四八陸厥傳、本書卷五五孝義陸絳傳、梁書卷五〇陸襄傳改。

〔八〕五言詩體甚新變 「新變」，三朝本、南監本、北監本、汲本、殿本、局本作「新奇」。

〔九〕沈尚書亦云自靈均以來 「沈尚書」，南監本、南史卷四八陸厥傳作「尚書」。

〔一〇〕低昂舛節 宋書卷六七謝靈運傳「史臣曰」作「低昂互節」。

〔三〕擿句差其音律也 「差」，南史卷四八陸厥傳作「著」，御覽卷五八五引齊書作「着」。

列傳第三十三 文學

一〇〇三

〔三一〕劉楨奏書 「劉楨」，原作「劉植」，據南監本、北監本、汲本、殿本、局本、南史卷四八陸厥傳、御覽卷五八五引齊書改。

〔三二〕不可力彊者 「者」，原作「下」，據南監本、北監本、殿本、局本、南史卷四八陸厥傳改。

〔三三〕高下低昂 「下」，原作「不」，據南監本、北監本、殿本、局本、南史卷四八陸厥傳改。

〔三四〕而聖人不尚邪 「邪」，南監本、南史卷四八陸厥傳作「何邪」。

〔三五〕故鄙意所謂此祕未覩者也 「此」，原作「志」，據南監本、北監本、汲本、殿本、局本、宋書卷六七謝靈運傳「史臣曰」、文選卷五○沈休文宋書謝靈運傳論改。

〔三六〕爲文惠太子所遇 「遇」，原作「還」，據南監本、北監本、汲本、殿本、局本改。

〔三七〕官至驍騎將軍 「驍騎將軍」，原作「驃騎將軍」，據南史卷四八虞炎傳改。按本書卷九禮志上亦見「驍騎將軍虞炎」。

〔三八〕料得父時假貰文疏 「貰」，原作「貫」，據北監本、汲本、殿本、局本、南史卷七二文學崔慰祖傳、宋本册府卷八○二總錄部改。按明本册府作「貸」。

〔三九〕採史漢所泥二百餘事 「泥」，南監本、北監本、殿本、局本、南史卷七二文學崔慰祖傳作「漏」。

〔四○〕加侍中 按南史卷二四王准之傳附王逡之傳作「加給事中」。

〔四一〕悉該研記 「悉」字原無，據北監本、殿本、局本補。

〔三三〕 范陽薊人也 「薊」有疑，南史卷七二祖沖之傳作「遒」。按晉書卷一四地理志上，薊屬幽州燕國，遒屬幽州范陽國。

〔三四〕 類不精密 「類」，宋書卷一三律曆志下引作「頗」。

〔三五〕 羣氏糾紛 「氏」，原作「民」，據殿本、宋書卷一三律曆志下引改。

〔三六〕 莫審其會 「會」，宋書卷一三律曆志下引作「要」。

〔三七〕 漢代之初即用秦曆 「漢代」，原作「伐」，「用」字原無，據局本、宋書卷一三律曆志下改、補。

〔三八〕 漸與舛訛 「舛訛」，宋書卷一三律曆志下作「曆舛」。

〔三九〕 羣流共源庶無乖誤 「庶無乖誤」四字原闕，據南監本、北監本、汲本、殿本、局本補。按宋書卷一三律曆志下作「實精古法」。

〔四〇〕 大存緩密 「緩密」，宋書卷一三律曆志下作「整密」。

〔四一〕 非不細密 宋書卷一三律曆志下作「非細不密」。

〔四二〕 馬均以來未有也 「馬均」，南史卷七二文學祖沖之傳、冊府卷九〇八總錄部作「馬鈞」。按三國志卷二九魏書方技傳裴注引傅玄序云：「先生名鈞，字德衡，鈞者器之模，而衡者所以定物之輕重。」似當作「馬鈞」是。

〔四三〕 文惠太子東宮見沖之曆法 「東宮」上北監本、殿本、局本、南史卷七二文學祖沖之傳有「在」字。

列傳第三十三 文學

一〇〇五

〔四三〕　會連有事　「事」上北監本、殿本、局本、南史卷七二文學祖沖之傳有「軍」字。

〔四四〕　乃遷左民曹　南史卷七二文學賈希鏡傳、册府卷五六〇國史部、卷五六一國史部作「及左户曹」。

〔四五〕　合百帙七百餘卷　「帙」，原作「泰」，據南監本、北監本、汲本、殿本、局本改。

〔四六〕　淵坐被求　「被求」，南史卷七二文學賈希鏡傳、册府卷五六〇國史部作「被收」，册府卷七五三總録部作「披求」。

〔四七〕　本凡准的　南監本、汲本、殿本、局本作「本非准的」。

〔四八〕　頓失清采　「清采」，南監本、北監本、汲本、殿本、局本並作「精采」。

〔四九〕　勿先構聚　「勿」，南監本作「吻」。

南齊書卷五十三

列傳第三十四

良政

傅琰　虞愿　劉懷慰　裴昭明　沈憲　李珪之　孔琇之

太祖承宋氏奢縱，風移百城，輔立幼主，思振民瘼。爲政未朞，擢山陰令傅琰爲益州刺史。乃捐華反樸，恭己南面，導民以躬，意存勿擾。以山陰大邑，獄訟繁滋，建元三年，別置獄丞，與建康爲比。永明繼運，垂心治術。杖威善斷，猶多漏網，長吏犯法〔一〕，封刃行誅。郡縣居職，以三周爲小滿。水旱之災，輒加賑卹。明帝自在布衣，曉達吏事，君臨億兆，專務刀筆，未嘗枉法申恩，守宰以之肅震。

永明之世，十許年中，百姓無雞鳴犬吠之警，都邑之盛，士女富逸，歌聲舞節，袨服華

粗，桃花綠水之間，秋月春風之下，蓋以百數。及建武之興，虜難焱急，征役連歲，不遑啓居，軍國糜耗，從此衰矣。

齊世善政著名表績無幾焉，位次遷升，非直止乎城邑。今取其清察有迹者，餘則隨以附焉。

傅琰字季珪，北地靈州人也。祖邵，員外郎。父僧祐，安東錄事參軍。

琰美姿儀，解褐寧蠻參軍，本州主簿，寧蠻功曹。宋永光元年，補諸暨武康令、廣威將軍，除尚書左民郎，又爲武康令，將軍如故。除吳興郡丞。

泰始六年，遷山陰令。山陰，東土大縣，難爲長官，僧祐在縣有稱，琰尤明察，又著名[二]。其年爵新亭侯。元徽初，遷尚書右丞[三]。

遭母喪，居南岸，隣家失火，延燒琰屋，琰抱柩不動，隣人競來赴救，乃得俱全。琰髀之間，已被煙焰。服闋，除邵陵王左軍諮議，江夏王錄事參軍。

太祖輔政，以山陰獄訟煩積，復以琰爲山陰令。賣針賣糖老姥爭團絲，來詣琰，琰不辨覈，縛團絲於柱鞭之，密視有鐵屑，乃罰賣糖者。二野父爭鷄，琰各問「何以食[四]」，一

人云「粟」，一人云「豆」，乃破雞得粟，罪言豆者。縣內稱神明，無敢復爲偷盜。琰父子並著奇績，江左鮮有。世云「諸傅有治縣譜〔五〕，子孫相傳，不以示人」。

昇明二年，太祖擢爲假節、督益寧二州軍事、建威將軍、益州刺史、宋寧太守。建元元年，進號寧朔將軍。四年，徵驍騎將軍、黃門郎。永明二年，遷建威將軍、安陸王北中郎長史，改寧朔將軍。明年，徙廬陵王安西長史、南郡內史，行荊州事。五年，卒。琰喪西還，有詔出臨。

臨淮劉玄明亦有吏能，爲山陰令，大著名績。琰子翽問之〔六〕，玄明曰：「我臨去當告卿。」將別，謂之曰：「作縣唯日食一升飯，而莫飲酒。」

虞愿字士恭，會稽餘姚人也。祖賚，給事中，監利侯。父望之，早卒。賚中庭橘樹冬熟，子孫競來取之，愿年數歲，獨不取，賚及家人皆異之。

元嘉末，爲國子生，再遷湘東王國常侍，轉潯陽王府墨曹參軍。明帝立，以愿儒吏學涉，兼蕃國舊恩，意遇甚厚。除太常丞，尚書祠部郎，通直散騎侍郎，領五郡中正，祠部郎如故。帝性猜忌，體肥憎風，夏月常著皮小衣，拜左右二人爲司風令史，風起方面，輒先啓

聞。星文災變，不信太史，不聽外奏，敕靈臺知星二人給愿，常直內省，有異先啓，以相檢察。

帝以故宅起湘宮寺，費極奢侈。以孝武莊嚴剎七層，帝欲起十層，不可立，分爲兩剎，各五層。新安太守巢尚之罷郡還〔七〕，見帝，曰：「卿至湘宮寺未？我起此寺，是大功德。」愿在側曰：「陛下起此寺，皆是百姓賣兒貼婦錢，佛若有知，當悲哭哀愍，罪高佛圖，有何功德？」尚書令袁粲在坐，爲之失色。帝乃怒，使人驅下殿，愿徐去無異容。以舊恩，少日中，已復召入。

帝好圍棋，甚拙，去格七八道，物議共欺爲第三品。與第一品王抗圍棋，依品賭戲，抗每饒借之，曰：「皇帝飛棋，臣抗不能斷。」帝終不覺，以爲信然，好之愈篤。愿又曰：「堯以此教丹朱，非人主所宜好也。」雖數忤旨，而蒙賞賜，猶異餘人。遷兼中書郎。

帝寢疾，愿常侍醫藥。帝素能食，尤好逐夷，以銀鉢盛蜜漬之，一食數鉢。謂揚州刺史王景文曰：「此是奇味，卿頗足不？」景文曰：「臣夙好此物，貧素致之甚難。」帝甚悅。左右啓飲數升酢酒，乃消。疾大困，一食汁滓猶至三升，食逐夷積多，胷腹痞脹，氣將絕。大漸日，正坐，呼道人，合掌便絕。愿以侍疾久，轉正員郎。

水患積久，藥不復効。出爲晉平太守，在郡不治生產。前政與民交關，質錄其兒婦，愿遣人於道奪取將還。

在郡立學堂教授。郡舊出髯虵，膽可爲藥，有餉願虵者，願不忍殺，放二十里外山中，一夜

虵還床下。復送四十里外山，經宿，復還故處。願更令遠，乃不忍歸，論者以爲仁心所致

也。海邊有越王石，常隱雲霧。相傳云：「清廉太守乃得見。」願往觀視，清徹無隱蔽。後

琅邪王秀之爲郡，與朝士書曰：「此郡承虞公之後，善政猶存，遺風易遵，差得無事。」以母

老解職，除後軍將軍。褚淵常詣願，不在，見其眠床上積塵埃，有書數袠。淵歎曰〔八〕：

「虞君之清〔九〕，一至於此。」令人掃地拂床而去。

遷中書郎，領東觀祭酒。兄季，爲上虞令，卒。願從省步還家，不待詔便歸東。除驍

騎將軍，遷廷尉，祭酒如故。願嘗事宋明帝，齊初宋神主遷汝陰廟，願拜辭流涕。建元元

年，卒。年五十四。願著五經論問，撰會稽記，文翰數十篇。

劉懷慰字彥泰，平原平原人也。祖奉伯，元嘉中爲冠軍長史。父乘民，冀州刺史。懷

慰初爲桂陽王征北板行參軍。乘民死於義嘉事難，懷慰持喪，不食醯醬，冬月不絮衣。養

孤弟妹，事寡叔母，皆有恩義。

復除邵陵王南中郎參軍，廣德令，尚書駕部郎。懷慰宗從善明等，太祖心腹〔一〇〕，懷慰

亦豫焉。沈攸之有舊，令爲書戒喻攸之，太祖省之稱善。除步兵校尉。

齊國建，上欲置齊郡於京邑，議者以江右土沃，流民所歸，乃治瓜步，以懷慰爲輔國將軍、齊郡太守。上謂懷慰曰：「齊邦是王業所基，吾方以爲顯任。經理之事，一以委卿。」又手勅曰：「有文事者，必有武備。今賜卿玉環刀一口。」懷慰至郡，修治城郭，安集居民，墾廢田二百頃，決沈湖灌漑。不受禮謁，民有餉其新米一斛者，懷慰出所食麥飯示之，曰：「旦食有餘，幸不煩此。」因著廉吏論以達其意。太祖聞之，手勅褒賞。進督秦沛二郡。妻子在都，賜米三百斛。兗州刺史柳世隆與懷慰書曰：「膠東淵化〔一〕，潁川致美，以今方古，曾何足云。」在郡二年，遷正員郎、領青冀二州中正。

懷慰本名聞慰，世祖即位，以與舅氏名同，勅改之。出監東陽郡，爲吏民所安。還兼安陸王北中郎司馬。永明九年，卒。年四十五。明帝即位，謂僕射徐孝嗣曰：「劉懷慰若在，朝廷不憂無清吏也。」懷慰與濟陽江淹、陳郡袁彖善，亦著文翰。永明初，獻皇德論云。

裴昭明，河東聞喜人，宋太中大夫松之孫也。父騊，南中郎參軍。

昭明少傳儒史之業。泰始中，爲太學博士。有司奏：「太子婚，納徵用玉璧虎皮，未詳何所准據。」昭明議：「禮納徵，儷皮爲庭實，鹿皮也。晉太子納妃注『以虎皮二』。太元中，公主納徵，虎豹皮各一。豈其謂婚禮不詳王公之差，故取虎豹文蔚以尊其事。虎豹雖文，而徵禮所不言，熊羆雖古，而婚禮所不及，珪璋雖美，或爲用各異。今宜准的經誥，凡諸僻謬，一皆詳正。」於是有司參議，加珪璋，豹熊羆皮各二。

元徽中，出爲長沙郡丞，罷任，刺史王蘊謂之曰：「卿清貧，必無還資。湘中人士有須一禮之命者，我不愛也。」昭明曰：「下官忝爲邦佐，不能光益上府，豈以鴻都之事仰累清風。」歷祠部、通直郎。

永明三年，使虜，世祖謂之曰：「以卿有將命之才，使還，當以一郡相賞。」還爲始安內史。郡民龔玄宣云神人與其玉印玉板[二]，書不須筆，吹紙便成字。自稱「龔聖人」，以此惑衆。前後郡守敬事之，昭明付獄治罪。及還，甚貧罄。世祖曰：「裴昭明罷郡還，遂無宅。我不諳書，不知古人中誰比？」遷射聲校尉。九年，復遣北使。

建武初，爲王玄邈安北長史、廣陵太守[三]。明帝以其在事無所啓奏，代還，責之。昭明曰：「臣不欲競執關楗故耳。」昭明歷郡皆有勤績，常謂人曰：「人生何事須聚蓄，一身之外，亦復何須？子孫若不才，我聚彼散；若能自立，則不如一經。」故終身不治產業。

中興二年，卒。

從祖弟顗，字彥齊。少有異操。泰始中，於總明觀聽講，不讓劉秉席，秉用爲參軍。

昇明末，爲奉朝請。齊臺建，世子裴妃須外戚譜，顗不與，遂分籍。太祖受禪，上表誹謗，

掛冠去，伏誅。

沈憲字彥璋〔一四〕，吳興武康人也。祖説道，巴西梓潼二郡太守，父璞之，北中郎行參

軍。

憲初應州辟，爲主簿。少有幹局，歷臨首、餘杭令〔一五〕，巴陵王府佐、帶襄令〔一六〕，除駕

部郎。宋明帝與憲某，謂憲曰：「卿，廣州刺史才也。」補烏程令，甚著政績。太守褚淵歎

之曰：「此人方員可施。」除通直郎，都水使者。長於吏事，居官有績。除正員郎，補吳令，

尚書左丞。

昇明二年，西中郎將晃爲豫州，太祖擢憲爲晃長史、南梁太守，行州事。遷豫章王諮

議，未拜，坐事免官。復除安成王冠軍、武陵王征虜參軍，遷少府卿。少府管掌市易，與民

交關，有吏能者，皆更此職。遷王儉鎮軍長史。

武陵王曄爲會稽，以憲爲左軍司馬。太祖以山陰戶衆難治，欲分爲兩縣。世祖啓曰：「縣豈不可治，但用不得其人耳。」乃以憲帶山陰令，政聲大著。孔稚珪請假東歸，謂人曰：「沈令料事特有天才。」加寧朔將軍。王敬則爲會稽，憲仍留爲鎮軍長史[一七]，令如故。

遷爲冠軍長史，行南豫州事，晉安王後軍長史、廣陵太守。西陽王子明代爲南兗州，憲仍留爲冠軍長史，太守如故，頻行州府事。永明八年，子明典籤劉道濟取府州五十人役自給，又役子明左右，及船仗贓私百萬，爲有司所奏，世祖怒，賜道濟死。憲坐不糾，免官。尋復爲長史、輔國將軍，以疾去官。除散騎常侍，未拜，卒。當世稱爲良吏。

憲同郡丘仲起，先是爲晉平郡，清廉自立。褚淵歎曰：「見可欲心能不亂，此楊公所以遺子孫也。」仲起字子震，少爲憲從伯領軍寅之所知[一八]。宋元徽中，爲太子領軍長史，官至廷尉。卒。

李珪之字孔璋，江夏鍾武人也。父祖皆爲縣令。

珪之少辟州從事。宋泰始初，蔡興宗爲郢州，以珪之爲安西府佐，委以職事，清治見知[一九]。遷鎮西中郎諮議[二〇]，右軍將軍、兼都水使者。珪之歷職稱爲清能，除游擊將軍，兼使者如故。轉兼少府，卒。

先是，四年，滎陽毛惠素爲少府卿，吏才强而治事清刻。勑市銅官碧青一千二百斤供御畫，用錢六十萬[二一]。有讒惠素納利者，世祖怒，勑尚書評賈，貴二十八萬餘，有司奏之，伏誅。死後家徒四壁，上甚悔恨。

孔琇之，會稽山陰人也。祖季恭，光祿大夫，父靈運，著作郎。

琇之初爲國子生，舉孝廉。除衛軍行參軍，員外郎，尚書三公郎。出爲烏程令，有吏能。還遷通直郎，補吳令。有小兒年十歲，偷刈隣家稻一束，琇之付獄治罪，或諫之，琇之曰：「十歲便能爲盜，長大何所不爲？」縣中皆震肅。

遷尚書左丞，又以職事知名。轉前軍將軍、兼少府。遷驍騎將軍，少府如故。出爲寧朔將軍、高宗冠軍征虜長史、江夏內史。還爲正員常侍、兼左民尚書，廷尉卿。出爲臨海太守，在任清約，罷郡還，獻乾薑二十斤，世祖嫌少，及知琇之清，乃歎息。除武陵王前軍

長史，未拜，仍出爲輔國將軍、監吳興郡，尋拜太守，治稱清嚴〔三〕。隆昌元年，遷琇之爲寧朔將軍、晉熙王冠軍長史、行郢州事、江夏内史。琇之辭，不許。未拜，卒。

史臣曰：琴瑟不調，必解而更張也。局以峻法，限以常條，以必世之仁未及宣理，而朞月之望已求治術。先公後私〔三〕，在己未易，割民奉國，於物非難，期之救過，所利苟免。且目見可欲，嗜好方流，貪以敗官，取與違義，吏之不臧，罔非由此。摘姦辯僞，誠俟異識，垂名著績，唯有廉平。今世之治民，未有出於此也。

贊曰：蒸蒸小民，吏職長親。棼亂須理，岫隱歸仁。枉直交督，寬猛代陳。伊何導物，貴在清身。

校勘記

〔一〕長吏犯法　「吏」，原作「史」，據南監本、北監本、汲本、殿本、局本、南史卷七〇循吏傳改。

〔三〕又著名　「名」上南監本、北監本、殿本、局本有「能」字。按此句南史卷七〇循吏傳琰傳作

「並著能名」。

〔三〕遷尚書右丞　「右丞」，南史卷七〇循吏傳琰傳、御覽卷四一二引蕭子顯齊書作「左丞」。

〔四〕何以食　「食」下南監本、北監本、殿本、局本、南史卷七〇循吏傳琰傳、御覽卷二六七引齊書有「鷄」字，册府卷七〇五令長部有「爲」字。

〔五〕江左鮮有世云諸傳有治縣譜　「世」，南監本、北監本、殿本、局本、明本册府卷七〇二令長部、宋本册府卷七七一總錄部作「四」，屬上讀。按御覽卷二六七引齊書、册府卷七〇二令長部、宋本册府卷七七一亦作「世」。

〔六〕琰子翽問之　「之」字原無，據南監本、北監本、殿本、局本補。

〔七〕新安太守巢尚之罷郡還　「巢尚之」，原作「巢向之」，據南監本、北監本、殿本、局本、南史卷七〇循吏虞愿傳、御覽卷六五八引宋書、册府卷一九四閏位部、卷二一八閏位部、卷四六〇臺省部、通鑑卷一三三宋紀一五明帝泰始七年改。按宋書卷九四恩倖戴法興傳附有巢尚之傳。

〔八〕淵歎曰　「歎」，原作「歡」，據三朝本、南監本、北監本、殿本、局本改。

〔九〕虞君之清　「虞君」，原作「虞晨」，據北監本、殿本、局本、南史卷七〇循吏虞愿傳、御覽卷七〇六引齊書、册府卷六二二卿監部改。按南監本作「虞愿」。

〔一〇〕懷慰宗從善明等太祖心腹　「太祖」上南監本、北監本、殿本、南史卷四九劉懷珍傳附劉懷慰傳、册府卷七六五總錄部有「爲」字。

〔二〕膠東淵化　「淵化」，南監本、殿本、局本、南史卷四九劉懷珍傳附劉懷慰傳並作「流化」。

〔三〕還爲始安內史郡民龔玄宣云神人與其玉印玉板　「龔玄宣」，南史卷三三裴松之傳附裴昭明傳作「龔玄宜」。按本書卷一八祥瑞志云龔玄宣爲始興郡民。

〔三〕建武初爲王玄邈安北長史廣陵太守　「安北長史」，疑當作「平北長史」。按本書卷二七王玄載傳附王玄邈傳，玄邈時爲平北將軍、南兗州刺史，卒後始贈安北將軍。裴昭明爲玄邈府佐，官名應以府主當時軍號爲正。

〔四〕沈憲字彥璋　「彥璋」，南監本、局本作「彥章」。

〔五〕歷臨首餘杭令　按宋書州郡志未見「臨首縣」，疑有誤。

〔六〕巴陵王府佐帶襄令　「襄」下疑有脫字。按宋書州郡志無「襄縣」，巴陵王休若曾任雍州刺史，鎮襄陽，憲爲其僚屬，疑帶襄陽令。

〔七〕王敬則爲會稽憲仍留爲鎮軍長史　「鎮軍」，疑是「鎮東」之訛。按本書卷二六王敬則傳云敬則時任鎮東將軍、會稽太守。

〔八〕少爲憲從伯領軍寅之所知　按「寅之」即「演之」，蓋避梁武帝諱，宋書卷六三有沈演之傳。

〔九〕珪之少辟州從事宋泰始初蔡興宗爲郢州以珪之爲安西府佐委以職事清治見知　此三十三字原無，據冊府卷七一六幕府部、卷七二七幕府部補。

〔一○〕遷鎮西中郎諮議　「鎮西中郎」，疑當作「鎮西西中郎」。按宋書卷七二文九王晉熙王昶傳附

變傳云變於元徽四年任郢州刺史、鎮西將軍。又宋書卷九〇明四王隨陽王翽傳云翽於昇明
元年任西中郎將，郢州刺史。或歷任鎮西、西中郎府諮議參軍。珪之仕於郢州，〔一〕

〔三〕用錢六十萬　〔六十萬〕，南史卷一六毛修之傳附毛惠素傳、御覽卷七五一引歷代名畫記作
　　「六十五萬」。

〔三〕治稱清嚴　「嚴」，原作「巖」，據三朝本、南監本、北監本、汲本、殿本、局本改。

〔三〕先公後私　「先」，原作「元」，據三朝本、南監本、北監本、汲本、殿本、局本改。

南齊書卷五十四

列傳第三十五

高逸

褚伯玉　明僧紹　顧歡　臧榮緒　何求　劉虯　庾易　宗測

杜京産　沈驎士　吳苞　徐伯珍

易有君子之道四焉，語默之謂也。故有入廟堂而不出，徇江湖而永歸。隱避紛紜，情迹萬品。若道義內足，希微兩亡，藏景窮巖，蔽名愚谷，解桎梏於仁義，永形神於天壤〔一〕，則名教之外，別有風猷。故堯封有非聖之人，孔門謬雞黍之客。次則揭獨性之高節〔二〕，重去就之虛名，激競違貪，與世爲異。或慮全後悔，事歸知殆；或道有不申，行岑出澤〔三〕。咸皆用宇宙而成心，借風雲以爲戒〔四〕。果志遠道〔五〕，未或非然。含貞養素，文

以藝業。不然，與樵者之在山，何殊別哉？故樊英就徵，不稱李固之望；馮恢下節，見陋張華之語。期之塵外，庶以弘多。若令十餘子者，仕不求聞，退不譏俗，全身幽履，服道儒門，斯逸民之軌操，故綴爲高逸篇云爾。

褚伯玉字元璩〔六〕，吳郡錢唐人也。高祖含，始平太守。父邃，征虜參軍。伯玉少有隱操，寡嗜欲。年十八，父爲婚〔七〕，婦入前門，伯玉從後門出。遂往剡，居瀑布山。性耐寒暑，時人比之王仲都。在山三十餘年，隔絕人物。王僧達爲吳郡，苦禮致之，伯玉不得已，停郡信宿，裁交數言而退。寧朔將軍丘珍孫與僧達書曰：「聞褚先生出居貴館，此子滅景雲棲，不事王侯，抗高木食，有年載矣。自非折節好賢，何以致之。昔文舉棲治城，安道入昌門，於茲而三焉。夫却粒之士，飡霞之人，乃可蹔致，不宜久羈。君當思遂其高步〔八〕，成其羽化。望其還策之日，蹔紆清塵，亦願助爲譬說。」僧達答曰：「褚先生從白雲遊舊矣。古之逸民，或留慮兒女，或使華陰成市，而此子索然，唯朋松石。介於孤峯絕嶺者，積數十載。近故要其來此，冀慰日夜。比談討芝桂，借訪荔蘿，若已窺煙液，臨滄洲矣。知君欲見之，輒當申譬。」

宋孝建二年，散騎常侍樂詢行風俗，表薦伯玉，加徵聘本州議曹從事，不就。太祖即位，手詔吳、會二郡，以禮迎遣，又辭疾。上不欲違其志，敕於剡白石山立太平館居之。建元元年，卒。年八十六。常居一樓上，仍葬樓所。孔稚珪從其受道法，爲於館側立碑。

明僧紹字承烈，平原鬲人也。祖玩，州治中。父略，給事中。

僧紹宋元嘉中再舉秀才，明經有儒術。永光中，鎮北府辟功曹，並不就。隱長廣郡嶗山，聚徒立學。淮北沒虜，乃南渡江。明帝泰始六年，徵通直郎，不就。

昇明中，太祖爲太傅，教辟僧紹及顧歡、臧榮緒以旌幣之禮，徵爲記室參軍，不至。僧紹弟慶符爲青州，僧紹乏粮食，隨慶符之鬱洲，住弇榆山栖雲精舍，欣玩水石，竟不一入州城。建元元年冬，詔曰：「朕側席思士，載懷塵外。齊郡明僧紹標志高栖，耽情墳素，幽貞之操，宜加賁飾。」徵爲正員郎〔九〕，稱疾不就。其後與崔祖思書曰〔一〇〕：「明居士標意可重，吾前旨竟未達邪？小涼欲有講事，卿可至彼，具述吾意，令與慶符俱歸。」又曰：「不食周粟而食周薇，古猶發議。在今寧得息談邪？聊以爲笑。」太祖謂慶符曰：「卿兄高尚其事，亦堯之外臣。慶符罷任，僧紹隨歸，住江乘攝山。

朕雖不相接，有時通夢。」遺僧紹竹根如意，筍籜冠。僧紹聞沙門釋僧遠風德，往候定林

寺，太祖欲出寺見之。僧遠問僧紹曰：「天子若來，居士若爲相對？」僧紹曰：「山藪之

人，政當鑿坏以遁，苦辭不獲命[一一]，便當依戴公故事耳。」永明元年，世祖敕召僧紹，稱疾

不肯見。詔徵國子博士，不就，卒。子元琳，字仲璋[一二]，亦傳家業。

僧紹長兄僧胤，能玄言，宋世爲冀州刺史。弟僧嵩，亦好學，宋孝武見之，迎頌其名，

時人以爲榮。泰始初，爲青州刺史。

慶符，建元初，爲黃門。

僧胤子惠照[一三]，元徽中，爲太祖平南主簿，從拒桂陽，累至驃騎中兵，與荀伯玉對領

建元元年，爲巴州刺史[一四]，綏懷蠻蜒，上許爲益州，未遷，卒。

直。

顧歡字景怡，吳郡鹽官人也。祖赳，晉隆安末，避亂徙居。歡年六七歲畫甲子[一五]，有

簡三篇，歡析計[一六]，遂知六甲。家貧，父使驅田中雀，歡作黃雀賦而歸，雀食過半[一七]，父

怒，欲撻之，見賦乃止。鄉中有學舍，歡貧無以受業，於舍壁後倚聽，無遺忘者。八歲，誦

孝經、詩、論。及長，篤志好學。母年老，躬耕誦書，夜則燃糠自照。同郡顧覬之臨縣[一八]，

見而異之，遣諸子與遊，及孫憲之，並受經句。歡年二十餘，更從豫章雷次宗諮玄儒諸義。

母亡，水漿不入口六七日[一九]，廬于墓次，遂隱遁不仕。於剡天台山開館聚徒，受業者常近

百人。歡早孤，每讀詩至「哀哀父母」，輒執書慟泣，學者由是廢蓼莪篇不復講。

太祖輔政，悅勸風教[二〇]，徵為揚州主簿，遣中使迎歡。及踐阼，乃至。歡稱「山谷臣

顧歡」，上表曰：「臣聞舉網提綱，振裘持領，綱領既理，毛目自張。是以湯、武得勢師道則祚延，

秦、項忽道任勢則身戮。夫天門開闔，自古有之，四氣相新，締裘代進。然則道德，綱也；物

勢，目也。上理其綱，則萬機時序，下張其目，則庶官不曠。今火澤易位，三靈

改憲，天樹明德，對時育物，搜揚仄陋，野無伏言。是以窮谷愚夫，敢露偏管，謹刪撰老氏，

獻治綱一卷。伏願稽古百王，斟酌時用，不以芻蕘棄言，不以人微廢道，則率土之賜也，微

臣之幸也。幸賜一疏[二一]，則上下交泰，雖不求民而民悅，不祈天而天應，應天悅民，則皇

基固矣。臣志盡幽深，無與榮勢，自足雲霞，不須祿養。陛下既遠見尋求，敢不盡言。言

既盡矣，請從此退。」

是時員外郎劉思劾表陳讜言曰：「宋自大明以來，漸見凋弊，徵賦有增於往，天府尤

貧於昔。兼軍警屢興，傷夷不復，戍役殘丁，儲無半菽，小民嗷嗷，無樂生之色。貴勢之

流，貨室之族，車服伎樂，爭相奢麗，亭池第宅，競趣高華。至于山澤之人，不敢採飲其水

草。貧富相輝，捐源尚末。陛下宜發明詔，吐德音，布惠澤，禁邪僞，薄賦斂，省傜役，絕奇麗之賂〔二二〕，塞鄭、衛之倡，變曆運之化，應質文之用，不亦大哉！又彭、汴有鷗梟之巢，青丘爲狐兔之窟，虐害蜎紀，殘暴日滋。鬼泣舊泉，人悲故壤，童孺視編髮而慙生，耆老看左衽而恥沒。陛下宜仰答天人引領之望，下弔肶黎傾首之勤，授鉞衛、霍之將，遺策蕭、張之師，萬道俱前，窮山蕩谷。此即恒山不足指而傾，渤海不足飲而竭，豈徒殘寇塵滅而已哉！」

上詔曰：「朕夙旦惟寅〔二三〕，思弘治道，佇夢巖濱，垂精管庫，旰食縈懷〔二四〕，其勤至矣。吳郡顧歡、散騎郎劉思効，或至自丘園，或越在冗位，並能獻書金門，薦辭鳳闕，辨章治體，有協朕心。今出其表，外可詳擇所宜，以時敷奏。歡近已加於貢，思効可付選銓序，以顯讜言。」歡東歸，上賜麈尾、素琴。

永明元年，詔徵歡爲太學博士，同郡顧黯爲散騎郎。黯字長孺，有隱操，與歡俱不就徵。

歡晚節服食，不與人通。每旦出戶，山鳥集其掌取食。事黃老道，解陰陽書，爲數術多効驗。初元嘉末，出都寄住東府，忽題柱云：「三十年二月二十一日。」因東歸。後太初弑逆，果是此年月。自知將終，賦詩言志云：「精氣因天行，遊魂隨物化。」剋死日，卒於剡

山，身體柔軟，時年六十四。還葬舊墓，木連理出墓側，縣令江山圖表狀。世祖詔歡諸子，

撰歡文議三十卷。

佛道二家，立教既異，學者互相非毀〔二五〕。歡著夷夏論曰：

夫辨是與非，宜據聖典。尋二教之源，故兩標經句。道經云：「老子入關之天竺

維衛國，國王夫人名曰淨妙〔二六〕，老子因其晝寢，乘日精入淨妙口中，後年四月八日夜

半時，剖左腋而生〔二七〕，墜地即行七步，於是佛道興焉。」此出玄妙內篇。佛經云：「釋

迦成佛，有塵劫之數。」出法華無量壽。「或為國師道士，儒林之宗」，出瑞應本起。

歡論之曰：五帝、三皇，莫不有師〔二八〕。國師道士〔二九〕，無過老、莊，儒林之宗，孰

出周、孔。若孔、老非佛〔三〇〕，誰則當之。然二經所說，如合符契。道則佛也，佛則道

也。其聖則符，其跡則反。或和光以明近；或曜靈以示遠。道濟天下，故無方而不

入；智周萬物，故無物而不為。其入不同，其為必異。各成其性，不易其事。是以端

委搢紳，諸華之容；翦髮曠衣〔三一〕，羣夷之服。擎跽磬折，侯甸之恭；狐蹲狗踞，荒流

之肅。棺殯槨葬，中夏之制；火焚水沈，西戎之俗。全形守禮〔三二〕，繼善之教；毀貌

易性〔三三〕，絕惡之學。豈伊同人，愛及異物。鳥王獸長，往往是佛。無窮世界，聖人代

興。或昭五典，或布三乘。在鳥而鳥鳴，在獸而獸吼。教華而華言，化夷而夷語耳。

雖舟車均於致遠，而有川陸之節，佛道齊乎達化，而有夷夏之別，若謂其致既均，其法可換者，而車可涉川，舟可行陸乎？今以中夏之性，劲西戎之法，既不全同，又不全異。下育妻孥〔三四〕，上廢宗禮〔三五〕。嗜欲之物，皆以禮伸；孝敬之典，獨以法屈。悖禮犯順〔三六〕，曾莫之覺。弱喪忘歸，孰識其舊？且理之可貴者，道也；事之可賤者，俗也。捨華効夷，義將安取？若以道邪？道固符合矣。若以俗邪？俗則大乖矣。

屢見剗舷沙門，守株道士，交諍小大，互相彈射。則乖爭之由，淆亂之本也。尋聖道雖同，而法有左右。始乎無端，終乎無末。泥洹仙化，各是一術。佛號正真，道稱正一。一歸無死，真會無生。在名則反，在實則合。但無生之教賒，無死之化切。切法可以進謙弱，賒法可以退夸強。佛教文而博，道教質而精。精非麤人所信，博非精人所能。佛經繁而顯，道經簡而幽。幽則妙門難見，顯則正路易遵。此二法之辨也。

聖匠無心，方圓有體，器既殊用，教亦異施。佛是破惡之方，道是興善之術。興善則自然爲高，破惡則勇猛爲貴。佛跡光大，宜以禮物〔三七〕；道跡密微，利用爲己。優劣之分，大略在茲。

夫蹲夷之儀，婁羅之辯，各出彼俗，自相矜解〔三八〕。猶蟲嚾鳥眂〔三九〕，何足述効。

歡雖同二法，而意黨道教。宋司徒袁粲託爲道人通公駁之，其略曰：

又老、莊、周、孔，有可存者，依日末光，憑釋遺法，盜牛竊善，反以成蠹，檢究源流，終異吾黨之爲道耳。

白日停光，恒星隱照，誕降之應，事在老先，似非入關，方炳斯瑞。

西域之記，佛經之說，俗以膝行爲禮，不慕蹲坐爲恭，道以三繞爲虔，不尚踞傲爲肅。豈專戎土，爰亦茲方。

華，乘者常安；戒善行交，蹈者恒通。

襄童謁帝，膝行而進；趙王見周，三環而止。今佛法在變。變本從道，不遵彼俗，教風自殊〔四〇〕，無患其亂。

若舟車，理無代用。佛法垂化，或因或革。文王造周，大伯創吳，革化戎夷，不因舊俗。豈孔、老、釋迦，其人或同，觀方設教，其道必異。清信之士，容衣不改；息心之人，服貌必發軫既殊，其歸亦異。符合之唱，自由臆說。

又仙化以變形爲上，泥洹以陶神爲先。變形者白首還緇，而未能無死；陶神者使塵惑日損，湛然常存。泥洹之道，無死之作〔四一〕，乖詭若此，何謂其同？

歡答曰：

案道經之作，著自西周，佛經之來，始乎東漢，年踰八百，代懸數十。若謂黃老雖久，而盜在釋前〔四二〕，是呂尚盜陳恒之齊，劉季竊王莽之漢也。

經云，戎氣強獷，乃復略人頻車邪？又夷俗長踞，法與華異，翹左跂右，全是蹲踞。故周公禁之於前，仲尼戒之於後。又舟以濟川，車以征陸，佛起於戎，豈非戎俗素惡邪？道出於華，豈非華風本善邪？今華風既變，惡同戎狄，佛來破之，良有以矣〔四三〕。佛道實貴，故戒業可遵，戒俗實賤，故言貌可棄。今諸華士女，民族弗革〔四四〕，而露首偏踞〔四五〕，濫用夷禮，云於窮落之徒，全是胡人，國有舊風，法不可變。

又若觀風流教，其道必異，佛非東華之道，道非西戎之法，魚鳥異淵，永不相關，安得老、釋二教，交行八表。今佛既東流，道亦西邁，故知世有精麤，教有文質。然則道教執本以領末，佛教救末以存本。請問所異，歸在何許〔四六〕？若以窮落爲異，則胥靡翦落矣。若以立像爲異，則俗巫立像矣。此非所歸，歸在常住。常住之象，常道孰異？

神仙有死，權便之説。神仙是大化之總稱，非窮妙之至名。至名無名，其有名者二十七品，仙變成真，真變成神，或謂之聖，各有九品，品極則入空寂，無爲無名。若服食茹芝，延壽萬億，壽盡則死，藥極則枯，此修考之士，非神仙之流也。

明僧紹正二教論以爲「佛明其宗，老全其生。守生者蔽，明宗者通。今道家稱長生不死，名補天曹，大乖老、莊立言本理」。文惠太子、竟陵王子良並好釋法。吳興孟景翼爲道士，太子召入玄圃園。衆僧大會，子良使景翼禮佛，景翼不肯，子良送十地經與之。景翼造正一論。大略曰：「寶積云『佛以一音廣說法』。老子云『聖人抱一以爲天下式』。『一』之爲妙，空玄絶於有景[四七]，神化瞻於無窮，爲萬物而无爲，處一數而無數，莫之能名，強號爲一。在佛曰『實相』，在道曰『玄牝』。道之大象，即佛之法身。以不守之守法身，以不執之執大象。但物有八萬四千行，說有八萬四千法。法乃至於無數，行亦逮於無央[四八]。等級隨緣，須導歸一。歸一曰回向，向正即無邪。邪觀既遣，億善日新。三五四六，隨用而施。獨立不改，絶學無憂。曠劫諸聖，共遵斯『一』。老、釋未始於嘗分，迷者分之而未合。億善遍修，修遍成聖，雖十號千稱，終不能盡。終不能盡，豈可思議。」司徒從事中郎張融作門律云：「道之與佛，逗極無二[四九]。吾見道士與道人戰儒墨，道人與道士獄是非。昔有鴻飛天首，積遠難亮。越人以爲鳧，楚人以爲乙，人自楚越，鴻常一耳。」以示太子僕周顒。顒難之曰：「虛無法性，其寂雖同，位寂之方[五〇]，其旨則別。論所謂『逗極無二』者，爲逗極於虛無，當無二於法性耶？足下所宗之本一物爲鴻乙耳[五一]。驅馳佛道，無免二末[五二]。未知高鑒緣何識本，輕而宗之，其有旨乎？」往復文多不載。

歡口不辯，善於著筆。著三名論，甚工，鍾會四本之流也。又注王弼易二繫，學者傳之。

始興人盧度，亦有道術。少隨張永北征。永敗，虜追急，阻淮水不得過。度心誓曰：「若得免死，從今不復殺生。」須臾見兩楯流來，接之得過。後隱居西昌三顧山，鳥獸隨之。夜有鹿觸其壁，度曰：「汝壞我壁〔五三〕。」鹿應聲去。屋前有池養魚〔五四〕，魚次第來，取食乃去。逆知死年月，與親友別。永明末，以壽終。

初，永明三年，徵驃騎參軍顧惠胤爲司徒主簿。惠胤，宋鎮軍將軍覬之弟子也。閑居養志，不應徵辟。

臧榮緒，東莞莒人也。祖奉先，建陵令。父庸民，國子助教。

榮緒幼孤，躬自灌園，以供祭祀。母喪後，乃著嫡寢論，掃灑堂宇，置筵席，朔望輒拜席〔五五〕，甘珍未嘗先食。

純篤好學，括東西晉爲一書，紀、錄、志、傳百一十卷。隱居京口教授。南徐州辟西曹，舉秀才，不就。太祖爲揚州，徵榮緒爲主簿，不到。司徒褚淵少時嘗命駕尋之。建元

中，啓太祖曰：「榮緒，朱方隱者。昔臧質在宋，以國戚出牧彭岱，引爲行佐，非其所好，謝疾求免。蓬廬守志，漏濕是安，灌蔬終老。與友關康之沈深典素，追古著書，撰晉史十棨，贊論雖無逸才，亦足彌綸一代。臣歲時往京口，早與之遇。近報其取書，始方送出，庶得備錄渠閣，採異甄善。」上答曰：「公所道臧榮緒者，吾甚志之。其有史翰，欲令入天祿，甚佳。」

榮緒惇愛五經，謂人曰：「昔呂尚奉丹書，武王致齊降位，李、釋教誡，並有禮敬之儀，因甄明至道。」乃著五經序論。常以宣尼生庚子日，陳五經拜之。自號「被褐先生」。又以飲酒亂德，言常爲誡。永明六年，卒。年七十四。

初，榮緒與關康之俱隱在京口，世號爲「二隱」。康之字伯愉，河東人，世居丹徒。以墳籍爲務，四十年不出門。不應州府辟。宋泰始中，徵通直郎，不就。晚以母老家貧，求爲嶺南小縣。性清約，獨處一室，稀與妻子相見。不通賓客。弟子以業傳受。尤善左氏春秋。太祖爲領軍，素好此學，送春秋五經，康之手自點定，并得論禮記十餘條。上甚悅，寶愛之。遺詔以經本入玄宮。宋末卒。

何求字子有，廬江灊人也。祖尚之，宋司空。父鑠〔五六〕，宜都太守。

元嘉末爲宋文帝挽郎，解褐著作郎，中軍、衛軍行佐，太子舍人，平南參軍，撫軍主簿，太子洗馬，丹陽、吳郡丞。清退無嗜欲。又除征北參軍事，司徒主簿，太子中舍人。泰始中，妻亡，還吳葬舊墓，除中書郎，不拜。仍住吳，居波若寺，足不踰戶，人莫見其面。明帝崩，出奔國哀，除爲司空從事中郎，不就。乃除永嘉太守。求時寄住南㵎寺，不肯詣臺，乞於寺拜受，見許。一夜忽乘小船逃歸吳，隱虎丘山，復除黃門郎，不就。永明四年，世祖以爲太中大夫，又不就。七年，卒。年五十六。

初，求母王氏爲父所害，求兄弟以此無宦情。

求弟點，少不仕。宋世徵爲太子洗馬，不就。隱居東籬門下望之墓側。性率到，鮮狎人物〔五七〕。建元中，褚淵、王儉爲宰相，點謂人曰：「我作齊書已竟，云〔五八〕：『淵既世族，儉亦國華。不賴舅氏，追卹外家。』」儉欲候之，知不可見，乃止。永明元年，徵中書郎。豫章王命駕造門，點從後門逃去。竟陵王子良聞之，曰：「豫章王尚不屈，非吾所議〔五九〕。」遺點稄叔夜酒杯、徐景山酒鎗以通意。點常自得，遇酒便醉，交遊宴樂不隔也。永元中，京師頻有軍寇，點欲結裳爲袴〔六○〕，與崔慧景共論佛義，其語默之迹如此。

點弟胤，有儒術，亦懷隱遁之志。所居宅名爲小山。隆昌中，爲中書令，以皇后從叔見親寵。明帝即位，胤賣園宅，將遂本志。建武四年，爲散騎常侍、巴陵王師。聞吳興太守謝朏致仕，慮後之，於是奉表不待報而去，隱會稽山。上大怒，令有司奏彈胤，然發優詔焉。永元二年，徵散騎常侍、太常卿。

劉虯字靈預，南陽涅陽人也。舊族，徙居江陵。虯少而抗節好學，須得祿便隱。宋泰始中，仕至晉平王驃騎記室，當陽令。罷官歸家，靜處斷穀，餌朮及胡麻。

建元初，豫章王爲荊州，教辟虯爲別駕[六一]，與同郡宗測、新野庾易並遣書禮請[六二]，虯等各修牋答，而不應辟命。永明三年，刺史廬陵王子卿表虯及同郡宗測、宗尚之、庾易、劉昭五人，請加蒲車束帛之命。詔徵爲通直郎，不就。

竟陵王子良致書通意。虯答曰：「虯四節臥病，三時營灌，暢餘陰於山澤，託暮情於魚鳥，寧非唐、虞重恩，周、邵宏施？虯進不研機入玄，無洙泗稷館之辯；退不凝心出累，非冢間樹下之節。遠澤既灑，仁規先著。謹收樵牧之嫌，敬加軹槿之義。」

虯精信釋氏，衣麤布衣，禮佛長齊。注法華經，自講佛義。以江陵西沙洲去人遠，乃

徙居之。建武二年，詔徵國子博士，不就。其冬蚪病，正晝有白雲徘徊檐户之内，又有香

氣及馨聲，其日卒。年五十八。

劉昭與蚪同宗。州辟祭酒從事，不就。隱居山中。

庚易字幼簡，新野新野人也。徙居屬江陵。祖玫，巴郡太守。父道驥，安西參軍。

易志性恬隱，不交外物。建元元年，刺史豫章王辟爲驃騎參軍，不就。臨川王映臨

州，獨重易，上表薦之，餉麥百斛。易謂使人曰：「民樵採麋鹿之伍，終其解毛之衣，馳騁

日月之車，得保自耕之禄，於大王之恩，亦已深矣。」辭不受。永明三年，詔徵太子舍人，不

就。以文義自樂。安西長史袁彖欽其風，通書致遺。易以連理机、竹翹書格報之。建武

二年，詔復徵爲司徒主簿〔六三〕，不就。卒。

宗測字敬微，南陽人，宋徵士炳孫也。世居江陵。測少靜退，不樂人間。歎曰：「家

貧親老，不擇官而仕，先哲以爲美談，余竊有惑。誠不能潛感地金〔六四〕，冥致江鯉，但當用

天道，分地利。孰能食人厚禄，憂人重事乎？」

州舉秀才，主簿，不就。驃騎豫章王徵爲參軍，測答府召云：「何爲謬傷海鳥，橫斤山木？」母喪，身負土植松柏。豫章王復遺書請之，辟爲參軍。測答曰：「性同鱗羽，愛止山壑，眷戀松筠，輕迷人路。縱宕巖流，有若狂者，忽不知老至。而今鬢已白，豈容課虛責有，限魚慕鳥哉〔六五〕！」永明三年，詔徵太子舍人，不就。

欲遊名山，乃寫祖炳所畫尚子平圖於壁上。測長子宦在京師〔六六〕，知父此旨，便求禄還爲南郡丞，付以家事。刺史安陸王子敬、長史劉寅以下皆贈送之，測無所受。齊老子莊子二書自隨。子孫拜辭悲泣，測長嘯不視，遂往廬山，止祖炳舊宅。

魚復侯子響爲江州，厚遺贈遺。測曰：「少有狂疾，尋山採藥，遠來至此。量腹而進松朮〔六七〕，度形而衣薜蘿，淡然已足，豈容當此橫施！」子響命駕造之，測避不見。後子響不告而來，奄至所住，測不得已，巾褐對之，竟不交言，子響不悦而退。尚書令王儉餉測蒲褥。

頃之，測送弟喪還西，仍留舊宅永業寺，絶賓友，唯與同志庾易、劉虯、宗人尚之等往來講説。刺史隨王子隆至鎮，遣別駕宗哲致勞問〔六八〕，測笑曰：「貴賤理隔，何以及此。」竟不答。建武二年，徵爲司徒主簿，不就，卒。

測善畫，自圖阮籍遇蘇門於行障上，坐臥對之。又畫永業佛影臺，皆爲妙作。頗好音律，善易老，續皇甫謐高士傳三卷。又嘗遊衡山七嶺，著衡山、廬山記。

尚之字敬文，亦好山澤。與劉虯俱以驃騎記室不仕。宋末，刺史武陵王辟贊府，豫章王辟別駕，並不就。永明中，與劉虯同徵爲通直郎，和帝中興初，又徵爲諮議，並不就。壽終。

杜京產字景齊，吳郡錢唐人。杜子恭玄孫也。祖運，爲劉毅衛軍參軍。父道鞠，州從事，善彈棊，世傳五斗米道，至京產及子栖。

京產少恬靜，閉意宋宦〔六九〕。頗涉文義，專修黃老。會稽孔顗，清剛有峻節，一見而爲款交。郡召主簿，州辟從事，稱疾去。除奉朝請，不就。與同郡顧歡同契，始寧東山開舍授學〔七〇〕。建元中，武陵王曄爲會稽，太祖遣儒士劉瓛入東爲曄講說，京產請瓛至山舍講書，傾資供待，子栖躬自屣履，爲瓛生徒下食，其禮賢如此。孔稚珪、周顒、謝瀹並致書以通殷勤。

永明十年，稚珪及光祿大夫陸澄、祠部尚書虞悰、太子右率沈約、司徒右長史張融表

薦京產曰：「竊見吳郡杜京產，潔靜爲心，謙虛成性，通和發於天挺，敏達表於自然。學遍玄、儒，博通史、子，流連文藝，沈吟道奧。泰始之朝，掛冠辭世，遯捨家業，隱于太平。葺宇窮巖，採芝幽澗，耦耕自足，薪歌有餘。確爾不羣，淡然寡欲，麻衣藿食，二十餘載。雖古之志士，何以加之。謂宜釋巾幽谷，結組登朝，則嵒谷含懽，薜蘿起抃矣。」不報。建武初，徵員外散騎侍郎〔七二〕，京產曰：「莊生持釣，豈爲白璧所回。」辭疾不就。年六十四，永元元年，卒。

會稽孔道徵〔七三〕，守志業不仕，京產與之友善。

永明中，會稽鍾山有人姓蔡，不知名。山中養鼠數十頭，呼來即來，遣去便去。言語狂易，時謂之「謫仙」。不知所終。

沈驎士字雲禎，吳興武康人也。祖膺期〔七三〕，晉太中大夫。驎士少好學，家貧，織簾誦書，口手不息。宋元嘉末，文帝令尚書僕射何尚之抄撰五經，訪舉學士，縣以驎士應選。尚之謂子偃曰：「山東故有奇士也〔七四〕。」少時，驎士稱疾歸鄉，更不與人物通。養孤兄子，義著鄉曲。

或勸驎士仕，答曰：「魚縣獸檻，天下一契，聖人玄悟，所以每履吉先。吾誠未能景行坐忘，何爲不希企日損。」乃作玄散賦以絕世。太守孔山士辟，不應。宗人徐州刺史曇慶、侍中懷文，左率勃來候之，驎士未嘗答也。隱居餘不吳差山〔七五〕，講經教授，從學者數百人，各營屋宇，依止其側。驎士重陸機連珠，每爲諸生講之。

征北張永爲吳興，請驎士入郡。驎士聞郡後堂有好山水，乃往停數月。永欲請爲功曹，使人致意。驎士曰：「明府德履沖素，留心山谷，民是以被褐負杖，忘其疲病。必欲飾渾沌以蛾眉，冠越客於文冕，走雖不敏，請附高節，有蹈東海而死爾。」永乃止。

昇明末，太守王奐上表薦之，詔徵爲奉朝請，不就。永明六年，吏部郎沈淵、中書郎沈約又表薦驎士義行，曰：「吳興沈驎士，英風夙挺，峻節早樹，貞粹稟於天然，綜博生乎篤習。家世孤貧，藜藋不給，懷書而耕，白首無倦，挾琴採薪，行歌不輟。長兄早卒，孤姪數四，攝餌鞠稚，吞苦推甘。年踰七十，業行無改。元嘉以來，聘召仍疊，玉質踰潔，霜操日嚴。若使聞政王庭，服道槐掖，必能孚朝規於邊鄙，播聖澤於荒垂。」詔又徵爲太學博士，

建武二年，徵著作郎，永元二年，徵太子舍人，並不就。篤學不倦，遭火，燒書數千卷，驎士年過八十，耳目猶聰明〔七六〕，手以反故抄寫，火下細書，復成二三千卷，滿數十篋，時人以爲養身靜嘿

之所致也。著周易兩繫、莊子內篇訓，注易經、禮記、春秋、尚書、論語、孝經、喪服、老子要略數十卷。以楊王孫、皇甫謐深達生死，而終禮矯僞〔七七〕，乃自作終制。年八十六，卒〔七八〕。

同郡沈儼之，字士恭，徐州刺史曇慶子，亦不仕。徵太子洗馬，永明元年，徵中書郎。三年，又詔徵前南郡國常侍沈顗爲著作郎，建武二年，徵太子舍人，永元二年，徵通直郎。顗字處默，宋領軍寅之兄孫也〔七九〕。

吳苞字天蓋，濮陽鄄城人也。儒學，善三禮及老、莊。宋泰始中，過江聚徒教學。冠黃葛巾，竹麈尾，蔬食二十餘年。隆昌元年，詔曰：「處士濮陽吳苞，栖志穹谷，秉操貞固，沈情味古〔八〇〕，白首彌厲。徵太學博士。」不就。始安王遙光、右衛江祐於蔣山南爲立館，自劉瓛卒後，學者咸歸之。以壽終。

魯國孔嗣之，字敬伯。宋世與太祖俱爲中書舍人，並非所好，自廬陵郡去官〔八一〕，隱居鍾山，朝廷以爲太中大夫。建武三年，卒。

徐伯珍字文楚〔八二〕，東陽太末人也。祖父並郡掾史。

伯珍少孤貧，書竹葉及地學書。山水暴出，漂溺宅舍，村隣皆奔走，伯珍累床而止，讀書不輟。叔父璠之與顏延之友善，還祛蒙山立精舍講授〔八三〕，伯珍往從學，積十年，究尋經史，遊學者多依之。太守琅邪王曇生、吳郡張淹並加禮辟，伯珍應召便退，如此者凡十二焉。徵士沈儼造膝談論，申以素交。吳郡顧歡擿出尚書滯義，伯珍訓答甚有條理〔八四〕，儒者宗之。

好釋氏、老莊，兼明道術，歲常旱，伯珍筮之，如期雨澍。舉動有禮，過曲木之下，趨而避之。早喪妻，晚不復重娶，自比曾參。宅南九里有高山，班固謂之九巖山，後漢龍丘萇隱處也。山多龍鬚柏〔八五〕，望之五采，世呼爲婦人巖〔八六〕。二年，伯珍移居之〔八七〕。門前生梓樹，一年便合抱。館東石壁夜忽有赤光洞照，俄爾而滅。白雀一雙栖其戶牖，論者以爲隱德之感焉。永明二年，刺史豫章王辟議曹從事，不就。家甚貧窶，兄弟四人，皆白首相對，時人呼爲「四皓」。建武四年，卒。年八十四。受業生凡千餘人。

同郡樓幼瑜〔八八〕，亦儒學。著禮捃遺三十卷〔八九〕。官至給事中。

又同郡樓惠明，有道術。居金華山，禽獸毒螫者皆避之。宋明帝聞之，勑出住華林

園，除奉朝請，固乞不受，求東歸。永明三年，忽乘輕舟向臨安縣〔九〇〕，眾不知所以。尋而

唐寓之賊破郡〔九一〕。文惠太子呼出住蔣山，又求歸，見許。世祖敕爲立館。

史臣曰：顧歡論夷夏，優老而劣釋。佛法者，理寂乎萬古，迹兆乎中世，淵源浩博，無

始無邊，宇宙之所不知，數量之所不盡。盛乎哉，真大士之立言也。探機扣寂，有感必應，

以大苞小，無細不容。若乃儒家之教，仁義禮樂，仁愛義其禮從樂和而已〔九二〕：今則慈悲

爲本，常樂爲宗，施舍惟機，低舉成敬。儒家之教，憲章祖述，引古證今，於學易悟；今樹

以前因，報以後果，業行交酬，連璪相襲。陰陽之教，占氣步景，授民以時，知其利害；今

則耳眼洞達，心智他通，身爲奎井，豈俟甘石。法家之教，出自刑理，禁姦止邪，明用賞

罰；今則十惡所墜，五及無間，刃樹劍山〔九三〕，焦湯猛火，造受自貽，罔或差貳。墨家之教，

遵上儉薄，磨踵滅頂，且猶非吝；今則膚同斷瓠，目如井星，授子捐妻，在鷹庇鴿。從橫之

教，所貴權謀，天口連環，歸乎適變；今則一音萬解，無待戶說，四辯三會，咸得吾師。雜

家之教，兼有儒墨；今則五時所宣，于何不盡。農家之教，播植耕耘，善相五事，以藝九

穀；今則鬱單粳稻，已異閻浮，生天果報，自然飲食。道家之教，執一虛無，得性亡情，凝

神勿擾；今則波若無照，萬法皆空，豈有道之可名，寧餘一之可得。道俗對校，真假將讎，

釋理奧藏，無往而不有也。能善用之，即真是俗。九流之設，用藉世教，刑名道墨，乖心異旨，儒者不學，無傷爲儒；佛理玄曠，實智妙有，一物不知，不成圓聖。若夫神道應現之力，感會變化之奇，不可思議，難用言象。而諸張米道，符水先驗，相傳師法，祖自伯陽。世情去就，有此二學，僧尼道士，矛楯相非。非唯重道，兼亦殉利。詳尋兩教，理歸一極。

但迹有左右，故教成先後。廣略爲言，自生優劣。道本虛無，非由學至[九四]，絶聖棄智，已成有爲。有爲之無，終非道本。若使本末同無，曾何等級。佛則不然，具縛爲種，轉暗成明，梯愚入聖。途雖遠而可踐，業雖曠而有期。勸慕之道，物我無隔。而局情淺智，鮮能勝受。世途揆度，因果二門。雞鳴爲善，未必餘慶；膾肉東陵，曾無厄禍。身才高妙，鬱滯而摩達；器思庸鹵，富厚以終生。忠反見遺；詭乃獲申。觀此而論，近無罪福，而業有不定，著自經文，三報開宗，斯疑頓曉。史臣服膺釋氏，深信冥緣，謂斯道之莫貴也。

贊曰：含貞抱樸，履道敦學。惟茲潛隱，棄鱗養角。

校勘記

〔二〕　永形神於天壤　「永」，三朝本、南監本、北監本、汲本、殿本、局本、南史卷七五隱逸上作「示」。

〔三〕　次則揭獨性之高節　「獨性」，三朝本、南監本、北監本、汲本、殿本、局本、南史卷七五隱逸上作「獨往」。

〔四〕　行岑出澤　南監本、北監本、殿本、局本、南史卷七五隱逸上作「行吟山澤」。

〔五〕　借風雲以爲戒　「戒」，南史卷七五隱逸上作「氣」。

〔六〕　果志遠道　南監本、北監本、殿本、局本、南史卷七五隱逸上作「求志達道」。

〔七〕　褚伯玉字元璩　「元璩」，原作「元璩」，據南監本、北監本、汲本、殿本、局本、南史卷七五隱逸上褚伯玉傳、御覽卷五〇五引蕭子顯齊書，卷六六六引太平經、册府卷八八〇總錄部改。

〔八〕　父爲婚　「爲」，南監本、北監本、殿本、局本、南史卷七五隱逸上褚伯玉傳作「爲之」。

〔九〕　不宜久羈君當思遂其高步　宋本册府卷六八七牧守部、卷九〇五總錄部「不宜」作「宜不」，「君」作「居」，作「居」當屬上。

〔一〇〕　徵爲正員郎　「員」下原衍「外」字，據南史卷五〇明僧紹傳、御覽卷五〇五引蕭子顯齊書、卷七〇三引蕭子顯齊書删。按金石萃編卷五九攝山棲霞寺明徵君碑云徵爲「散騎侍郎」。

〔一一〕　其後與崔祖思書曰　「崔祖思」，原作「崔思祖」。按本書卷二八崔祖思傳云崔祖思於建元元年領齊郡太守，宋書卷三六州郡志二云「明帝失淮北，于鬱洲僑立青州，立齊、北海、西海郡」，時僧紹在鬱洲，崔祖思適爲齊郡太守，故太祖與書言僧紹事。作「崔祖思」是，今改正。

〔一二〕　苦辭不獲命　「苦」，南監本、北監本、殿本、南史卷五〇明僧紹傳作「若」。

〔二〕子元琳字仲璋　按南史卷五〇明僧紹傳、古今姓氏書辯證卷一六云元琳與仲璋爲兄弟。

〔三〕僧胤子惠照　「惠照」，本書卷二高帝紀下作「慧昭」，南史卷五〇明僧紹傳、古今姓氏書辯證卷一六作「慧照」。

〔四〕建元元年爲巴州刺史　「元年」或有訛。按本書卷二高帝紀下云建元二年二月丁卯置巴州，「壬申以三巴校尉明慧昭爲巴州刺史」。又本書卷一五州郡志下云建元二年分荊州巴東、建平，益州巴郡爲巴州，立刺史。

〔五〕歡年六七歲晝甲子　「晝」，御覽卷六一一引蕭子顯齊書、册府卷七七四總録部作「書」。按張政烺六書古義云：「『晝甲子』，晝字當爲畫字之誤，即學書也。」又法書要録卷二陶隱居與梁武帝論書啓梁武帝又答書云：「吾少來乃至不嘗畫甲子，無論於篇紙。老而言之，亦復何謂。」「晝」字當爲「畫」或「書」字之訛。

〔六〕歡析計　「析計」，御覽卷六一一引蕭子顯齊書作「推計」。按册府卷七七四總録部亦作「析計」。

〔七〕雀食過半　「食」下南史卷七五隱逸上顧歡傳、御覽卷三八四引齊書、卷六一一引蕭子顯齊書、卷八三九引宋書、册府卷七七四總録部、卷七九八總録部有「稻」字。

〔八〕同郡顧覬之臨縣　「顧覬之」，原作「顧顗之」，據宋本册府卷七九八總録部改。按下文云「惠胤，宋鎮軍將軍覬之弟子也」，梁書卷五二止足顧憲之傳亦作「顧覬之」。顧覬之傳見宋書卷

〔一八〕南史卷三五。

〔一九〕水漿不入口六七日　「六七日」，原作「六十日」，據北監本、殿本、局本、南史卷七五隱逸上顧歡傳、册府卷七五三總録部改。

〔二○〕悦勸風教　「勸」，三朝本、南監本、北監本、汲本、殿本、局本、册府卷八一○總録部、卷八一三總録部作「歡」。

〔二一〕幸賜一疏　「疏」，册府卷二一二閏位部、卷八一三總録部作「覽」。

〔二二〕絶奇麗之賂　「賂」，册府卷五二九諫諍部作「賜」。按册府卷二一二閏位部亦作「賂」。

〔二三〕朕夙旦惟夤　「旦」，册府卷五二九諫諍部作「夜」。

〔二四〕旰食縈懷　「縈」，原作「舊」，據南監本、北監本、殿本、局本改。册府卷二一二閏位部作「在」。

〔二五〕學者互相非毁　「互相」，原作「牙相」，據三朝本、南監本、北監本、汲本、殿本、局本、册府卷八三○總録部改。按「牙」乃「牙」字之形訛，「牙」即「互」。

〔二六〕國王夫人名曰淨妙　「淨妙」，弘明集卷六明僧紹正二教論、廣弘明集卷九笑道論引玄妙内篇作「清妙」。按增一阿含經云世尊告曰「母名摩耶」，又説偈曰「母名極清妙」。又按御覽卷六五三引宋書、册府卷八三○總録部亦作「淨妙」。

〔二七〕剖左腋而生　「左腋」，南史卷七五隱逸上顧歡傳、弘明集卷六明僧紹正二教論作「右腋」。

〔二七〕按廣弘明集卷九笑道論引玄妙内篇、御覽卷六五三引宋書、册府卷八三〇總錄部亦作「左
腋」。

〔二八〕莫不有師　南監本、南史卷七五隱逸上顧歡傳作「不聞有佛」。按册府卷八三〇總錄部亦作
「莫不有師」。

〔二九〕國師道士　册府卷八三〇總錄部作「有道之士」。按南史卷七五隱逸上顧歡傳亦作「國師道
士」。

〔三〇〕若孔老非佛　「佛」，南史卷七五隱逸上顧歡傳作「聖」。

〔三一〕翦髮曠衣　「曠衣」，弘明集卷六明僧紹正二教論作「緇衣」。按册府卷八三〇總錄部亦作
「曠衣」。

〔三二〕全形守禮　「禮」，北監本、殿本作「體」，弘明集卷六明僧紹正二教論、卷七謝鎮之折夷夏論、
重與顧道士書、朱昭之難顧道士夷夏論作「祀」。按南史卷七五隱逸上顧歡傳、册府卷八三
〇總錄部亦作「禮」。

〔三三〕毀貌易性　「性」，弘明集卷六明僧紹正二教論、卷七朱昭之難顧道士夷夏論作「姓」。按南
史卷七五隱逸上顧歡傳、册府卷八三〇總錄部亦作「性」。

〔三四〕下育妻孥　「育」，弘明集卷六明僧紹正二教論、卷七朱昭之難顧道士夷夏論、朱廣之疑夷夏
論諮顧道士、慧通駁顧道士夷夏論作「棄」。

〔三五〕上廢宗禮 「宗禮」，南監本、北監本、汲本、殿本、局本、弘明集卷六明僧紹正二教論、卷七朱廣之疑夷夏論諮顧道士、慧通駁顧道士夷夏論、冊府卷八三〇總録部作「宗祀」。

〔三六〕悖禮犯順 「禮」，局本、弘明集卷六明僧紹正二教論作「德」。按南史卷七五隱逸上顧歡傳、明本冊府卷八三〇總録部亦作「禮」。

〔三七〕宜以禮物 「禮物」，南監本、北監本、殿本、局本、南史卷七五隱逸上顧歡傳、明本冊府卷八三〇總録部作「化物」。按宋本冊府卷八三〇總録部亦作「禮物」。

〔三八〕自相矜解 「矜解」，北監本、汲本、殿本、局本、南史卷七五隱逸上顧歡傳、明本冊府卷八三〇總録部作「領解」。按明本冊府亦作「矜解」。

〔三九〕猶蟲嚁鳥聒 「嚁」，南監本、弘明集卷七慧通駁顧道士夷夏論作「躍」。按宋本冊府亦作「嚁」。

〔四〇〕教風自殊 「教風」，南監本、南史卷七五隱逸上顧歡傳、宋本冊府卷八三〇總録部作「俗風」，明本冊府作「風俗」。

〔四一〕無死之作 「作」，三朝本、南監本、北監本、汲本、殿本、局本、南史卷七五隱逸上顧歡傳、明本冊府卷八三〇總録部作「地」。按宋本冊府亦作「作」。

〔四二〕而盜在釋前 「盜」，三朝本、南監本、北監本、汲本、殿本、局本、南史卷七五隱逸上顧歡傳、明本冊府卷八三〇總録部作「濫」。按宋本冊府亦作「盜」。

〔三〕 良有以矣 「良」，原作「民」，據南監本、北監本、殿本、局本、南史卷七五隱逸上顧歡傳、冊府卷八三〇總錄部改。

〔四〕 民族弗革 「民族」，南監本、南史卷七五隱逸上顧歡傳、冊府卷八三〇總錄部作「氏族」。

〔四〕 而露首偏踞 「偏踞」，原作「編踞」，據三朝本、南監本、北監本、汲本、殿本、局本、南史卷七五隱逸上顧歡傳改。

〔四〕 請問所異歸在何許 南史卷七五隱逸上顧歡傳作「請問所歸異在何許」。

〔四〕 空玄絕於有景 「景」，南監本、南史卷七五隱逸上顧歡傳附孟景翼傳、明本冊府卷八三〇總錄部作「境」。 按宋本冊府亦作「景」。

〔四〕 行亦逮於無央 「逮」，南監本、北監本、汲本、殿本、局本、明本冊府卷八三〇總錄部、南史卷七五隱逸上顧歡傳附孟景翼傳作「達」。

〔四〕 逗極無二 「逗」，南史卷七五隱逸上顧歡傳作「遙」。 按弘明集卷六「張融門論、周顒難張長史門論、冊府卷八三〇總錄部亦作「逗」。

〔五〕 位寂之方 「位」，弘明集卷六周顒難張長史門論、張融重與周書并答所問作「住」。 按南史卷七五隱逸上顧歡傳、冊府卷八三〇總錄部亦作「位」。

〔五〕 足下所宗之本一物爲鴻乙耳 「鴻乙」，局本、弘明集卷六周顒難張長史門論作「鴻」。 按南史卷七五隱逸上顧歡傳、冊府卷八三〇總錄部亦作「鴻乙」。

〔五三〕 無免二末 「末」，局本、弘明集卷六周顒難張長史門論作「乖」，弘明集高麗藏本、頻伽藏本、大正藏本並作「失」。按南史卷七五隱逸上顧歡傳、册府卷八三〇總錄部亦作「末」。

〔五三〕 汝壞我壁 「汝」下南史卷七五隱逸上顧歡傳附盧度傳、御覽卷九〇六引蕭子顯齊書有「勿」字。

〔五四〕 屋前有池養魚 「魚」下南監本、北監本、殿本、局本、南史卷七五隱逸上顧歡傳有「皆名呼之」四字。

〔五五〕 朔望輒拜席 「拜席」，南監本、北監本、殿本、局本、南史卷七六隱逸下藏榮緒傳、御覽卷五〇五引蕭子顯齊書作「拜薦」。按册府卷七五三總錄部亦作「拜席」。

〔五六〕 父鑠 「鑠」，原作「鑠」，據北監本、汲本、殿本、局本、南史卷三〇何尚之傳附何求傳改。按梁書卷五一處士何點傳亦作「鑠」。何點爲何求弟，可證。

〔五七〕 鮮狎人物 「鮮」，南監本、北監本、殿本、局本、南史卷三〇何尚之傳附何點傳作「好」。

〔五八〕 云 「云」上南監本、北監本、殿本、局本、南史卷三〇何尚之傳附何點傳、梁書卷五一處士何點傳、通鑑卷一三五齊紀一太祖建元元年有「贊」字。

〔五九〕 豫章王尚不屈非吾所議 明本册府卷二九二宗室部「不」下有「能」字，「議」作「詣」。「豫章王」下文選卷六〇任彥昇齊竟陵文宣王行狀李善注引蕭子顯齊書有「命」字。

〔六〇〕 點欲結裳爲袴 「欲」，南監本作「嘗」。

〔六二〕教辟虬爲別駕　「教」，文選卷六〇任彥昇齊竟陵文宣王行狀李善注引蕭子顯齊書、册府卷二九二宗室部作「牧」，屬上讀。按南史卷五〇劉虬傳亦作「教」。

〔六一〕與同郡宗測新野庚易並遣書禮請　「遣」，南監本、局本、南史卷五〇劉虬傳、文選卷六〇任彥昇齊竟陵文宣王行狀李善注引蕭子顯齊書作「遺」。

〔六〇〕建武二年詔復徵爲司徒主簿　「二年」，南史卷五〇庚易傳作「三年」。

〔五九〕誠不能潛感地金　「地金」，册府卷八一〇總錄部作「地靈」。按南史卷七五隱逸亦作「地金」。

〔五八〕限魚慕鳥哉　「限魚慕鳥」，南史卷七五隱逸上宗測傳、建康實錄卷一六作「限魚鳥慕」，明本册府卷二九二宗室部、卷八一〇總錄部作「恨魚慕鳥」。按宋本册府卷二九二亦作「限魚慕鳥」。

〔五七〕測長子宦在京師　「長子」下南史卷七五隱逸上宗測傳、建康實錄卷一六有「賓」字。

〔五六〕量腹而進松朮　「朮」，原作「木」，據南監本、北監本、汲本、殿本、局本、南史卷七五隱逸上宗測傳、册府卷八一〇總錄部改。

〔五五〕遣別駕宗哲致勞問　「宗哲」，南史卷七五隱逸上宗測傳作「宗忻口」，册府卷七九二總錄部作「宗沂口」。「口」屬下讀。按册府卷八一〇總錄部亦作「宗哲」。

〔五四〕閉意宋宦　「宋宦」，三朝本作「宋官」，南監本、北監本、汲本、殿本、局本、南史卷七五隱逸上

〔一〇〕杜京産傳、册府卷八一〇總錄部、卷八二二總錄部作「榮宦」。

始寧東山開舍授學 「始寧」下原有「中」字，據南史卷七五隱逸上杜京産傳、册府卷八一〇總錄部、卷八二二總錄部刪。

〔一一〕徵員外散騎侍郎 「侍郎」，建康實錄卷一六、册府卷八八四總錄部作「常侍」。按南史卷七五隱逸上杜京産傳亦作「侍郎」。

〔一二〕會稽孔道徵 「孔道徵」，南史卷七五隱逸上杜京産傳附孔道徵傳、御覽卷四〇九引道學傳、册府卷八一〇總錄部、明本册府卷八八二總錄部作「孔道徽」，永樂大典卷二一〇一六引道學傳作「孔道徵」。按宋本册府卷八八二亦作「孔道徵」。

〔一三〕祖膚 「膚」，南監本、北監本、殿本、局本、南史卷七六隱逸下沈麟士傳作「膚期」。

〔一四〕山東故有奇士也 「山東」，南監本、北監本、殿本、局本、南史卷七六隱逸下沈麟士傳作「山藪」。按册府卷八一〇總錄部亦作「山東」。東晉南朝常稱吳會爲山東。

〔一五〕隱居餘不吳差山 「吳差山」，局本作「吳羌山」，輿地紀勝卷四「吳羌山」條注引吳均入東記云漢高士吳羌避王莽之亂，隱居此山，故名。按南史卷七六隱逸下沈麟士傳、册府卷五九八學校部亦作「吳差山」。

〔一六〕耳目猶聰明 「明」字原無，據南監本、北監本、汲本、殿本、局本、南史卷七六隱逸下沈麟士傳、御覽卷六一一引蕭子顯齊書、卷六一九引蕭子顯齊書、卷九四五引梁書、明本册府卷七九

八總錄部、卷八一一總錄部補。

〔一七〕而終禮矯偽　「偽」，南監本、南史卷七六隱逸下沈麟士傳、御覽卷七○七引宋書、冊府卷八九五總錄部、卷九○七總錄部作「俗」。

〔一八〕年八十六卒　「八十六」，南史卷七六隱逸下沈麟士傳、明本冊府卷八九五總錄部作「八十五」。　按宋本冊府亦作「八十六」。

〔一九〕宋領軍寅之兄孫也　按「寅之」即「演之」，蕭子顯避梁諱改，沈演之傳見宋書卷六三、南史卷三六。

〔二○〕沈情味古　「情」，北監本、殿本作「精」，明本冊府卷五九八學校部作「靜」。　按宋本冊府亦作「情」。

〔二一〕自廬陵郡去官　「廬陵郡」，南史卷七六隱逸下吳苞傳作「廬江郡守」。　按冊府卷八一三總錄部亦作「廬陵郡」。

〔二二〕徐伯珍字文楚　「徐伯珍」，冊府卷八一○總錄部作「徐伯琛」。　按南史卷七六隱逸下徐伯珍傳、建康實錄卷一六、御覽卷五○四引齊書、卷九六二引齊書、冊府卷六○六學校部、卷七七九總錄部、卷七八四總錄部、卷七九二總錄部、卷七九八總錄部、卷八一三總錄部、卷八二二總錄部、永樂大典卷一二○一六引冊府亦作「徐伯珍」。「字文楚」三字原無，據北監本、汲本、殿本、局本、南史卷七六隱逸下徐伯珍傳、冊府卷七七九總錄部補。

〔八三〕還袪蒙山立精舍講授 「袪蒙山」，册府卷七九八總録部作「詣蒙山」，册府卷九七二總録部作「蒙山」。

〔八四〕伯珍訓答甚有條理 「訓答」，南史卷七六隱逸下徐伯珍傳亦作「酬答」。

〔八五〕山多龍鬚柏 「柏」，南監本、北監本、殿本、南史卷七六隱逸下徐伯珍傳、建康實録卷一六、御覽卷五四引齊書作「櫃柏」。

〔八六〕世呼爲婦人巖 「世」，三朝本、南監本作「出」，屬上讀。按南史卷七六隱逸下徐伯珍傳、御覽卷五四引齊書、册府卷八一〇總録部亦作「世」。

〔八七〕二年伯珍移居之 此「二年」上無年號，疑有脱文。

〔八八〕同郡樓幼瑜 「樓幼瑜」，南史卷五〇劉瓛傳、卷七六隱逸下婁幼瑜傳、隋書卷三二經籍志四、册府卷六〇七學校部作「婁幼瑜」。按隋書卷三二經籍志一、册府卷五九八學校部、卷六〇六學校部亦作「樓幼瑜」。

〔八九〕著禮捃遺三十卷 「禮捃遺」，南史卷五〇劉瓛傳、卷七六隱逸下婁幼瑜傳作「禮捃拾」。按册府卷六〇七學校部亦作「禮捃遺」。

〔九〇〕忽乘輕舟向臨安縣 「臨安」，南史卷七五隱逸上樓惠明傳作「豐安」。按本書卷一四州郡志上，臨安屬吳興郡，豐安屬東陽郡。

〔九一〕尋而唐寓之賊破郡 「唐寓之」，原作「唐㝢之」，據北監本、汲本、殿本、局本改。

〔二三〕仁愛義其禮從樂和而已 「其」三朝本、南監本、北監本、汲本、殿本、局本作「宜」,「宜」下當點斷。

〔二三〕刃樹劍山 「刃」,局本作「刀」。

〔二四〕非由學至 「學」,原作「舉」,據三朝本、南監本、北監本、汲本、殿本、局本改。

列傳第三十六

孝義

崔懷慎　公孫僧遠　吳欣之　韓係伯　孫淡　華寶　韓靈敏

封延伯　吳達之　王文殊　朱謙之　蕭叡明　樂頤　江泌

杜栖　陸絳

子曰：「父子之道，天性也，君臣之義也。」人之含孝稟義，天生所同〔一〕，淳薄因心，非俟學至。遲遇爲用，不謝始庶之法，驕慢之性，多懃水菽之享。夫色養盡力，行義致身，甘心壠畝，不求聞達，斯即孟氏三樂之辭，仲由負米之歎也。通乎神明，理緣感召。情澆世

薄，方表孝慈。故非内德者所以寄心，懷仁者所以標物矣。理名韞節〔二〕，鮮或昭著，紀夫事行，以列于篇。

崔懷慎〔三〕，清河東武城人也。父邪利，魯郡太守，宋元嘉中，没虜。懷慎與妻房氏篤愛，聞父陷没，即日遣妻，布衣蔬食，如居喪禮。邪利後仕虜中，書戒懷慎不許如此，懷慎得書更號泣。懷慎從叔模爲滎陽太守〔四〕，亦同没虜，模子雖居處改節，而不廢婚宦。大明中，懷慎宗人冀州刺史元孫北使，虜問之曰：「崔邪利、模並力屈歸命，二家子姪，出處不同，義將安在？」元孫曰：「王尊驅驥，王陽回車，欲令忠孝並弘，臣子兩節〔五〕。」

泰始初，淮北陷没，界上流奔者，多有去就。懷慎因此入北。至桑乾，邪利時已卒，懷慎絶而後蘇。載喪還青州，徒跣冰雪，士氣寒酷，而手足不傷，時人以爲孝感。喪畢，以弟在南，建元初，又逃歸，而弟亦已亡。懷慎孤貧獨立，宗黨哀之，日斂給其升米〔六〕。永明中卒。

公孫僧遠，會稽剡人也。治父喪至孝，事母及伯父謹節【七】，年穀饑貴【八】，僧遠省減食，以供母、伯。弟亡，無以葬，身販貼與隣里，供斂送之費。躬負土，手種松柏。兄姊未婚嫁，乃自賣爲之成禮。名聞郡縣。太祖即位，遣兼散騎常侍虞炎等十二部使行天下【九】。建元三年，表列僧遠等二十三人，詔並表門閭，蠲租稅。

吳欣之，晉陵利城人也。宋元嘉末，弟尉之爲武進縣戍【一〇】，隨王誕起義，太初遣軍主華欽討之【一一】，吏民皆散，尉之獨留，見執將死。欣之詣欽乞代弟命，辭淚哀切【一二】，兄弟皆見原。建元三年【一三】，有詔蠲表。

永明初，廣陵民章起之二息犯罪爭死【一四】，太守劉悛表以聞。

韓係伯，襄陽人也。事父母謹孝。襄陽土俗，隣居種桑樹於界上爲誌，係伯以桑枝蔭妨他地，遷堺上開數尺，隣畔隨復侵之，係伯輒更改種。久之，隣人慙愧，還所侵地，躬往謝之。建元三年，蠲租稅，表門閭。以壽終。

孫淡，太原人也。居長沙，事母孝，母疾，不眠食，以差爲期。母哀之，後有疾，不使知也。豫章王領湘州，辟驃騎行參軍。建元三年，蠲租稅，表門閭。卒于家。

華寶，晉陵無錫人也。父豪，義熙末，戍長安，寶年八歲。臨別，謂寶曰：「須我還，當爲汝上頭。」長安陷虜，豪歿。寶年至七十，不婚冠，或問之者，輒號慟彌日，不忍答也。

同郡薛天生，母遭艱菜食，天生亦菜食，母未免喪而死，天生終身不食魚肉。與弟有恩義。

又同郡劉懷胤與弟懷則，年十歲，遭父喪，不衣絮帛〔一五〕，不食鹽菜。建元三年，並表門閭。

韓靈敏，會稽剡人也。早孤，與兄靈珍並有孝性，尋母又亡，家貧無以營凶，兄弟共種

茋半畝，朝採茋子，暮已復生，以此遂辦葬事。靈珍亡，無子，妻卓氏守節不嫁〔一六〕，慮家人奪其志，未嘗告歸，靈敏事之如母。

晉陵吳康之妻趙氏，父亡弟幼，值歲饑，母老病篤，趙詣鄉里自賣，言辭哀苦〔一七〕，鄉里憐之，人人分升米相救，遂得以免。嫁康之〔一八〕，少時夫亡，家欲更嫁，誓死不貳。

義興蔣儁之妻黃氏，夫亡不重嫁，逼之，欲赴水自殺，乃止。建元三年，詔蠲租賦，表門閭。

永明元年，會稽永興倪翼之母丁氏〔一九〕，少喪夫，性仁愛，遭年荒，分衣食以飴里中饑餓者，隣里求借，未嘗違。同里陳穰父母死〔二〇〕，孤單無親戚，丁氏收養之，及長，爲營婚娶。又同里王禮妻徐氏，荒年客死山陰，丁爲買棺器，自往斂葬。元徽末，大雪，商旅斷〔二一〕，村里比屋饑餓，丁自出鹽米，計口分賦。同里左僑家露四喪，無以葬，丁爲辦塚槨。有三調不登者，代爲輸送。丁長子婦王氏守寡執志不再醮。州郡上言，詔表門閭，蠲租稅。

又廣陵徐靈禮妻遭火救兒，與兒俱焚死。太守劉悛以聞。

又會稽人陳氏〔二二〕，有三女，無男。祖父母年八九十，老耄無所知，父篤癃病，母不安其室。值歲飢，三女相率於西湖採菱蓴，更日至市貨賣，未嘗虧怠。鄉里稱爲義門，多欲

取爲婦，長女自傷煢獨，誓不肯行。祖父母尋相繼卒，三女自營殯葬，爲菴舍墓側。

又永興概中里王氏女，年五歲〔三〕，得毒病，兩目皆盲。性至孝，年二十，父母死，臨屍一叫，眼皆血出，小妹娥舐其血，左目即開，時人稱爲孝感。縣令何曇秀不以聞。

又諸暨東洿里屠氏女，父失明，母痼疾，親戚相棄，鄉里不容。女移父母遠住紵羅，晝樵采，夜紡績，以供養。父母俱卒，親營殯葬，負土成墳。忽聞空中有聲云：「汝至性可重，山神欲相驅使。汝可爲人治病，必得大富。」女謂是魅魅，弗敢從，遂得病。積時，隣舍人有中溪蚘毒者，女試治之，自覺病便差，遂以巫道爲人治疾，無不愈。家産日益，鄉里多欲娶之，以無兄弟，誓守墳墓不肯嫁，爲山賊劫殺。縣令于琳之具言郡，太守王敬則不以聞。

建武三年，吳興乘公濟妻姚氏生二男，而公濟及兄公願、乾伯並卒，各有一子欣之、天保，姚養育之，賣田宅爲娶婦，自與二男寄止隣家。明帝詔爲其二子婚，表門閭，復徭役。

吳郡范法恂妻褚氏，亦勤苦執婦業。宋昇明中，孫曇瓘謀反亡命，褚謂其子僧簡曰：「孫越州先姑之姊子，與汝父親則從母兄弟，交則義重古人。逃竄脫不免，汝宜收之。」曇瓘尋伏法，褚氏令僧簡往斂葬。年七十餘，永明中卒。僧簡在都，聞病馳歸，未至而褚已卒，將殯，舉尸不起，尋而僧簡至焉。

封延伯字仲璉〔二四〕，渤海人也。有學行，不與世人交，事寡嫂甚謹。州辟主簿，舉秀才，不就。後乃仕。垣崇祖爲豫州，啟太祖用爲長史，帶梁郡太守。以疾自免，僑居東海，遂不至京師。三世同財，爲北州所宗附。豫章王辟中兵，不就，卒。

建元三年，大使巡行天下。義興陳玄子四世一百七十口同居〔二五〕。武陵郡邵榮興、文獻叔八世同居。東海徐生之、武陵范安祖、李聖伯、范道根五世同居。零陵譚弘寶、衡陽何弘、華陽陽黑頭疎從四世同居〔二六〕，並共衣食。詔表門閭，蠲租稅。

又蜀郡王續祖、華陽郝道福並累世同爨。建武三年，明帝詔表門閭，蠲調役。

吳達之，義興人也。姨亡無以葬〔二七〕，自賣爲十夫客〔二八〕，以營家槨。從祖弟敬伯夫妻荒年被略賣江北〔二九〕，達之有田十畝，貨以贖之，與之同財共宅。郡命爲主簿，固以讓兄。又讓世業舊田與族弟，弟亦不受〔三〇〕。田遂閑廢。建元三年，詔表門閭。

河南辛普明僑居會稽，自少與兄共處一帳，兄亡，以帳施靈座，夏月多蚊，普明不以露

寢見色。兄將葬，隣人嘉其義，賻助甚多，普明初受，後皆反之。贈者甚怪，普明曰：「本以兄墓不周，故不逆來意。今何忍亡者餘物以爲家財。」後遭母喪，幾至毀滅。揚州刺史豫章王辟爲議曹從事〔三〕。年五十，卒。

又有何伯璵、弟幼璵，俱厲節操。養孤兄子，及長爲婚，推家業盡與之。安貧枯槁，誨人不倦，鄉里呼爲人師。郡守下車，莫不修謁。永明十一年，伯璵卒。幼璵少好佛法〔三〕，窮落長齋，持行精苦。梁初卒。兄弟年並八十餘。

王文殊，吳興故鄣人也。父没虜，文殊思慕泣血，蔬食山谷三十餘年。太守謝瀹板爲功曹，不就。永明十一年，太守孔琇之表曰：「文殊性挺五常，心符三教。以父没獯庭，抱終身之痛，專席恒居，銜罔極之卹。服紵縞以經年，餌蔬菽以俟命，婚義滅於天情，官序空於素抱。儻降甄異之恩，牓其閭里。」鬱林詔牓門，改所居爲「孝行里」。

朱謙之字處光，吳郡錢唐人也。父昭之，以學解稱於鄉里。謙之年數歲，所生母亡，

昭之假葬田側，爲族人朱幼方燎火所焚。同産姊密語之，謙之雖小，便哀戚如持喪。年長不婚娶。永明中，手刃殺幼方，詣獄自繫。縣令申靈勗表上，別駕孔稚珪、司徒左西掾張融牋與刺史豫章王曰：「禮開報仇之典，以申孝義之情，法斷相殺之條，以表權時之制。謙之揮刃斬冤〔三三〕，既申私禮；繫頸就死，又明公法。今仍殺之，則成當世罪人；宥而活之〔三四〕，即爲盛朝孝子。殺一罪人，未足弘憲；活一孝子，實廣風德。」張緒陸澄，是其鄉舊，應具來由。融等與謙之並不相識，區區短見，深有恨然。」豫章王言之世祖時吳郡太守王慈、太常張緒、尚書陸澄並表論其事，世祖嘉其義，慮相復報，乃遣謙之隨曹虎西行。將發，幼方子惲〔三五〕於津陽門伺殺謙之，謙之兄選之又刺殺惲〔三六〕，有司以聞。世祖曰：「此皆是義事，不可問。」悉赦之。吳興沈顗聞而歎曰：「弟死於孝，兄殉於義。孝友之節，萃此一門。」選之字處林，有志節，著辯相論。幼時顧歡見而異之，以女妻焉。官至江夏王參軍。

蕭叡明，南蘭陵人。領軍將軍諶從祖兄弟也。父孝孫，左軍。叡明初仕員外殿中將軍。少有至性，奉親謹篤。母病躬禱，夕不假寐，及亡，不勝哀而卒。永明五年，世祖詔

曰：「龍驤將軍、安西中兵參軍、松滋令蕭叡明，愛敬淳深，色養盡禮，喪過乎哀，遂致毀滅。雖未達聖教，而一至可愍。宜加榮命，以矜善人。可贈中書郎。」

樂頤字文德〔三七〕，南陽涅陽人。世居南郡。少而言行和謹，仕爲京府參軍。父在郢州病亡，頤忽思父涕泣，因請假還，中路果得父凶問。頤便徒跣號咷，出陶家後渚，遇商人附載西上，水漿不入口數日。嘗遇病，與母隔壁，忍痛不言，齧被至碎，恐母之哀己也。

湘州刺史王僧虔引爲主簿，以同僚非人，棄官去。吏部郎庾杲之嘗往候，頤爲設食，枯魚菜菹而已。杲之曰：「我不能食此。」母聞之，自出常膳魚羹數種。杲之曰：「卿過於茅季偉，我非郭林宗。」仕至郢州治中，卒。

弟豫亦孝〔三八〕，父臨亡，執其手以託郢州行事王奐，豫悲感悶絕，吐血數升，遂發病。官至驃騎錄事。隆昌末，豫謂丹陽尹徐孝嗣曰：「外傳籍籍，似有伊周之事，君蒙武帝殊常之恩，荷託付之重，恐不得同人此舉。」孝嗣心甚納之。建武中，爲永世令，民懷其德。卒官。有一老嫗行擔斛薪葉將詣市〔三九〕，聞豫死，棄擔號泣。

鴈門解仲恭〔四〇〕，亦僑居南郡。家行敦睦，得纖豪財利，輒與兄弟平分。母病經時不

差，入山採藥，遇一老父語之曰：「得丁公藤，病立愈。此藤近在前山際高樹垂下便是也。」忽然不見。仲恭如其言得之，治病，母即差。至今江陵人猶有識此藤者。

江泌字士清，濟陽考城人也。父亮之，員外郎。泌少貧，晝日斫屧，夜讀書，隨月光握卷升屋。性行仁義，衣弊，虱饑死[四]，乃復取置衣中。數日間，終身無復虱。母亡後，以生闕供養，遇鮭不忍食。食菜不食心，以其有生意也。

歷仕南中郎行參軍，所給募吏去役，得時病，莫有舍之者，吏扶杖投泌，泌親自隱卹，吏死，泌爲買棺。無僮役，兄弟共舁埋之。領國子助教。乘牽車至染烏頭，見老翁步行，下車載之，躬自步去。

世祖以爲南康王子琳侍讀。建武中，明帝害諸王後，泌憂念子琳，詣誌公道人問其禍福。誌公覆香鑪灰示之，曰：「都盡。無所餘。」及子琳被害，泌往哭之，淚盡，繼之以血。親視殯葬，乃去。時廣漢王侍讀嚴桓之亦哭王盡哀。

泌尋卒。泌族人兗州治中泌，黃門郎悉子也，與泌同名。世謂泌爲「孝江泌」以別之。

杜栖字孟山，吳郡錢唐人，徵士京產子也。同郡張融與京產相友，每相造言論，栖常在側。融指栖曰：「昔陳太丘之召元方，方之為劣〔四〕。以今方古，古人何貴。」栖出京師，從儒士劉瓛受學。善清言，能彈琴飲酒，名儒貴遊多敬待之。中書郎周顒與京產書曰：「賢子學業清標，後來之秀。嗟愛之懷，豈知云已。所謂人之英彥，若已有之也。」刺史豫章王聞其名，辟議曹從事，仍轉西曹佐〔四三〕。竟陵王子良數致禮接。國子祭酒何胤治禮，又重栖，以為學士，掌婚冠儀。

以父老歸養，怡情壠畝。栖肥白長壯，及京產疾，旬日間便皮骨自支。京產亡，水漿不入口七日，晨夕不能哭〔四四〕，不食鹽菜。每營買祭奠，身自看視，號泣不自持。朔望節歲，絕而復續，吐血數升。時何胤，謝朏並隱東山，遺書敦譬，誠以毀滅。至祥禫，暮夢見其父，慟哭而絕。初，胤兄點見栖歎曰：「卿風韻如此，雖獲嘉譽，不永年矣。」卒時年三十六。當世咸嗟惜焉。

建武二年，剡縣有小兒，年八歲，與母俱得赤班病。母死，家人以小兒猶惡，不令其知。小兒疑之，問云：「母嘗數問我病，昨來覺聲羸，今不復聞，何謂也？」因自投下牀，匍匐至母尸側，頓絕而死。鄉隣告之縣令宗善才，求表廬，事竟不行。

陸絳字魏卿，吳郡人也。父閑，字遐業，有風槩，與人交，不苟合。少爲同郡張緒所知，仕至揚州別駕[四五]。明帝崩，閑謂所親曰：「宮車晏駕，百司將聽於冢宰。主王地重才弱，必不能振，難將至矣。」乃感心疾，不復預州事。刺史始安王遙光反，事敗，閑以綱佐被召至杜姥宅，尚書令徐孝嗣啓閑不預逆謀，未及報，徐世標令殺之[四六]。絳時隨閑，抱閑頸乞代死，遂并見殺。

贊曰：孝爲行首，義實因心。白華秉節，寒木齊心。

史臣曰：澆風一起，人倫毀薄，抑引之教徒聞，珪璋之璞罕就。若令事長移忠，儻非行舉，薑桂辛酸，容遷本質。而旌閭變里，問饎存牢，不過鰥寡齊矜，力田等勸。其於扶獎名教，未爲多也。

校勘記

〔二〕 天生所同 「天」，原作「太」，據三朝本、南監本、北監本、汲本、殿本、局本改。

〔二〕 理名韞節　「理」，三朝本、南監本、北監本、汲本、殿本、局本作「埋」。

〔三〕 崔懷慎　南史卷七三孝義上崔懷順傳、魏書卷二四崔玄伯傳附崔模傳並作「崔懷順」。張森

　　　楷校勘記云：「蓋本作『懷順』，以子顯避梁武帝父諱，故齊書改作『懷慎』。」

〔四〕 懷慎從叔模爲滎陽太守　按魏書卷二四崔玄伯傳附崔模傳云「模兄協子邪利」，是崔模乃懷

　　　慎叔祖，與此處異。

〔五〕 臣子兩節　「節」，南史卷七三孝義上崔懷順傳作「遂」。

〔六〕 日斂給其升米　「升」，南史卷七三孝義上崔懷順傳、册府卷七五七總錄部作「斗」。

〔七〕 事母及伯父謹節　「謹」，南監本作「謹」，北監本、殿本、南史卷七三孝義上公孫僧遠傳作

　　　「甚謹」。

〔八〕 年穀饑貴　南監本、局本作「年饑穀貴」，南史卷七三孝義上公孫僧遠傳作「年饑」。按册府

　　　卷七五三總錄部亦作「年穀饑貴」。

〔九〕 遣兼散騎常侍虞炎等十二部使行天下　「等」字原無，據南史卷七三孝義上公孫僧遠傳、册府

　　　卷二一〇閏位部補。

〔一〇〕 弟尉之爲武進縣戌　「尉之」，南監本、南史卷七三孝義上吳欣之傳作「慰之」，册府卷八五一

　　　總錄部作「周之」，下文並同。「戌」，南監本、南史卷七三孝義上吳欣之傳作「吏」。

〔二〕 太初遣軍主華欽討之　「太初」，原作「太祖」，據局本改，南史卷七三孝義上吳欣之傳作「元

凶」。按錢大昕考異卷二五云：「元凶僭號，改元太初，史敍元凶朝事，多稱太初。」「華歆」，宋書卷九九二凶劭傳、通鑑卷一二七宋紀九文帝元嘉三十年作「燕欽」。

〔二二〕辭淚哀切　「淚」，冊府卷八五一總錄部作「旨」。

〔二三〕建元三年　「三年」，三朝本、南監本、北監本、汲本、殿本、局本作「二年」。按南史卷七三孝義上吳欣之傳亦作「三年」。

〔二四〕廣陵民章起之二息犯罪爭死　「章起之」，南史卷七三孝義上吳欣之傳作「童超之」。

〔二五〕不衣絮帛　「衣」字原無，據南史卷七三孝義上劉懷亂傳補。按冊府卷二一〇閏位部、卷七五三總錄部亦作「不絮帛」。

〔二六〕妻卓氏守節不嫁　「卓氏」，南史卷七三孝義上韓靈敏傳作「朝氏」，冊府卷八〇三總錄部作「韓氏」。

〔二七〕言辭哀苦　「苦」，三朝本、南監本、北監本、汲本、殿本、局本作「切」。

〔二八〕遂得以免嫁康之　「以免」，北監本、殿本、南史卷七三孝義上吳康之妻趙氏傳作「免及」。

〔二九〕會稽永興倪翼之母丁氏　「倪翼之」，南監本、北監本、殿本、局本、南史卷七三孝義上吳翼之母丁氏傳作「吳翼之」。

〔三〇〕同里陳穰父母死　「陳穰」，南史卷七三孝義上吳翼之母丁氏傳作「陳攘」，冊府卷二一〇閏位部作「陳攘」。

〔三一〕商旅斷 「斷」下南監本、北監本、殿本、局本、南史卷七三孝義上吳翼之母丁氏傳有「行」字。

〔三二〕又會稽人陳氏 「人」，南史卷七三孝義上會稽陳氏三女傳作「寒人」。

〔三三〕年五歲 「五」，汲本、局本作「八」。

〔三四〕封延伯字仲璉 「仲璉」，南史卷七三孝義上封延伯傳作「仲連」。

〔三五〕義興陳玄子四世一百七十口同居 「一百七十口」，南史卷七三孝義上封延伯傳作「一百七口」。

〔三六〕華陽陽黑頭疎從四世同居 「世」，原作「居」，據三朝本、南監本、北監本、汲本、殿本、局本改。

〔三七〕姨亡無以葬 「姨」，三朝本、南監本、北監本、汲本、殿本、局本、南史卷七三孝義上吳達之傳作「嫂」。按册府卷八〇三總錄部亦作「姨」。

〔三八〕自賣爲十夫客 「十夫客」，建康實錄卷一六作「力夫」，御覽卷五一七引齊書作「十夫傭」，明本册府卷八〇三總錄部作「士夫客」。

〔三九〕從祖弟敬伯夫妻荒年被略賣江北 「敬伯」，御覽卷八二八引齊書作「敬」。

〔四〇〕弟亦不受 「弟」字，原訛倒在「受」字下，據三朝本、南監本、北監本、汲本、殿本、局本、南史卷七三孝義上吳達之傳、册府卷二一〇閏位部、卷八一四總錄部乙正。按册府卷八五一總錄部作「弟不受」。

〔三〕揚州刺史豫章王辟爲議曹從事　「議曹」，原作「義曹」，據南史卷七五隱逸上關康之傳附辛普明傳、册府卷七二七幕府部改。按本書卷一六百官志，州置議曹從事史。

〔三〕幼璵少好佛法　「少」，南史卷七三孝義上吳達之傳附何伯璵傳作「末」，册府卷八二一總錄部作「殊」。

〔三〕謙之揮刃斬冤　「斬」，原作「軒」，據册府卷八九六總錄部改，南監本、北監本、殿本、局本作「酬」。

〔三〕宥而活之　「活」，原作「治」，據南監本、北監本、殿本、局本改。

〔三〕幼方子憚　「憚」，南史卷六二朱异傳作「憚」。

〔三〕謙之之兄選之又刺殺憚　「選之」，梁書卷三八朱异傳作「巽」，南史卷六二朱异傳附朱謙之傳作「巽之」。

〔三〕樂頤字文德　「樂頤」，原作「榮頤」，據三朝本、南監本、北監本、汲本、殿本、局本改。南史卷七三孝義上樂頤之傳作「樂頤之」。

〔三〕弟豫亦孝　「豫」，三朝本、南監本、北監本、汲本、殿本、局本、南史卷七三孝義上樂頤之傳附樂預傳、册府卷七〇二令長部、卷七五三總錄部、御覽卷九六一引齊書作「預」，下同。據南史所載其字「文介」，取自易豫卦爻辭「六二，介於石」，當作「豫」是。按通鑑卷一三九齊紀五明帝建武元年有「南陽樂豫」。

〔三九〕有一老嫗行擔斛荻葉將詣市　「葉」，原作「若」，據南監本、局本、南史卷七三孝義上樂頤之傳附樂預傳改。

〔四〇〕鴈門解仲恭　「解仲恭」，南史卷七三孝義上解叔謙傳、御覽卷四一一引齊春秋、卷九九五引齊書作「解叔謙」。

〔四一〕虬饑死　「虬」上南監本、北監本、殿本、局本有「恐」字。「死」字册府卷八六四總錄部無。

〔四二〕方之爲劣　「方」，册府卷八四三總錄部作「此」。

〔四三〕仍轉西曹佐　「西曹佐」，南史卷七五隱逸上杜京產傳附杜栖傳、册府卷七五三總錄部、卷九三一總錄部作「西曹書佐」。按册府卷二九二宗室部作「西曹佐」。

〔四四〕晨夕不能哭　「能」，南監本、北監本、殿本、局本作「罷」。按册府卷七五三總錄部亦作「能」。

〔四五〕張元濟校勘記：「罷字誤。以七日飢餓，故不能也。」

〔四六〕仕至揚州別駕　「別駕」，梁書卷二七陸襄傳作「治中」。

〔四七〕徐世摽令殺之　「徐世摽」，南監本、局本、宋本册府卷七五三總錄部作「徐世標」，南史卷四八陸慧曉傳附陸閑傳作「徐世標」。

列傳第三十七

佞臣

紀僧真　劉係宗　茹法亮　呂文顯　呂文度

有天象，必有人事焉。佞臣一星，列于帝座。經禮立教，亦著近臣之服。親倖之義，其來已久。爰自衰周，侯伯專命，桓、文霸主，至于戰國，寵用近習，不乏於時矣。漢文幸鄧通，雖錢遍天下，位止郎中。孝武韓嫣、霍去病，遂至侍中、大司馬。迄于魏、晉，世任權重，才位稍爽，而信倖唯均。

中書之職，舊掌機務。漢元以令僕用事，魏明以監令專權，及在中朝，猶爲重寄。陳准歸任上司〔一〕，荀勗恨於失職。晉令舍人位居九品，江左置通事郎，管司詔誥。其後郎

還爲侍郎，而舍人亦稱通事。元帝用琅邪劉超，以謹慎居職。宋文世，秋當、周糾並出寒門。孝武以來，士庶雜選，如東海鮑照，以才學知名。又用魯郡巢尚之、江夏王義恭以爲非選。帝遣尚書二十餘牒[二]，宣敕論辯，義恭乃歎曰：「人主誠知人。」及明帝世，胡母顥、阮佃夫之徒，專爲佞倖矣。

齊初亦用久勞，及以親信。關讞表啓，發署詔敕。頗涉辭翰者，亦爲詔文，侍郎之局，復見侵矣。建武世，詔命殆不關中書[三]，專出舍人。省內舍人四人，所置四省[四]，其下有主書令史，舊用武官，宋改文吏，人數無員，莫非左右要密。天下文簿板籍，入副其省，萬機嚴祕，有如尚書外司。領武官，有制局監，領器仗兵役[五]，亦用寒人被恩倖者。今立倖臣篇，以繼前史之末云。

紀僧真，丹陽建康人也。僧真少隨逐征西將軍蕭思話及子惠開，皆被賞遇。惠開性苛，僧真以微過見罰，既而委任如舊。及罷益州還都，不得志，僧真事之愈謹。惠開臨終歎曰：「紀僧真方當富貴，我不見也。」乃以僧真託劉秉、周顒。初，惠開在益州，土反，被圍危急，有道人謂之曰：「城圍尋解。」檀越貴門後方大興，無憂外賊也。」惠開密謂僧真

曰：「我子弟見在者，並無異才。政是道成耳〔六〕。」僧真憶其言，乃請事太祖。隨從在淮陰，以閑書題，令答遠近書疏。

太祖曰：「詩人採蕭，蕭即艾也。蕭生斷流，卿勿廣言。」其見親如此。僧真夢蒿艾生滿江，驚而白之。

元徽初，從太祖頓新亭，拒桂陽賊。蕭惠朗突入東門〔七〕，僧真與左右共拒戰。賊退，太祖命僧真領親兵，遊羅城中。事寧，除南臺御史，太祖領軍功曹。上將廢立，謀之袁粲、褚淵，僧真啓上曰：「今朝廷猖狂，人不自保，天下之望，不在袁、褚。明公豈得默已，坐受夷滅。存亡之機，仰希熟慮。」太祖納之。

太祖欲度廣陵起兵，僧真又啓曰：「主上雖復狂釁，虐加萬民，而累世皇基，猶固盤石。今百口北度，何必得俱。縱得廣陵城，天子居深宮施號令，目明公爲逆，何以避此？如其不勝，則應北走胡中，竊謂此非萬全策也！」上曰：「卿顧家，豈能逐我行耶？」僧真頓首稱無貳。

昇明元年，除員外郎、帶東武城令。尋除給事中、邵陵王參軍。

太祖坐東府高樓，望石頭城，僧真在側。上曰：「諸將勸我誅袁、劉，我意不欲便耳〔八〕。」及沈攸之事起，從太祖入朝堂。石頭反夜，太祖遣衆軍掩討。宮城中望石頭火光。僧真謂衆曰：「叫聲不絕，是必官軍所攻〔九〕。火光起者，賊不容自燒其城，此必官軍勝也。」尋而啓石頭平。上出頓新亭，使僧真領千人在帳內。初，上在

領軍府，令僧真學上手迹下名，至是報答書疏，皆付僧真，上觀之，笑曰：「我下不復能別也[一〇]。」初，上在淮陰治城，得一錫趺[一一]，大數尺，下有篆文，莫能識者。僧真曰：「何須辨此文字，此自久遠之物[一二]，九錫之徵也」太祖曰：「卿勿妄言，已剋日，有楊祖之謀於臨軒作難。僧真更請上選吉辰，尋而祖之事覺。上曰：「無卿言，亦當致小狼狽，此亦何異呼沱之冰。」轉齊國中書舍人。

建元初，帶東燕令，封新陽縣男，三百戶。轉羽林監，加建威將軍，遷尚書主客郎，太尉中兵參軍，令如故。復以本官兼中書舍人。太祖疾甚，令僧真典遺詔。永明元年，寧喪[一三]，起爲建威將軍，尋除南泰山太守，又爲舍人，本官如故。領諸王第事。

僧真容貌言吐，雅有士風。世祖嘗目送之，笑曰：「人何必計門戶[一四]」紀僧真常貴人所不及。」諸權要中，最被昵遇。除越騎校尉，餘官如故。出爲建武將軍、建康令。還除左右郎將[一五]、泰山太守。加先驅使。尋除前軍將軍。遭母喪，開冢得五色兩頭蛇。世祖崩，僧真號泣思慕。明帝以僧真歷朝驅使，建武元年，除游擊將軍、兼司農，待之如舊。欲令僧真治郡，僧真啓進其弟僧猛爲鎮蠻護軍、晉熙太守。永泰元年，除司農卿。明帝崩，掌山陵事。出爲廬陵內史[一六]，年五十五，卒。

宋世道人楊法持，與太祖有舊。元徽末，宣傳密謀。昇明中，以爲僧正。建元初，罷道，爲寧朔將軍，封州陵縣男，三百户。二年，虜圍朐山，遣法持爲主〔七〕，領支軍救援。永明四年，坐役使將客，奪其鯷稟，削封。卒。

劉係宗，丹陽人也。少便書畫，爲宋竟陵王誕子景粹侍書。誕舉兵廣陵，城内皆死，敕沈慶之赦係宗，以爲東宫侍書。泰始中，爲主書。以寒官累遷至勳品。元徽初，爲奉朝請、兼中書通事舍人，員外郎。封始興南亭侯，食邑三百七十户。帶秣陵令。

太祖廢蒼梧，明日〔八〕，呼正直舍人虞整，醉不能起，係宗歡喜奉命。太祖曰：「今天地重開，是卿盡力之日。」使寫諸處分敕令，及四方書疏〔九〕。使主書七人書吏二十人配之〔一〇〕，事皆稱旨。除羽林監，轉步兵校尉。仍除龍驤將軍，出爲海鹽令。太祖即位，除龍驤將軍、建康令。永明元年，除寧朔將軍，令如故。尋轉右軍將軍、淮陵太守、兼中書通事舍人。母喪自解，起爲寧朔將軍，復本職。

四年，白賊唐寓之起，宿衞兵東討，遣係宗隨軍慰勞，遍至遭賊郡縣。百姓被驅逼者，悉無所問，還復民伍。係宗還，上曰：「此段有征無戰〔一一〕，以時平蕩，百姓安帖，甚快也。」

賜係宗錢帛。上欲脩治白下城，難於動役。係宗啓讁役東民丁隨寓之爲逆者〔二二〕，上從之。後車駕講武，上履行白下城，曰：「劉係宗爲國家得此一城。」

永明中，虜使書令常係宗題答，祕書書局皆隸之。再爲少府，遷游擊將軍、魯郡太守。鬱林即位，除驍騎將軍，仍除寧朔將軍、宣城太守。係宗久在朝省，閑於職事。明帝曰〔二三〕：「學士不堪治國，唯大讀書耳。一劉係宗足持如此輩五百人〔二四〕。」其重吏事如此。建武二年，卒官，年七十七〔二五〕。

茹法亮，吳興武康人也。宋大明世，出身爲小史〔二六〕，歷齊幹、扶〔二七〕。孝武末年，作酒法，鞭罰過度，校獵江右，選白衣左右百八十人，皆面首富室，從至南州，得鞭者過半。法亮憂懼，因緣啓出家得爲道人。明帝初，罷道，結事阮佃夫，用爲兗州刺史孟次陽典籤〔二八〕。累至太祖冠軍府行參軍。元徽初，除殿中將軍，爲晉熙王郢州典籤，除長兼殿中御史。

世祖鎮盆城，須舊驅使人，法亮求留爲上江州典籤，除南臺御史，帶松滋令。法亮便辟解事，善於承奉，稍見委信。從還石頭。建元初，度東宮主書。除奉朝請，補東宮通事

舍人。世祖即位,仍爲中書通事舍人。除員外郎、帶南濟陰太守。永明元年,除龍驤將軍。明年,詔曰:「茹法亮近在盆城,頻使銜命,内宣朝旨,外慰三軍。義勇齊奮,人百其氣。險阻艱難,心力俱盡。宜沾茅土,以甄忠績。」封望蔡縣男,食邑三百户。轉給事中,羽林監。七年,除臨淮太守,轉竟陵王司徒中兵參軍。

巴東王子響於荆州殺僚佐,上遣軍西上,使法亮宣旨慰勞,安撫子響。法亮至江津,子響呼法亮,法亮疑畏不肯往。又求見傳詔,法亮又不遣。故子響怒,遣兵破尹略軍。事平,法亮至江陵,刑賞處分,皆稱敕斷決。軍還,上悔誅子響,法亮被責。少時,親任如舊。

鬱林即位,除步兵校尉。延興元年,爲前軍將軍。延昌殿爲世祖陰室,藏諸御服。二少帝並居西殿,高宗即位住東齊,開陰室出世祖白紗帽防身刀,法亮歔欷流涕。除游擊將軍。建武,舊人鮮有存者[二九],法亮以主署文事,故不見疑,位任如故。永泰元年,王敬則事平,法亮復受敕宣慰。出法亮爲大司農,中書勢利之職,法亮不樂去,固辭不受,既而代人已致,法亮潸涕而出[三〇]。年六十四,卒官。

呂文顯，臨海人也。初爲宋孝武齊幹直長。昇明初，爲太祖録尚書省事，累位至殿中侍御史，羽林監，帶蘭陵丞、令，龍驤將軍、秣陵令。封劉陽縣男。永明元年，除寧朔將軍、中書通事舍人，本官如故。

文顯治事以刻覈被知。三年，帶南清河太守。與茹法亮等迭出入爲舍人，並見親倖。四方餉遺，歲各數百萬，並造大宅，聚山開池。五年，爲建康令，轉長水校尉，歷帶南泰山、南譙太守，尋爲司徒中兵參軍，淮南太守，直舍人省。累遷左中郎將，南東莞太守，右軍將軍。高宗輔政，以文顯守少府，見任使。歷建武、永元之世，尚書右丞，少府卿。卒。

呂文度，會稽人。宋世爲細作金銀庫吏，竹局匠。元徽中，爲射雉典事，隨監莫脩宗上郢。世祖鎮盆城拒沈攸之，文度仍留伏事，知軍隊雜役，以此見親。從還都，爲石頭城監，仍度東宮。世祖即位，爲制局監，位至員外郎，帶南濮陽太守。殿內軍隊及發遣外鎮人，悉關之，甚有要勢。故世傳越州嘗缺，上覓一直事人往越州，文度啓其所知費延宗合旨，上即以爲刺史。永明中，敕親近不得輒有申薦，人士免官，寒人鞭一百。

上性尊嚴，呂文顯嘗在殿側咳聲高，上使茹法亮訓詰之，以爲不敬，故左右畏威承意，

非所隸莫敢有言也。時茹法亮掌雜驅使簿，及宣通密敕；呂文顯掌穀帛事，其餘舍人無別任。虎賁中郎將潘敞掌監功作。上使造禪靈寺新成，車駕臨視，甚悅。敞喜，要呂文顯私登寺南門樓，上知之，繫敞上方，而出文顯爲南譙郡，久之乃復。

濟陽江瞿曇，吳興沈徽孚等，以士流舍人通事而已，無權利。徽孚粗有筆札。建武中文詔，多其辭也。官至黃門郎。

史臣曰：中世已來，宰御天下，萬機碎密，不關外司。尚書八座五曹，各有恒任，係以九卿六府，事存副職。咸皆冠冕搢紳，任疎人貴，伏奏之務既寢，趨走之勞亦息。關宣所寄，屬當有歸，通驛內外，切自音旨。若夫環縈斂笏，俯仰晨昏，瞻帷座而竦躬[二]，位蘭檻而高眄[三]。探求恩色，習覩威顏，遷蘭變鮑，久而彌信，因城社之固，執開壅之機。長主君世，振裘持領，賞罰事殷，能不踰漏，宮省咳唾，義必先知。故能窺盈縮於望景，獲驪珠於龍睡。坐歸聲勢，卧震都鄙。賄賂日積，苞苴歲通，富擬公侯，威行州郡。制局小司，專典兵力，雲陛天居，亘設蘭錡，羽林精卒，重屯廣衛。至于元戎啟轍，式候還麾，遮迤清道，神行案轡，督察來往，馳騖輦轂，驅役分部，親承几案，領護所攝，示總成規。若徵兵動衆，大興民役，行留之儀，請託在手，斷割牢稟，賣弄文符，捕叛追亡，長戍遠謫，軍有千齡之

壽，室無百年之鬼，害政傷民，於此爲蠹。況乎主幼時昏，其爲讒慝，亦何可勝紀也！

贊曰：恩澤而侯，親倖爲舊。便煩左右，既貴且富。

校勘記

〔一〕 陳准歸任上司 「陳准」，晉書卷四惠帝紀、卷三四羊祜傳、卷八九忠義嵇紹傳並作「陳準」。

〔二〕 帝遣尚書二十餘牒 按南史卷七七恩倖傳云：「帝遣尚書之送尚書四十餘牒」。

〔三〕 詔命殆不關中書 「殆」，南監本、局本、南史卷七七恩倖傳作「始」。

〔四〕 所置四省 「置」，南監本、南史卷七七恩倖傳作「直」。

〔五〕 有制局監領器仗兵役 「領」，原作「內」，據南監本、北監本、殿本、局本、南史卷七七恩倖傳改。按「監」下南史卷七七恩倖傳有「外監」二字。

〔六〕 政是道成耳 「道成」，原作「諱」，依例改。

〔七〕 蕭惠朗突入東門 「蕭惠朗」，原作「蕭惠郎」，據南監本、北監本、汲本、殿本、局本改。

〔八〕 我意不欲便耳 「耳」，南監本、北監本、汲本、殿本、局本作「爾」。

〔九〕 是必官軍所攻 「是」，原作「之」，據三朝本、南監本、北監本、汲本、殿本、局本、南史卷七七恩倖紀僧真傳改。

〔一〇〕 我下不復能別也 「下」，三朝本、南監本、北監本、汲本、殿本、局本、南史卷七七恩倖紀僧真

〔一一〕　傳作「亦」。

〔一二〕　得一錫跋　「跋」，原作「鈸」，據南監本、南史卷七七恩倖紀僧真傳改。按顏師古匡謬正俗卷五引蕭子顯齊書、宋本冊府卷二〇三閏位部亦作「跋」。顏師古云：「案此跋者，謂若筭籌之跋，今之鐘鼓格下並有之耳。」

〔一三〕　此自久遠之物　「久」，原作「大」，據三朝本、南監本、北監本、汲本、殿本、局本及南史卷七七恩倖紀僧真傳改。

〔一四〕　人何必計門戶　「計」，原作「討」，據三朝本、南監本、北監本、汲本、殿本、局本、南史卷七七恩倖紀僧真傳、建康實錄卷一六、冊府卷四六一臺省部改。

〔一五〕　寧喪　南監本、北監本、殿本、南史卷七七恩倖紀僧真傳並作「丁父喪」。

〔一六〕　還除左右郎將　按本書卷一六百官志，無「左右郎將」之職，疑爲「左中郎將」之訛。

〔一七〕　出爲廬陵內史　「內史」，原作「長史」，據南史卷七七恩倖紀僧真傳、建康實錄卷一六改。按廬陵時爲王國，郡守稱內史。

〔一八〕　遣法持爲主　「主」，南監本、北監本、汲本、殿本、局本、南史卷七七恩倖紀僧真傳作「軍主」。按本書卷五七魏虜傳，法持時爲軍主。

〔一九〕　明日　「日」，三朝本、南監本、汲本、局本、南史卷七七恩倖紀係宗傳作「旦」。

〔二〇〕　及四方書疏　「方」，原作「萬」，據三朝本、南監本、北監本、汲本、殿本、局本、南史卷七七恩

〔三〇〕使主書七人書吏二十人配之 「七」，三朝本、南監本、北監本、汲本、殿本、局本、南史卷七七恩倖劉係宗傳並作「十」。

〔三一〕此段有征無戰 「段」，册府卷六五三奉使部、卷六五四奉使部並作「役」。

〔三二〕係宗啓適役東民丁隨寓之爲逆者 「東」，南監本、北監本、汲本、殿本、局本、南史卷七七恩倖劉係宗傳並作「在東」。

〔三三〕明帝曰 「明帝」，南史卷七七恩倖劉係宗傳作「武帝」。

〔三四〕一劉係宗足持如此輩五百人 「持」、「五百人」，南監本作「恃」、「數人於事何用」。按南史卷七七恩倖劉係宗傳云：「一劉係宗足矣。沈約、王融數百人，於事何用。」

〔三五〕年七十七 「七十七」，原作「元十七」，據南監本、北監本、汲本、殿本、局本改。

〔三六〕出身爲小史 「小史」，南監本及建康實錄卷一六、册府卷九四五總錄部並作「小吏」。

〔三七〕歷齊幹扶 「扶」下南監本、北監本、汲本、殿本、局本、南史卷七七恩倖茹法亮傳並有「侍」字。

〔三八〕用爲兗州刺史孟次陽典籤 「孟次陽」，原作「孟吹陽」。按宋書卷九四恩倖阮佃夫傳附孟次陽傳云次陽時爲兗州刺史，今改正。

〔三九〕建武舊人鮮有存者 「建武」，南史卷七七恩倖茹法亮傳作「高武」，疑是。

〔三一〕 位蘭檻而高昕 「位」，南監本、北監本、殿本、局本、南史卷七七恩倖傳作「陪」。

〔三一〕 瞻幄座而竦躬 「瞻」，南監本、北監本、殿本、局本、南史卷七七恩倖傳作「瞻」。

〔三〇〕 法亮涶涕而出 「涶」，南監本、殿本、局本、南史卷七七恩倖茹法亮傳、御覽卷二二二引齊書、册府卷四八一臺省部作「垂」。

南齊書卷五十七

列傳第三十八

魏虜

魏虜，匈奴種也，姓托跋氏。晉永嘉六年，并州刺史劉琨爲屠各胡劉聰所攻，索頭猗盧遣子曰利孫將兵救琨於太原，猗盧入居代郡，亦謂鮮卑。被髮左袵，故呼爲索頭。猗盧孫什翼犍，字鬱律旃，後還陰山爲單于，領匈奴諸部。太元元年，苻堅遣僞并州刺史苻洛伐犍，破龍庭，禽犍還長安，爲立宅，教犍書學。分其部黨居雲中等四郡，諸部主帥歲終入朝，并得見犍，差稅諸部以給之。堅敗，子珪，字涉圭，隨舅慕容垂據中山，還領其部，後稍彊盛。

隆安元年，珪破慕容寶於中山，遂有并州，僭稱魏，年號天瑞〇。追諡犍烈祖文平皇

帝。珪死，謚道武皇帝。子木末立，年號太常〔一〕，死，謚明元皇帝。子燾字佛狸代立，年號太平真君。宋元嘉中，僞太子晃與大臣崔氏、寇氏不睦，崔、寇譖之。玄高道人有道術，晃使祈福七日七夜，佛狸夢其祖、父並怒，手刃向之曰：「汝何故信讒欲害太子！」佛狸驚覺，下僞詔曰：「王者大業，纂承爲重，儲宮嗣紹，百王舊例。自今已往，事無巨細，必經太子，然後上聞。」晃後謀殺佛狸見殺。燾死，謚太武皇帝。立晃子濬，字烏雷直勤，年號和平。追謚晃景穆皇帝。濬死，謚文成皇帝。子弘字萬民立，年號天安。景和九年，僞太子宏生〔三〕，改年爲皇興。

　什翼珪始都平城，猶逐水草，無城郭，木末始土著居處。佛狸破梁州、黃龍〔四〕，徙其居民，大築郭邑。截平城西爲宮城，四角起樓，女牆，門不施屋，城又無壍。南門外立二土門〔五〕，內立廟，開四門，各隨方色，凡五廟，一世一間〔六〕，瓦屋。其西立太社。佛狸所居雲母等三殿，又立重屋，居其上。飲食廚名「阿真廚」，在西，皇后可孫恒出此廚求食。初，姚興以塞外虜赫連勃勃爲安北將軍，領五部胡，屯大城，姚泓敗後，入長安。佛狸攻破勃勃子昌，娶勃勃女爲皇后。　義熙中，仇池公楊盛表云「索虜勃勃，匈奴正胤」是也。可孫昔妾媵之。殿西鎧仗庫屋四十餘間，殿北絲綿布絹庫土屋十餘間。僞太子宮在城東，亦開四門，瓦屋，四角起樓。妃妾住皆土屋。婢使千餘人，織綾錦販賣，酤酒，養猪羊，牧牛

馬,種菜逐利。太官八十餘窖,窖四千斛,半穀半米,又有懸食瓦屋數十間。置尚方作鐵及木,其袍衣,使宮內婢爲之〔七〕。僞太子別有倉庫。

其郭城繞宮城,南悉築爲坊,坊開巷。坊大者容四五百家,小者六七十家。每南坊搜檢,以備姦巧。城西南去白登山七里,於山邊別立父、祖廟。城西有祠天壇,立四十九木人,長丈許,白幘、練裙、馬尾被,立壇上,常以四月四日殺牛馬祭祀,盛陳鹵簿、邊壇奔馳奏伎爲樂。城西三里,刻石寫五經及其國記,於鄴取石虎文石屋基六十枚,皆長丈餘,以充用。

國中呼内左右爲「直真」,外左右爲「烏矮真」,曹局文書吏爲「比德真」,檐衣人爲「樸大真」,帶仗人爲「胡洛真」,通事人爲「乞萬真」,守門人爲「可薄真」,僞臺乘驛賤人爲「拂竹真」,諸州乘驛人爲「咸真」,殺人者爲「契害真」,爲主出受辭人爲「折潰真」,貴人作食人爲「附真」。三公貴人,通謂之「羊真」。佛狸置三公、太宰、尚書令、僕射、侍中,與太子共決國事。殿中尚書知殿内兵馬倉庫,樂部尚書知伎樂及角史伍伯,駕部尚書知牛馬驢騾,南部尚書知南邊州郡,北部尚書知北邊州郡。又有俟懃地何比尚書,莫堤比刺史,郁若比二千石,受別官比諸侯。諸曹府有倉庫〔八〕,悉置比官,皆使通虜漢語,以爲傳驛〔九〕。蘭臺置中丞御史,知城内事。又置九豆和官,宮城三里内民户籍不屬諸軍戍者,

悉屬之。

其車服，有大小輦，皆五層，下施四輪，三二百人牽之，四施絛索，備傾倒。軺車建龍旂，尚黑。妃后則施雜綵幰，無幢絡。太后出，則婦女著鎧騎馬近輦左右。虜主及后妃常行，乘銀鏤羊車，不施帷幔，皆偏坐垂脚轅中；在殿上，亦跂據。正殿施流蘇帳，金博山，龍鳳朱漆畫屏風，織成幌。坐施氍毹褥。前施金香鑪，琉璃鉢，金椀，盛雜食器。設客長盤一尺，御饌圓盤廣一丈。爲四輪車，元會日，六七十人牽上殿。蜡日逐除，歲盡，城門磔雄雞，葦索桃梗，如漢儀。

自佛狸至萬民，世增雕飾。正殿西築土臺，謂之白樓。萬民禪位後，常遊觀其上。臺南又有伺星樓。正殿西又有祠屋，琉璃爲瓦。宮門稍覆以屋，猶不知爲重樓。並設削泥采畫金剛力士。胡俗尚水，又規畫黑龍相盤繞，以爲厭勝。

泰始五年，萬民禪位子宏，自稱太上皇。宏立，號延興元年〔一０〕。至六年，萬民死，謚獻文皇帝。改號爲承明元年，是歲元徽四年也。祖母馮氏，黃龍人，助治國事。初，佛狸母是漢人，爲木末所殺，佛狸以乳母爲太后，自此以來，太子立，輒誅其母。明年丁巳歲，改號太和。一云馮氏本江都人，佛狸元嘉二十七年南侵，略得馮氏，潛以爲妾，獨得全焉。宋明帝末年，始與虜和好。元徽昇明之世，虜使歲通。建元元年，偽太和三年也，宏

聞太祖受禪，其冬，發眾遣丹陽王劉昶爲太師〔一〕，寇司、豫二州。明年，詔遣眾軍北討。

宏遣大將郁豆眷、叚長命攻壽陽及鍾離，爲豫州刺史垣崇祖、右將軍周盤龍、徐州刺史崔文仲等所破。

宏又遣僞南部尚書托跋等向司州〔二〕，分兵出兗、青界，十萬眾圍朐山，戍主玄元度嬰城固守。青冀二州刺史盧紹之遣子奐領兵助之。城中無食，紹之出頓州南石頭亭，隔海運粮柴供給城內。虜圍斷海道，緣岸攻城，會潮水大至，虜潙溺，元度出兵奮擊，大破之。臺遣軍主崔靈建、楊法持，房靈民萬餘人從淮入海，船艦至夜各舉兩火，虜眾望見，謂是南軍大至，一時奔退。

初，元度自云臂上有封侯志，宋世以示世祖，時世祖在東宮，書與元度曰：「努力成臂上之相也。」虜退，上議加封爵，元度歸功於紹之，紹之又讓，故並見止。上乃擢紹之爲黃門郎。鬱州呼石頭亭爲平虜亭。紹之字子緒，范陽人，自云盧諶玄孫。宋大明中，預攻廣陵，勳上，紹之拔迹自投，上以爲州治中，受心腹之任。官至光禄大夫。永明八年，卒。

三年，領軍將軍李安民、左軍將軍孫文顯與虜軍戰於淮陽，大敗之。初，虜寇至，緣淮驅略，江北居民猶懲佛狸時事，皆驚走，不可禁止。乃於梁山置二軍〔三〕，南置三軍，慈姥置一軍，洌州置二軍，三山置二軍，白沙洲置一軍，蔡州置五軍，長蘆置三軍，菰浦置二軍，

徐浦置一軍，內外悉班階賞，以示威刑。

偽昌黎王馮莎向司州，荒人桓天生說莎云：「諸蠻皆響應。」莎至，蠻竟不動。莎大

怒，於淮邊獵而去。及壽春摧敗，胸山不拔，虜主出定州，大治道路，聲欲南行，不敢進。

迺與偽梁郡王計曰〔四〕：「兵出彭、泗間，無復鬥志，要當一兩戰得還歸。」既於淮陽被破，

一時奔走。青、徐間赴義民，先是或抄虜運車，更相殺掠，往往得南歸者數千家。

上未遑外略，以虜既摧破，且欲示以威懷，遣後軍參軍車僧朗北使。虜問僧朗：

「齊輔宋日淺，何故便登天位，兩賢謙虛以獨善？」僧朗曰：「虞、夏登庸，親當革禪。魏、晉匡輔〔五〕，貽厥子

孫。豈二聖促促於天位？時宜各異，豈得一揆？苟曰事宜，故屈己應

物。」虜又問：「齊主悉有何功業？」僧朗曰：「主上聖性寬仁，天識弘遠。少為宋文皇所

器遇，入參禁旅。泰始之初，四方寇叛，東平劉子房、張淹，北討薛索兒，兼掌軍國，豫司顧

命。宋桂陽、建平二王阻兵內侮，一麾殄滅。蒼梧王反道敗德，有過桀、紂，遠遵伊、霍，行

廢立之事。袁粲、劉秉、沈攸之同惡相濟，又秉旄杖鉞，大定凶黨。戮力佐時，四十餘載，

經綸夷險，十五六年，此功此德，可謂物無異議。」虜又問：「南國無復齊土，何故封齊？」

僧朗曰：「營丘表海，實爲大國。宋朝光啓土宇，謂是呂尚先封。今淮海之間，自有青、

齊，非無地也。」又問：「蒼梧何故遂加斬戮？」僧朗曰：「蒼梧暴虐，書契未聞，武王斬紂，

懸之黃鉞，共是所聞，何傷於義？」昇明中，北使殷靈誕，苟昭先在虜，聞太祖登極，靈誕謂虜典客曰：「宋魏通好，憂患是同。宋今滅亡，魏不相救，何用和親？」及虜寇豫州，靈誕因請爲劉昶司馬，不獲。僧朗至北，虜置之靈誕下，僧朗立席言曰：「靈誕昔是宋使，今成齊民。實希魏主以禮見之。」靈誕交言，遂相忿詈，調虜曰：「使臣不能立節本朝，誠自慙恨。」劉昶賂客解奉君於會刺殺僧朗，虜即收奉君誅之，殯斂僧朗，送喪隨靈誕等南歸，厚加贈賻。世祖踐阼，昭先具以啟聞，靈誕下獄死，贈僧朗散騎侍郎。

永明元年冬，遣驍騎將軍劉纘、前軍將軍張謨使虜。明年冬，虜使李道固報聘，世祖於玄武湖水步軍講武，登龍舟引見之。自此歲使往來，疆場無事。

三年，初令鄰、里、黨各置一長〔一六〕，五家爲鄰，五鄰爲里，五里爲黨。四年，造戶籍。分置州郡，雍州、涼州、秦州、沙州、涇州、華州、岐州、河州、西華州、寧州、陝州、洛州、荊州、郢州、北豫州、東荊州、南豫州、西兗州、東兗州、南徐州、東徐州、青州、齊州、濟州、光州二十五州在河南〔一七〕；相州〔一八〕、懷州、汾州〔一九〕、東雍州、肆州、定州、瀛州、朔州、并州、冀州、幽州、平州〔二〇〕司州十三州在河北。凡分魏、晉舊司、豫、青、兗、冀、并、幽、秦、雍、涼十州地，及宋所失淮北爲三十八州矣。

明年，邊人桓天生作亂，虜遣步騎萬餘人助之，至比陽，爲征虜將軍戴僧靜等所破。

荒人胡丘生起義懸瓠，爲虜所擊，戰敗南奔。僞安南將軍遼東公、平南將軍上谷公又攻舞陰，舞陰戍主輔國將軍殷公愍拒破之。六年，虜又遣衆助桓天生，與輔國將軍曹虎戰，大敗於隔城。

至七年，遣使邢產、侯靈紹復通好。先是劉纘再使虜，太后馮氏悦而親之。馮氏有計略，作皇誥十八篇，僞左僕射李思沖稱史臣注解。是歲，馮氏死〔二〕。八年，世祖還隔城所俘獲二千餘人。

佛狸已來，稍僭華典，胡風國俗，雜相揉亂。宏知談義，解屬文，輕果有遠略。遊河北歲立圓丘、方澤，置三夫人、九嬪。平城南有干水〔三〕，出定襄界，流入海，去城五十里，世號爲索干都。土氣寒凝，風砂恒起，六月雨雪。議遷都洛京。

至比干墓，作弔比干文云：「脱非武發，封墓誰因？嗚呼介士〔三〕，胡不我臣！」宏以己巳

九年，遣使李道固、蔣少游報使。少游有機巧，密令觀京師宮殿楷式。清河崔元祖啓世祖曰：「少游，臣之外甥，特有公輸之思。宋世陷虜，處以大匠之官。今爲副使，必欲模範宮闕。豈可令氈鄉之鄙，取象天宮？臣謂且留少游，令使主反命。」世祖以非和通意，不許。少游，安樂人〔四〕。虜宮室制度，皆從其出。

初，佛狸討及胡於長安〔五〕，殺道人且盡。及元嘉南寇，獲道人，以鐵籠盛之。後佛狸

南齊書卷五十七

一〇九六

感惡疾,自是敬畏佛教,立塔寺浮圖。宏父弘禪位後,黃冠素服,持戒誦經,居石窟寺。宏

太和三年,道人法秀與苟兒王阿辱瑰王等謀反〔二六〕,事覺,囚法秀,加以籠頭鐵鏁,無故自

解脫,虜穿其頸骨,使呪之曰:「若復有神,當令穿肉不入。」遂穿而殉之,三日乃死。偽咸

陽王復欲盡殺道人,太后馮氏不許。宏尤精信,粗涉義理,宮殿內立浮圖。

宏既經古洛,是歲下偽詔尚書思慎曰:「夫覆載垂化,必由四氣運其功;曦曜望舒,

亦須五星助其暉。仰惟聖母,睿識自天,業高曠古,將稽詳典範,日新皇度。不圖罪逆招

禍,奄丁窮罰〔二七〕,追惟罔極,永無逮及。思遵先旨,敕造明堂之樣。卿所制體含六合,事

越中古,理圓義備,可軌之千載。信是應世之材,先固之器也。羣臣瞻見模樣,莫不斂然

欲速造,朕以寡昧,亦思造盛禮。卿可即於今歲停宮城之作,營建此構,興皇代之奇

制〔二八〕,遠成先志,近副朕懷。」又詔公卿參定刑律。又詔罷騰前儷,唯年一儷。又詔:「季

冬朝賀,典無成文,以袴褶事非禮敬之謂,若置寒朝服,徒成煩濁,自今罷小歲賀,歲初一

賀。」又詔:「王爵非庶姓所僭,伯號是五等常秩。烈祖之胄,仍本王爵,其餘王皆為公,公

轉為侯〔二九〕,侯即為伯,子男如舊。雖名易於本,而品不異昔。公第一品,侯第二品,伯第

三品,子第四品,男第五品。」

十年,上遣司徒參軍蕭琛、范雲北使。宏西郊,即前祠天壇處也〔三〇〕。宏與偽公卿從

二十餘騎戎服繞壇，宏一周，公卿七匹，謂之蹋壇。明日，復戎服登壇祠天，宏又繞三匹，公卿七匹，謂之繞天。以繩相交絡，紐木枝根，覆以青繒，形制平圓，下容百人坐，謂之爲「繳」，一云「百子帳」也。於此下宴息。次祠廟及布政明堂，皆引朝廷使人觀視。每使至，宏親相應接，申以言義。甚重齊人，常謂其臣下曰：「江南多好臣。」僞侍臣李元凱對曰：「江南多好臣，歲一易主；江北無好臣，而百年一主。」宏大慚，出元凱爲雍州長史，俄召復職。

世祖初治白下，謂人曰：「我欲以此城爲上頓處。」後於石頭造露車三千乘〔三一〕，欲步道取彭城，形迹頗著。先是八年北使顏幼明、劉思斆反命，僞南部尚書李思沖曰：「二國之和，義在庇民。如聞南朝大造舟車，欲侵淮、泗，推心相期，何應如此？」幼明曰：「主上方弘大信於天下〔三二〕，不失臣妾。既與輯和，何容三二其德？壇場之言，差不足信。且朝廷若必赫怒〔三三〕，使守在外，亦不近相淮瀆。」思沖曰：「我國之彊，經略淮東，何患不蕩海東岳，政存於信誓耳。且和好既結，豈可復有不信？昔華元、子反，戰伐之際，尚能以誠相告，此意良慕也。」幼明曰：「卿未有子反之急，詎求登床之請？」

是後宏亦欲南侵徐、豫，於淮、泗閒大積馬芻。十一年，遣露布并上書，稱當南寇。世祖發揚、徐州民丁，廣設召募。北地人支酉，聚數千人，於長安城北西山起義〔三四〕。遣使告

梁州刺史陰智伯。秦州人王度人起義應酉〔三五〕，攻獲偽刺史劉藻，秦、雍間七州民皆響震，

眾至十萬，各自保壁，望朝廷救其兵。宏遣弟偽河南王幹、尚書盧陽烏擊秦、雍義軍〔三六〕，

幹大敗。酉迎戰，進至咸陽北濁谷，圍偽司空長洛王繆老生〔三七〕，合戰，又大破之，老生走

還長安。梁州刺史陰智伯遣軍主席德仁、張弘林等數千人應接酉等，進向長安，所至皆

靡。

會世祖崩，宏聞關中危急，乃稱聞喪退師。

都督徐青齊三州諸軍事、南中郎將、徐州刺史、廣陵侯府長史、帶淮陽太守鹿樹生移齊兗

州府長史，府奉被行所尚書符騰詔：『皇師雷舉〔三八〕，搖旆南指，誓清江湑，志廓衡靄。以

去月下旬，濟次河洛。會前使人邢巒等至，審知彼有大艾。以春秋之義，聞喪寢伐。爰勑

有司，輟鑾止軔，休馬華陽，戢戈嵩北。便肇經周制，光宅中區，永皇基于無窮，恢盛業乎

萬祀。辰居重正，鴻化增新，四海承休，莫不銘慶。』故以往示，如律令。」并遣使弔國諱。

遣偽大將楊大眼、張聰明等數萬人攻酉、酉、廣等並見殺。

隆昌元年，遣司徒參軍劉敎、車騎參軍沈宏報使。至北，宏稱字玄覽。其夏，虜平北

將軍魯直清率眾降，以爲督洛州軍事、領平戎校尉、征虜將軍、洛州刺史。是歲，宏徙都洛

陽，改姓元氏。初，匈奴女名托跋，妻李陵，胡俗以母名爲姓，故虜爲李陵之後，虜甚諱之，

有言其是陵後者，輒見殺，至是乃改姓焉。

宏聞高宗踐阼非正，既新移都，兼欲大示威力。是冬，自率大衆分寇豫、徐、司、梁四州。遣僞荊州刺史薛真度、尚書郗祁阿婆出南陽，向沙堨，築壘開溝，爲南陽太守房伯玉、新野太守劉思忌所破〔三九〕。

建武二年春，高宗遣鎮南將軍王廣之出司州，右僕射沈文季出豫州，左衞將軍崔慧景出徐州。宏自率衆至壽陽，軍中有黑氈行殿，容二十人坐，輦邊皆三郎曷剌真，槊多白真毦，鐵騎爲羣，前後相接。步軍皆烏楯，槊綴接以黑蝦蟆幡。牛車及馲駝載軍資妓女，三十許萬人。不攻城，登八公山，賦詩而去。別圍鍾離城，徐州刺史蕭惠休、輔國將軍申希祖拒守，出兵奮擊，宏衆敗，多赴淮死。乃分軍據邵陽州，栅斷水路，夾築二城。右衞將軍蕭坦之遣軍主裴叔業攻二城，拔之。惠休又募人出燒虜攻城車，虜力竭不能剋。

王奐之誅，子蕭奔虜，宏以爲鎮南將軍、南豫州刺史〔四〇〕。遣蕭與劉昶號二十萬衆，圍義陽。司州刺史蕭誕拒戰，虜築圍壍栅三重，燒居民淨盡，并力攻城，城中負楯而立。王廣之都督救援，虜遣三萬餘人逆攻太子右率蕭季敞於下梁〔四一〕，季敞戰不利。司州城內告急，王廣之遣軍主黃門侍郎梁王閒道先進，與太子右率蕭誄〔四二〕，輔國將軍徐玄慶、荊州軍主魯休烈據賢首山，出虜不備。城內見援軍至，蕭誕遣長史王伯瑜及軍主崔恭祖出攻虜

栅，因風放火，梁王等衆軍自外擊之，昶、蕭棄圍引退，追擊破之。

輔國將軍桓和出西陰平，偽魯郡公郄城戍主帶莫樓、偽東海太守江道僧設伏路側，和與合戰，大敗之。青徐民降者百餘家。青冀二州刺史王洪範遣軍主崔延攻虜紀城〔四三〕，並拔之。宏先又遣偽尚書盧陽烏、華州刺史韋靈智攻赭陽城〔四四〕，北襄城太守成公期拒守。虜攻城百餘日，設以鉤衝，不捨晝夜，期所殺傷數千人。臺又遣軍主坦歷生〔四五〕、蔡道貴救援，陽烏等退，官軍追擊破之。夏，虜又攻司州櫟城二戍〔四六〕，戍主魏僧岷〔四七〕、朱僧起拒敗之。

偽安南將軍、梁州刺史魏郡王元英十萬餘人通斜谷，寇南鄭。梁州刺史蕭懿遣軍主姜山安、趙超宗等數軍萬餘人，分據角弩、白馬、沮水拒戰，大敗。英進圍南鄭，土山衝車，晝夜不息。懿率東從兵二千餘人固守拒戰，隨手摧却。英攻城自春至夏六十餘日不下，死傷甚衆，軍中粮盡，擣麴葉爲食，畜菜葉直千錢。懿先遣軍主韓嵩等征獠，回軍援州城，至黃牛川，爲虜所破。懿遣氐人楊元秀還仇池，說氐起兵斷虜運道，氐即舉衆攻破虜歷城、罦蘭、駱谷、仇池、平洛、蘇勒六戍。偽尚書北梁州刺史辛黑末戰死。英遣軍副仇池公楊靈珍據泥公山〔四八〕，武興城主楊集始遣弟朗與歸國氐楊馥之及義軍主徐曜甫迎戰於黃亘，大敗奔歸。時梁州土豪范凝、梁季羣於家請英設會，伏兵欲殺英，事覺，英執季羣殺

之，凝竄走。英退保濁水，聞氏眾盛，與楊靈珍復俱退入斜谷，會天大雨，軍馬含漬，截竹

煮米，於馬上持炬炊而食。英至下辨，靈珍弟婆羅、阿卜珍反，襲擊，英眾散，射中英頰。

僞陵江將軍悅楊生領鐵騎死戰救之，得免。梁、漢平。武都太守杜靈瑗、奮武將軍望法

憶、寧朔將軍望法泰、州治中皇甫躭並拒虜戰死。追贈靈瑗、法憶羽林監，法泰積射將

軍。

時僞洛州刺史賈異寇甲口，為上洛太守李靜所破。三年，虜又攻司州樂城，為戍主魏

僧岷所拒破。秋，虜遣軍襲漣口，東海太守鄭延祉棄西城走，東城猶固守，臺遣冠軍將軍

兗州刺史徐玄慶救援，虜引退，延祉伏罪。

初，僞太后馮氏兄昌黎王馮莎二女，大馮美而有疾，為尼，小馮為宏皇后，生僞太子

詢。後大馮疾差，宏納為昭儀。宏初徙都，詢意不樂，思歸桑乾。宏制衣冠與之，詢竊毀

裂，解髮為編，服左衽。大馮有寵，日夜讒詢。宏出鄴城馬射，詢因是欲叛北歸，密選宮中

御馬三千定置河陰渚。皇后聞之，召執詢，馳使告宏，宏徙詢無鼻城，在河橋北二里[四九]，

尋殺之，以庶人禮葬。立大馮為皇后，便立僞太子恪，是歲，僞太和二十年也。

僞征北將軍恒州刺史鉅鹿公伏鹿孤賀鹿渾守桑乾，宏從叔平陽王安壽戍懷柵[五〇]，在

桑乾西北。渾非宏任用中國人，與僞定州刺史馮翊公目隣、安樂公托跋阿幹兒謀立安壽，

分據河北。期久不遂，安壽懼，告宏。殺渾等數百人，任安壽如故。

先是僞荊州刺史薛真度、尚書郄祁阿婆爲房伯玉所破，宏怒，以南陽小郡，誓取滅之〔五一〕。四年，自率軍向雍州。宏先至南陽，房伯玉嬰城拒守。宏從數萬騎，罩黃繖，去城一里。遣僞中書舍人公孫雲謂伯玉曰：「我今蕩一六合，與先後行異〔五二〕。先行冬去春還，不爲停久；今誓不有所剋，終不還北，停此或三五年。卿此城是我六龍之首，無容不先攻取。遠一年，中不過百日，近不過一月，非爲難珍。若不改迷，當斬卿首，梟之軍門。闔城無貳，幸可改禍爲福。但卿有三罪，今令卿知。前歲遣偏師薛真度暫來此，卿遂破傷，此是一罪。卿先事武帝，蒙在左右，不能盡節前主，而盡節令主，此是二罪。悉被誅戮〔五三〕，初無報効，而反爲今主盡節，違天害理〔五四〕，此是三罪。不可容恕。聽卿三思，勿令闔城受苦。」伯玉遣軍副樂稚柔答曰：「承欲見攻圍，期於必剋，卑微常人，得抗大威，真可謂獲其死所。先蒙武帝所採〔五五〕，賜預左右，犬馬知恩，寧容無感。但隆昌延興，昏悖違常，聖明纂業，家國不殊。此則進不負心，退不愧幽。前歲薛真度導誘邊氓，遂見陵突，既荷國恩，聊耳撲掃。回己而言，應略此責。」宏引軍向城南寺前頓止，從東南角溝橋上過，伯玉先遣勇士數人着班衣虎頭帽，從伏竇下忽出，宏人馬驚退，殺數人，宏呼善射將原靈度射之，應弦而倒。宏乃過。宏時大舉南寇，僞咸陽王元憘〔五六〕、彭城王元勰、常侍

王元嵩、寶掌王元麗、廣陵侯元燮、都督大將軍劉昶[五七]、王肅、楊大眼、奚康生、長孫稚等三十六軍[五八]，前後相繼，眾號百萬。其諸王軍朱色鼓，公侯綠色鼓，伯子男黑色鼓，並有鼙角，吹脣沸地。

宏留偽咸陽王憘圍南陽，進向新野，新野太守劉思忌亦拒守。臺先遣軍主直閤將軍胡松助北襄城太守成公期守赭陽城，軍主鮑舉助西汝南北義陽二郡太守黃瑤起戍舞陰城。宏攻圍新野城，戰鬭不息。遣人謂城中曰：「房伯玉已降，汝何為獨自取糜碎[五九]？」思忌令人對曰：「城中兵食猶多，未暇從汝小虜語也。」雍州刺史曹虎遣軍至均口，不進。

永泰元年，城陷，縛思忌，問之曰：「今欲降未？」思忌曰：「寧為南鬼，不為北臣。」乃死。贈冠軍將軍、梁州刺史。於是沔北大震，湖陽戍主蔡道福、赭陽城主成公期及軍主胡松、舞陰城主黃瑤起及軍主鮑舉、從陽太守席謙並棄城走[六〇]。虜追軍獲瑤起，王肅募人臠食其肉。追贈冠軍將軍、兗州刺史。數日，房伯玉以城降。伯玉，清河人。既降，虜以為龍驤將軍，伯玉不肯受。高宗知其志，月給其子希哲錢五千，米二十斛。後伯玉就虜求南邊一郡，為馮翊太守，生子幼便教其騎馬，常欲南歸。永元末，希哲入虜，伯玉大怒曰：「我力屈至此，不能死節，猶望汝在本朝以報國恩。我若從心，亦欲間關求反。汝何為失計？」遂卒虜中。

虜得沔北五郡。宏自將二十萬騎破太子率慧景等於鄧城，進至樊城，臨沔水而去。

還洛陽，聞太尉陳顯達經略五郡，圍馬圈，宏復率大衆南攻，破顯達而死。喪還，未至洛四百餘里，稱宏詔，徵僞太子恪會魯陽。恪至，颺以宏僞法服衣之，始發喪。至洛，乃宣布州郡，舉哀制服，謚孝文皇帝。

是年，王肅爲虜制官品百司，皆如中國。凡九品，品各有二。肅初奔虜，自說其家被誅事狀，宏爲之垂涕。以第六妹僞彭城公主妻之。封肅平原郡公。爲宅舍，以香塗壁。遂見信用。號景明元年，永元二年也。

豫州刺史裴叔業以壽春降虜。先是僞東徐州刺史沈陵率部曲降。陵，吳興人，初以失志奔虜，大見任用，宏既死，故南歸，頻授徐、越二州刺史。時王肅僞征南將軍、豫州都督[六一]。朝廷既新失大鎮，荒人往來，詐云肅欲歸國。少帝詔以肅爲使持節、侍中、都督豫徐司三州、右將軍、豫州刺史、西豐公，邑二千戶。

虜既得淮南，其夏，遣僞冠軍將軍南豫州刺史席法友攻北新蔡安豐二郡太守胡景略於建安城，死者萬餘人，百餘日，朝廷無救，城陷，虜執景略以歸。其冬，虜又遣將桓道福攻隨郡，太守崔士招破之。

後僞咸陽王憘以恪年少，與氐楊集始、楊靈祐、乞佛馬居及虜大將支虎、李伯尚等十

餘人,請會鴻池陂,因恪出北芒獵,襲殺之。憘猶豫不能發,欲更剋日。馬居説憘曰:「殿下若不至北芒,便可回師據洛城,閉四門。天子聞之,必走向河,北走桑乾[六二],仍斷河橋,為河南天子。隔河而治,此時不可失也。」憘又不從。靈祐疑憘反己,即馳告恪。憘聞事敗,欲走渡河,而天雨暗迷道,至孝義驛,恪已得洛城。遣弟廣平王領數百騎先入宮[六三],知無變,乃還。遣直衞三郎兵討憘,執殺之。虜法,謀反者不得葬,棄尸北芒[六四]。王肅以執卒[六五]。

史臣曰:齊、虜分,江南為國歷三代矣。華夏分崩,舊京幅裂,觀釁阻兵,事興東晉。二庾藉元舅之盛,自許專征,元規臨邾城以覆師,稚恭至襄陽而反旆。褚裒以徐、兗勁卒,壹沒於鄒、魯。殷浩驅楊、豫之衆,大敗於山桑。桓溫弱冠雄姿,因平蜀之聲勢,步入咸關、野戰洛、鄴。既而鮮卑固於負海,羌、虜割有秦、代,自為敵國,情險勢分,宋武乘機,故能以次而行誅滅。及魏虜兼并,河南失境,兵馬土地,非復曩時。宋文雖得之知己,未能料敵,故師帥無功,每戰必殆。泰始以邊臣外叛,遂亡淮北,經略不振,乃議和親。太祖創命,未及圖遠,戎塵先起,侵暴方牧,淮、豫剋捷,青、海摧奔,以逸待勞,坐微百勝[六六]。自四州淪没,民戀本朝,國祚惟新,歌奉威德,提戈荷甲,人自為鬭,深壘結防,想望南旗。天

子習知邊事，取亂而授兵律，若前師指日，遠掃臨、彭，而督將逗留，援接稽緩〔六七〕，向義之徒，傾巢盡室。既失事機，朝議北寢，偃武脩文，更思後會。永明之世，據已成之策，職問往來，關禁寧靜。壃場之民，並安堵而息窺覘，百姓附農桑而不失業者，亦由此而已也。

夫荊棘所生，用武之獎，寇戎一犯，傷痍難復，豈非此之驗乎？建武初運，獷雄南逼，豫、徐彊鎮，嬰高城，蓄士卒，不敢與之校武。胡馬蹈藉淮、肥，而常自戰其地。梯衝之害，鼓掠所亡，建元以來，未之前有。兼以穹廬華徒，即禮舊都，雍、司北部，親近許、洛，平塗數百，通驛車軌，漢世馳道，直抵章陵，鑣案所鷙，晨往暮返。虜懷兼弱之威，挾廣地之計，彊兵大眾，親自凌殄，於鼓彌年，矢石不息。朝規懦屈，莫能救禦，故南陽覆壘，新野頹隍，民戶墾田，皆爲狄保。雖分遣將卒，俱出淮南，未解沔北之危，已深渦陽之敗。征賦內盡，民命外殫，比屋騷然，不聊生矣。夫休否之數，誠有天機，得失之迹，各歸人事。豈不由將率相臨，貪功昧賞，勝敗之急，不相救讓？號令不明，固中國之所短也。

贊曰：天立勃胡，竊有帝圖。即安諸夏，建號稱孤。齊民急病，并邑焚刳。

校勘記

〔一〕僭稱魏年號天瑞　「天瑞」，南監本、局本、宋書卷九五索虜傳並作「天賜」。按魏書卷二太祖

紀，拓跋珪定國號魏後之首個年號爲天興，六年後方改元天賜，無「天瑞」年號。

〔二〕年號太常　「太常」，魏書卷三太宗紀、北史卷一魏本紀一並作「泰常」。

〔三〕景和九年僞太子宏生　按劉宋景和僅一年，又按魏書卷六顯祖紀，拓跋宏生於北魏皇興元年八月，當劉宋泰始三年。

〔四〕佛狸破梁州黃龍　「梁州」，建康實錄卷一六作「涼州」，疑是。

〔五〕南門外立二土門　「土門」，建康實錄卷一六作「土闕」。

〔六〕凡五廟一世一間　「一世一間」，建康實錄卷一六作「二十一間」。

〔七〕其袍衣使宮内婢爲之　「之」字原無，據南監本、北監本、殿本、局本補。

〔八〕諸曹府有倉庫　建康實錄卷一六作「諸曹軍府」。

〔九〕皆使通虜漢語以爲傳驛　「驛」，建康實錄卷一六作「譯」。

〔一〇〕泰始五年萬民禪位子宏自稱太上皇宏立號延興元年　按魏書卷六顯祖紀、卷七上高祖紀上，獻文帝禪位於孝文帝在北魏皇興五年，是年改元延興，當劉宋泰始七年。

〔一一〕發衆遣丹陽王劉昶爲太師　按魏書卷五九劉昶傳，昶未嘗爲太師，疑此誤。

〔一二〕宏又遣僞南部尚書托跋等向司州　「僞」原作「爲」，據南監本、北監本、殿本、局本改。

〔一三〕乃於梁山置二軍　「二軍」，三朝本、南監本、北監本、汲本、殿本、局本作「一軍」。按冊府卷二一七閏位部亦作「二軍」。

〔四〕　酒與僞梁郡王計曰　「酒」，原作「造」，據南監本、北監本、殿本、局本改。

〔五〕　魏晉匡輔　「輔」，原作「戰」，據建康實錄卷一六、通鑑卷一三五齊紀一高帝建元三年改。

〔六〕　三年初令鄰里黨各置一長　按魏書卷七下高祖紀下、卷一一○食貨志載其事在太和十年，為齊永明四年。

〔七〕　「雍州」至「濟州光州二十五州在河南」　「光州」原無，此處自雍至濟止二十四州，當有脫。按通鑑卷一三六齊紀二武帝永明四年胡注引「蕭子顯曰」，「濟」下有「光」字，今據補。

〔八〕　相州　原作「湘州」，據局本、通鑑卷一三六齊紀二武帝永明四年胡注引「蕭子顯曰」改。按錢大昕考異卷二五云「湘」當作「相」。

〔九〕　汾州　原作「秦州」，據通鑑卷一三六齊紀二武帝永明四年胡注引「蕭子顯曰」改，錢大昕考異卷二五云「河南有秦州，河北又有秦州，亦必有誤」。

〔一〇〕　平州　原作「子州」，據南監本、北監本、汲本、殿本、局本、通鑑卷一三六齊紀二武帝永明四年胡注引「蕭子顯曰」改。

〔一一〕　是歲馮氏死　據上文，此「是歲」為永明七年，然魏書卷七下高祖紀下、卷一三皇后傳載文明太后馮氏崩於魏太和十四年，乃齊永明八年。

〔一二〕　嗚呼介士　「介士」，原作「分士」，據南監本、北監本、殿本、局本改。按北魏孝文帝弔比干文碑作「介士」。

〔二三〕平城南有干水 「干水」，建康實錄卷一六作「索干水」。

〔二四〕少游安樂人 「安樂」，疑訛倒，按魏書卷九一、北史卷九〇蔣少游傳並云其爲「樂安博昌人」。

〔二五〕佛狸討及胡於長安 「及」，南監本、北監本、汲本、殿本、局本作「反」。

〔二六〕宏太和三年道人法秀與苟兒王阿辱瑰王等謀反 「太和三年」，按魏書卷七上高祖紀上載法秀謀反事在太和五年。「瑰」，三朝本、南監本、汲本、殿本、局本作「珮」。「王」，殿本、局本作「玉」。

〔二七〕奄丁窮罰 「奄」，原作「掩」，據南監本、北監本、殿本、局本改。

〔二八〕興皇代之奇制 「奇」，汲本、局本作「新」。

〔二九〕其餘王皆爲公公轉爲侯 「王皆爲公公轉爲侯」，原作「王皆爲公轉爲侯囗」，據三朝本、南監本、北監本、汲本、殿本、局本改。

〔三〇〕宏西郊即前祠天壇處也 「祠」，原作「相」，據建康實錄卷一六改。

〔三一〕後於石頭造露車三千乘 「露」，原作「靈」，據通鑑卷一三八齊紀四武帝永明十一年改。

〔三二〕主上方弘大信於天下 「主上」，原作「王上」，據南監本、局本改。

〔三三〕且朝廷若必赫怒 「赫怒」，原作「恭恕」，據南監本、北監本、汲本、殿本、局本改。

〔三四〕於長安城北西山起義　「西山」，通鑑卷一三八齊紀四武帝永明十一年作「石山」。

〔三五〕秦州人王度人起義應西　「王度人」，通鑑卷一三八齊紀四武帝永明十一年作「王廣」，按本卷下文亦云「酉、廣等並見殺」。

〔三六〕宏遣弟偽河南王幹尚書盧陽烏擊秦雍義軍　「秦」，原作「泰」，據南監本、北監本、殿本、局本改。

〔三七〕圍偽司空長洛王繆老生　按魏書卷二七穆崇傳附穆亮傳，亮初字老生，時爲司空、長樂王，姚薇元宋書索虜傳南齊書魏虜傳北人姓名考證謂「長洛」爲「長樂」之誤。

〔三八〕皇師雷舉　「雷舉」，北監本、汲本、殿本、局本作「電舉」，建康實錄卷一六作「電擊」。

〔三九〕爲南陽太守房伯玉新野太守劉思忌所破　「劉思忌」，魏書卷七下高祖紀下、卷九八島夷蕭道成傳、北史卷三魏本紀三、南史卷五齊本紀下並作「劉忌」。

〔四〇〕南豫州刺史　「南」字，南監本無。　按魏書卷六三王肅傳云其破義陽後爲豫州刺史，與南監本合。

〔四一〕虜遣三萬餘人逆攻太子右率蕭季敞於下梁　「遣」，原作「道」，據南監本、北監本、汲本、殿本、局本改。

〔四二〕與太子右率蕭誄　「蕭誄」，原作「蕭誅」，據通鑑卷一四〇齊紀六明帝建武二年改。按蕭誄事附見本書卷四二蕭諶傳。「太子右率」，本書蕭諶傳作「太子左率」，疑是。按上文有「太子

右率蕭季敞」，二人不得同爲太子右率。

〔四三〕青冀二州刺史王洪範遣軍主崔延攻虜紀城 「崔延」，本書卷四九張沖傳作「崔季延」。

〔四四〕宏先又遣僞尚書盧陽烏華州刺史韋靈智攻赭陽城 「華州」，疑當作「荊州」。按魏書卷四五韋閬傳附韋珍傳，珍字靈智，尋加平南將軍、荊州刺史，與尚書盧淵征赭陽」。又按通鑑卷一三九齊紀五明帝建武二年考異云：「陽烏，淵小字；靈智，珍字也。」

〔四五〕臺又遣軍主垣歷生 「垣歷生」，原作「桓歷生」，據南監本改。按垣歷生事附見本書卷二八垣榮祖傳。

〔四六〕虜又攻司州檪城二戍 檪城只一戍，與「二戍」不合，或有脱文。按本書卷五八蠻傳云：「建武三年，虜遣益宗攻司州龍城戍，爲戍主朱僧起所破」，另一戍或爲龍城。

〔四七〕戍主魏僧岷 「魏僧岷」，通鑑卷一四〇齊紀六明帝建武三年作「魏僧珉」。

〔四八〕英遣軍副仇池公楊靈珍據泥公山 「泥公山」，梁書卷五四諸夷傳、南史卷七九夷貊傳作「泥功山」。

〔四九〕在河橋北二里 「二里」，建康實録卷一六作「二十里」。

〔五〇〕宏從叔平陽王安壽戍懷柵 「平陽王」，疑當作「陽平王」。按魏書卷一九上陽平王新成傳云：「長子安壽，襲爵。高祖賜名頤」。北史卷一七陽平王新成傳略同。姚薇元宋書索虜傳南齊書魏虜傳北人姓名考證謂「平陽」爲「陽平」之訛倒。

〔五一〕誓取滅之 「取」，南監本、局本作「欲」。

〔五二〕與先後行異 「先後」，南監本、北監本、殿本、局本作「先」。

〔五三〕武帝之胤悉被誅戮 「被」，南監本、北監本、殿本、局本改。

〔五四〕違天害理 「害」，原作「召」，據南監本、北監本、汲本、局本改。

〔五五〕先蒙武帝所採 「所採」，原作「徒採」，據汲本改，南監本、北監本、殿本、局本、通鑑卷一四一齊紀七明帝建武四年作「採拔」。

〔五六〕僞咸陽王元憘 「元憘」，南監本作「元禧」，下同。按魏書卷二一上咸陽王禧傳，名「禧」。

〔五七〕都督大將軍劉昶 按魏書卷七下高祖紀下、卷五九劉昶傳，昶於太和二十一年夏四月薨，時在此次南伐前。

〔五八〕長孫稚等三十六軍 「長孫稚」，原作「長孫雅」，據南監本、北監本、汲本、殿本、局本改。按稚隨魏孝文帝南討，事見魏書卷二五長孫道生傳附長孫稚傳。

〔五九〕汝何爲獨自取糜碎 「何」，原作「南」，據通鑑卷一四一齊紀七明帝建武四年改。按張元濟校勘記云：「『何』字疑是。新野非汝南郡。」

〔六〇〕從陽太守席謙並棄城走 「從陽」，南監本、北監本、殿本作「順陽」。按「從陽」即「順陽」，蕭子顯避梁武帝父諱改。

〔六一〕時王蕭僞征南將軍豫州都督 「僞」，北監本、殿本作「爲」。疑當作「爲僞」。

列傳第三十八 魏虜 一一八三

〔六二〕　必走向河北走桑乾　「北」下南監本、局本無「走」字。

〔六三〕　遺弟廣平王領數百騎先入宮　「廣平王」，原作「度平王」，據南監本、局本改。　按廣平王即魏孝文帝子元懷。

〔六四〕　棄尸北芒　「北芒」，原作「北亡」，據南監本、北監本、汲本、殿本、局本改。　按魏書卷二一上咸陽王禧傳云「潛瘞禧於北邙」，北邙即北芒。

〔六五〕　王肅以執卒　「執」，南監本、北監本、汲本、殿本、局本作「疾」。

〔六六〕　坐微百勝　「微」，北監本、汲本、殿本、局本作「徵」。

〔六七〕　援接稽緩　「緩」，原作「曉」，據南監本、局本改，北監本、殿本作「繞」。

南齊書卷五十八

列傳第三十九

蠻　東南夷

蠻，種類繁多，言語不一，咸依山谷，布荆、湘、雍、郢、司等五州界。宋世封西陽蠻梅蟲生爲高山侯〔一〕，田治生爲威山侯〔二〕，梅加羊爲抒山侯。太祖即位，有司奏：「蠻封應在解例，參議以戎夷疏爵，理章列代，酋豪世襲，事炳前葉，今宸曆改物，舊册构降，而梅生等保落奉政，事須繩總，恩命升贊，有異常品，謂宜存名以訓殊俗。」詔：「特留。」以治生爲輔國將軍、虎賁中郎，轉建寧郡太守，將軍、侯如故。

建元二年，虜侵豫、司，蠻中傳虜已近，又聞官盡發民丁，南襄城蠻秦遠以郡縣無備，寇潼陽，縣令焦文度戰死。司州蠻引虜攻平昌戍，戍主苟元賓擊破之。秦遠又出破臨沮

百方砦〔三〕，殺略百餘人。北上黃蠻文勉德寇汶陽〔四〕，太守戴元孫孤城力弱，慮不自保，

棄戍歸江陵。荆州刺史豫章王遣中兵參軍劉伾緒領千人討勉德，至當陽，勉德請降，收其

部落，使戍汶陽所治城子，令保持商旅，付其清通，遠遂逃竄。

汶陽本臨沮西界，二百里中，水陸迂狹，魚貫而行，有數處不通騎，而水白田甚肥腴，

桓溫時割以爲郡。西北接梁州新城，東北接南襄城，南接巴、巫二邊，並山蠻凶盛，據險爲

寇賊。宋泰始以來，巴建蠻向宗頭反，刺史沈攸之斷其鹽米，連討不剋。晉太興三年〔五〕，

建平夷王向弘，向瑤等詣臺求拜除，尚書郎張亮議：「夷貊不可假以軍號。」元帝詔特以弘

爲折衝將軍、當平鄉侯〔六〕，並親晉王，賜以朝服。宗頭其後也。太祖置巴州以威靜之。

其武陵西溪蠻田思飄寇抄，内史王文和討之，引軍深入，蠻自後斷其粮。豫章王遣中

兵參軍莊明五百人將湘州鎮兵合千人救之，思飄與文和拒戰，中弩矢死，蠻衆以城降。

永明初，向宗頭與黔陽蠻田豆渠等五千人爲寇，巴東太守王圖南遣府司馬劉僧壽等

斬山開道，攻其砦，宗頭夜燒砦退走。

三年，湘川蠻陳雙、李答寇掠郡縣〔七〕，刺史吕安國討之不克。四年，刺史柳世隆督衆

征討，乃平。

五年，雍、司州蠻與虜通，助荒人桓天生爲亂。

六年，除督護北遂安左郡太守田馴路爲試守北遂安左郡太守，前寧朔將軍田馴王爲試守新平左郡太守〔八〕，皆郢州蠻也。

九年，安隆內史王僧旭發民丁〔九〕，遣寬城戍主萬民和助八百丁村蠻伐千二百丁村蠻，爲蠻所敗，民和被傷，失馬及器仗，有司奏免官。

西陽蠻田益宗，沈攸之時，以功勞得將領，遂爲臨川王防閤。叛投虜，虜以爲東豫州刺史。建武三年，虜遣益宗攻司州龍城戍，爲戍主朱僧起所破。

蠻俗衣布徒跣，或椎髻，或翦髮。兵器以金銀爲飾，虎皮衣楯，便弩射，皆暴悍好寇賊焉。

東夷高麗國，西與魏虜接界。宋末，高麗王樂浪公高璉爲使持節、散騎常侍、都督營平二州諸軍事、車騎大將軍、開府儀同三司。太祖建元元年，進號驃騎大將軍〔一〇〕。三年，遣使貢獻，乘舶汎海，使驛常通，亦使魏虜，然彊盛不受制。

虜置諸國使邸，齊使第一，高麗次之。永明七年，平南參軍顏幼明、冗從僕射劉思斅使虜。虜元會，與高麗使相次。幼明謂僞主客郎裴叔令曰：「我等銜命上華〔一一〕，來造卿

國。所爲抗敵，在乎一魏。自餘外夷，理不得望我鑣塵。況東夷小貊，臣屬朝廷，今日乃敢與我躡蹤。」思敩謂僞南部尚書李思沖曰：「我聖朝處魏使，未嘗與小國列，卿亦應知。」思敩曰：「實如此。但主副不得升殿耳。此間坐起甚高，足以相報。」思敩曰：「李道固昔使，正以衣冠致隔耳。魏國必纓冕而至，豈容見黜。」幼明又謂虜主曰：「二國相亞，唯齊與魏。邊境小狄，敢躡臣蹤。」

高麗俗服窮袴，冠折風一梁〔一二〕，謂之幘。知讀五經。使人在京師，中書郎王融戲之曰：「服之不衷，身之災也。」頭上定是何物？」答曰：「此即古弁之遺像也。」

高璉年百餘歲卒。隆昌元年，以高麗王樂浪公高雲爲使持節、散騎常侍、都督營平二州諸軍事、征東大將軍、高麗王、樂浪公。建武三年〔一三〕，原闕

報功勞勤，實存名烈。假行寧朔將軍臣姐瑾等四人，振竭忠効，攘除國難，志勇果毅，等威名將，可謂扞城，固蕃社稷，論功料勤，宜在甄顯。今依例輒假行職。伏願恩慈，聽除所假。寧朔將軍、面中王姐瑾，歷贊時務，武功並列，今假行冠軍將軍、都將軍、都漢王。建威將軍、八中侯餘古，弱冠輔佐，忠効夙著，今假行寧朔將軍、阿錯王。 建威將軍餘歷，忠款有素，文武列顯，今假行龍驤將軍、邁盧王。 廣武將軍餘固，忠効時務，光宣國政，今假

行建威將軍、弗斯侯。」

　　牟大又表曰〔四〕：「臣所遣行建威將軍、廣陽太守、兼長史臣高達，行建威將軍、朝鮮太守、兼司馬臣楊茂，行宣威將軍、兼參軍臣會邁等三人，志行清亮，忠款夙著。往泰始中，比使宋朝，今任臣使，冒涉波險，尋其至効，宜在進爵，謹依先例，各假行職。且玄澤靈休，萬里所企，況親趾天庭，乃不蒙賴。伏願天監特愍除正。達邊効夙著，勤勞公務，今假行龍驤將軍、帶方太守。茂志行清壹，公務不廢，今假行建威將軍、廣陵太守。邁執志周密〔五〕，屢致勤効，今假行廣武將軍、清河太守。」詔可，並賜軍號，除太守。爲使持節、都督百濟諸軍事、鎮東大將軍〔六〕。使兼謁者僕射孫副策命大襲亡祖父牟都爲百濟王，曰：「於戲！惟爾世襲忠勤，誠著遐表，滄路肅澄，要貢無替。式循彝典，用纂顯命。往欽哉！其敬膺休業，可不慎歟。」「制詔行都督百濟諸軍事、鎮東大將軍、百濟王牟大……今以大襲祖父牟都爲百濟王，即位章綬等王，銅虎竹符曰〔七〕。其拜受〔八〕。不亦休乎！」

　　是歲，魏虜又發騎數十萬攻百濟，入其界，牟大遣將沙法名、贊首流、解禮昆、木干那率衆襲擊虜軍，大破之。建武二年，牟大遣使上表曰：「臣自昔受封，世被朝榮，忝荷節鉞，剋攘列辟。往姐瑾等並蒙光除，臣庶咸泰。去庚午年，獫狁弗悛，舉兵深逼。臣遣沙法名等領軍逆討，宵襲霆擊，匈梨張惶，崩若海蕩。乘奔追斬，僵尸丹野。由是摧其銳氣，

鯨暴韜凶。今邦宇謐靜，實名等之略，尋其功勳，宜在褒顯。今假沙法名行征虜將軍、邁

羅王，贊首流爲行安國將軍、辟中王，解禮昆爲行武威將軍、弗中侯，木干那前有軍功，又

拔臺舫，爲行廣威將軍、面中侯。伏願天恩特愍聽除[一九]。」又表曰：「臣所遣行龍驤將軍、

樂浪太守、兼長史臣慕遺，行建武將軍、城陽太守、兼司馬臣王茂，兼參軍、行振武將軍、朝

鮮太守臣張塞，行揚武將軍陳明，在官忘私，唯公是務，見危授命，蹈難弗顧。今任臣使，

冒涉波險，盡其至誠。實宜進爵，各假行署。伏願聖朝特賜除正。」詔可，並賜軍號。

加羅國，三韓種也。建元元年，國王荷知使來獻。詔曰：「量廣始登，遠夷洽化。」加

羅王荷知款關海外，奉贊東遐。可授輔國將軍、本國王。」

倭國，在帶方東南大海島中，漢末以來，立女王。土俗已見前史。建元元年，進新除

使持節、都督倭新羅任那加羅秦韓慕韓六國諸軍事[二〇]、安東大將軍、倭王武號爲鎮東大

將軍。

南夷林邑國，在交州南，海行三千里，北連九德，秦時故林邑縣也。漢末稱王。晉太康五年，始貢獻。

宋永初元年，林邑王范楊邁初產，母夢人以金席藉之，光色奇麗。中國謂紫磨金，夷人謂之「楊邁」，故以為名。楊邁死，子咄立，慕其父，復改名楊邁。

林邑有金山，金汁流出於浦。事尼乾道，鑄金銀人像，大十圍。元嘉二十二年，交州刺史檀和之伐林邑，楊邁欲輸金萬斤、銀十萬斤、銅三十萬斤，還日南地。大臣蕓僧達諫，不聽〔一〕。和之進兵破其北界犬戎區栗城〔二〕，獲金寶無筭，毀其金人，得黃金數萬斤，餘物稱是。和之後病死，見胡神為祟。

楊邁子孫相傳為王，未有位號。孝建二年，始以林邑長史范龍跋為揚武將軍。楊邁子孫范相農率種人攻當根純，復得本國。十年，以諸農為持節、都督緣海諸軍事、安南將軍、林邑王。建武二年〔五〕，進號鎮南將軍。永泰元年，諸農入朝，海中遭風溺死，以其子文款為假節、都督緣海軍事、安南將軍、林邑王。

夷人范當根純攻奪其國〔三〕，篡立為王。永明九年，遣使貢獻金簍等物。詔曰：「林邑雖介在遐外〔四〕，世服王化。當根純乃誠款到，率其僚職，遠績克宣，良有可嘉。宜沾爵號，以弘休澤。可持節、都督緣海諸軍事、安南將軍、林邑王。」范楊邁子孫范諸農率種人攻當根純，復得本國。

晉建興中，日南夷帥范稚奴文數商賈，見上國制度，教林邑王范逸起城池樓殿。王服

天冠如佛冠，身被香纓絡。國人凶悍，習山川，善鬥。吹海蠡爲角。人皆裸露。四時暄暖，無霜雪。貴女賤男〔二六〕，謂師君爲婆羅門〔二七〕。羣從相姻通，婦先遣娉求婿。女嫁者，迦藍衣橫幅合縫如井闌〔二八〕，首戴花寶。婆羅門牽婿與婦握手相付，呪願吉利。居喪剪髮謂之孝，燔屍中野以爲葬。遠界有靈鷲鳥，知人將死，集其家食死人肉盡，飛去，乃取骨燒灰投海中水葬。人色以黑爲美，南方諸國皆然。區栗城建八尺表，日影度南八寸。

自林邑西南三千餘里，至扶南。

扶南國，在日南之南大海西灣中〔二九〕，廣袤三千餘里，有大江水西流入海。其先有女人爲王，名柳葉。又有激國人混填〔三〇〕，夢神賜弓一張〔三一〕，教乘舶入海。混填晨起於神廟樹下得弓，即乘舶向扶南。柳葉見舶，率衆欲禦之。混填舉弓遙射，貫船一面通中人。柳葉怖，遂降。混填娶以爲妻〔三二〕。惡其躶露形體，乃疊布貫其首〔三三〕。遂治其國。子孫相傳。

至王槃況死，國人立其大將范師蔓〔三四〕。蔓病，姊子旃篡立〔三五〕，殺蔓子金生。十餘年，蔓少子長襲殺旃，以刃鑱旃腹曰：「汝昔殺我兄，今爲父兄報汝。」旃大將范尋又殺長，國人立以爲王，是吳、晉時也。晉、宋世通職貢。

宋末,扶南王姓僑陳如,名闍耶跋摩,遣商貨至廣州。天竺道人那伽仙附載欲歸國,遭風至林邑,掠其財物皆盡。那伽仙間道得達扶南,具説中國有聖主受命。

永明二年,闍耶跋摩遣天竺道人釋那伽仙上表稱扶南國王臣僑陳如闍耶跋摩叩頭啓曰:「天化撫育,感動靈祇,四氣調適。伏願聖主尊體起居康御,皇太子萬福,六宮清休,一切安穩。臣及人民,國土豐樂,四氣調和,道俗濟濟,並蒙陛下光化所被,咸荷安泰。」又曰:「諸王妃主内外朝臣普同和睦,隣境士庶萬國歸心,五穀豐熟,災害不生,土清民泰,一切安穩。臣及人民,國土豐樂,四氣調和,道俗濟濟,並蒙陛下光化所被,咸荷安泰。」又曰:

「臣前遣使齎雜物行廣州貨易,天竺道人釋那伽仙於廣州因附臣舶欲來扶南,海中風漂到林邑,國王奪臣貨易,并那伽仙私財。具陳其從中國來此,仰序陛下聖德仁治,詳議風化。如佛法興顯,衆僧殷集,法事日盛,王威嚴整,朝望國軌,慈愍蒼生,八方六合,莫不歸伏。臣聞之,下情踊悦,若蹔奉見尊足,仰慕慈恩,澤流小國,天垂所感,率土之民,並得皆蒙恩祐。是以臣今遣此道人釋那伽仙為使,上表問訊,奉貢微獻,呈臣等赤心,并別陳下情。但所獻輕陋,愧懼唯深。伏願天慈曲照,鑒其丹款,賜不垂責。」又曰:「臣有奴名鳩酬羅,委臣免走〔三六〕,別在餘處,構結凶逆,遂破林邑,仍自立為王。永不恭從,違恩負義,叛主之譽〔三七〕,天不容載。伏尋林邑昔為檀和之所破,久已歸化。天威所被,四海彌伏,而今鳩酬羅守執奴凶,自專很彊〔三八〕。且林邑扶南隣界相接親,

又是臣奴〔三九〕，猶尚逆去，朝廷遙遠，豈復遵奉。此國屬陛下，故謹具上啓。伏聞林邑頃年

表獻簡絕，便欲永隔朝廷，豈有師子坐而安大鼠〔四〇〕。伏願遣軍將伐凶逆，臣亦自効微誠，

助朝廷剪撲，使邊諸國，一時歸伏。陛下若欲別立餘人爲彼王者，伏聽勅旨。脫未欲灼

然興兵伐林邑者，伏願特賜勅在所，隨宜以少軍助臣，乘天之威，殄滅小賊，伐惡從善。平

蕩之日，上表獻金五婆羅。今輕此使送臣丹誠，表所陳啓，不盡下情。謹附那伽仙并其伴

口具啓聞。伏願愍所啓。并獻金鏤龍王坐像一軀〔四一〕，白檀像一軀〔四二〕，牙塔二軀，古貝二

雙，瑠璃蘇鉝二口，瑇瑁檳榔柈一枚。」

那伽仙詣京師，言其國俗事摩醯首羅天神，神常降於摩羝山。土氣恒暖，草木不落。

其上書曰：「吉祥利世閒，感攝於羣生。所以其然者，天感化緣明。仙山名摩羝，吉樹敷

嘉榮。摩醯首羅天，依此降尊靈。國土悉蒙祐〔四三〕，人民皆安寧。由斯恩被故，是以臣歸

情。菩薩行忍慈，本迹起凡基。一發菩提心，二乘非所期。歷生積功業，六度行大悲。勇

猛超劫數，財命捨無遺。生死不爲猒，六道化有緣。具脩於十地，遺果度人天。功業既已

定，行滿登正覺。萬善智圓備，惠日照塵俗。眾生感緣應，隨機授法藥。佛化遍十方，無

不蒙濟擢。皇帝聖弘道，興隆於三寶。垂心覽萬機，威恩振八表。國土及城邑，仁風化清

皎。亦如釋提洹，眾天中最超。陛下臨萬民，四海共歸心。聖慈流無疆，被臣小國深。」詔

報曰:「具摩醯降靈,流施彼土,雖殊俗異化,遙深欣讚。知鳩酬羅於彼背叛,竊據林邑,聚凶肆掠,殊宜剪討。彼雖介遐陬[四],舊脩蕃貢,自宋季多難,海譯致壅,皇化惟新,習迷未革。朕方以文德來遠人,未欲便興干戈。王既款列忠到,遠請軍威,今詔交部隨宜應接。伐叛柔服,寔惟國典,勉立殊效,以副所期。那伽仙屢銜邊譯,頗悉中土闊狹,令其具宣。」上報以絳紫地黃碧綠紋綾各五匹。

扶南人黠惠知巧,攻略傍邑不賓之民爲奴婢,貨易金銀綵帛。大家男子截錦爲橫幅,女爲貫頭,貧者以布自蔽。鍜金鐶鉐、銀食器。伐木起屋,國王居重閣,以木柵爲城。海邊生大箬葉,長八九尺,編其葉以覆屋。人民亦爲閣居。爲船八九丈,廣裁六七尺,頭尾似魚。國王行乘象,婦人亦能乘象。鬥雞及豨爲樂。無牢獄,有訟者,則以金指鐶若雞子投沸湯中,令探之,又燒鎖令赤[四五],著手上捧行七步,有罪者手皆燋爛,無罪者不傷。又令没水,直者入即不沈,不直者即沈也。有甘蔗、諸蔗、安石榴及橘,多檳榔,鳥獸如中國。人性善,不便戰,常爲林邑所侵擊,不得與交州通,故其使罕至[四六]。

交州斗絶海島,控帶外國,故恃險數不賓。宋泰始初,刺史張牧卒,交趾人李長仁殺牧北來部曲,據交州叛,數年病死。從弟叔獻嗣事,號令未行,遣使求刺史。宋朝以南海

太守沈煥爲交州刺史，以叔獻爲煥寧遠司馬、武平新昌二郡太守。叔獻得朝命，人情服從，遂發兵守險不納煥，煥停鬱林病卒。叔獻受命，既而斷割外國，貢獻寡少。世祖建元元年，仍以叔獻爲交州刺史，就安慰之。太祖欲討之，永明三年，以司農劉楷爲交州刺史[四七]，發南康、廬陵、始興郡兵征交州。叔獻聞之，遣使願更申數年，獻十二隊純銀兜鍪及孔雀毦，世祖不許。叔獻懼爲楷所襲，間道自湘川還朝。

六年，以始興太守房法乘代楷。法乘至鎮，屬疾不理事，專好讀書。長史伏登之因此擅權，改易將吏，不令法乘知。録事房季文白之，法乘大怒，繫登之於獄。十餘日，登之厚賂法乘妹夫崔景叔得出，將部曲襲州執法乘，謂之曰：「使君既有疾，不宜勞。」囚之別室。法乘無事，復就登之求書讀，登之曰：「使君靜處猶恐動疾，豈可看書。」遂不與。乃啓法乘心疾動，不任視事，世祖仍以登之爲交州刺史。法乘還至嶺而卒。法乘，清河人。昇明中，爲太祖驃騎中兵，至左中郎將。性方簡，身長八尺三寸，行出人上，常自俯屈。青州刺史明慶符亦長與法乘等，朝廷唯此二人。

史臣曰：書稱「蠻夷猾夏」，蓋總而爲言矣。至於南夷雜種，分嶼建國，四方珍怪，莫此爲先，藏山隱海，環寶溢目。商舶遠屆，委輸南州，故交、廣富實，牣積王府。充斥之事

差微，聲教之道可被。若夫用德以懷遠，其在此乎？

贊曰：司、雍分壇，荆及衡陽，參錯州部，地有蠻方。東夷海外，碣石、扶桑。南域憬遠，極泛溟滄。非要乃貢，並亦來王。

「量廣始登」，疑。

校勘記

〔一〕宋世封西陽蠻梅蟲生爲高山侯　「梅蟲生」，建康實錄卷一六作「梅或丘」。

〔二〕田治生爲威山侯　「田治生」，建康實錄卷一六作「田野山」。「威山侯」，冊府卷九六三外臣部作「威生侯」。

〔三〕秦遠又出破臨沮百方砦　「臨沮」，原作「臨阻」，據南監本、北監本、汲本、殿本、局本改。

〔四〕北上黃蠻文勉德寇汶陽　「文勉德」，通鑑卷一三五齊紀一高帝建元二年考異云：「齊紀作『文施德』。」

〔五〕晉太興三年　「太興」，原作「天興」，據冊府卷九九九外臣部改。

〔六〕當平鄉侯　「當」，冊府卷九九九外臣部作「瑝」。按「瑝」即上文之向瑝。

〔七〕湘川蠻陳雙李答寇掠郡縣　「李答」，明本冊府卷六九三牧守部作「李搭」。按宋本冊府亦作「李答」。

〔八〕前寧朔將軍田驢王爲試守新平左郡太守　「田驢王」下通典卷一八七邊防三有「爲試守宜人左郡太守田何代」十二字。

〔九〕安隆内史王僧旭發民丁　「安隆」，疑爲「安陸」之訛。按本書卷一五州郡志下，司州有安陸郡，無「安隆郡」或「安隆國」。又按本書卷三武帝紀，武帝子敬於建元四年封安陸王。

〔一〇〕太祖建元元年進號驃騎大將軍　按本書卷二高帝紀下、南史卷四齊本紀上、建康實錄卷一五、冊府卷九六三外臣部繫此事於建元二年。

〔二一〕我等銜命上華　「銜命」，原作「衘銜」，據南監本、北監本、汲本、殿本、局本改。冊府卷六六一奉使部作「銜使」。

〔二二〕冠折風一梁　「折風」，原作「析風」。按後漢書卷八五東夷高句驪傳、三國志卷三〇魏書高句麗傳、梁書卷五四諸夷高句驪傳云：「其小加著折風，形如弁。」今據改。

〔二三〕建武三年　此下有缺頁，所脫爲高麗傳之後半部、百濟傳之前半部。按冊府卷九六八外臣部：「明帝建武三年，高麗王、樂浪公遣使貢獻。」建康實錄卷一六：「其官位加長史、司馬、參軍之屬。拜則申一脚，坐則跪，行則走，以爲恭敬。國有銀山，採爲貨，并人參、貂皮。重中國綵纈，丈夫衣之。亦重虎皮。」翰苑引蕭子顯齊書東夷傳：「其俗，拜曳一脚，受令跪，必走以

為恭。」翰苑引齊書東夷傳:「銀山在國西北,高驪採以為貨。」以上疑為本書高麗傳佚文。又

按建康實錄卷一六:「百濟,弁辰之國,起晉世受蕃爵,自置百濟郡,在高麗東北。齊建元二

年,其王牟都使貢方物。永明二年,魏虜征之,大破百濟王牟都。」冊府卷九六三外臣部:「建

元二年三月,百濟王牟都遣使貢獻。詔曰:『寶命惟新,澤被絕域。牟都世藩東表,守職遐

外,可即授使持節、都督百濟諸軍事、鎮東大將軍。』」冊府卷九六三外臣部:「永明八年正月,

百濟王牟太遣使上表。」以上疑為本書百濟傳佚文。

〔四〕牟大又表曰 「牟大」,冊府卷九六三外臣部作「牟太」。 按牟太,梁書卷五四諸夷百濟傳亦
載其事。

〔五〕邁執志周密 「邁」,原作「萬」,據南監本、北監本、殿本改。 按邁即上文所云之會邁。

〔六〕為使持節都督百濟諸軍事鎮東大將軍 按此句疑有脫文。

〔七〕即位章綬等王銅虎竹符曰 「王」,南監本、北監本、殿本、局本作「五」。 「曰」,南監本、北監
本、殿本、局本作「四」。 按此句疑有脫誤。

〔八〕其拜受 「其」上南監本、北監本、殿本、局本有「王」字。

〔九〕伏願天恩特愍聽除 「天」,原作「大」,據三朝本、南監本、北監本、汲本、殿本、局本改。

〔一〇〕都督倭新羅任那加羅秦韓慕韓六國諸軍事 「慕韓」二字原無,據宋書卷九七夷蠻倭國傳、梁
書卷五四諸夷倭傳、南史卷七九夷貊下倭國傳補。 按補慕韓方符六國之數。

〔三〕大臣蓲僧達諫不聽　「諫不聽」，南監本、局本作「諫止之不聽」。按梁書卷五四諸夷林邑國傳、南史卷七八夷貊上林邑國傳作「諫止之」。

〔三〕和之進兵破其北界犬戎區栗城　「犬戎」，疑當作「大成」。「區栗」，宋書卷七六宗愨傳、卷九七夷蠻林邑國傳、水經注卷三六溫水、通典卷一六一兵一四作「區粟」。

〔三〕「陽邁遣大帥范扶龍大成區粟」　夷人范當根純攻奪其國　據梁書卷五四諸夷林邑國傳、南史卷七八夷貊上林邑國傳、通典卷一八八邊防四，扶南王子當根純事在晉末。

〔三四〕林邑雖介在遐外　「雖」，原作「蟲」，據册府卷九六三外臣部改，南監本、北監本、汲本、殿本、局本作「蠢爾」。

〔三五〕建武二年　「建武」，原作「建威」，據南監本、北監本、汲本、殿本、局本、册府卷九六三外臣部改。

〔三六〕貴女賤男　通典卷一八八邊防四、太平寰宇記卷一七六四夷五作「貴男而賤女」。

〔三七〕謂師君爲婆羅門　「師君」，南監本、局本作「師巫」。

〔三八〕女嫁者迦藍衣橫幅合縫如井闌　「迦藍衣」，晉書卷九七四夷林邑國傳、册府卷九五九外臣部作「迦盤衣」。

〔三九〕在日南之南大海西灣中　「灣」，原作「蠻」，據南監本、建康實録卷一六、御覽卷七八六引蕭

子顯齊書改。「大海西灣」，梁書卷五四諸夷扶南國傳、南史卷七八夷貊上扶南國傳作「海西大灣」。

〔三○〕又有激國人混填 「激國」，梁書卷五四諸夷扶南國傳作「徼國」，晉書卷九七四夷扶南國傳作「外國」。

〔三一〕夢神賜弓一張 「一」，南監本、北監本、汲本、殿本、局本並作「二」。

〔三二〕混填娶以爲妻 「娶」，北監本、殿本、通典卷一八八邊防四作「遂」。

〔三三〕乃疊布貫其首 「疊布」，梁書卷五四諸夷扶南國傳、南史卷七八夷貊上扶南國傳作「穿布」，御覽卷七八六引蕭子顯齊書、通典卷一八八邊防四、太平寰宇記卷一七六四夷五作「穿疊布」。

〔三四〕國人立其大將范師蔓 「范師蔓」，梁書卷五四諸夷扶南國傳、南史卷七八夷貊上扶南國傳、御覽卷七八八四夷部引南州異物志作「范蔓」。

〔三五〕姊子旃篡立 「篡」，原作「慕」，據北監本、梁書卷五四諸夷扶南國傳、南史卷七八夷貊上扶南國傳改。

〔三六〕委臣免走 「免」，南監本作「逃」，北監本、殿本、局本作「逸」。

〔三七〕叛主之譽 「譽」，冊府卷九九九外臣部作「奴」。

〔三八〕自專很彊 「很」，南監本、北監本、汲本、局本作「狠」，殿本作「狠」。

〔三九〕又是臣奴 「又」，三朝本、南監本、北監本、汲本、殿本、局本作「人」。

〔三八〕豈有師子坐而安大鼠 「大鼠」，冊府卷九九九外臣部作「犬鼠」。

〔三七〕并獻金鏤龍王坐像一軀 「王」，原作「玉」，據南監本、北監本、殿本、局本、建康實錄卷一六、明本冊府卷九六八外臣部改。

〔三六〕白檀像一軀 此下建康實錄卷一六、冊府卷九六八外臣部有「牙像一軀」四字。

〔三五〕國土悉蒙祐 「土」，北監本、殿本、局本作「王」。

〔三四〕彼雖介邐陬 「陬」，原作「休」，據南監本、北監本、汲本、殿本、局本改。

〔三三〕又燒鎖令赤 「鎖」，梁書卷五四諸夷扶南國傳、南史卷七八夷貊上扶南國傳、冊府卷九五九外臣部作「斧」，御覽卷六四三引扶南傳、卷七八六引蕭子顯齊書作「鑕」，御覽卷七六四引吳時外國傳作「鏃」。

〔三二〕故其使罕至 「罕」，原作「空」，據南監本、北監本、汲本、殿本、局本改。

〔三一〕永明三年以司農劉楷爲交州刺史 「三」字原闕，據冊府卷六九八牧守部補。三朝本、南監本、北監本、汲本、殿本、局本作「元」。按本書卷三武帝紀，永明三年春正月「以大司農劉楷爲交州刺史」，當以「三年」爲是。

南齊書卷五十九

列傳第四十

芮芮虜 河南 氐 羌

芮芮虜，塞外雜胡也。編髮左衽。晉世什翼圭入塞內後，芮芮逐水草，盡有匈奴故庭，威服西域。土氣早寒，所居爲穹廬氈帳。刻木記事，不識文書。馬畜丁肥，種衆殷盛。常與魏虜爲讎敵。

宋世其國相希利垔解星筭數術，通胡、漢語，常言南方當有姓名齊者，其人當興。昇明二年，太祖輔政，遣驍騎將軍王洪軌使芮芮〔一〕，剋期共伐魏虜。建元元年八月，芮芮主發三十萬騎南侵，去平城七百里，魏虜拒守不敢戰，芮芮主於燕然山下縱獵而歸。上初踐阼，不遑出師。

二年、三年，芮芮主頻遣使貢獻貂皮雜物。與上書欲伐魏虜，謂上「足下」，自稱「吾」。獻師子皮袴褶，皮如虎皮，色白毛短。時有賈胡在蜀見之，云此非師子皮，乃扶拔皮也。

國相邢基祇羅迴奉表曰：

夫四象稟政，二儀改度，而萬物生焉。斯蓋虧盈迭襲，曆數自然也。昔晉室將終，楚桓竊命，寔賴宋武匡濟之功，故能扶衰定傾，休否以泰。祚流九葉，而國嗣不繼。今皇天降禍於上，宋室猜亂于下。臣雖荒遠，粗闚圖書，數難以來，星文改度，房心受變，虛危納祉，宋滅齊昌，此其驗也。水運遘屯，木德應運，子年垂刘，劉穆之記，嶠嶺有不祧之山，京房讖云「卯金十六，草蕭應王」。歷觀圖緯，休徵非一，皆云慶鍾蕭氏，代宋者齊。會有使力法度及□此國使反，採訪聖德，彌驗天縱之姿。故能挾隆皇祚，光權定之業，翼亮天功，濟悖主之難。樹勳京師，威振海外。杖義之功，侔蹤湯、武。冥績既著，寶命因歸，受終之曆，歸于有道。況夫帝無常族，有德必昌，時來之數，唯靈是與。陛下承乾啓之機，因乘龍之運，計應符革祚，久已踐極，荒裔傾戴，莫不引領。設未龍飛，不宜沖挹，上違天人之心，下乖黎庶之望。

皇芮承緒，肇自二儀，拓土載民，地越滄海，百代一族，大業天固。雖吳漢殊域，義同脣齒，方欲剋期中原，龔行天罰。治兵繕甲，俟時大舉。振霜戈於并、代，鳴和鈴

於秦、趙,掃殄凶醜,梟剪元惡。然後皇興遷幸,光復中華,永敦隣好,俾蹤齊、魯。使

四海有奉,蒼生咸賴,荒餘歸仰,豈不盛哉!

永明元年,王洪軌還京師,經途三萬餘里。洪軌,齊郡臨淄人,爲太祖所親信。建武

中,爲青冀二州刺史。

芮芮主求醫工等物〔二〕,世祖詔報曰:「知須醫及織成錦工、指南車、漏刻,並非所愛。

南方治疾,與北土不同。織成錦工,並女人,不堪涉遠。指南車、漏刻,此雖有其器,工匠

久不復存,不副爲悵〔三〕。」

自芮芮居匈奴故庭,十年,丁零胡又南攻芮芮,得其故地,芮芮稍南徙。魏虜主元宏

以其侵逼,遣僞平元王駕鹿渾〔四〕、龍驤將軍楊延數十萬騎伐芮芮〔五〕,大寒雪,人馬死者

衆。

先是益州刺史劉悛遣使江景玄使丁零,宣國威德。道經鄯善、于闐,鄯善爲丁零所

破,人民散盡。于闐尤信佛法。丁零僭稱天子,勞接景玄,使反命。

芮芮常由河南道而抵益州。

河南，匈奴種也。漢建武中，匈奴奴婢亡匿在涼州界雜種數千人，虜名奴婢爲貲，一謂之「貲虜」。鮮卑慕容廆庶兄吐谷渾爲氏，土在益州西北〔六〕，亘數千里。其南界龍涸城，去成都千餘里。大戌有四，一在清水川〔七〕，一在赤水，一在澆河，一在吐屈真川，皆子弟所治。其王治慕駕川〔八〕。多畜，逐水草，無城郭。後稍爲宮屋，而人民猶以氈廬百子帳爲行屋。地常風寒，人行平沙中，沙礫飛起，行迹皆滅。肥地則有雀鼠同穴，生黃紫花；瘦地輒有蔥氣，使人斷氣，牛馬得之，疲汗不能行。

宋初始受爵命，至宋末，河南王吐谷渾拾寅爲使持節、散騎常侍、都督西秦河沙三州諸軍事、車騎大將軍、開府儀同三司、領護羌校尉、西秦河二州刺史。建元元年，太祖即本官進號驃騎大將軍。宋世遣武衛將軍王世武使河南，是歲隨拾寅使來獻。詔答曰：「皇帝敬問使持節、散騎常侍、都督西秦河沙三州諸軍事、車騎大將軍、開府儀同三司、領護羌校尉、西秦河二州刺史、新除驃騎大將軍、河南王：寶命革授，爰集朕躬，猥當大業，祗惕兼懷，夏中增感〔九〕。王世武至，得元徽五年五月二十一日表聞之，濕熱，想比平安。又卿乃誠遙著，保寧遐壃。今詔升徽號，以酬忠款。遣王世武銜命拜授。又仍使王世武等往芮芮，想即資遣，使得時達。又奏所上馬等物悉至，今往別牒，錦絳紫碧綠黃青等紋各十四。」

拾寅子易度侯好星文〔一〇〕，嘗求星書，朝議不給。寅卒，三年，以河南王世子吐谷渾易

度侯爲使持節、都督西秦河沙三州諸軍事、鎮西將軍、領護羌校尉、西秦河二州刺史、河南

王。永明三年，詔曰：「易度侯守職西蕃，綏懷允緝，忠績兼舉，朕有嘉焉。可進號車騎大

將軍。」遣給事中丘冠先使河南道，并送芮芮使。至六年乃還。得玉長三尺二寸，厚一尺

一寸。

易度侯卒，八年，立其世子休留茂爲使持節、督西秦河沙三州諸軍事〔一一〕、鎮西將軍、

領護羌校尉、西秦河二州刺史。復遣振武將軍丘冠先拜授，并行弔禮。冠先至河南，休留

茂逼令先拜，冠先屬色不肯，休留茂恥，其國人執冠先於絕巖上推墮深谷而死。冠先字道

玄〔一二〕，吳興人，晉吏部郎傑六世孫也。上初遣冠先，示尚書令王儉，儉答上曰：「此人不

啻堪行。」乃再銜命。及死，世祖敕其子雄曰：「卿父受使河南，秉忠守死，不辱王命，我甚

賞惜。喪屍絕域，不可復尋，於卿後宦塗無妨，甚有高比。」賜錢十萬〔一三〕，布三十匹。

氏楊氏，與苻氏同出略陽，漢世居仇池，地號百頃。建安中，有百頃氏王是也。晉世

有楊茂搜，後轉彊盛，事見前史。仇池四方壁立，自然有樓櫓却敵狀，高並數丈。有二十

二道可攀緣而升，東西二門，盤道可七里。上有岡阜泉源。氐於上平地立宮室菓園倉庫，無貴賤皆爲板屋土牆，所治處名洛谷。

宋元嘉十九年，龍驤將軍裴方明等伐氐，剋仇池，後爲魏虜所攻，失地。氐王楊難當從兄子文德聚衆茄蘆[四]，宋世加以爵位。文德死，從弟僧嗣、文慶傳代之[五]。難當族弟廣香先奔虜，元徽中，爲虜攻殺文慶，以爲陰平公、茄蘆鎮主。文慶從弟文弘爲白水太守，屯武興，朝議以爲輔國將軍、北秦州刺史、武都王、仇池公。

太祖即位，欲綏懷異俗。建元元年，詔曰：「昔絶國入贄，美稱前册，殊俗內款，聲流往記。僞虜茄蘆鎮主，陰平郡公楊廣香，怨結同族，釁起親黨，當宋之世，遂舉地降敵。茄蘆失守，華陽暫驚。近單使先馳，宣揚皇威，廣香等追其遠世之誠，仰惟新之化[六]，肉祖請附，復地千里，氐羌雜種，咸同歸從[七]。宜時領納[八]，厚加優卹。廣香翻迷反正，可特量所授。部曲酋豪，隨名酬賞。」以廣香爲督沙州諸軍事、平羌校尉、沙州刺史。尋進號征虜將軍。

梁州刺史范柏年被誅，其親將李烏奴懼奔叛，文弘納之。烏奴率亡命千餘人攻梁州，爲刺史王玄邈所破，復走還氐中。荆州刺史豫章王嶷遣兵討烏奴，檄梁州能斬送烏奴首，賞本郡，烏奴田宅事業悉賜之。與廣香書曰：

夫廢興無謬，逆順有恒，古今共貫，賢愚同察。梁州刺史范柏年懷挾詭態，首鼠兩端，既已被伐[一九]，盤桓稽命，遂潛遣李烏奴叛。楊文弘扇誘邊疆荒雜。柏年今已梟禽，烏奴頻被摧破，計其餘燼，行自消夷。今遣參軍行晉壽太守王道寶、參軍事行北巴西新巴二郡太守任湜之、行宕渠太守王安會領銳卒三千，迤塗風邁，浮川電掩。又命輔國將軍三巴校尉明惠照、巴郡太守魯休烈、南巴西太守柳弘稱、益州刺史傅琰，並簡徒競騖，選甲爭馳。雍州水步，行次魏興，并山東僑舊，會于南鄭。或汎舟墊江，或飛旆劍道，腹背飆騰，表裏震擊。

文弘容納叛戾，專爲淵藪，外侮皇威，內凌同族[二〇]。君弈世忠款，深識理順，想即起義，應接大軍，共爲掎角，討滅烏奴，剋建忠勤，茂立誠節。沈攸之資十年之積，權百旅之眾，師出境而城潰，兵未戰而自屠，朝廷無鏃之費，士民靡傷痍之弊。況葛爾小豎，方之篾如，其取殲殄，豈延漏刻。忝以寡昧，分陝司蕃，清氛蕩穢，諒惟任職。此府器械山積，戈旗林聳，士卒剽勁，蓄銳權威[二一]，除難剿寇，豈俟徵習[二二]！但以剪伐萌菌[二三]，弗勞洪斧，撲彼蚊蚋，無假多力。皇上聖哲應期，恩澤廣被，罪止首惡，餘無所問。賞罰之科，具寫如別。太祖以文弘背叛，進廣香爲持節、都督西秦州使道寶步出魏興，分軍泝墊江，俱會晉壽。

刺史。廣香子北部鎮將軍郡事杲爲征虜將軍、武都太守。以難當正胤楊後起爲持節、寧

朔將軍、平羌校尉、北秦州刺史、武都王、鎮武興。即文弘從兄子也。

三年，文弘歸降，復以爲征西將軍、北秦州刺史。先是廣香病死，氐衆半奔文弘，半詣

梁州刺史崔慧景。文弘遣從子後起進據白水。白水居晉壽上流，西接涪界，東帶益路，北

連陰平、茄蘆，爲形勝之地。晉壽太守楊公則啓經略之宜，上答曰：「文弘罪不可恕，事中

政應且加恩耳。卿若能襲破白水，必加厚賞。」

世祖即位，進後起號冠軍將軍。永明元年，以征虜將軍杲爲沙州刺史、陰平王，將軍

如故。二年，八座奏「後起勤彰款塞[二四]，忠著邊城」。進號征虜將軍。四年，後起卒，詔

曰：「後起奄至殞逝，惻愴于懷[二五]。綏禦邊服，宜詳其選。行輔國將軍、北秦州刺史、武

都王楊集始，幹局沈亮，乃心忠款，必能緝境寧民、宣揚聲教。可持節、輔國將軍、北秦州

刺史、平羌校尉、武都王。」後起弟後明爲龍驤將軍、白水太守。集始弟集朗爲寧朔將軍。

五年，有司奏「集始驅狐剪棘，仰化邊服。母以子貴，宜加榮寵」。除集始母姜氏爲太夫

人，假銀印。九年，八座奏「楊炅嗣勤西牧，馳款內昭，宜增戎章，用輝遐外」。進號前將

軍。

十年，集始反，率氐、蜀雜衆寇漢川，梁州刺史陰智伯遣軍主寧朔將軍桓盧奴、梁季

羣、宋口、王士隆等千餘人拒之，不利，退保白馬。賊衆萬餘人縱兵火攻其城柵，盧奴拒守死戰。智伯又遣軍主陰仲昌等馬步數千人救援。至白馬城東千溪橋，相去數里，集始等悉力攻之，官軍內外奮擊，集始大敗，十八營一時潰走，殺獲數千人。集始奔入虜塈。

隆昌元年，以前將軍楊炅爲使持節、督沙州諸軍事、平西將軍、平羌校尉、沙州刺史。

集始入武興，以城降虜，氐人苻幼孫起義攻之。

建武二年，氐、虜寇漢中。梁州刺史蕭懿遣前氐王楊後起弟子元秀收合義兵，氐衆響應，斷虜運道。高宗詔曰：「仇池公楊元秀，氐王苗胤，乃心忠勇，醜虜凶逼，血誠彌屬，宣死事加恩，陽秋明義。宜追覃榮典，以弘勸獎。」贈仇池公。持歸國。

幼孫領其衆。虜亦遣偽南梁州刺史仇池公楊靈珍據泥公山以相拒格[二六]。元秀病死，苻

氐楊馥之聚義衆屯沮水關，城白馬北。集始遣弟集朗率兵迎拒州軍於黃亘，戰大敗。集始走下辯，馥之據武興。虜軍尋退。馥之留弟昌之守武興，自引兵據仇池。詔曰：「氐王楊馥之，世纂忠義，率屬部曲，樹績邊城，克殄姦醜。復內禀朝律，外撫戎荒，款心式昭，朕甚嘉之。以爲持節、督北秦雍二州諸軍事、輔國將軍、平羌校尉、北秦州刺史、仇池公。」

沙州刺史楊炅進號安西將軍。三年，炅死，以炅子崇祖爲假節、督沙州軍事、征虜將

軍、平羌校尉、沙州刺史，陰平王。

四年，僞南梁州刺史楊靈珍與二弟婆羅、阿卜珍率部曲三萬餘人舉城歸附，送母及子雙健、阿皮於南鄭爲質〔二七〕。梁州刺史陰廣宗遣中兵參軍鄭猷、王思考率衆救援〔二八〕，爲虜所得，婆羅、阿卜珍戰死。靈珍攻集始於武興，殺其二弟集同、集衆。集始窮急，請降。以靈珍爲持節，督隴右軍事、征虜將軍、北梁州刺史〔二九〕，仇池公、武都王。永元二年，復以集始爲使持節，督秦雍二州軍事、輔國將軍、平羌校尉、北秦州刺史。靈珍後爲虜所殺。

自虜陷仇池以後，或得或失。宋以仇池爲郡，故以氏封焉。

宕昌，羌種也。各有酋豪，領部衆汧、隴閒。宋末，宕昌王梁彌機爲使持節、督河涼二州、安西將軍、東羌校尉、河涼二州刺史、隴西公。建元元年，太祖進號鎮西將軍。又征虜將軍、西涼州刺史羌王像舒彭亦進爲持節、平西將軍。後叛降〔三○〕。永明元年，八座奏，前使持節、都督河涼二州軍事、鎮西將軍、東羌校尉、河涼二州刺史、隴西公、宕昌王梁彌機，前使持節、平北將軍、西涼州刺史、羌王像舒彭，並著勤西垂〔三一〕，寧安邊境，可復先官爵。詔又可以隴右都帥羌王劉洛羊爲輔國將軍。

機卒。三年，詔曰：「行宕昌王梁彌頡〔三三〕，忠款内附，著績西服，宜加爵命，式隆蕃屏。可使持節、督河涼二州諸軍事、安西將軍、東羌校尉、河涼二州刺史、隴西公、宕昌王。」頡卒。六年，以行宕昌王梁彌承爲使持節、督河涼二州諸軍事、安西將軍、東羌校尉、河涼二州刺史、宕昌王。使求軍儀及伎、雜書，詔報曰：「知須軍儀等九種，並非所愛。但軍器種甚多，致之未易。内伎不堪涉遠。祕閣圖書，例不外出。五經集注、論〔三四〕，今特敕賜王各一部。」俗重虎皮，以之送死，國中以爲貨。

史臣曰：氐、胡獷盛，乘運迭起，秦、趙僭差，相係覆滅，餘類蠢蠢，被西疆而奄北際。芮芮地窮幽都，戎馬天隔。氐楊遝華、夷，分民接境，侵犯漢、漾，浸逼狼狐，壃場之心，窺望威德，梁部多難，於斯爲梗。殘羌遺種，際運肇昌〔四〕，盡隴憑河，遠通南驛，據國稱蕃，並受職命。晉氏衰故〔五〕，中朝淪覆，滅餘四夷，庶雪戎禍，授以兵杖，升進軍麾，後代因仍，貪廣聲教，綏外懷遠，先名後實。貿易有無，世開邊利，羽毛齒革，无損於我。若夫九種之事，有□□至於此也。

贊曰：芮芮、河南，同出胡種。稱王僭帝，擅彊專權〔三六〕。氐、羌孽餘，散出河、隴。來賓往叛，放命承宗。

校勘記

〔一〕遣驍騎將軍王洪軌使芮芮 「王洪軌」，建康實錄卷一六、通鑑卷一三五齊紀一高帝建元元年作「王洪範」，通鑑考異云：「齊書作『王洪軌』。今從齊紀。」

〔二〕芮芮主求醫工等物 「芮芮主」，原作「芮芮王」，據冊府卷九九九外臣部改。按本書前後書例作「主」是。

〔三〕不副爲惧 「惧」，冊府卷九九九外臣部作「恨」。

〔四〕遣僞平元王駕鹿渾 按本書卷五七魏虜傳、魏書卷四〇陸俟傳附陸叡傳，「平元王」應作「平原王」，「駕鹿渾」應作「賀鹿渾」。姚薇元北朝胡姓考第二云：「按魏書叡傳，叡封平原王，屢征蠕蠕（即芮芮）有功。其人當是叡。魏無『平元』有『平原』，知元爲原之訛，駕、賀形近而訛。」

〔五〕龍驤將軍楊延數十萬騎伐芮芮 按「楊延」應即楊播。魏書卷五八楊播傳云「楊播字延慶」，太和中嘗擊伐芮芮，此或稱其字而省「慶」字。

〔六〕鮮卑慕容虓庶兄吐谷渾爲氏土在益州西北 「氏土」，殿本、局本作「氏王」，疑誤。

〔七〕一在清水川 「清水川」，建康實錄卷一六作「青水」。

〔八〕其王治慕駕川 「慕駕川」，宋書卷九六吐谷渾傳、通典卷一九〇邊防六、建康實錄卷一六作「慕賀川」，疑是。按北史卷九六吐谷渾傳、通鑑卷一二六宋紀八文帝元嘉二十九年作「伏羅

〔九〕　夏中增感　「夏中」，册府卷二一五閏位部作「憂中」，義長。

〔一〇〕　拾寅子易度侯好星文　「易度侯」，本書卷二高帝紀下、卷三武帝紀、梁書卷五四諸夷傳、北史卷九六吐谷渾傳、通鑑卷一三五齊紀一高帝建元三年作「度易侯」。

〔一一〕　立其世子休留茂爲使持節督西秦河沙三州軍事　「休留茂」，本書卷三武帝紀作「休留茂」，梁書卷二武帝紀中、卷五四諸夷傳、册府卷九六三外臣部作「休留代」，北史卷九六吐谷渾傳、通鑑卷一三七齊紀三武帝永明八年作「伏連籌」。通鑑考異云：「齊書作『世子休留成』，今從魏書。」

〔一二〕　冠先字道玄　「道玄」，建康實録卷一六作「玄通」。

〔一三〕　賜錢十萬　「十萬」，南史卷七三孝義丘冠先傳作「一萬」。

〔一四〕　氐王楊難當從兄子文德聚衆茄蘆　「茄蘆」，南監本、南史卷七九夷貊下河南傳、北史卷九六吐谷渾傳、通鑑卷一二四宋紀六文帝元嘉二十年作「葭蘆」。下同。

〔一五〕　從弟僧嗣文慶傳代之　「文慶」，宋書卷九八氐傳、梁書卷五四諸夷傳、北史卷九六吐谷渾傳、通鑑卷一八九邊防五、册府卷九六三外臣部、通鑑卷一三三宋紀十五蒼梧王元徽元年並作「文度」。

〔一六〕　仰惟新之化　「仰」下册府卷九六三外臣部有「我」字。

〔七〕咸同歸從 「從」，冊府卷九六三外臣部作「款」。

〔八〕宜時領納 「時」，冊府卷九六三外臣部作「特」。

〔九〕既已被伐 「伐」，疑當作「代」。按王玄邈代范柏年，事見本書卷二一文惠太子傳、南史卷四七胡諧之傳。

〔一〇〕内凌同族 「同族」，原作「固族」，據冊府卷四一六將帥部改。按三朝本、南監本、北監本、汲本、殿本、局本作「國族」。

〔一一〕蓄銳權威 「權威」，南監本、北監本、汲本、殿本、局本作「積威」。

〔一二〕豈俟徵習 「徵習」，南監本作「召集」，北監本、殿本、局本作「徵集」。

〔一三〕但以剪伐萌菌 「萌菌」，冊府卷四一六將帥部作「萌苗」。

〔一四〕後起勤彰款塞 「勤」，原作「勒」，據南監本、北監本、殿本、局本、冊府卷九六三外臣部改。

〔一五〕惻愴于懷 「于」，南監本作「予」。

〔一六〕虜亦遣偽南梁州刺史仇池公楊靈珍據泥公山以相拒格 「泥公山」，原作「泥山」，據本書卷五七魏虜傳改。按梁書卷五四諸夷傳作「泥功山」。

〔一七〕送母及子雙健阿皮於南鄭爲質 「雙健」，汲本、局本作「雙犍」。

〔一八〕梁州刺史陰廣宗遣中兵參軍鄭猷王思考率衆救援 「鄭」字原無，據魏書卷六六李崇傳、北史卷四三李崇傳、冊府卷三五三將帥部補。

〔二九〕 以靈珍爲持節督隴右軍事征虜將軍北梁州刺史 「北梁」，本書卷六明帝紀、南史卷五齊本紀下、通鑑卷一四一齊紀七明帝建武四年作「北秦」。按氏人例爲北秦州，「北秦」疑是。

〔三〇〕 後叛降 「降」下南監本、北監本、殿本、局本有「虜」字。

〔三一〕 並著勤西垂 「勤」，南監本作「勳」。

〔三二〕 行宕昌王梁彌頡 「梁彌頡」，册府卷九六三外臣部「頡」字下小字注「一作類」。

〔三三〕 五經集注論 「論」，册府卷九九九外臣部作「論語」。

〔三四〕 際運肇昌 「際運」二字原闕，據南監本、北監本、汲本、殿本補。

〔三五〕 晉氏衰故 「故」，南監本、局本作「敗」。

〔三六〕 擅彊專權 「權」，北監本、汲本、殿本、局本作「統」。

附錄

治平二年牒文

崇文院：嘉祐六年八月十一日勑節文：宋書、齊書、梁書、陳書、後魏書、北齊書、後周書，見令國子監並未有印本。宜令三館祕閣見編校書籍官員精加校勘，同與管勾使臣選擇楷書如法書寫板樣，依唐書例，逐旋封送杭州開板。治平二年六月　日。

南齊書目錄序　曾鞏

南齊書，八紀，十一志，四十列傳，合五十九篇，梁蕭子顯撰。始江淹已爲十志，沈約

又爲齊紀，而子顯自表武帝，別爲此書。臣等因校正其訛謬，而敍其篇目，曰：

將以是非得失興壞理亂之故而爲法戒，則必得其所託，而後能傳於久，此史之所以作

也。然而所託不得其人，則或失其意，或亂其實，或析理之不通，或設辭之不善，故雖有殊

功韙德非常之迹，將闇而不章，鬱而不發，而檮杌嵬瑣姦回凶慝之形，可幸而掩也。

嘗試論之，古之所謂良史者，其明必足以周萬事之理，其道必足以適天下之用，其智

必足以通難知之意，其文必足以發難顯之情，然後其任可得而稱也。何以知其然邪？　昔

者，唐虞有神明之性，有微妙之德，使由之者不能知，知之者不能名，以爲治天下之本，號

令之所布，法度之所設，其言至約，其體至備，以爲治天下之具。而爲二典者，推而明之，

所記者，豈獨其迹邪？　並與其深微之意而傳之，小大精粗〔一〕，無不盡也。本末先後，無不

白也，使誦其說者，如出乎其時，求其指者，如即乎其人，是可不謂明足以周萬事之理，道

足以適天下之用，智足以通難知之意，文足以發難顯之情者乎？　則方是之時，豈特任政

者皆天下之士哉？蓋執簡操筆而隨者，亦皆聖人之徒也。兩漢以來，爲史者去之遠矣，司馬遷從五帝三王既歿數千載之後，秦火之餘，因散絕殘脫之經，以及傳記百家之說，區區掇拾，以集著其善惡之迹，興廢之端，又創己意以爲本紀世家八書列傳之文，斯亦可謂奇矣。然而蔽害天下之聖法，是非顛倒而采摭謬亂者，亦豈少哉！是豈可不謂明不足以周萬事之理，道不足以適天下之用，智不足以通難知之意，文不足以發難顯之情者乎？夫自三代以後爲史者如遷之文，亦不可不謂儁偉拔出之材、非常之士也，然顧以謂不足以發難顯之情者〔二〕，何哉？蓋聖賢之高致，遷固有不能達其情而見之於後者矣〔三〕，故不得而與之也，況其他邪！至於宋、齊、梁、陳、後魏、後周之書，蓋無以議爲也。

子顯之於斯文，喜自馳騁，其更改破析彫藻繢之變尤多，而其文益下，豈夫材固不可以強而有邪？數世之史既然，故其辭迹曖昧〔四〕，雖有隨世以就功名之君，相與合謀之臣，未有赫然得傾動天下之耳目，播天下之口者也。而一時偷奪傾危悖理反義之人，亦幸而不暴著於世，豈非所託不得其人故邪？可不惜哉！蓋史者所以明夫治天下之道也，故爲之者亦必天下之材，然後其任可得而稱也。豈可忽哉！豈可忽哉！

臣恂、臣寶臣、臣穆、臣藻、臣洙、臣覺、臣彥若、臣鞏謹敍目錄昧死上。

校勘記

〔一〕　並與其深微之意而傳之小大精粗　「之意而傳之小大精粗」九字原闕，據三朝本、南監本、北監本、汲本、殿本、局本補。

〔二〕　然顧以謂不足以發難顯之情者　「顧以謂」下三朝本、南監本、北監本、汲本、殿本、局本、曾鞏元豐類藁卷一八南齊書目錄序有「明不足以周萬事之理道不足以適天下之用智不足以通難知之意文」二十八字。

〔三〕　遷固有不能達其情而見之於後者矣　「達其情」上三朝本、南監本、北監本、汲本、殿本、局本有「純」字。

〔四〕　故其辭迹曖昧　「辭迹」，三朝本、南監本、北監本、汲本、殿本、局本作「事迹」。

主要參考文獻

一

南齊書五十九卷，中華再造善本影印宋刻宋元明初遞修本，北京圖書館出版社，二〇〇四年。

南齊書五十九卷，宋刻宋元明嘉靖遞修本，（卷二十至二十四爲清鈔配），中國國家圖書館藏。

南齊書五十九卷，南宋初刊宋元明嘉靖遞修本，臺北「國家圖書館」藏。

南齊書五十九卷，明萬曆十七年南京國子監刊本，中華書局圖書館藏。

南齊書五十九卷，明萬曆三十三年北京國子監刊本，哈佛燕京學社圖書館藏。

南齊書五十九卷，明崇禎十年毛晉汲古閣刊本，早稻田大學圖書館藏。

南齊書五十九卷，清乾隆四年武英殿校刊本，中華書局圖書館藏。

南齊書五十九卷，清同治十三年冬金陵書局印行本，中華書局圖書館藏。

南齊書五十九卷，百衲本二十四史影印江安傅氏雙鑑樓藏宋蜀大字本，商務印書館，一九三三年。

二

毛詩傳箋通釋，清馬瑞辰撰，陳金生點校，中華書局，一九八九年。

周禮正義，清孫詒讓撰，王文錦、陳玉霞點校，中華書局，一九八七年。

大戴禮記解詁，清王聘珍撰，王文錦點校，中華書局，一九八三年。

論語義疏，南朝梁皇侃撰，高尚榘校點，中華書局，二〇一三年。

爾雅義疏，清郝懿行撰，上海古籍出版社影印本，一九八三年。

十三經注疏，清阮元校刻，中華書局影印本，一九八〇年。

經典釋文，唐陸德明撰，上海古籍出版社影印本，二〇一三年。

説文解字注，漢許慎撰，清段玉裁注，上海古籍出版社影印本，一九八一年。

説文通訓定聲，清朱駿聲編著，續修四庫全書影印清道光二十八年刻本，上海古籍出版

社，二〇〇二年。

玉篇校釋，南朝梁顧野王撰，胡吉宣校釋，上海古籍出版社，一九八九年。

龍龕手鑑，遼釋行均撰，臺灣商務印書館影印本，一九八六年。

類篇，宋司馬光等編，上海古籍出版社影印本，一九八八年。

一切經音義，唐釋慧琳撰，上海古籍出版社影印本，二〇〇二年。

史記（修訂本），漢司馬遷撰，南朝宋裴駰集解，唐司馬貞索隱，唐張守節正義，中華書局，二〇一四年。

漢書，漢班固撰，唐顏師古注，中華書局，一九六二年。

後漢書，南朝宋范曄撰，唐李賢等注，中華書局，一九六五年。

三國志，晉陳壽撰，南朝宋裴松之注，中華書局，一九八二年。

晉書，唐房玄齡等撰，中華書局，一九七四年。

宋書，南朝梁沈約撰，中華書局，一九七四年。

梁書，唐姚思廉撰，中華書局，一九七三年。

陳書，唐姚思廉撰，中華書局，一九七二年。

魏書（修訂本），北齊魏收撰，中華書局，二〇一七年。

周書，唐令狐德棻等撰，中華書局，一九七一年。

南史，唐李延壽撰，中華書局，一九七五年。

北史，唐李延壽撰，中華書局，一九七四年。

隋書，唐魏徵等撰，中華書局，一九七三年。

舊唐書，後晉劉昫等撰，中華書局，一九七五年。

新唐書，宋歐陽脩等撰，中華書局，一九七五年。

宋史，元脫脫等撰，中華書局，一九七七年。

東晉方鎮年表，清萬斯同撰，二十五史補編本，中華書局，一九五五年。

宋州郡志校勘記，清成孺撰，二十五史補編本，中華書局，一九五五年。

宋書考論，清孫彰撰，二十五史三編，岳麓書社，一九九四年。

補梁疆域志，清洪齮孫撰，二十五史補編本，中華書局，一九五五年。

隋書經籍志考證，清姚振宗撰，二十五史補編本，中華書局，一九五五年。

二十四史月日考，清汪曰楨撰，北京圖書館出版社，二〇〇五年。

諸史考異，清洪頤煊著，叢書集成初編本，中華書局，一九九一年。

廿二史考異（附三史拾遺、諸史拾遺），清錢大昕撰，方詩銘、周殿傑校點，上海古籍出版社，二〇〇四年。

十七史商榷，清王鳴盛著，黃曙輝點校，上海書店出版社，二〇〇五年。

廿二史劄記校證（訂補本），清趙翼著，王樹民校證，中華書局，二〇〇一年。

後漢紀校注，晉袁宏撰，周天游校注，天津古籍出版社，一九八七年。

資治通鑑，宋司馬光編著，元胡三省音注，中華書局，一九五六年。

東觀漢記校注，漢劉珍等撰，吳樹平校注，中華書局，二〇〇八年。

建康實錄，唐許嵩撰，張忱石點校，中華書局，一九八六年。

眉山新編十七史策要南齊書，中華再造善本影印宋刻本，北京圖書館出版社，二〇〇三年。

南朝史精語，宋洪邁輯，四庫全書存目叢書影印清乾隆五十二年吳照刻本，齊魯書社，一九九七年。

華陽國志校補圖注，晉常璩撰，任乃強校注，上海古籍出版社，一九八七年。

水經注疏，北魏酈道元注，楊守敬、熊會貞疏，段熙仲點校，陳橋驛復校，江蘇古籍出版社，一九八九年。

洛陽伽藍記校釋，北魏楊衒之撰，周祖謨校釋，中華書局，一九六三年。

元和郡縣圖志，唐李吉甫撰，賀次君點校，中華書局，一九八三年。

太平寰宇記，宋樂史撰，王文楚等點校，中華書局，二〇〇七年。

輿地廣記，宋歐陽忞撰，李勇先、王小紅校注，四川大學出版社，二〇〇三年。

輿地紀勝，宋王象之撰，中華書局影印本，一九九二年。

讀史方輿紀要，清顧祖禹撰，賀次君、施和金點校，中華書局，二〇〇五年。

唐六典，唐李林甫等撰，陳仲夫點校，中華書局，一九九二年。

通典，唐杜佑撰，王文錦等點校，中華書局，一九八八年。

北宋版通典，唐杜佑撰，日長澤規矩也、尾崎康校、韓昇譯，上海人民出版社，二〇〇八年。

通志，宋鄭樵撰，中華書局影印本，一九八七年。

文獻通考，元馬端臨撰，中華書局影印本，一九八六年。

南朝齊會要，清朱銘盤撰，顧吉辰、沈杉點校，上海古籍出版社，一九八四年。

史通通釋，唐劉知幾著，清浦起龍通釋，王煦華整理，上海古籍出版社，二〇〇九年。

史略校箋，宋高似孫撰，周天游校箋，書目文獻出版社，一九八七年。

金石萃編，清王昶著，縮印掃葉山房刻本，中國書店，一九八五年。

八瓊室金石補正，清陸增祥撰，影印吳興劉氏希古樓版，文物出版社，一九八五年。

説苑校證，漢劉向撰，向宗魯校證，中華書局，一九八七年。

齊民要術校釋，北魏賈思勰著，繆啟愉校釋，中國農業出版社，一九九八年。

本草經集注（輯校本），南朝梁陶弘景編，尚志鈞、尚元勝輯校，人民衛生出版社，一九九四年。

證類本草，宋唐慎微撰，景印文淵閣四庫全書本，臺灣商務印書館，一九八六年。

五行大義校註（增訂本），隋蕭吉撰，日中村璋八校注，汲古書院，一九九八年。

乙巳占，唐李淳風撰，叢書集成初編本，商務印書館，一九三六年。

觀象玩占，唐李淳風撰，續修四庫全書影印明抄本，上海古籍出版社，二〇〇二年。

唐開元占經，唐瞿曇悉達等撰，景印文淵閣四庫全書本，臺灣商務印書館，一九八六年。

古畫品錄，南朝齊謝赫撰，叢書集成初編本，商務印書館，一九三六年。

法書要錄，唐張彥遠撰，范祥雍點校，人民美術出版社，一九八四年。

歷代名畫記，唐張彥遠撰，秦仲文、黃苗子點校，人民美術出版社，一九六三年。

職貢圖畫卷，影印北宋摹本殘卷，六朝藝術（附顧愷之蕭繹繪畫長卷四款），江蘇美術出版

淮南子集釋，漢劉安撰，何寧集釋，中華書局，一九九八年。

金樓子校箋，南朝梁蕭繹撰，許逸民校箋，中華書局，二〇一一年。

顏氏家訓集解（增補本），北齊顏之推撰，王利器集解，中華書局，一九九三年。

白虎通疏證，漢班固撰，清陳立疏證，吳則虞點校，中華書局，一九九四年。

獨斷，漢蔡邕撰，清盧文弨校，清乾隆嘉慶間餘姚盧氏抱經堂叢書本。

風俗通義校注，漢應劭撰，王利器校注，中華書局，一九八一年。

古今注，晉崔豹撰，叢書集成初編本，商務印書館，一九三七年。

夢溪筆談校證，宋沈括撰，胡道靜校證，上海人民出版社，二〇一一年。

日知錄集釋（全校本），清顧炎武著，清黃汝成集釋，欒保羣、呂宗力校點，上海古籍出版社，二〇〇六年。

十駕齋養新錄，清錢大昕著，楊勇軍整理，上海書店出版社，二〇一一年。

陔餘叢考，清趙翼撰，曹光甫校點，上海古籍出版社，二〇一一年。

癸巳類稿，清俞正燮撰，商務印書館，一九五七年。

越縵堂讀史札記全編，清李慈銘著，北京圖書館出版社影印本，二〇〇三年。

純常子枝語，清文廷式撰，續修四庫全書影印民國三十二年刻本，上海古籍出版社，二〇〇二年。

羣書治要，唐魏徵等撰，叢書集成初編本，商務印書館，一九三六年。

藝文類聚，唐歐陽詢撰，汪紹楹校，上海古籍出版社，一九八五年。

北堂書鈔，唐虞世南編撰，影印南海孔氏三十有三萬卷堂校注重刊影宋本，中國書店，一九八九年。

翰苑，唐張楚金撰，唐雍公叡注，遼海叢書本，遼瀋書社，一九八五年。

初學記，唐徐堅等著，司義祖點校，中華書局，一九六二年。

元和姓纂（附四校記），唐林寶撰，岑仲勉校記，郁賢皓、陶敏整理，孫望審訂，中華書局，一九九四年。

太平御覽，宋李昉等編，中華書局影印本，一九六〇年。

册府元龜，宋王欽若等編，中華書局影印本，一九六〇年。

宋本册府元龜，宋王欽若等編，中華書局影印本，一九八九年。

古今姓氏書辯證，宋鄧名世撰，叢書集成初編本，商務印書館，一九三六年。

職官分紀，宋孫逢吉撰，中華書局影印本，一九八八年。

玉海（合璧本），宋王應麟撰，京都中文出版社影印本，一九七七年。

永樂大典，明解縉等編，中華書局影印本，一九八六年。

海外新發現永樂大典十七卷，上海辭書出版社影印本，二〇〇三年。

世說新語箋疏，南朝宋劉義慶著，南朝梁劉孝標注，余嘉錫箋疏，周祖謨、余淑宜、周士琦整理，中華書局，一九八三年。

西陽雜俎校箋，唐段成式撰，許逸民校箋，中華書局，二〇一五年。

太平廣記，宋李昉等編，汪紹楹點校，中華書局，一九六一年。

弘明集，南朝梁釋僧祐撰，李小榮校箋，上海古籍出版社，二〇一三年。

出三藏記集，南朝梁釋僧祐撰，蘇晉仁、蕭鍊子點校，中華書局，一九九五年。

廣弘明集，唐釋道宣撰，上海古籍出版社影印本，一九九一年。

法苑珠林校注，唐釋道世著，周叔迦、蘇晉仁校注，中華書局，二〇〇三年。

高僧傳，南朝梁釋慧皎撰，湯用彤校注，湯一玄整理，中華書局，一九九二年。

莊子集釋，清郭慶藩撰，王孝魚點校，中華書局，一九六一年。

抱朴子外篇校箋，晉葛洪撰，楊明照校箋，中華書局，一九九一年。

抱朴子內篇校釋，晉葛洪撰，王明校釋，中華書局，一九八五年。

雲笈七籤，宋張君房編，李永晟點校，中華書局，二〇〇三年。

王弼集校釋，三國魏王弼著，樓宇烈校釋，中華書局，一九八〇年。

陸機集，晉陸機撰，金濤聲點校，中華書局，一九八二年。

謝宣城集校注，南朝齊謝朓著，曹融南校注，上海古籍出版社，一九九一年。

江文通集彙注，南朝梁江淹著，明胡之驥注，李長路、趙威點校，中華書局，一九八四年。

曾鞏集，宋曾鞏撰，陳杏珍、晁繼周點校，中華書局，一九八四年。

文選，南朝梁蕭統編，唐李善注，上海古籍出版社，一九八〇年。

六臣注文選，南朝梁蕭統編，唐李善、呂延濟、劉良、張銑、呂向、李周翰注，中華書局影印本，一九八七年。

玉臺新詠箋注，南朝陳徐陵編，清吳兆宜注，清程琰刪補，穆克宏點校，中華書局，一九八五年。

文苑英華，宋李昉等編，中華書局影印本，一九六六年。

樂府詩集，宋郭茂倩編，喬象鍾、陳友琴等點校，余冠英審核，中華書局，一九七九年。

古詩紀，明馮惟訥輯，景印文淵閣四庫全書本，臺灣商務印書館，一九八六年。

古樂苑，明梅鼎祚輯，景印文淵閣四庫全書本，臺灣商務印書館，一九八六年。

全上古三代秦漢三國六朝文，清嚴可均輯，中華書局影印本，一九五八年。

七十家賦鈔，清張惠言輯，續修四庫全書影印清道光元年合河康氏家塾刻本，上海古籍出版社，二〇〇二年。

三

詩品箋注，南朝梁鍾嶸著，曹旭箋注，人民文學出版社，二〇〇九年。

文心雕龍校釋（附徵引文錄），南朝梁劉勰著，劉永濟校釋，中華書局，二〇〇七年。

文館詞林，唐許敬宗編，東京古典研究會影弘仁本，一九六九年。

日藏弘仁本文館詞林校證，唐許敬宗編，羅國威整理，中華書局，二〇〇一年。

南齊書夷貊傳地理攷證，清丁謙撰，浙江圖書館叢書（第一集），浙江圖書館，一九一五年。

百衲本二十四史校勘記，張元濟著，王紹曾、杜澤遜、趙統等整理，顧廷龍審定，商務印書館，二〇〇一年。

南齊書校勘記，周星詒撰，稿本，藏上海博物館。

南齊書校勘記，張森楷著，張森楷史學遺著輯略，西南師範大學出版社，一九九八年。

南齊書校議，朱季海著，中華書局，一九八四年。

南齊書天文志補校，彭益林撰，古籍整理研究學刊一九八八年第三期。

南齊書百官志「以下」之句讀問題，何德章著，文史二〇一七年第二輯。

南齊書研讀札記，熊清元撰，黄岡師專學報一九九七年第八期。

魏晉南北朝史札記（補訂本），周一良著，中華書局，二〇一五年。

周一良先生南齊書批校，周一良著，祝總斌主持，王鏗、葉煒校對，中國典籍與文化論叢第十輯，北京大學出版社，二〇〇八年。

南齊書校議，丁福林著，中華書局，二〇一〇年。

南齊書「檣格」考，張文冠著，文史二〇一四年第一輯。

南齊書州郡志札記，胡阿祥著，六朝疆域與政區研究（增訂本），學苑出版社，二〇〇五年。

宋書校議，丁福林著，上海古籍出版社，二〇〇二年。

宋書校勘記長編，王仲犖著，中華書局，二〇〇九年。

宋書州郡志匯釋，胡阿祥著，安徽教育出版社，二〇〇六年。

南北朝八書二史疑年錄，許福謙著，北京出版社，二〇〇三年。

南北史掇瑣，高敏著，中州古籍出版社，二〇〇三年。

南史校證，馬宗霍著，戴維點校，湖南教育出版社，二〇〇八年。

資治通鑑疑年錄，吳玉貴著，中國社會科學出版社，一九九四年。

中古文學繫年，陸侃如著，人民文學出版社，一九八五年。

中古文學史史料叢考，曹道衡、沈玉成著，中華書局，二〇〇三年。

十七史疑年錄，牛繼清、張林祥著，黃山書社，二〇〇七年。

中古史書校證，真大成著，中華書局，二〇一三年。

北朝胡姓考，姚薇元著，中華書局，二〇〇七年。

九朝律考，程樹德著，中華書局，一九六三年。

中外史地考證，岑仲勉著，中華書局，二〇〇四年。

兩漢魏晉南北朝宰相制度研究，祝總斌著，北京大學出版社，二〇一七年。

察舉制度變遷史稿，閻步克著，遼寧大學出版社，一九九一年。

說「屯（純）鎮、衡」，朱德熙著，朱德熙文集第五卷，商務印書館，一九九九年。

古書中「屯」字訛成「毛」字現象補證，馮勝君著，古文字研究第二十四輯，中華書局，二〇〇三年。

中國古輿服論叢，孫機著，文物出版社，二〇〇一年。

品位與職位：秦漢魏晉南北朝官階制度研究，閻步克著，中華書局，二〇〇二年。

魏晉南北朝禁衛武官制度研究，張金龍著，中華書局，二〇〇四年。

正史高句麗傳校注，姜維東著，吉林人民出版社，二〇〇六年。

東晉南朝僑州郡縣與僑流人口研究，胡阿祥著，江蘇教育出版社，二〇〇八年。

中古北族名號研究，羅新著，北京大學出版社，二〇〇九年。

漢唐地理志考校，孔祥軍著，新世界出版社，二〇一二年。

南監本南齊書狄生徂徠批識輯考，童嶺著，南齊時代的文學與思想，中華書局，二〇一三年。

漢魏南北朝墓誌集釋，趙萬里集釋，中國科學院考古研究所編，科學出版社，一九五六年。

江西的漢墓與六朝墓葬，程應麟著，考古學報一九五七年第一期。

曲阜九龍山漢墓發掘簡報，山東博物館撰，文物一九七二年第五期。

滿城漢墓發掘報告，中國社會科學院考古研究所、河北省文物管理處編，文物出版社，一九八〇年。

北京圖書館藏中國歷代石刻拓本匯編，北京圖書館金石組編，中州古籍出版社，一九八九年。

《漢魏南北朝墓誌彙編》，趙超著，天津古籍出版社，二〇〇八年。

《漢魏六朝碑刻校注》，毛遠明校注，線裝書局，二〇〇八年。

《新出魏晉南北朝墓誌疏證（修訂本）》，羅新、葉煒著，中華書局，二〇一六年。

《歷代樂志律志校釋》，丘瓊蓀校釋，人民音樂出版社，一九九九年。

《中國天文學史（全三冊）》，陳遵嬀著，上海人民出版社，一九八〇年——九八四年。

《諸史天象記錄考證》，劉次沅著，中華書局，二〇一五年。

《史諱舉例》，陳垣撰，中華書局，一九六二年。

《二十史朔閏表》，陳垣編著，中華書局，一九六二年。

《中國歷史地圖集》，譚其驤主編，中國地圖出版社，一九九六年。

《儀顧堂題跋續跋善本書室藏書志》，清陸心源、丁丙著，中華書局影印本，一九九〇年。

《藏園羣書經眼錄》，傅增湘撰，中華書局，一九八三年。

《藏園羣書題記》，傅增湘撰，上海古籍出版社，一九八九年。

《張元濟傅增湘論書尺牘》，張元濟、傅增湘撰，商務印書館，一九八三年。

《以正史爲中心的宋元版本研究》，日尾崎康著，陳捷譯，北京大學出版社，一九九三年。

後記

南朝齊梁陳三書中的點校本南齊書修訂，歷時多年，終告殺青。回顧這些年修訂工作，甘苦備嘗，感慨良多。

南齊書修訂工作從版本調查開始，啓動於二〇〇八年，同年修訂方案通過專家評審，次年修訂樣稿兩卷亦經專家審定通過。其後因爲種種原因，進展延滯，真正全面鋪開工作，已是二〇一二年下半年。在近五年時間裏，修訂組成員不避寒暑，每周一至二次深入討論，分工合作，專注不殆，在完成各自工作與學業的同時，全力投入南齊書修訂。共同努力之下，至二〇一六年八月在廣州召開定稿會，最終完成修訂工作。

修訂組具體分工如下：

景蜀慧（中山大學歷史學系教授），主持人，主要負責卷九至一三、卷一七至一八的修訂，同時負責全書各卷長編與校記的審訂及最後定稿；

周文俊（中山大學歷史學系副研究員），主要負責卷一四至一六、卷一九、卷五八的修

訂，參與最後定稿；

李曉紅（中山大學中文系講師），主要負責卷二一、卷四一、卷四七至四八、卷五二的修訂；

洪綿綿（中山大學哲學系博士後），主要負責卷二三、卷三一至三三、卷三六、卷三九、卷四一至四三、卷五四的修訂，參與最後定稿；

吳南澤（中山大學歷史學系博士後），主要負責卷四至八、卷二七、卷三四至三五、卷三七至三八、卷四〇、卷四五至四六、卷五〇、卷五九的修訂，參與最後定稿；

郭碩（四川大學歷史文化學院博士後），主要負責卷一至三、卷二〇、卷二二、卷二五至二六、卷五一、卷五七的修訂；

洪斌（中山大學歷史學系博士生），主要負責卷二四、卷二八至三〇、卷四四、卷四九、卷五三、卷五六的修訂；

黃一明（中山大學歷史學系博士生），主要負責南齊書卷五五的修訂。

此外，黃敬愚女士、趙燦鵬教授、權家玉副教授也參與了本書若干卷修訂長編與校記的草稿撰寫。一直參加修訂組討論的李霖副教授和石聲偉同學，分別在南齊書各時期的版本鑒別和電子文獻資源的查找方面，提供了非常重要的幫助。外審專家認真審讀修訂

長編和校勘記初稿，指誤糾謬，提出寶貴意見。謹向他們致以深摯的謝意。

多年來，中山大學歷史學系的領導和同事，對修訂組的工作始終給予充分的理解和支持，這也是我們非常感激的。

景蜀慧

二〇一七年七月

點校本二十四史及清史稿修訂工程組織機構

總　修　纂　　任繼愈

學術顧問　　王元化　王永興　王鍾翰　何茲全　季羨林　馮其庸　蔡尚思
　　　　　　戴　逸　饒宗頤　（以姓氏筆畫爲序）

修纂委員會　丁福林　王小盾　王　素　朱　雷　吳玉貴　吳金華　吳麗娱
　　　　　　汪桂海　辛德勇　周天游　武秀成　孟彦弘　南炳文　施新榮
　　　　　　烏　蘭　凍國棟　陳尚君　陳高華　徐　俊　張　帆　張金龍
　　　　　　程妮娜　景蜀慧　趙生群　裴汝誠　鄭小容　劉次沅　劉浦江
　　　　　　戴建國　羅　新　（以姓氏筆畫爲序）

審定委員會　王天有　王文楚　王春瑜　王　堯　王曾瑜　王繼如　白化文

田餘慶　安平秋　何英芳　何齡修　吳宗國　吳榮曾

宋德金　李學勤　周良霄　周振鶴　周清澍　周偉洲　來新夏

祝總斌　陳允吉　陳祖武　陳智超　袁行霈　高敏　陶敏

徐蘋芳　張大可　張文强　張忱石　崔文印　梁太濟　許逸民

黃留珠　鄒逸麟　程毅中　傅璇琮　傅熹年　裘錫圭　蔡美彪

熊國禎　樓宇烈　劉鳳翥　龔延明

（以姓氏筆畫爲序）